Die Einpersonengesellschaft als Vehikel grenzüberschreitender unternehmerischer Tätigkeit

Schriftenreihe zum deutschen und europäischen Gesellschafts- und Wirtschaftsrecht

Herausgegeben von Christoph Teichmann und Florian Bien

Begründet von Günter Christian Schwarz †

Band 18

PETER LANG

Andrea Götz

Die Einpersonengesellschaft als Vehikel grenzüberschreitender unternehmerischer Tätigkeit

PETER LANG

Bibliografische Information der Deutschen Nationalbibliothek
Die Deutsche Nationalbibliothek verzeichnet diese Publikation in der Deutschen Nationalbibliografie; detaillierte bibliografische Daten sind im Internet über http://dnb.d-nb.de abrufbar.

Zugl.: Würzburg, Univ., Diss., 2018

Gedruckt auf alterungsbeständigem, säurefreiem Papier.
Druck und Bindung: CPI books GmbH, Leck

D 20
ISSN 1614-239X
ISBN 978-3-631-77346-8 (Print)
E-ISBN 978-3-631-77366-6 (E-PDF)
E-ISBN 978-3-631-77367-3 (EPUB)
E-ISBN 978-3-631-77368-0 (MOBI)
DOI 10.3726/b14889

Peter Lang – Berlin · Bern · Bruxelles · New York · Oxford · Warszawa · Wien

Diese Publikation wurde begutachtet.

www.peterlang.com

Für meine Familie

Vorwort

Die vorliegende Arbeit wurde im Wintersemester 2016/2017 von der Juristischen Fakultät der Julius-Maximilians-Universität Würzburg als Dissertation angenommen. Sie wurde für die Drucklegung redaktionell überarbeitet und auf den Stand von Literatur und Rechtsprechung von Juni 2018 gebracht.

Danken möchte ich an erster Stelle meinem Doktorvater Herrn Prof. Dr. Christoph Teichmann, der diese Arbeit angeregt und mich während meiner Tätigkeit als wissenschaftliche Mitarbeiterin an seinem Lehrstuhl in vielfältiger Weise unterstützt und gefördert hat. Herrn Prof. Dr. Peter Limmer danke ich für die Erstellung des Zweitgutachtens sowie seine Empfehlungen.

Ferner möchte ich mich beim gesamten Lehrstuhlteam für die schöne Zeit bedanken. Hier habe ich viele Kolleginnen und Kollegen liebgewinnen dürfen, die mir persönlich und fachlich stets mit Rat und Tat zur Seite standen.

Herrn Prof. Christoph Teichmann und Herrn Prof. Dr. Florian Bien möchte ich zudem für die Aufnahme in die „Schriftenreihe zum deutschen und europäischen Gesellschafts- und Wirtschaftsrecht“ danken.

Darüber hinaus gilt mein Dank der Hanns-Seidel-Stiftung, welche mich während der Promotion ideell und finanziell förderte.

Der größte Dank gebührt meiner Familie für die große Unterstützung, die mir viel Kraft und Rückhalt gegeben hat. Ihr sei diese Arbeit gewidmet.

Margetshöchheim, im Juli 2018

Inhaltsübersicht

Einleitung

A. Die Einpersonengesellschaft als Rechtskleid für KMU

Die haftungsbeschränkte Einpersonengesellschaft als Vehikel grenzüberschreitender unternehmerischer Tätigkeit wurde in der bisherigen Forschung zahlreich unterschätzt. Die Zwölfte Richtlinie aus dem Jahr 1989 manifestiert zwar die unionsweite Anerkennung der unipersonalen, haftungsbeschränkten Rechtsform. Durch die bereits im Jahr 1980 erfolgte Legalisierung der Einpersonen-GmbH ergaben sich aus deutscher Perspektive hierbei jedoch kaum Änderungen.

In den Fokus gelangte die Einpersonen-GmbH erst wieder im April 2011, als der Bericht der von der Europäischen Kommission eingesetzen Reflection Group on the Future of European Company Law die *single member limited liability company* (kurz: Single Member Company – SMC) als Vehikel zur grenzüberschreitenden Tätigkeit für kleine und mittlere Unternehmen (KMU) sowie Unternehmensgruppen andachte. Diese Einsatzmöglichkeiten deckten sich mit den Zielvorgaben zur supranationalen Europäischen Privatgesellschaft (Societas Unius Personae – SPE), welche damals aufgrund der harten Verhandlungen im Rat der Europäischen Union den einheitlich-europäischen Charakter zu verlieren drohte. Nach dem vorläufigen Scheitern der SPE im Mai 2011 wurde die Idee einer materiellen Harmonisierung der Einpersonen-GmbH in der Europäischen Kommission aufgegriffen: Die *Societas Unius Personae* soll als einfach strukturierte, leicht zu gründende Gesellschaft die grenzüberschreitende Unternehmenstätigkeit fördern.

Die Einführung vereinfachter Rechtsformen für Kapitalgesellschaften wie die Société par actions simplifiée in Frankreich, die niederländische Flex-BV oder die spanische Blitz-GmbH belegen die Notwendigkeit, mit tradierten Rechtsvorstellungen zu brechen. Auf europäischer Ebene gilt es eine Lösung zu finden, um die grenzüberschreitende Tätigkeit von KMU zu vereinfachen, denn der Erfolg dieser Unternehmen gilt als Schlüssel für Wachstum und Beschäftigung in Europa.

B. Ziel der Arbeit

Die Arbeit beleuchtet die Einpersonengesellschaft aus einem europäisch-einheitlichen Blickwinkel. Dabei wird eine rechtsvergleichende, dogmatische sowie historische Methode angewandt.

Im Vordergrund stehen dabei zwei Ziele: Zum einen soll rechtsvergleichend der status quo der bisherigen Regelungslandschaft bei der nationalen Einpersonen-GmbH aufgezeigt werden. Für das Verständnis der Zwölften Richtlinie in ihrer Fassung von 1989 bedarf es dabei einer Auseinandersetzung mit der historischen Zulässigkeit von Einmann-Gesellschaften, deren Sanktionen und Beschränkungen. Für die Begründung eines erneuten Bestrebens auf Unionsebene ist zudem die Eignungsanalyse der bisherigen rechtlichen Gestaltungsinstrumente gewinnbringender Natur.

Zum anderen werden die Vorgaben des SUP-Entwurfs einer rechtsvergleichenden Analyse unterzogen. Die Harmonisierungsvorschläge gilt es, in ein Gesamtbild zu fassen. Einzugehen ist hierbei nicht nur auf die breite Regelungsvielfalt in den nationalen GmbH-Rechten, sondern auch auf die im Vorfeld durchgeführte Analyse auf Unionsebene. Es geht hierbei weniger um eine isolierte Betrachtung aus deutscher Sichtweise, sondern um eine konsensorientierte Annäherung aus gesamteuropäischer Perspektive.

C. Gang der Darstellung

Die Arbeit möchte zunächst die entstehungsgeschichtlichen Hintergründe der Societas Unius Personae dokumentieren. Kapitel 1 zeigt dabei die Parallelen zur Europäischen Privatgesellschaft auf, welche sich als Vorläuferprojekt zur Societas Unius Personae als supranationale geschlossene Kapitalgesellschaftsform der Förderung von KMU und Unternehmensgruppen verschrieben hat. Als Wiege der Societas Unius Personae gilt der Bericht der Reflection Group, der erstmals die Einpersonengesellschaft als Vehikel zur transnationalen Unternehmenstätigkeit ins Spiel brachte. Die Idee mündete schließlich in den Kommissionsvorschlag zur Einpersonengesellschaft vom April 2014.

Kapitel 2 soll das Bedürfnis einer gesetzgeberischen Tätigkeit für KMU auf Unionsebene beleuchten. Zwar gibt es bereits ein breites Spektrum an Richtlinien im Europäischen Gesellschaftsrecht sowie eine liberal-binnenmarktfreundliche Rechtsprechung des Europäischen Gerichtshofs. Gleichwohl erscheinen diese in ihrer bisherigen Ausgestaltung nicht vollumfänglich geeignet, die Unternehmen zur grenzüberschreitenden Tätigkeit zu animieren.

Kapitel 3 widmet sich der Richtlinie zur Einpersonen-GmbH aus dem Jahr 1989 (Zwölfte Richtlinie). Dabei soll zunächst ein historischer Abriss über die Zulässigkeit von Einpersonen-Konstruktionen vor Verabschiedung der Richtlinie erfolgen. Auch auf die Konstruktion des Einzelunternehmers mit beschränkter Haftung, welche kürzlich in Frankreich und Spanien als neue Gesellschaftsform eingeführt wurde, ist hinzuweisen. Nach einer Darstellung des Anwendungsbereichs und der Informationsbereitstellungsregeln der Zwölften Richtlinie stehen die konzernrechtlichen Einschränkungen des Artikels 2 Abs. 2 der Richtlinie und deren Konsequenzen im Hinblick auf das verfolgte Ziel der Erleichterung der Niederlassungsfreiheit im Fokus.

Kapitel 4 verfolgt zwei Anliegen: Zum einen soll anhand eines Länderberichts ein Überblick über die zahlreichen mitgliedstaatlichen Reformen im GmbH-Recht erfolgen. Systematisch wird hier zwischen denjenigen Mitgliedstaaten, welche eine Subform der GmbH eingeführt haben und solchen, die eine vollumfängliche Reform des GmbH-Rechts vorgenommen haben, differenziert. Zum anderen soll die primärrechtliche Verankerung des Richtlinienvorschlags anhand seiner Vereinbarkeit mit dem Subsidiaritäts- und Verhältnismäßigkeitsprinzip sowie der Zulässigkeit der Kompetenzgrundlage analysiert werden. Damit soll auch die Frage des Bedürfnisses, dem „ob" einer Angleichung, welches auf rechtspolitischer Ebene teilweise stark angezweifelt wurde, beantwortet werden.

Der Schwerpunkt der Arbeit findet sich in Kapitel 5, welche sich der materiellen Ausgestaltung des Kommissionsvorschlags zur SUP sowie der Kompromissvorschläge im Rat widmet. Zunächst werden dabei die Grundcharakteristika der SUP dargestellt, insbesondere wird aufgezeigt, inwieweit die Vorschriften des Entwurfs Einsatzfelder für KMU und Konzerne bieten. Der Fokus liegt sodann auf den Vorschriften zur Gründung und zum Gläubigerschutz durch Kapital. Die hierbei aufgeführten Länderberichte und die im Vorfeld angestellten Überlegungen der Kommission sollen die Hintergründe für das im Kommissionsvorschlag ausgewählte Modell widerspiegeln. Für Spannungen sorgen insbesondere das elektronische Gründungsverfahren unter Heranziehung einer Mustersatzung sowie das Mindestkapital von 1 Euro mit einem kombinierten Bilanz- und Solvenztest im Falle von Ausschüttungen. Die ausgewählte Analyse soll insbesondere den Gang der Verhandlungen auf Unionsebene sowie den Sinn und Zweck der Regelungen beleuchten.

Die Arbeit schließt mit einer Zusammenfassung der wichtigsten Ergebnisse in Thesenform.

D. Eingrenzung der juristischen Thematik

Die Arbeit untersucht die Einpersonengesellschaft in Europa und deren mögliche Funktion als Vehikel grenzüberschreitender Unternehmenstätigkeit anhand einer rechtsvergleichenden, historischen und dogmatischen Analyse.

Im Fokus steht hierbei ausschließlich die geschlossene Kapitalgesellschaftsform nationalen Rechts mit einem einzigen Gesellschafter (GmbH-Recht). Die

Aktiengesellschaft mit einem einzigen Gesellschafter bleibt dabei ebenso außer Betracht wie Personengesellschaften. Berücksichtigung am Rande findet lediglich der Einzelunternehmer mit beschränkter Haftung, der als Sonderfall der Einpersonen-GmbH in der Zwölften Richtlinie verankert ist.

Die dargestellten Länderberichte hinsichtlich der Reformen im GmbH-Recht, dem Gründungsverfahren und den Kapitalvorschriften sollen das weite Spektrum nationaler Regelungen abbilden. Hierbei wurde weitestgehend auf die Primärquellen (Gesetzestext, Gesetzesbegründung) zurückgegriffen. Aufgeführte Sekundärquellen sind allein sprachlichen Barrieren geschuldet. Aufgrund letzterem musste auf eine vollumfängliche rechtsvergleichende Darstellung verzichtet werden. Stellvertretend für die neueren Mitgliedstaaten der Europäischen Union sollen hier Polen und Ungarn stehen.

Die behandelten Aspekte der Arbeit wurden anhand des vordergründigen Ziels des SUP-Vorschlags, eine kostengünstige, schnelle und unbürokratische Gesellschaftsgründung im Ausland zu schaffen, ausgewählt. Im Fokus der Arbeit stehen daher insbesondere die Vorschriften zur Gründung der SUP und zum Gläubigerschutz durch Kapital. Es wird dabei weder eine Bewertung aus rein deutscher Perspektive noch eine Kommentierung sämtlicher Vorschriften vorgenommen. Die Arbeit verfolgt vielmehr einen europäisch-ganzheitlichen Ansatz, anhand dessen bewertet werden soll, ob die Vorschläge der Kommission und des Rates aus rechtsvergleichender Perspektive konsensfähig sind und inwieweit den Vorschriften ein europäischer Mehrwert beizumessen ist.

Der Länderbericht zum Gründungsverfahren legt den Fokus auf die Möglichkeit einer elektronischen Gründung sowie den Einsatz einer Mustersatzung. Ausführungen zu Fragestellungen wie der Mantel- und Vorratsgesellschaft als wirtschaftliche Neugründung, Vertretung und Haftung im Vorgründungsstadium sind kein Gegenstand dieser Abhandlung.

Im Rahmen der Vorschriften zur Kapitalaufbringung beschränkt sich die rechtsvergleichende Darstellung auf die Art und Höhe der Kapitalaufbringung in den mitgliedstaatlichen GmbHs. Es erfolgt keine Darstellung zum Recht der verdeckten Sacheinlage oder Cash-Pooling. Diese Bereiche sind kein Teil der Harmonisierungsbestrebungen auf Unionsebene und können daher in dieser Arbeit ohne Berücksichtigung bleiben.

Einer ähnlichen Einschränkung bedarf es im Rahmen der Kapitalerhaltung. Hier sollen ausschließlich die mitgliedstaatlichen Ausschüttungssysteme dargestellt werden. Der von der Kapitalerhaltung im weiteren Sinn erfasste Problemkreis der eigenkapitalersetzenden Darlehen bleibt als eine dem Insolvenzrecht zuzuordnende Materie außer Betracht.

Organisationsverfassungsrechtliche Regelungen sollen ebenfalls nur am Rande Berücksichtigung finden. Diese behandeln die Modalitäten der laufenden Geschäftstätigkeit der Gesellschaft. Die Harmonisierungsbestrebungen beziehen sich jedoch primär auf die Angleichung des Gründungsverfahrens.

E. Stand der SUP-Verhandlungen

Die Arbeit berücksichtigt in erster Linie den Kommissionsvorschlag zur Societas Unius Personae von April 2014 (im Folgenden: **SUP-KOM**)[1].

Nach den ersten Verhandlungen im Rat der Europäischen Union erfolgte im November 2014 ein erster Kompromissvorschlag unter italienischer Ratspräsidentschaft von November (**SUP-IT-NOV**)[2]. Aufgrund der generellen Zurückhaltung sämtlicher Delegationen erfolgte im Dezember 2014 ein zweiter Kompromissvorschlag unter italienischer Ratspräsidentschaft (**SUP-IT-DEZ**)[3]. Neben einigen Änderungen von Einzelvorschriften wurden hierbei insbesondere Modifikationen beim Gründungsverfahren vorgenommen.

Ein weiterer Kompromissvorschlag erfolgte im März 2015 unter lettischer Ratspräsidentschaft (**SUP-LV-MAR**)[4]. Dieser basiert auf den Verhandlungen der Ratsarbeitsgruppe Gesellschaftsrecht sowie auf schriftlichen Stellungnahmen der Delegationen. Wenige Wochen später, im April 2015, erfolgte ein erneuter Kompromissvorschlag (**SUP-LV-APR**)[5]. In Letzterem wurden jedoch nur geringfügige Änderungen vorgenommen.

Im Mai 2015 erfolgte sodann eine Einigung im Rat. Dem lag zunächst eine Textfassung zugrunde, die sich aus insgesamt 14 beratenden Verhandlungen der Ratsarbeitsgruppe speiste (**SUP-LV-MAI**)[6]. Bei der Verhandlung im Rat am 28. Mai 2015 erfolgten noch einige Änderungen, die in den abschließenden

---

1 Vorschlag für eine Richtlinie des Europäischen Parlaments und des Rates über Gesellschaften mit beschränkter Haftung mit einem einzigen Gesellschafter, v. 9.4.2014, COM (2014) 212 final.

2 Kompromissvorschlag unter italienischer Ratspräsidentschaft, v. 14.11.2014, Dok. 14648/14.

3 Kompromissvorschlag unter italienischer Ratspräsidentschaft v. 1.12.2014, Dok. 16010/14 (nicht veröffentlicht).

4 Kompromissvorschlag unter lettischer Ratspräsidentschaft v. 13.3.2015, Dok. 7012/1514 (nicht veröffentlicht).

5 Kompromissvorschlag unter lettischer Ratspräsidentschaft v. 7.4.2015, Dok. 7626/15 14 (nicht veröffentlicht).

6 Kompromissvorschlag unter lettischer Ratspräsidentschaft v. 21.5.2015, Dok. 8811/15.

Ratsentwurf mündeten (**SUP-LV-RAT**)[7]. Dieser dient als Grundlage für die Verhandlungen im Parlament seit Herbst 2015. Das zuletzt veröffentlichte Dokumente bildet das Zweite Arbeitsdokument des Rechtsausschusses[8].

---

7 Kompromissvorschlag unter lettischer Ratspräsidentschaft v. 29.5.2015, Dok. 9050/15.

8 Zweites Arbeitsdokuments des Rechtsausschusses des Europäischen Parlaments v. 5.1.2016, Dok. PE575.031v01-00.

Kapitel 1: Wurzeln der Societas Unius Personae

A. Die Europäische Privatgesellschaft

I. Motive für Schaffung einer Europäischen Privatgesellschaft

Eines der Hauptziele in der Union ist die Errichtung eines Binnenmarktes, der als Raum ohne Binnengrenzen den freien Waren-, Personen-, Dienstleistungs- und Kapitalverkehr gewährleistet.[9] Dieser Binnenmarkt soll für die grenzüberschreitende Aktivität sowohl von kleinen und mittelständischen Unternehmen (KMU) als auch für Unternehmensgruppen gestärkt werden und für Wachstum und Innovation in der Union sorgen.[10] Trotz der bisherigen Anstrengungen sind die Investitionsquoten im Ausland marginal: Lediglich 2 % der KMU wagen den Sprung über die Grenze. Obwohl der Anteil der KMU 99 % aller europäischen Unternehmen umfasst, bleibt der Großteil seinem einheimischen, bekannten Markt treu: Die Meisten fürchten zu hohe Hemmnisse in rechtlicher, wirtschaftlicher und psychologischer Hinsicht. Die notarielle Beteiligung bei der Gründung, die Registrierung im ausländischen Unternehmensregister sowie die Veröffentlichung des Jahresabschlusses führen zu einem erheblichen Zeit- und Kostenaufwand.[11]

---

9 Art. 26 Abs. 2 AEUV und Art. 3 Abs. 3 EUV.

10 Die zentralen Ansätze sind dabei die Senkung von Transaktionskosten für eine wirtschaftliche Tätigkeit in Europa, die Förderung von Unternehmensclustern, verbesserter Zugang zu Finanzierungsmöglichkeiten, die Förderung der Internationalisierung von KMU und die Gewährleistung des tatsächlichen Zugangs aller Unternehmen in Europa zum Binnenmarkt, vgl. Mitteilung der Kommission, Europa 2020 – eine Strategie für intelligentes, nachhaltiges und integratives Europa, v. 3.3.2010, KOM (2010) 2020, S. 21. Ähnliche Ziele verfolgen die Binnenmarktakten I und II, vgl. Mitteilung der Kommission an das europäische Parlament, den Rat, den Europäischen Wirtschafts- und Sozialausschuss und den Ausschuss der Regionen: Binnenmarktakte, Zwölf Hebel zur Förderung von Wachstum und Vertrauen, „Gemeinsam für neues Wachstum", v. 13.4.2011, KOM (2011) 206 endg.; sowie Mitteilung der Kommission an das europäische Parlament, den Rat, den Europäischen Wirtschafts- und Sozialausschuss und den Ausschuss der Regionen: Binnenmarktakte II, Gemeinsam für neues Wachstum, v. 3.10.2012, COM (2012) 573 final.

11 Report of the reflection group on the future of EU Company Law, v. 5.4.2011, zuletzt abgerufen am 16.09.2016 unter http://ec.europa.eu/internal_market/company/docs/modern/reflectiongroup_report_en.pdf, Kap. 3.3.2, S. 57.

Bereits frühzeitig entstand die Idee einer Europäischen Privatgesellschaft, welche als supranationale Rechtsform speziell auf die wirtschaftlichen Bedürfnisse von KMU bei transnationaler Tätigkeit zugeschnitten sein sollte.[12] Die Europäische Privatgesellschaft ist das Pendant zur Europäischen Aktiengesellschaft und würde als geschlossene Kapitalgesellschaftsform eine Lücke in der bisher existierenden Landschaft an europäischen und nationalen Rechtsformen schließen.[13]

Als „kleine Schwester"[14] der SE wurde im Jahre 2008 ein Vorschlag über eine Verordnung zur Schaffung einer Europäischen Privatgesellschaft (Societas Privata Europae – SPE) vorgelegt.[15] Das SPE-Statut war dabei liberal-progressiv ausgestaltet.[16] Über zwingende Regelungen und einen Katalog fakultativer Regelungsaufträge sollten alle wesentlichen gesellschaftsrechtlichen Fragen erfasst werden, ohne dass es dabei so umfassender Verweise in das nationale Recht bedarf wie dies bei der europäischen Aktiengesellschaft der Fall war.[17]

---

12 Erstmalig *Boucourechliev*, Pour une SARL Européenne, 1973. Ausführlich zur Entstehungsgeschichte der Europäischen Privatgesellschaft *Hommelhoff/Teichmann*, in: Hirte/Teichmann (Hrsg.), SPE, S. 1, 3 ff.; *Lévi*, in: FS Hommelhoff, S. 661; *Lutter/Bayer/J. Schmidt*, EuropUR, Rn. 47.2 ff.

13 Zu einer rechtsvergleichenden, definitorischen Annäherung an den Begriff der geschlossenen Kapitalgesellschaft siehe *Helms*, EPG, 1998, S. 105 ff.; *Fleischer*, NZG 2014, 1081 f.; *Fleischer*, ZHR 179 (2015), 404, 408 ff.

14 *Roth*, The European Legal Forum 6 (2000), 396, 403.

15 Vorschlag des Rates über das Statut der Europäischen Privatgesellschaft, v. 25.6.2008, KOM (2008) 396 endg. Hierzu *Anzinger*, BB 2009, 2606; *Hadding/Kießling*, WM 2009, 145; *Hommelhoff/Teichmann*, GmbHR 2008, 897; *Hommelhoff*, in: FS Schneider, S. 547, 548; *Hügel*, ZHR 173 (2009), 309; *Jung*, DStR 2009, 1700; *Kuck*, Der Konzern 2009, 131; *Maul/Röhricht*, BB 2008, 1574; *Schmidt*, EWS 2008), 455; *Teichmann*, ECL 4 (2007), 122; aus belgisch-niederländischer Sicht *Zaman/ Schwarz /Lennarts/ De Kluiver/ Dorresteijn* (Hrsg.), The European Private Company (SPE) 2009.

16 Vgl. *Neye*, in: FS Hüffer, S. 717, 718: "geradezu 'ultraliberal' ".

17 *Wicke*, GmbHR 2006, 356; *Hommelhoff/Teichmann*, DStR 2008, 925, 925; *Hommelhoff/Teichmann*, GmbHR 2008, 897; *Hommelhoff/Teichmann*, GmbHR 2010, 337; *Jung*, EuZW 2012, 129. Die Regelungsaufträge als Beispiel eines liberalen Paternalismus kritisierend *Eidenmüller*, JZ 2011, 814, 818 f. Aus Sicht des deutschen GmbH-Rechts wird teilweise das fehlende dispositive Verordnungsrecht kritisiert, welches als Leitbild für das Innenrecht der SPE fungieren könnte, hierzu *Bormann/König*, RIW 2010, 111, 112; *Hadding/Kießling*, WM 2009, 145, 152 f.; *Jung*, in: FS von Büren, S. 103, 112 f.; metaphorisch *Vossius*, EWS 2007, 438, 441 f., der die Konzeption der SPE mit einem Computerprogramm vergleicht und zwischen „Standard-Installation" und „Benutzerdefinierte[r] Installation" unterscheidet. *Lecourt*, Revue des sociétés 2014, 699, vergleicht die SPE in ihrer Gestaltungsfreiheit mit der Société par actions simplifiée (SAS).

Kollisionsrechtliche Fragestellungen, die Gefahr der Mehrfachbesteuerung, Sprachbarrieren, der Kostenaufwand, die mangelnde Harmonisierung im Arbeits- und Sozialrecht und weitere Hürden, denen Gesellschaften bei der Gründung einer Tochtergesellschaft im Ausland begegnen, könnten durch die supranationale Rechtsform der Societas Privata Europaea (SPE) dezimiert werden.[18] Neben diesem „Wert an sich"[19] und dem „Symbol auf dem Weg zur europäischen Integration"[20], den eine supranationale Rechtsform bietet, könnte die SPE als „Europäische Duftnote"[21] für Effizienzgewinn und Kosteneinsparungen sorgen.

Nicht zu unterschätzen sind auch die rechtspsychologischen Wirkungen, die mit einem supranationalen Rechtskleid als neutrale Organisationsform geschaffen werden: Zum einem könnte durch die Einführung einer europäischen Marke das Misstrauen lokaler Behörden und Geschäftspartner abgebaut werden.[22] Zum anderen wäre die SPE im Falle von grenzüberschreitenden Verschmelzungen oder Kooperationen als einheitlicher, neutraler Rechtsrahmen zur Verständigung besser geeignet als rein nationale Rechtsformen.[23]

Hinzu kommen makrojuristische Vorteile[24]: Durch die Erprobung rechtlicher Neuerungen kann sich das rechtliche Regime verbessern. Der grenzüberschreitende wissenschaftliche Diskurs würde eine Plattform erhalten, auf der sich Juristen austauschen können. Durch einen grenzüberschreitenden Dialog könnten im unmittelbaren Austausch von Argumenten Lösungen gefunden werden und so der unbewusste Rückgriff auf das nationale Recht, welches oft mit tradierten Rechts- und Wertvorstellungen verbunden ist, vermieden werden.[25]

18 Ausführlich *Teichmann*, RIW 2010, 120, 121 ff.

19 *Kollhosser/Raddatz*, JA 1989, 10, 16 in Bezug auf die EWiV als supranationale Rechtsform; ihnen folgend *Zettel*, DRiZ 1990, 161, 168.

20 *Ebd.*

21 *Vossius*, EWS 2007, 438, 439.

22 *Hadding/Kießling*, WM 2009, 145; *Hommelhoff/Teichmann*, DStR 2008, 925, 927; *Kuck/Weiss*, Der Konzern 2007, 498, 499; *Teichmann*, RIW 2010, 120, 122. A. A. dagegen *Jung*, in: FS von Büren, S. 103, 127, der bei der Wahl einer supranationalen Rechtsform im traditionellen Unternehmensumfeld von KMU Akzeptanzprobleme und Misstrauen befürchtet.

23 *Hellwig*, in: Hommelhoff/Helms (Hrsg.), Neue Wege in die Europäische Privatgesellschaft, S. 89, 91 ff. *Hommelhoff/Teichmann*, DStR 2008, 925, 926; *Weber-Rey*, in: Gesellschaftsrechtliche Vereinigung (Hrsg.), Gesellschaftsrecht in der Diskussion 2008, S. 77, 88.

24 *Fleischer*, ZHR 174 (2010), 385, 403.

25 *Bachmann*, ZGR 2001, 351, 372; *Hommelhoff*, WM 1997, 2101, 2103; *Siems/Rosenhäger/Herzog*, Der Konzern 2008, 393, 401.

Für die Etablierung der SPE spielen auch Netzwerkeffekte eine maßgebliche Rolle.[26] Bei steigender Nutzungszahl der Rechtsform gewinnt diese an Reputation, die Informationskosten im Bereich der Rechts- und Wirtschaftsberatung sinken, die professionelle Infrastruktur wird somit stärker ausgebaut. Der Unternehmer müsste sich mit seinen Problemen folglich nicht mehr an den spezialisierten Anwalt der Großkanzlei wenden; auch mittelständische Rechtsberatungsstellen könnten die erforderliche Beratung anbieten. Durch die Schaffung eines einheitlichen Rechtsrahmens für ein und dieselbe Gesellschaftsform könnte der rechtliche Beratungsbedarf erheblich reduziert werden.[27] Ein solcher Netzwerkeffekt erhöht die Attraktivität der Rechtsform erheblich.

Auch wenn bei den Einsatzmöglichkeiten insbesondere die Förderung kleiner und mittelständischer Unternehmen zur Gründung von Tochtergesellschaften im Ausland im Fokus stand,[28] bietet sich die SPE auch als Konzernbaustein an, sei es als Tochtergesellschaft oder als dessen Obergesellschaft.[29] Darüber hinaus könnte die SPE als eigenständiger, unabhängiger Unternehmensträger im international arbeitsteiligen Konzern für einzelne Unternehmensfunktionen[30] sowie für grenzüberschreitende Joint Ventures zur Verfügung stehen.[31] Als supranationale Gesellschaftsform bietet die SPE den Mehrwert der Schaffung einer

26 *Eidenmüller*, in: FS Heldrich, S. 581, 585; *Heine/Kerber*, European Journal of Law and Economics 13 (2002), 47, 60 ff.

27 *Hommelhoff/Teichmann*, GmbHR 2008, 897. Zu diesem Ergebnis kommt auch die Studie von Baker & McKenzie, welche im Jahr 2008 im Auftrag des Verbandes Deutscher Maschinen- und Anlagebauer (VDMA) eine Kosten-Nutzen-Analyse durchgeführt haben. Die Ergebnisse sind in der Folgenabschätzung zum SPE-Vorschlag auf S. 10 zusammengefasst (siehe Commission Working Document accompanying the Proposal for a Council Regulation on the Statute for a European Private Company (SPE), Impact assessment, SEC (2008) 2098).

28 *Drury*, in: Hirte/Teichmann (Hrsg.), SPE, S. 33, 35 f.; *Hommelhoff/Teichmann*, GmbHR 2008, 897; *Hommelhoff*, in: FS Loewenheim, S. 591, 592 f.; *Maul/Röhricht*, BB 2008, 1574, 1578 f.; *Prütting*, JZ 2014, 381, 383 f.; *Teichmann*, RIW 2010, 120; *Uziahu-Santcroos*, in: Zaman/Schwarz/Lennarts/De Kluiver/Dorresteijn (Hrsg.), The European Private Company (SPE), S. 1, 9; *Vossius*, EWS 2007, 438, 439.

29 *Drury*, in: Hirte/Teichmann (Hrsg.), SPE, S. 33, 37 f.; *Kallmeyer*, in: Hommelhoff/Helms (Hrsg.), Neue Wege in die Europäische Privatgesellschaft, S. 83; *Hommelhoff*, in: FS Loewenheim, S. 591, 592; *Hommelhoff/Teichmann*, GmbHR 2014, 177, 185.

30 *Kallmeyer*, in: Hommelhoff/Helms (Hrsg.), Neue Wege in die Europäische Privatgesellschaft, S. 83, 85.

31 Vgl. *Drury*, in: Hirte/Teichmann (Hrsg.), SPE, S. 33, 38 f.; *Weber-Rey*, in: Gesellschaftsrechtliche Vereinigung (Hrsg.), Gesellschaftsrecht in der Diskussion 2008, S. 77, 88; *Hellwig*, in: Hommelhoff/Helms (Hrsg.), Neue Wege in die Europäische

einheitlichen konzernweiten Corporate Governance europäischen Charakters.[32] Vorurteile bei Mitarbeitern, Kunden und Behörden könnten abgebaut werden und die Identifizierung mit der Gesellschaft verstärkt werden (*corporate identity*).[33] Insgesamt könnte die SPE damit sowohl KMU als auch Unternehmensgruppen als supranationale Rechtsform für transnationale Geschäftstätigkeiten zur Verfügung stehen.

II. Rechtspolitisches Scheitern der SPE

Im Laufe der Verhandlungen wurden insbesondere die Regelungen zur Unternehmensmitbestimmung, zum Mindestkapital und zum Sitz kontrovers diskutiert;[34] ein Kompromissvorschlag der schwedischen Ratspräsidentschaft[35] wurde im November 2009 abgelehnt. Ein erneuter Kompromissvorschlag unter ungarischer Ratspräsidentschaft von Mai 2011[36], der zunächst auch sehr erfolgversprechend erschien,[37] wurde aufgrund der ablehnenden Haltung aus Deutschland und Schweden nicht verabschiedet.[38]

Die Verhandlungen zur SPE liegen nun seit 2011 auf Eis und wurden nicht wiederaufgenommen. Zwar haben sich die Regierungsfraktionen der Befürwortung der SPE im Koalitionsvertrag 2013–2017 verschrieben[39], die Europäische

---

Privatgesellschaft, S. 89, 89 ff.; *Teichmann*, in: Hommelhoff/Schubel/Teichmann (Hrsg.), SPE, S. 39, 55 ff.

32 Als „identitätsstiftendes Gemeinschaftssymbol" bezeichnend *Wicke*, MittBayNot 2011, 23, 32; bzw. „europäisch autonomes Modell" bei *Prütting*, JZ 2014, 381, 383 f.

33 *Kallmeyer*, in: Hommelhoff/Helms (Hrsg.), Neue Wege in die Europäische Privatgesellschaft, S. 83, 87. Zu den rechtspsychologischen Hindernissen bei Verwendung nationaler Rechtsformen *Hadding/Kießling*, WM 2009, 145; *Hommelhoff/Teichmann*, DStR 2008, 925, 927; *Kuck/Weiss*, Der Konzern 2007, 498, 500. So bereits zur Europäischen Aktiengesellschaft *Sanders*, AWD 1960, 1, 2 f. und *Gessler*, BB 1967, 381, 387.

34 Vgl. statt aller *Grundmann*, EuropGesR, S. 1122.

35 Überarbeiteter Kompromissvorschlag des Vorsitzes: Vorschlag des Rates über eine Europäische Privatgesellschaft v. 27.11.2009, Dok. 16115/09 ADD 1 (abrufbar unter www.europeanprivatecompany.eu); hierzu *Hommelhoff/Teichmann*, GmbHR 2010, 337; *Jung*, BB 2010, 1233; *Sandberg/Skog*, AG 2010, 580.

36 Vorschlag für eine Verordnung des Rates über die Europäische Privatgesellschaft – Politische Einigung, 23.05.2011, Dok. 10611/11; dazu *Bormann/Böttcher*, NZG 2011, 411; *Wicke*, GmbHR 2011, 566.

37 *Lutter/Bayer/J. Schmidt*, EuropUR, Rn. 47.6.

38 Vgl. *Hommelhoff/Teichmann*, FAZ v. 28.6.2011, S. 23; *Hommelhoff/Teichmann*, in: Hirte/Teichmann (Hrsg.), SPE, S. 1, 5 f.; *Ulrich*, GmbHR 2011, R241–R242.

39 Deutschlands Zukunft gestalten, Koalitionsvertrag zwischen CDU, CSU und SPD, 18. Legislaturperiode, S. 26. Ebenso das Europawahl-Programm der CDU v. 5.4.2014,

Kommission hat jedoch im Rahmen des REFIT-Programms zur Kostenreduzierung und Rechtsvereinfachung die Rücknahme des SPE-Vorschlags unter gleichzeitiger Erwägung der Unterbreitung eines neuen Vorschlags in diesem Bereich angekündigt.[40] Gleichwohl reißt der Strom der Befürworter der SPE nicht ab.[41]

Die SPE ist legislativ weit fortgeschritten und würde als Verordnung die gewünschte Flexibilität und Entlastung bieten. Politisch sind die Fronten jedoch verhärtet. Bei einem erneuten Kompromissentwurf bestünde überdies erheblicher Druck, einen Kompromiss zu finden.[42] Eine politische Einigung zur SPE ist in den nächsten Jahren kaum zu erwarten. Angesichts der über 40-jährige Entstehungsgeschichte der SE[43] ist es an der Zeit, sich für einen Folgevorschlag zu öffnen: Die Single Member Company oder – aus Gründen der europäischen Sprachenvielfalt – die lateinische Bezeichnung Societas Unius Personae (SUP).

B. Bericht der Reflection Group

I. Allgemeines

Geboren wurde die Idee einer vereinfachten, geschlossenen Einpersonengesellschaft in Alleinbesitz im April 2011, als die Reflection Group on the Future of

---

„Gemeinsam erfolgreich in Europa" S. 23. Programmatisch zur Wiederbelebung der SPE auch *Hommelhoff/Teichmann*, GmbHR 2014, 177; *Prütting*, JZ 2014, 381. Zuletzt *Harbarth*, ECFR 2015, 230.

40 Anhang zur Mitteilung der Kommission an das Europäische Parlament, den Rat, den Europäischen Wirtschafts- und Sozialausschuss und den Ausschuss der Regionen: Effizienz und Leistungsfähigkeit der Rechtsetzung (REFIT): Ergebnisse und Ausblick, v. 2.10.2013, KOM (2013) 685 endg., S. 10, Fn. 40.

41 Programmatisch *Hommelhoff/Teichmann*, GmbHR 2014, 177. Zuletzt erschienen auch der Sammelband von *Hommelhoff/Schubel/Teichmann* (Hrsg.), Societas Privata Europaea (SPE) - die europäische Kapitalgesellschaft für mittelständische Unternehmen 2014. Aus der Politik siehe zuletzt den Bundestagsbeschluss in der 103. Sitzung des Bundestages v. 7.5.2015, Plenarprotokoll S. 9882 mit vorausgehender Beschlussempfehlung und Bericht des Ausschusses für Recht und Verbraucherschutz v. 6.5.2015 (BT-Drs. 18/4843).

42 Auch in der Folgenabschätzung der Kommission zur SUP wurde die Einführung einer „neuen europäischen Rechtsform im engeren Sinne", also der supranationalen SPE, ausgeschlossen (vgl. Commission Staff Working Document, Impact Assessment Accompanying the document Proposal for a directive of the European Parliament and of the Council on single-member private limited liability companies, v. 9.4.2014, SWD (2014) 124 final, S. 3).

43 Vgl. statt aller *Lutter/Bayer/J. Schmidt*, EuropUR, Rn. 45.1 ff.

European Company Law einen Bericht vorlegte, in dem sie diese als Vehikel für Unternehmensneugründer ebenso wie für die Schaffung grenzüberschreitender Konzernstrukturen vorschlug.[44] Entsprungen ist dieser Gedanke eher aus der Not heraus, dass die Verhandlungen über das Statut zur Europäischen Privatgesellschaft (SPE) angesichts der verschiedenen Meinungsströme zur Mitbestimmung, Sitzverlegung, zum Mindestkapital sowie zum Erfordernis eines grenzüberschreitenden Elements dem Stillstand erliegen könnten.

Im Zeitpunkt der Veröffentlichung des Berichts der Reflexionsgruppe im April 2011 stand jedoch noch nicht fest, dass das SPE-Statut in der Sitzung des Ministerrates im Mai 2011 mangels Einstimmigkeit nicht verabschiedet werden würde. Zu betonen ist, dass die Reflection Group in ihrem Bericht auch der SPE positiv gegenüberstand.[45] Die Single Member Company wurde vielmehr als „zweitbeste Lösung“[46] im Vergleich zum flexiblen SPE-Modell angesehen.

II. Inhalt des Vorschlags

Die Reflection Group erwägt zur Erleichterung der grenzüberschreitenden Tätigkeit einen grundlegend anderen Ansatz als das SPE-Statut. Die Grundlage des neuen Vorschlags ist die Erkenntnis, dass trotz der vielfältigen Rechtsformen in Europa die Gesellschaft mit beschränkter Haftung die am häufigsten genutzte Rechtsform ist.[47] Aus diesen Gründen sollten die hierzu bestehenden Regeln so weit wie möglich angeglichen werden. Dabei soll insbesondere eine Verschlankung der Gründungsformalitäten erfolgen.

Im Bewusstsein der Schwierigkeiten einer materiellen Angleichung des GmbH-Rechts auf Unionsebene beschränkt sich die Reflection Group auf die

---

44 Report of the reflection group on the future of EU Company Law, 5.4.2011, abrufbar unter http://ec.europa.eu/internal_market/company/docs/modern/reflectiongroup_report_en.pdf (zuletzt abgerufen am 16.09.2016); die Vorschläge der Reflexionsgruppe zusammenfassend *Lutter/Bayer/J. Schmidt*, EuropUR, 5. Aufl. 2011, § 18 Rn. 100 ff.; *J. Schmidt*, GmbHR 2011, R 177 - R178. Zur SMC *Ahern*, in: Viera González/Teichmann (Hrsg.), Private company law reform in Europe, S. 243, 265 ff.; *Hommelhoff*, AG 2013, 211.

45 Bericht der Reflection Group (Fn. 44), Kap. 2.7.2, S. 30.

46 Former Reflection Group on the Future of EU Company Law, ECFR 2013, 304, 321. Ebenso *Hommelhoff*, AG 2013, 211, 221; *Jung*, Der Gesellschafter 2014, 363, 364; *Schmidt*, GmbHR 2011, R 177, R178; *Schmidt*, in: Bayer/Koch (Hrsg.), Aktuelles GmbH-Recht, S. 8, 39; *Schmidt*, FAZ v. 19.2.2014, S. 19 sowie die Stellungnahmen zur Konsultation seitens des DIHK v. 22.8.2013, S. 1 sowie des BDI v. 20.9.2013, S. 1.

47 Bericht der Reflection Group (Fn. 44), Kap. 3.3.2, S. 57.

Regelungen zur Einpersonengesellschaft. Diese soll durch bestimmte, materiell harmonisierte Regelungen einen ersten Ansatz zur Förderung der grenzüberschreitenden Mobilität von KMU sowie von Unternehmensgruppen bieten. Diese Einsatzmöglichkeiten könnten zwar bereits durch die SPE erfüllt werden.[48] Der Charme der vereinfachten Einpersonengesellschaft liege jedoch darin, dass das Ziel der Förderung grenzüberschreitender Tätigkeit auf europäischer Ebene auf diesem Wege relativ einfach realisiert werden könne: Dieser Weg sei eine Richtlinie, welche die Mitgliedstaaten dazu verpflichtet, eine Mustersatzung für Einpersonen-GmbHs zur Verfügung zu stellen, welche die Kernbereiche der Gründung und Organisationsverfassung regelt. Obwohl die Wesenszüge der Einpersonengesellschaft auf europäischer Ebene harmonisiert werden würden, bliebe die ursprüngliche Struktur, wie sie im jeweiligen Mitgliedstaat angelegt ist, erhalten.[49]

Hinsichtlich der Organisationsverfassung ergäben sich wesentliche Erleichterungen: Mangels formell einzuberufender Gesellschafterversammlungen genüge ein schriftlicher Beschluss des Alleingesellschafters. Die Einrichtung eines Geschäftsführungsorgans wie ein „Board of directors“ wäre überflüssiger Formalismus, denn der Alleingesellschafter bestimme das Geschehen in der Single Member Company allein. Es bedürfe jedoch einer tiefergehenden Analyse, welche Regelungen für die Einpersonengesellschaft entbehrlich seien beziehungsweise optional von den Mitgliedstaaten verlangt werden dürfen.[50] Regeln zum Minderheitenschutz, internen Interessenkonflikten und zur GmbH in der Krise (z.B. Squeeze-outs, Austrittsrechte) seien aufgrund der Stellung als Alleingesellschafter allerdings naturgemäß nicht zu treffen.[51]

Die rechtsinstrumentale Umsetzung könnte entweder durch eine Ergänzung der Zwölften Richtlinie zur Einpersonengesellschaft erfolgen oder durch die Einführung einer separaten Richtlinie, mit welcher die Mitgliedstaaten zur Schaffung einer solchen Single Member Company verpflichtet werden.[52]

---

48 Bericht der Reflection Group (Fn. 44), Kap. 4.2., S. 66.

49 Bericht der Reflection Group (Fn. 44), Kap. 4.2., S. 66.

50 Bericht der Reflection Group (Fn. 44), Kap. 4.2 S. 66 f.

51 Bericht der Reflection Group (Fn. 44), Kap. 3.3.2., S. 57; Kap. 4.2 S. 66.

52 Bericht der Reflection Group (Fn. 44), Kap. 3.3.2., S. 57; Kap. 4.2 S. 67.

C. Verfahren in der Europäischen Kommission

Dieser Idee eines vereinfachten Regimes zur Einpersonengesellschaft wurde zunächst jedoch kaum Beachtung geschenkt.[53] Dass der Vorschlag der Reflection Group ernst genommen wurde, zeigt sich erst in einer breit angelegten, öffentlichen Konsultation zur Zukunft des Europäischen Gesellschaftsrechts, in der sich die Europäische Kommission von den Interessenkreisen – darunter Behörden, Gewerkschaften, Wirtschaftsverbände, Investoren, Wissenschaftler und interessierte Bürger – Stellungnahmen zu verschiedenen Bereichen des Europäischen Gesellschaftsrechts einholte, um den aktuellen gesellschaftlichen Bedürfnissen und wirtschaftlichen Entwicklungen im Europäischen Binnenmarkt gerecht zu werden.[54] Für den Fall der SPE beziehungsweise bei der Suche nach einer Alternative zur Verbesserung der grenzüberschreitenden Tätigkeit von KMU waren die Lager gespalten: Während die eine Seite sich für die Fortführung der Arbeiten an der SPE stark machte[55], suchte die Gegenseite nach Alternativen zur SPE – nach etwas Neuem, das in dieser Phase noch nicht direkt benannt wurde, jedoch vermuten lässt, dass die Idee der Reflection Group aufgegriffen werden sollte.[56] Im Ergebnis brachte die Konsultation gleichwohl keine stichhaltige Aussage.[57]

Im Dezember 2012 veröffentlichte die Europäische Kommission sodann den Aktionsplan 2012 für Europäisches Gesellschaftsrecht und Corporate Governance, in dem 16 Initiativen in Form von Richtlinien beziehungsweise Richtlinienänderungen, Leitlinien oder Analysen zu gesellschaftsrechtlichen Fragen

53 Erwähnt wurde der Vorschlag lediglich bei *Conac*, ECFR 2013, 194, 213 ff.; *Lutter/Bayer/J. Schmidt*, EuropUR, 5. Aufl. 2011, § 18 Rn. 106; *Schmidt*, GmbHR 2011, R 177, R178; *Schön*, in: FS Hommelhoff, S. 1037, 1039.

54 Konsultation zur Zukunft des Europäischen Gesellschaftsrechts v. 20.2.2012, abrufbar unter http://ec.europa.eu/internal_market/company/modern/index_de.htm.

55 So insbesondere die Berufsverbände und Unternehmen, vgl. die Zusammenfassung im Feedback Statement, Summary of Responses to the public consultation on the Future of European Company Law, 17.7.2012, Frage 13, S. 9 (zuletzt abgerufen am 16.09.2016 unter http://ec.europa.eu/internal_market/consultations/docs/2012/companylaw/feedback_statement_en.pdf).

56 Konsultation (s. Fn. 54), Frage 13 und Feedback Statement (s. Fn. 55), Frage 13, S. 8 f.

57 Die Ergebnisse von Konsultationen auf EU-Ebene sind überdies generell in ihrer Methode zu hinterfragen, da es an einer kontrollierten Erhebungssituation fehlt. Die Repräsentativität solcher Konsultationen erscheint daher zweifelhaft. Zur schriftlichen Befragung als quantitative Erhebungsmethode vgl. *Bortz/Döring*, Forschungsmethoden und Evaluation, S. 253 ff.

und Corporate Governance Regeln vorgestellt wurden.[58] Insbesondere sollte die Transparenz und die Einbeziehung der Aktionäre, etwa zur Überwachung der Vergütungspolitik und Transaktionen mit nahe stehenden Unternehmen und Personen (*related party transactions*) verbessert sowie das Wachstum von Unternehmen und ihre Wettbewerbsfähigkeit durch grenzüberschreitende Geschäfte europäischer Unternehmen gefördert werden.[59]

Im Hinblick auf die Schaffung von flexiblen Rechtsformen für kleine und mittelständische Unternehmen setzt sich die Kommission zum Ziel, weiterhin am Follow-up zum SPE-Vorschlag zu arbeiten, und den Mitgliedstaaten „einfache, flexible und in Europa gut bekannte Regeln an die Hand zu geben und ihre Kosten zu senken“[60].

Diese vage, zurückhaltende Angabe des „Follow-up“ kann in verschiedene Richtungen interpretiert werden. Für eine Wiederaufnahme der Arbeiten am SPE-Statut gibt es derzeit jedoch keine Ansatzpunkte.[61] Vielmehr lässt dieser Passus vermuten, dass die von der Reflection Group angedachte harmonisierte Single Member Company verfolgt werden soll. Das Kind „Single Member Company“ beziehungsweise „Societas Unius Personae“ bei seinem Namen zu nennen, war der Europäischen Kommission im Dezember 2012 wohl noch etwas verfrüht.

Bereits im März 2013 veröffentlichte die Generaldirektion Binnenmarkt und Dienstleistungen eine Roadmap über die Einpersonengesellschaft.[62] Dies überrascht nicht nur wegen der kurzen Zeitspanne zum Aktionsplan. Auch inhaltlich formiert sich schnell die konkrete Ausgestaltung des Follow-up zum SPE-Vorschlag. Die Einpersonen-GmbH soll eine Kernbereichsharmonisierung zur

---

58 Mitteilung der Kommission an das Europäische Parlament, den Rat, den Europäischen Wirtschafts- und Sozialausschuss und den Ausschuss der Regionen, Aktionsplan: Europäisches Gesellschaftsrecht und Corporate Governance – ein moderner Rechtsrahmen für engagiertere Aktionäre und besser überlebensfähige Unternehmen, v. 12.12.2012, KOM (2012) 0740 final. Dazu *Bayer/J. Schmidt*, BB 2013, 3, 12 ff.; *Hellwig*, ZGR 2013, 216; *Hopt*, ZGR 2013, 165; *Roesener*, NZG 2013, 241.

59 Aktionsplan (s. Fn. 58), S. 5.

60 Aktionsplan (s. Fn. 58), Kap. 4.4, S. 15 f.

61 Für die Wiederaufnahme der Arbeiten an der SPE jedoch jüngst plädierend *Hommelhoff/Teichmann*, GmbHR 2014, 177; *J. Schmidt*, FAZ v. 19.2.2014, S. 19; *Winkelmeier-Becker*, ZRP 2014, 222.

62 Europäische Kommission, GD Markt/F2, Roadmap Single-Member Company, März 2013 (zuletzt abgerufen am 16.09.2016 unter http://ec.europa.eu/smart-regulation/impact/planned_ia/docs/2014_markt_003_single_member_company.pdf.

Erleichterung der grenzüberschreitenden Geschäftstätigkeit erfahren. In der Roadmap werden hauptsächlich die Ideen der Reflection Group aufgegriffen.

Im Sommer 2013 führte die Europäische Kommission eine gezielte Konsultation zu Kapitalgesellschaften mit einem einzigen Gesellschafter durch.[63] Dabei sollten Informationen darüber gesammelt werden, ob aus Sicht der KMU Harmonisierungsbedarf im Hinblick auf die grenzüberschreitende Geschäftstätigkeit in der Europäischen Union besteht, welche Schwierigkeiten sich bei der Errichtung einer Zweigniederlassung oder Tochtergesellschaft im EU-Ausland ergeben und welchen Bereich die mögliche Initiative zu Kapitalgesellschaften mit einem einzigen Gesellschafter umfassen könnte.

Bereits während der Laufzeit der Konsultation erhielt die Kommission fachliche Unterstützung seitens der Mitglieder der Reflection Group. Auch bei einem Treffen zwischen der EU und der Generaldirektion Binnenmarkt und Dienstleistungen (GD Markt) befürwortete der Großteil der Teilnehmer die Initiative und betonte die potentiellen positiven Auswirkungen für die Unternehmen im Binnenmarkt.[64] Zu Recht wird an dieser Stelle daher kritisiert, dass der Richtlinienvorschlag bereits vor Abschluss und Auswertung der Konsultation erarbeitet wurde und es somit nicht auf die Ergebnisse der Konsultation ankam.[65]

D. Der Kommissionsentwurf COM (2014) 212 final

Am 9.4.2014 erging sodann der Verschlag der Europäischen Kommission für eine Richtlinie des Europäischen Parlaments und des Rates über Gesellschaften mit beschränkter Haftung mit einem einzigen Gesellschafter.[66]

---

63 Konsultation zu Kapitalgesellschaften mit einem einzigen Gesellschafter, v. 06.06.2013, zuletzt abgerufen am 16.09.2016 unter http://ec.europa.eu/internal_market/consultations/2013/single-member-private-companies/index_de.htm.

64 Commission Staff Working Document, Impact Assessment Accompanying the document Proposal for a directive of the European Parliament and of the Council on single-member private limited liability companies, v. 9.4.2014, SWD (2014) 124 final, S. 7 (im Folgenden: Impact Assessment). Bei dem Treffen waren seitens der GD Markt folgende Gruppierungen beteiligt: Business Europe, Rat der Notariate der Europäischen Union, European Small Business Alliance, Rat der Anwaltschaften der Europäischen Union, Chambre de Commerce de d'Industrie de région Paris et Ile-de-France, Association Nationale des Sociétés par Actions und Eurochambers.

65 Stellungnahme des Deutschen Notarvereins zum Richtlinienentwurf v. 30.4.2014, S. 2.

66 Vorschlag für eine Richtlinie des Europäischen Parlaments und des Rates über Gesellschaften mit beschränkter Haftung mit einem einzigen Gesellschafter, v. 9.4.2014, COM (2014) 212 final.

Die Ziele für die Initiative einer SUP wurden seitens der Kommission in ein allgemeines, ein spezifisches und ein operatives Ziel unterteilt[67]: Das *allgemeine* Ziel ist die Förderung des Unternehmertums. Insbesondere KMU, aber auch Unternehmensgruppen soll die Gründung von Gesellschaften im Ausland erleichtert werden, um so das Wachstum, die Beschäftigung und Innnovationen im Binnenmarkt zu stärken. Das *spezifische* Ziel ist die Kostenreduzierung. Hier sollen die Mehraufwendungen, die typischerweise mit der Gründung von Tochtergesellschaften verbunden sind, gesenkt werden. Das *operative* Ziel wäre die Harmonisierung einiger Kernpunkte im mitgliedstaatlichen Recht. Damit soll die Gründung von Unternehmen im Ausland vereinfacht werden, damit diese den gleichen Anforderungen unterliegen würde wie im Heimatstaat.

Das operative Ziel der Reduzierung der Unterschiede der rechtlichen und administrativen Erfordernisse der Mitgliedstaaten bei der Gründung von Gesellschaften steht unweigerlich in einem Spannungsfeld mit dem Ziel der Wahrung der einzelstaatlichen Rechtsordnungen. Die gewachsenen Rechtsstrukturen der 28 Mitgliedstaaten sind ein Kulturgut und ein Wert an sich[68], deren Vielfalt mit dem Ziel der Schaffung zentraler Vorschriften so weit wie möglich im Wege der praktischen Konkordanz in Einklang zu bringen ist.

---

67 Impact Assessment (Fn. 64), S. 23 sowie Arbeitsunterlage der Kommissionsdienststellen, Zusammenfassung der Folgenabschätzung: Begleitunterlage zum Vorschlag für eine Richtlinie über Gesellschaften mit beschränkter Haftung mit einem einzigen Gesellschafter, v. 9.4.2014, SWD (2014) 123 final, S. 3.

68 „Einheit und Vielfalt" als Perspektive des Europäischen Gesellschaftsrechts ansehend *Hopt*, ZGR 1992, 265, 293. Ähnlich *Ebke*, RabelsZ 62 (1998), 195, 200: „Recht entsteht, lebt und stirbt in und aus seinem rechtskulturellen Umfeld." und *Lutter*, ZGR 1992, 435, 451: „Überall also ein Gebäude von gleichem Grundriß und gleicher Statik, aber mit verschiedenen national geprägten Schwüngen und Verzierungen – von der strengen Moderne über die schwingende Gotik bis hin zur Vielfalt des Barock." Weiterhin *Fleckner*, in: FS Hopt, S. 659, 681 f. (speziell im Hinblick auf eine supranationale Harmonisierung) sowie *Hommelhoff*, Der Gesellschafter 2009, 337, 340: „Die Ausgestaltung der zweiten Kapitalgesellschaftsform gründet in vielen EG-Mitgliedstaaten tief in ihrer jeweils unterschiedlichen Kultur- Wirtschafts- und Rechtstradition. Wann (und ob überhaupt) die Zeit für ein Europäisches GmbH-Gesetz kommen wird, steht momentan noch in den Sternen." Ausführlich zum europäischen Integrationskonzept unter Fortbestehen der nationalen Rechtsysteme auch *Teichmann*, Binnenmarktkonformes Gesellschaftsrecht, S. 37–49 sowie S. 118–132.

Kapitel 2: Der Status quo: Bisherige rechtliche Gestaltungsmöglichkeiten bei grenzüberschreitender Tätigkeit

Das Europäische Gesellschaftsrecht stellt sich – nicht zuletzt durch die EuGH-Judikatur – im besonderen Maße als *„law in action"*[69] dar und befindet sich in einem kontinuierlichen Ausbau der Grundfreiheiten. Die Stärkung des Binnenmarktes und die Verbesserung der grenzüberschreitenden Mobilität sind dabei zentrale Anliegen.[70] Bereits heute stehen den Unternehmen verschiedene Optionen zur grenzüberschreitenden Geschäftstätigkeit zur Verfügung. Sie können eine Auslandsgesellschaft oder eine Gesellschaft mit supranationaler Rechtsform gründen, eine Zweigniederlassung errichten oder im Wege der Sitzverlegung oder der grenzüberschreitenden Verschmelzung das für sie anwendbare Recht ändern. In diesem Kapitel soll das bisherige Gestaltungsspektrum dargestellt und die jeweilige Eignung für die grenzüberschreitende Tätigkeit von KMU analysiert werden.

A. Gründung einer Auslandstochtergesellschaft

I. Bisherige Entwicklung

Die naheliegendste Möglichkeit wäre die Gründung einer Auslandstochtergesellschaft. Tochtergesellschaften verfügen über eigene Rechtspersönlichkeit und werden nach den Vorschriften des Eintragungslandes gegründet. Über Artikel 49 Abs. 1 S. 2 AEUV stehen sie unter dem Schutz der Niederlassungsfreiheit.

Seit den Entscheidungen des EuGH in den Rechtssachen *Centros*[71], *Überseering*[72] und *Inspire Art*[73] steht es den Unternehmen darüber hinaus frei, sich den Staat mit dem attraktivsten Gründungsrecht und somit das Wunsch-Rechtsregime auszusuchen (Wettbewerb der Rechtsordnungen[74]). Die Niederlassungsfreiheit

---

69 So zum Unionsrecht allgemein *Oppermann*, in: FS Tübingen, S. 415, 429.

70 Vgl. Art. 28 AEUV sowie Aktionsplan 2012 (Fn. 58), Punkt 4.2, S. 14; früher bereits Aktionsplan 2003, KOM (2003) 284, Punkt 3.4, S. 24. Zu Letzterem *Habersack/Verse*, EuropGesR, § 4 Rn. 17 ff.

71 EuGH, Rs. C-212/97 *(Centros)*, Slg. 1999, I-1459.

72 EuGH, Rs. C-208/00 *(Überseering)*, Slg. 2002, I-9919.

73 EuGH, Rs. C-167/01 *(Inspire Art)*, Slg. 2003, I-10155.

74 Siehe hierzu nur *Eidenmüller*, ZIP 2002, 2233; *Eidenmüller*, NJW 2005, 1618; *Eidenmüller*, in: FS Heldrich, S. 581; *Eidenmüller*, JZ (2009), 641; *Grundmann*, EuropGesR,

gewährt den Gesellschaften, die in einem Mitgliedstaat errichtet wurden, die Möglichkeit, in einem anderen Mitgliedstaat ihre Geschäftstätigkeit im Wesentlichen oder ausschließlich auszuüben.[75] Bei den Anreizen zur Verbreitung des nationalen Gesellschaftsrechts spielen steuerliche Gesichtspunkte, die lokale Infrastruktur sowie die Gründungsvorschriften eine maßgebliche Rolle.

Beschränkungen der Niederlassungsfreiheit können nur über den geschriebenen Rechtfertigungsgrund des Artikels 52 S. 1 AEUV oder über die *Gebhard*-Formel[76] gerechtfertigt werden. Zwar sei eine missbräuchliche oder betrügerische Berufung auf Unionsrecht nicht zulässig. Wenn die Gesellschaft in einem Mitgliedstaat nur deshalb gegründet wurde, weil dort die Gründungsvorschriften einfacher und für sie vorteilhafter sind, stelle dies jedoch noch keinen Missbrauch oder Betrug dar.[77] Die Betroffenen wollen sich in jenem Falle lediglich die Vorschriften über die Errichtung von Gesellschaften, nicht dagegen die Vorschriften über die Ausübung der beruflichen Tätigkeit zu Nutze machen. Sinn und Zweck der Niederlassungsfreiheit nach Artikel 49, 54 AEUV sei es jedoch gerade, dass Gesellschaften, die ihren satzungsmäßigen Sitz, die Hauptverwaltung oder die Hauptniederlassung innerhalb der EU haben, mittels einer Agentur, Zweigniederlassung oder Tochtergesellschaft in einem anderen Mitgliedstaat tätig werden dürfen.[78] Der satzungsmäßige Sitz, die Hauptverwaltung oder die Hauptniederlassung bestimme dabei, ebenso wie die Staatsangehörigkeit bei natürlichen Personen, die Zugehörigkeit zur Rechtsordnung eines Mitgliedstaates; die geschäftliche Tätigkeit kann somit auch in einem anderen Mitgliedstaat ausgeübt werden.[79] Es ist daher von der Niederlassungsfreiheit gedeckt,

---

S. 157 ff.; *Lutter*, BB 2003, 7, 10; *Paefgen*, ZIP 2004, 2253; *Teichmann*, Binnenmarktkonformes Gesellschaftsrecht, S. 330 ff.; *Teichmann*, in: Müller-Graff (Hrsg.), Europäisches Gesellschaftsrecht auf neuen Wegen, S. 43; *Westermann*, in: Scholz, GmbHG, 11. Aufl. 2012, Einl. Rn. 49; monographisch *Kieninger*, Wettbewerb der Privatrechtsordnungen im EU-Binnenmarkt. Kritisch *K. Schmidt*, ZHR 168 (2004), 493.

75 EuGH Rs. 79/85 (*Segers*), Slg. 1986, I-2375, Tz. 16; EuGH (*Centros*, Fn. 71) Tz. 18; EuGH (*Inspire Art*, Fn. 73), Tz. 95.

76 EuGH, Rs. C-55/94 (*Gebhard)*, Slg. 1995, I-4165, Leitsatz 3 UAbs. 3 S. 2 sowie Tz. 37.

77 EuGH (*Centros*, Fn. 71) Tz. 18; EuGH (*Inspire Art*, Fn. 73), Tz. 96.

78 EuGH (*Centros*, Fn. 71), Tz. 26.

79 EuGH, Rs. 270/83 (*Kommission/Frankreich*), Slg. 1986, 273, Tz. 18; EuGH, Rs. C-330/9 (*Commerzbank)*, Slg. 1993, I-4017, Tz. 13; EuGH (*Segers*, Fn. 75), Tz. 13; EuGH, Rs. C-264/96 (*ICI*), Slg. 1998, I-4695, Tz. 20; EuGH (*Centros*, Fn. 71) Tz. 20; EuGH (*Inspire Art*, Fn. 73), Tz. 97. Zur Parallele von natürlichen Personen und Gesellschaften im Rahmen von Art. 49 und 54 AEUV siehe *Teichmann*, in: FS Hommelhoff, S. 1213, 1217 ff.

wenn die Gründer ihre Gesellschaft in dem Mitgliedstaat errichten, der ihm die größte Freiheit gewährt und sodann ihre geschäftliche Tätigkeit zu 100 % in einem anderen Mitgliedstaat ausüben. Den Unternehmern steht es also frei, ihre Gesellschaft in England zu gründen und ihre geschäftliche Tätigkeit dann in Deutschland, den Niederlanden, Belgien, Dänemark oder einem anderen Mitgliedstaat der EU zu entfalten (sog. Briefkastengesellschaften).

Teilweise wurde in den Urteilen *Cadbury Schweppes*[80] und *Vale*[81] eine Trendwende der in den Fällen *Centros*, *Überseering* und *Inspire Art* entwickelten Legitimität von Briefkastengesellschaften gesehen.[82] Der Schutzbereich der Niederlassungsfreiheit sei nach dieser Interpretation nur dann tangiert, wenn ein tatsächlicher wirtschaftlicher Bezug (sog. *genuine link*) zum Registrierungsstaat besteht. Rein künstliche, „jeder wirtschaftlichen Realität bare“[83] Gestaltungen, welche nur mit einer fiktiven Ansiedlung zusammenhängen und keine wirkliche wirtschaftliche Tätigkeit im Hoheitsgebiet des Aufnahmestaats entfalten, fallen danach nicht unter den Schutz der Niederlassungsfreiheit.[84] *Roth* zog aus dieser Rechtsprechung folgenden Schluss: „[Die] Gründung einer Briefkastengesellschaft [ist] keine geschützte Ausübung von Niederlassungsfreiheit mehr“[85]. Der überzeugendere Teil des Schrifttums sah in *Cadbury Schweppes* jedoch keine Abkehr der bisherigen Rechtsprechungslinie des EuGH, sondern

80 EuGH, Rs. C-196/04 (*Cadbury Schweppes*), Slg. 2006, I-8031.

81 EuGH, Rs. C-378/10 (*Vale Epitesi kft*) = EuGH EuZW 2012, 621; hierzu *Schön*, ZGR 2013, 333; *Wöhlert/Degen*, GWR 2012, 432; *Verse*, EuZW 2013, 336 f.; *Verse*, ZEuP 2013, 458; *Roth*, in: FS Hoffmann-Becking, S. 965; *Teichmann*, DB 2012, 2085.

82 So die Interpretation nach *Cadbury Schweppes* (Fn. 80) in den Schlussanträgen des GA Manduro, v. 22.5.2008, C-210/06 – *Cartesio*, Tz. 29 sowie bei *Kindler* in Münch.Komm. BGB, 5. Aufl. 2010, Band 11, IntGesR, Rn. 128; *Kindler*, IPRax 2014, 272, 273 f.; *Roth*, Vorgaben der Niederlassungsfreiheit für das KapGesR, S. 12 ff.; *Roth*, EuZW 2010, 607. In Reaktion auf *Vale* (Fn. 81) *Böttcher/Kraft*, NJW 2012, 2701, 2703; *Kindler*, EuZW 2012, 888, 891 f.; *König/Bormann*, NZG 2014, 1241, 1242 f.; *Mörsdorf-Schulte*, KSzW 2014, 117, 127; *Roth*, ZIP 2012, 1744, 1744 f., *Roth*, in: Roth/Altmeppen, GmbHG, 8. Aufl. 2015, § 4a Rn. 43 sowie die Beschlussempfehlung der Ausschüsse zur SUP-Richtlinie, v. 30.6.2014, BR-Drs. 165/2/14, S. 8; wohl auch *Mörsdorf/Jopen*, ZIP 2012, 1398, 1399; *Wicke*, DStR 2012, 1756, 1758; *Wicke*, in: Hommelhoff/Schubel/Teichmann (Hrsg.), SPE, S. 107, 116.

83 EuGH (*Cadbury Schweppes*, s. Fn. 80), Tz. 55.

84 EuGH (*Cadbury Schweppes*, s. Fn. 80), Tz. 68.

85 *Roth*, Vorgaben der Niederlassungsfreiheit für das KapGesR, S. 22; vgl. auch *Kindler*, in Münch.Komm.BGB, 7. Aufl. 2018, Band 12, IntGesR, Rn. 128: “längst überfällige Kurskorrektur”.

ein rein aus steuerlichen Erwägungen ergangenes Urteil.[86] Die bloße geschäftliche Untätigkeit in einem Mitgliedstaat führt nicht zum Ausschluss aus dem Schutzbereich der Niederlassungsfreiheit. Ist die Gesellschaft nach nationalem Recht wirksam gegründet, steht sie unter dem Schutz der Niederlassungsfreiheit.[87] Kommt jedoch noch eine konkrete Gefährdung schützenswerter mitgliedstaatlicher Interessen (vorliegend die Umgehung nationaler Steuerregelungen) hinzu, kann hierin nach umfassender Verhältnismäßigkeitsprüfung ein Grund für eine Beschränkung der Niederlassungsfreiheit liegen.

Obgleich die grenzüberschreitende Mobilität durch die Fortentwicklung der Niederlassungsfreiheit zum Beschränkungsverbot bereits einen beträchtlichen Umfang erreicht hat, ist der Prozess noch lange nicht abgeschlossen.[88] In der Praxis nutzen nur 2 % der KMU die Vernetzungsmöglichkeiten ins Ausland.[89]

II. Eignung für grenzüberschreitende Tätigkeit von KMU

Bei der Gründung einer Tochtergesellschaft im Ausland wird den dortigen Geschäftspartnern oder Kunden die Rechtssicherheit geboten, mit einem Unternehmen zu agieren, das dem einheimischen Recht unterliegt. Überdies ist die Gründung einer Tochtergesellschaft wegen der besseren Risikostreuung des wirtschaftlich zusammengehörenden Konzerns effizienter als eine bloße Zweigniederlassung.[90]

Gleichwohl stellen längerfristig bestehende Faktoren wie die Sprache und Rechtsunsicherheiten erhebliche Barrieren dar: Obwohl es sich bei der Sprache

---

86 *Bayer/J. Schmidt*, ZIP 2012, 1481, 1486; *Bayer/J. Schmidt*, KSzW 2014, 69, 69; *Behme*, NZG 2012, 936, 939; *Drygala*, EuZW 2013, 569; *Eckert*, Int GesR, 2010, S. 68 ff.; *Habersack/Verse*, EuropGesR, § 3 Rn. 18; *Mäsch*, in Beck'scher Online-Kommentar, 38. Ed. 2013, Art. 12 EGBGB Rn. 88e; *Roth*, in: FS Hoffmann-Becking, S. 965, 968; *Schaper*, ZIP 2014, 810, 814 f.; *Schön*, ZGR 2013, 333, 352 ff.; *Teichmann*, ZGR 2011, 639, 671 ff.; *Teichmann*, DB 2012, 2085; *Verse*, ZEuP 2013, 458, 472 ff.; *Teichmann*, in: Herrler (Hrsg.), Aktuelle gesellschaftsrechtliche Herausforderungen, S. 111, 118, 132.

87 Die wirksame Gründung der Gesellschaft nach nationalem Recht bezeichnet der EuGH daher als „Vorfrage“, EuGH, Rs. C-47/12 (*Cartesio)*, Slg. 2008-9664, Tz. 109; EuGH (*Vale*, Fn. 81), Tz. 28; hierzu *Teichmann*, ZGR 2011, 639, 661 ff., 680; *Teichmann*, DB 2012, 2085, 2086; *Teichmann*, in: Herrler (Hrsg.), Aktuelle gesellschaftsrechtliche Herausforderungen, S. 111, 119; *Verse*, ZEuP 2013, 458, 473.

88 *Habersack/Verse*, EuropGesR, § 3 Rn. 30; *Kahnert*, Rechtsetzung im EurGesR, S. 204: Wettbewerb steckt noch in den Kinderschuhen.

89 Impact Assessment (Fn. 64), S. 18. Aus ökonomisch-rechtsphilosophischer Perspektive *Prütting*, JZ 2014, 381, 383.

90 *Lecourt*, Revue des sociétés 2014, 699, 701 f.

um eine eher weiche Komponente handelt, stellt diese in der Praxis ein nicht zu unterschätzendes Hindernis und einen erheblichen Kostenfaktor für die grenzüberschreitende Tätigkeit dar.[91] Insbesondere in Staaten wie Polen, Griechenland oder Ungarn bereitet die Gründung einer Gesellschaft schon sprachlich Probleme. Selbst in Frankreich, wo im Jahre 2003 das Mindestkapital der SARL abgeschafft wurde, blieb ein Anstieg an Gründungen aus dem Ausland aus.[92]

Durch den entfachten Wettbewerb der Rechtsordnungen sind die Schranken für die Verwendung ausländischer Rechtsformen gefallen. Im Vereinigten Königreich gab es im Zeitraum zwischen 2003 und 2006 über 67.000 Neugründungen aus anderen EU-Mitgliedstaaten – der jährliche Durchschnitt stieg dabei von 146 Gesellschaften vor der *Centros*-Entscheidung auf 671 nach *Centros* an.[93] Viele Unternehmen fungierten dabei als reine Briefkastengesellschaften und hatten ihr eigentliches Tätigkeitsfeld in einem anderen Mitgliedstaat. Der Drang nach der *Limited* lag dabei nicht nur im einfachen Gründungsrecht, sondern auch in der Annahme, aufgrund der Beherrschung der englischen Sprache die Gesellschaft ohne externe Beratung gründen und führen zu können. Sowohl Großbritannien als auch Irland konnten daher durch die weite Verbreitung der englischen Sprache einen Wettbewerbsvorteil für sich ausmachen.[94]

Gleichwohl bestehen aufgrund der fehlenden Harmonisierung des GmbH-Rechts erhebliche Diskrepanzen zwischen den rechtlichen Ausgangslagen in den Mitgliedstaaten: Gerade bei der Gründung variieren die einzelstaatlichen

---

91 *Lecourt*, Revue des sociétés 2014, 699, 701 f.

92 *Breitenstein/Meyding*, BB 2006, 1457, 1458; *Vossius/Wachter*, BB 2005, 2539.

93 *Becht/Mayer/Wagner*, Journal of Corporate Finance 14 (2008), 241, 242. Die Neugründungen aus EU- und EWR-Staaten (insbesondere Deutschland, Frankreich, Niederlande und Norwegen) waren wesentlich höher als die Gründungen aus dem Rest der Welt und kletterten insbesondere seit der *Centros*-Entscheidung in die Höhe. Ob hierdurch der in den USA entstandene *„Delaware-Effekt"* eintreten wird, bleibt abzuwarten. Zurückhaltend *Menjucq*, Droit international et européen des sociétés, Rn. 132; *Teichmann*, Binnenmarktkonformes Gesellschaftsrecht, S. 363 ff., 383 ff.; *Wymeersch*, in: Andrews (Hrsg.), Referate für den 1. Europäischen Juristentag, S. 85, 119 Rz. 25; die Unterschiede in der Ausgangslage der USA und Europa anhand der Gesellschaftsformen, Beteiligungsstruktur, Art der Arbitrage, Zulässigkeit von „franchise taxes" sowie Kultur und Sprache analysierend *Kahnert*, Rechtsetzung im EurGesR, S. 176 ff.

94 *Eidenmüller*, in: FS Heldrich, S. 581, 584; *Teichmann*, in: Gesellschaftsrechtliche Vereinigung (Hrsg.), Gesellschaftsrecht in der Diskussion 2008, S. 55, 65; *Teichmann*, RIW 2010, 120, 122. Zur Begrenztheit der Informationsmöglichkeiten aufgrund sprachlicher Barrieren *Kieninger*, Wettbewerb der Privatrechtsordnungen im EU-Binnenmarkt, S. 171; *Möslein*, ZHR 176 (2012), 470, 484.

Verfahren erheblich. Aber auch im laufenden Geschäftsbetrieb stellen sich häufig rechtliche Fragen – etwa bei Änderungen der Gesellschaftsorgane, Rechnungslegung und Abschlussprüfung –, welche sich ohne fachliche Beratung kaum lösen lassen. So ist etwa die Rechnungslegung nach englischem Bilanzrecht mit jährlichem Bericht an das Companies House *(annual return)* für viele Buchhaltungen kaum ausführbar, sodass *Limited*-Gründer häufig nicht ohne rechtlichen Beistand auskommen. Zur Beseitigung solcher Rechtsunsicherheiten fallen daher laufend Informationskosten an, insbesondere zur Rechtsberatung.[95] Hieraus entstehen erhebliche Kosten, die aktuell sowohl KMU als auch Unternehmensgruppen vor grenzüberschreitender Tätigkeit zurückschrecken lassen.[96] Die Gründung einer Auslandstochtergesellschaft stellt somit in der Praxis noch keine ausreichende Möglichkeit zur Verbesserung der grenzüberschreitenden Unternehmenstätigkeit dar.

B. Gründung einer Europäischen Aktiengesellschaft

I. Bisherige Entwicklung

Seit 2004 steht den Gesellschaften die Europäische Aktiengesellschaft zur Verfügung,[97] ein „selbstständiges Schiff [...] mit unterschiedlichen Erscheinungsformen und Farben, je nachdem welcher Heimathafen an seinem Schornstein vermerkt ist“[98]. Mit der supranationalen Societas Europaea (SE) wurde ein einheitlicher Rahmen geschaffen, innerhalb dessen sich Gesellschaften in der

---

95 *Lecourt*, Revue des sociétés 2014, 699, 701 f.; *Teichmann*, in Lutter/Koch (Hrsg.), SUP, S. 37, 62; *Wicke*, ZNotP 2006, 322, 323. Vgl. auch *Vossius*, EWS 2007, 438, 440: „Was die Kosten betrifft, entspricht die GmbH einem hochwertigen Handy mit einem etwas höheren Gerätepreis und einer niedrigen *flatrate*, die *Limited* einem wartungsanfälligen 1 -Euro-Handy mit saftigen Sekundengebühren.“

96 In Reaktion auf diesen Organisations- und Kostenaufwand ist die Zahl der von Deutschland aus gegründeten *Limiteds* schon seit 2007 – also noch vor der deutschen GmbH-Reform – beständig gesunken. Vgl. hierzu die Datenerhebung bei *Niemeier*, ZIP 2006, 2237. Zu den Zahlen in Deutschland vgl. *Ringe*, ECFR 2013, 230, 236 ff.; *Ringe/Otte*, in: Triebel/Illmer/Ringe/Vogenauer/Ziegler (Hrsg.), Englisches Handels- und Wirtschaftsrecht, § 1 Rn. 16 mwN.

97 Eingeführt durch Verordnung (EG) Nr. 2157/2001 des Rates v. 8.10.2001, ABl. Nr. L 294/1. Zur Entstehungsgeschichte ausführlich *Lutter/Bayer/J. Schmidt*, EuropUR, Rn. 45.1 ff.

98 *Lutter*, AG 1990, 413, 414.

gesamten Europäischen Union neu organisieren können.[99] Die Rechtsform wird insbesondere aus drei Motiven gewählt:

Erstes Motiv ist das europäische Label, welches mit der Bezeichnung „SE“ einhergeht.[100] Durch den europäischen Rechtsformzusatz erhält die Gesellschaft eine „European Corporate Identity“[101] und deutet darauf hin, dass es sich bei der Gesellschaft um einen *global player* handelt. Das europäische Image stellt dabei einen der wichtigsten Anreize für die Wahl der Rechtsform dar. Insbesondere bei grenzüberschreitenden Fusionen und Strukturänderungen innerhalb einer Unternehmensgruppe werden der supranationale Charakter und das europäische Image der Gesellschaft als Vorteil gesehen.

Zweites Motiv ist die Wahlmöglichkeit zwischen dem monistischen und dualistischen Leitungsmodell.[102] Den Unternehmen steht es frei, anstelle der dualistischen Organisationsstruktur mit Vorstand und Aufsichtsrat eine monistische Struktur einzurichten, bei welcher die geschäftsführenden Direktoren als ausführendes Organ des Verwaltungsrats die laufenden Geschäfte leiten (Flexibilität in der Corporate Governance). Die nicht-geschäftsführenden Direktoren können durch ihre Expertise beratend tätig werden oder, soweit sie aus den Kreisen der Aktionäre stammen, entsprechenden Einfluss auf die Geschäftsführer nehmen. Dem Verwaltungsrat im Ganzen verbleibt die Möglichkeit, durch die erforderliche Mehrheit der nicht-geschäftsführenden Direktoren die Geschäftsführung zu lenken.[103] Die Position des Verwaltungsrats wird zudem dadurch

---

99 Erwägungsgrund 1 SE-VO.

100 Kommissionsbericht SEK (2010) 1391, Gliederungspunkt 3.1; *Haider-Giangreco/Polte*, BB 2014, 2947, 2950 f.; *Lutter*, in: Lutter/Hommelhoff/Teichmann, SE-Kommentar, 2. Aufl. 2015, Einl., Rn. 33; *Oechsler/Mihaylova*, in: Münch.Komm.AktG, Band 7, 4. Aufl. 2017, Vorbem. vor Art. 1 SE-VO, Rn. 9; *Reichert*, in: GS Gruson, S. 321, 326; *J. Schmidt*, in: Bayer (Hrsg.), Die Aktiengesellschaft im Spiegel der Rechtstatsachenforschung, 2007, S. 51, 77; *Schwarz*, SE-VO, Einl. Rn. 17; *Teichmann*, ZGR 2002, 383, 389; *Thoma/Leuering*, NJW 2002, 1449, 1454; *Wenz*, AG 2003, 185, 188. So bereits zur Europäischen Handelsgesellschaft *Möhring*, NJW 1965, 2225, 2226, der den höheren „good will“ einer supranationalen Organisationsform herausstreicht.

101 *J. Schmidt*, in: Bayer (Hrsg.), Die Aktiengesellschaft im Spiegel der Rechtstatsachenforschung, 2007, S. 51, 77; *Wenz*, AG 2003, 185, 188.

102 Art. 38 lit. b SE-VO. In Deutschland entschieden sich 134 der 272 hiesig gegründeten SE für das monistische System, was einer Quote von 48 % entspricht, vgl. *Schuberth/von der Höh*, AG 2014, 439, 442.

103 Das monistische System als Vorteil für den Mittelstand ansehend *Fromholzer*, in: Gesellschaftsrechtliche Vereinigung (Hrsg.), Gesellschaftsrecht in der Diskussion 2012, S. 59, 68 ff.; *Haider-Giangreco/Polte*, BB 2014, 2947, 2947, 2948; *Handlanger*,

gestärkt, dass die nicht-geschäftsführenden Direktoren jederzeit abberufen werden können, was in einer deutschen Aktiengesellschaft mit dualistischer Struktur nicht möglich wäre, da der Vorstand nicht weisungsgebunden ist und es zu dessen Abberufung stets eines wichtigen Grundes bedarf.[104] An die Abberufung des Verwaltungsrats können statutarisch strenge Anforderungen festgelegt werden, die Amtszeit kann bis zu sechs Jahre betragen und die Größe des Verwaltungsrats kann beliebig festgelegt werden.[105] Den Gesellschaften wird somit eine flexible Gestaltung der Organisationsverfassung an die Hand gegeben, die auch für mittelständische Unternehmen, insbesondere familiär geführte Gesellschaften, attraktiv sein soll.[106]

Drittes Motiv ist die Verhandelbarkeit der Unternehmensmitbestimmung.[107] Der bei der Gründung existierende Mitbestimmungsstatus bildet lediglich die gesetzliche Auffanglösung,[108] welchen zwingend vorgeschaltet Verhandlungen zwischen dem Management und den Arbeitnehmervertretern sind. Diese bilden das besondere Verhandlungsgremium (bVg), deren Aufgabe es ist, eine Vereinbarung über die Beteiligung der Arbeitnehmer zu finden.[109] Einigen sich die Verhandlungspartner auf eine spezielle Mitbestimmungsvereinbarung, hat diese Verhandlungslösung Vorrang vor den gesetzlichen Regelungen.[110] Bei den Verhandlungen kann sich das bVg auch auf eine Minderung der Mitbestimmungsrechte einigen.[111] Der Unternehmensleitung steht es somit innerhalb der

---

SE für den Mittelstand, S. 29, 53; *Reichert*, in: GS Gruson, S. 321, 330; *Schuberth/von der Höh*, AG 2014, 439, 442; *Teichmann*, BB 2004, 53, 55.

104 Vgl. § 76 Abs. 1 und § 84 Abs. 3 S. 1 AktG.

105 Vgl. § 29 SEAG, Art. 46 Abs. 1 SE-VO und Art. 43 Abs. 2 S. 1 SE-VO.

106 *Fromholzer*, in: Gesellschaftsrechtliche Vereinigung (Hrsg.), Gesellschaftsrecht in der Diskussion 2012, S. 59, 71 f. sieht dagegen in der Corporate Governance nicht den ausschlagenden Faktor für die Wahl der SE. Auch *Teichmann*, BB 2004, 53, 55 und *Hommelhoff/Teichmann*, DStR 2008, 925, 926 präferieren für den Mittelstand die Gestaltungsfreiheit der SPE.

107 Kommissionsbericht SEK (2010) 1391, Gliederungspunkt 3.1; *Haider-Giangreco/Polte*, BB 2014, 2947, 2948 f.; *Hopt*, ZGR 2013, 165, 196; *Lutter*, in: Lutter/Hommelhoff/Teichmann, SE-Kommentar, 2. Aufl. 2015, Einl., Rn. 37.

108 Vgl. §§ 34 ff. SEBG. Je nach der Gründungsform gelten dabei unterschiedliche Regelungen über die Mitbestimmung der Arbeitnehmer.

109 § 4 Abs. 1 S. 2, § 13 SEBG. Die Zusammensetzung des bVg regelt § 5 SEBG.

110 § 22 Abs. 1 Nr. 2 SEBG. Die gesetzliche Auffangregelung unterscheidet dabei in § 35 SEBG nach der Gründungsform der SE, knüpft aber im Hinblick auf die Mitbestimmung auf den *status quo* der Gesellschaft an.

111 Die Minderung der Mitbestimmungsrechte bedeutet dabei nach § 15 Abs. 4 SEBG, dass der Anteil an Arbeitnehmern im Aufsichts- oder Verwaltungsorgan geringer ist

gesetzlichen Mindest- und Höchstgrenzen[112] frei, die Aufsichtsratsgröße in der Satzung frei festzulegen beziehungsweise durch Satzungsklausel zu verkleinern. Dieses Instrument zur Flexibilisierung der internen Struktur wird insbesondere in mittelständischen Unternehmen wegen der damit verbundenen Effektivitätssteigerung als Wettbewerbsvorteil angesehen.[113] Auch für Unternehmen, die an der Schwelle der Mitbestimmung stehen, sprich knapp unter 2.000 beziehungsweise 500 Mitarbeitern beschäftigen[114], ergibt sich ein Vorteil, denn das SEBG enthält lediglich Vorschriften zur Mitbestimmung bei *Errichtung* der Gesellschaft. Eine spätere Anpassung des Mitbestimmungsregimes bei späterem Ansteigen der Arbeitnehmerzahl erfolgt grundsätzlich nicht (sog. Perpetuierung).[115] Ein Rechtsformwechsel in die SE könnte sich somit für bislang mitbestimmungsfreie Gesellschaften sowie solche, die kurz vor dem Wechsel einer Drittelmitbestimmung in eine paritätische Mitbestimmung stehen, als attraktiv erweisen.[116]

---

als der höchste in den beteiligten Gesellschaften bestehende Anteil (§ 15 Abs. 4 Nr. 1 SEBG), oder dass das Recht zur Wahl, Bestellung, Empfehlung oder Ablehnung von Mitgliedern des Aufsichts- oder Verwaltungsorgans der Gesellschaft beseitigt oder eingeschränkt wird (§ 15 Abs. 4 Nr. 2 SEBG).

112 Nach § 17 Abs. 1 SEAG besteht der Aufsichtsrat aus mindestens drei und je nach Höhe des Grundkapitals maximal 21 Mitgliedern.

113 *Reichert*, in: GS Gruson, S. 321, 323.

114 Vgl. die Schwellenwerte für die Mitbestimmung für die paritätische Mitbestimmung (2.000 Arbeitnehmer) gem. § 1 Abs. 1 MitbestG bzw. nach dem Drittelbeteiligungsgesetz (500 Arbeitnehmer) gem. § 1 Abs. 1 DrittelbG.

115 Einzige Ausnahme bildet § 18 Abs. 3 SEBG, wonach bei „strukturelle[n] Änderungen" eine Anpassung vorgenommen werden kann. Die Veränderung der Mitarbeiterzahl stellt jedoch im systematischen Vergleich zu § 5 Abs. 4 und § 4 Abs. 3 Ziff. 3 SEBG keine strukturelle Änderung dar, da das SEBG begrifflich zwischen der Veränderung der Zahl der Arbeitnehmer und strukturellen Änderungen unterscheidet, vgl. *Fromholzer*, in: Gesellschaftsrechtliche Vereinigung (Hrsg.), Gesellschaftsrecht in der Diskussion 2012, S. 59, 64 *Jacobs*, in: Münch.Komm.AktG, 3. Aufl. 2012, § 18 SEBG, Rn. 12.

116 Vgl. hierzu auch die Feststellungen von *Fromholzer*, in: Gesellschaftsrechtliche Vereinigung (Hrsg.), Gesellschaftsrecht in der Diskussion 2012, S. 59, 61 f.; *Tödtmann* bei *Rautenstrauch*, in: Gesellschaftsrechtliche Vereinigung (Hrsg.), Gesellschaftsrecht in der Diskussion 2012, S. 107. In Deutschland sind 81 % der SE mitbestimmungsfrei, 12 % drittelmitbestimmt und 4 % paritätisch mitbestimmt (vgl. *Schuberth/von der Höh*, AG 2014, 439, 442).

II. Eignung für grenzüberschreitende Tätigkeit von KMU

Ein Blick in die SE-VO zeigt schnell, dass die SE in ihrer rechtlichen Ausgestaltung für die Gründung von Tochtergesellschaften wenig geeignet ist. Die Gründung einer SE erfolgt durch einen Rechtsformwechsel im Wege der Verschmelzung, der Holding-Gründung, der Gründung einer Tochter-SE oder durch Umwandlung.[117] Grundsätzlich bedarf es hierfür eines Mehrstaatlichkeitserfordernisses.[118] Es muss also mindestens ein Gründer einem anderen nationalen Recht unterliegen als die anderen Beteiligten. Das Mehrstaatlichkeitsgebot ist nur dann entbehrlich, wenn eine SE eine Tochtergesellschaft in Form der SE gründen möchte.[119] Hierfür müsste die Muttergesellschaft jedoch selbst eine SE sein. Ein kleines oder mittleres Unternehmen müsste sich daher zunächst in eine SE umwandeln, um anschließend Tochtergesellschaften in Form der SE gründen zu können.

Von dieser Lösung werden die Unternehmen bereits im Hinblick auf das Mindestkapital absehen. Das Mindestkapital von 120.000 Euro (Artikel 4 Abs. 2 SE-VO) soll „eine sinnvolle Unternehmensgröße"[120] gewährleisten und „Gewähr dafür biete[n], dass diese Gesellschaften über eine ausreichende Vermögensgrundlage verfügen"[121]. Es unterstreicht somit das Einsatzfeld für Großunternehmen. Zwar wird in den Erwägungsgründen ausdrücklich betont, dass man durch das Mindestkapital kleinen und mittleren Unternehmen nicht die SE-Gründung erschweren wolle.[122] Das Erfordernis eines Mindestkapitals von 120.000 Euro bei dem Formwechsel in eine SE stellt gleichwohl eine erhebliche Schwelle für die Unternehmen dar.[123] Diese Schwelle vervielfacht sich, wenn bei jeder Gründung einer SE-Tochtergesellschaft ein Startkapital von 120.000 Euro verlangt wird. Unter Berücksichtigung der im Rahmen des MoMiG geführten Debatte zum Mindestkapital, in der bereits 25.000 Euro teilweise als zu hoch eingestuft wurde, erscheint es daher wenig überzeugend, auf die Rechtsform der SE als Vehikel für die Gründung von Tochtergesellschaften zu verweisen, welche im Vergleich zur GmbH fast das Fünffache an Kapital verlangt. Zwar wollen Statistiken belegen,

---

117 Zu diesem *numerus clausus* der Gründungsformen siehe Art. 2 SE-VO.

118 Einzige Ausnahme bildet Art. 3 Abs. 2 SE-VO.

119 Art. 3 Abs. 2 SE-VO.

120 Erwägungsgrund 13 S. 2 SE-VO.

121 Erwägungsgrund 13 S. 2 SE-VO.

122 Erwägungsgrund 13 S. 2 SE-VO.

123 Folglich haben mehr als ein Drittel der „deutschen" SE auch genau den erforderlichen Mindestbetrag von 120.000 Euro (vgl. *Schuberth/von der Höh*, AG 2014, 439, 444).

dass auch eine relativ hohe Anzahl an KMU sich der SE bedienen und das Mindestkapital daher keine Hürde für die SE-Gründung darstelle.[124] Hieraus einen fehlenden Bedarf an der Verbesserung der grenzüberschreitenden Aktivität von KMU herzuleiten[125] wäre jedoch ein Trugschluss. Denn es handelt sich bei den SE-Gründungen um reine Formwechsel bereits bestehender Gesellschaften und nicht um die Gründung von Tochtergesellschaften im Ausland. Die Motive für die Wahl der Rechtsform sind aus den vorliegenden statistischen Rechtstatsachenbefunden daher nicht herleitbar.

Auch die Kostenersparnis, welche mit dem Formwechsel der Muttergesellschaft in eine SE propagiert wurde[126], hat sich nicht realisiert. Die SE hat ihr Ziel, eine einheitliche, von den nationalen Rechtsordnungen unabhängige Gesellschaftsform zu bieten, nicht erreicht. Aufgrund der in Artikel 9 SE-VO „kunstvoll aufgeschichtete[n] Rechtsquellenpyramide aus Gemeinschaftsrecht, mitgliedstaatlichem Nationalrecht und Gesellschafts-individuellem Satzungsrecht"[127] enthält die Verordnung zahlreiche Verweise auf das (nur teilweise harmonisierte) nationale Recht.[128] In der Folge gibt es nicht *die* SE, sondern so viele SE, wie es Aktienrechte in Europa gibt.[129] Die in Artikel 9 Abs. 1 lit. c ii) SE-VO angeordnete subsidiäre Anwendbarkeit nationalen Aktienrechts führt nach

124 Jüngst *Köstler/Pütz*, AG 2013, R180, R181, zuvor bereits *Bayer/J. Schmidt*, AG 2008, R31. Die SE als für den Mittelstand als geeignete Rechtsform ansehend *Baldamus*, in: Gesellschaftsrechtliche Vereinigung (Hrsg.), Gesellschaftsrecht in der Diskussion 2012, S. 79 ff (aus steuerlicher Sicht); *Feldhaus/Vanscheit*, BB 2008, 2246; *Handlanger*, SE für den Mittelstand, 2. Aufl. 2008; *Heckschen*, in: Westermann/Aderhold (Hrsg.), FS Westermann, S. 999, 1003; *Lutter/Kollmorgen/Feldhaus*, BB 2005, 2473; *Pütz* bei *Rautenstrauch*, in: Gesellschaftsrechtliche Vereinigung (Hrsg.), Gesellschaftsrecht in der Diskussion 2012, S. 107, 109; *J. Schmidt*, in: Bayer (Hrsg.), Die Aktiengesellschaft im Spiegel der Rechtstatsachenforschung, 2007, S. 51, 55; *Schuberth/von der Höh*, AG 2014, 439, 444.

125 So die Stellungnahme der Hans-Böckler-Stiftung zur Konsultation zur Einpersonengesellschaft v. 30.7.2013. In der Praxis haben sich bereits eine ganze Reihe an KMU für einen Formwechsel in die SE entschieden; vgl. die Feststellungen bei *Köstler/Pütz*, AG 2013, R180–R181; *Reichert*, in: GS Gruson, S. 321, 322; *J. Schmidt*, in: Bayer (Hrsg.), Die Aktiengesellschaft im Spiegel der Rechtstatsachenforschung, 2007, S. 51, 55.

126 Laut *Monti*, WM 1997, 607 könnten die europäischen Unternehmen durch den Wechsel bis zu 30 Mrd. US-Dollar einsparen.

127 *Hommelhoff*, AG 2001, 279, 285.

128 Als „renvoi-Technik" bezeichnend *Kahnert*, Rechtsetzung im EurGesR, S. 7.

129 *Ebenroth/Wilken*, JZ 1991, 1014, 1016; *Handlanger*, SE für den Mittelstand, S. 34; *Hirte*, NZG 2002, 1, 2; *Hopt*, EuZW 2002, 1; *Klöhn*, RabelsZ 76 (2012), 276, 281 f.; *Kolvenbach*, NZA 1998, 1323, 1527; *Lutter*, AG 1990, 413, 417; *Lutter*, BB 2002, 1,

deutschem Aktienrecht nach § 23 Abs. 5 S. 1 AktG zur grundsätzlich zwingenden Anwendung der nationalen Normen (Grundsatz der Satzungsstrenge). Gründet die Mutter-SE nun eine Tochter-SE in einem anderen Mitgliedstaat, wäre der Kostenaufwand vorprogrammiert: Denn eine SE nach deutschem Recht unterscheidet sich erheblich von einer französischen, englischen oder italienischen SE, so dass jede transnationale Tätigkeit kostenintensiver Rechtsberatung unterliegt. Die rechtliche Ausgestaltung der SE mit ihrer Normenvielfalt durch die SE-Verordnung, das SE-Ausführungsgesetz, die SE-Richtlinie zur Arbeitnehmerbeteiligung[130], das SE-Beteiligungsgesetz und das deutsche Aktien- und Mitbestimmungsrecht ist keine „einfache, flexible und in Europa gut bekannte“[131] Regelung, wie sie der Aktionsplan 2012 als Ziel vorgibt, sondern führt unausweichlich dazu, dass der Unternehmensgründer sich zeit- und kostenintensiven Rechtsrat einholen muss.[132]

Letztlich legt auch die Richtlinie zur Arbeitnehmerbeteiligung, welche die SE-Verordnung ergänzt, ihren Fokus auf die mitbestimmte SE. Eine Mitbestimmung kommt jedoch erst ab einer gewissen Anzahl an Arbeitnehmern zu tragen. Der europäische Gesetzgeber ging somit bei der Verabschiedung der SE-Verordnung von einer bestimmten Größe aus und stellt in den Erwägungsgründen klar, dass es sich bei der SE um eine „Kapitalgesellschaft in Form der Aktiengesellschaft“[133] handelt. Die Aktiengesellschaft als solche ist als Kapitalsammelbecken[134] für

---

3; *Pluskat*, EuZW 2001, 524, 528; *Teichmann*, ZGR 2002, 383, 391; *Thoma/Leuering*, NJW 2002, 1449, 1450, 1454; *Trojan-Limmer*, RIW 1991, 1010, 1012.

130 Richtlinie 2001/86/EG des Rates zur Ergänzung des Statuts der Europäischen Gesellschaft hinsichtlich der Beteiligung der Arbeitnehmer v. 8.10.2001, ABl. EG Nr. L 294/22.

131 Aktionsplan 2012 (Fn. 58), Punkt 4.4., S. 16.

132 Von einem „unübersichtliche[n], wenig rechtssichere[n] Normengemengelage“ sprechend *Pluskat*, EuZW 2001, 524, 528. Der hohe Beratungsaufwand wurde zuletzt im Kommissionsbericht 2010 beanstandet (Bericht der Kommission an das Europäische Parlament und den Rat über die Anwendung der Verordnung (EG) Nr. 2157/2001 des Rates v. 8.10.2001 über das Statut der Europäischen Gesellschaft (SE), v. 17.11.2010, KOM (2010) 676 endg., S. 11). Der Forderung der Teilnehmer der öffentlichen Konsultation zur Zukunft des Europäischen Gesellschaftsrechts zur Überarbeitung der SE-VO (Frage 11, siehe Fn. 54) wurde im Aktionsplan 2012 allerdings eine Absage erteilt. Stattdessen wählte die Kommission eine Informationskampagne zur Stärkung der Kenntnisse über das Statut der SE im Rahmen einer umfassenden Website; vgl. Aktionsplan 2012 (Fn. 58), S. 16.

133 Erwägungsgrund 13 S. 1 HS 1 SE-VO.

134 *Assmann*, in: Großkomm.AktG, 4. Aufl. 2004, Einl. Rn. 292 f.

einen großen Kreis an Gesellschaftern konzipiert – kleinen und mittelständischen Unternehmen steht dagegen die GmbH zur Verfügung. Dass Deutschland dennoch „Europameister“[135] im Bereich der SE-Gründungen ist, mag insbesondere daran liegen, dass über die Option der Verkleinerung des Aufsichtsrats die Mitbestimmung der Arbeitnehmer verringert wird.[136]

Die Strukturelemente der SE decken sich somit nicht mit den Bedürfnissen kleinerer und mittelständischer Unternehmen. Die SE ist somit weder für den Formwechsel von kleinen und mittelständischen Unternehmen attraktiv noch für Gründung einer Tochtergesellschaft im Ausland, da die Tochtergesellschaft den strengen Anforderungen der SE-Verordnung gerecht werden müsste. Die SE bietet folglich nicht den geeigneten Weg zur Förderung der grenzüberschreitenden Tätigkeit von KMU.[137]

C. Errichtung einer Zweigniederlassung

I. Bisherige Entwicklung

Ein weiteres Vehikel zur grenzüberschreitenden Unternehmenstätigkeit könnte die Errichtung einer Zweigniederlassung in einem anderen Mitgliedstaat sein. Bei einer Zweigniederlassung handelt es sich um einen vom Unternehmen räumlich getrennten Unternehmensteil, von dem aus dauerhaft selbstständig die operative Tätigkeit ausgeübt wird und daher in sachlicher und personeller Hinsicht gewisser Organisationsbedarf besteht.[138] Die Zweigniederlassung steht gemeinsam mit Agenturen und Tochtergesellschaften als sekundäre Niederlassung unter dem Schutz des Artikels 49 AEUV.[139] Der Gewährleistungsgehalt der

135 *Bayer/J. Schmidt*, AG 2008, R31; *J. Schmidt*, in: Bayer (Hrsg.), Die Aktiengesellschaft im Spiegel der Rechtstatsachenforschung, 2007, S. 51, 56.

136 Vgl. Art. 40 Abs. 3 SE-VO, wonach die Zahl der Mitglieder des Aufsichtsorgans durch die Satzung festgelegt wird.

137 Eine Änderung der Regelung der Europäischen Aktiengesellschaft für die Bedürfnisse der KMU hielt auch die Reflexionsgruppe – ohne dies näher auszuführen – für wenig geeignet, vgl. Report of the Reflection Group (Fn. 44), Kap. 2.7.2, S. 30.

138 Obwohl eine Begriffsdefinition der Zweigniederlassung in der Richtlinie fehlt, besteht über die obigen Merkmale weitgehend Einigkeit, vgl. *Habersack/Verse*, EuropGesR, § 5 Rn. 56. Zu einem rechtsvergleichenden und anhand von EuGH-Entscheidungen hergeleiteten Zweigniederlassungsbegriff *Sørensen*, ECFR 2014, 53, 64 ff.

139 Siehe Art. 49 Abs. 1 S. 2 AEUV.

Niederlassungsfreiheit für Zweigniederlassungen ist dabei der Gleiche wie für Primärniederlassungen und Tochtergesellschaften.[140]

Trotz ihrer Verselbstständigung verfügt die Zweigniederlassung über keine eigene Rechtspersönlichkeit und bleibt Teil des jeweiligen Unternehmensträgers.[141] Aufgrund der fehlenden Rechtspersönlichkeit der Zweigniederlassung galten die Vorschriften der Publizitäts- und Bilanzrichtlinien, welche die Hauptgesellschaft und deren Tochtergesellschaften zu beachten haben, ursprünglich nicht für Zweigniederlassungen. Durch den Erlass der Elften Gesellschaftsrechtlichen Richtlinie über die Offenlegung von Zweigniederlassungen, nunmehr konsolidiert in der einheitlichen Gesellschaftsrechtsrichtlinie, konnte diese Lücke jedoch bereits im Jahre 1989 geschlossen werden.[142] Die Ausübung der Niederlassungsfreiheit im Wege der Errichtung einer Zweigniederlassung sollte durch die Harmonisierung bestimmter Standards zur Offenlegung maßgeblich erleichtert werden.[143] Überdies sollten Dritte, die über die Zweigniederlassung mit einer ausländischen Gesellschaft geschäftlichen Kontakt aufnehmen, den gleichen Schutz durch Publizität erhalten, wie dies bei der Hauptgesellschaft oder deren Tochtergesellschaften der Fall wäre.[144]

Zur Verbesserung des Informationsaustausches der Register wurde im Jahr 2012 die Verknüpfungsrichtlinie[145] verabschiedet. Diese soll die notwendige

140 So namentlich EuGH, Rs. 270/83 (*Kommission/Frankreich*), Slg. 1986, 273, Leitsatz 3 S. 2 und Tz. 22: Eine Diskriminierung von Zweigniederlassungen ist nicht mit der Begründung zu rechtfertigen, dass die Gesellschaft auch eine Tochtergesellschaft hätte errichten können.

141 *Pentz*, in: Ebenroth/Boujong/Joost/Strohn, HGB, 3. Aufl. 2014, § 13 Rn. 22.

142 Elfte Richtlinie des Rates über die Offenlegung von Zweigniederlassungen, die in einem Mitgliedstaat von Gesellschaften bestimmter Rechtsformen errichtet wurden, die den Recht eines anderen Staates unterliegen (89/666/EWG), v. 21.12.1989, Abl. EG Nr. L 395/36. Die Konsolidierung zu einer einheitlichen Gesellschaftsrechtsrichtlinie erfolgte mit Richtlinie (EU) 2017/1132 des Europäischen Parlaments und des Rates vom 14.06.2017 über bestimmte Aspekte des Gesellschaftsrechts.

143 Vgl. Erwägungsgrund 5 der Richtlinie 89/666/EWG; EuGH (*Inspire Art*, Fn. 73), Tz. 68. Ferner *Habersack/Verse*, EuropGesR, § 5 Rn. 48; *Lutter/Bayer/J. Schmidt*, EuropUR, Rn. 26.3.

144 Erwägungsgrund 4 und 6 S. 1, 2 der Richtlinie 89/666/EWG; siehe ferner Verweise in Fn. 143.

145 Richtlinie 2012/17/EU des Europäischen Parlaments und des Rates zur Änderung der Richtlinie 89/666/EWG des Rates sowie der Richtlinien 2005/56/EG und 2009/l01/EG des Europäischen Parlaments und des Rates in Bezug auf die Verknüpfung von Zentral-, Handels- und Gesellschaftsregistern, v. 13.6.2012, Abl. EU Nr. L 156/1 (sog. Verknüpfungsrichtlinie).

Rechtssicherheit für die Nutzung von Zweigniederlassungen geben und ermöglicht den Informationsaustausch über eine elektronische Plattform zwischen dem Register der Gesellschaft und dem Register ihrer Zweigniederlassungen in einem anderen EU-Mitgliedstaat über die Eröffnung und Beendigung von Verfahren zur Abwicklung oder Insolvenz der Gesellschaft sowie über die Löschung der Gesellschaft aus dem Register, sofern dies in dem Mitgliedstaat des Registers der Gesellschaft Rechtswirkungen auslöst.[146] Zwar bleibt es den Mitgliedstaaten freigestellt, welche konkreten Verfahren sie bezüglich der in ihrem Hoheitsgebiet eingetragenen Zweigniederlassungen anwenden; mit der Harmonisierung wird jedoch zumindest sichergestellt, dass die Zweigniederlassungen einer aufgelösten oder gelöschten Gesellschaft ohne unangemessene Verzögerung, gegebenenfalls nach der Liquidation der betroffenen Zweigniederlassung aus dem Register gelöscht werden.[147] Dies bedeutet, dass das jeweilige nationale Schutzniveau beibehalten werden kann und die Angaben aus den fremden Registern nicht ungeprüft übernommen werden müssen.[148] Mittels einer einheitlichen Kennung sollen Zweigniederlassungen zweifelsfrei ermittelt werden können und so zur Verbesserung der Kommunikation zwischen den Registern beitragen.[149] Über die einheitliche Plattform wird dabei ermöglicht, die Suchergebnisse und die erläuternden Hinweise in sämtlichen Amtssprachen der Union mit einer Auflistung der offengelegten Informationen über den rechtlichen Stellenwert von Urkunden und Angaben im Portal anzuzeigen, diese auf aktuellem Stand zu halten und so den Schutz Dritter in anderen Mitgliedstaaten zu erhöhen.[150] Durch diese neuen Informationskanäle können Zweigniederlassungen rasch gelöscht werden, sobald die Hauptgesellschaft nicht mehr existiert.

Gleichwohl stößt man mit der primärrechtlich geschützten Zweigniederlassung immer noch in vielen Mitgliedstaaten auf Schwierigkeiten. So fand der EuGH insbesondere im Steuerrecht Diskriminierungen ausländischer Zweigniederlassungen,[151] auch im Sozialversicherungsrecht wurden bereits

146 Erwägungsgrund 15 S. 1 der Verknüpfungsrichtlinie (Fn. 145). Nach *Kilian*, notar 2012, 302, 303 ist jedoch auslegungsbedürftig, zu welchem Zeitpunkt die Registerlöschung Rechtsfolgen im nationalen Register auslöst.

147 Erwägungsgrund 15 S. 2 der Verknüpfungsrichtlinie (Fn. 145).

148 *Kilian*, notar 2012, 302, 304; *Ries*, ZIP 2013, 866, 867.

149 Erwägungsgrund 14 S. 1 der Verknüpfungsrichtlinie (Fn. 145). Zur einheitlichen Kennung *Ries*, ZIP 2013, 866, 869.

150 Erwägungsgrund 12 der Verknüpfungsrichtlinie (Fn. 145).

151 EuGH, Rs. C-330/91 (*Commerzbank*), Slg. 1993, I-4017, Tz. 18; EuGH, Rs. C-254/97 (*Baxter*), Slg. 1999, I-4809, Tz. 21; EuGH, Rs. C-311/97 (*Royal Bank of Scotland*), Slg. 1999, I-2651, Tz. 34.

Ungleichbehandlungen judiziert.[152] Im Falle von Beschränkungen unterzog der EuGH die mitgliedstaatlichen Bestimmungen dem im *Gebhard-Urteil*[153] entwickelten vierstufigen Rechtfertigungstest.[154] In der Weigerung der Eintragung einer Zweigniederlassung[155] und der Forderung der Einzahlung des Mindestkapitals, das für nationale Gesellschaften gilt[156], liegt danach ebenso wie im Rechtsformzusatz, der auf die „formal ausländische Gesellschaft" hinweist[157], ein Verstoß gegen die Niederlassungsfreiheit. Die Niederlassungsfreiheit garantiert die Wahlfreiheit bezüglich des attraktivsten Gründungsrechts, ohne dass hierfür ein faktischer Bezug zum Gründungsstaat vorzuliegen hat.[158] Dies gilt nicht nur für die Gesellschaften, die ihren satzungsmäßigen Sitz, die Hauptverwaltung oder die Hauptniederlassung innerhalb der EU haben, sondern auch für deren Zweigniederlassungen in einem anderen Mitgliedstaat.[159] Es handelt sich dabei nicht mehr um „Scheinauslandsgesellschaften", sondern um eine normale Auslandsgesellschaft, deren inländische Geschäftstätigkeit aufgrund der Zweigniederlassungsrichtlinie nach nationalem Recht zu bewerten ist.

II. Eignung für grenzüberschreitende Tätigkeit von KMU

Mit der rechtlichen Gleichstellung der Zweigniederlassung mit Primärniederlassungen und Tochtergesellschaften könnte man davon ausgehen, dass weiterer legislatorischer Bedarf überflüssig ist – denn rein rechtlich ist es möglich, nach Belieben Zweigniederlassungen in anderen EU-Mitgliedstaaten zu errichten.[160] Die Zweigniederlassung wird von Artikel 49 AEUV mit dem gleichen Gewährleistungsgehalt geschützt wie die Tochtergesellschaft.[161] Tatsächlich ist die Anzahl der Zweigniederlassungen in den letzten Jahren gestiegen.[162]

---

152 EuGH (*Segers*, Fn. 75), Tz. 14, 17.
153 EuGH (*Gebhard*, Fn. 76), Tz. 37.
154 EuGH (*Centros*, Fn. 71), Tz. 34; EuGH (*Inspire Art*, Fn. 73), Tz. 133.
155 EuGH (*Centros*, Fn. 71), Tz. 21.
156 EuGH (*Inspire Art*, Fn. 73), Tz. 100.
157 EuGH (*Inspire Art*, Fn. 73), Tz. 66 ff. (mit dem abschließenden Charakter der Offenlegungspflichten in Art. 2 der Richtlinie begründend).
158 EuGH (*Centros*, Fn. 71), Tz. 27, 29; EuGH (*Inspire Art*, Fn. 73), Tz. 138 f.
159 EuGH (*Centros*, Fn. 71), Tz. 26.
160 So *Bormann/König*, RIW 2010, 111, 112 zur Einführung der SPE.
161 Vgl. auch *Teichmann*, ECFR 2015, 202,
162 Spitzenreiter sind dabei das Vereinigte Königreich, Zypern und Malta, vgl. hierzu auch die Daten bei *Sørensen*, ECFR 2014, 53, 61.

In der Praxis stoßen die Unternehmen jedoch bei der Gründung von Zweigniederlassungen auf zahlreiche Hindernisse. Dies belegt eine Studie[163], bei der der Gründungsaufwand von Zweigniederlassungen in zehn Mitgliedstaaten ermittelt werden sollte. Das Ergebnis war verheerend: Die Hälfte scheiterte bereits in einem frühen Stadium (so in Frankreich und Griechenland), die anderen hatten beschwerliche und kostspielige Hürden zu überwinden (so in Deutschland und Italien).[164] Griechenland verlangte trotz des bereits ergangenen Urteils *Inspire Art* für die Zweigniederlassung das Mindestkapital der griechischen GmbH; in Deutschland und Italien war die Heranziehung eines Notars erforderlich; Österreich forderte eine Satzungsänderung und in Schweden bedurfte es der zwingenden Ernennung eines zusätzlichen Rechnungsprüfers.[165] Die Gesamtkosten für die Errichtung einer Zweigniederlassung lagen zwischen 551 Euro (Irland) und 5007 Euro (Italien).[166] Neben den Gebühren für die Registrierung der Zweigniederlassung[167] stellte insbesondere die Übersetzung der Dokumente einen erheblichen Kostenfaktor dar.[168] Auch die Zeit bis zur vollständigen Registrierung der Zweigniederlassung variierte zwischen zwei Wochen (Italien) bis zu zehn Wochen (Deutschland).[169] Die These, dass die Gründung einer Zweigniederlassung mit weniger bürokratischem und finanziellem Aufwand verbunden ist als die Gründung von Tochtergesellschaften, ist daher verfehlt.

---

163 *Becht/Enriques/Korom*, in: Tison/Wulf/van der Elst/Steennot (Hrsg.), Perspectives in company law and financial regulation, 2009, S. 91 ff.

164 *Becht/Enriques/Korom*, in: Tison/Wulf/van der Elst/Steennot (Hrsg.), Perspectives in company law and financial regulation, 2009, S. 91, 97.

165 *Becht/Enriques/Korom*, in: Tison/Wulf/van der Elst/Steennot (Hrsg.), Perspectives in company law and financial regulation, 2009, S. 91, 101. Zu weiteren fehlerhaften bzw. über die Zweigniederlassungsrichtlinie hinausgehende Umsetzungen siehe *Sørensen*, ECFR 2014, 53, 74 ff.

166 *Becht/Enriques/Korom*, in: Tison/Wulf/van der Elst/Steennot (Hrsg.), Perspectives in company law and financial regulation, 2009, S. 91, 93.

167 In der Gebühr sowie in der Verpflichtung zur Zahlung eines Vorschusses zur Veröffentlichung des Geschäftsgegenstands der Zweigniederlassung liegt allerdings keine Benachteiligung gegenüber Inlandsgesellschaften vor, da sich in der Pflicht zur Vorschusszahlung lediglich die tatsächlichen Verwaltungskosten reflektieren, vgl. EuGH, Rs. C-453/04 (*Innoventiv Limited*), Slg. 2006, I-4929; hierzu *Haar*, GPR 2007, 27, 28 f.; *J. Schmidt*, NZG 2006, 899.

168 *Sørensen*, ECFR 2014, 53, 77.

169 *Becht/Enriques/Korom*, in: Tison/Wulf/van der Elst/Steennot (Hrsg.), Perspectives in company law and financial regulation, 2009, S. 91, 122.

Juristische Hürden und Auslegungsschwierigkeiten bestehen jedoch nicht nur im Eintragungsprozess der Zweigniederlassung, sondern auch im Laufe der weiteren Geschäftstätigkeit.[170] So ist ungeklärt, ob die Mitgliedstaaten eine Frist für die Beibringung der Informationen verlangen dürfen. Dies ist insbesondere bei der Offenlegung der Unterlagen zur Rechnungslegung relevant, da die Bilanzstichtage national festgelegt werden. So sieht etwa Dänemark eine Frist von fünf Wochen zur Offenlegung des Jahresabschlusses vor, welche für einheimische Gesellschaften und ausländische Zweigniederlassungen gleichermaßen gilt.[171] Die dänische Frist könnte sich jedoch für Auslandsgesellschaften als erhebliche Beschränkung der Niederlassungsfreiheit erweisen, da die nicht fristgemäße Abgabe des Jahresabschlusses in Dänemark mit der Löschung der Zweigniederlassung im Register geahndet wird.[172] Solche rechtlichen Unsicherheiten sind keine Exzeptionen und beeinflussen die Entscheidung einer grenzüberschreitenden Unternehmenstätigkeit erheblich.

Auch im Falle eines Gerichtsverfahrens könnte es zu materiellen Schwierigkeiten und Fehlinterpretationen kommen – denn das Gericht entscheidet nach rein nationalem Recht. Bei einer Limited, die nach dem englischen Recht gegründet wurde und somit der Gründungstheorie unterliegt,[173] wären interne Streitigkeiten zwischen den Gesellschaftern vor englischen Gerichten auszutragen.[174] Dies gilt selbst dann, wenn die Satzung der Limited den Gerichtsstand in Deutschland anordnet.[175] In Konsequenz wird der Prozess in englischer Sprache geführt, bei dem englisches Recht zur Anwendung kommt und spezialisierte Anwälte zu beauftragen sind.[176] Für die Gesellschaft bedeutet dies einen erheblichen Kostenaufwand.

---

170 Etwa bei den Offenlegungspflichten im Falle der Auflösung, des Wechsels der gesetzlichen Vertretungsorgane und der Rechnungslegung, Art. 2 Abs. 1 lit. e, f und g der Richtlinie 89/666/EWG.

171 *Sørensen*, ECFR 2014, 53, 77.

172 *Sørensen*, ECFR 2014, 53, 77.

173 Vgl. hierzu die Sonderregelung zu Art. 22 Nr. 2 EuGVVO in Schedule 1 paragraph 10 der Civil Jurisdiction and Judgments Order 2001.

174 Zuletzt BGH GmbHR 2011, 1094 (Nichtigerklärung eines Gesellschafterbeschlusses) mit Anm. *Werner*.

175 BGHZ 190, 242.

176 Vgl. bereits zur SPE *Hommelhoff/Teichmann*, DStR 2008, 925, 928; *Teichmann*, in: Gesellschaftsrechtliche Vereinigung (Hrsg.), Gesellschaftsrecht in der Diskussion 2008, S. 55, 64.

Daneben kann die geschäftliche Tätigkeit im Ausland auch zu steuerlichen Hürden führen. Denn sowohl der Gründungsstaat als der Staat der Hauptverwaltung werden Steuern verlangen, denen nur mit entsprechendem Begründungsaufwand unter Verweis auf bilaterale Doppelbesteuerungsabkommen entgegengetreten werden kann.[177] Der EuGH hat bereits verschiedenste Steuerregelungen, die gegen das Gleichbehandlungsgebot von Zweigniederlassungen mit nationalen Gesellschaften verstießen, für unvereinbar mit Artikel 49 und 54 AEUV erklärt.[178] Dennoch bestehen immer noch zahlreiche Unterschiede in der steuerlichen Behandlung von Zweigniederlassungen und Tochtergesellschaften, die die Wahl der Niederlassungsform beeinflussen.[179]

Selbst wenn die Unternehmen die rechtlichen, bürokratischen und steuerlichen Hürden überwinden, bleibt ein rechtspsychologischer Effekt bestehen: Denn die im Ausland gegründeten Gesellschaften, die ihre Tätigkeit mittels einer Zweigniederlassung zu 100 % in Deutschland entfalten, erwerben keine eigene Rechtspersönlichkeit und bleiben somit eine Gesellschaft ausländischen Rechts. Häufig werden diese rechtlich unselbständigen Zweigniederlassungen mangels *local identity* als „Briefkastengesellschaft“ wahrgenommen.[180] Geschäftspartner und Behörden verhalten sich misstrauisch gegenüber der unbekannten Gesellschaftsform und fragen sich, warum die Gesellschaft nicht mit einer einheimischen Rechtsform agieren möchte.[181]

Im Ergebnis stellt eine Zweigniederlassung zwar eine Möglichkeit zur grenzüberschreitenden Unternehmenstätigkeit dar, die unter dem Schutz der Niederlassungsfreiheit steht und durch europaweit einheitliche Offenlegungsvorschriften harmonisiert wurde. Die Vorschriften zur Offenlegung genügen

---

177 Für die SUP *Teichmann*, in Lutter/Koch (Hrsg.), SUP, S. 37, 61. Ebenso bereits für die SPE *Teichmann*, in: Gesellschaftsrechtliche Vereinigung (Hrsg.), Gesellschaftsrecht in der Diskussion 2008, S. 55, 64; *Teichmann*, RIW 2010, 120, 121. Zuletzt *Teichmann*, ECFR 2015, 202, 219.

178 Siehe oben Fn. 151.

179 *Sørensen*, ECFR 2014, 53, 60.

180 *Sørensen*, ECFR 2014, 53, 60. Vgl. auch *Hommelhoff*, ZGR 2012, 535, 537: „Brückenkopf eines ausländischen Unternehmens“.

181 So bereits die Argumentation zur Einführung der SPE *Hommelhoff/Teichmann*, DStR 2008, 925, 927; *Kuck/Weiss*, Der Konzern 2007, 498, 499; *Teichmann*, in: Gesellschaftsrechtliche Vereinigung (Hrsg.), Gesellschaftsrecht in der Diskussion 2008, S. 55, 64; *Teichmann*, RIW 2010, 120, 122. Vgl. auch *Teichmann*, AG 2013, 184, 185: „Die unselbstständige Zweigniederlassung ist aus vielerlei Gründen nur zweite Wahl“. Allgemeiner *Wymeersch*, in: Andrews (Hrsg.), Referate für den 1. Europäischen Juristentag, S. 85, 108, 109 Rn. 16.

jedoch nicht den Anforderungen an eine reibungslose grenzüberschreitende Geschäftstätigkeit. Insbesondere Unternehmensgruppen benötigen einheitliche Richtlinien, welche Transparenz und Verbindlichkeit innerhalb des Konzerns herstellen, Haftungsrisiken verringern und eine einheitliche, effiziente Konzernleitung schaffen. Grenzüberschreitend tätige Unternehmen können sich zwar auf die primärrechtlich in Artikel 49, 54 AEUV verankerte Niederlassungsfreiheit berufen. Damit ist aber noch keine Rechtssicherheit für Transaktionen gegeben. Zweigniederlassungen erweisen sich somit noch immer als mühevoll und äußerst kostspielig. Letztlich dient auch die Verknüpfungsrichtlinie lediglich einem verbesserten Informationsaustausch und somit dem Schutz Dritter; eine Verbesserung des rechtlichen Rahmens für das Unternehmen selbst ist damit jedoch nicht geschaffen.

D. Verlegung des Satzungssitzes

I. Bisherige Entwicklung

Die grenzüberschreitende Verlegung des Satzungssitzes unter gleichzeitiger Wahrung der Rechtspersönlichkeit ist für die Praxis von hohem Interesse. Sie könnte das Bindeglied zwischen den 28 Rechtssystemen darstellen, die Ansiedlung von Unternehmen erleichtern und damit zur Förderung des Binnenmarktes beitragen. Die Gesellschaften wären damit nicht an das Recht ihres Heimatstaates gebunden, sondern könnten sich flexibel innerhalb der EU bewegen und bei Bedarf ihr Rechtskleid wechseln. Bislang ist jedoch lediglich bei den supranationalen Rechtsformen der SE, SCE und EWiV eine identitätswahrende Verlegung des Satzungs- beziehungsweise Verwaltungssitzes ausdrücklich normiert.[182] Im nationalen Recht sehen nur wenige Mitgliedstaaten ausdrückliche Regelungen zum grenzüberschreitenden Formwechsel vor.[183]

Bei der Darstellung der bisherigen Entwicklung sind sowohl die Bestrebungen auf legislativer als auch auf judikativer Ebene aufzuzeigen: Auf legislativer

182 Art. 8 SE-VO, Art. 7 SCE-VO und Art. 13 EWiV-VO. Zu den für die SE damit verbundenen wirtschaftlichen Vorteilen *Reichert*, in: GS Gruson, S. 321, 335 ff.; zu den steuerlichen Vorzügen *Baldamus*, in: Gesellschaftsrechtliche Vereinigung (Hrsg.), Gesellschaftsrecht in der Diskussion 2012, S. 79, 88 ff. Nur vereinzelt wird die Möglichkeit der Sitzverlegung als weniger relevant eingestuft, vgl. *Fromholzer*, in: Gesellschaftsrechtliche Vereinigung (Hrsg.), Gesellschaftsrecht in der Diskussion 2012, S. 59, 76.

183 Namentlich Luxemburg, Spanien und Portugal, vgl. *Böttcher/Kraft*, NJW 2012, 2701, 2703.

Ebene ist eine Harmonisierung der mitgliedstaatlichen Rechtsordnungen für die Verlegung des Satzungssitzes noch nicht gelungen. Seit dem Vorentwurf von 1997[184] ist noch kein neuer Vorschlag vorgelegt worden.[185] Selbst der EuGH deutet an, dass sekundärrechtliche „Vorschriften zur Erleichterung grenzüberschreitender Umwandlungen gewiss hilfreich wären".[186] In den Stellungnahmen zur Konsultation zu Kapitalgesellschaften mit einem einzigen Gesellschafter hat sich eine Vielzahl für eine Regelung zur Verlegung des Satzungssitzes ausgesprochen.[187] Der Aktionsplan 2012 sieht vor, eine „öffentliche und gezielte Konsultation" durchzuführen, um im Anschluss daran die „Zweckmäßigkeit einer Legislativinitiative" zu überprüfen.[188] Gleichwohl verspricht eine solche Analyse keinen neuen Erkenntnisgewinn, denn eine entsprechende Harmonisierung wurde seitens des Europäischen Parlaments, der Wissenschaft und Praxis bereits nachdrücklich gefordert.[189] Nicht verwunderlich ist daher, dass zu der

184 Vorentwurf für eine Vierzehnte Richtlinie des Europäischen Parlaments und des Rates über die Verlegung des Sitzes einer Gesellschaft in einen anderen Mitgliedstaat mit Wechsel des für die Gesellschaft maßgebenden Rechts, Dok. XV/6002/97, abgedruckt bei *Lutter/Bayer/J. Schmidt*, EuropUR, 6. Aufl. 2017, Anh. zu § 30 sowie in ZIP 1997, 1721 ff. und ZGR 1999, 157 ff.

185 Eine ausführliche Darstellung der mittlerweile zwei Jahrzehnte andauernden Bemühungen um eine Richtlinie zur Sitzverlegung findet sich bei *Lutter/Bayer/J. Schmidt*, EuropUR, 6. Aufl. 2017, § 30 Rn. 1 ff.

186 EuGH (*Vale*, Fn. 81) Tz. 38.

187 127 von 242 Antworten (52, 5%), zuletzt abgerufen am 16.09.2016 unter http://ec.europa.eu/internal_market/consultations/2013/single-member-private-companies/docs/contributions/ipm-results_en.pdf. Unter den einzelnen Stellungnahmen sprechen sich u.a. die DIHK, der BDI (Bundesverband der Deutschen Industrie) und die italienische assononime (Associazione fra le società italiane per azione) dafür aus, nicht nur für die SMC, sondern für alle Kapitalgesellschaften den grenzüberschreitenden Formwechsel zu regeln.

188 Aktionsplan 2012 (Fn. 58), Kap. 4.1., S. 14. Auch der Bericht der Reflection Group plädiert für eine Harmonisierung der Sitzverlegung, welche entweder in einer separaten Richtlinie (14. Richtlinie) oder in Erweiterung der Zehnten Richtlinie zur grenzüberschreitenden Verschmelzung zu einer allgemeinen Richtlinie über grenzüberschreitende Mobilität normiert werden soll, vgl. Report of the Reflection Group (Fn. 44), Kap. 2.3.2, S. 19–22. Diese Forderung wird insbesondere unterstützt von *Bayer/J. Schmidt*, BB 2013, 3, 15; *Bayer/J. Schmidt*, KSzW 2014, 69, 76.

189 Entschließung des Europäischen Parlaments mit Empfehlungen an die Kommission zur grenzüberschreitenden Verlegung von eingetragenen Gesellschaftssitzen, v. 10.3.2009, Abl. EU v. 1.4.2010, C 87 E/5. Zuletzt im Januar 2012, vgl. Bericht des Rechtsausschusses des Europäischen Parlaments v. 9.1.2012, A7-0008/2012, zuletzt

im Jahr 2013 durchgeführten Konsultation lediglich 86 Antworten eingegangen sind.[190]

Auf judikativer Ebene ergingen mit den Urteilen *Cartesio*[191], *Vale*[192] und *Polbud*[193] zentrale Urteile zur grenzüberschreitenden Sitzverlegung. In einem *obiter dictum* entschied der EuGH in *Cartesio*, dass der Wegzugsstaat den grenzüberschreitenden Formwechsel nicht verbieten darf. Allerdings sei es beim gegenwärtigen Stand des Unionsrechts mit der Niederlassungsfreiheit vereinbar, wenn ein Mitgliedstaat es einer nach seinem Recht gegründeten Gesellschaft verwehrt, den Verwaltungssitz in einen anderen Mitgliedstaat zu verlegen und dabei ihr Rechtskleid als Gesellschaft des nationalen Rechts, nach dessen Recht sie gegründet wurde, zu behalten.[194] Seit *Vale* ist eine grenzüberschreitende Sitzverlegung unter gleichzeitiger Umwandlung in eine Rechtsform des Zuzugsstaats zuzulassen, sofern dessen Recht einen inländischen Formwechsel ermöglicht.[195] Die Mitgliedstaaten dürfen grenzüberschreitende Sachverhalte nicht schlechter behandeln als rein innerstaatliche Sachverhalte; der grenzüberschreitende Formwechsel darf nicht praktisch unmöglich gemacht oder übermäßig erschwert werden (Äquivalenz- und Effektivitätsgebot).[196] In Hinblick auf die Intensität der wirtschaftlichen Tätigkeit der formwechselnden Gesellschaft verlangt der EuGH im Zielstaat die *tatsächliche* Ausübung einer wirtschaftlichen Tätigkeit auf unbestimmte Zeit mittels einer festen Einrichtung.[197] Dies wird sehr weit gefasst, ausgeschlossen sind lediglich „rein künstliche Gestaltungen“[198]. Eine Verlegung des Verwaltungssitzes ist damit nicht verlangt.[199] Der EuGH präzisiert

---

abgerufen am 16.09.2016 unter http://www.europarl.europa.eu/sides/getDoc.do?pubRef=-//EP//NONSGML+REPORT+A7-2012-0008+0+DOC+PDF+V0//DE. Aus der Wissenschaft siehe etwa Arbeitskreis Europäisches Unternehmensrecht, NZG 2011, 98; aus der Praxis *Neye*, ZGR 1999, 13, 14; *Wiesner*, EuZW 1998, 619, 621.

190 Vgl. Feedback Statement, Summary of Responses to the public consultation on cross-border transfers of registered offices of companies, September 2013, S. 3.

191 EuGH (*Cartesio*, Fn. 87).

192 EuGH (*Vale*, Fn. 81); hierzu *Schön*, ZGR 2013, 333; *Wöhlert/Degen*, GWR 2012, 432; *Verse*, EuZW 2013, 336, 336 f.; *Verse*, ZEuP 2013, 458, 458; *Roth*, in: FS Hoffmann-Becking, S. 965; *Teichmann*, DB 2012, 2085.

193 EuGH, Rs. C-106/16 (*Polbud*) = EuZW 2017, 906.

194 EuGH (*Cartesio*, Fn. 87), Leitsatz 3 und Tz. 124.

195 EuGH (*Vale*, Fn. 81), Tz. 56.

196 EuGH (*Vale*, Fn. 81), Tz. 48.

197 EuGH (*Cadbury Schweppes*, Fn. 80), Tz. 54; EuGH (*Vale*, Fn. 81), Tz. 34.

198 EuGH (*Cadbury Schweppes*, Fn. 80) Tz. 51, 55.

199 So die herschende Meinung in der Literatur *Krebs/Day*, GWR 2014, 144, 146; *Mörsdorf/Jopen*, ZIP 2012, 1398, 1399; *Roth*, in: FS Hoffmann-Becking, S. 965, 990; *Verse*,

damit erstmalig die Bedingungen, die die Mitgliedstaaten bei der Ausgestaltung eines grenzüberschreitenden Formwechsels zu beachten haben. In Konsequenz von *Vale* wurde mittlerweile auch der grenzüberschreitende Formwechsel einer luxemburgischen SARL in eine deutsche GmbH zugelassen (Hereinformwechsel).[200] Mit der Rechtssache *Polbud* statuiert der EuGH, dass eine innerstaatliche Regelung, welche die Verlegung des Gesellschaftssitzes einer nach dem Recht eines Mitgliedstaates gegründeten Gesellschaft in einem anderen Mitgliedstaat, durch die sie unter Einhaltung der dortigen Bestimmungen in eine dem Recht des anderen Mitgliedstaates ungewandelt werden soll, von der vorherigen Auflösung der Gesellschaft abhängig macht, nicht mit der Niederlassungsfreiheit vereinbar ist.[201] Dies gilt selbst dann, wenn die Gesellschaft ihre Geschäftstätigkeit im Wesentlichen oder ausschließlich im ursprünglichen Mitgliedstaat ausüben soll.[202]

II. Eignung für grenzüberschreitende Tätigkeit von KMU

Der grenzüberschreitende, identitätswahrende Formwechsel eignet sich nur bedingt für die transnationale Unternehmenstätigkeit. Zum einen mangelt es an einem gefestigten Rechtsrahmen, zum anderen bietet die Verlegung des Satzungssitzes keine Lösung für das Bedürfnis einer vereinfachten, kostengünstigen Gründung von Gesellschaften:

Das Sekundärrecht bietet momentan noch keine Regelung zur grenzüberschreitenden Sitzverlegung. Allein die Judikative hat den grenzüberschreitenden Formwechsel für grundsätzlich zulässig erklärt. Solche Entscheidungen können jedoch kein europäisches Verfahrensrecht schaffen. Es handelt sich um Einzelfälle mit rein kassatorischer Wirkung; eine normschaffende Instanz ist der Gerichtshof dagegen nicht. Überdies judiziert der EuGH lediglich über die Einhaltung der primärrechtlich gewährleisteten Grundfreiheiten als solchen. Im Fokus steht dabei nicht das Europäische Gesellschaftsrecht im engeren Sinne, sondern lediglich die Gewährleistung der Niederlassungsfreiheit (Artikel 49, 54

ZEuP 2013, 458, 479; *Wicke*, DStR 2012, 1756, 1758; a.A. *Schönhaus/Müller*, IStR 2013, 174, 176.

200 OLG Nürnberg, Beschluss v. 19. 6. 2013 – 12 W 520/13 (= DStR 2014, 812; NZG 2014, 349 m. Anm. *Stiegler*), hierzu *Bungert/Raet*, DB 2014, 761; *Krebs/Day*, GWR 2014, 144; *Schaper*, ZIP 2014, 810; *Teichmann*, in: Herrler (Hrsg.), Aktuelle gesellschaftsrechtliche Herausforderungen, S. 111, 130. Anders dagegen noch OLG Nürnberg, Beschluss v. 13.2.2012 – 12 W 2361/11 (= BB 2012, 988).

201 EuGH (*Polbud*, Fn. 193), Leitsatz 2.

202 EuGH (*Polbud*, Fn. 193), Rn. 38.

AEUV) als Teil des Binnenmarktkonzepts.[203] Die deutsche Literatur[204] und die jüngsten Beschlüsse des OLG Nürnberg[205] ziehen für den grenzüberschreitenden Formwechsel die §§ 190 ff. UmwG in europarechtskonformer Auslegung heran. Auch die notarielle Praxis und die Registerrichter zeigen sich offen gegenüber einer identitätswahrenden statutenwechselnden Verlegung des Satzungssitzes im EU-/EWR-Raum.[206] Gleichwohl bleibt die grenzüberschreitende Sitzverlegung mangels primär- und sekundärrechtlicher Verankerung für die Praxis mit Problemen und erheblichen Rechtsunsicherheiten behaftet.[207]

Selbst im Falle eines gefestigten Regelungsregimes zum grenzüberschreitenden Formwechsel gibt ein solches keine Antwort auf das Bedürfnis einer vereinfachten, kostengünstigen Gründung von Gesellschaften. Zu einem wäre bereits nicht der vollständige Adressatenkreis bedient. Gefördert werden sollen nicht nur Sekundärniederlassungen in Form der Gründung von Tochtergesellschaften, sondern auch primäre Niederlassungen, also Unternehmensgründungen *ex nihilo*. Die geplante Sitzverlegungsrichtlinie knüpft dagegen an bereits bestehende Gesellschaften an. Artikel 1 des Entwurfs richtet sich an Gesellschaften, die „nach dem Recht eines Mitgliedstaates *gegründet*" wurden. Dies bedeutet, dass nur bereits existierende Gesellschaften erfasst sind – die Förderung der grenzüberschreitenden Mobilität wäre somit auf bereits bestehende Gesellschaften begrenzt. Existenzgründer würden damit benachteiligt werden. Auch für Unternehmensgruppen wäre dem Ziel, vereinfacht und kostengünstig

---

203 *Hopt*, ZGR 2013, 165, 179.

204 *Bayer/J. Schmidt*, ZIP 2012, 1481, 1488; *Böttcher/Kraft*, NJW 2012, 2701, 2703; *Jaensch*, EWS 2012, 353, 358 f.; *Kindler*, EuZW 2012, 888, 890 ff.; *Krafka/Kühn*, Registerrecht, Rn. 1211e; *Mörsdorf-Schulte*, KSzW 2014, 117, 123; *Wicke*, DStR 2012, 1756, 1758 f.

205 OLG Nürnberg, 13.2.2012 – 12 W 2361/11 (= BB 2012, 988); OLG Nürnberg, 19. 6. 2013 – 12 W 520/13 (= DStR 2014, 812; NZG 2014, 349 m. Anm. *Stiegler*).

206 *Hushahn*, RNotZ 2014, 137; *Melchior*, GmbHR 2014, R305 (jeweils mit Beschreibung des Verfahrensablaufs).

207 Ebenso *Behme*, NZG 2012, 936, 939; *Krebs/Day*, GWR 2014, 144, 147; *Messenzehl/Schwarzfischer*, BB 2012, 2072, 2073 sowie die Gemeinsame Stellungnahme des BDA, BDI und der DIHK zum SUP-KOM v. 18.7.2014, S. 4. Auch bei der Konsultation zur grenzüberschreitenden Verlegung von Firmensitzen von Frühjahr 2013 sahen etwa 43 % derjenigen, die eine Antwort gaben, die *Vale*-Entscheidung nicht als rechtssichere Grundlage für eine grenzüberschreitende Verlegung des Satzungssitzes an (Frage 5, S. 11 f., zuletzt abgerufen am 16.09.2016 unter http://ec.europa.eu/internal_market/consultations/2013/seat-transfer/docs/summary-of-responses_en.pdf). Großzügiger *Teichmann*, DB 2012, 2085, 2091; *Teichmann*, in: Herrler (Hrsg.), Aktuelle gesellschaftsrechtliche Herausforderungen, S. 111, 123, 133.

Tochtergesellschaften *gründen* zu können, nicht gedient. Denn durch Einführung der Sitzverlegungsrichtlinie würde lediglich sichergestellt werden, dass eine Gesellschaft, die nach dem Recht eines Mitgliedstaates gegründet wurde, identitätswahrend das anwendbare Recht durch eine grenzüberschreitende Verlegung des Satzungssitzes ändern kann. Die Konzernmutter müsste somit zunächst in Staat A, der dem einfacheren Gründungsrecht unterliegt, die Tochtergesellschaft gründen und anschließend deren Sitz in Staat B verlegen, in dem sie eigentlich geschäftlich agieren möchte. Dies wäre mit Einführung der Sitzverlegungsrichtlinie möglich, jedoch durchaus umständlich und mit mehr Zeit- und Kostenaufwand verbunden als bei einer Gesellschaftsgründung nach dem ausländischen Rechtsregime. Eine Vereinfachung für grenzübergreifende Strukturen wäre dadurch nicht geschaffen. Als Fazit lässt sich somit festhalten, dass eine grenzüberschreitende Sitzverlegung zwar die binnenmarktweite Mobilität von Unternehmen fördern könnte, jedoch keine Lösung für das Problem der Schaffung einer kostengünstigen, einfachen und schnellen Gründung einer Gesellschaft bietet.

E. Grenzüberschreitende Verschmelzung

I. Bisherige Entwicklung

Bis zum Jahr 2005 gab es weder primärrechtlich noch sekundärrechtlich eine Verpflichtung zur Zulassung grenzüberschreitender Verschmelzungen. Insbesondere stellte die seit 2001 in der SE-VO normierte Gründung durch grenzüberschreitende Verschmelzung keine passende Gestaltungsmöglichkeit für kleine und mittelständische Unternehmen dar.

Erste Erkenntnisse ergaben sich erst aus dem *Sevic*-Urteil[208], in dem der EuGH entschieden hat, dass eine Gesellschaft aus einem anderen EU-Mitgliedstaat als Auswirkung der Niederlassungsfreiheit grundsätzlich die Möglichkeit haben muss, an einer Verschmelzung nach innerstaatlichem Recht mitzuwirken. Wird die grenzüberschreitende Verschmelzung im nationalen Recht generell untersagt, obwohl sie innerstaatlich erlaubt ist, sei dies eine Beschränkung der Niederlassungsfreiheit, welche einer Rechtfertigung nach der *Gebhard*-Formel[209] bedürfe. Zum Schutz der Interessen der Gläubiger, Minderheitsgesellschafter und Arbeitnehmer sowie zur Wahrung der Wirksamkeit der Steueraufsicht und der Lauterkeit des Handelsverkehrs sei ein generelles Verbot grenzüberschreitender

208 EuGH, Rs. C-123/11, (*Sevic*), Slg. 2005, I-10825.

209 EuGH (*Gebhard*, Fn. 76) Tz. 37; hierzu *Habersack/Verse*, EuropGesR, § 3 Rn. 4 mwN.

Verschmelzung allerdings nicht erforderlich.[210] Damit hat der EuGH festgelegt, dass eine derartige Transaktion in Form des „Hineinverschmelzens" unter dem Schutz der Niederlassungsfreiheit steht;[211] das „Hinausverschmelzen" ist spätestens seit *Cartesio*[212] von Artikel 49, 54 AEUV gedeckt.[213]

Die nötige Rechtssicherheit haben sodann die sekundärrechtlichen Harmonisierungsvorschriften zur grenzüberschreitenden Verschmelzung[214] geschaffen, die in den §§ 122a ff. UmwG umgesetzt wurden. Durch sie sollten der Kooperations- und Organisationsbedarf im Hinblick auf Verschmelzungen von Kapitalgesellschaften aus verschiedenen Mitgliedstaaten erleichtert und rechtliche sowie administrative Hürden abgebaut werden.[215] Die Richtlinie ermöglicht eine transnationale Sitzverlegung mit gleichzeitigem Formwechsel in eine ausländische Rechtsform und stellt somit einen wichtigen Schritt für europaweite Fusionen dar.[216] Seit der Verknüpfungsrichtlinie aus dem Jahr 2012 soll der hierfür erforderliche binnenmarktweite Informationsaustausch zwischen den Registern über eine unionsweite Plattform zur Vernetzung der Zentral-, Handels- und Gesellschaftsregister erfolgen.[217] Für die Praxis verspricht dies zum einen eine

---

210 EuGH (*Sevic*, Fn. 208), Tz. 28, 30.

211 Vgl. insbesondere EuGH (*Sevic*, Fn. 208), Tz. 19: „Grenzüberschreitende Verschmelzungen [...] stellen besondere, für das reibungslose Funktionieren des Binnenmarktes wichtige Modalitäten der Ausübung der Niederlassungsfreiheit dar und gehören damit zu den wirtschaftlichen Tätigkeiten, hinsichtlich derer die Mitgliedstaaten die Niederlassungsfreiheit nach Art. 43 EGV beachten müssen."

212 EuGH (*Cartesio*, Fn. 87).

213 So bereits als Folgerung des *Sevic*-Urteils (s. Fn. 208) Kantongerecht Amsterdam, DB 2007, 677; *Bayer/J. Schmidt*, ZIP 2006, 210, 211; *Bayer/J. Schmidt*, BB 2008, 454, 459; *Bungert*, BB 2006, 53, 56; *Haar*, GPR 2007, 27, 28; *Kallmeyer/Kappes*, AG 2006, 224, 226; *Kieninger*, EWS 2006, 49, 51 f.; *Klein*, RNotZ 2007, 565, 570; *Krause/Kulpa*, ZHR 171 (2007), 38, 45; *Meilicke/Rabback*, GmbHR 2006, 123, 125 f.; *Sedemund*, BB 2006, 519, 521; *Schindler*, ECFR 2006, 109, 117; *Teichmann*, ZIP 2006, 355, 357 ff. Nach *Cartesio* (s. Fn. 87): *Bayer/J. Schmidt*, ZHR 173 (2009), 735, 765 f.; *Frenzel*, EWS 2009, 158, 163; *Herrler*, DNotZ 2009, 484, 488; *Schmidt-Kessel*, GPR 2009, 26, 29; *Sethe/Winzer*, WM 2009, 536, 539.

214 Richtlinie 2005/56/EG des Europäischen Parlaments und des Rates v. 26.10.2005 über die Verschmelzung von Kapitalgesellschaften aus verschiedenen Mitgliedstaaten, Abl. EU Nr. L 310/1 v. 25.11.2005 (Zehnte Richtlinie).

215 Erwägungsgrund 1 der Zehnten Richtlinie.

216 Vgl. nur Erwägungsgrund 1 der Zehnten Richtlinie, wonach diese zur „Vollendung und zum reibungslosen Funktionieren des Binnenmarktes" beitragen soll.

217 Art. 2 der Richtlinie 2012/17/EU (Fn. 145), in Änderung des Art. 13 der Zehnten Richtlinie; Umsetzung im deutschen Recht in § 122l Abs. 3 UmwG.

Verbesserung der Rechtssicherheit, zum anderen eine erhöhte Professionalisierung und Kooperation der europäischen Unternehmensregister.[218]

Die EU-Kommission hat im Herbst 2013 Schlussfolgerungen im Rahmen einer Studie über die Anwendung der Richtlinie offengelegt, um die Erfahrungen aus der Vergangenheit und die künftigen Bedürfnisse für grenzüberschreitende Verschmelzungen zu analysieren.[219] Die Richtlinie hat zu einem neuen Aufschwung binnenmarktweiter Aktivitäten geführt und konnte einen Anstieg an grenzüberschreitenden Verschmelzungen von 132 im Jahr 2008 auf 361 im Jahr 2012 verzeichnen.[220] Die Hauptbeweggründe für grenzüberschreitende Umstrukturierungen lagen dabei in dem Erstreben von Synergie-Effekten, der Reduzierung der Verwaltungskosten, dem Erstreben steuerlicher Vorzüge und einem unternehmensfreundlicheren Regelungsregime.[221] Die *Stakeholder*[222] betrachten die Richtlinie grundsätzlich als gelungen und als wichtigen Schritt zur Errichtung eines dynamischen und stabilen Binnenmarktes. Gleichzeitig wurden in der Studie die Haupthindernisse herausgearbeitet, die trotz der Richtlinie noch zu Behinderungen der grenzüberschreitenden Tätigkeit führen.[223] Die mangelnde Harmonisierung im Bereich von Vermögenswerten, der Dauer der Schutzfrist für die Rechte der Gläubiger und die Konsequenzen bei einer durchgeführten Verschmelzung für die Gläubiger wurden bereits im Aktionsplan 2012[224] als reformbedürftig aufgeführt.[225] Eine Konsultation

218 *Kilian*, notar 2012, 302, 304; *Wuisman*, ECL 12 (2015), 34, 38.

219 Studie über grenzübergreifende Verschmelzungen von Bech-Bruun und Lexidale für die Kommission, veröffentlicht am 07.10.2013, zuletzt abgerufen am 16.09.2016 unter http://ec.europa.eu/internal_market/company/docs/mergers/131007_study-cross-border-merger-directive_en.pdf.

220 Studie (Fn. 219), S. 6.

221 Studie (Fn. 219), S. 9.

222 Die Terminologie der „Stakeholder" umfasst die Interessen der Anteilseigner, der Arbeitnehmer und der Allgemeinheit, vgl. hierzu *Semler*, in: FS Hopt, S. 1391, 1394 f. Ausführlich auch *Fleischer*, in Fleischer: Handbuch des Vorstandsrechts, 2006, § 1 Rn. 26 ff.; *Kessler*, AG 1993, 252, 259; *Kessler*, AG 1995, 61, 62; *v. Werder*, Der Konzern 2015, 362 ff.

223 Studie (Fn. 219), S. 9 ff.

224 Aktionsplan 2012 (Fn. 58), Punkt 4.2., S. 14.

225 In Anlehnung an die Empfehlung an den Bericht der Reflection Group, S. 20 ff. (Fn. 44) fordern daher *Bayer/J. Schmidt*, BB 2013, 3, 15; *Bayer/J. Schmidt*, KSzW 2014, 69, 76 eine Reform der Zehnten Richtlinie zu einer allgemeinen Richtlinie über grenzüberschreitende Mobilität.

erfolgte im Herbst 2014, um den Bedarf an Änderungen der Richtlinie zu ermitteln.[226]

Mit Wirkung vom 20.07.2017 wurde die Bestimmungen der Richtlinie in die Gesellschaftsrichtlinie 2017[227] intergriert.

II. Eignung für die grenzüberschreitende Tätigkeit von KMU

Grenzüberschreitende Verschmelzungen sind für das Ziel der Schaffung eines ausreichend flexiblen, kostengünstigen Rechtsrahmens zur grenzüberschreitenden Aktivität von KMU nur bedingt geeignet. Dies zeigt sich nicht nur im Anwendungsbereich und Ziel der Richtlinie, sondern auch bei der praktischen Umsetzung einer grenzüberschreitenden Fusion.

Erste Zweifel wecken bereits die Begriffe der „Verschmelzung" und der „Grenzüberschreitung". Der Begriff der „Verschmelzung" bestimmt sich nach Artikel 2 Abs. 2 der Richtlinie und erfasst die Verschmelzung durch Aufnahme (lit. a), durch Neugründung (lit. b) sowie die Verschmelzung einer 100 % igen Tochter auf die Mutter (lit. c). Begriffsnotwendig sind hierfür mindestens zwei Rechtsträger erforderlich. Das Element der „Grenzüberschreitung" bedeutet, dass mindestens zwei der Gesellschaften unterschiedlichen Rechtsordnungen unterliegen (Statutendivergenz).[228] Der Anwendungsbereich der Richtlinie verlangt somit mindestens zwei beteiligte Rechtsträger und ein Mehrstaatlichkeitserfordernis. Beide Voraussetzungen schränken jedoch das oben genannte Ziel in unnötiger Weise ein. Zum einen sollte bereits ein Rechtsträger genügen, um eine Gesellschaft zu gründen. Eine Gesellschaftsgründung im Ausland *ex nihilo* wäre andernfalls nicht möglich. Zum anderen sollte das transnationale Element nicht zur Voraussetzung der Unternehmensgründung gemacht werden. Bereits im Rahmen der SPE gingen die Meinungen stark auseinander, ob ein transnationaler Anknüpfungspunkt vorausgesetzt werden sollte.[229] Obgleich die Förderung

---

226 Konsultation zu grenzüberschreitenden Verschmelzungen und Spaltungen (Laufzeit 8.9.2014-31.1.2015), zuletzt abgerufen am 16.09.2016 unter http://ec.europa.eu/internal_market/consultations/2014/cross-border-mergers-divisions/index_de.htm.

227 Vgl. Fn. 142.

228 *Lutter/Bayer/J. Schmidt*, EuropUR, Rn. 22.27.

229 Ein grenzüberschreitendes Moment fordernd der Bericht der Hochrangigen Gruppe von Experten über moderne gesellschaftsrechtliche Rahmenbedingungen in Europa, von 4.11.2002, zuletzt abgerufen am 16.09.2016 unter http://ec.europa.eu/internal_market/company/docs/modern/report_de.pdf, S. 130; *Jung*, in: FS von Büren, S. 103, 108 f. Dagegen *Bachmann*, ZGR 2001, 351, 373; *Hommelhoff/Boucourechliev*, Vorschläge EPG, S. 289 f.; *Hommelhoff/Teichmann*, GmbHR 2008, 897, 900; *Fischer*,

der grenzüberschreitenden Tätigkeit von KMU im Mittelpunkt steht, sollte sich diese nicht auf solche Unternehmen beschränken, die bereits transnational tätig sind, sondern auch denjenigen offen stehen, die sich noch in der Gründungsphase befinden und ihre Geschäfte bislang noch nicht über die Grenze hinweg ausgedehnt haben.[230] Somit zeigen sich bereits im Anwendungsbereich der internationalen Fusionsrichtlinie Divergenzen zu den fokussierten Unternehmen, deren Auftreten am Markt gestärkt werden soll.

Auch bei der praktischen Umsetzung einer grenzüberschreitenden Verschmelzung treten immer wieder Probleme auf, die zu exorbitanten Kosten führen können. Trotz umfassender Rechtsberatung und Übersetzungen bestehen in der Praxis immer noch Hürden aufgrund von doppelten Beurkundungserfordernissen, der Beachtung des jeweiligen Mitbestimmungsregimes, der Erstellung des Verschmelzungsberichts[231], steuerrechtlichen Fragestellungen und Sprachproblemen.[232] Letztere ergeben sich dabei nicht nur bei der Kommunikation zwischen den zuständigen Stellen (Behörden, Gerichte oder Notare), sondern insbesondere auch aufgrund der verschiedenen Sprachfassungen des Verschmelzungsplans, -berichts und der Satzungen. Selbst wenn die Sprachfassungen nahezu identisch sind, ergeben sich spätestens bei der rechtlichen Auslegung des Textes Divergenzen.[233] Selbst bei der Bestimmung des anwendbaren Rechts ist mit Rechtsunsicherheiten zu kämpfen: Wegen des Prinzips der subsidiären Anwendbarkeit des jeweiligen nationalen Rechts[234] werden die Vorschriften und Formalitäten des innerstaatlichen Rechts als Lückenfüller herangezogen, sofern die Richtlinie nichts anderes bestimmt (Erwägungsgrund 3 S. 1). Öffnungsklauseln und Regelungsermächtigungen führen jedoch zu einer Vielzahl an divergierenden Regelungen, ein einheitlicher Rechtsrahmen ist insofern längst nicht geschaffen. Ähnliche Lücken und potentielle Unstimmigkeiten wurden auch in

---

ZEuP 2004, 737, 743; *Krause*, EuZW 2003, 747, 751; *Wicke*, GmbHR 2006, 356, 359. Der SPE-Vorschlag entschied sich für die Öffnung der SPE auch für rein nationale Tätigkeiten (Art. 3 Abs. 1 lit. e SPE-VO-KOM).

230 Ein etwaiges Mehrstaatlichkeitserfordernis könnte überdies leicht über Strohmann-Gründungen oder die Verwendung von Vorratsgesellschaften umgangen werden.

231 Ein solcher ist selbst dann obligatorisch anzufertigen, wenn es sich um eine arbeitnehmerlose Gesellschaft handelt oder wenn Beteiligungsidentität der Mutter- und Tochtergesellschaft besteht (vgl. *Klein*, RNotZ 2007, 565, 592 f.).

232 Ausführlich hierzu *Kahnert*, Rechtsetzung im EurGesR, S. 153 ff.

233 Welche Sprache hier als führend herangezogen werden sollte, ist bislang offen. Zur Diskussion und Vorschlägen *Lutter/Bayer/J. Schmidt*, EuropUR, Rn. 22.38 f.

234 *Lutter/Bayer/J. Schmidt*, EuropUR, Rn. 22.33.

der Studie von *Bech-Bruun und Lexidale* gerügt; insbesondere die mangelnde Harmonisierung, das Fehlen eindeutiger Standards für interinstitutionelle Verständigungen und Maßnahmen zum Gläubigerschutz sowie das Fehlen einiger gesonderter Verfahren („fast track").[235]

Trotz der Zehnten Richtlinie bleiben somit Hürden bestehen, welche die Attraktivität einer grenzüberschreitenden Aktivität von KMU mindern. Für eine kostengünstige, einfach strukturierte Gründung einer Gesellschaft vermag die Richtlinie zur grenzüberschreitenden Verschmelzung ohnehin keine Antwort bieten.

F. Gesamtwürdigung

Die Rechtsprechung des EuGH eröffnet den Unternehmen bereits die Möglichkeit, in einem beliebigen der 28 Mitgliedstaaten eine Gesellschaft zu gründen und die geschäftliche Tätigkeit in einem anderen Mitgliedstaat zu entfalten. Ein ganzer Richtlinienapparat und einige Verordnungen tragen zur Stärkung des Binnenmarktes bei. Dennoch kämpfen die Unternehmer bei grenzüberschreitender Tätigkeit mit Sprachproblemen, dem fremden Gesellschafts- und Steuerrecht und den dazugehörigen Rechtsberatungs- und Rechnungslegungskosten sowie den Mehraufwendungen im Falle eines Rechtsstreits.

Die judikative Überprüfung hängt stets von der Initiative der Kommission, eines Mitgliedstaates oder nationaler Gerichte ab. Sie bezieht sich nur auf den Einzelfall und kann somit nur punktuell zur Verwirklichung der Niederlassungsfreiheit beitragen.[236] Die Erleichterung grenzüberschreitender Gründung von Tochtergesellschaften als Teil der Niederlassungsfreiheit kann daher nur durch eine legislative Maßnahme auf EU-Ebene erreicht werden. Der binnenmarktspezifische Wert liegt dabei in der Standardisierung bestimmter materieller Anforderungen.[237] Weniger von Bedeutung ist dabei die Frage, welches System besser oder schlechter ist – dies liegt meist im Auge des Betrachters und ist geprägt vom System des Heimatstaates. Maßgeblich ist die Einigung auf eine einheitliche Regelung – ein Kompromiss, mit dem die Mitgliedstaaten leben können und ein Schritt in Richtung eines modernen Gesellschaftsrechts.[238]

---

235 Studie (Fn. 219), S. 9 ff.

236 *Jung*, in: Schwarze (Hrsg.), EU-Kommentar, 3. Aufl. 2012, Art. 50 AEUV, Rn. 2.

237 *Teichmann*, NJW 2014, 3561, 3563.

238 Vgl. *Conac*, ECFR 2015, 139, 152, 165: race to modernization.

Kapitel 3: Die Zwölfte Richtlinie zur Einpersonengesellschaft

Die Reflection Group schlägt regelungstechnisch zwei Ausgestaltungsmöglichkeiten zur Einführung einer Single Member Company vor: Die Änderung der Zwölften Richtlinie über die geschlossene Kapitalgesellschaft mit einem einzigen Gesellschafter, alternativ die Einführung einer separaten Richtlinie. Die bisherige Zwölfte Richtlinie ist materiell nur marginal ausgestaltet. Bei deren Verabschiedung war jedoch bereits die Zulassung einer Einpersonen-Kapitalgesellschaft als solche rechtsvergleichend ein Novum. Die Hintergründe der Richtlinie sollen im Folgenden dargelegt werden, indem zunächst ein historischer Abriss über die Zulässigkeit von Einpersonengesellschaften vor 1989 erfolgt (*unter A.*). Anschließend sollen der Anwendungsbereich und die Informationsbereitstellungsregeln der Zwölften Richtlinie dargestellt werden (*unter B.*). Einer besonderen Beleuchtung bedürfen sodann die konzernrechtlichen Schwierigkeiten, welche den Harmonisierungserfolg in der bisherigen Ausgestaltung erheblich schmälern (*unter C.*). Letztlich gilt es die weitere Entwicklung darzustellen, die mit einer Gesamtwürdigung schließt (*unter D. und E.*)

A. Zulässigkeit von Einpersonen-Konstruktionen vor 1989

Während heute die Zulässigkeit von Einpersonengesellschaften lediglich im Personengesellschaftsrecht zur Diskussion steht[239], war vor einigen Jahrzehnten auch die Einpersonen-GmbH keine Selbstverständlichkeit. Traditionell war für die Gründung einer Kapitalgesellschaft das Zusammenwirken mehrerer Personen vorgeschrieben. So verlangte § 2 AktG bis zur Aktienrechtsreform im Jahre 1994 fünf Gründer und § 2 GmbHG bis zum Jahre 1980 einen „von allen" zu unterzeichnenden Gesellschaftsvertrag. Hieraus wurde geschlossen, dass die Neugründung einer GmbH durch mindestens zwei Personen zu erfolgen hatte. Bei der Darstellung der Meinungsströme hinsichtlich der Anerkennung der Einpersonengesellschaft ist zwischen der originären und der nachträglichen Entstehung der Einpersonen-GmbH zu differenzieren. Bei der originären Einpersonengesellschaft handelt es sich um die Neugründung einer Gesellschaft durch eine einzige Person (*unter I.*). Die nachträgliche Einpersonen-GmbH ist eine Gesellschaft, die zunächst mehrgliedrig ist und erst durch die Kumulation

---

239 Vgl. hierzu *K. Schmidt*, ZIP 2014, 493, 497 ff.

sämtlicher Geschäftsanteile in der Hand eines einzigen Gesellschafters zur Einpersonengesellschaft wird. Sie entsteht durch rechtsgeschäftliche Übertragung, Vererbung, Austritt, Ausschließung, Kaduzierung und Amortisation.[240] Hinsichtlich dieser Konstruktion findet sich ein besonders gespaltenes Meinungsbild in Europa (*unter II.).*

Daneben ist der Einzelkaufmann mit beschränkter Haftung zu beleuchten (*unter III.*). Hierbei handelt es sich um eine Rechtsform, deren Wurzeln in den Anfängen des 20. Jahrhunderts liegen und die von der Zwölften Richtlinie als Substitut zur Einpersonen-GmbH vorgesehen ist.

I. Originäre Einpersonengesellschaft

Obwohl *Hachenburg* bereits im Jahre 1909 die Forderung stellte, die Einpersonengesellschaft *ab initio* zu legalisieren,[241] waren sich die europäischen Rechtsordnungen in Hinblick auf die originäre Einpersonengesellschaft bis 1973, als Dänemark die Einpersonengesellschaft legalisierte[242], nahezu einig[243]: Eine Gesellschaft muss aus einem Vertrag von mindestens zwei Personen bestehen und kann nicht durch eine einzige Person gegründet werden (Grundsatz der Gesellschafterpluralität / Vertragstheorie).[244] Eine Gesellschaft, die nur aus einem einzigem Gesellschafter bestehe beziehungsweise zusammen mit einem Strohmann nach außen den falschen Anschein einer privatrechtlichen Verbandsperson erwecke, sei ein Widerspruch in sich – eine *contradictio in adjecto* – und weder vom Sprachgebrauch noch vom Standpunkt der Rechtsdogmatik zu

---

240 Ausführlich hierzu *Mertens*, in: Hachenburg, 7. Aufl. 1979, § 13 Anh. I, Rn. 22 ff.

241 *Hachenburg*, LZ 1909, Sp. 15, 22: Es „liegt kein Grund vor, die Beschränkung der Haftung auf die Einlage des Geschäfts auch für die Einzelunternehmungen als etwas Unstatthaftes anzusehen."

242 Eingeführt in Dänemark durch das dänische Gesetz Nr. 371 v. 13.6.1973 über Anteilsgesellschaften (Lov on anpartselskaber – ApSL) – § 3 Abs. 1 S. 1 ApSL, abgedruckt bei Hachenburg, 7. Aufl. 1979, Band I, S. 394 ff.

243 Einzige Ausnahme bildet das Fürstentum Liechtenstein, das im Jahre 1926 die sog. Einmannverbandsperson auch in originärer Form zuließ, siehe hierzu gleich Kapitel 3: A.III.

244 *Hiehold*, GmbH nach Vereinigung aller Anteile in einer Hand, S. 61; *John*, Gründung der Einmann-GmbH, S. 2; *Lutter*, in: FS Brandner, S. 81, 82; *Neukamp*, LZ 3 (1909), 417, 418; *Ochs*, Einpersonengesellschaft, S. 108 f.; *Schneebeli*, Einmanngesellschaft, S. 225; *Schilling*, JZ 1953, 161, 162; *Schönle*, Einmann- und Strohmanngesellschaft, S. 28 f.

erklären; sie wurde als unehrlich, unwürdig und Widerspruch zum gesetzgeberischen Willen betrachtet.[245]

Die dogmatische Verankerung findet sich in der Ende des 19. Jahrhunderts aufgestellten Theorie der Verbandspersönlichkeit von *Otto v. Gierke*. Diese lehnte sich an die germanistische Tradition an und ließ es unmöglich erscheinen, dass eine Einzelperson gleichzeitig einen rechtlich verselbständigten Allgemeinwillen bilden könne.[246] Allein Personenmehrheiten konnten sich danach in einem Verband inkorporieren und rechtlich verselbstständigen.

Daneben befürchteten insbesondere die Vertreter der *ordoliberalen Wirtschaftstheorie*, dass durch die Kombination aus der 100%-Beteiligung und der damit verbundenen Alleinherrschaft bei gleichzeitiger Trennung des Vermögens in Privat- und Unternehmensvermögen aufgrund der fehlenden internen Kontrollmöglichkeiten eine zu hohe Missbrauchsgefahr bestünde. Dies verletze den Gleichlauf von Herrschaft und Haftung. Die Gesellschaftsform sei daher nicht das geeignete Mittel für Haftungsbeschränkung.[247] Letztlich ging es hier um die Streitfrage des Sinn und Zwecks der Haftungsbeschränkung.[248] Die beschränkte Haftung sei eine besondere Begünstigung des Gesetzgebers, die ihre Rechtfertigung darin finde, dass bei einem Zusammenschluss mehrerer Personen zum Betrieb eines Handelsgewerbes nicht jeder persönlich und unbeschränkt für die Handlungen seines Mitgesellschafters haftbar gemacht werden soll. Ein Durchgriff der Gläubiger auf die Gesellschafter ist dabei grundsätzlich ausgeschlossen und lediglich in bestimmten Missbrauchsfällen unter strengen Voraussetzungen zulässig. Es sei geradezu eigenartig, in einer *sozialen* Marktwirtschaft die Haftungsbeschränkung für die Einpersonengesellschaft zu fordern und damit das Risiko der unternehmerischen Tätigkeit auf die Gläubiger abladen zu wollen.[249]

245 *Feine*, Die Gesellschaft mit beschränkter Haftung, in: Ehrenberg (Hrsg.), Handbuch des Handelsrechts, 3. Band, Abteilung 3, 3. Abschnitt, S. 425; *Großmann-Doerth*, DR 1939, 9, 9; *Jobt*, DR 1938, 48; *Kazaroff*, ZHR 101 (1935), 98.

246 *Gierke*, Genossenschaftstheorie, S. 835: „Denn offenbar kann eine Person niemals eine Personengesamtheit mit einem gegen die Individualwillen rechtlich verselbstständigten Gemeinwillen bilden."

247 *Feine*, Die Gesellschaft mit beschränkter Haftung, in: Ehrenberg (Hrsg.), Handbuch des Handelsrechts, 3. Band, Abteilung 3, 3. Abschnitt, S. 425; *Großmann-Doerth*, DR 1939, 9, 9; *Jobt*, DR 1938, 48; *Kazaroff*, ZHR 101 (1935), 98; *Schneebeli*, Einmanngesellschaft, S. 228.

248 *Großmann-Doerth*, DR 1939, 9; *Schilling*, JZ 1953, 161, 164.

249 *Meyer-Cording*, JZ 1978, 10.

Weiterhin wurde die Trennung der Gesellschaft als juristische Person von der Person des Alleingesellschafters für überflüssig erachtet. Es bestehe ein Grundsatz der Identität von Unternehmer und formellem Unternehmensträger, der nicht durchbrochen werden dürfe.[250] Die Trennung rechtfertige sich nur dadurch, dass die Interessen der Gesellschaft und der Gesellschafter ausgeglichen werden sollen. Dabei stünde der Verkehrsschutz, insbesondere die Gläubigersicherheit und der Vertrauensschutz im Vordergrund. Bei identischer personaler Besetzung von Gesellschaft und Gesellschafter bestehe jedoch ein Interessengleichlauf, sodass es unnötig sei, zwischen beide die „Trennwand der juristischen Persönlichkeit" zu schieben.[251] Auch wenn die durch Gesetz auferlegte Verantwortung die Gleiche sei, wäre das Gefühl der moralischen Verantwortlichkeit bei demjenigen stärker ausgeprägt, der sein eigenes Vermögen verwalte, als bei demjenigen, der als Organ das Vermögen einer juristischen Person betreue.[252]

Letztlich wurde die Einpersonengesellschaft auch moralisch beanstandet: Die Haftungsbeschränkung und die Zwischenschiebung einer juristischen Person dürfe dem Einzelunternehmer nicht beziehungsweise nicht in dieser absoluten Freiheit offenstehen.[253] Das Gerechtigkeitsempfinden, die Rechtsmoral sowie ethische Prinzipien verlangen danach die unbeschränkte Haftung, wonach unzuverlässige Unternehmer aus dem Wirtschaftsleben verbannt werden müssten und persönlich zur Verantwortung zu ziehen seien.[254]

II. Nachträgliche Einpersonengesellschaft

Für die nachträgliche Einpersonengesellschaft sahen die europäischen Staaten verschiedene Lösungen vor, deren Bandbreite von der Auflösung als härtestes Mittel über Restriktionen bis hin zu gänzlich fehlenden Regelungen reichte.[255]

Wurde eine Gesellschaft einmal durch mehrere Personen gegründet, sollte sie nach den Befürwortern der nachträglichen Einpersonen-GmbH auch bei

---

250 *Großmann-Doerth*, DR 1939, 9, 12.

251 *Schilling*, JZ 1953, 161, 165; ebenso *Großmann-Doerth*, DR 1939, 9; *Kegel*, JZ 1951, 387, 410.

252 So bereits *Pisko*, Grünhuts Zeitschrift für das Privat- und öffentliche Recht der Gegenwart 37 (1910), 699, 714.

253 *Großmann-Doerth*, DR 1939, 9.

254 *Feine*, Die Gesellschaft mit beschränkter Haftung, in: Ehrenberg (Hrsg.), Handbuch des Handelsrechts, 3. Band, Abteilung 3, 3. Abschnitt, S. 427 ff.; *Fränkel*, GmbH, 1915, S. 290; *Großmann-Doerth*, DR 1939, 9, 11; letzterer spricht, geprägt vom nationalsozialistischen Gedankenregime, seinerzeit von einem „Ausleseverfahren".

255 *Wolany*, GmbHR 1962, 77, 79.

der Kumulierung aller Gesellschaftsanteile in einer Hand fortbestehen. Die Anerkennung der nachträglichen Einpersonengesellschaft wurde insbesondere in Bezug auf zwei Momente begründet: Zum einen auf die romanistisch-kanonistische Körperschaftslehre, zum anderen auf die Rechtsnatur der GmbH als Kapitalkörperschaft.

Die aus dem Mittelalter stammende *romanistisch-kanonistische Körperschaftslehre* stützte sich auf die These, dass die Korporation auch mit nur einem Mitglied erhalten bleibe und dieses sämtliche korporative Rechte ausüben dürfe.[256] Diese These ist unter dem Einfluss der von *Savigny* begründeten *Fiktionstheorie* (Lehre von der *persona ficta*)[257] ins gemeine Recht übergegangen und war bei Erlass des GmbH-Gesetzes im Jahre 1892 als allgemein geltendes Recht anerkannt.[258] Nach der Fiktionstheorie ist die juristische Person eine normative Zweckkonstruktion, welche auch von einer einzigen Person genutzt werden könne.

Außerdem wurde die Anerkennung der Einpersonengesellschaft auf ihre Rechtsnatur als Kapitalkörperschaft gestützt. Die Theorie *Otto v. Gierkes* sei insofern veraltet, als mittlerweile anerkannt sei, dass die Kapitalgesellschaft rechtlich verselbstständigt und vom Bestand ihrer Mitglieder losgelöst ist. Vielmehr handele es sich bei der Einpersonen-GmbH um eine Wirkungseinheit, die in Form einer juristischen Person verfasst sei.[259] Auch könne die Einpersonengesellschaft nicht als Anstalt aufgefasst werden, da bei der Einpersonengesellschaft der Alleingesellschafter und dessen Rechte am Vermögen an der juristischen Person auf Grund dessen Position als Gesellschafter bestünden, die es bei einer Anstalt ebenso wenig gebe wie bei einer Stiftung.[260]

Bereits in den 1890er Jahren hat das Reichsgericht für die Aktiengesellschaft entschieden, dass in Falle der Vereinigung sämtlicher Kuxe einer bergrechtlichen Vereinigung in einer Hand die Gesellschaft fortbestehen soll.[261] Diese Annahme wurde auf die GmbH übertragen. Denn die GmbH und Aktiengesellschaft teilen

---

256 *Feine*, Die Gesellschaft mit beschränkter Haftung, in: Ehrenberg (Hrsg.), Handbuch des Handelsrechts, 3. Band, Abteilung 3, 3. Abschnitt, S. 433; v. *Gierke*, Das Deutsche Genossenschaftsrecht III, S. 182, 237, 350, 411, 497.

257 *Savigny*, System des heutigen römischen Rechts, Band II, S. 89.

258 Zur Konstruktion der juristischen Personen anhand der Fiktionstheorie *Meurer/Schulte*, Juristische Personen nach deutschem Reichsrecht, S. 18 ff.

259 *Flume*, DB 1980, 1781.

260 *Flume*, DB 1980, 1781, gleichzeitig als Kritik gegen die Auffassung von *Wieacker*, in: FS Huber, S. 339, 379, welcher die Einpersonengesellschaft als „wirtschaftliche Eigenstiftung" einordnet. Kritisch auch *Schönle*, Einmann- und Strohmanngesellschaft, S. 31 f.

261 RGZ 23, 202.

ihren Grundcharakter als Kapitalgesellschaft: beide weisen einen festen Vermögensstock auf, der durch gesetzliche Vorschriften so gut wie möglich geschützt werden soll. Das „wirkliche körperschaftliche Leben“[262] ruhe lediglich bei der Einpersonengesellschaft, bis ein neues Mitglied eintrete und die objektiven Grundvoraussetzungen einer körperschaftlichen Struktur wiedergewonnen werden können. Selbst *v. Gierke* bejahte die Streitfrage im römischen Recht, ob eine auf ein einziges Mitglied reduzierte *universitas*[263] als solche fortbestehe, „zum deutlichen Beweis, dass die Loslösung der als künstliches Individuum gesetzten begrifflichen Einheit konstituierenden Gesamtheit gedanklich vollendet war“.[264] Die Einpersonengesellschaft wurde daher, insbesondere im Hinblick auf das Privileg der Haftungsbeschränkung als für die Wirtschaft unerlässliche Rechtsform angesehen. Der von den Anhängern der ordoliberalen Wirtschaftstheorie (namentlich *Großmann-Doerth*) vorgetragene Gleichlauf von Herrschaft und Haftung sei zwar grundsätzlich ein anerkennenswertes Postulat, es könne jedoch nicht das im Körperschaftsrecht maßgebliche Gestaltungsprinzip der Zurechnung auf ein rechtlich verselbständigtes Gesellschaftsvermögen außer Kraft setzen.[265]

Der nachfolgende Länderbericht (*unter 1.*) gibt Aufschluss darüber, welche Staaten dem Sanktionsmodell auf der einen Seite bzw. dem Sanktionsmodell folgten. Außerdem wird der praktische Einsatz von Strohmännern beleuchet (*unter 2.*).

1. Länderbericht

a) Das Sanktionsmodell

Insbesondere die romanischen und südeuropäischen Rechtstraditionen (Frankreich, Belgien, Italien, Spanien, Portugal, Griechenland), aber auch England und Irland folgten der Ansicht, dass eine nachträgliche Einpersonengesellschaft ebenso wie eine originäre Einpersonengesellschaft eine juristische Unmöglichkeit

262 *Feine*, Die Gesellschaft mit beschränkter Haftung, in: Ehrenberg (Hrsg.), Handbuch des Handelsrechts, 3. Band, Abteilung 3, 3. Abschnitt, S. 434.

263 Die *universitas* ist eine öffentlich-rechtliche Personenvereinigung, die im Gegensatz zur *societas* einen wechselnden Mitgliederbestand haben konnte und bereits durch besondere Organe vertreten wurde.

264 *Gierke*, Das Deutsche Genossenschaftsrecht, 1881, Band III, S. 182.

265 *Ballerstedt*, GmbHR 1967, 66, 69 ff.; *Mertens*, GmbHR 1967, 45, 47; *Mertens*, in: Hachenburg, 7. Aufl. 1979, § 13 Anh. I, Rn. 10.

sei. Aus dieser ablehnenden Haltung entstand ein ausgefeiltes Sanktionsmodell, welches von der Durchgriffshaftung bis zur Auflösung der Gesellschaft reichte:

Bis zum Reformgesetz 1966[266] führte die nachträgliche Vereinigung aller Gesellschaftsanteile in der Hand eines Gesellschafters in *Frankreich* zu einer Auflösung *ipso iure*.[267] Diese strenge Regelung der Nichtigkeit der Gesellschaft wurde bis zur Zulassung der Einpersonen-SARL im Jahre 1985[268] dahingehend abgemildert, dass die Gesellschaft noch ein Jahr als Rechtssubjekt bestehen blieb, bis diese abschließend liquidiert wurde. Sobald während der Liquidation wieder ein Gesellschafter beitrat, konnte die Gesellschaft jedoch aufrechterhalten werden.[269] War innerhalb dieser einjährigen Schonfrist kein Gesellschafter beigetreten, konnte jeder Interessenträger die richterliche Auflösung beantragen.[270] Die strenge Positionierung Frankreichs war darauf zurückführen, dass sich dieses bei Einführung der SARL im Jahr 1925 am Personengesellschaftsrecht orientiert hatte: Als Doppelnatur[271] oder „verselbstständigte Personengesellschaft“[272] trägt die SARL gleichzeitig Elemente einer Personengesellschaft und einer Kapitalgesellschaft in sich. Ihr Wesen ähnelt jedoch eher einer Personengesellschaft, da die Gesellschaftsanteile nicht frei übertragbar sind, sondern nur mit Zustimmung der Mitgesellschafter, soweit der Zessionar nicht bereits Gesellschafter ist.

In *Italien* wurde die nachträgliche Einpersonen-GmbH zwar als Gesellschaft anerkannt, jedoch mit der Rechtsfolge der persönlichen Haftung sanktioniert, sodass es letztlich auch in Italien keine haftungsfreie Einpersonengesellschaft

266 Reformgesetz Nr. 66-537 v. 24.7.1966.

267 *Chaput/Lévi*, L'EURL, S. 9; *Lutter*, in: Lutter/David/Von Mehren (Hrsg.), International encyclopedia of comparative law, Rn. 43; *Lutter*, in: FS Brandner, S. 81, 82.

268 Gesetz n°85-697 v. 11.7.1985 (Art. 1), JORF v. 17.7.1985. Zur Gesetzgebungsgeschichte siehe *Chaput/Lévi*, L'EURL, S. 9 ff.

269 Art. 9 des Reformgesetzes Nr. 66-537 v. 24.7.1966, umgesetzt in Art. 1844–5 Code civil. dazu: *Aussedat*, Revue des sociétés 1974, 221, 229 ff.; *Chaput/Lévi*, L'EURL, S. 9 f.; *Lutter*, in: Lutter/David/Von Mehren (Hrsg.), International encyclopedia of comparative law, Rn. 43; *Ilgen*, Einmanngesellschaft, S. 84.

270 Art. 9 S. 2 des Reformgesetzes Nr. 66-537 v. 24.7.1966, umgesetzt in Art. 1844–5 Code civil. Diese Vorschrift existiert bis heute noch, allerdings findet diese gem. Art. 223–4 Code de commerce für die nachträgliche Einpersonen-GmbH keine Anwendung mehr.

271 *Cozian/Viandier/Deboissy*, Droit des sociétés, 27. Aufl. 2014, Rn. 1079; als "Mischform" bezeichnend *Döbereiner*, Frankreich, in: Süß/Wachter (Hrsg.), Handbuch des internationalen GmbH-Rechts, 3. Aufl. 2016, Rn. 6.

272 *Lutter*, in: Lutter/Ulmer/Zöllner (Hrsg.), FS 100 Jahre GmbHG, S. 49, 60.

gab.[273] Dies galt selbst dann, wenn die Beteiligung anderer Gesellschafter zu Umgehungszwecken erfolgte.[274] Mithilfe von Strohmanngründungen konnte der eigentliche Alleingesellschafter somit nicht der unbeschränkten Haftung entgehen. Im Ergebnis bedeutete die italienische Lösung ein faktisches Verbot von Einpersonen-GmbHs.

Belgien sah bis 1977 eine *ipso iure* Auflösung im Falle des Schrumpfens der Gesellschaft auf einen einzigen Gesellschafter vor. Anschließend wurde die Regelung dahingehend abgemildert, dass der Gesellschaft eine Schonfrist von sechs Monaten verblieb, bevor das Gericht von Amts wegen oder auf Antrag eines Interessenträgers die Gesellschaft auflöste.[275]

In *Griechenland* führte die nachträgliche Einpersonen-GmbH zwar nicht automatisch zur Auflösung der Gesellschaft, jedoch war es jedem Interessenträger möglich, die Auflösung der Gesellschaft durch richterliches Urteil zu beantragen.[276] Außerdem bestand eine unbeschränkte Haftung des Alleingesellschafters für alle während der Dauer der Vereinigung aller Geschäftsanteile in den Händen des Alleingesellschafters eingegangenen Verbindlichkeiten.[277]

Gleiches galt in *England*, wo die nachträgliche Einpersonengesellschaft seit der Entscheidung *Salomon v. Salomon Co. Ltd.*[278] für zulässig erklärt wurde, der Alleingesellschafter jedoch nach sechs Monaten mit der persönlichen Haftung sanktioniert wurde.[279] Daneben konnte die Gesellschaft durch Gerichtsbeschluss liquidiert werden.[280]

---

273 Art. 2497 Abs. 2 Codice civile a.F. für die GmbH, Art. 2362 Codice civile a.F. für die Aktiengesellschaft. Dazu *Kindler*, Italienisches Handels- und Wirtschaftsrecht, § 4 Rn. 246; *Lutter*, in: FS Brandner, S. 81, 84; *Ochs*, Einpersonengesellschaft, S. 150; *Wolany*, GmbHR 1962, 77, 80.

274 *Ochs*, Einpersonengesellschaft, S. 156.

275 *Lutter* in: Lutter/David/Von Mehren (Hrsg.), International encyclopedia of comparative law, Rn. 43.

276 Art. 44 § 1 e des Gesetzes 3190/1955 a.F. (zitiert nach *Baetge*, RIW 1995, 25).

277 Art. 44 § 2 des Gesetzes 3190/1955. Dazu *Baetge*, RIW 1995, 25, 26; *Soufleros*, GmbHR 1992, 276, 278.

278 [1897] A.C. 22 H.L – "*Salomon*", S. 29–30. Dazu *Brandes*, Juristische Personen als Geschäftsführer der EPG, S. 109; *Ochs*, Einpersonengesellschaft, S. 181 ff.

279 Section 31 Companies Act 1948 (später: Section 24 Companies Act 1985). Hierzu *Davies/Worthington*, Company Law, Rn. 9-1.

280 vgl. Section 122 (1) (e)Insolvency Act 1986: „A company may be wound up by the court if - (e) the number of members is reduced below 2". (Mittlerweile wurde natürlich die Ausnahme "except in the case of a private company limited by shares or by guarantee" eingefügt.).

Irland sanktionierte die nachträgliche Einpersonengesellschaft ebenfalls mit der persönlichen Haftung der Gesellschafter. Daneben gab es die Möglichkeit einer gerichtlichen Auflösung.[281]

Derartige Sanktionen oder Nichtigerklärungen waren vor Verabschiedung der Zwölften Richtlinie mit europäischem Recht vereinbar. So regelte Artikel 11 S. 2 lit. f der Publizitätsrichtlinie von 1968, dass die Rechtsvorschriften der Mitgliedstaaten die Nichtigkeit der Gesellschaften anordnen dürfen, wenn „entgegen den für die Gesellschaft geltenden einzelstaatlichen Rechtsvorschriften die Zahl der an der Gründung beteiligten Gesellschafter weniger als zwei betrug".[282]

b) Das Zulässigkeitsmodell

In Deutschland, Dänemark, den Niederlanden und Österreich war die spätere Entwicklung zur Einpersonen-GmbH dagegen seit langem anerkannt, sodass für diesen Fall auch keine speziellen Sanktionen verhängt wurden.[283] Aus ihrer Sicht verkennen die romanischen Staaten, England und Irland den Unterschied zwischen Personengesellschaft und Kapitalgesellschaft. Die Kapitalgesellschaft werde bewusst deshalb gewählt, um vom Fortbestand ihrer Mitglieder unabhängig zu sein. Diese Rechtsfolge sollte sich auch dann nicht ändern, wenn die Gesellschafterzahl sich auf eine Person reduziert.

Somit war in diesen Staaten zwar die originäre Einpersonen-GmbH verboten; die nachträgliche Einpersonen-GmbH wurde mangels spezieller Regelungen jedoch für zulässig erachtet (Zulässigkeitsmodell).

---

281 Section 36 und 213 Companies Act 1963; zu letzterer vgl. *Keane*, Company law in Ireland, 2. Aufl. 1991, Ziffer 38.03 ff.

282 Mittlerweile Art. 11 S. 1 lit. b sublit. vi der neugefassten Gesellschaftsrechtsrichtlinie.

283 Für Deutschland: RGZ 23, 202 – Vereinigung sämtlicher Kuxe einer bergrechtlichen Vereinigung in einer Hand, bestätigt für die GmbH nach Inkrafttreten des GmbHG in RGZ 85, 380, 382 f.; RGZ 87, 18, 25; RGZ 92, 77, 84 f.; RGZ 118, 113, 119; RGZ 129, 50, 53 f.; BGHZ 21, 378, 383 f.; BGHZ 22, 226, 229 f.; BGHZ 33, 189, 191; BGHZ 45, 204, 207; BGHZ 56, 97, 103; BGHZ 56, 97, 103; BGHZ 61, 380, 383. Für Dänemark: § 3 Abs. 1 des Gesetzes Nr. 371 v. 13.6.1973 über Anteilsgesellschaften (Lov on anpartselskaber – ApSL), abgedruckt bei Hachenburg, 7. Aufl., Band I, S. 394 ff. Für Österreich vgl. *Koppensteiner/Rüffler*, GmbHG, 3. Aufl. 2007, § 1 Rn. 1a; *Kastner*, Juristische Blätter 1973, 169, 169, 173. Für die Niederlande siehe Art. 36 a iVm Art. 57c wetboek von koophandel in der Fassung v. 3.5.1971, abgedruckt bei Hachenburg, 7. Aufl., Band I, S. 315 f.

Dem Wesen nach sowie in Bezug auf die rechtspolitische Legitimationsgrundlage wurden jedoch immer wieder Bedenken geäußert.[284] So formulierte der BGH: Die Einpersonen-GmbH sei „ein Gebilde, das rechtstheoretisch zwar nicht überzeugend begründbar ist, das aber gewohnheitsrechtlich anerkannt und volkswirtschaftlich unschädlich ist, für das ein praktisches Bedürfnis besteht und gegen das außer begrifflichen Bedenken nichts Durchgreifendes geltend gemacht werden kann."[285] Böse Zungen bezeichneten die Einpersonen-GmbH als „eigentümliche Gestaltung innerhalb des Gesetzesrechtes"[286] über die als „Schöpfung der Wirtschaftsjuristen, die sich [...] zu einem Krebsübel unseres Wirtschaftslebens entwickelt [haben]"[287] bis hin zum „Unding, [das] der Absicht des Gesetzes in das Gesicht [schlägt]"[288] reichte. Vermittelnd vertraten einige den Standpunkt der *Sondervermögenstheorie*, dass der Einpersonen-GmbH die Rechtspersönlichkeit fehle[289] und das Gesellschaftsvermögen nur ein gebundenes Sondervermögen des Alleingesellschafters[290] oder eine Art wirtschaftliche Eigenstiftung[291] sei.

2. *Einsatz von Strohmännern*

Die Divergenz zwischen dem Verbot der originären Einpersonen-GmbH und der Zulassung deren nachträglichen Entstehung relativierte sich in der Praxis durch die Nutzung von „Strohmännern".[292] Bei der Strohmanngründung wurde eine zweite Person als Treuhänder hinzugezogen, die nach der Eintragung wieder ausschied.[293] Der auf diese Weise abgeschlossene Gesellschaftsvertrag war

284 *Ballerstedt*, ZHR 135 (1971), 383, 397; *Berg*, NJW 1974, 933; *Brodmann*, GmbHG, 2. Aufl. 1930, § 2 Rn. 8; *Feine*, Die Gesellschaft mit beschränkter Haftung, in: Ehrenberg (Hrsg.), Handbuch des Handelsrechts, 3. Band, Abteilung 3, 3. Abschnitt, S. 435; *Meyer-Cording*, JZ 1978, 10; *Schwerdtner*, JR 1971, 329, 331; *Wieacker*, in: FS Huber, S. 339, 378 ff.; *Wolany*, GmbHR 1962, 77, 80 ff.

285 BGHZ 21, 379, 384.

286 *Wolany*, GmbHR 1962, 77, 80.

287 *Berg*, NJW 1974, 933, 935.

288 *Brodmann*, GmbHG, 2. Aufl. 1930, § 2 Rn. 8.

289 *Feine*, Die Gesellschaft mit beschränkter Haftung, in: Ehrenberg (Hrsg.), Handbuch des Handelsrechts, 3. Band, Abteilung 3, 3. Abschnitt, S. 434, 448.

290 *Schilling*, JZ 1953, 161, 164 f.

291 *Wieacker*, in: FS Huber, S. 339, 379.

292 Hierauf verwies explizit der Europäische Wirtschafts- und Sozialausschuss in seiner Stellungnahme, Abl. EG Nr. C 318/9, Punkt 1.4.

293 *Emmerich*, in: Scholz, GmbHG, 11. Aufl. 2012, § 1 Rn. 26; *John*, Gründung der Einmann-GmbH, S. 70 ff.; *Schäfer*, in: Bork/Schäfer, GmbHG, 3. Aufl. 2015, § 1 Rn. 36.

wirksam; insbesondere handelte es sich um kein Scheingeschäft nach § 117 BGB, wenn der Strohmann einen Gesellschaftsanteil erwirbt, um ihn anschließend an einen Hintermann zu übertragen.[294] Somit entstand eine nachträgliche, rechtlich zulässige Einpersonengesellschaft.

Bei der Strohmannkonstruktion[295] bestand zwischen dem Strohmann und dem Hintermann ein schuldvertragliches Auftrags- beziehungsweise Treuhandverhältnis (§ 667 BGB), welches den Hintermann zum Ersatz der aufgewendeten Stammeinlage (evtl. aufgestockt durch ein Entgelt) und den Treuhänder nach vollzogener Errichtung der GmbH zur Abtretung des GmbH-Anteils verpflichtete. Die sich aus § 667 BGB ergebende Verbindlichkeit war auch ohne notarielle Beurkundung wirksam; die Übertragung des GmbH-Anteils bedurfte jedoch der nach § 15 Abs. 3 GmbHG vorgeschriebenen notariellen Beurkundung. Der Geschäftsanteil konnte sogar schon vor Eintragung der GmbH abgetreten werden; die Abtretung wurde jedoch erst mit Eintragung ins Handelsregister wirksam.[296]

In den Staaten, die die nachträgliche Einpersonengesellschaft ablehnten, fiel auf, dass in kleineren GmbHs der Hauptgesellschafter, der meist gleichzeitig Geschäftsführer war, nahezu das gesamte Kapital hielt, während die anderen Gesellschafter – meist Familienangehörige oder Bekannte – eher formal an der Gesellschaft beteiligt waren, ohne einen richtigen *affectio societatis* aufzuweisen.[297] Der Hauptgesellschafter tätigte die Geschäfte nahezu alleine; die Beteiligung der Zweitgesellschafter tendierte dagegen gegen null. Nach dieser Feststellung mussten auch die romanischen Staaten nach und nach zugeben, dass es sinnvoll ist, dass sich zumindest eine *natürliche* Person mit dem Privileg der Haftungsbeschränkung am Wirtschaftsleben beteiligen können soll, ohne sich zwingend mit anderen Personen zusammenschließen zu müssen.

III. Das Einzelunternehmen mit beschränkter Haftung

Parallel zur Diskussion um die Einpersonen-GmbH stellte sich auch die Frage der Anerkennung des Einzelkaufmanns mit beschränkter Haftung.[298]

---

294 BGHZ 21, 378, 381.

295 vgl. statt aller *Raiser/Veil*, Recht der Kapitalgesellschaften, § 35 Rn. 20 ff.

296 BGHZ 21, 242, 245; BGZ 21, 378, 383; KG GmbHR 1968, 182 mit Anm. *Pleyer* in GmbHR 1969, 12 ff.

297 *Merle*, Droit commercial, Rn. 275.

298 Hierfür *Liebmann*, JZ 1902, 327, 330; *Speiser*, ZSR 9, 327, 344 f. Dagegen *Schilling*, JZ 1953, 161, 165; *Fränkel*, GmbH, 1915, S. 289 f.; *Rotondi*, ZHR 131 (1968), 330.

Bereits im Jahre 1910 legte der österreichische Handelsrechtler *Pisko* einen ausführlich begründeten Gesetzesentwurf über Einzelunternehmungen mit beschränkter Haftung vor, welcher als Vorbild für das Liechtensteinische Zivilgesetzbuch dienen sollte.[299] Seiner Vorstellung nach lag der Rechtsgrund der Haftungsbeschränkung nicht etwa in der juristischen Selbstständigkeit der Gesellschaft und des Gesellschaftsvermögens, sondern in der *Kundmachung* der Haftungsbegrenzung und im Kontrahieren in Kenntnis dieser Kundmachung.[300] Rechtspersönlichkeit wollte *Pisko* der Einzelunternehmung mbH jedoch nicht zuschreiben.[301] Im Jahre 1926 führte Liechtenstein das Einzelunternehmen mit beschränkter Haftung ein; es wich jedoch von den detaillierten Vorschlägen *Piskos* ab. Der Erfolg der neuen Rechtsfigur wurde insbesondere dadurch geschmälert, dass parallel hierzu in Liechtenstein auch die Einpersonengesellschaft (sog. Einpersonenverbandsperson) zulässig war, die sowohl originär als auch nachträglich entstehen konnte. Diese war weitaus einfacheren Regeln unterworfen als die Einzelunternehmung mbH. Dem Werk *Piskos* kann daher lediglich dogmatische Bedeutung beigemessen werden.

In Portugal wurde im Jahre 1986 die Rechtsform des Einzelhandelsunternehmens mit beschränkter Haftung („Estabelecimento mercantil individual de responsabilidade limitada (EIRL)“ eingeführt.[302] Damit handelte es sich um eine grundlegende Neuerung, da seitdem nicht nur juristischen, sondern auch natürlichen Personen die Haftungsbeschränkung zuteilwurde. Von der Haftungsbeschränkung kann jedoch nur derjenige profitieren, der ein kaufmännisches Handelsgewerbe betreibt. Freie Berufe und landwirtschaftliche Tätigkeiten sind ausgeschlossen.[303] Praktische Anwendung hat

---

299 *Pisko*, Grünhuts Zeitschrift für das Privat- und öffentliche Recht der Gegenwart 37 (1910), 699. Den Vorschlag *Piskos* befürwortend *Hollaender*, ZHR 76 (1915), 65, 110 f.; *Feine*, Die Gesellschaft mit beschränkter Haftung, in: Ehrenberg (Hrsg.), Handbuch des Handelsrechts, 3. Band, Abteilung 3, 3. Abschnitt, S. 431 mwN. Dagegen *Wolany*, GmbHR 1962, 77, 79.

300 *Pisko*, Grünhuts Zeitschrift für das Privat- und öffentliche Recht der Gegenwart 37 (1910), 699, 700.

301 Zusammenfassend zu *Piskos* Entwurfs *Schilling*, JZ 1953, 161, 166; *Ochs*, Einpersonengesellschaft, S. 49 f.

302 Eingeführt durch das Gesetz DL Nr. 248/86 v. 25.08.1986. Zur Konzeption der EIRL *Antones*, in: Lutter (Hrsg.), Die Gründung einer Tochtergesellschaft im Ausland, S. 589, 591; *Cremades/Peinado*, GesR Portugal, S. 83 ff.; *Driesen*, GmbHR 1991, 49, 50; *Driesen*, MDR 1992, 324; *Eckert*, EuZW 1990, 54, 56; *Edwards*, EC Company Law, 1999, S. 223.

303 Art. 1 Ziff. 1. des decreto-lei Nr. 248/86.

die Form des Einzelkaufmanns mit beschränkter Haftung jedoch nur wenig gefunden.[304]

Auch in Deutschland wurde die Idee einer personalistischen Struktur mit beschränkter Haftung seit *Oechelhäusers*[305] Entwurf zur GmbH aus dem Jahre 1884 immer wieder angedacht: Die „KG mit beschränkter Haftung (KGmbH)"[306], die „KG ohne Komplementär"[307], der Entwurf zur Schaffung einer „Handelsgesellschaft auf Einlagen" („HGaE")[308] sowie die „Basisgesellschaft mit beschränkter Haftung"[309] und der „Kaufmann mit beschränkter Haftung"[310] im Vorfeld der GmbH-Reform 2008 zielten darauf ab, den gewerblichen Unternehmern eine neue, personalistisch ausgestaltete Gesellschaftsform mit Haftungsbeschränkung zur Verfügung zu stellen. *Karsten Schmidt* hat sich bezüglich dieser Vorschläge, die allesamt der GmbH eine haftungsbeschränkte Rechtsform zur Seite stellen wollten, vehement gegen „Brüderchen und Schwesterchen für die GmbH" ausgesprochen.[311] Der Einzelkaufmann mbH sei zwar von „hohem rechtstheoretischem Reiz"[312], jedoch schlicht und einfach zu kompliziert, impraktikabel und schlecht handhabbar. Dies zeige die allgemein schwer begründbare Trennung von Unternehmensvermögen und Privatvermögen, die komplizierte

---

304 *Stieb*, Portugal, in: Süß/Wachter (Hrsg.), Handbuch des internationalen GmbH-Rechts, 3. Aufl. 2016, Rn. 5.

305 *Oechselhäuser*, Entwurf einer personalistisch geprägten „Gesellschaft mit beschränkter Haftbarkeit", 1884; abgedruckt bei *Schilling*, in: Krause/Kunze (Hrsg.), FS Kunze, S. 189, 205 ff.

306 *Wetter*, BB 1968, 734.

307 *Wetter*, BB 1968, 734; zuletzt *Braun/Jöckel*, ZRP 2011, 149, 150 f.

308 Arbeitskreis GmbH-Reform, Handelsgesellschaft auf Einlagen, dazu *Schilling*, BB 1972, 1; *Barz*, NJW 1972, 465, 468; *Westermann*, ZRP 1972, 93.

309 Entwurf eines Gesetzes zur Vereinfachung der Gründung einer Gesellschaft mit beschränkter Haftung (GVGG) des Justizministeriums Nordrhein-Westfalen („Basis-GmbH") v. 1.2.2006.

310 Vorschlag des bayerischen Ministeriums der Justiz zur Einführung eines Einzelkaufmanns mit beschränkter Haftung im Rahmen der Diskussionen um das MoMiG, v. 16. 5. 2007; hierzu *Holzner*, UG, S. 27 ff.; *Priester*, in: Gesellschaftsrechtliche Vereinigung (VGR) (Hrsg.), Die GmbH-Reform in der Diskussion, S. 1, 10 f.

311 *K. Schmidt*, DB 2006, 1096. Weitere Vorschläge bildeten das nordrhein-westfälische Konzept einer „Basisgesellschaft mit beschränkter Haftung" (*K. Schmidt*, DB 2006, 1096 Fn. 5) und die „Unternehmensgründergesellschaft" (*Gehb/Drange/Heckelmann*, NZG 2006, 88) als vereinfachte Formen der GmbH. Zu diesen Alternativen *Priester*, in: Gesellschaftsrechtliche Vereinigung (VGR) (Hrsg.), Die GmbH-Reform in der Diskussion, 2006, S. 1, 8 ff.

312 *K. Schmidt*, DB 2006, 1096, 1097.

Entnahmesperre und die Tatsache, dass der Gründer nur durch mühsame Sachgründung oder durch Ausgliederung in die Rechtsform der GmbH wechseln könne. Der Einzelkaufmann mit beschränkter Haftung wäre daher keine Bereicherung der Rechtsformen, von dem man sich echte Attraktivität versprechen könne.[313]

IV. Zwischenergebnis

Rechtsvergleichend und rechtshistorisch betrachtet war sowohl die originäre als auch die nachträgliche Einpersonen-GmbH äußerst umstritten. Selbst im Zeitpunkt der Verabschiedung der Richtlinie im Jahre 1989 waren lediglich in Deutschland, Dänemark, Frankreich, Belgien und den Niederlanden Einpersonen-GmbHs erlaubt.[314]

In Anbetracht der divergierenden Ansichten wurde die Legalisierung der von Wissenschaft[315] und Praxis[316] geforderten Einpersonen-GmbH in Deutschland im Jahre 1980 rechtsvergleichend als „mutiger Schritt"[317] bewertet.

B. Einführung der Zwölften Richtlinie (89/667/EWG)

In Folge des Aktionsplans 1986 der Europäischen Gemeinschaft zur Förderung von kleinen und mittleren Unternehmen[318], unter dessen Agenda die Gründung und Entwicklung von KMU gefördert und gleichzeitig ein Beitrag zur Integration, Stärkung des Binnenmarktes und zur wachstums- und

---

313 *K. Schmidt*, DB 2006, 1096, 1097. Anders dagegen *Wicke*, ZNotP 2006, 322, 324.

314 Eingeführt in Deutschland durch Gesetz zur Änderung des Gesetzes betreffend die Gesellschaften mit beschränkter Haftung und anderer handelsrechtlichen Vorschriften, v. 4.7.1980, BGBl I 1980, 836; Dänemark: Gesetz Nr. 371 v. 13.6.1973 über Anteilsgesellschaften (Lov on anpartselskaber – ApSL) zugelassen (§ 3 Abs. 1 ApSL). Frankreich: Gesetz n°85-697 v. 11.7.1985 (Art. 1), JORF v. 12.7.1985; Belgien: Loi relative à la société d'une personne à responsabilité limitée v. 14.7.1987, veröffentlicht am 30.7.1987, JO Nr. 1987009838, S. 11461; Niederlande: Gesetz v. 16.5.1986, Staatsblad 275, inkraftgetreten am 1.1.1987.

315 Arbeitskreis GmbH-Reform, Thesen und Vorschläge zur GmbH-Reform, S. 36 ff.; *Ulmer*, in: Centrale für GmbH Dr. Otto Schmidt (Hrsg.), Probleme der GmbH-Reform, S. 42 ff., 55 ff.; *Wiethölter*, in: Centrale für GmbH Dr. Otto Schmidt (Hrsg.), Probleme der GmbH-Reform, S. 11, 13 f.

316 *Centrale für GmbH Dr. Otto Schmidt*, GmbHR 1969, 95.

317 *Lutter*, DB 1980, 1317, 1319 Fn. 16.

318 Entschließung des Rates v. 3.11.1986 zum Aktionsprogramm für die kleinen und mittleren Unternehmen, ABlEG v. 14.11.1986, C 287/1.

beschäftigungsorientierten Zusammenarbeit geleistet werden sollte, wurde im Jahre 1989 die Richtlinie zur Einpersonen-GmbH erlassen.[319]

Der Regelungsgehalt der Richtlinie ist materiell nur rudimentär ausgestaltet. Die Richtlinie enthält lediglich Fragen, welche die Zulässigkeit der Einpersonen-GmbH, die Publizität, die Form und die Zuständigkeiten des Gesellschafters für den Innenbereich der Gesellschaft sowie bei Verträgen mit Dritten betreffen. Obgleich die Einpersonen-GmbH mangels Beachtung eines Minderheitenschutzes organisationsrechtlich einfach strukturiert ist, wird das Fehlen materiell-rechtlicher Regelungen bemängelt, insbesondere Aussagen über Eintragungspflichten, Gläubigerschutz, Sitzverlegung, Kapitalerhaltungsvorschriften, die Geschäftsführung und Vertretung, Besteuerung und Liquidation solcher Gesellschaften.[320] Mangels Harmonisierung blieben diese Fragen den nationalen Bestimmungen unterworfen. Eine Regelung über das Mindestkapital findet sich ebenfalls nicht.[321] Sie war im Zeitpunkt der Verabschiedung der Richtlinie auch kein Streitpunkt, da dieses im Prinzip von allen Mitgliedstaaten verlangt wurde und nur in der Höhe voneinander abwich.[322]

Darzustellen sind im Folgenden zunächst der Anwendungsbereich der Richtlinie (*unter I.*) sowie deren Informationsbereitstellungsregeln (*unter B.II.*), bevor gesondert auf die konzernrechtliche Problematik einzugehen ist (*unter C.*).

I. Anwendungsbereich der Richtlinie

Die Richtlinie erfasst zunächst die nationale GmbH (Artikel 1). Daneben gibt es in der Richtlinie eine Sonderregelung für Einpersonen-Unternehmen mit beschränkter Haftung (Artikel 7), um der besonderen Rechtslage in Portugal entgegenzukommen. Außerdem besteht die Option für die Mitgliedstaaten,

---

319 Zwölfte Richtlinie des Rates v. 21.12.1989 auf dem Gebiet des Gesellschaftsrechts betreffend Gesellschaften mit beschränkter Haftung mit einem einzigen Gesellschafter (89/667/EWG), AblEG Nr. L 398/40 v. 30.12.1989.

320 *Lutter*, in: FS Brandner, S. 81, 94 („missglückte Rechtsangleichung"); *Driesen*, MDR 1992, 324, 325 („bedauerlich"); *Wooldridge*, JBL 1989, 86, 88 f. („too restrictive"). Anders hingegen *Hahn*, GmbHR 1988, R57, der es bei einer einzigen Norm mit folgendem Text belassen würde: (1) „Gesellschaften mit beschränkter Haftung können auch durch einen einzigen Gesellschafter errichtet werden. (2) Das Weitere regeln die Mitgliedstaaten.".

321 Für dessen Aufnahme sprach sich jedoch der Europäische Wirtschafts- und Sozialausschuss in seiner Stellungnahme aus (vgl. Abl.EG Nr. C 318/9 v. 12.12.1988, Punkt 1.2.1 und 3.1).

322 *Schimmelpfennig/Hauschka*, NJW 1992, 942, 943.

auch nationale Aktiengesellschaften zu erfassen (Artikel 6). Seit der Einführung der SE sind auch 100%-ige Tochtergesellschaften einer SE anzuerkennen.

1. *Nationale GmbH*

Nach Artikel 1 gelten die Vorschriften zur Koordinierung von Einpersonengesellschaften zwingend für die in Anhang 1 abschließend aufgezählten Rechtsformen von Gesellschaften. Es handelt sich dabei um die nationalen Formen der GmbH. Für diese müssen die Mitgliedstaaten entweder die Einpersonengesellschaft erlauben (Artikel 2 Abs. 1) oder alternativ die Errichtung von Einpersonenunternehmen mit beschränkter Haftung ermöglichen (Artikel 7).

a) *Zulassung der Einpersonengesellschaft (Artikel 2 Abs. 1)*

Nach Artikel 2 Abs. 1 kann die Gesellschaft bei ihrer Errichtung sowie infolge der Vereinigung aller Gesellschaftsanteile in einer einzigen Hand mit einem Alleingesellschafter bestehen. Differenziert wird somit zwischen der originären und nachträglichen Einpersonengesellschaft, welche beide anzuerkennen sind. Die Mitgliedstaaten müssen folglich sowohl die Gründung einer Einpersonen-GmbH (originäre Einpersonengesellschaft) als auch das Weiterbestehen der Kapitalgesellschaft im Falle der nachträglichen Kumulation aller Gesellschaftsanteile in der Hand einer einzigen Person (nachträgliche Einpersonengesellschaft) legalisieren. Mit Blick auf die historische Zulässigkeit der Einpersonengesellschaft erscheint zumindest die Zulassung der originären Gründung der Einpersonen-GmbH als Novum – war man sich doch lange Zeit über die Unmöglichkeit eines solchen Konstrukts einig. Der Gesellschaftsbegriff wird seit der Richtlinie nicht mehr im Sinne einer pluripersonalen Verbindung gelesen, sondern als organisatorische Einheit, die sich aus der zweckbezogenen Zusammenfassung sachlicher und personeller Mittel ergibt.[323] Der Gesellschafts"vertrag" entsteht durch eine einseitige, nicht empfangsbedürftige Willenserklärung, die in Deutschland vor dem Notar erfolgt. Diese Willenserklärung hat Satzungscharakter und ist Gesellschafts"vertrag" nach dem jeweiligen GmbHG.[324]

Bezüglich der „Strohmann-Gründung"[325], sprich der Einschaltung eines Dritten, der zwar auf dem Papier Gesellschafter wird, die Anteile aber auf Rechnung des Alleingesellschafters hält, schweigt die Richtlinie. Sie wird von ihr weder

---

323 So bereits *Hüffer*, ZHR 142 (1978), 486, 491 bei Einführung der Einpersonen-GmbH in Deutschland.

324 *K. Schmidt*, GesR, S. 1247.

325 Zur Konstruktion der Strohmanngründung siehe oben Kapitel 3: A.II.2.

geboten noch verboten. Im Hinblick darauf, dass die Richtlinie die Neugründung durch eine einzige Person legitimiert, entfällt jedoch der praktische Nutzen, den eine Strohmanngründung vor Anerkennung der Einpersonen-GmbH gebracht hat.

Sowohl die originäre als auch die nachträgliche Einpersonengesellschaft werden nun von der Richtlinie gleichgestellt. Lediglich im Hinblick auf die Entstehung der Einpersonengesellschaft zeigen sich kleine Unterschiede. Die Richtlinie selbst macht keine Vorgaben für das Gründungsverfahren, sodass auf die allgemeinen Anforderungen der Publizitätsrichtlinie[326] zurückzugreifen ist. Ansonsten ist die rechtliche Ausgestaltung der Gründungsmodalitäten den Mitgliedstaaten überlassen.[327] Insbesondere steht es den Mitgliedstaaten frei, Regeln aufzustellen, um den möglichen Gefahren aus der Tatsache, dass es bei der Einpersonengesellschaft lediglich einen einzigen Gesellschafter gibt, zu begegnen, insbesondere um die Einzahlung des gezeichneten Kapitals sicherzustellen.[328]

Bei der Gründung einer nachträglichen Einpersonengesellschaft ist somit die Fortexistenz der Gesellschaft als Kapitalgesellschaft anzuerkennen. Andernfalls würde bezüglich des Gründungsverfahrens mangels Vorgaben in der Richtlinie Artikel 12 S. 1 lit. b sublit. vi der Publizitätsrichtlinie greifen, der erlaubt, dass die Rechtsvorschriften der Mitgliedstaaten die Nichtigkeit der Gesellschaften anordnen können, wenn „entgegen den für die Gesellschaft geltenden einzelstaatlichen Rechtsvorschriften die Zahl der an der Gründung beteiligten Gesellschafter weniger als zwei betrug". Teilweise wird Artikel 2 Abs. 1 der Zwölften Richtlinie daher als *lex specialis* zu Art. 11 UAbs. 1 lit. b Ziffer vi der Publizitätsrichtlinie (nunmehr kodifiziert in der Gesellschaftsrechtsrichtlinie 2017[329]) angesehen.[330] Aus dem Sinn und Zweck, der Entstehungsgeschichte und der Systematik, dass die Mitgliedstaaten die Einpersonengesellschaft nicht mit speziellen Sanktionen wie der uneingeschränkten Haftung des Alleingesellschafters, einer zwangsweisen Liquidation oder Nichtigkeit versehen dürfen, scheint dies zunächst folgerichtig, da die Richtlinie der Förderung der kleinen und mittelständischen Unternehmen dient und den Zugang zur Kapitalgesellschaft ermöglichen möchte. Tatsächlich handelt es sich bei der Einpersonengesellschaft jedoch nicht um eine Gesellschaft, bei der *entgegen* den Rechtsvorschriften eines

326 Nunmehr kodifiziert in der Gesellschaftsrechtsrichtlinie 2017 (vgl. Fn. 142).
327 *Lutter/Bayer/J. Schmidt*, EuropUR, Rn. 27.13.
328 Vgl. Erwägungsgrund 5 S. 5 der Zwölften Richtlinie.
329 Vgl. Fn. 142.
330 *Lutter/Bayer/J. Schmidt*, EuropUR, Rn. 27.14.

Mitgliedstaats die Gründerzahl weniger als zwei beträgt, da bezüglich der Vorgaben der Richtlinie eine Umsetzungspflicht besteht und die Einpersonengesellschaft anzuerkennen ist. Folglich handelt es sich bei der Einpersonen-GmbH um eine Gesellschaft, deren Gründerzahl *in Einklang* mit den Rechtsvorschriften des Mitgliedstaates weniger als zwei beträgt. Artikel 2 Abs. 1 der Zwölften Richtlinie wird somit bereits nicht von Artikel 11 S. 1 lit. b sublit. vi der Publizitätsrichtlinie (bzw. nun Gesellschaftsrechtsrichtlinie 2017) erfasst.[331]

b) Einpersonen-Unternehmen mit beschränkter Haftung (Artikel 7)

Artikel 7 befreit die Staaten von der Zulassung einer Einpersonen-GmbH, wenn das innerstaatliche Recht dem Einzelunternehmer die Errichtung eines Unternehmens mit beschränkter Haftung ermöglicht. Diese Alternative wurde im Hinblick auf die spezielle Rechtslage in Portugal eingeführt, wo es seit 1986 die Rechtsform eines Einzelhandelsunternehmens mit beschränkter Haftung gibt.[332] Dem Einpersonen-Unternehmen und der Einpersonen-GmbH ist gemein, dass beide eine Trennung des Vermögens in einen geschäftlichen und privaten Teil vorsehen. Das Privatvermögen soll dabei dem Zugriff der Gläubiger verwehrt bleiben und dem Unternehmer finanziellen Schutz bieten. Der maßgebliche Unterschied des Einpersonen-Unternehmens liegt darin, dass es bei diesem ausschließlich einen einzigen Rechtsträger gibt, dem sowohl das Privat- als auch das Geschäftsvermögen zugeordnet sind (personelle Singularität). Die Konzeption des Einpersonen-Unternehmens mit beschränkter Haftung basiert dabei auf einer „vermögens- und haftungsrechtlichen Schizophrenie“[333].

Voraussetzung eines Einpersonen-Unternehmens ist zum einem, dass die Haftung des Unternehmens auf das Gesellschaftsvermögen beschränkt ist. Zum anderen müssen die Schutzbestimmungen eingehalten werden, welche für die Gesellschaften des Anhangs I der Richtlinie vorgesehen sind, sodass es sich um ein gleichwertiges Aliud handelt.

---

331 Im Ergebnis ebenso *Edwards*, EC Company Law, 1999, S. 224; *Habersack/Verse*, EuropGesR, § 10 Rn. 2; *Mousoulas*, Revue des sociétés 1990, 395, 402; *Wooldridge*, JBL 1989, 86, 87.

332 „Estabelecimento mercantil individual de responsabilidade limitada (EIRL), eingeführt durch das Gesetz DL n.° 248/86 v. 25.08.1986 (siehe bereits oben Kapitel 3: A. III). In der Literatur wird Art. 7 der Richtlinie als „lex Portugal“ bezeichnet, *Driesen*, MDR 1992, 324; *Huber/Driesen*, EuZW 1993, 536, 541. Kritisch *Mousoulas*, Revue des sociétés 1990, 395, 401.

333 *Peifer*, GmbHR 2010, 972, 973.

Portugal war zunächst der einzige Mitgliedstaat, der von der Ausnahmeklausel in Artikel 7 der Richtlinie Gebrauch machte. Man stützte sich dabei insbesondere auf rechtsdogmatische Gründe, die gegen eine Einpersonengesellschaft sprechen. Seit 1994 war es jedoch möglich, in der Freihandelszone von Madeira durch Zwischenschaltung von *offshore-Trust*-Gesellschaften eine Einpersonen-GmbH zu gründen, während auf dem portugiesischen Festland und auf den Azoren die GmbH-Gründung immer noch mindestens zwei Gründer erforderte.[334] Um diesen Divergenzen ein Ende zu setzen, führte Portugal zum 1.1.1997 die Einpersonengesellschaft ein (*sociedades unipessoais por quotas*, Artikel 270-A bis 270-G Código das Sociedades Comercias).[335] Dass Portugal dennoch die Einpersonen-GmbH zugelassen hat, beruhte auf der Erkenntnis, dass das Einzelunternehmen mbH in der Praxis nicht den gewünschten Anklang gefunden hat.[336] Die Einführung der Einpersonen-GmbH hat jedoch die Vorschriften über das Einzelunternehmen mit beschränkter Haftung nicht außer Kraft gesetzt; beide Rechtsformen bestehen nebeneinander.

Später führten auch Frankreich und Spanien den Einzelkaufmann mit beschränkter Haftung ein. Wenngleich deren neue Rechtsformen neben die Einpersonen-GmbH treten und somit kumulativ existieren, handelt es sich bei diesen Einzelunternehmen mit beschränkter Haftung um Anwendungsfälle des Artikels 7 der Zwölften Richtlinie.

In Frankreich wurde zum 1.1.2011 der Einzelunternehmer mit beschränkter Haftung eingeführt (Entrepreneur individuel à responsabilité limitée – EIRL).[337] Der Einzelkaufmann kann den Teil der Vermögensgüter, die für die Ausübung seiner geschäftlichen Tätigkeit nötig sind, von seinem persönlichen Vermögen abtrennen.[338] Die Tatsache ist dem Register bekannt zu

334 Gesetzesdekret Nr. 212/94 v. 10. 8. 1994. Danach war es zulässig, in der Freihandelszone von Madeira die Einpersonengesellschaft zu errichten. Näher hierzu *Stieb*, GmbHR 1994, R81–R82; *Stieb*, GmbHR 1997, R95; *Gause*, Europäisches Konzernrecht, S. 49.

335 Da Portugal bereits das Einzelunternehmen mbH seit 1986 zugelassen hat, war die Einpersonen-GmbH nicht mehr zwingend umzusetzen (Art. 7 Richtlinie).

336 *Stieb*, GmbHR 1997, R95; *Gause*, Europäisches Konzernrecht, S. 49. Die Einführung der Einpersonen-GmbH in Portugal bereits aus Gründen der Gewährleistung der Gläubigerschutzstandards (insbesondere die Bilanzprüfung und -publizität) fordernd *Driesen*, MDR 1992, 324; *Huber/Driesen*, EuZW 1993, 536, 541.

337 Art. L-526-6 ff. und R 526-3 ff. Code de commerce. Als Bruch mit dem herkömmlichen konzeptionellen Verständnis des französischen Rechts bezeichnet *Saintourens*, Revue des sociétés 2010, 351, das Gesetz als „curiosité législative“, das ins „Livre des records“ aufgenommen werden könnte.

338 Art. L-526-6 Abs. 1 Code de Commerce.

machen.[339] Außerdem ist die Haftungsbeschränkung durch den Rechtsformzusatz „Entrepreneur individuel à responsabilité limitée" oder der Abkürzung „EIRL" bei der Firmierung kenntlich zu machen.[340] Der französische Gesetzgeber wollte mit dieser neuen Rechtsform ein Zeichen zur Förderung der kleinen und mittelständischen Unternehmen setzen, und diesen eine attraktive, unbürokratische und kostengünstige Rechtsform bieten, ohne hierbei auf das Rechtskleid einer juristischen Person zurückgreifen zu müssen.[341] Der „Entrepreneur individuel à responsabilité limitée" (EIRL) tritt damit *neben* die Einpersonen-SARL (sog. EURL) und die Einpersonen-SAS (SASU). Verschiedene Abgrenzungsfragen wie etwa die Vermögenstrennung im Einzelfall sowie die insolvenzrechtliche Behandlung aufgrund der handelsrechtlich geteilten, sachenrechtlich aber einheitlichen Vermögensmasse lassen die Konzeption der Einzelunternehmens mbH noch unausgereift erscheinen.[342] Im Jahre 2011 wurden in Frankreich 6.040 EIRL gegründet, im Jahre 2012 waren es 4.041.[343] Die optimistische Erwartung des französischen Gesetzgebers, der bis Jahresende 2012 eine Anzahl von 100.000 eingetragenen EIRL prognostizierte[344], wurde damit klar verfehlt.

Spanien führte im September 2013 den Einzelunternehmer mit beschränkter Haftung ein (emprendedor de responsabilidad limitada – ERL).[345] Die

339 Art. L-526-7 Code de Commerce. Grundsätzlich erfolgt diese Registrierung beim französischen Handelsregister (registre national du commerce et des sociétés) ; in bestimmten Fällen, in denen der EIRL nicht zur Eintragung in das Handelsregister verpflichtet ist (sog. Mikro-Unternehmen, vgl. hierzu die Voraussetzungen in Art. L-123-1, Art. L-123-1-1 und Art. R-123-237-1 Code de Commerce), gibt es ein spezielles Register (*registre spécial des entrepreneurs individuels à responsabilité limitée),* normiert in Art. R526-15 Code de commerce.

340 Art. L-526-6 Abs. 4 Code de commerce.

341 vgl. hierzu die Gesetzesbegründung, Projet de loi relatif à l'entrepreneur individuel à responsabilité limitée, Nr. 2265 von 27.1.2010, Nr. 2265 von 27.1.2010, S. 6 ff.; zuletzt abgerufen am 16.09.2016 unter http://www.assemblee-nationale.fr/13/pdf/projets/pl2265.pdf.

342 *Peifer*, GmbHR 2010, 972, 977.

343 Zahlen vom Institut national de la statistique et des études économiques (INSEE); zuletzt abgerufen am 16.09.2016 unter http://www.insee.fr/fr/themes/document.asp?ref_id=ip1433#encadre1.

344 Gesetzesbegründung, (Fn. 341), S. 17.

345 Ley de apoyo a los emprendedores y su internacionalización, Gesetz 14/2013 v. 27.9.2013, veröffentlicht in BOE Nr. 233, Section I, v. 28.9.2013; Kapitel II (Art. 7 ff). Hierzu *Muñoz Pérez* in: Viera González/Teichmann (Hrsg.), Private company law reform in Europe, S. 653, 655 ff.

haftungsbeschränkte Einzelunternehmung steht ausschließlich natürlichen Personen offen, die eine Neugründung vornehmen wollen.[346] Die Haftungsbeschränkung ist jedoch begrenzt auf einen Vermögenswert des Unternehmers von 300.000 Euro (beziehungsweise 450.000 Euro, falls sich der Wohnsitz des Unternehmers in einer Stadt mit mehr als 1 Mio. Einwohner befindet).[347] Die Tatsache der beschränkten Haftung ist notariell zu beurkunden und durch den Notar innerhalb eines Arbeitstages an das zentrale Handelsregister zu übermitteln.[348] Als Warnhinweis hat der Unternehmer in seiner Firmierung den Zusatz „Emprendedor de Responsabilidad Limitada" oder die Abkürzung „ERL" zu verwenden.[349] Überdies können sich Gläubiger kostenfrei in einem öffentlichen, durch das Justizministerium überwachten Portal über die ERL informieren.[350] Der spanische Gesetzgeber wollte mit der Einführung des ERL eine Antwort auf die andauernde Rezession geben und ähnlich wie in Frankreich insbesondere Mikro-Unternehmen einen besseren rechtlichen Rahmen zur unternehmerischen Tätigkeit zur Verfügung stellen.[351] Aus Spanien sind bislang keine Daten über die Annahme der ERL in der Praxis bekannt. Angesichts der geringen Resonanz in Frankreich und Portugal wäre die Weiterverfolgung eines Einzelkaufmanns mit beschränkter Haftung auf europäischer Ebene jedoch wenig gewinnbringender Natur.

2. *Tochter-SE*

Eine Ausdehnung des Anwendungsbereiches der Zwölften Richtlinie findet sich in Artikel 3 Abs. 2 SE-VO.[352] Hierzu müssen die Mitgliedstaaten die sekundäre Gründung einer 100 %-igen Tochter-SE zulassen (Artikel 3 Abs. 2 SE-VO); für

346 Art. 7 des Gesetzes 14/2013 (Fn. 345).

347 Art. 8 Abs. 2 des Gesetzes 14/2013 (Fn. 345).

348 Art. 9 Abs. 1 des Gesetzes 14/2013 (Fn. 345).

349 Art. 9 Abs. 2 des Gesetzes 14/2013 (Fn. 345).

350 Art. 9 Abs. 4 des Gesetzes 14/2013 (Fn. 345).

351 So die Präambel des Gesetzes 14/2013 (Fn. 345), S. 78791 f.

352 Die Anerkennung der nachträglichen Einpersonengesellschaft im Falle der Gründung einer Holding SE wurde bereits im Rahmen der Vorschläge zur Verordnung der Europäischen Aktiengesellschaft im Jahre 1989 anerkannt (vgl. Art. 31 Abs. 2 des Vorschlags für eine Verordnung (EWG) des Rates über das Statut der Europäischen Aktiengesellschaft v. 25.8.1989 KOM (89) 289 endg., ABlEG Nr. C 263/41: „Die Gründungsgesellschaften bestehen fort. Nationale Vorschriften, die eine Auflösung dieser Gesellschaften vorsehen, wenn deren Anteile in einer Hand sind, finden keine Anwendung.").

diese gelten die Bestimmungen der Zwölften Richtlinie dann sinngemäß. Andere Bestimmungen in den Mitgliedstaaten, wonach eine Aktiengesellschaft mehr als einen Aktionär haben muss, gelten nicht für die Tochter-SE.

3. *Nationale Aktiengesellschaft*

Hinsichtlich der Aktiengesellschaft findet die Richtlinie nur dann Anwendung, wenn der jeweilige Mitgliedstaat die Einpersonengesellschaft auch für Aktiengesellschaften zulässt (Artikel 6). Den Mitgliedstaaten wird damit freigestellt, ob sie die Einpersonen-AG zulassen (Mitgliedstaatenoption). Hintergrund der Ausdehnung der Richtlinie auf die Einpersonen-AG ist die Angleichung der Schutzmechanismen im Interesse der Gesellschafter und Dritter. Außerdem soll damit verhindert werden, dass die Schutzvorschriften durch ein Ausweichen auf die Rechtsform der AG umgangen werden.[353]

Die Zulassung von Einpersonen-Aktiengesellschaften ging auf das niederländische Recht zurück, welches im Jahre 1986 die Einpersonen-AG legalisierte.[354] Gleichzeitig sollte mit Artikel 6 der Richtlinie sichergestellt werden, dass für den Fall der Ingebrauchnahme dieser Option für die Einpersonen-AG die gleichen Vorschriften gelten, wie sie in der Richtlinie festgelegt sind.

In Deutschland wurde die originäre Einpersonen-AG erst durch die Neufassung von § 2 AktG durch das Gesetz für kleine Aktiengesellschaften von 2.08.1994 zugelassen. Die nachträgliche Entstehung einer Einpersonen-AG war bereits lange zuvor anerkannt.[355] Andere Staaten wie etwa Belgien, Frankreich, Irland oder Portugal setzen jedoch bis heute auf die traditionelle Vertragstheorie. So besteht in Belgien das Erfordernis von zwei Personen[356], in Frankreich und Irland von sieben Personen[357] und Portugal von fünf Personen[358], um eine Aktiengesellschaft zu gründen.

---

353 *Lutter/Bayer/J. Schmidt*, EuropUR, Rn. 27.9; *Mousoulas*, Revue des sociétés 1990, 395, 400.

354 Gesetz v. 16.5.1986 (zitiert nach *Mousoulas*, Revue des sociétés 1990, 395, 400).

355 Seit RGZ 23, 202 – Vereinigung sämtlicher Kuxe einer bergrechtlichen Vereinigung in einer Hand.

356 Art. 1 iVm Art. 437 Code de sociétés.

357 Für die société anonyme Art. L-225-1 Code de Commerce; für die irische Public Limited Company Section 5 Abs. 1 Companies Act 1963.

358 Art. 273 Abs. 1 Código das Sociedades Comerciais.

II. Informationsbereitstellungsregeln

Aufgrund der 100%-igen Beteiligung fehlt es in Einpersonengesellschaften an einer internen Kontrolle. Die Gefahr opportunistischen Verhaltens zu Lasten der Gesellschaft und deren Gläubiger ist wesentlich höher als in Gesellschaften mit mehreren Gesellschaftern. Aus Gründen des Gläubigerschutzes[359] und zur Herstellung einer Äquivalenz der Interessen der Gesellschaft soll der ungleichen Informationsverteilung (Informationsasymmetrie) mithilfe einiger Informationsbereitstellungsregeln entgegengewirkt werden.[360]

1. Publizität der nachträglichen Einpersonengesellschaft

Für den Fall der nachträglichen Einpersonengesellschaft ordnet Artikel 3 der Richtlinie an, dass die Tatsache der Vereinigung aller Anteile in einer Hand sowie die Identität des einzigen Gesellschafters offenzulegen ist. Dies kann durch Hinterlegung in der Akte erfolgen oder durch Eintragung ins Handelsregister oder einem äquivalenten, der Öffentlichkeit zugänglichen Register. Hintergrund ist, dass die Allgemeinheit über die potentielle Gefährdung für die Gläubiger, die mit der Einpersonengesellschaft einhergeht, in Kenntnis gesetzt wird.

Eine Regelungslücke für die originäre Einpersonen-GmbH liegt nicht vor, da bei dieser bereits Artikel 14 lit. a der Gesellschaftsrechtsrichtlinie[361] (ehemals Publizitätsrichtlinie) greift, wonach der Errichtungsakt und die Satzung offenzulegen sind, in der die Person genannt ist, welche die Anteile in der Hand hält.

Die Mitgliedstaaten haben somit bei der nachträglichen Einpersonen-GmbH die Wahl zwischen der Eintragung ins Register, für die allerdings keine Bekanntmachung erforderlich ist, und einem Vermerk bei einem bei der Gesellschaft geführten, öffentlich zugänglichem Register. Die fehlende Bekanntmachung und die Option eines bloßen Vermerks in einem anderen als dem in Artikel 16 Abs. 1 der Gesellschaftsrechtsrichtlinie geführten Register wird seitens der Literatur als „verminderte Publizität"[362] kritisiert, da dies zu einem gesteigerten Informationsaufwand für die Gläubiger führt. Es gebe keinen sachlichen Grund, den

359 *Bauer/Schneider*, in: Hamann/Sigle (Hrsg.), Vertragsbuch GesR, § 12 Rn. 86.

360 Vgl. hierzu Erwägungsgrund 2 der Richtlinie.

361 Vgl. Fn. 142.

362 *Grohmann*, Informationsmodell, S. 305.

Gläubigern bei einer nachträglichen Einpersonen-GmbH weniger Informationen bereitzustellen als bei einer originären Einpersonen-GmbH.[363]

Sanktionen bei Nichteinhaltung der Publizitätspflicht bei nachträglichen Einpersonengesellschaften sieht die Richtlinie nicht vor. Hier obliegt es den Mitgliedstaaten, für wirksame, verhältnismäßige und abschreckende Sanktionen zu sorgen.[364] So droht beispielsweise in Spanien im Falle der Missachtung der Anzeige beim Handelsregister nach Ablauf von sechs Monaten die persönliche Haftung für alle ab der Vereinigung der Anteile in seiner Hand entstandenen Gesellschaftsschulden.[365] Eine ähnliche Regelung, jedoch auf den Insolvenzfall beschränkt, findet sich in Italien: Danach haftet der Gesellschafter persönlich und unmittelbar für die Gesellschaftsschulden, wenn er die in Artikel 2470 Codice Civile verlangte Veröffentlichung nicht vorgenommen hat.[366] Weder bei der spanischen noch bei der italienischen Regelung handelt es sich um eine Beschränkung der Grundfreiheiten[367], sondern um eine zulässige Regelungsoption für die Mitgliedstaaten. Auch in Deutschland wird der Verstoß gegen die Offenlegung der nachträglichen Entstehung der Einpersonengesellschaft in § 40 Abs. 3 GmbHG sanktioniert: Die Geschäftsführer haften gesamtschuldnerisch gegenüber den Gläubigern und gegenüber denjenigen, deren Beteiligung sich geändert hat, für den Schaden, der aus der Verletzung der unverzüglichen Einreichung einer aktualisierten Gesellschafterliste entstanden ist. Überdies besteht nach vorheriger Androhung die Möglichkeit der Festsetzung eines Zwangsgeldes nach §§ 14 S. 1 HGB, §§ 388 FamFG.

---

363 *Edwards*, EC Company Law, 1999, S. 225 f.; *Edwards*, The Company Lawyer 19 (1998), 211, 214; *Grohmann*, Informationsmodell, S. 305; *Mousoulas*, Revue des sociétés 1990, 395, 404.

364 *Brändel*, in: FS Kellermann, S. 15, 22; *Grohmann*, Informationsmodell, S. 309; *Lutter/Bayer/J. Schmidt*, EuropUR, Rn. 27.41. Eine solche Sanktion leitet der EuGH in ständiger Rechtsprechung aus Art. 4 Abs. 3 EUV ab, so etwa EuGH, Rs. C-326/88 (*Hansen*), Slg. 1990, I-2911 Rn. 17; EuGH, Rs. C-186/98 (*Nunes*), Slg. 1999, I-4883 Rn. 14; EuGH, Rs. C-91/02, (*Hannl und Hofstetter*), Slg. 2003, I-12 077 Rn. 17,22 f.

365 Art. 14 Abs. 1 Ley de Sociedades de Capital. Die Anzeigepflicht ergibt sich aus der Vorgängernorm Art. 13 Abs. 1 Ley de Sociedades de Capital.

366 Art. 2462 Abs. 2 Codice civile. Vgl. *Fasciani*, Italien, in: Süß/Wachter (Hrsg.), Handbuch des internationalen GmbH-Rechts, 3. Aufl. 2016, Rn. 139 f.

367 So aber *Stöber*, ZVglRWiss 113 (2014), 57, 76: Beschränkung der Kapitalverkehrsfreiheit.

2. *Rechtsformzusatz*

Nicht geregelt in der Zwölften Richtlinie ist die obligatorische Angabe der Stellung als Einpersonengesellschafter in der Firma und der Geschäftskorrespondenz. Zwar wurde ursprünglich auf Vorschlag des EU-Parlaments[368] eine entsprechende Regelung in den geänderten Richtlinien-Entwurf eingefügt[369]; diese Regelung wurde jedoch im letzten Entwurf[370] aufgrund der damit verbundenen Aufwendungen nicht übernommen. Eine ausdrückliche Regelung zur Angabe der Stellung als Alleingesellschafter findet sich in der Richtlinie somit nicht. Erwägungsgrund 5 S. 5 bietet den Mitgliedstaaten jedoch die Option, Regeln aufzustellen, um den möglichen Gefahren aus der Tatsache, dass es bei Einpersonengesellschaften lediglich einen einzigen Gesellschafter gibt, zu begegnen. Die Grenze bildet dabei der *effet utile*, wonach die Norm in der Weise anzuwenden ist, dass das Ziel der Schaffung harmonisierter Bedingungen im Binnenmarkt die größtmögliche Wirksamkeit entfalten kann. Zum Schutz der Gläubiger verpflichten daher einige Mitgliedstaaten ihre Einpersonen-GmbH, die Alleingesellschafterstellung über einen speziellen Rechtsformzusatz kenntlich zu machen:

Portugal trifft die Regelung, dass die Tatsache der Einpersonengesellschaft in der Firmierung mit aufzunehmen ist („sociedade unipessoal“ oder „unipessoal“).[371] In *Spanien* hat der Gesellschafter in allen Unterlagen, Korrespondenzen, Bestellscheinen, Rechnungen und sonstigen Veröffentlichungen die Alleingesellschafterstellung zu vermerken.[372] *Griechenland* verlangt die Bezeichnung „Einpersonengesellschaft mit beschränkter Haftung“,[373] um die Stellung

368 vgl. Legislative Entschließung mit der Stellungnahme des Europäischen Parlaments v. 15.3.1989 zu dem Vorschlag der Kommission an den Rat für die 12. Gesellschaftsrechtliche Richtlinie betreffend Gesellschaften mit beschränkter Haftung mit einem einzigen Gesellschafter, Abl. EG Nr. C 96/90, S. 91 (Art. 3 S. 2: „Außerdem muß im Falle der genannten Vereinigung die Gesellschaft den Briefkopf entsprechend ändern.“).

369 Geänderter Richtlinienvorschlag, KOM (89) 193 endg. – SYN 135, Änderung von Erwägung 7 „Die Briefe und Bestellscheine der Gesellschaft müssen angeben, dass es sich um eine Einpersonengesellschaft handelt.“

370 Nochmal geprüfter Vorschlag für die 12. Gesellschaftsrechtliche Richtlinie des Rates betreffend Gesellschaften mit beschränkter Haftung mit einem einzigen Gesellschafter, Abl. EG Nr. C 30/91.

371 Art. 270-B Código das Sociedades Comerciais.

372 Art. 13 Abs. 2 Ley de Sociedades de Capital.

373 Art. 43a § 1 des Gesetzes 3190/1955 (übersetzt bei *Soufleros*, in: Centrale für GmbH Dr. Otto Schmidt (Hrsg.), Die GmbH-Rechte in den EG-Staaten, S. 99, 108 f.).

als Alleingesellschafter kenntlich zu machen. Das gleiche gilt für *Italien*.[374] In *Frankreich* besteht neben dem Zwang zur Angabe der Rechtsform[375] keine Pflicht zur Offenlegung der Alleingesellschafterstellung, jedoch gibt es die Option, den Rechtsformzusatz „EURL" (entreprise unipersonnelle à responsabilité limitée) zu verwenden. Hierdurch wird klargestellt, dass es sich um eine Einpersonengesellschaft handelt. Bei einer deutschen oder auch österreichischen GmbH lässt der Rechtsformzusatz „GmbH" jedoch keine Rückschlüsse auf die Anzahl der Gesellschafter zu. Auf den speziellen Rechtsformzusatz der Einpersonengesellschaft haben vielmehr nur diejenigen Mitgliedstaaten zurückgegriffen, welche ursprünglich der nachträglichen Einpersonengesellschaft ablehnend gegenüberstanden.

3. Dokumentation der Beschlussfassung und Insichgeschäften

Der Alleingesellschafter übt die Befugnisse der Gesellschafterversammlung aus (Artikel 4 Abs. 1) und verkörpert somit ein Organ der Gesellschaft. Die Regelung manifestiert die Trennung von Verwaltungsorgan und dem Organ der Willensbildung.[376] Die Beschlüsse des Alleingesellschafters sind in einer Niederschrift aufzunehmen oder schriftlich abzufassen (Artikel 4 Abs. 2). Diese Beschlussfassung kann auch durch einen Bevollmächtigten ausgeübt werden.[377] Hintergrund der textlichen Fixierung ist zum einen, für Außenstehende die Entscheidungen nachvollziehbar zu machen. Zum anderen soll aufgrund der fehlenden internen Kontrolle die nötige Rechtssicherheit geschaffen werden, um die Beschlüsse inhaltlich nachzuvollziehen und so Missbräuchen zu entgehen.[378]

Einen weiteren Informationsschutz bietet Artikel 5 Abs. 1 für Insichgeschäfte: Verträge zwischen dem Alleingesellschafter und der von ihm vertretenen Gesellschaft sind in einer Niederschrift aufzunehmen oder schriftlich abzufassen. Aus dieser Vorschrift folgt nicht zwingend, dass der Alleingesellschafter gleichzeitig Geschäftsführer sein muss. Vielmehr wird der Geschäftsführer in

---

374 Art. 2250 Abs. 4 Codice Civile.

375 Art. L-210-2 Code de commerce.

376 *Habersack/Verse*, EuropGesR, § 10 Rn. 17; *Lutter/Bayer/J. Schmidt*, EuropUR, Rn. 27.34; *Schwarz*, EuropGesR, S. 522.

377 Das in Art. 5 Abs. 2 des Kommissionsentwurfs aufgenommene grundsätzlich bestehende Vertretungsverbot, von dem nur durch eine Bestimmung in der Satzung oder im Errichtungsakt abgewichen werden kann, wurde nicht übernommen.

378 *Grohmann*, Informationsmodell, S. 305; *Grundmann*, EuropGesR, S. 298; *Habersack/Verse*, EuropGesR, § 10 Rn. 18; *Lutter/Bayer/J. Schmidt*, EuropUR, Rn. 27.35; *Mousoulas*, Revue des sociétés 1990, 395, 403 f.

der Satzung oder durch einen Gesellschafterbeschluss bestimmt. Geschäftsführer und Alleingesellschafter müssen folglich nicht personenidentisch sein. Ein Formzwang besteht daher ausschließlich in dem Fall der Personenidentität von Alleingesellschafter und Geschäftsführer.[379]

Zur Vermeidung eines übertriebenen Formzwangs besteht bei „unter normalen Bedingungen abgeschlossenen laufenden Geschäften" (Artikel 5 Abs. 2) keine Dokumentationspflicht. Ausgeschlossen sind somit solche Rechtsgeschäfte, die der Betrieb gewöhnlich mit sich bringt. Zusammenfassend bedeutet dies, dass eine Dokumentationspflicht nur dann besteht, wenn der Alleingesellschafter gleichzeitig Geschäftsführer ist und das Rechtsgeschäft wegen seiner Bedeutung über das gewöhnliche Maß hinausgeht und die Gefahr einer erheblichen Schädigung der Gesellschaft und deren Gläubiger besteht.[380] Bei Artikel 5 Abs. 2 handelt es sich um eine Mitgliedstaatenoption, sodass es dem nationalen Gesetzgeber überlassen bleibt, ob er die Regelung umsetzt.[381] Deutschland hat von dieser Option jedoch keinen Gebrauch gemacht. Der Gesetzgeber befürchtete, bei einer entsprechenden Ausnahmeregel zu große Rechtsunsicherheiten und Auslegungsschwierigkeiten, da in jedem Einzelfall beurteilt werden müsste, ob ein „laufendes Geschäft" und „normale Bedingungen" vorliegen.[382]

C. Konzernrechtliche Unwägbarkeiten

Die Erwägungsgründe der Richtlinie fokussieren kleine und mittlere Unternehmen. Neben der Förderung des Mittelstandes könnte die Zwölfte Richtlinie jedoch auch einen ersten Ansatz zur Vereinheitlichung des Konzernrechts bieten.[383] Eine zu 100 % gehaltene Tochtergesellschaft wäre eine äußerst interessante und erfolgversprechende Gestaltungsalternative für grenzüberschreitend tätige Konzerne, die im Ausland nach der geeigneten Rechtsform für ihre Tochter suchen.[384] Bereits die historischen Befürworter hoben aufgrund der

---

379 *Brändel*, in: FS Kellermann, S. 15, 21; *Grohmann*, Informationsmodell, S. 306.

380 Zur Auslegung des Begriffs „laufende Geschäfte" sowie „unter normalen Bedingungen" siehe *Brändel*, in: FS Kellermann, S. 15, 21 f.; *Lutter/Bayer/J. Schmidt*, EuropUR, Rn. 37.39.

381 Vgl. den Wortlaut des Art. 5 Abs. 2: „Die Mitgliedstaaten brauchen Absatz 1 auf die unter normalen Bedingungen abgeschlossenen laufenden Geschäfte nicht anzuwenden."

382 Vgl. BegrRegE zur Umsetzung der Zwölften Richtlinie, BR-Drs. 184/91, S. 10 f.

383 So *Hirte*, Qualifiziert faktischer Konzern, 1992, S. 14.

384 *Driesen*, MDR 1992, 324, 325; *Hirte*, ZIP 1992, 1122; *Lutter*, in: FS Brandner, S. 81, 86; *Wiedemann*, GmbHR 2011, 1009, 1010. Das Konzernrecht wird mittlerweile weniger

breiteren Risikoverteilung und rationelleren Zusammenarbeit die Eignung der Einpersonengesellschaft als Konzernbaustein hervor.[385] So könnte die Einpersonen-GmbH in ihrer rechtlichen Selbstständigkeit neue Tätigkeitsbereiche aufnehmen, es könnten Unternehmenssparten ausgegliedert oder mehrstufige Leitungsebenen eingerichtet werden, wobei die GmbH entweder an der Konzernspitze oder als Zwischenholding einzusetzen sei.[386] Zwar hat man ursprünglich mit der Neunten Richtlinie eine europäische Vereinheitlichung im Bereich des Konzernrechts angestrebt, hierzu ist bis heute allerdings noch keine Lösung gefunden worden.[387]

Artikel 2 Abs. 2 der Richtlinie steht diesen Bestrebungen jedoch entgegen. Nach dieser Vorschrift können bis zur Koordinierung des Konzernrechts die Mitgliedstaaten besondere Bestimmungen oder Sanktionen einführen, wenn a) eine natürliche Person einziger Gesellschafter von mehreren Gesellschaften ist oder b) eine Einpersonen-GmbH oder eine andere juristische Person einziger Gesellschafter einer Gesellschaft ist. Aus deutscher Sicht wirken diese Regelungen befremdlich. Sie können nur historisch in ihrer gesetzgeberischen Entwicklung und rechtsvergleichend erklärt werden.

---

als Schutzrecht, sondern vielmehr als "enabling law", als verlässlicher Rechtsrahmen für grenzüberschreitendes Tätigwerden verstanden, vgl. Forum Europaeum Konzernrecht, ZGR 1998, 672, 681: ferner *Hommelhoff*, ZGR 2012, 535, 537 f.; *Teichmann*, AG 2013, 184, 190; *Teichmann*, ECFR 2015, 202, 212 ff.; *Weller/Bauer*, ZEuP 2015, 6, 26.

385 *Fehr*, Einmanngesellschaft nach schweizerischem Recht, 1931, S. 91; *Friedländer*, ZBH 1 (1926), 22, 23; *Hachenburg*, LZ 1909, Sp. 15, 22; *Mertens*, in: Hachenburg, 7. Aufl. 1979, § 13 Anh. I, Rn. 15 ff.; *Wieland*, Handelsrecht, S. 389.

386 *Ulmer*, in: Ulmer/Habersack/Löbbe, GmbHG, 2. Auf. 2013, Einl., Rn. A 10.

387 vgl. hierzu die Pläne der 9. Konzernrechtsrichtlinie aus den Jahren 1974/75, DOK Nr. XI/328/74-D und Dok. XI/593/75-D (abgedruckt bei *Lutter*, EuropGesR, 2. Aufl. 1984, S. 187 ff.; in Auszügen auch bei *Hirte*, Qualifiziert faktischer Konzern, 1992, Nr 2.1.2 sowie der revidierte Vorentwurf aus dem Jahre 1984, Dok. Nr. III/1639/84, abgedruckt in ZGR 1985, 446 ff. Die Richtlinie gilt mittlerweile als gestorbenes Projekt, vgl. *Bayer/J. Schmidt*, in: Bayer/Habersack (Hrsg.), Aktienrecht im Wandel, Band I, Kap. 18 Rn. 12; *Hopt*, in: Basedow/Drobnig/Ellger/Hopt/Kötz/Kulms/Mestmäcker (Hrsg.), Aufbruch nach Europa, S. 17, 19, 32; *Lutter*, in: Hopt/Jessel-Holst/Pistor (Hrsg.), Unternehmensgruppen in mittel- und osteuropäischen Ländern, S. 79, 82, 88; *Lutter/Bayer/J. Schmidt*, EuropUR, Rn. 12.2. Zum konzernrechtlichen Regelungsprogramm im aktuellen europäischen Gesellschaftsrecht *Teichmann*, AG 2013, 184, 186 ff.

I. Gesetzgeberische Entwicklung

In den Richtlinien-Vorentwürfen wollte man Regelungen, die ein Einfallstor zur Koordinierung im Konzern sein könnten, vermeiden. Zurückzuführen ist dies auf Sonderregeln einiger Mitgliedstaaten. So wurde in Frankreich die Einpersonengesellschaft (Entreprise unipersonnelle à responsabilité limitée – EURL) bereits vor Erlass der Richtlinie eingeführt[388]; sie wurde jedoch besonderen Restriktionen unterworfen: Eine natürliche Person durfte nicht Alleingesellschafter von mehr als einer Gesellschaft sein und der einzige Gesellschafter einer Gesellschaft durfte nicht selbst eine Einpersonengesellschaft sein (sog. Enkelkonstruktion). Im Falle des Verstoßes drohte die Liquidation.[389] Den gleichen Regelungsinhalt enthielt ein Gesetzesvorschlag im luxemburgischen Recht. Eine Einpersonen-GmbH konnte also nicht durch eine andere Einpersonengesellschaft entstehen. In Frankreich und Belgien musste der Alleingesellschafter überdies eine natürliche Person sein.[390]

Der erste Entwurf der Richtlinie[391] eröffnete den Mitgliedstaaten daher zwei Optionen: Die erste Option lehnte sich an den französischen Gesetzestext an und sah vor, dass eine Einpersonengesellschaft, deren einziger Gesellschafter eine juristische Person ist, nicht selbst Alleingesellschafterin einer anderen Gesellschaft sein kann (Artikel 2 Abs. 2 des Entwurfs, sog. Enkelverbot). Im Falle des Verstoßes drohte die Durchgriffshaftung (Artikel 2 Abs. 3 lit. a S. 1). Die Muttergesellschaft einer Einpersonengesellschaft sollte also, wenn sie eine juristische Person ist, unbeschränkt für die Verbindlichkeiten der Tochtergesellschaft

388 Eingeführt durch Gesetz Nr. 85-697 v. 11.7.1985 relative à l'entreprise unipersonnelle à responsabilité limitée et à l'exploitation agricole à responsabilité limitée, eingefügt in Art. 34 Abs. 2 Code de commerce (mittlerweile Art. L223-1 Code de commerce). Dazu *Weyand*, RIW 1986, 418; *Guyon*, ZGR 1988, 240, 257 ff.

389 Art. 36-2 des Gesetzes über Handelsgesellschaften (Gesetz Nr. 66-537 v. 24.07.1966, JORF v. 26.07.1966, S. 6402, in der Fassung des Loi n.° 85-697 v. 11.07.1985, JORF v. 12.07.1985, S. 7862.

390 Für Frankreich: Art. 36-2 des Gesetzes über Handelsgesellschaften (Loi Nr. 66-537 v. 24.07.1966, JORF v. 26.07.1966, S. 6402, in der Fassung des Loi n.° 85-697 v. 11.07.1985, JORF v. 12.07.1985, S. 7862). Für Belgien: Art. 123bis des belgischen Gesetzes über die Handelsgesellschaften v. 30.11.1935 in der Fassung des Art. 8 des Gesetzes über die Einmann-GmbH v. 14.7.1987, Bulletin Usuel des Lois et Arretés 1987, S. 953, lfd. Nr. 772.

391 Vorschlag für die 12. Gesellschaftsrechtliche Richtlinie des Rates betreffend Gesellschaften mit beschränkter Haftung mit einem einzigen Gesellschafter, KOM (88) 101 endg. – SYN 135 = Rats.-Dok. Nr. 6705/88 = BT-Drs. 11/2766.

haften. Die Mitgliedstaaten können allerdings für den Fall, dass die juristische Person durch die Vereinigung aller Geschäftsanteile in einer einzigen Hand Alleingesellschafterin geworden ist, eine flexiblere Lösung dahingehend schaffen, dass die Haftung erst eintritt, wenn sie nach Ablauf eines Jahres keinen anderen Gesellschafter gefunden hat.[392]

Die zweite Option bestand in der Festsetzung eines Mindestkapitals für Einpersonengesellschaften und der Vorschrift, dass diese Gesellschaften und die juristischen Personen, die ihre Alleingesellschafter sind, am Bilanzstichtag kleine oder mittlere Unternehmen im Sinne von Artikel 27 der Richtlinie 78/660/EWG betreffend den Jahresabschluss sind. Überschreitet die Einpersonengesellschaft beziehungsweise die juristische Person als Alleingesellschafter die Größe eines mittleren Unternehmens und wurde dies nach einer Schonfrist von einem Jahr nach dem betreffenden Bilanzstichtag nicht bereinigt, trifft den Alleingesellschafter eine unbeschränkte Haftung für alle nach dem Bilanzstichtag eingegangenen Verbindlichkeiten (Artikel 2 Abs. 3 lit. b). Nach der Begründung des Richtlinienvorschlags wollte der Gesetzgeber damit zum einem die Gründung von Scheingesellschaften verhindern, zum anderen sollte das Anwachsen der Gesellschaft über eine gewisse Größe hinaus durch die uneingeschränkte Haftung des Alleingesellschafters sanktioniert werden und die Bildung von undurchsichtigen Gesellschaftsketten verhindern.[393] Ziel der Einführung der Einpersonengesellschaft sei lediglich die Mittelstandsförderung. Die Möglichkeit der Einpersonengesellschaft zur Bildung von Konzernstrukturen sollte hierbei nicht geschaffen werden.[394]

Diese Sanktionen stießen in Deutschland von Seiten der Wirtschaft sowie der einhelligen Meinung von Bundestag, Bundesrat und Bundesregierung wie auch in anderen Mitgliedstaaten wie Großbritannien auf erhebliche Kritik.[395] Das Enkelverbot hätte viele Konzerne dazu gezwungen, ihre Einpersonen-Tochtergesellschaften aufzulösen, was mit erheblichen Kosten und steuerlichen Nachteilen verbunden gewesen wäre. Derartige Unternehmenskonstruktionen

---

392 Art. 2 Abs. 3 lit. a S. 2 des ersten Entwurfs (Fn. 391).

393 Vorschlag für die Zwölfte Gesellschaftsrechtliche Richtlinie des Rates betreffend Gesellschaften mit beschränkter Haftung mit einem einzigen Gesellschafter, BT-Drs. 11/2766, S. 2 a.E. Abgedruckt auch bei *Hirte*, Qualifiziert faktischer Konzern, 1992, Nr. 2.1.6.

394 *Ebd.*

395 Beschlussempfehlung und Bericht des Rechtsausschusses, BT-Drs. 11/4346 S. 3 f.; Stellungnahme des Bundesrates, BR-Drs. 303/ 88 (B), S. 5 f.; Centrale für GmbH Dr. Otto Schmidt, GmbHR 1988, 311, 311; *Hahn*, GmbHR 1988, R 57; *Wooldridge*, JBL 1989, 86, 87 ff.

dienten zur Realisierung betrieblich notwendiger Ausgliederungen aus geschäftlichen oder steuerlichen Gründen oder entstehen durch Zukauf durch andere Unternehmen. Das in Artikel 2 Abs. 2 vorgesehene Enkelverbot stünde daher im Widerspruch zum Instrument der Haftungsbeschränkung.[396] Neben der Frage nach der Verhältnismäßigkeit einer solchen Benachteiligung von Einpersonen-GmbHs gegenüber Mehrpersonen-GmbHs könnte das Verbot zudem durch die Verwendung von Treuhandsgesellschaftern umgangen werden.[397] Auch der europäische Gesetzgeber kam zu dem Ergebnis, dass die Ausübung unterschiedlicher Tätigkeiten durch denselben Unternehmer behindert werden könnte, wenn die Sanktionen in dieser Form bestehen blieben. Das Enkelverbot und die Durchgriffshaftung wurden daher im neuen Entwurf wieder gestrichen.[398]

Als Kompromiss für den Wegfall des Enkelverbots und der Durchgriffshaftung wurden in Artikel 2 Abs. 2 der Richtlinie in zwei Fällen Einschränkungen zugelassen, wonach die Mitgliedstaaten Regeln aufstellen können, um den potentiellen Gefahren, die mit einer Einpersonengesellschaft verbunden sind, zu begegnen. Damit sollten die Besonderheiten in bestimmten nationalen Mitgliedstaaten nicht übergangen werden[399] und man wollte verhindern, dass sich konzerntypische Interessenkonflikte in der Person des Gesellschafters zum Nachteil der Gläubiger auswirken.[400]

II. Einschränkung durch die Mitgliedstaatenoptionen des Artikels 2 Abs. 2

Artikel 2 Abs. 2 der Richtlinie ermöglicht, dass die Mitgliedstaaten besondere Bestimmungen oder Sanktionen vorsehen, solange die einzelstaatlichen Vorschriften zum Konzernrecht noch nicht harmonisiert sind. Diese Mitgliedstaatenoption ist praktisch äußerst relevant, da der 100%-ige Anteilsbesitz von Muttergesellschaften an ihren Tochter- und Enkelgesellschaften eine häufig anzutreffende Verbindungsform für Gruppen darstellt.[401]

---

396 *Centrale für GmbH Dr. Otto Schmidt*, GmbHR 1988, 311; *Hahn*, GmbHR 1988, R 57.

397 *Weyand*, RIW 1986, 418, 420; *Wooldridge*, JBL 1989, 86, 88.

398 Geänderter Vorschlag für die 12. Gesellschaftsrechtliche Richtlinie des Rates betreffend Gesellschaften mit beschränkter Haftung mit einem einzigen Gesellschafter, KOM (89) 193 endg. - SYN 135.

399 Vgl. Erwägungsgrund 5 S. 3.

400 *Kindler*, ZGR 24 (1995), 225, 245.

401 Nach *Emmerich*, in: Scholz, GmbHG, 11. Aufl. 2012, § 1 Rn. 26; *Ulmer*, in: Ulmer/Habersack/Löbbe, GmbHG, 2. Auf. 2013, Einl., Rn. A 9 liegt der Anteil an Einpersonen-GmbHs mittlerweile bei ca. 40 % aller GmbHs.

1. *Die Beschränkungen im Einzelnen*

Nach Artikel 2 Abs. 2 lit. a können mitgliedstaatliche Sonderbestimmungen eingeführt werden, sofern eine natürliche Person einziger Gesellschafter von mehreren Gesellschaften ist („Mehrfachalleingesellschafter“[402]). Artikel 2 Abs. 2 lit. b bezieht sich auf Einpersonengesellschaften, deren alleiniger Gesellschafter eine Einpersonengesellschaft oder eine andere juristische Person ist (Stockwerkkonstruktionen).

Beide Einschränkungen stellen einen Kompromiss für den Wegfall des Enkelverbots und der Durchgriffshaftung dar. Sinn und Zweck dieser Regelungen war die Schaffung erhöhter Rechtssicherheit. Vermieden werden sollten insbesondere die künstliche Aufspaltung des Gesellschaftsvermögens und die Entziehung des Gläubigerzugriffs durch die Gründung von Einpersonengesellschaften.[403]

2. *Reichweite der Beschränkungen*

Mit Einführung der Mitgliedstaatenoption wurde die Frage aufgeworfen, ob diese Wahlmöglichkeit allen Mitgliedstaaten offensteht, oder lediglich denjenigen Staaten, welche gesetzliches Vorbild der Regelung waren – sprich Frankreich, Belgien und dem luxemburgischen Entwurf.

Grundmann nimmt hierzu an, dass es sich um eine *stand-still*-Verpflichtung[404] handle: Die Einschränkungen des Artikels 2 Abs. 2 stünden lediglich den Mitgliedstaaten offen, die bereits vor Erlass der Richtlinie Besonderheiten im nationalen Recht aufwiesen – also nur Frankreich und Belgien.[405] Dies ergebe sich nicht nur aus der Begründung des ursprünglichen Richtlinienvorschlags[406], sondern auch aus Erwägungsgrund 5 S. 4, wonach die Mitgliedstaaten in spezifischen Fällen Einschränkungen beim Zugang zur Einpersonengesellschaft oder eine unbeschränkte Haftung des Gesellschafters vorsehen könnten.

Betrachtet man jedoch die Erläuterungen zu Artikel 2 des geänderten Kommissionsvorschlags, so wird deutlich, dass man mit der Umformulierung der Vorschrift nicht nur die besondere Rechtslage in Frankreich oder Belgien vor Auge hatte. So heißt es dort: „In Übereinstimmung mit den vor dem Plenum des Parlaments abgegebenen Erklärungen und um die Annahme des vorliegenden Richtlinienvorschlags

---

402 *Lutter/Bayer/J. Schmidt*, EuropUR, Rn. 27.19.

403 *Daigre*, RIDC 42 (1990), 665, 674.

404 *Grundmann*, EuropGesR, S. 304.

405 *Grundmann*, EuropGesR, S. 304; ebenso *Hirte*, ZIP 1992, 1122, 1123; *Kindler*, ZHR 157 (1993), 1, 11; *Knobbe-Keuk*, DB 1992, 1461, 1465.

406 Siehe oben Fn. 393, S. 3 ff.; dazu *Schwarz*, IStR 1993, 23, 23, 26 f.

nicht zu gefährden, gestattet dieser *den* Mitgliedstaaten, Beschränkungen für juristische Personen vorzusehen, wie es einige Mitgliedstaaten bereits getan haben, und verzichtet im Übrigen in der Hinsicht auf eine Rechtsangleichung. In gleicher Weise werden Beschränkungen zugelassen für die Möglichkeit, einziger Gesellschafter von mehreren Gesellschaften zu sein."[407] Mit der Formulierung „*den* Mitgliedstaaten" wird deutlich, dass die Öffnungsklausel allen Mitgliedstaaten zur Verfügung stehen soll. Außerdem steht es nach Erwägungsgrund 5 S. 4 *den* Mitgliedstaaten frei, Regeln aufzustellen, um den möglichen Gefahren aus der Tatsache, dass es bei Einpersonengesellschaften lediglich einen einzigen Gesellschafter gibt, zu begegnen. Damit werde deutlich, dass alle Mitgliedstaaten – nicht nur Frankreich und Belgien – von der Sonderregelung in Artikel 2 Abs. 2 Gebrauch machen dürfen.[408]

3. *Länderbericht: Ingebrauchnahme der Mitgliedstaatenoption*

Während Dänemark, Deutschland, Großbritannien, die Niederlande, Spanien, Luxemburg, und Österreich keine Einschränkung für ihre Einpersonen-GmbH vorsehen,[409] nutzen insbesondere diejenigen Staaten, die zuweilen dem Sanktionsmodell[410] folgten, die Mitgliedstaatenoption:

a) Frankreich

Während das Gesetz aus dem Jahr 1985[411] noch beide in Artikel 2 Abs. 2 genannten Sanktionen enthielt, wurde das Verbot für eine natürliche Person, mehrere Gesellschaften zu 100 % in der Hand zu halten, im Jahre 1994[412] gestrichen. Seither kann somit auch eine natürliche Person in Frankreich Gesellschafterin von mehreren Einpersonen-SARL sein. Darüber hinaus sind sowohl natürliche als auch juristische Personen als Alleingesellschafter zulässig.[413]

---

407 Geänderter Vorschlag für die 12. Gesellschaftsrechtliche Richtlinie des Rates betreffend Gesellschaften mit beschränkter Haftung mit einem einzigen Gesellschafter v. 24.5.1989, KOM (89), 193 endg.; abgedruckt bei *Hirte*, Qualifiziert faktischer Konzern, 1992, Nr. 2.1.5 (*Hervorhebung durch Verf).*

408 So auch die h.M.: *Habersack/Verse*, EuropGesR, § 10 Rn. 11; *Lutter*, in: FS Brandner, S. 81, 89; *Lutter/Bayer/J. Schmidt*, EuropUR, Rn. 27.22; *Neye*, DWiR 1992, 452, 454; wohl auch *Schwarz*, IStR 1993, 23, 26.

409 *Lutter*, in: FS Brandner, S. 81, 89.

410 Hierzu Kapitel 3: A.II.1.a).

411 Gesetz Nr. 85-697 v. 11.7.1985 relative à l'entreprise unipersonnelle à responsabilité limitée et à l'exploitation agricole à responsabilité limitée, s. oben Kapitel 3: C.I.

412 Gesetz Nr. 94-126 relative à l'initiative et à l'entreprise individuelle („Loi Madelin") v. 11.2.1994.

413 Art. L-223-1 Code de commerce.

Lange Zeit bestand jedoch das Verbot von dreistöckigen Konstruktionen (sog. Enkelverbot): Eine SARL konnte nicht Alleingesellschafterin einer anderen SARL sein, die selbst nur aus einer einzigen Person bestand.[414] Im Falle des Verstoßes drohte die Auflösung; bei nachträglicher Entstehung einer Einpersonen-GmbH, deren Alleingesellschafter eine juristische Person ist, allerdings erst ein Jahr nach der Vereinigung aller Gesellschaftsanteile in einer Hand.[415]

Zum 3. August 2014 wurde diese Einschränkung vollständig aufgehoben.[416] Aus dem diesbezüglichen Bericht[417] geht hervor, dass der ursprünglich mit der Vorschrift verfolgte Schutz vor Vermögensverwässerung in der Einpersonen-GmbH an Relevanz verloren habe: Durch die Einführung des Einzelkaufmanns mit beschränkter Haftung (l'entrepreneur individuel à responsabilité limitée – EIRL[418]) sowie die Zulassung von Gesellschaftsketten bei der vereinfachten Aktiengesellschaft in Alleinbesitz (société par actions simplifiée unipersonnelles – SASU[419]) und der SE[420], bestünde kein Grund mehr, Stockwerkkonstruktionen bei der Einpersonen-SARL zu verbieten. Daneben wurde auf die Erleichterung bei der Organisation und Gruppenstrukturierung verwiesen.[421]

Heute besteht für die EURL in Frankreich somit keine Einschränkung mehr.

b) Belgien

In Belgien haftet der Alleingesellschafter persönlich, wenn er einziger Gesellschafter einer GmbH ist; dies gilt so lange für alle Gesellschaftsschulden, bis diese mehrgliedrig geworden ist.[422] Bei einer erst nachträglichen Entstehung

---

414 Art. L-223-5 Abs. 1 Code de commerce. Kritisch hierzu *Chaput/Lévi*, L'EURL, S. 27.

415 Art. L-223-5 Abs. 2 S. 2 Code de commerce.

416 Abgeschafft durch Verordnung Nr. 2014-863 v. 31.7.2014 relative au droit des sociétés, prise en application de l'article 3 de la loi n°2014-1 du 2 janvier 2014 habilitant le Gouvernement à simplifier et sécuriser la vie des entreprises, JORF n°0177 v. 2.8.2014, S. 12820.

417 Rapport au Président de la République relatif à l'ordonnance Nr. 2014-863 du 31 juillet 2014 relative au droit des sociétés, prise en application de l'article 3 de la loi Nr. 2014-1 du 2 janvier 2014 habilitant le Gouvernement à simplifier et sécuriser la vie des entreprises, JORF n°0177 v. 2.8.2014, S. 12814.

418 Siehe oben Kapitel 3: B.I.1.b).

419 Eingeführt durch Loi n°99-587 du 12 juillet 1999 sur l'innovation et la recherche, JORF n°160 v. 13.7.1999, Art. 3.

420 Art. 3 Abs. 2 S. 1 SE-VO erlaubt der SE die Gründung einer oder mehrerer Tochter-SE.

421 Rapport (Fn. 417), Chapitre II.

422 Art. 213 § 2 S. 1 Code des sociétés.

einer Einpersonen-GmbH, deren einziger Gesellschafter eine juristische Person ist, besteht eine Schonfrist von einem Jahr, um einen weiteren Gesellschafter beitreten zu lassen. Andernfalls haftet der Alleingesellschafter gesamtschuldnerisch mit der Gesellschaft. Die Haftung erlischt erst durch den Beitritt eines weiteren Gesellschafters.[423]

Eine natürliche Person haftet erst, wenn sie Alleingesellschafterin einer zweiten, dritten oder vierten GmbH ist.[424] Sie kann dieser persönlichen Haftung nur entgehen, sobald ein weiterer Gesellschafter hinzutritt.[425]

c) Italien

Italien verbot zunächst sowohl die Mehrfachbeteiligung an Einpersonen-GmbHs von natürlichen Personen als auch die Gründung durch eine juristische Person.[426] War alleinige Gesellschafterin eine juristische Person[427], so haftete diese in Falle der Insolvenz der Tochter für alle Verbindlichkeiten. Seit der Gesellschaftsrechtsreform von 2003 beschränkt sich die persönliche Haftung des Alleingesellschafters auf den Fall der Zahlungsunfähigkeit der Gesellschaft, sofern die Einlagen nicht uneingeschränkt der Gesellschaft zur Verfügung gestellt oder die Einlagen nicht ordnungsgemäß geleistet wurden[428] oder die öffentliche Bekanntmachung[429] über den Erwerb sämtlicher Anteile in einer Hand nicht vorgenommen wurde.[430] Alleingesellschafter darf sowohl eine natürliche als auch eine juristische Person sein. Eine Ausnahme gibt es jedoch im Falle des Konzernrechts:[431] Dort haftet die Muttergesellschaft, die Tätigkeiten der Leitung und Koordinierung von Gesellschaften ausübt, zwar nicht bereits

423 Art. 213 § 2 S. 2 Code des sociétés.

424 Art. 212 Abs. 1 Code des sociétés.

425 Art. 212 Abs. 2 Code des sociétés.

426 Art. 2497 Abs. 2 lit. a Codice civile a.F. Dazu: *Cova*, ICCLR 1993, C 115; *Kindler*, ZGR 1995, 225, 243 ff.; *Kindler*, ZGR 1997, 449, 461; *Ochs*, Einpersonengesellschaft, S. 178.

427 Der Begriff der juristischen Person wird im italienischen Recht streng ausgelegt. Nicht erfasst werden Personenhandelsgesellschaften, auch nicht jene, deren persönlich haftende Gesellschafter juristische Personen sind. Dazu *Kindler*, ZGR 1995, 225, 244.

428 Art. 2464 Codice Civile.

429 Art. 2470 Codice Civile.

430 Art. 2466 Abs. 2 Codice Civile.vgl. auch *Fasciani*, Italien, In: Süß/Wachter (Hrsg.), Handbuch des internationalen GmbH-Rechts, 3. Aufl. 2016, Rn. 138.

431 Die im Jahr 2004 in Kraft getretenen konzernrechtlichen Bestimmungen finden sich in Art. 2497 bis 2497-sexies Codice Civile; eingeführt durch Artikel 5 Abs. 1 des

aus der Tatsache der 100 % igen Beteiligung an dieser Gesellschaft. Handelt die Gesellschaft jedoch unter Verletzung der Grundsätze einer ordnungsgemäßen Gesellschafts- und Unternehmensführung im eigenen oder unter fremden unternehmerischen Interesse, haftet sie unmittelbar für den Nachteil, den sie der Ertragsfähigkeit und dem Wert der Gesellschaftsbeteiligung zugefügt hat.[432] Die Muttergesellschaft haftet somit, wenn sie ihre beherrschende Einflussnahmemöglichkeit zum Nachteil der Tochtergesellschaft ausnutzt. Eine Haftung ist nur dann ausgeschlossen, wenn im Hinblick auf das Gesamtergebnis der Leitung und Koordinierung kein Schaden entstanden oder ein solcher im Laufe der darauf ausgerichteten Geschäfte vollständig beseitigt worden ist.[433]

d) Portugal

Auch Portugal, das seit 1.1.1997 die Einpersonengesellschaft eingeführt (*sociedades unipessoais por quotas*)[434] hat, nutzte die Mitgliedstaatenoption: Danach darf eine natürliche Person nur in einer GmbH Alleingesellschafterin sein; bei einer Muttergesellschaft mit 100 % iger Beteiligung der Tochter ist dies unzulässig.[435] Im Falle des Verstoßes haftet die Muttergesellschaft für deren Verbindlichkeiten und ist zum Verlustausgleich verpflichtet.[436] Diese Regelung der gesamtschuldnerischen Haftung der Muttergesellschaften für die Schulden der Tochtergesellschaften findet jedoch keine Anwendung auf Muttergesellschaften mit Sitz in einem anderen Mitgliedstaat.[437] Außerdem kann jeder Interessenträger über den Verwaltungsweg die Auflösung der Gesellschaft verlangen. Das zuständige

Dekrets v. 17.1.2003, Nr. 6, unter Berücksichtigung der im Amtsblatt der Republik veröffentlichten Berichtigungen und laut Artikel 5 des Dekrets v. 6.2.2004, Nr. 37. Hierzu *Stein*, in: FS Hommelhoff, S. 1149, 1152, 1155 ff. Einen Überblick zur Reform des italienischen Gesellschaftsrechts von 2003 finden sich bei *Hartl*, NZG 2003, 667 und *Scognamiglio* in: Hommelhoff/Lutter/Teichmann, Corporate Governance, S. 175, 180 ff.

432 Art. 2497 Abs. 1 S. 1 Codice Civile; vgl. Zu der Thematik *Scognamiglio* in: Hommelhoff/Lutter/Teichmann, Corporate Governance, S. 175, 185 f.

433 Art. 2497 Abs. 1 S. 2 Codice Civile.

434 Art. 270-A bis 270-G Código das Sociedades Comerciais. Da Portugal bereits das Einzelunternehmen mbH seit 1986 zugelassen hat, war die Einpersonen-GmbH nicht mehr zwingend umzusetzen (Art. 7 Richtlinie).

435 Art. 270-C Abs. 1 und 2 Código das Sociedades Comerciais. Hierzu *Rathenau*, Einführung in das portugiesische Recht, § 19 Rn. 15.

436 Art. 501, 502 Código das Sociedades Comerciais; dazu *Kindler*, ZGR 1997, 449, 461.

437 Art. 481 Abs. 2 Código das Sociedades Comercias. Vgl. hierzu die Entscheidung EuGH, Urteil v. 20.6.2013 – Rs. C-186/12 – *Impacto Azul*, wonach eine solche

Unternehmensregister gewährt sodann eine Frist von 30 Tagen (beziehungsweise auf Antrag 90 Tage), um den rechtswidrigen Zustand zu beseitigen.[438]

e) Polen

Auch in *Polen* kann eine Einpersonen-*Sp. z o. o.* nicht durch eine andere Einpersonen-Sp. z o. o. gegründet werden.[439] Dieses Verbot bezieht sich allerdings nur auf die Neugründung. Bei der nachträglichen Entstehung einer Einpersonen- *Sp. z o. o.* wird von diesem Verbot abgesehen. In der Praxis wird daher über Strohmänner vorgegangen, die sich zunächst an der Tochtergesellschaft beteiligen und anschließend ihren Anteil an die Muttergesellschaft übertragen.[440]

Im Gegensatz zu Frankreich, Belgien, Italien und Portugal nutzte das polnische Recht der Sp. z o. o. jedoch lediglich die Mitgliedstaatenoption nach Artikel 2 Abs. 2 lit. b. Zulässig sind Fälle, in denen eine natürliche Person mehrere Einpersonen-GmbHs gründet.

f) Griechenland

In Griechenland werden beide Mitgliedstaatenoptionen genutzt: Es darf somit keine andere Einpersonengesellschaft Alleingesellschafterin der griechischen EPE sein und der Alleingesellschafter, welcher eine natürliche Person ist, darf nicht zugleich in einer anderen GmbH einziger Gesellschafter sein. Hinsichtlich der Rechtsfolge nimmt Griechenland jedoch eine Sonderstellung ein: Die „besondere[n] Bestimmungen oder Sanktionen", die verhängt werden, bestehen nicht in der persönlichen Haftung des Gesellschafters, sondern in der Nichtigerklärung der Gesellschaft.[441]

Inländerdiskriminierung mit EU-Recht vereinbar ist. Hierzu und weiteren offenen Fragestellungen *Bayer/J. Schmidt*, BB 2014, 1219, 1227; *Bayer/J. Schmidt*, KSzW 2014, 69, 70; *J. Schmidt*, GPR 2014, 40; *Teichmann*, ZGR 2014, 45; *Verse/Wiersch*, EuZW 2014, 375 f.

438 Art. 270-C Abs. 3 und 4 Código das Sociedades Comercias.

439 Art. 151 § 2 KSH (kodeks spółek handlowych), übersetzt in deutscher Sprache bei *Breidenbach* (Hrsg.), Handbuch Wirtschaft und Recht in Osteuropa, Bd. 2, PL 350.

440 *Bogen/Siekierzynski*, Polen, in: Süß/Wachter (Hrsg.), Handbuch des internationalen GmbH-Rechts, 3. Aufl. 2016, Rn. 9.

441 Art. 43a § 2 des Gesetzes 3190/1955, dazu *Baetge*, RIW 1995, 25, 27; *Ziouvas*, Griechenland, in: Süß/Wachter (Hrsg.), Handbuch des internationalen GmbH-Rechts, 3. Aufl. 2016, Rn. 37. Eine deutsche Übersetzung des durch Präsidialdekret Nr. 279/96 neu eingeführten Artikels 43a findet sich bei *Soufleros*, in: Centrale für GmbH Dr. Otto Schmidt (Hrsg.), Die GmbH-Rechte in den EG-Staaten, S. 99, 108 f.

In Anbetracht dessen, dass die Nichtigkeitsgründe in Artikel 11 der Gesellschaftsrechtsrichtlinie abschließend aufgeführt sind, zweifelt *Lutter* an der Kompetenz Griechenlands zur gesetzlichen Nichtigkeiterklärung der Gesellschaft. Ihm zufolge sollte die „Nichtigkeit" daher eher im Sinne von „ipso iure aufgelöst" verstanden werden.[442]

Die Formulierung der „besondere[n] Bestimmungen oder Sanktionen", welche die Mitgliedstaaten verhängen dürfen, falls eine der beiden Optionen des Artikels 2 Abs. 2 der Richtlinie erfüllt ist, lässt zwar eine weite Auslegung zu. Die Mehrzahl der Mitgliedstaaten ordnet jedoch die persönliche Haftung der Gesellschafter an, welche auch in Erwägungsgrund 5 S. 4 aufgeführt wird. Hätte sich die Richtlinie auf diese Rechtsfolge beschränken wollen, wäre diese explizit angeordnet worden und nicht auf die Formulierung „besondere[n] Bestimmungen oder Sanktionen" zurückgegriffen worden. Nach der Gesellschaftsrechtsrichtlinie kann eine Gesellschaft nach Artikel 11 lit. b Ziffer vi) durch gerichtliche Entscheidung für nichtig erklärt werden, „wenn entgegen den für die Gesellschaft geltenden einzelstaatlichen Rechtsvorschriften die Zahl der an der Gründung beteiligten Gesellschafter weniger als zwei betrug". Die Nichtigerklärung der Gesellschaft ist somit kein von vornherein unzulässiges Sanktionsmittel.

4. *Durchgriffshaftung*

Neben der Mitgliedstaatenoption des Artikels 2 Abs. 2 der Richtlinie ermöglichen Erwägungsgründe 4 und 5 „in Ausnahmefällen" weitere Einschränkungen. Erforderlich ist jedoch ein Missbrauchselement, welches die Durchbrechung im Einzelfall rechtfertigt.[443] Rechtsvergleichend bilden die Vermögensvermischung und die bewusste materielle Unterkapitalisierung die beiden wichtigsten Fallgruppen des Missbrauchs.[444]

In den 1990 er Jahren herrschte zudem vehementer Streit darüber, ob die BGH-Rechtsprechung zum qualifiziert faktischen GmbH-Konzern[445] welche einen Haftungsdurchgriff auf den herrschenden Gesellschafter analog §§ 302,

---

442 *Lutter*, in: FS Brandner, S. 81, 94.

443 *Grundmann*, EuropGesR, S. 307; *Habersack/Verse*, EuropGesR, § 10 Rn. 12.

444 vgl. *Bauer/Schneider*, in: Hamann/Sigle (Hrsg.), Vertragsbuch GesR, § 12 Rn. 109; *Ochs*, Einpersonengesellschaft, S. 240 f. Zur Vermögensvermischung im deutschen Recht siehe BGHZ 165, 85, 91 ff.; *Emmerich/Bitter*, in: Scholz, GmbHG, 11. Aufl. 2012, § 13 Rn. 131 ff.; zur Unterkapitalisierung *Emmerich/Bitter*, in: Scholz, GmbHG, 11. Aufl. 2012, § 13 Rn. 138 ff. Vgl. ferner die Verweise in *Emmerich/Habersack*, Konzernrecht, § 31 Rn. 34 Fn. 91 und 92.

445 Namentlich BGHZ 115, 187 („Video", 1991) und BGHZ 122, 123 („*TBB*", 1993).

303 AktG herleitete, mit der Mitgliedstaatenoption des Artikels 2 Abs. 2 vereinbar war. Dogmatisch stellte sich die Frage, ob Artikel 2 Abs. 2 auch für den Bereich des Konzernrechts abschließend war.[446] Das ursprüngliche Konzept der Durchgriffshaftung erfuhr jedoch mit den Entscheidungen „Bremer Vulkan"[447] (2001) „KBV"[448] (2002) und „Trihotel"[449] (2007) eine Trendwende. Während in „Bremer Vulkan" die Rechtsgrundlage noch offenblieb, konzipierte der BGH bei „KBV" eine teleologische Reduktion von § 13 Abs. 2 GmbHG und nahm eine Außenhaftung[450] an. Diese Konstruktion wurde in der „Trihotel"-Entscheidung nochmals geändert. Anstelle einer Außenhaftung entwickelte der BGH, gestützt auf § 826 BGB, eine reine Innenhaftung des Gesellschafters gegenüber der GmbH.[451] Der ursprüngliche Streit zur Vereinbarkeit der Rechtsprechungsfigur zum qualifiziert faktischen Konzern ist insofern überholt.[452]

5. *Bewertung*

Mit der Mitgliedstaatenoption wird ein Haftungsdurchgriff auf den Gesellschafter ermöglicht. Die Mitgliedstaatenoption missachtet jedoch, dass Gesellschaft und Gesellschafter grundsätzlich rechtlich getrennt zu behandeln sind (Trennungsprinzip). Die personen- und vermögensrechtliche Selbstständigkeit stellt eine Grundstruktur im Recht der Körperschaften dar und ist als Teil des Binnenmarktkonzepts in allen mitgliedstaatlichen Rechten anerkannt.[453] Das Ziel der

---

446 Für den abschließenden Charakter und somit für die Unvereinbarkeit der Rechtsprechung mit Art. 2 Abs. 2 der Richtlinie *Hirte*, ZIP 1992, 1122, 1123 f.; *Kindler*, ZHR 157 (1993), 1, 13 ff.; *Knobbe-Keuk*, DB 1992, 1461, 1464 f.; *Meilicke*, DB 1992, 1867; *Roth*, ZIP 1992, 1054, 1056 f.; *Sonnenschein/Holdorf*, JZ 1992, 715, 723. Für die Vereinbarkeit mit Art. 2 Abs. 2 der Richtlinie: BGHZ 122, 123, 136 (*TBB*). *Drygala*, ZIP 1992, 1528, 1530; *Edwards*, The Company Lawyer 19 (1998), 211, 213; *Freudling*, Umsetzung der Zwölften Richtlinie, S. 62 f.; *Neye*, DWiR 1992, 452, 453 ff.; *Schimmelpfennig/Hauschka*, NJW 1992, 942; *Schwarz*, IStR 1993, 23, 24 ff.; *Schwarz*, EuropGesR, S. 519; *Stodolkowitz*, ZIP 1992, 1517, 1527 f.; *Wilhelm*, EuZW 1993, 729, 731 ff.

447 BGHZ 149, 10.

448 BGHZ 151, 181.

449 BGHZ 173, 246.

450 BGHZ 151, 181, 187.

451 So in BGHZ 173, 246 (*Trihotel*), bestätigt in BGH NZG 2008, 187; BGH NZG 2008, 597; BGHZ 179, 344; BGHZ 193, 96.

452 *Lutter/Bayer/J. Schmidt*, EuropUR, Rn. 27.25.

453 *Bauer/Schneider*, in: Hamann/Sigle (Hrsg.), Vertragsbuch GesR, § 12 Rn. 108. Allgemein zum Anspruch auf Haftungsbeschränkung im Europäischen Gesellschaftsrecht *Schön*, in: FS Hommelhoff, S. 1037.

Richtlinie, Einzelunternehmern die Möglichkeit zu verleihen, unter gleichzeitiger Trennung des Privatvermögens vom Gesellschaftsvermögen wirtschaftlich tätig zu werden, um damit zur Förderung des Unternehmergeistes[454] beizutragen, wird durch Artikel 2 Abs. 2 konterkariert. Mit den tiefgreifenden Rechtsfolgen der Mitgliedstaatenoption ist es möglich, das wirtschaftliche Risiko der zu 100 % beherrschten Tochtergesellschaft auf die Muttergesellschaft zu verlagern (Durchgriffshaftung). Entgegen der These *Grundmanns*, der aus Artikel 2 Abs. 2 ableiten möchte, dass der europäische Gesetzgeber einen unionsweiten Grundsatz der Haftungsbeschränkung nicht nur für die Einpersonen-GmbH, sondern „*a maiore* auch generell" gewollt habe,[455] wird die Haftungsbegrenzung vielmehr durch das Außerkraftsetzen des Trennungsprinzips und der Möglichkeit einer Durchgriffshaftung auf die Muttergesellschaft erheblich eingeschränkt. Die persönliche Haftung führt dazu, dass die Obergesellschaft beziehungsweise deren Gesellschafter persönlich, unmittelbar, solidarisch und unbeschränkt zur Verantwortung gezogen werden. Die gewünschte Haftungsbeschränkung der Einpersonen-GmbH mit all ihren ökonomischen Vorteilen geht damit verloren.

Gleichzeitig können über die Beteiligung von Strohmännern die Sanktionen des Artikels 2 Abs. 2 leicht umgangen werden.[456] Diese Splitterbeteiligung ist erlaubt und nach der Richtlinie weiterhin zulässig. In Portugal finden sich beispielsweise auffallend viele mehrgliedrige Gesellschaften, bei denen eine juristische Person in Höhe von knapp unter 100 % beteiligt ist.[457]

Letztlich ist eine Benachteiligung von Unternehmen festzustellen, welche sich zur Verteilung des wirtschaftlichen Risikos getrennt strukturieren wollen. Die Funktionalität einer derartigen Risikoverteilung hat sich seit Jahrzehnten etabliert. Die Mitgliedstaatenoption unterbindet jedoch den grenzüberschreitenden Einsatz der Einpersonengesellschaft als Konzernbaustein. Die Verfolgung unternehmerischer Zwecke im Heimat- und Niederlassungsstaat durch jeweils rechtlich selbstständige Einpersonengesellschaften wird behindert oder unmöglich gemacht. Damit wird der typische Vorgang der grenzüberschreitenden

---

454 So das Leitziel in der Begründung zum Vorschlag für die 12. Gesellschaftsrechtliche Richtlinie des Rates betreffend Gesellschaften mit beschränkter Haftung, KOM 88 (101) endg. – SYN 135, S. 3, abgedruckt bei *Hirte*, Qualifiziert faktischer Konzern, 1992, Nr. 2.1.6.

455 *Grundmann*, EuropGesR, S. 286, ähnlich *Möslein*, NZG 2011, 174, 175. Gegen einen solchen unionsweiten Haftungsausschluss im Kapitalgesellschaftsrecht EuGH, Rs. C 81/09 (*Idryma Typou*), Tz. 42, *Bayer/J. Schmidt*, BB 2012, 3, 9; *Schön*, in: FS Hommelhoff, S. 1037, 1042 f.; *Stöber*, ZVglRWiss 113 (2014), 57, 60.

456 Vgl. *Schwarz*, EuropGesR, S. 529 sowie der Gestaltungsvorschlag bei *Bauer/Schneider*, in: Hamann/Sigle (Hrsg.), Vertragsbuch GesR, § 12 Rn. 87, 90 ff.

457 *Gause*, Europäisches Konzernrecht, *S. 1*58.

Niederlassung durch ein im Ursprungsland bereits aktives Unternehmen vereitelt, obwohl gerade darin der Kernbestand der Niederlassungsfreiheit liegt. Die Gründung einer grenzüberschreitend tätigen Gesellschaft – sowohl für Start-ups als auch für Tochtergesellschaften – ist bereits vom Schutzbereich der primärrechtlich verankerten Niederlassungsfreiheit erfasst.[458] Die Mitgliedstaatenoption des Artikels 2 Abs. 2 der Richtlinie enthält insofern eine Beschränkung der Niederlassungsfreiheit, deren Rechtfertigung im Hinblick auf Tauglichkeit und Umgehbarkeit der Regelung fragwürdig erscheint.

Der Harmonisierungserfolg wurde mit der Mitgliedstaatenoption somit stark relativiert und schuf eher eine erhebliche Rechtsunsicherheit als eine Angleichung im Bereich der Einpersonengesellschaften.[459]

D. Weitere Entwicklung

Die Europäische Kommission hat im Jahre 2007 im Rahmen einer Mitteilung über ein vereinfachtes Unternehmensumfeld[460] in Erwägung gezogen, die Zwölfte Richtlinie mangels europäischen Bezuges ganz oder teilweise aufzuheben.[461] Ihrer Ansicht nach wäre ein solches Vorgehen notwendig, um ein strafferes und einfacheres EU-Gesellschaftsrecht für das 21. Jahrhundert zu schaffen.[462] Die Interessenvertreter wendeten sich jedoch gegen eine solch radikale Maßnahme. Zwar statuierten sie, dass das Ziel der Zwölften Richtlinie nicht vollständig erreicht wurde, diese jedoch „von zentraler Bedeutung"[463] für den Aufbau von Konzernstrukturen sei und es der Schaffung eines einheitlichen Binnenmarktes zuwiderlaufen würde, wenn solche Gesellschaften im Wege der Durchgriffshaftung benachteiligt würden.[464] Eine Aufhebung der Richtlinie verkennt die Möglichkeit des Einsatzes der Einpersonen-Kapitalgesellschaft nicht nur für KMU, sondern auch für Konzernstrukturen.[465]

458 Art. 49 iVm Art. 54 AEUV.

459 *Schwarz*, EuropGesR, S. 518; *Habersack/Verse*, EuropGesR, § 10 Rn. 11.

460 Mitteilung der Kommission über ein vereinfachtes Unternehmensumfeld in den Bereichen Gesellschaftsrecht, Rechnungslegung und Abschlussprüfung, v. 10.7.2007; KOM (2007) 394 endgültig. Hierzu *Bayer/J. Schmidt*, BB 2008, 454, 457 f.; *Neye*, in: FS Hopt, S. 1079, 1080 ff.

461 *Ebda.*, S. 5 f. Vgl. bereits *Teichmann*, Binnenmarktkonformes Gesellschaftsrecht, S. 199, der die Zwölfte Richtlinie lediglich über das Ziel der Schaffung binnenmarktweit gleicher Wettbewerbsbedingungen zu rechtfertigen sieht.

462 *Ebda*, S. 6.

463 So die Stellungnahme des Deutschen Notarvereins v. 12.10.2007, S. 5.

464 *Ebda.*

465 *Ebda.*

Eine Aufhebung von in der Vergangenheit verabschiedeten Richtlinien würde den erreichten *acquis communautaire* preisgeben und die Bestrebungen der Union zur Schaffung eines gesellschaftsrechtlichen *level playing field* zunichtemachen – dies könne nur als ultima ratio herangezogen werden.[466] Die Richtlinie ist daher geblieben und wurde lediglich im Jahre 2009 neu kodifiziert.[467]

E. Gesamtwürdigung

I. Aus deutscher Perspektive

Durch die bereits im Jahre 1980 legalisierte Einpersonen-GmbH war die Zwölfte Richtlinie in der Bundesrepublik kein Novum mehr. Für das deutsche Recht ergaben sich kaum Änderungen.

Deutschland machte nicht von der Mitgliedstaatenoption des Artikels 2 Abs. 2 der Richtlinie Gebrauch. Dadurch bietet sich für die Einpersonen-GmbH ein breites Anwendungsfeld, bei der die Gesellschaft insbesondere auch für Gruppenstrukturen eingesetzt werden kann. Dies belegen auch Auswertungen, wonach in Deutschland zum Stichtag 7.11.2013 knapp über eine halbe Million an Einpersonengesellschaften gezählt wurden, das entspricht einem Anteil von 56,39 % aller GmbHs.[468] Neben natürlichen Personen als Alleingesellschaftern, die 74 % aller Einpersonen-GmbHs ausmachen, wird die Einpersonen-GmbH auch im Industriesektor (21 %), von Banken/Versicherungen (3,6 %), (Pensions-)Fonds (0,7 %), in öffentlichen Einrichtungen (0,4 %) und Stiftungen/Forschungsstätten (0,3 %) genutzt.[469] Die Zahlen unterstreichen den hohen Bedeutungsgehalt der Einpersonengesellschaft und die vielfältigen Einsatzmöglichkeiten der Rechtsform in Deutschland.

II. Aus europäischer Perspektive

Zur Stärkung des Binnenmarktes konnte die Zwölfte Richtlinie nur einen sehr eingeschränkten Beitrag leisten – wollte sie doch ursprünglich „den Einzelunternehmern in der gesamten Gemeinschaft das rechtliche Instrument einer Gesellschaft mit Haftungsbeschränkung“[470] an die Hand geben.

---

466 vgl. hierzu die Stellungnahmen des Bundesverbandes Deutscher Banken v. 2.10.2007, S. 2 und des Deutschen Notarvereins v. 12.10.2007, S. 7.

467 Richtlinie 2009/102/EG des Europäischen Parlaments und des Rates v. 16.11.2009 auf dem Gebiet des Gesellschaftsrechts betreffend Gesellschaften mit beschränkter Haftung mit einem einzigen Gesellschafter, Abl. EU Nr. L 258/20.

468 Absolut eine Zahl von 496.900, hierzu *Bayer/Hoffmann*, GmbHR 2014, 12, 13.

469 *Bayer/Hoffmann*, GmbHR 2014, 12, 14.

470 Erwägungsgrund 4 der Zwölften Richtlinie.

Rechtsvergleichend ist zwar die Zulässigkeit der Einpersonengesellschaft an sich bereits ein Fortschritt. Auf Unionsebene, auf der ca. 21 Mio. KMU gezählt werden, von denen etwa 12 Mio. Gesellschaften mit beschränkter Haftung sind, sind knapp die Hälfte (5, 2 % Mio.) Gesellschaften mit beschränkter Haftung mit einem einzigen Gesellschafter.[471] Insofern hat die Richtlinie bereits einen bedeutenden Beitrag zur Stärkung des Mittelstandes geleistet.[472]

Durch die Mitgliedstaatenoption des Artikels 2 Abs. 2 hat sich der Angleichungserfolg jedoch deutlich geschmälert. Die Sanktionierung von Mehrfachalleingesellschaftern und Stockwerkkonstruktionen schadet dem spezifischen Ziel der Richtlinie zur Schaffung einer haftungsbeschränkten Einpersonen-Kapitalgesellschaft und führt zu Rechtsunsicherheiten. Sie widerstrebt dem Leitziel der Schaffung eines einheitlichen Binnenmarktes. Eine Harmonisierung kennzeichnet sich allgemein als Beseitigung von Wettbewerbsnachteilen im Binnenmarkt, Ausschaltung von Funktionsstörungen und Vermeidung von Wettbewerbsverzerrungen.[473] Die nach Artikels 50 Abs. 2 AEUV verfolgte Koordinierung von Schutzbestimmungen, zur *gleichwertigen* Gestaltungen der mitgliedstaatlichen Regelungen zugunsten der Gesellschafter und Gläubiger wurde bei der Zwölften Richtlinie jedoch nicht erreicht. Zu Recht wird daher in der Literatur von einer „gutgemeinten Mittelstandsmaßnahme“[474] gesprochen, die es nicht zur gewünschten Angleichung geschafft hat[475] sowie von einer „missglückten Rechtsangleichung“[476] und von einem „Beispiel dafür, wie Rechtsangleichung *nicht* geschehen sollte“[477].

Die grenzüberschreitende Mobilität von kleinen und mittelständischen Unternehmen wird somit ebenso ausgebremst wie diejenige für Unternehmensgruppen. Sowohl die Einsatzmöglichkeiten als auch die Inhalte der Richtlinie sind zu eng geraten. In der Konsequenz ist die Gründung einer Einpersonen-GmbH im Ausland nur unter der sorgfältigen Prüfung möglich, ob der Staat nicht von der

471 So die Zahlen in der Begründung des Kommissionsentwurfs zur SUP (Fn. 66), S. 5.

472 Auch in den Staaten, die traditionell die Einpersonen-GmbH nicht anerkannten, wird die Zwölfte Richtlinie als großer Fortschritt betrachtet (vgl. *Lecourt*, Revue des sociétés 2014, 699, 700 für Frankreich).

473 *Hommelhoff*, AcP 192 (1992), 71, 72 f.

474 *Hahn*, GmbHR 1988, R 57.

475 vgl. *Schwarz*, EuropGesR, S. 529: „Die Angleichung der nationalen Gesellschaftsrechte im Hinblick auf die Einpersonengesellschaft ist nach der Zwölften Richtlinie nicht besser als vorher.“ Sowie *Mousoulas*, Revue des sociétés 1990, 395, 403: „La coordination du droit des sociétés en matière d’entreprise unipersonnelle n’est point achevée.“

476 *Lutter*, in: FS Brandner, S. 81.

477 *Lutter*, in: FS Brandner, S. 81.

Mitglisedstaatenoption des Artikels 2 Abs. 2 Gebrauch gemacht hat. Andernfalls läuft ein Unternehmen Gefahr, ungewollt mit der unbeschränkten Haftung sanktioniert zu werden. Zwar wurden die Beschränkungen in den letzten Jahren in Frankreich und Italien abgeschafft bzw. aufgeweicht; die anderen Mitgliedstaaten hielten jedoch an ihrem Konzernrechtsvorbehalt fest. Der Einsatz der Einpersonengesellschaft als Vehikel grenzüberschreitender Unternehmenstätigkeit bleibt somit mit Informations- und Beratungsaufwand verbunden.

Für die grenzüberschreitende Mobilität mittelständischer Unternehmen ebenso wie für den Aufbau von Gruppenstrukturen ist die Zwölfte Richtlinie in ihrer jetzigen Fassung daher nur beschränkt geeignet. Aus europäischem Blickwinkel besteht für die Einpersonen-GmbH erheblicher Nachbesserungsbedarf.

Kapitel 4: Bedürfnis weiterer Harmonisierung

Die Notwendigkeit der Schaffung von einfacheren, flexibleren, einprägsameren und weniger schwerfälligen Bedingungen für transnational tätige Unternehmen ist mittlerweile unbestritten. Sowohl die SPE als auch die SUP könnten diese Lücke schließen. Während die SPE auf einer Verordnung basieren sollte, geht der Vorschlag zur SUP regelungstechnisch einen anderen Weg: Eine Richtlinie soll für die gewünschte Erleichterung im Binnenmarkt sorgen. Die ersten Resonanzen zum SUP-Vorschlag waren jedoch durchaus kritisch:

In Hinblick auf das gem. Artikel 5 Abs. 3 EUV zu erfüllende Subsidiaritätsprinzip wurde der SUP-Vorschlag insbesondere von bayerischer Seite als unzulässiger Eingriff in nationales Recht betrachtet.[478] Aufgrund des fehlenden grenzüberschreitenden Elements bestehe eine Kompetenzausübungsschranke für die EU. Rein nationale Gründungssachverhalte sollten daher ausschließlich nach nationalem Recht bemessen werden.[479] Eine Beschlussempfehlung zur Anstrebung einer Subsidiaritätsrüge (Artikel 12 lit. b EUV iVm Artikel 6 des Protokolls über die Anwendung der Grundsätze der Subsidiarität und

---

478 Beschlussempfehlung der Ausschüsse zur SUP-Richtlinie, v. 12.5.2014, BR-Drs. 165/1/14, S. 2 f.; überspitzt der Redebeitrag *Bausbacks* in der 922. Sitzung des Bundesrates v. 23.5.2014, Plenarprotokoll 922, Tagesordnungspunkt 24, 157 C (158): „Charakterzüge einer aufgedrängten Bereicherung". Erneut sodann die Beschlussempfehlung der Ausschüsse zur SUP-Richtlinie, v. 30.6.2014, BR-Drs. 165/2/14, S. 2. Vgl. auch Subsidiaritätsbedenken des Thüringer Landtags v. 16.5.2014, Drs. 5/7795; die Stellungnahme zum SUP-Richtlinien-Vorschlag der Österreichischen Rechtsanwaltskammer (ÖRAK), BMJ-Z10.070 SM/0003-I 3/2014, S. 3, Stellungnahme der Bundesarbeitskammer Österreich v. 17.6.2014, S. 7; Stellungnahme des DGB zum SUP-Vorschlag v. 15.7.2014, S. 2, 6; Stellungnahme der Bundessteuerberaterkammer v. 23.7.2014, S. 2 f.; sowie die Stellungnahme des Europäischen Wirtschafts- und Sozialausschusses zum SUP-KOM v. 10.9.2014, INT/744, 1.9 und 4.1.3. Ferner *Kindler*, ZHR 179 (2015), 330, 346; *Steinwendter*, NZA 2014, 262, 263; *Wicke*, ZIP 2014, 1414, 1417; *Wicke*, in: Hommelhoff/Schubel/Teichmann (Hrsg.), SPE, S. 107, 117. Offener dagegen *Teichmann*, in Lutter/Koch (Hrsg.), SUP, S. 37, 57 f.

479 Die Diskussion erinnert an die Arbeiten zur SPE, bei der das zunächst fehlende grenzüberschreitende Element im schwedischen Kompromissvorschlag integriert wurde, um etwaigen Subsidiaritätsbedenken entgegenzuwirken (vgl. zunächst KOM (2008) 396, Begründung, S. 3; sodann Art. 3 Abs. 3 SPE-VO-SE; zu Letzterem *Helms*, in: FS Hommelhoff, S. 369, 372 f.; vermittelnd *Fleischer*, ZHR 174 (2010), 385, 428).

Verhältnismäßigkeit) hat im Bundesrat allerdings keine Mehrheit gefunden.[480] Auch ein entsprechender Antrag der Fraktion „Die Linke" im Bundestag wurde abgelehnt.[481]

Neben den Subsidiaritätsbedenken zweifeln viele auch an der von der Kommission herangezogenen Kompetenzgrundlage des Artikels 50 Abs. 2 lit. f AEUV.[482] Da in der Richtlinie nicht ausdrücklich ein grenzüberschreitender Bezug festgeschrieben sei, könne der Vorschlag nicht auf Artikel 50 AEUV gestützt werden. Mangels möglicher Heranziehung des Artikels 114 AEUV als Kompetenz zur Rechtsangleichung im Binnenmarkt verbleibe nur noch die Flexibilitätsklausel des Artikels 352 AEUV.

Letztlich erhoben sich die Stimmen dahingehend, dass der europäische Gesetzgeber über die Harmonisierung der SUP bereits einen Fuß in die Tür der nationalen Rechte gesetzt habe und es nur eine Frage der Zeit wäre, wann das GmbH-Recht vollständig harmonisiert würde. Befürchtet wird die Wirkungsweise eines „trojanischen Pferdes", welches „durch die Hintertür" das gesamte nationale

---

480 922. Sitzung des Bundesrates v. 23.5.2014, Plenarprotokoll 922, Tagesordnungspunkt 24, 157 C (159); BR-Drs. 165/14. Im österreichischen Nationalrat wurde dagegen fast zeitgleich die Erhebung einer Subsidiaritätsrüge beschlossen, vgl. hierzu die Parlamentskorrespondenz Nr. 511 v. 28.5.2014 sowie die dazugehörige Stellungnahme, Dok. 1/SBEU XXV. GP v. 28.5.2014.

481 Vgl. hierzu den Antrag der Fraktion *Die Linke*: „Umgehung der Unternehmensmitbestimmung bei Einpersonen-GmbH verhindern", BT-Drs. 18/1618 v. 4.6.2014 sowie die Ablehnung in der Plenarsitzung v. 5.6.2014, Plenarprotokoll 18/39, S. 3372A.

482 Ausschussempfehlung des Bundesrats, v. 12.5.2014, BR-Drs. 165/1/14, S. 2 f.; Stellungnahme des DGB zum SUP-Vorschlag v. 15.7.2014, S. 2, 5; Stellungnahme der Bundessteuerberaterkammer v. 23.7.2014, S. 2; Analyse des Centrums für Europäische Politik (cep) Nr. 31/2014 v. 18.8.2014, S. 4; Stellungnahme des Europäischen Wirtschafts- und Sozialausschusses zum SUP-KOM v. 10.9.2014, INT/744, 1.2 und 4.1; Stellungnahme Nr. 31/2014 der Bundesrechtsanwaltskammer v. 21.7.2014, S. 3; Stellungnahme der Österreichischen Notariatskammer v. 15.5.2014, AZ 532.30, S. 2, 8; Stellungnahme der Chambre des Salariés Luxembourg v. 10.10.2014, S. 4; Begründete Stellungnahme der österreichischen Subsidiaritätsrüge, Dok. 1/SBEU XXV. GP v. 28.5.2014, S. 1 f.; DAV (Handelsrechtsausschuss), NZG 2014, 1372, 1372 (Punkt 4 ff.). Aus dem Schrifttum *Adenauer*, AnwZert HaGesR 2014, Anm. 1, B.; *Bayer/J. Schmidt*, BB 2014, 1219, 1223; *Drygala*, EuZW 2014, 491, 493; *Kindler*, ZHR 179 (2015), 330, 378 f., 384; *Malberti*, ECFR 2015, 238, 242; *Omlor*, NZG 2014, 1137, 1138; *Steinwendter*, NZA 2014, 262, 263; *Wicke*, ZIP 2014, 1414, 1417; offen gelassen bei *Jung*, GmbHR 2014, 579, 580; *Jung*, EBLR 2015, 645, 646; *Teichmann*, in Lutter/Koch (Hrsg.), SUP, S. 37, 62; *Teichmann*, ECFR 2015, 202, 221.

GmbH-Recht harmonisieren werde.[483] Die Einführung der SUP würde das Ende der Einpersonen-GmbH und das Ende der GmbH insgesamt bedeuten, da die SUP die traditionell hoch verankerten Standards des deutschen GmbH-Rechts zu Lasten der Gläubiger und der Allgemeinheit außer Kraft setzen könnte.[484] Selbst Stimmen aus dem Europäischen Parlament empfinden den Richtlinienvorschlag als zu weitgehend. Laut Entwurf einer Stellungnahme des Ausschusses für Binnenmarkt und Verbraucherschutz stünde eine Vielzahl der Vorschriften nicht in unmittelbaren Zusammenhang mit dem spezifischen Ziel der Richtlinie, die Gründungskosten zu senken und ginge über das hinaus, was zur Gründungserleichterung erforderlich sei.[485] Im unionsrechtlichen Kontext wird somit die Vereinbarkeit des SUP-Vorschlags mit dem Verhältnismäßigkeitsprinzip in Frage gestellt.

Vor Analyse dieser rechtlichen Aspekte der Subsidiarität, Kompetenzgrundlage und Verhältnismäßigkeit bedarf es jedoch zunächst einer Würdigung der Reformen der nationalen Gesellschaftsrechte. Beide Ebenen sind miteinander verzahnt und dürfen nicht losgelöst voneinander betrachtet werden. Für eine abschließende Bewertung ist es daher unabdingbar, zunächst einen Aufriss der jüngsten Entwicklungen zur Vereinfachung der Unternehmensgründung in den Mitgliedstaaten vorzunehmen (*unter A.*), bevor die primärrechtliche Verankerung der SUP und der damit verbundene europäische Mehrwert analysiert werden (*unter B.*).

---

483 *Bayer/J. Schmidt*, BB 2014, 1219, 1223; *J. Schmidt*, FAZ v. 19.2.2014, S. 19; *J. Schmidt*, GmbHR 2014, R129, R130, *J. Schmidt*, in Lutter/Koch (Hrsg.), SUP, S. 1, 21; übernommen im Redebeitrag von *Bausback*, 922. Sitzung des Bundesrats v. 23.5.2014, 157 C (158). Die gleiche Befürchtung hegen *Omlor*, NZG 2014, 1137, 1139; *Rösing*, notar 2014, 149; *Steinwendter*, NZA 2014, 262, 268 und *Wicke*, ZIP 2014, 1414, 1417. Vor Veröffentlichung des Richtlinien-Vorschlags bereits *Hommelhoff*, AG 2013, 211, 221; *Hommelhoff*, ZIP 2013, 2177, 2182; *Hommelhoff/Teichmann*, GmbHR 2014, 177, 186; *Lutter/Bayer/J. Schmidt*, EuropUR, 6. Aufl. 2017, § 18 Rn. 106 Fn. 399; *Schmidt*, GmbHR 2011, R 177, R178; *Teichmann*, ZRP 2013, 169, 171 f.; *Teichmann*, FAZ v. 17.7.2013, S. 19.

484 So der Redebeitrag von *Bausback*, 922. Sitzung des Bundesrats v. 23.5.2014, 157 C (158). Eine zukünftige Liberalisierung des GmbH-Rechts dagegen begrüßend *Drygala*, EuZW 2014, 491, 497; ebenso aus den Niederlanden *Boschma*, Ondernemingsrecht 2014, Heft 2014/144, Punkt 4.9.

485 Entwurf einer Stellungnahme des Ausschusses für Binnenmarkt und Verbraucherschutz des Europäischen Parlaments v. 29.1.2015, Dok. PE546.844v01-00, Short Justification, S. 5 und Änderungsantrag 14 Erwägungsgrund 10a. Gefordert wird stattdessen ein „minimum legal framework“, der auf Mikro- und Kleinunternehmen beschränkt ist (vgl. Short Justification, S. 3 und Änderungsantrag 11 Erwägungsgrund 8).

A. Gesellschaftsrechtliche Landschaft an Rechtsformen

I. Länderbericht

In den letzten Jahren ist bereits eine Vielzahl an Mitgliedstaaten aktiv geworden, um das nationale Gesellschaftsrecht für kleinere Unternehmen und den Mittelstand zu verbessern.[486] Im Fokus der Reformen standen dabei die Senkung der Gründungskosten und die Erhöhung der Attraktivität der Rechtsform im Wettbewerb der Rechtsordnungen.

Methodisch gibt es für die Mitgliedstaaten zwei Wege: Entweder sie führen eine neue, vereinfachte (Unter-)Rechtsform ein. Bei dieser werden nur wenige Vorschriften neu geschaffen und ansonsten auf das Recht der regulären GmbH verwiesen (siehe hierzu die Staaten unter 1.). Oder sie reformieren ihre bereits bestehende GmbH, sodass eine vollständige Neuausrichtung der Rechtsform durchgeführt wird (siehe die Staaten unter 2.). An dieser Unterscheidung soll sich der nachfolgende Länderbericht orientieren.

1. Einführung einer neuen (Unter-)Rechtsform

a) Deutschland

In Deutschland wurde zum 1.11.2008 in Reaktion auf den zunehmenden Wettbewerb der Rechtsordnungen die ***Unternehmergesellschaft (haftungsbeschränkt)*** als Unterform der GmbH eingeführt.[487] Dahinter stand die Erkenntnis, dass infolge der liberalen Rechtsprechungslinie des EuGH eine zunehmende Anzahl an in England registrierten *Limiteds* ihre volle Geschäftstätigkeit in der Bundesrepublik entfaltete.[488] Neben dem fehlenden Mindestkapitalerfordernis verleitete insbesondere die einfache, schnelle Gründung ohne Notar zur Gründung der Limited.[489]

---

486 Siehe hierzu die Überblicke bei *Donno*, ECL 11 (2014), 155; *Eidenmüller*, JZ 2009, 641, 644 f.; *Fröhlich*, GmbHR 2014, 413, 415 ff.; *Fleischer*, NZG 2014, 1081, 1084 („Jahrzehnt der Gesetzesreformen"); *Neville/Sørensen*, EBOR 15 (2014), 545, 550 ff.

487 Gesetz v. 23.11.2008 – MoMiG (BGBl. I S. 2026). Die Vorschrift findet sich seither in Art. 5a GmbHG.

488 Im Zeitraum zwischen der *Überseering*-Entscheidung im Jahre 2002 und Dezember 2005 hatten insgesamt 30.300 der 1.068.566 in Großbritannien gegründeten Gesellschaften ihren Verwaltungssitz in Deutschland. Dies entspricht einer Quote von 2,8 % (vgl. *Westhoff*, GmbHR 2006, 525, 526). Ähnliche Erkenntnisse liefert die Studie von *Becht/Mayer/Wagner*, Journal of Corporate Finance 14 (2008), 241, 247 ff.

489 *Eidenmüller*, ZGR 2007, 168, 173 f.; *Happ/Holler*, DStR 2004, 730, 734; *Römermann*, NJW 2006, 2065, 2066; *Teichmann*, in: Müller-Graff (Hrsg.), Europäisches Gesellschaftsrecht auf neuen Wegen, S. 43, 46.

In der Unternehmergesellschaft, die keine eigenständige Rechtsform, sondern eine Unterform beziehungsweise Rechtsformvariante[490] der GmbH ist, genießen die Gesellschafter trotz des geringen Kapitalaufwands das Privileg der Haftungsbeschränkung. Gefördert werden allerdings nur originäre Gesellschaftsgründungen. Ein „Abstieg“ der GmbH im Wege einer Kapitalherabsetzung in eine UG (haftungsbeschränkt) ist nicht möglich („Einbahnstraße“).[491] Zum Ausgleich für das fehlende Mindestkapital verpflichtet der Gesetzgeber die Gesellschafter zur Rücklagenbildung in Höhe von 25 % des Jahresüberschusses.[492] Die Anmeldung der UG (haftungsbeschränkt) darf erst dann erfolgen, wenn das Stammkapital in voller Höhe eingezahlt ist (Volleinzahlungsgebot).[493] Sacheinlagen sind ausgeschlossen.[494] Zur Information der Gläubiger und zum Schutz des guten Rufes der GmbH ist nach der Firmierung zwingend der Rechtsformzusatz „Unternehmergesellschaft (haftungsbeschränkt)“ oder die Abkürzung „UG (haftungsbeschränkt)“ anzustellen.[495] Die UG (haftungsbeschränkt) ist zeitlich nicht beschränkt und steigt dann zur Voll-GmbH auf, wenn das statutarische Stammkapital auf mindestens 25.000 Euro erhöht wird.[496]

Obgleich das Schrifttum gespalten ist[497], belegen rechtstatsächliche Erhebungen den Erfolg der deutschen Mini-GmbH: Zum Stichtag 1.11.2013 wurden insgesamt 91.104 bestehende UG (haftungsbeschränkt) gezählt.[498] Addiert man hierzu noch

490 BegrRegE MoMiG, BT-Drs. 16/6140, S. 31.

491 Vgl. § 58 Abs. 2 S. 1 GmbHG. Zur Begründung der „Einbahnstraße“ siehe *Freitag/Riemenschneider*, ZIP 2007, 1485, 1486; *Schäfer*, in: Bork/Schäfer, GmbHG 3. Aufl. 2015, § 5a Rn. 6; *Wicke*, GWR 2010, 259.

492 § 5a Abs. 3 S. 1 GmbHG.

493 § 5a Abs. 2 S. 1 GmbHG. § 7 Abs. 2 GmbHG, der Viertel- bzw. Halbeinzahlungen zulässt, findet für die UG (haftungsbeschränkt) keine Anwendung.

494 § 5a Abs. 2 S. 2 GmbHG. Dies bezieht sich nach BGH GmbHR 2011, 699 Tz. 14 auch auf spätere Sachkapitalerhöhungen.

495 § 5a Abs. 1 GmbHG. Vgl. Begr. RegE MoMiG, BT-Drs. 16/6140, S. 74. Kritisch *Ries*, NotBZ 2007, 244, der den Rechtsformzusatz als wenig aussagekräftig für den Rechtsverkehr ansieht.

496 § 5a Abs. 5 HS 1 GmbHG. Die UG (haftungsbeschränkt) als „transitorische“ Rechtsformvariante bezeichnend daher *Freitag/Riemenschneider*, ZIP 2007, 1485, 1486; *Schäfer*, in: Bork/Schäfer, GmbHG 3. Aufl. 2015, § 5a Rn. 6; *Priester*, in: Schröder (Hrsg.), 3 Jahre nach dem MoMiG, S. 53, 55.

497 Die UG wird teils als „die bessere Variante der GmbH“ angesehen (*Römermann*, NJW 2010, 905), teils als „aus rechtspolitischer Sicht eine Fehlentwicklung“ (*Rieder*, in: Münch.Komm.GmbHG, 2. Aufl. 2015, § 5a Rn. 58).

498 *Bayer/Hoffmann*, GmbHR 2013, R358. Ein ähnliches Ergebnis liefert *Kornblum*, GmbHR 2014, 694, 695 zum Stichtag 1.1.2014 mit 92.904 UG (haftungsbeschränkt).

diejenigen Gesellschaften, die sich zu einer vollwertigen GmbH aufgeschwungen haben (6.277) sowie die bereits gelöschten Gesellschaften, ist die Grenze von 100.000 überschritten.[499] Die UG (haftungsbeschränkt) wird dabei nicht nur seitens junger kapitalschwacher Existenzgründer genutzt, sondern auch als Vorratsgesellschaft, als vermögensverwaltende Gesellschaft oder im Konzern eingesetzt.[500] Insgesamt wird die UG (haftungsbeschränkt) mehrheitlich als Einpersonengesellschaft genutzt; der Anteil beträgt hier 71, 7 %. Der Anteil an Einpersonen-UGs ist damit wesentlich höher als bei Voll-GmbHs, innerhalb derer nur gut die Hälfte (56, 39 %) Einpersonengesellschaften sind.[501]

Wie die GmbH aus dem Jahre 1892 einst als Vorbild für zahlreiche Rechtsordnungen und auch heute noch als „erfolgreichster Exportartikel“[502] des deutschen Rechts gilt, wurde auch die Konzeption der UG (haftungsbeschränkt) mit ihrem gesetzestechnisch minimalen Normierungsaufwand in anderen Mitgliedstaaten als Leitbild für ihre nationale GmbH-Reform herangezogen. Gleichwohl wird der UG (haftungsbeschränkt) im Geschäftsleben häufig mit Skepsis begegnet.

b) Belgien

Zur Erleichterung der Unternehmensgründung für Existenzgründer führte Belgien im Juni 2010 die ***Société privée à responsabilité limitée – Starter (SPRL-Starter)*** ein.[503] Im Gegensatz zur regulären SPRL[504], die ein Mindestkapital von 18.550 € erfordert, kann die SPRL-Starter mit 1 Euro Startkapital gegründet werden.[505] Gründer können eine oder mehrere natürliche Personen sein, die an keiner anderen SPRL mit 5 % oder mehr der stimmberechtigten Gesellschaftsanteile

499 *Bayer/Hoffmann*, GmbHR 2013, R358. Im Gegenzug ist die Anzahl an Limited-Gründungen in Deutschland von ehemals 7.700 Neugründungen im Jahr 2006 auf 1.150 im Jahre 2012 geschrumpft (vgl. *Kläner*, KSzW 2014, 101, 102).

500 *Wicke*, MittBayNot 2011, 23, 27; *Bayer/Hoffmann*, GmbHR 2013, R358.

501 *Bayer/Hoffmann*, GmbHR 2014, 12, 13.

502 *Lutter*, in: Lutter/Ulmer/Zöllner (Hrsg.), FS 100 Jahre GmbHG, S. 49. Eingehend auch *J. Schmidt*, in: Bayer/Koch (Hrsg.), Aktuelles GmbH-Recht, S. 8, 21 ff.

503 Loi modifiant le Code des sociétés et prévoyant des modalités de la société privée à responsabilité limitée „starter“ v. 12.1.2010, Moniteur Belge v. 26.1.2010, S. 3158. Hierzu *Wyckaert/Geens*, in: Viera González/Teichmann (Hrsg.), Private company law reform in Europe, S. 49, 72 ff.

504 Société privée à responsabilité limitée – SPRL, bzw. flämisch besloten vennootschap met beperkte aansprakelijkheid – BVBV.

505 Art. 211bis Code des Sociétés.

beteiligt sind.[506] Eine Gründung durch eine juristische Person oder Abtretung der Geschäftsanteile an eine solche[507] ist unzulässig. Als Rechtsformzusatz ist die Kennung „SPRL-S“ oder „starter“ zu verwenden.[508]

In der zunächst gültigen Fassung unterlag die SPRL-Starter zwei Beschränkungen: Zum einen durfte sie maximal fünf Jahre in dieser Form bestehen und musste sich danach in eine reguläre SPRL umwandeln.[509] Zum anderen durfte sie nicht mehr als fünf vollzeitbeschäftigte Arbeitnehmer beschäftigen.[510] Die SPRL-Starter wurde in der Praxis jedoch schlecht angenommen[511] und wurde im Januar 2014 reformiert.[512] Dabei wurde sowohl die Begrenzung der Arbeitnehmerzahl als auch die zeitliche Limitierung aufgehoben.[513]

Für die SPRL-Starter gilt die gleiche Beschränkung wie für die Einpersonen-SPRL: Sobald der Alleingesellschafter weitere Starter-GmbHs gründet, haftet er persönlich bis zur Höhe des gesetzlichen Mindestkapitals für die Verbindlichkeiten der neu gegründeten Gesellschaft.[514]

Bei der Einpersonen-SPRL-Starter hat ein Betrag bis zu 12.400 Euro in der Gesellschaft zu verbleiben; bei einer Mehrpersonen-SPRL-Starter beträgt die Ausschüttungssperre 6.200 Euro.[515] Die noch in der ersten Fassung der SPRL-Starter bestehende Verpflichtung zur Kapitalerhöhung, wenn die maximale Bestandsdauer oder Arbeitnehmerzahl überschritten wird, wurde im Januar 2014 gestrichen.[516]

---

506 Art. 211bis S. 1 Code des Sociétés.

507 Art. 249 Code des Sociétés.

508 Art. 211bis S. 3, 4 Code des Sociétés.

509 Art. 211bis S. 1 Code des Sociétés a.F.

510 Art. 214 § 2 S. 1 Code des Sociétés a.F.

511 Gezählt wurden im Zeitraum v. 1.6.2010 und 30.4.2012 gerade einmal 1.729 SPRL-Starter-Gründungen (vgl. das Gesetzgebungsprojekt der belgischen Volksvertretungskammer v. 15.10.2013, DOC (53) 3073/001 und DOC (53) 3074/001), S. 10. Zu weiteren rechtstatsächlichen Angaben siehe *Wyckaert/Geens*, in: Viera González/Teichmann (Hrsg.), Private company law reform in Europe, S. 49, 76 f.

512 Loi portant dispositions diverses en matière de P.M.E. v. 15.1.2014, veröffentlicht im Moniteur Belge am 3.2.2014, Nr. 2014011041, S. 9106.

513 Art. 11 bis 14 du Loi portant dispositions diverses en matière de P.M.E. v. 15.1.2014. Damit wurden Art. 211bis und Art. 214 § 2 Code des Sociétés geändert.

514 Art. 212bis § 1 S. 1 Code des Sociétés.

515 Art. 213 §1 und Art. 333 Abs. 1 Code des Sociétés (geändert durch Art. 14 des Loi portant dispositions diverses en matière de P.M.E. v. 15.1.2014).

516 Ursprünglich Art. 214 § 2 Code des Sociétés, nun gestrichen durch Art. 13 Loi portant dispositions diverses en matière de P.M.E. v. 15.1.2014. Die Änderungen sind zum 13.2.2014 in Kraft getreten.

c) Italien

Nach der großen Gesellschaftsrechtsnovelle im Jahr 2003, bei der sich die italienische *società a responsabilità limitata* von der ursprünglich sehr starken konzeptionellen Anlehnung an das Aktienrecht in eine Mischform zwischen Personen- und Kapitalgesellschaft verwandelte[517], erfolgte in den Jahren 2012/13 in Reaktion auf die breite gesellschaftsrechtliche Landschaft an Mini-GmbHs und die italienische Wirtschaftskrise eine erneute Reform im SRL-Recht, bei der gleich zwei Rechtsformvarianten eingeführt wurden: Zum einen die vereinfachte SRL (***società a responsabilità limitata semplificata* – *SRLS***)[518], zum anderen die SRL mit ermäßigtem Mindestkapital (***società a responsabilità limitata a capitale ridotto semplificata* – *SRLCR***)[519]. Vorbild der Reform waren dabei die deutsche UG (haftungsbeschränkt) und die belgische SPRL-Starter.[520]

Die Subtypen[521] wiesen dabei in der Gesetzesfassung von 2012 folgende Eigenschaften auf: Beide Mini-SRL standen ausschließlich natürlichen Personen offen. Anstelle der regulären 10.000 Euro bei der SRL betrug das Mindestkapital bei den Unterformen nur 1 Euro.[522] Die Höchstgrenze lag bei 9.999, 99 Euro. Bei der Gründung einer vereinfachten SRL (SRLS) war zwingend das durch das Justizministerium eingeführte Musterprotokoll heranzuziehen, während die SRL mit ermäßigtem Mindestkapital (SRLCR) individuell gestaltet werden konnte und keinem Standardprotokoll entsprechen musste.[523] Auch die Gründung einer SRLS war nur in der Variante ex nihilo zulässig, während die Gründung einer SRLCR auch durch Umwandlung einer regulären SRL als zulässig angesehen

---

517 Zur Reform von 2003 und der „neuen" italienischen GmbH siehe *Bader*, GmbHR 2005, 1474; *Fasciani*, Italien, in: Süß/Wachter (Hrsg.), Handbuch des internationalen GmbH-Rechts, 3. Aufl. 2016, Rn. 21 ff.; *Hartl*, NZG 2003, 667.

518 D.L. 1/2012 v. 24.1.2012, umgesetzt durch Gesetz 27/2012 v. 24.3.2012 (Inkraftgetreten zum 24.5.2012). Überblicksartig *Fröhlich*, GmbHR 2014, 413, 415 f.; *Guidotto*, in: Viera González/Teichmann (Hrsg.), Private company law reform in Europe, S. 285, 298 ff. sowie in italienischer Sprache *Cian*, Rivista delle società 2012, 1101. Jüngst *Cian*, ZVglRWiss 114 (2015), 288, 290 ff.

519 D.L. 83/2012 v. 22.6.2012. Hierzu *Guidotto*, in: Viera González/Teichmann (Hrsg.), Private company law reform in Europe, S. 285, 301 f.; *Cian*, ZVglRWiss 114 (2015), 288, 291 ff.

520 *Cian*, Rivista delle società 2012, 1101, 1102.

521 Zum Streit um die dogmatische Einordnung der beiden Gesellschaftsformen siehe *Cian*, ZVglRWiss 114 (2015), 288, 291 f.

522 Art. 2463bis Codice Civile. Vgl. auch *Cian*, ZVglRWiss 114 (2015), 288, 294.

523 *Kindler*, Italienisches Handels- und Wirtschaftsrecht, § 4 Rn. 232.

wurde.[524] Die SRLCR konnte somit auch durch eine Kapitalherabsetzung zur Entstehung gelangen.

Während bei der SRLS die Geschäftsführer innerhalb der Gesellschafter gewählt werden mussten[525], war bei der SRLCR auch Fremdorganschaft möglich.[526] Eine weitere Bedingung bei der SRLS bestand in der Altersbegrenzung, wonach der Gründer unter 35 Jahre alt sein musste.[527] Damit wollte man gerade junge Menschen zu unternehmerischem Tätigwerden ermutigen. Bei der SRLCR bestand dagegen keine Altersbeschränkung.[528] Die Regelungen zum Alter und Organisation, eingestuft als „Eigentümlichkeit des italienischen Systems, die Folge von Zufälligkeiten der Reform war"[529], wurde allerdings im August 2013 wieder aufgehoben.[530] Abgesehen von verfassungsrechtlichen Schwierigkeiten erscheint eine solch willkürliche Altersbeschränkung bereits mit Blick auf die europäische Antidiskriminierungsrichtlinie äußerst bedenklich.[531] Die SRLS steht seither auch Gründern über 35 Jahren zur Verfügung und kann die Geschäftsführung durch Dritte besetzen. Die SRLCR wurde damit obsolet und daher zeitgleich aufgehoben. Trotz erneuter Reformversuche ist bislang der Ansturm von SRLS-Gründern ausgeblieben.[532]

Die Gesellschaft mit reduziertem Mindestkapital (SRLCR) wurde bei der Reform im August 2013 in die reguläre SRL eingegliedert.[533] Seither ist auch in der regulären SRLCR ein Stammkapital von unter 10.000 Euro zulässig. In diesem Fall sind jedoch nur Bareinlagen möglich, die bei Gründung vollständig erbracht werden müssen. Bei einem Stammkapital von 10.000 Euro oder

---

524 *Cian*, ZVglRWiss 114 (2015), 304.

525 Art. 2463bis Abs. 2 Nr. 6 Codice Civile.

526 Art. 44 Abs. 2 des decreto legge 83/2012; vgl. *Kindler*, Italienisches Handels- und Wirtschaftsrecht, § 4 Rn. 239.

527 Zu den Fragen bei späterer Überschreitung der Altergrenze, vgl. *Cian*, ZVglRWiss 114 (2015), 288, 297 ff. sowie in italienischer Sprache *Cian*, Rivista delle società 2012, 1101, 1117.

528 *Kindler*, Italienisches Handels- und Wirtschaftsrecht, § 4 Rn. 232.

529 *Cian*, ZVglRWiss 114 (2015), 288, 297.

530 DL 76/2013 v. 28.6.2013, umgesetzt durch Gesetz v. 9.8.2013, n. 99. Vgl. auch *Cian*, ZVglRWiss 114 (2015), 288, 291 Fn. 8, 293 sowie *Guidotto*, in: Viera González/Teichmann (Hrsg.), Private company law reform in Europe, S. 285, 298 f.

531 *Fröhlich*, GmbHR 2014, 413, 416.

532 *Ventoruzzo* bei *Fröhlich*, GmbHR 2014, 413, 416.

533 DL 76/2013 v. 28.6.2013, umgesetzt durch Gesetz v. 9.8.2013, n. 99, Art. 9 comma 15-ter. Hierzu *Cian*, ZVglRWiss 114 (2015), 288, 307 ff.

mehr werden jedoch auch Sacheinlagen akzeptiert. Im Gegensatz zur *società a responsabilità limitata semplificata* steht die reguläre GmbH nicht nur natürlichen, sondern auch juristischen Personen offen. Insgesamt schuf der italienische Gesetzgeber somit zwei unterschiedliche Formen der GmbH, bei denen die Gründung mit einem Stammkapital von 1 Euro möglich ist.

d) Spanien

Spanien hat im Jahre 2003 die sog. „Blitz-GmbH" (***Sociedad Limitada Nueva Empresa - SLNE)*** eingeführt[534], um den bürokratischen Hürden, unter denen die Gesellschafter und Geschäftsführer bei der regulären Gründung einer GmbH (*Sociedad de Responsabilidad Limitada - SL*) zu leiden hatten, entgegenzuwirken. Der rechtspolitische Hintergrund lag weniger in einer Reaktion auf den europäischen Wettbewerb der Rechtsordnungen, als vielmehr in der erheblichen Wirtschaftskrise in Spanien und der internationalen Corporate-Governance-Bewegung. Die Einflüsse der englischen Limited bekam Spanien weniger zu spüren.[535] Dies könnte zum einen daran liegen, dass die Kostenratio für Spanier kein Motiv für die Flucht in die Limited war, zum anderen spielen sicherlich auch geographische, kulturelle, psychologische und sprachliche Faktoren eine Rolle.

Durch die Einführung eines einheitlichen elektronischen Dokuments als Gründungsurkunde wurde die Gründung der Gesellschaft mitsamt der Eintragung ins Handelsregister innerhalb von 48 Stunden ermöglicht. Daneben ist eine gesetzlich vorgegebene Satzung zwingend heranzuziehen.[536] Spanien war damit der zweite Mitgliedstaat nach England, der eine Mustersatzung für die geschlossene Kapitalgesellschaft einführte. Anstelle einer Flexibilisierung des Regelungsregimes und der Stärkung der Vertragsfreiheit, wie sie bereits um die Jahrtausendwende etwa bei der französischen Société par actions simplifiée zu

534 Gesetz 7/2003 v. 1.4.2003, BOE v. 2.4.2003, ursprünglich geregelt in den Art. 130 ff. LSRL (Ley de Sociedades de Responsiblidad Limitada), seit 2010 in den Art. 434 ff. Ley de Sociedades de Capital. Zur spanischen Blitz-GmbH *Cohnen*, ZVglRWiss 104 (2005), 479; *Embid Irujo*, RIW 2004, 760 (die SLNE damals als *„strikt spanische* Initiative" bezeichnend); *Grimm*, Finanzverfassung der kleinen Kapitalgesellschaft, 2013, S. 352 ff.; *Vietz*, GmbHR 2003, 26; *Vietz*, GmbHR 2003, 523.

535 *Cohnen*, ZVglRWiss 104 (2005), 479, 483; *Embid Irujo*, RIW 2004, 760.

536 Eingeführt durch die Verordnung des Justizministeriums JUS/1445/2003 v. 4.6.2003 (Orden por la que se aprueban los Estatutos orientativos de la sociedad limitada Nueva Empresa, BOE Nr. 134 v. 5.6.2003, S. 21819–21821).

beobachten war, gewährte die SLNE den Gesellschaftern gleichwohl weniger Gestaltungsfreiheit als bei der regulären SL.[537]

Die „Blitz-GmbH" hat sich im praktischen Wirtschaftsleben jedoch kaum bewährt, sodass 2010 eine erneute Novelle durchgeführt wurde, mit der zum einen die Gesellschaftsgründung beschleunigt und zum anderen die Kosten für die Gründung der Gesellschaft herabgesenkt werden sollten.[538] Hierzu erließ das spanische Justizministerium auch eine Mustersatzung für sog. Mikro-GmbHs, bei der das Kapital zwischen 3.000 und 3.100 Euro zu liegen hat. Im Hinblick auf die Gründungsformalia und Kosten wurde zwischen drei verschiedenen GmbH-Typen unterschieden: Mikro-GmbHs mit einem Kapital von 3.000 bis 3.100 Euro, GmbHs mit einem Stammkapital bis zu 30.000 Euro und GmbHs mit über 30.000 Euro Stammkapital.[539]

Neben der Einführung des Einzelunternehmers mit beschränkter Haftung[540] wurde im Jahr 2013 eine weitere rechtliche Neuerung eingeführt, die sich an den Reformen in Deutschland und Belgien orientierte: die ***Sociedad Limitada de Formación Sucesiva (SLFS).***[541] Im Fokus standen dabei die Senkung der Gründungskosten und die Förderung des Unternehmertums sowie deren Internationalisierung.[542] Hintergrund war die langanhaltende Wirtschaftskrise in Spanien. Als im Oktober 2013 der Doing-Business-Bericht der Weltbank veröffentlicht wurde, erschien Spanien im Ranking sogar hinter Staaten wie Ruanda, Tunesien oder Kasachstan.[543]

537 *Embid Irujo*, RIW 2004, 760, 762 spricht hierbei von einer „typologischen Spezialisierung". Ausführlich hierzu *Grimm*, Finanzverfassung der kleinen Kapitalgesellschaft, 2013, S. 353 ff.

538 Real Decreto-ley 13/2010, 3.12.2010, de actuaciones en el ámbito fiscal, laboral y liberalizadoras para fomentar la inversión y la creación de empleo.

539 Zu den konkreten Anforderungen siehe Art. 5 Nr. 3 des Real Decreto-ley 13/2010. In deutscher Sprache hierzu *Löber/Lozano/Steinmetz*, Spanien, in: Süß/Wachter (Hrsg.), Handbuch des internationalen GmbH-Rechts, 2. Aufl. 2011, Rn. 45 f.

540 Sog. Emprendedor de Responsabilidad Limitada – ERL, hierzu oben Kapitel 3: B.I.1.b).

541 Ley de apoyo a los emprendedores y su internacionalización, Gesetz 14/2013, v. 27.9.2013, veröffentlicht in BOE Nr. 233, Section I, v. 28.9.2013, Kapitel III, umgesetzt in Art. 4bis Ley de Sociedades de Capital. Zur SLFS siehe *Muñoz Pérez*, in: Viera González/Teichmann (Hrsg.), Private company law reform in Europe, S. 653, 663 ff.

542 Vgl. Prämabel des durch Ley de apoyo a los emprendedores y su internacionalización (Fn. 541), S. 78793.

543 *Muñoz Pérez*, in: Viera González/Teichmann (Hrsg.), Private company law reform in Europe, S. 653, 654.

Bei der SLFS handelt es sich um eine Unterform der SL, für die grundsätzlich die Regeln der SL anwendbar sind. Die Gesellschaft kann jedoch bereits mit einem Mindestkapital von 1 Euro gegründet werden und unterliegt einigen spezifischen drittschützenden Verpflichtungen:[544] Im Gegensatz zur regulären SL, bei welcher der Notar die Bescheinigung eines Finanzinstituts über das Bestehen eines Kontos auf den Namen der Gesellschaft mit dem Mindestkapital von 3.000 Euro benötigt, ist eine solche Zertifizierung bei der SLFS nicht einzureichen. Es genügt vielmehr, dass die Gesellschafter die schuldrechtliche Erklärung abgeben, in Zukunft die Zahlung vorzunehmen. Die SLFS hat Rücklagen in Höhe von 20 % des Jahresüberschusses zu bilden, um rasch zu einer regulären SRL heranzuwachsen. Außerdem ist die Ausschüttung von Dividenden beschränkt auf das Nettovermögen, maximal jedoch 60 % des regulären Mindestkapitals von 3.000 Euro. Die Ausschüttungsgrenze liegt somit bei 1.800 Euro. Auch die Jahresvergütung der Gesellschafter und Geschäftsführer wird auf maximal 20 % der Summe des Betriebsvermögens beschränkt. Diese Grenze gilt jedoch nur für Gesellschafter und Geschäftsführer; sie findet keine Anwendung bei der Vergütung von Arbeitnehmern oder Dienstleistungsverträgen. Im Falle der Liquidation haften die Anteilseigner und Geschäftsführer der SLFS solidarisch bis zur Höhe des Mindestkapitalerfordernisses der regulären SL (3.000 Euro), falls das Gesellschaftsvermögen nicht ausreicht, um die Verbindlichkeiten zu begleichen. Einen Rechtsformzusatz, der auf die privilegierte Gründung hinweist, gibt es nicht; es bleibt somit beim Zusatz „SL". Es ist jedoch im Gesellschaftsvertrag aufzunehmen, dass die Gesellschaft das reguläre Mindestkapital von 3.000 Euro noch nicht erreicht hat.[545]

Angesichts der bereits existierenden Blitz-GmbH aus dem Jahr 2003 und dem Dekret für Schnellgründungen von 2010, welche neben der SLFS bestehen bleiben, stellt sich die Frage nach der Existenzberechtigung dieser weiteren Gesellschaftsform. Die Gründung einer SL ist bereits durch die Neuerungen 2003 und 2010 stark vereinfacht und kostenreduziert worden. Ob die Abschaffung des Mindestkapitals mit gleichzeitiger Beschränkung der Gewinnausschüttung und Vergütung der Geschäftsführer zu einem neuen Gründungsschub führen wird, ist zu bezweifeln. Die Einführung der SLFS

544 Zur folgenden Auflistung siehe Art. 4bis Abs. 2 Ley de Sociedades de Capital.

545 *Muñoz Pérez*, in: Viera González/Teichmann (Hrsg.), Private company law reform in Europe, S. 653, 667.

kann nur rechtspolitisch als Reaktion auf die prekäre wirtschaftliche Lage in Spanien erklärt werden.[546]

e) Portugal

Bis 2005 gehörte Portugal zu den unattraktivsten Staaten im Hinblick auf die Unternehmensgründung: Der Gründer musste verschiedenste Behörden aufsuchen, elf Verfahren durchlaufen, 20 Formulare ausfüllen, 54-78 Tage warten und fast 2.000 Euro an Gründungsgebühren bezahlen.[547] Zur Beschleunigung und Vereinfachung dieses langwierigen Prozesses führte Portugal im Jahre 2005 die „Turbo-GmbH" (***Sociedade por quotas „Empresa na hora"***) ein, um die Wirtschaftskraft im Land zu stärken und Arbeitsplätze zu schaffen.[548] Die vereinfachten Gründungsvorschriften gelten allerdings nur für Gesellschaften, die keiner zusätzlichen behördlichen Genehmigung bedürfen, überdies sind Sacheinlagen ausgeschlossen. Für die Turbo-GmbH ist kein Notar erforderlich. Der Gesellschaftsvertrag wird nur noch in One-Stop-Shops oder im Handelsregister beglaubigt.[549] Voraussetzung der schnellen Gründung ist jedoch die Nutzung eines Musterformulars.[550] Neben der Förderung des Unternehmertums sollten bei der Reform die Verwaltungskosten gesenkt und die Rechnungslegung in den Unternehmen erleichtert werden.[551] Im April 2011 wurde auch das ursprüngliche Mindestkapital von 5.000 Euro abgeschafft.[552]

---

546 Das Land kämpft bei einem Wirtschaftswachstum weniger als 1 % mit einer Arbeitslosenquote von 20 % und einer Staatsverschuldung von 99, 2 %, so die Zahlen für 2015 auf der Seite des Auswärtigen Amtes, zuletzt abgerufen am 16.09.2016 unter http://www.auswaertiges-amt.de/DE/Aussenpolitik/Laender/Laenderinfos/Spanien/Wirtschaft_node.html.

547 *Branstetter/Lima/Taylor/Venâncio*, The Economic Journal 124 (2014), 805, 812.

548 Eingeführt durch Decreto-Lei 111/2005 v. 8.7.2005.

549 *Branstetter/Lima/Taylor/Venâncio*, The Economic Journal 124 (2014), 805, 806 f.; *Stieb*, Portugal, in: Süß/Wachter (Hrsg.), Handbuch des internationalen GmbH-Rechts, 3. Aufl. 2016, Rn. 4.

550 Art. 8 Abs. 1c des Gesetzes Nr. 111/2005 v. 8.7.2005, zitiert und übersetzt von *Stieb*, Portugal, in: Süß/Wachter (Hrsg.), Handbuch des internationalen GmbH-Rechts, 2. Aufl. 2011, Rn. 4 Fn. 24.

551 *Stieb*, Portugal, in: Süß/Wachter (Hrsg.), Handbuch des internationalen GmbH-Rechts, 3. Aufl. 2016, Rn. 4.

552 Gesetz Nr. 33/2011 v. 7.3.2011.

Eine jüngst veröffentlichte Studie belegt den wirtschaftlichen Erfolg des neuen Gründungskonzepts: Die Zahl der Neugründungen sei nach Einführung des schnellen, kostengünstigen Gründungsverfahren um 17 % angestiegen; gleichzeitig wurden neue Arbeitsplätze geschaffen.[553]

f) Dänemark

Nach der umfangreichen Gesellschaftsrechtsnovelle von 2009[554], bei der das für nicht mehr zeitgemäß erachtete Kapitalgesellschaftsrecht völlig neu gefasst wurde und gegenüber dem europäischen Wettbewerb der Rechtsordnungen Stand gehalten werden wollte, verabschiedete Dänemark im Jahr 2013 eine erneute Reform, um die Wirtschaftskraft des Landes zu stärken.[555] Hierbei wurde die sog. ***iværksætterselskabet (IVS)*** geschaffen, welche als eigenständige Unterform der dänischen GmbH (Anpartsselskab – ApS) fungieren soll. Angelehnt hat man sich dabei an die deutsche GmbH-Reform von 2008, bei der die Unternehmergesellschaft (haftungsbeschränkt) eingeführt wurde. Die IVS kann mit einem Kapital von 1 DKK gegründet werden[556], wohingegen die reguläre ApS 50.000 DKK Mindestkapital aufzuweisen hat.[557] Die 1-Kronen-Gesellschaft hat in ihrer Firmierung den Zusatz „iværksætterselskab" oder die Abkürzung „IVS" zu verwenden.[558] Die dänische Mini-GmbH hat – wie ihr deutsches Vorbild – 25 % des Gewinns in einer Sonderrücklage zu bilden, bis das Mindestkapital einer regulären GmbH angespart wurde.[559] Sobald die IVS das erforderliche Kapital von 50.000 DKK erreicht hat, wird sie automatisch zur ApS.

553 *Branstetter/Lima/Taylor/Venâncio*, The Economic Journal 124 (2014), 805, 807, 818.

554 Gesetz Nr. 470 v. 12.6.2009 (Lov om aktie og anpartsselskaber selskabsloven), in großen Teilen zum 1.3.2010 inkraftgetreten. Hierzu *Neville*, in: Viera González/Teichmann (Hrsg.), Private company law reform in Europe, S. 87, 102 ff.; *Ring/Olsen-Ring*, IWB 2010, 865.

555 Gesetz Nr. 616 v. 12.6.2013 (Lov om ændring af selskabsloven, lov om visse erhvervsdrivende virksomheder, årsregnskabsloven og lov om Det Centrale Virksomhedsregister), inkraftgetreten zum 1.1.2014. Im dänischen Gesellschaftsrechtsgesetz (lov om aktie og anpartsselskaber selskabsloven – SEL) wurde hierzu ein neues Kapitel 20a mit den Normen §§ 357a-d eingefügt.

556 § 357a Abs. 2 SEL.

557 § 4 Abs. 2 HS 2 SEL. Hierzu *Neville*, in: Viera González/Teichmann (Hrsg.), Private company law reform in Europe, S. 87, 110 f.

558 § 357a Abs. 3 SEL.

559 § 357b Abs. 1 SEL.

Laut deutsch-dänischer Handelskammer wurde die IVS in der Praxis gut angenommen: Bereits Mitte März 2014 konnten im dänischen Unternehmensregister 600 IVS gezählt werden.[560]

g) *Griechenland*

In Reaktion auf die schwere Wirtschafts- und Staatsschuldenkrise wurden in Griechenland zunächst im April 2011 erste gesetzgeberische Maßnahmen zur Vereinfachung der Gründung von Kapital- und Personengesellschaften vorgenommen; insbesondere wurden elektronische Behördendienste und zentrale Anlaufstellen (sog. *One-Stop-Shops*) für die Gesellschaftsgründung errichtet.[561]

Im Frühjahr 2012 wurde eine neue Gesellschaftsform, die Private Kapitalgesellschaft, eingeführt (***idiotiki kefaleuchiki eteria - IKE***). Damit sollte Existenzgründern eine vereinfachte, flexible und vor allem haftungsbeschränkte Rechtsform an die Hand gegeben werden.[562] Obwohl die IKE in ihren Hauptmerkmalen denen einer klassischen GmbH entspricht, hat sich der griechische Gesetzgeber nicht für eine Unterform der GmbH entschieden, sondern für eine eigenständige Gesellschaftsform. Dies lag maßgeblich daran, dass das aus dem Jahre 1955 stammende griechische GmbH-Gesetz mittlerweile völlig veraltet ist und kaum noch den Bedürfnissen der heutigen Wirtschaft entspricht. Das griechische Schrifttum stuft die IKE entweder als Art kleine GmbH oder als personenbezogene AG ein.[563]

Die „Private Kapitalgesellschaft" kann auch von einer einzigen Person gegründet werden. Die Gründung erfolgt durch privatschriftliche Vereinbarung. Eine notarielle Gründung, wie für die reguläre griechische GmbH vorgesehen[564], ist

---

560 Mitteilung: „Dänische Unternehmergesellschaft (IVS) erfolgreich gestartet", zuletzt abgerufen am 16.09.2016 unter http://www.handelskammer.dk/index.php?id=84910.

561 Eingeführt durch Gesetz 3853/2010 über das vereinfachte Verfahren von Gesellschaftsgründungen v. 17.6.2010, Regierungsanzeiger Blatt A 90/17.6.2010; aktiviert durch den Ministerialbeschluss K1-802/23.3.2011. Regierungsanzeiger Blatt B 470/24.3.2011 (zitiert nach *Papadimopoulos/Fink*, RIW 2013, 745, 746, zu den One-Stop-Shops 751 ff.).

562 Eingeführt durch Art. 42-120 des Gesetzes 4072/2012. Hierzu *Papadimopoulos/Fink*, RIW 2013, 745, 750 f.; *Papadimopoulos*, RIW 2014, 344; *Tzakas*, GmbHR 2014, 243.

563 *Papadimopoulos*, RIW 2014, 344, 345.

564 Art. 6 Abs. 1 des Gesetzes 3190/1955 (zitiert nach *Ziouvas*, Griechenland, in: Süß/Wachter (Hrsg.), Handbuch des internationalen GmbH-Rechts, 3. Aufl. 2016, Rn. 21).

somit nicht erforderlich. Die IKE ist eine juristische Person, Handelsgesellschaft kraft Rechtsform und in ihrer Haftung grundsätzlich auf das Gesellschaftsvermögen beschränkt ist. Im Falle einer Tätigkeit im Ausland hat die Gesellschaft in englischer Sprache den Rechtsformzusatz „Private Company“ beziehungsweise abgekürzt „P.C.“ zu verwenden. Wenn es sich um eine Einpersonengesellschaft handelt, ist die Bezeichnung „Single Member Private Company“ oder „Single Member P.C.“ zu führen.[565] Im Gegensatz zur deutschen UG (haftungsbeschränkt) ist die IKE grundsätzlich zeitlich beschränkt.[566] Wird in der Satzung hierzu keine Angabe gemacht, besteht die Gesellschaft kraft Gesetzes zunächst nur für zwölf Jahre. Nach diesem Zeitraum ist es jedoch möglich, durch einen Beschluss mit einer Mehrheit von 2/3 der Geschäftsanteile die Bestandsdauer zu verlängern.[567]

Die IKE wurde bislang in der Praxis gut angenommen: Bereits im ersten halben Jahr nach der Einführung wurden 431 IKEs gegründet, sechs Monate später konnten bereits 1135 IKE und ein weiteres halbes Jahr 1737 IKE-Neugründungen gezählt werden.[568] Auch in der Weltbank-Liste „Doing Business 2014“ kletterte Griechenland von Platz 78 auf Rang 72 hinauf, was maßgeblich auf die Einführung der IKE zurückgeführt wird.[569]

h) Ungarn

Nach den Reformen von 1988 und 1997 erfolgte in Ungarn im Jahre 2006 eine weitere Novelle zur Erleichterung und Beschleunigung von Unternehmensgründungen.[570] Hintergrund war die Erkenntnis, dass sich die aus den Zeiten des Sozialismus stammendenden bürokratischen und aufwendigen Regelungen als überholt erwiesen hatten.[571] Bei der Reform 2006 wurde ein verkürztes Gründungsverfahren mit Mustersatzung und Online-Registrierung für die

565 Art. 44 Abs. 4 des Gesetzes 4072/2012. Vgl. auch *Papadimopoulos*, RIW 2014, 344, 347.

566 Art. 44 Abs. 4 des Gesetzes 4072/2012.

567 vgl. *Papadimopoulos*, RIW 2014, 344, 350. Insofern ist die Regelung milder als das österreichische Modell, das für die gründungsprivilegierte öGmbH nach der Dauer von 10 Jahren zwingend einen Übergang in die reguläre GmbH fordert.

568 *Papadimopoulos*, RIW 2014, 344, 345.

569 *Papadimopoulos*, RIW 2014, 344, 345.

570 Ein kurzer historischer Abriss zur Entwicklung des ungarischen Gesellschaftsrechts findet sich bei *Schubel*, StudZR 2005, 165, 166 sowie bei *Vékás*, ZEuP 2016, 37, 38–41.

571 *Csehi*, in: Hommelhoff/Schubel/Teichmann (Hrsg.), SPE, S. 119.

Rechtsformen der OHG, KG und GmbH eingeführt und im Jahr 2007 auf die Aktiengesellschaft ausgedehnt.[572]

Im Frühjahr 2014 trat eine weitere umfassende Gesellschaftsrechtsreform in Kraft, bei der die gesellschaftsrechtlichen Vorschriften in das Bürgerliche Gesetzbuch integriert wurden.[573] Neben einer Erhöhung des Mindestkapitals der GmbH (***Korlátolt felelősségű társaság – Kft.***) von 500.000 HUF auf 3 Mio. HUF[574] und der Festlegung der grundsätzlichen Abdingbarkeit des Gesetzesrechts[575] führte der ungarische Gesetzgeber zur Erleichterung des Markteintritts für Existenzgründer vereinfachte Gründungsregeln ein (sog. „***kleine Kft***"). Deren Gründer haben nicht das volle Mindestkapital aufzubringen.[576] Ein Hinweis auf das nicht vollständig erbrachte Stammkapital bei der Firmung wurde im ungarischen Recht nicht eingeführt. Die „*kleine Kft*" ist jedoch drei Beschränkungen unterworfen: Erstens ist es ihr bis zur vollständigen Erreichung des gesetzlichen Stammkapitals verwehrt, Gewinne auszuschütten.[577] Zweitens haften die Gesellschafter bis zur vollständigen Erbringung des Stammkapitals persönlich für die

---

572 Zum verkürzten Gründungsverfahren siehe *Braner*, Ungarn, in: Süß/Wachter (Hrsg.), Handbuch des internationalen GmbH-Rechts, 3. Aufl. 2016, Rn. 15; *Csehi*, in: Hommelhoff/Schubel/Teichmann (Hrsg.), SPE, S. 119.

573 Siehe hierzu ausführlich die Beiträge von *Baumann*, GmbHR 2014, 23 und *Dziuba*, in: Schubel/Kirste/Müller-Graff/Diggelman/Hufeld (Hrsg.), S. 209. Allgemein zur neuen Struktur des neuen ungarischen Bürgerlichen Gesetzbuchs *Küpper*, WiRO 2014, 129, 130 ff.

574 Dies bedeutet umgerechnet einen Anstieg von ca. 1.600 Euro auf 9.700 Euro.

575 3: § 4 uBGB, übersetzt bei *Dziuba*, in: Schubel/Kirste/Müller-Graff/Diggelman/Hufeld (Hrsg.), S. 209, 215 f. sowie bei *Küpper*, in: *Breidenbach* (Hrsg.), Handbuch Wirtschaft und Recht in Osteuropa, Verlag C. H. Beck, München, UNG 200. Die Gesellschafter dürfen nach dieser Norm in der Satzung von den gesetzlichen Vorschriften zur juristischen Person abweichen. Der Dispositivitätsgrundsatz gilt für alle juristischen Personen ungarischen Rechts, also neben der GmbH auch für die Aktiengesellschaft. Vorher kennzeichnete sich das ungarische Gesellschaftsrecht, ähnlich wie das deutsche Aktienrecht durch den Grundsatz der Satzungsstrenge (vgl. *Schubel*, StudZR 2005, 165, 169 f.). Selbt dispositive Regelungen wurden häufig seitens der aus den Zeiten des Sozialismus verbliebenen formalistischen Grundhaltung der Richter fälschlicherweise als zwingend ausgelegt (so *Küpper*, WiRO 2014, 129, 135 mit Verweis auf die amtliche Begründung der Regierungsvorlage des BGB-Entwurfs). Zur Reformdiskussion ausführlich *Dziuba*, in: Schubel/Kirste/Müller-Graff/Diggelman/Hufeld (Hrsg.), S. 209, 212 ff.

576 3:§ 162 uBGB, hierzu *Baumann*, GmbHR 2014, 23, 24.

577 3:§ 162 Abs. 1 uBGB, übersetzt bei *Dziuba*, in: Schubel/Kirste/Müller-Graff/Diggelman/Hufeld (Hrsg.), S. 209, 233 f.

Gesellschaftsschulden.[578] Drittens ist die Übertragung von Gesellschafteranteilen an Dritte nur möglich, wenn der veräußernde Gesellschafter seine Stammeinlage vollständig eingebracht hat.[579] In der *„kleinen Kft."* ist die Abtretung von Gesellschaftsanteilen somit nur an Mitgesellschafter möglich. Ähnlich Österreich setzt der ungarische Gesetzgeber somit nicht auf Erleichterungen beim Mindestkapital, sondern bei der Kapitalaufbringung.[580]

2. *Reform der regulären geschlossenen Kapitalgesellschaftsrechtsform*

a) England

Mit den geringen Gründungskosten und bürokratischen Hürden bei der Gründung sowie einem Mindestkapital von 1 £ steht Großbritannien seit langer Zeit an der Spitze der Mitgliedstaaten im Kampf um das attraktivste Gesellschaftsrecht: Während es im Jahre 1997 noch lediglich 600 Neugründungen in Großbritannien gab, deren Mehrheit der Direktoren aus Deutschland kamen, stieg die Zahl zum Jahre 2002 auf 1.146 an; im Jahre 2006 waren es bereits 16.438.[581] Trotz dieser Vorreiterrolle führte England mit dem Companies Act 2006 eine umfassende Gesellschaftsrechtsreform durch, um insbesondere die kleinen und mittleren Unternehmen zu fördern („think small first").[582] KMU wählen regelmäßig die Rechtsform der ***private company limited by shares***. Der Companies Act 1985 differenzierte jedoch nicht zwischen private und public companies, sodass häufig die gleichen Bestimmungen für public und private companies

578 3:§ 162 Abs. 2 uBGB. Aus Sicht des Gläubigerschutzes mag dies vielleicht eine sinnvolle Regelung sein. Doch ist zum einen zu bezweifeln, dass die am Beginn bestehende persönliche Haftung tatsächlich zu einem Anstieg an Untenehmensgründungen führen wird; zum anderen wäre aufgrund der geringen Bonität der Gesellschafter kaum ein Mehrwert im Hinblick auf den Gläubigerschutz erreicht.

579 3:§ 167 Abs. 1 uBGB, hierzu *Baumann*, GmbHR 2014, 23, 125. Für die Übertragung von Gesellschaftsanteilen an Mitgesellschafter gilt dagegen keine Einschränkung.

580 *Hirschfeld*, GmbHR 2014, 196.

581 So die Studie von *Becht/Mayer/Wagner*, Journal of Corporate Finance 14 (2008), 241, 248. Die Neugründungen, in denen alle Direktoren in Deutschland wohnen, stiegen von 411 im Jahre 1997 auf 15.633 im Jahre 2006 an. In den Folgejahren ist dagegen ein kontinuierlicher Abwärtstrend festzustellen, vgl. hierzu empirisch *Niemeier*, in: Hirte/Teichmann (Hrsg.), SPE, S. 294, 306 ff.; *Ringe*, ECFR 2013, 230, 236 ff.; *Ringe/Otte*, in: Triebel/Illmer/Ringe/Vogenauer/Ziegler (Hrsg.), Englisches Handels- und Wirtschaftsrecht, § 1 Rn. 16 mwN.

582 Zum Überblick über den UK Companies Act 2006 siehe *Davies/Rickford*, ECFR 2008, 48.

Anwendung fanden. Dies führte dazu, dass insbesondere kleinere Gesellschaften hohen regulatorischen Hemmnissen unterworfen waren. Die Normierungen zur private company wurden daher als „unverständlich, unhandlich, unnötig kompliziert und belastend“ empfunden.[583]

Diese Konzeption wurde mit dem Companies Act 2006 gewendet: Das Grundmodell bildet nun die private company und es gibt nur zusätzliche Normen für die kapitalmarktorientierte public company.[584] Der Gesetzgeber wollte damit die internationale Wettbewerbsfähigkeit für KMU sicherstellen und das Recht noch attraktiver für ausländische Gesellschaften gestalten.

b) Frankreich

Die ***Société à responsabilité limitée*** wurde im Jahr 2003 durch das Gesetz zur wirtschaftlichen Initiative[585] reformiert. Insbesondere wurde das Mindestkapital auf 1 Euro gesenkt.[586] Durch diese schnelle Reaktion auf den entfachten Wettbewerb der Rechtsordnungen war die „Flucht in die Limited“ in Frankreich bei weitem geringer ausgeprägt als in Deutschland.[587] Zur Gründungserleichterung von Einpersonen-SARL (société unipersonnelle à responsabilité limitée – EURL) wurde 2006 eine amtliche Mustersatzung eingeführt.[588]

Neben der Reform der SARL wurde mit der Einführung der ***Société par actions simplifiée (SAS)*** im Jahre 1994 ein weiteres Vehikel für Existenzgründer und Unternehmensgruppen geschaffen.[589] Mittels dieser vereinfachten Aktiengesellschaft sollte eine flexible, anpassungsfähige und dem Willen der

583 So *Fleischer*, NZG 2014, 1081, 1084 mit Verweis auf die Company Law Review Steering Group.

584 *Just*, Limited, S. 25.

585 Loi pour l'initiative économique, v. 1.8.2003, JO Nr. 179 v. 5.8.2003, S. 13449. Dazu *Becker*, GmbHR 2003, 1120; *Le Cannu*, Revue des sociétés 2003, 409.

586 Art. L-223-2 Code de commerce. Zur Entwicklung in Frankreich *Witt*, ZGR 2009, 872, 922 ff.

587 So die Analyse bei *Becht/Mayer/Wagner*, Journal of Corporate Finance 14 (2008), 241, 252.

588 Dekret Nr. 2006-301 v. 9. 3 2006 relatif au modèle de statuts types de la société à responsabilité limitée à associé unique; JORF n°64 v. 16.3.2006, S. 3391, text n°25; neu gefasst durch Dekret Nr. 2008-1419 relatif aux statuts types des sociétés à responsabilité limitée dont l'associé unique, personne physique, assume personnellement la gérance et modifiant le code de commerce v. 19.12.2008, Journal Officiel v. 27.12.2008, S. 20129 (iVm Art. L-223-1 Abs. 2 S. 3 Code de commerce).

589 Loi n°94-1 du 3 janvier 1994 instituant la société par actions simplifiée, publié au JO du 4 janvier 1994, S. 129–131. Monographisch hierzu *Hirschmann*, SAS, 2001.

Vertragsparteien angepasste Rechtsform zur Verfügung gestellt werden und so die Anziehungskraft des Standortes Frankreich gestärkt werden.[590] Seit 1999 steht die SAS auch für Einpersonengesellschaften offen.[591] Rechtsvergleichend ist die SAS weniger als „kleine AG" einzuordnen, sondern vielmehr aufgrund ihrer breiten Vertragsfreiheit und der Flexibilität im Innenverhältnis mit der deutschen GmbH auf eine Stufe zu setzen,[592] sodass die SAS im europäischen Vergleich der GmbHs miteinbezogen werden kann.

c) Niederlande

Gedrängt durch die starke Konkurrenz am europäischen Markt des Gesellschaftsrechts, mit denen die Mitgliedstaaten um Kunden für ihre Rechtsformen werben, wollten auch die Niederlande ein modernes, dereguliertes Recht der BV (***besloten vennootschap met beperkte aansprakelijkheid)*** mit ausbilanziertem Gläubigerschutz schaffen. Im Herbst 2012 trat daher eine umfassende Gesetzesreform der BV in Kraft.[593] Die sog. ***flex-BV*** ist dabei nicht wie die UG (haftungsbeschränkt) eine bloße Unterform der regulären BV. Vielmehr gelten die neu eingeführten Regelungen für sämtliche BV. Es handelt sich mithin um eine breit angelegte Reform des Gesellschaftsrechts.[594] Im Gegensatz zur ursprünglichen BV, die sich stark am Aktienrecht orientierte,[595] gelten für die flex-BV vereinfachte Regelungen, insbesondere werden viel mehr Regelungsinhalte der Vertragsfreiheit überlassen.[596] So kann vereinbart werden, dass das satzungsmäßige

590 *Beltz*, RIW 1994, 548; *Champaud/Danet*, Revue trimestrielle de droit commercial et de droit économique 47 (1994), 274; *Durand*, Revue des sociétés 1994, 689; *Guyon*, ZGR 1994, 551; *Hurstel/Süß*, EuZW 1994, 718; *Kandler/Seseke*, AG 1994, 447.

591 Loi n°99-587 du 12 juillet 1999 sur l'innovation et la recherche, JORF n°160 v. 13.7.1999, Art. 3.

592 So *Fleischer* bei *Fröhlich*, GmbHR 2014, 413, 415. Zur breiten Gestaltungsfreiheit der SAS zuletzt *Le Cannu*, Revue des Sociétés 2014, 543 ff.

593 Eingeführt durch Wet van 18.6.2012 tot wijziging van Bock 2 van het Burgerlijk Wetboek in verband met de aanpassing van de regeling voor besloten vennootschappen met beperkte aansprakclijkheid (Wet vereenvoudiging en flexibilisering bv-recht (Gesetz zur Vereinfachung und Flexibilisierung des bv-Rechts – flex-bv). Hierzu *Hirschfeld*, RIW 2013, 134; *Kläner*, KSzW 2014, 101, 103 f.; *Zaman*, GmbHR 2012, 1062. Ausführlich zur Reformgeschichte *De Kluiver*, in: Viera González/Teichmann (Hrsg.), Private company law reform in Europe, S. 405, 407 ff.

594 Zu dieser Wahl *De Kluiver*, in: Viera González/Teichmann (Hrsg.), Private company law reform in Europe, S. 405, 411 f.

595 *Fleischer*, NZG 2014, 1081, 1087; *Fleischer*, ZHR 179 (2015), 404, 417.

596 Näher *Hirschfeld*, RIW 2013, 134; *Kläner*, KSzW 2014, 101, 103; *Zaman*, GmbHR 2012, 1062.

Kapital erst nach Eintragung einbezahlt wird.[597] Neben den Bestimmungen zur Kapitalverfassung wurden auch die Regelungen zur Organisationsverfassung (Minderheitenschutz, Gesellschafterversammlung, Beschlussfassung) neu gefasst und vereinfacht.[598] Insgesamt wollte damit der Gesetzgeber die Wirtschaftskraft stärken und die Gestaltungsfreiheit in der internen Organisation erhöhen.[599]

d) Österreich

Österreich hat in den Jahren 2013 und 2014 gleich zweimal das ***GmbH***-Recht geändert: Im Sommer 2013 wurde die GmbH reformiert und das Mindestkapital von 35.000 Euro auf 10.000 Euro gesenkt.[600] Anstelle der Kreierung einer Unterrechtsform bevorzugte Österreich zunächst den einfacheren Weg der Reform der bestehenden Rechtsform. Mit der „GmbH neu" sollten insbesondere Einpersonengesellschaften sowie kleine und mittelständische Unternehmen an Attraktivität gewinnen und die Anzahl der GmbH-Neugründungen gesteigert werden.[601] Hintergrund der Reform waren dabei insbesondere die Furcht vor einem verschärften Wettbewerb der Rechtsordnungen im Falle der Verabschiedung der SPE und die Konkurrenz der deutschen Unternehmergesellschaft (haftungsbeschränkt).[602]

---

597 Art. 191 Abs. 1 NL-BW.

598 Ausführlich *De Kluiver*, in: Viera González/Teichmann (Hrsg.), Private company law reform in Europe, S. 405, 414 ff. (zur Organisationsverfassung) und 422 ff. (zur Kapitalverfassung).

599 *De Kluiver*, in: Viera González/Teichmann (Hrsg.), Private company law reform in Europe, S. 405, 410.

600 Eingeführt durch das Gesellschaftsrechts-Änderungsgesetz 2013 (GesRÄG 2013) v. 26.6.2013, Bundesgesetzblatt Nr. 109/2013 v. 2.7.2013, zuletzt abgerufen am 16.09.2016 unter http://www.parlament.gv.at/PAKT/VHG/XXIV/ME/ME_00500/imfname_295792.pdf. Hierzu *Jung*, GmbHR 2013, 745; *Knörzer*, GmbHR 2013, 1031; zum Begutachtungsentwurf bereits *Robertson*, Der Gesellschafter 2013, 68, 69 f.

601 Vgl. hierzu das Vorblatt und die Erläuterungen zum GesRÄG 2013 (500/ME), zuletzt abgerufen am 16.09.2016 unter http://www.parlament.gv.at/PAKT/VHG/XXIV/ME/ME_00500/imfname_295793.pdf.

602 ebd. (Fn. 601), S. 9. Zweifelnd. hierzu *Robertson*, Der Gesellschafter 2013, 68, 70. Zu einer empirischen Annäherung der Abwanderung österreichischer Unternehmensgründer in eine deutsche UG (haftungsbeschränkt) *Teichmann/Knaier*, Der Gesellschafter 2014, 285.

Von den jungen Existenzgründern ist die GmbH light gut angenommen worden.[603] Die neue Rechtslage währte jedoch nur kurz: Zum 1. März 2014 wurde die Reform wieder rückgängig gemacht und zum einstigen Mindestkapital von 35.000 Euro zurückgekehrt.[604] Diese Änderung hatte weniger gesellschaftsrechtliche, sondern vielmehr finanzpolitische Beweggründe.[605] Laut einem Begutachtungsentwurf dienten die nun erfolgten Änderungen zur Kompensation prognostizierter Steuerausfälle im Bereich der Mindestkörperschafts- und Kapitalertragssteuer. Dies liegt daran, dass sich die Reduktion des Mindestkapitals im Sommer 2013 negativ auf die Mindestkörperschaftssteuer ausgewirkt hatte[606]: Bestehende GmbHs seien anstelle von steuerpflichtigen Gewinnausschüttungen auf steuerfreie Kapitalherabsetzungen ausgewichen; die Kapitalherabsetzungen hätten sich seit der Senkung des Mindestkapitals verzehnfacht.[607] Das Regierungsprogramm für die XXV. Gesetzgebungsperiode sah daher zur Steuerlenkung und Verbesserung der Steuergerechtigkeit vor, dass Kapitalherabsetzungen von GmbHs steuerlich nicht privilegiert werden sollen, da die Verschlechterung der Eigenkapitalbasis nicht Ziel der „GmbH light"-Reform gewesen sei. Daher müsse eine Ausfüllungsverpflichtung für diejenigen Gesellschaften eingeführt werden, die von der Kapitalherabsetzung Gebrauch gemacht haben und trotzdem Gewinne erwirtschaften. Eine GmbH light solle es nur noch für Neugründungen geben.[608]

---

603 Seit dem Inkrafttreten im Juli 2013 bis Januar 2014 sind 3.639 Neugründungen gezählt worden (vgl. "Die Presse", Print-Ausgabe, 11.1.2014; zuletzt abgerufen am 16.09.2016 unter http://diepresse.com/home/wirtschaft/economist/1544569/Die-GmbH-neuwaehrte-nur-kurz).

604 Refomiert durch das Abgabenänderungsgesetz 2014, BGBl-Österreich v. 28.2.2014, Teil I Nr. 13/2014. Das Stammkapital in § 6 Abs. 1 S. 2 öGmbHG wurde wieder auf 35.000 Euro angehoben. Hierzu *Adensamer/Kerschbaum*, NZG 2014, 452; *Bachner*, RdW 2014, 115; *Reich-Rohrwig*, ecolex 2014, 295; *Reich-Rohrwig*, ecolex 2014, 335; *Schopper/Walch*, NZA 2014, 186. Ein neues Muster für die gründungsprivilegierte GmbH für die Eintragung im Firmenbuch findet sich bei *Reich-Rohrwig*, ecolex 2014, 339.

605 *Reich-Rohrwig*, ecolex 2014, 295; *Reich-Rohrwig*, ecolex 2014, 335.

606 Nach § 24 Abs. 4 öKStG ist für jedes volle Kalenderjahr des Bestehens der unbeschränkten Steuerpflicht eine Mindeststeuer in Höhe von 5 % eines Viertels der gesetzlichen Mindesthöhe des Stammkapitals zu entrichten.

607 Vgl. "Die Presse", Print-Ausgabe, 11.01.2014 (Fn. 603).

608 So das Arbeitsprogramm der österreichischen Bundesregierung für die XXV. Gesetzgebungsperiode (2013–2018), S. 105.

Zur Förderung von Existenzgründern wurde daher im März 2014 eine ***gründungsprivilegierte GmbH*** eingeführt.[609] Die Bezeichnung wirkt etwas irreführend, denn es handelt sich bei dieser nicht um die Einführung einer Unterrechtsform der GmbH. Vielmehr wird lediglich die Stammeinlage privilegiert. Die Gründungsprivilegierung kommt dabei nur Neugründern zugute, eine Abänderung bereits bestehender Gesellschaftsverträge soll nicht möglich sein. Damit versperrt die Regelung zukünftig die Möglichkeit unerwünschter Kapitalherabsetzungen. Die Summe der gründungsprivilegierten Stammeinlage muss mindestens 10.000 Euro betragen.[610] Auf diese gründungsprivilegierte Stammeinlage sind bei Gründung mindestens 5.000 Euro in bar einzuzahlen.[611] Die gründungsprivilegierte Einlage ist im Gesellschaftsvertrag festzusetzen.[612] Fehlt eine solche Bestimmung im Gesellschaftsvertrag, haftet der Gesellschafter trotz Gründungsprivilegierung für das reguläre Stammkapital von 35.000 Euro.[613] Die Festlegung der gründungsprivilegierten Einlage im Gesellschaftsvertrag ist daher essentiell für die Beschränkung, da ansonsten die gewünschte Privilegierung nicht eintritt. Während der Zeit der Gründungsprivilegierung sind die Gesellschafter nur insoweit zu weiteren Einzahlungen verpflichtet, als die bereits geleisteten Einzahlungen hinter den gründungsprivilegierten Stammeinlagen zurückbleiben. Dies gilt auch dann, wenn während der Zeit der Gründungsprivilegierung ein Insolvenzverfahren über das Gesellschaftsvermögen eröffnet wird.[614]

Die gründungsprivilegierte GmbH kann durch Änderung des Gesellschaftsvertrags zu einer regulären GmbH aufsteigen, wenn deren Mindesteinzahlungserfordernisse von 17.500 Euro vor Anmeldung der Änderung zum Firmenbuch erfüllt sind.[615]

Die Gründungsprivilegierung ist limitiert auf zehn Jahre: Spätestens zu diesem Zeitpunkt muss die Gesellschaft die Stammeinlage auf mindestens 35.000

609 Siehe Art. 24 Nr. 3 des Abgabenänderungsgesetzes 2014 (Fn. 604). Die Vorschrift der gründungsprivilegierten GmbH wurde als § 10b öGmbHG neu eingefügt. Zu verfassungsrechtlichen Bedenken *Bachner*, RdW 2014, 115, 119.

610 § 10b Abs. 2 S. 2 öGmbHG.

611 § 10b Abs. 3 S. 1 öGmbHG. Auch dies ist eine Erleichterung gegenüber der regulären österreichischen GmbH, bei welcher gem. § 10 Abs. 1 öGmbHG auf die bar zu leistenden Einlagen mindestens 17.500 Euro eingezahlt werden müssen.

612 § 10b Abs. 2 S. 1 öGmbHG.

613 § 6 Abs. 1 iVm § 10 Abs. 1 öGmbHG.

614 § 10b Abs. 4 öGmbHG.

615 § 10b Abs. 5 S. 1 öGmbHG.

Euro aufstocken. Ansonsten gehen der Gesellschaft diese Vorteile *ipso iure* verloren.[616] Im Vergleich zum deutschen Recht, das keine zeitliche Beschränkung für die UG (haftungsbeschränkt) vorsieht, ist die österreichische Regelung mit ihrer 10-Jahres-Grenze strenger. Die noch im Ministerialentwurf vorgesehene Pflicht zur Rücklagenbildung, die sich stark an das deutsche Modell bei der Unternehmergesellschaft (haftungsbeschränkt) anlehnte, sowie der Rechtsformzusatz „gründungsprivilegiert" wurden in der endgültigen Gesetzesfassung nicht übernommen.[617] Die Publizität der Gründungsprivilegierung erfolgt ausschließlich über das Firmenbuch.[618] Der österreichische Gesetzgeber entschied sich somit *summa summarum* dafür, anstelle einer Privilegierung des Mindestkapitals die Kapitalaufbringung zu erleichtern.

e) Polen

Die Gründung einer polnischen GmbH (***Spólka z ograniczona odpowiedzialnoscia – Sp. z o.o.***) wurde in Reaktion auf die bestehende Überregulierung und bürokratischen Hindernisse im Unternehmensrecht zum 1.1.2012 reformiert.[619] In verschiedenen Rankings hatte Polen vorher einen der hinteren Plätze eingenommen und war eines der wenigen Länder, in denen die Gründungsdauer von Gesellschaften im Laufe der Jahre gestiegen ist: von 23 Tagen im Jahr 2003 auf 32 Tage im Jahr 2009. Eine Unternehmensgründung in Polen kostete das Doppelte wie in Ungarn und achtmal so viel wie in der Slowakei.[620] Die hochbürokratischen Regelungen wurzelten im alten kommunistischen System, unter

---

616 § 10b Abs. 5 S. 2 öGmbHG. Zu den Rechtsfolgen im Falle der nicht vollständigen Aufbringung des Mindestkapitals nach zehn Jahren *Hirschfeld*, GmbHR 2014, 196, 197. Zu möglichen Umgehungen der Zehn- Jahres-Grenze *Bachner*, RdW 2014, 115, 117 f., 120.

617 So noch die Bestimmungen in § 10b Abs. 4 und 5 öGmbHG-E des Ministerialentwurfs (3/ME XXV. GP), zuletzt abgerufen am 16.09.2016 unter http://www.parlament.gv.at/PAKT/VHG/XXV/ME/ME_00003/index.shtml. Kritisch *Reich-Rohrwig*, ecolex 2014, 335, 338.

618 Vgl. § 11 öGmbHG, § 5 Nr. 2a und 6 Firmenbuchgesetz.

619 Gesetz v. 01.04.2011, inkraftgetreten am 01.01.2012. Hierzu *Lewandowski*, WiRO 2011, 240; *Opalski/Oplustil*, in: Viera González/Teichmann (Hrsg.), Private company law reform in Europe, S. 443, 445; *Romanowski/Makowicz*, GmbHR 2012, 736; *Romanowski/Makowicz*, RIW 2012, 497. Eine Übersetzung des polnischen Gesetzes über Handelsgesellschaften in deutsche Sprache findet sich bei *Breidenbach* (Hrsg.), Handbuch Wirtschaft und Recht in Osteuropa, Bd. 2, PL 350.

620 *Romanowski/Makowicz*, RIW 2012, 497, 498 f.; *Lewandowski*, WiRO 2011, 240 f.

dessen Einfluss Polen bis zum Jahre 1989 stand.[621] Im Rahmen der Vorarbeiten zur Novelle wurde eine rechtsvergleichende Untersuchung der Gründungsprozesse in den anderen Mitgliedstaaten durchgeführt.[622] Hieraus entwickelt wurde das „S-24-Gründungsverfahren". Mit diesem sollten Komplikationen bei der Vor-GmbH verringert werden. Das S-24-Verfahren beschränkt sich jedoch ausschließlich auf die Sp. z o.o: Dies liegt nach der Gesetzesbegründung einerseits daran, dass diese die am meisten frequentierte Rechtsform sei, andererseits ergebe sich mit Blick auf die anderen Mitgliedstaaten, dass die nationale GmbH die geeignetste Rechtsform sei, um das elektronische Gründungsverfahren zu erproben.[623]

Seit 2012 genügt es, ein Musterprotokoll in elektronischer Form auszufüllen und mit einer elektronischen Signatur zu versehen.[624] Die bei der Gründung anfallenden Kosten werden dabei niedrig gehalten. Das Mindeststammkapital von 5000 PLN ist dagegen bestehen geblieben.[625] Bei der rechtstechnischen Ausgestaltung bediente sich Polen somit nicht einer neuen Gesellschaftsform, sondern richtete lediglich ein Verfahren zur beschleunigten Gründung ein. Den bisherigen Statistiken zufolge erwies sich das S-24-Verfahren als Erfolg: Die S-24-Gründungen haben sich bereits in den ersten vier Monaten nach der Einführung vervierfacht.[626]

Der Reformen nicht genug befindet sich aktuell ein erneuter Gesetzentwurf zur Reform der finanziellen Struktur der Sp. z o. o. im polnischen Parlament.[627] Geplant ist ein zweigleisiges System, bei dem zum einen am traditionellen Regime mit Mindestkapital festgehalten werden soll und zum anderen eine Sp. z o. o.[bis]

621 *Romanowski/Makowicz*, RIW 2012, 497, 500.

622 Portugal und Estland nahmen hierbei eine Vorbildrolle bei der Entwicklung des elektronischen Handelsregisters ein (vgl. *Lewandowski*, WiRO 2011, 240). Zur Nutzung der Online-Anmeldung in Estland vgl. *Bergmann*, Estland, in: Süß/Wachter (Hrsg.), Handbuch des internationalen GmbH-Rechts, 3. Aufl. 2016, Rn. 7.

623 *Romanowski/Makowicz*, GmbHR 2012, 736, 737; *Romanowski/Makowicz*, RIW 2012, 497, 500.

624 Art. 1571 § 2 KSH; eingeführt durch die Verordnung des Justizministeriums v. 22.12.2011 über die Bestimmung des auf EDV-Wege zur Verfügung gestellten Musterprotokolls zur Gründung einer Gesellschaft mit beschränkter Haftung, GBl. 2011, Nr. 299, Pos. 1774. Das Musterprotokoll findet sich im Anhang zu dieser Verordnung.

625 Art. 154 § 1 KSH. Dies entspricht etwa 1.250 Euro.

626 *Romanowski/Makowicz*, GmbHR 2012, 736; *Romanowski/Makowicz*, RIW 2012, 497, 504.

627 Zur Reformdiskussion siehe *Opalski/Oplustil*, in: Viera González/Teichmann (Hrsg.), Private company law reform in Europe, S. 443, 449 ff.

mit einen symbolischen Kapital von 1 PLN mit strengen Gläubigerschutzregeln geplant ist. Neue Elemente sind hierbei die Einführung eines klassischen Solvenztests, die kontinuierliche Überwachungspflicht der finanziellen Risiken seitens der Geschäftsführung und die verpflichtende Rücklagenbildung.[628] Ziel der Reform ist die Stärkung der Privatautonomie durch flexiblere Vorschriften zum Kapital- und zum Gläubigerschutz. Durch das angestrebte System mit und ohne Mindestkapital soll eine universale Lösung für alle Sp. z o. o. geschaffen werden, auf die Einfügung eines speziellen Rechtsformzusatzes als Warnhinweis auf die Sp. z o. o.[bis] ohne Mindestkapital wurde jedoch bislang verzichtet.

3. *Zusammenfassung*

Zahlreiche Mitgliedstaaten sind bereits gesetzgeberisch aktiv geworden, um für ihre kleinen und mittleren Unternehmen einen vereinfachten, flexibleren und kostengünstigeren Rechtsrahmen zur Verfügung zu stellen. Die gesetzgeberischen Beweggründe unterscheiden sich jedoch im Detail. Während in England, Dänemark, Polen und Ungarn die Überarbeitung nicht mehr zeitgemäßer Normen im Vordergrund stand, kämpften insbesondere die südlicheren Mitgliedstaaten wie Italien, Spanien, Griechenland gegen nationale Wirtschafts- und Staatskrisen. Ein weiteres Motiv war die Reaktion auf den zunehmenden Wettbewerb der Rechtsordnungen – so insbesondere in Deutschland und Österreich. Aufgrund der liberalen Rechtsprechungslinie des EuGH sahen sich die Gesetzgeber gezwungen, alternative nationale Rechtsformen mit Haftungsbegrenzung zu kreieren.

Auch inhaltlich divergierten die Reformen: Einige Mitgliedstaaten wie Polen und Portugal führten zunächst lediglich in formeller Hinsicht Gründungserleichterungen durch, andere Mitgliedstaaten nahmen insbesondere in materieller Hinsicht Vereinfachungen vor. Dies erfolgte durch den Verzicht auf ein Mindestkapitalerfordernis (so etwa in Frankreich und den Niederlanden) oder durch die Kreierung einer Subform der regulären GmbH ohne Mindestkapital, dafür teilweise mit speziellen Vorschriften zur Rücklagenbildung (Deutschland, Belgien, Italien, Spanien, Dänemark). Österreich und Ungarn hielten dagegen am Mindestkapital fest und erleichterten lediglich die Kapitalaufbringung.

628 Näher *Opalski/Oplustil*, in: Viera González/Teichmann (Hrsg.), Private company law reform in Europe, S. 443, 458 ff.

II. Ergebnis

Insgesamt hat sich mit den Reformen eine vielschichtige und komplexe gesellschaftsrechtliche Landschaft in Europa entwickelt. Umso unüberschaubarer wird daher auch das Angebot, denn die nationale Mini-GmbH ist einerorts als eigene Rechtsform ausgestaltet, andernorts als Unterform der GmbH, einmal mit Mindestkapital, ein andermal ohne – ganz zu schweigen von den Eintragungsformalitäten. Stets ist zu prüfen, ob es für die Mini-GmbH andere Regeln zu beachten gibt als für die reguläre nationale GmbH. Und dies für 28 Mitgliedstaaten – denn die Kernelemente der GmbH, insbesondere die Gründung, das Kapital und die Organisationsverfassung sind bislang nicht harmonisiert. Den Unternehmensgründern in Europa steht bereits eine dreistellige Anzahl an mitgliedstaatlichen Rechtsformen zur Verfügung, sodass jede weitere Schaffung von Gesellschaftsformen die Gefahr von Rechtsunsicherheit und Unübersichtlichkeit birgt.

Verspricht die Kommission im Aktionsplan, für KMU „einfachere […] und weniger schwerfällige […] Bedingungen bei ihrer Geschäftstätigkeit in ganz Europa“[629] schaffen zu wollen, sollte dieses Ziel der Schaffung einer einfachen und kostengünstigen Struktur für KMU, wie es bereits bei den Reformen in den Mitgliedstaaten verfolgt wurde, auf Unionsebene ausgedehnt werden.[630] Schafft man einen gemeinsamen Rechtsrahmen für Auslandstochtergesellschaften, welche typischerweise Einpersonengesellschaften mit beschränkter Haftung sind, könnte der Unternehmer vom Ausland aus ohne intensive Beratung eine Gesellschaftsgründung vornehmen.

B. Primärrechtliche Verankerung des Richtlinienvorschlags

I. Subsidiaritätsprinzip

Die Union ist primärrechtlich an das Subsidiaritätsprinzip gebunden. Dieses stellt eine Schranke der Kompetenzausübung im Bereich der geteilten beziehungsweise konkurrierenden Zuständigkeiten dar.[631] Die Union darf in den

629 Aktionsplan 2012 (Fn. 58), 4.4. S. 15.

630 Ebenso die Zusammenfassung der Folgenabschätzung (Fn. 67), S. 3. A.A. *Beurskens*, GmbHR 2014, 738: kein Bedürfnis einer europäischen Inititative aufgrund der bereits exisitierenden Wahlmöglichkeit an Mini-GmbHs.

631 *Bast*, in: Grabitz/Hilf/Nettesheim, 58. EL 2016, Art. 5 EUV Rn. 49. Tatsächlich hat der EuGH bislang nur in einer einzigen Entscheidung festgestellt, dass das Ziel der in Betracht gezogenen Maßnahme auf Unionsebene besser erreicht werden kann (EuGH, Rs. C-491/01 (*British American Tobacco*), Slg. 2002, I-11606 Tz. 180 ff.). In allen anderen Fällen, in denen ein Verstoß gegen das Subsidiaritätsprinzip gerügt wurde, hat

Bereichen, die nicht in ihre ausschließliche Zuständigkeit fallen, nur dann tätig werden, sofern und soweit die Ziele der in Betracht gezogenen Maßnahmen weder auf zentraler noch auf regionaler oder lokaler Ebene ausreichend verwirklicht werden können, sondern wegen ihres Umfangs oder ihrer Wirkungen auf Unionsebene besser durchzuführen sind.[632] Materiell erfasst Artikel 5 Abs. 3 S. 1 EUV zwei Kriterien, die kumulativ vorliegen müssen: Als Erforderlichkeitskriterium beziehungsweise Negativ-/ Insuffizienzkriterium[633] bedarf es einer nicht ausreichenden Umsetzung der Regelungsziele durch die Mitgliedstaaten. Daneben ist als Positiv- oder Effizienzkriterium[634] festzustellen, aus welchen Gründen diese Regelungsziele auf transnationaler Ebene besser zu verwirklichen sind.

Im SUP-Vorschlag wird das Tätigwerden der EU damit begründet, dass das Ziel der Senkung der Gründungskosten bislang noch nicht auf Unionsebene erreicht wurde.[635] Die Mitgliedstaaten fokussierten ausschließlich die nationalen Rechtsformen, zeigten jedoch keine Anstrengungen zur Erleichterungen von Unternehmensgründungen im Ausland.[636] Greift die Union nicht ein, würde der Flickenteppich an rein nationalem Recht bestehen bleiben. Die Förderung der grenzüberschreitenden Unternehmenstätigkeit von KMU wäre daher nicht erreicht (Insuffizienzkriterium).[637] Ein harmonisierter Rechtsrahmen für die Gründung von Gesellschaften könnte dem Ziel der Erleichterung grenzüberschreitender Tätigkeit dagegen gerecht werden (Effizienzkriterium).[638]

---

der EuGH einen solchen abgelehnt. Siehe hierzu den Rechtsprechungsüberblick bei *Calliess*, Subsidiaritäts- und Solidaritätsprinzip, S. 351; weiterhin EuGH, Rs. C-377/98 *(Biotechnologie-Richtlinie)*, Slg. I-7079, Tz. 30 ff.; EuGH, Rs. C-58/08 (*Vodaphone Ltd)*, Rs. I-4999; Tz. 72 ff.

632 Vgl. Art. 5 Abs. 3 S. 1 EUV. Zum Subsidiaritätsprinzip allgemein: *Isensee*, Subsidiaritätsprinzip und Verfassungsrecht, 2. Aufl. 2001, S. 71 ff.; speziell für das Europarecht *Calliess*, Subsidiaritäts- und Solidaritätsprinzip, S. 25 ff.

633 *Fleischer*, ZGR 2012, 160, 170; *Streinz*, in: Streinz, EUV/AEUV, 2. Aufl. 2012 Art. 5 EUV Rn. 25.

634 *Fleischer*, ZGR 2012, 160, 170; *Streinz*, in: Streinz, EUV/AEUV, 2. Aufl. 2012, Art. 5 EUV Rn. 23.

635 Begründung SUP-KOM, S. 6.

636 *Conac*, ECFR 2015, 139, 154. Vgl. bereits Europäische Kommission, GD Markt/F2, Roadmap Single-Member Company, März 2013, S. 2, zuletzt abgerufen am 16.09.2016 unter http://ec.europa.eu/smart-regulation/impact/planned_ia/docs/2014_markt_003_single_member_company.pdf.

637 Begründung SUP-Vorschlag, S. 6.

638 Begründung SUP-Vorschlag, S. 6.

In der Tat hat sich im letzten Jahrzehnt eine facettenreiche gesellschaftsrechtliche Landschaft in Europa entwickelt. Durch die liberale EuGH-Judikatur und die Reformfreudigkeit der Mitgliedstaaten steht dem Gründer bereits eine dreistellige Anzahl an nationalen haftungsbeschränkten Rechtsformen zur Verfügung. Bei grenzüberschreitenden Gründungen bestehen hohe administrative und bürokratische Hürden. Bislang zeigen die Mitgliedstaaten von sich aus keine Bestrebungen, ihre Gründungsregeln aufeinander abzustimmen. Die Förderung der grenzüberschreitenden Unternehmensaktivität kann nur durch standardisierte Anforderungen an die Unternehmensgründung erreicht werden. Diese Anforderungen können allein durch einen rechtsübergreifenden Diskurs auf Unionsebene erreicht werden.

Ein grenzüberschreitendes Element im Richtlinienvorschlag ist nicht erforderlich. Zwar verlangte das Amsterdamer Protokoll von 1997 für ein Tätigwerden der Union noch, dass „der betreffende Bereich […] transnationale Aspekte auf[weist], die durch Maßnahmen der Mitgliedstaaten nicht ausreichend geregelt werden können."[639] Das aktuell geltende Lissabonner Subsidiaritätsprotokoll verzichtet hingegen auf ein solch transnationales Element. Das Dokument legt nur fest, dass die Feststellung, dass ein Ziel besser auf unionaler Ebene erreicht werden kann, auf qualitativen und, soweit möglich, auf quantitativen Kriterien beruhen muss.[640] Der transnationale, grenzüberschreitende Bezug ist damit kein verbindliches Kriterium mehr.[641] Der SUP-Vorschlag ist daher mit dem Subsidiaritätsprinzip vereinbar.[642]

II. Kompetenzgrundlage

Die Kommission stützt den Richtlinienvorschlag auf Artikel 50 Abs. 2 lit. f AEUV.[643] Nach dieser Norm können Maßnahmen veranlasst werden, wonach

---

639 Protokoll über die Anwendung der Grundsätze der Subsidiarität und der Verhältnismäßigkeit nach dem Vertrag von Amsterdam v. 2.10.1997, Ziffer 5 Spiegelstrich 1.

640 Art. 5 S. 4 des Lissabonner Subsidiaritätsprotokolls. So bereits schon die Leitlinien des Europäischen Rates von Edinburgh v. 12.12.1992, Schlussfolgerungen des Vorsitzes, Teil A Anlage 1, II. Leitlinien, Absatz 2 v.; zuletzt abgerufen am 16.09.2016 unter http://europa.eu/rapid/press-release_DOC-92-8_de.htm; außerdem abgedruckt in *Calliess*, Subsidiaritäts- und Solidaritätsprinzip, S. 391 ff.

641 Für die Festschreibung eines Mehrstaatlichkeitserfordernisses bei der SUP jedoch *Omlor*, NZG 2014, 1137, 1138.

642 Ebenso *Moench*, SUP, 2016, S. 26; *Teichmann*, NJW 2014, 3561, 3562 f.

643 SUP-RL-Vorschlag, Begründung, S. 5. Ausführlich hierzu *Malberti*, ECFR 2015, 238, 241 ff.; *Omlor*, NZG 2015, 665 f. (speziell zur gemeinnützigen SUP).

die schrittweise Aufhebung von Beschränkungen der Niederlassungsfreiheit in Bezug auf die Errichtung von Tochtergesellschaften angestrebt wird. Obgleich der Wortlaut scheinbar die Angleichung nur für „eine bestimmte Tätigkeit" beziehungsweise für jeden „in Betracht kommenden Wirtschaftszweig" vorsieht, erkennt die Judikatur stillschweigend an, dass der Richtlinienerlass nicht nur sektorbezogen, sondern für alle Tätigkeitsfelder erfolgen kann.[644]

Die Kompetenzgrundlage gilt es im Folgenden im Hinblick auf ihre Zulässigkeit (unter 1.) und das Rechtsetzungsverfahren (unter 2.) zu beleuchten.

1. *Zulässigkeit*

Zunächst ist festzuhalten, dass der Vertrag von Lissabon in Artikel 296 AEUV ausdrücklich die freie Wahl der Handlungsform gewährt.[645] Vor 2008 wurde sogar unter sonst gleichen Begebenheiten der Richtlinie gegenüber der Verordnung der Vorrang eingeräumt.[646] Diese Regelung wurde zwar im Subsidiaritätsprotokoll von 2008 aufgehoben[647], jedoch zeigt dies die Tendenz, dass die Richtlinie gegenüber der Verordnung formal vorrangig behandelt wurde. Daran wird in der Literatur auch heute noch festgehalten.[648]

Sodann ist zu betonen, dass für die Vornahme eines Handelns auf Unionsebene kein grenzüberschreitender Sachverhalt mehr verlangt wird.[649] Angleichungsmaßnahmen können auch auf rein innerstaatliche Sachverhalte

644 Vgl. hierzu das Gutachten des Juristischen Dienstes zur Rechtsgrundlage der SUP v. 17.10.2014, Dok. 14423/14, Nr. 7 und 8 (nicht veröffentlicht).

645 Diese besteht freilich nur, sofern kein Formenzwang in der einzelnen Kompetenzvorschrift festgelegt ist. Das Ermessen wird überdies eingeschränkt durch den Grundsatz der Verhältnismäßigkeit (Art. 296 Abs. 1 AEUV und Art. 5 Abs. 1 S. 1 Alt. 2, Abs. 4 EUV).

646 Ziffer 6 des Protokolls über die Anwendung der Grundsätze der Subsidiarität und Verhältnismäßigkeit, Abl. EG C Nr. 340/106 v. 10.11.1997. Einen solchen Vorrang sahen auch die Leitlinien des Europäischen Rats von Edinburgh aus dem Jahre 1992 vor, vgl. hierzu *Calliess*, in: Calliess/Ruffert, EUV/AEUV, 5. Aufl. 2016, Art. 5 EUV Rn. 48.

647 Protokoll über die Anwendung der Grundsätze der Subsidiarität und Verhältnismäßigkeit, ABlEG 2008 C/115/206. Auf dieses wird explizit in Art. 5 Abs. 4 EUV verwiesen.

648 *Calliess*, in: Calliess/Ruffert, EUV/AEUV, 5. Aufl. 2016, Art. 5 EUV Rn. 53, Art. 296 AEUV Rn. 6; *Hetmeier*, in: Lenz/Borchardt, 6. Aufl. 2012, Art. 288 AEUV Rn. 2; *Schroeder*, in: Streinz, EUV/AEUV, 2. Aufl. 2012, Art. 288 AEUV Rn. 11.

649 *Ebd.* Kapitel 4: B.I.

Anwendung finden – sie müssen lediglich der Verwirklichung des Binnenmarktes dienen.[650] Der EuGH justiziert in ständiger Rechtsprechung, dass sich die Wahl der Rechtsgrundlage eines Rechtsakts auf objektive, gerichtlich nachprüfbare Umstände gründen muss. Zu diesen Umständen zählen insbesondere das Ziel und der Inhalt des Rechtsakts.[651]

Selbst wenn an einem grenzüberschreitenden Bezug festgehalten werden sollte, ergibt sich ein solcher aus der gesetzgeberischen Intention, den Erwägungsgründen und der begleitenden Begründung des Vorschlags: Bereits der Aktionsplan 2012 spricht von einer Initiative, „um die grenzüberschreitenden Möglichkeiten für KMU zu verbessern“[652]. Die Erwägungsgründe belegen den grenzüberschreitenden Hintergrund, in dem sie zunächst auf die rechtlichen und administrativen Hürden grenzüberschreitender Tätigkeit eingehen[653], auf bereits bestehende Initiativen zur Verbesserung der Rahmenbedingungen von binnenmarktweit tätigen Unternehmen hinweisen[654] und die Zielsetzung der Reduktion der Transaktions- und Verwaltungskosten durch die Zurverfügungstellung eines harmonisierten Rechtsrahmens unterstreichen[655]. Die Begründung zum Kommissionsvorschlag belegt ebenfalls die Notwendigkeit einer Initiative zur Förderung der grenzüberschreitenden Unternehmenstätigkeit.[656] Auch wenn der Richtlinienvorschlag keinen expliziten grenzüberschreitenden Bezug verlangt, ergibt sich der Binnenmarktbezug infolge juristischer Auslegung. Darüber hinaus verlangen auch andere Richtlinien im Europäischen Gesellschaftsrecht kein explizites transnationales Element.[657] Lediglich den Richtlinien zur grenzüberschreitenden Verschmelzung sowie zur Offenlegung von Zweigniederlassungen ist der transnationale Charakter bereits im Titel immanent.[658] Auch die Zwölfte

---

650 *Korte*, in: Calliess/Ruffert, EUV/AEUV, 5. Aufl. 2016, Art. 114 AEUV Rn. 23.

651 EuGH, Rs. C-269/97 (*Kommission/Rat*), Slg. 2000, I-2253, Tz. 43; EuGH, Rs C-36/98 (*Spanien/Rat*), Slg. 2001, I-779, Tz. 58; EuGH, Rs. C-491/01 (*British American Tobacco*), Slg. I-11453, Tz. 93.

652 Aktionsplan (Fn. 58), Punkt 4.4., S. 16.

653 Erwägungsgrund 3 SUP-KOM.

654 Erwägungsgrund 5 SUP-KOM.

655 Erwägungsgrund 7 und 8 SUP-KOM.

656 SUP-RL-Vorschlag, Begründung, namentlich S. 3, 4, 6. Vgl. auch *Conac*, ECFR 2015, 139, 154: „the cross-border element is at the heart of the proposed directive's very goal."

657 *Conac*, ECFR 2015, 139, 153 f. Zur SPE bereits *Teichmann*, in: Gesellschaftsrechtliche Vereinigung (Hrsg.), Gesellschaftsrecht in der Diskussion 2008, S. 55, 66.

658 So geht es bei der Zehnten Richtlinie um die „Verschmelzung von Kapitalgesellschaften aus *verschiedenen* Mitgliedstaaten“, bei der Elften Richtlinie um die „Offenlegung

Richtlinie zur Einpersonen-GmbH von 1989 hat keinen grenzüberschreitenden Charakter inne – deren Rechtsgrundlage wurde jedoch nie angezweifelt. Dem SUP-Vorschlag, der mit seiner Kernbereichsharmonisierung auf dieser Richtlinie aufbaut, kann daher nur schwerlich die Unionskompetenz abgesprochen werden.[659] Das Mehrstaatlichkeitserfordernis ist somit keine Voraussetzung für die Heranziehung des Artikels 50 Abs. 1 beziehungsweise Abs. 2 lit. f AEUV.[660] Die Bedingungen der Rechtsgrundlage sind daher als erfüllt einzustufen.[661]

2. *Rechtsetzungsverfahren*

Die SUP-Richtlinie wird gemäß dem ordentlichen Gesetzgebungsverfahren verabschiedet[662], bei dem neben einer einfachen Mehrheit im Parlament eine qualifizierte Mehrheit im Rat erforderlich ist. Die qualifizierte Mehrheit im Ministerrat umfasst dabei eine Mehrheit von mindestens 72 % der Mitglieder des Rates, sofern die von ihnen vertretenen Mitgliedstaaten zusammen mindestens 65 % der Bevölkerung der Union ausmachen.[663]

---

von Zweigniederlassungen, die in einem Mitgliedstaat von Gesellschaften bestimmter Rechtsformen errichtet wurden, die dem Recht eines *anderen* Staates unterliegen" (*Hervorhebung d. Verf.*).

659 *Conac*, ECFR 2015, 139, 158.

660 vgl. auch die Stellungnahme der Europäischen Kommission zu dem Beschluss des Bundesrates zum SUP-Vorschlag, v. 29.9.2014, COM (2014) 6855 final, S. 1 f. Dass bei der gewählten Rechtsgrundlage nicht Art. 50 Abs. 2 lit. g AEUV, sondern Art. 50 Abs. 2 lit. f AEUV herangezogen wird, ist nach *Conac*, ECFR 2015, 139, 152 f. und *Malberti*, ECFR 2015, 238, 242 f. unschädlich.

661 Auch das Gutachten des Juristischen Dienstes des Rates zur Überprüfung der Rechtsgrundlage kommt nach der Darlegung der rechtlichen Rahmenbedingungen und der Analyse von Ziel und Inhalt des Richtlinienvorschlags zu dem Ergebnis, dass Art. 50 AEUV die geeignete Rechtsgrundlage darstellt, siehe Gutachten des Juristischen Dienstes zur Rechtsgrundlage der SUP v. 17.10.2014, Dok. 14423/14, Nr. 36 (nicht veröffentlicht). Bestätigend das Arbeitsdokument des Rechtsausschusses zur SUP v. 6.2.2015 (Dok. PE549.150v01-00), S. 3 f.

662 Art. 16 Abs. 3 EUV, Art. 294 Abs. 7 lit. c, Abs. 8 AEUV. Die stärkere Einbindung des Parlaments im Wege des Mitentscheidungsverfahrens wurde im Vertrag von Maastricht festgelegt und ist im Vertrag von Lissabon als Bestandteil des ordentlichen Gesetzgebungsverfahrens aufgewertet worden. Ausführlich *Gellermann*, in: Streinz, EUV/AEUV, 2. Aufl. 2012, Art. 294 Rn. 2 f.; *Schoo*, in: Schwarze (Hrsg.), EU-Kommentar, 3. Aufl. 2012, Art. 294 AEUV Rn. 1 ff.

663 Art. 238 Abs. 2 AEUV.

Im Vergleich mit dem Rechtsetzungsprozess der SPE ergibt sich hier eine erhebliche Erleichterung: Denn die SPE wäre als supranationale Rechtsform im Rahmen einer Verordnung nach Artikel 352 AEUV[664] zu erlassen, bei der neben der Einstimmigkeit im Ministerrat und der Zustimmung des Europäischen Parlaments[665] zumindest in Deutschland auch eine Beteiligung auf nationaler Ebene verlangt wird.[666] Der deutsche Vertreter darf im Rat einem Vorschlag zum Erlass von Vorschriften gemäß Artikel 352 AEUV nur zustimmen beziehungsweise sich enthalten, nachdem hierzu ein nationales Gesetz gemäß Artikel 23 Abs. 1 S. 2 und 3 GG in Kraft getreten ist.[667] Dieses Gesetz bedarf einer doppelt-qualifizierten Mehrheit von zwei Dritteln der Mitglieder des Bundestages und zwei Dritteln der Stimmen des Bundesrates.[668] Ohne ein solches Gesetz muss der deutsche Vertreter im Rat den Vorschlag zum Erlass von Vorschriften ablehnen.[669]

Rechtspolitisch bedeutet das Einstimmigkeitserfordernis für den Verordnungserlass eine erhebliche Hürde. Es setzt voraus, dass in sämtlichen Streitfragen ein Kompromiss gefunden wird.[670] Blickt man auf die fast 40-jährige Entstehungsgeschichte der SE und die bislang gescheiterten Verhandlungen über das SPE-Statut, scheint es in näherer Zukunft wenig wahrscheinlich, dass ein Konsens zur grenzüberschreitenden Mobilität von Gesellschaften über eine Verordnung durchgesetzt wird. Zu vielschichtig sind hier die nationalen Kodifikationen angelegt: Der UK Companies Act 2006 mit 1300 Artikeln von allgemeinen gesellschaftsrechtlichen Regeln bis hin zur Beendigung der Gesellschaft, das

---

664 Die Ermächtigungsgrundlage zur Einführung einer supranationalen Rechtsform war bis zur Klarstellung des EuGH im Jahr 2006 (EuGH, Rs. C-436/03, Slg. 2006, I-3733), der den heutigen Art. 352 AEUV als einschlägige Kompetenznorm zur Schaffung von supranationalen Rechtsformen bestätigte, über die Jahrzehnte hinweg stark umstritten. Siehe hierzu den Aufriss bei *Fleischer*, ZHR 174 (2010), 385, 398 ff.

665 Das Zustimmungserfordernis wurde im Rahmen des Lissabonner Vertrages eingeführt. Zuvor wurde das EU-Parlament nur angehört (vgl. Art. 308 EGV).

666 So die Leitentscheidung des BVerfG zum Vertrag von Lissabon, BVerfGE 123, 267.

667 Sog. Flexibilitätsklausel, § 8 Integrationsverantwortungsgesetz. Kritisch *Anzinger*, AG 2009, 739: „Fällt der Schlagbaum für das Europäische Gesellschaftsrecht?“ sowie *Basedow*, EuZW 2010, 41: „Ende des 28. Modells?“.

668 Art. 23 Abs. 1 S. 3 iVm Art. 79 Abs. 2 GG.

669 § 8 S. 2 IntVG.

670 Kritische Stimmen zur Flexibilitätsklausel und dem Einstimmigkeitsprinzip erhoben sich insbesondere bei der Diskussion um den Vertragsentwurf zur Europäischen Verfassung, vgl. *Nettesheim*, EuR 2004, 511, 521; *Ludwigs*, ZEuS 2004, 211, 240; *Puttler*, EuR 2004, 669, 688; *Straub*, ZGR 2003, 354, 359.

durch erhebliche Dispositionsfreiheit gekennzeichnete deutsche GmbH-Gesetz oder das französische Gesellschaftsrecht, welches neben der klassischen Société à responsabilité limitée Sonderrechtsformen wie die vereinfachte Aktiengesellschaft[671] und den Einzelkaufmann mit beschränkter Haftung[672] eingeführt hat. Jede Rechtsordnung ist gespickt mit den verschiedensten Rechtsvorstellungen, die jede bis auf das Letzte verteidigen möchte. Das Ideal des kleinsten gemeinsamen Vielfachen und des größten gemeinsamen Teilers im Wege einer Verordnung einzuführen erscheint daher – gerade im Hinblick auf die bislang gescheiterten Verhandlungen zum SPE-Statut – wenig erfolgversprechend.

Zwar bleiben die bereits bei der SPE aufgeführten Konfliktfelder (Mindestkapital, Sitzaufspaltung und Arbeitnehmermitbestimmung) im Rahmen der SUP-Verhandlungen bestehen[673], jedoch ist eine gesteigerte Kompromissbereitschaft zu erwarten, wenn die Beteiligten wissen, dass mit ihrer Stimme der Rechtsetzungsakt nicht mehr steht und fällt, dass also schlichtweg keine Vetoposition mehr besteht.[674] Im Hinblick auf das Rechtsetzungsverfahren kann die bezweckte Verbesserung der grenzüberschreitenden Mobilität im Wege einer Richtlinie daher einfacher durchgesetzt werden als eine Verordnung.[675]

---

671 „Société par actions simplifiée", eingeführt durch Gesetz Nr. 94-1 v. 3.1.1994 instituant la société par actions limitée, JO v. 4.1.1994, p. 129–131; hierzu zuletzt *Le Cannu*, Revue des Sociétés 2014, 543 ff.

672 „Entrepreneur individuel à responsabilité limitée", eingeführt durch Gesetz Nr. 2010-658 v. 15.6.2010 relative à l'entrepreneur individuel à responsabilité limitée, JO n°0137 v. 16.6.2010, p. 10984.

673 So namentlich die Kritik bei Notaries of Europe, Proposal for Directive on creation of single-member private limited liability companies not acceptable as it stands, v. 9.4.2014, zuletzt abgerufen am 16.09.2016 unter http://www.notaries-of-europe.eu/news/press-releases/directive-sup-cp. Als „Déjà-vu" bezeichnend *J. Schmidt*, GmbHR 2014, R129, R130.

674 Bericht der Reflection Group (Fn. 44), S. 66; *Conac*, ECFR 2013, 194, 213; *Jung*, Der Gesellschafter 2014, 363, 365; *Teichmann*, FAZ v. 17.7.2013, S. 19. Vgl. auch *Paquay*, Europolitique v. 28.2.2014, S. 1: „Il semble que cette fois, l'Allemagne et la Suède devront trouver des alliés pour bloquer la législation.". Allgemein bereits *Bärmann*, AcP 160 (1961), 97, 127.

675 *Bayer/J. Schmidt*, BB 2014, 1219, 1223; *Beurskens*, GmbHR 2014, 738, 739; *Drygala*, EuZW 2014, 491, 493; *Jung*, GmbHR 2014, 579 f.; *Jung*, Der Gesellschafter 2014, 363, 365; *Lanfermann/Maul*, BB 2014, 1283, 1294; *Malberti*, ECFR 2015, 238, 244; *Neville*, in: Viera González/Teichmann (Hrsg.), Private company law reform in Europe, S. 87, 154; *J. Schmidt*, GmbHR 2014, R129, R130; *Seibert*, GmbHR 2014, R209; *Steinwendter*, NZA 2014, 262, 263; *Wicke*, ZIP 2014, 1414. Bereits vor Veröffentlichung des

III. Verhältnismäßigkeitsprinzip

Als allgemeiner Grundsatz des Unionsrechts beschränkt das in Artikel 5 Abs. 4 UAbs. 1 EUV statuierte Verhältnismäßigkeitsprinzip das unionale Tätigwerden: Die Handlungen der Unionsorgane dürfen nicht die Grenzen dessen überschreiten, was zur Erreichung der mit der fraglichen Regelung zulässigerweise verfolgten Ziele geeignet und erforderlich ist, wobei, wenn mehrere geeignete Maßnahmen zur Auswahl stehen, die am wenigsten belastende zu wählen ist und die dadurch bedingten Nachteile in angemessenem Verhältnis zu den angestrebten Zielen stehen müssen.[676]

Maßnahmen der Union dürfen somit weder inhaltlich noch formal über das zur Erreichung der Ziele der Verträge erforderliche Maß hinausgehen. Als kompetenzbezogene Schranke gilt das Verhältnismäßigkeitsprinzip daher bezüglich der inhaltlichen Regelungsdichte sowie hinsichtlich der formellen Bindungswirkung.[677] Komponenten sind die Geeignetheit und Erforderlichkeit des konkreten Mittels im Verhältnis zu dem verwirklichenden Ziel. Als drittes Element ist die Proportionalität der jeweiligen Maßnahme zu untersuchen, die ihrerseits in einem angemessenen Verhältnis zu dem angestrebten Ziel stehen muss.

1. Geeignetheit

Die SUP-Richtlinie müsste geeignet sein, die Förderung der grenzüberschreitenden Aktivität kleiner und mittelständischer Unternehmen zu verbessern und damit zur Stärkung des Binnenmarktes im Ganzen beizutragen. Dem Unionsgesetzgeber wird hier ein weiter Ermessensspielraum eingeräumt, der nur einer beschränkten gerichtlichen Überprüfung unterliegt.[678] Durch eine Angleichung bestimmter materieller Anforderungen, den Abbau bürokratischer Hürden und sinkende Gründungskosten können Gesellschaftsgründungen im Ausland erleichtert werden. Die SUP-Richtlinie ist zumindest nicht offensichtlich

---

SUP-Vorschlags *Hommelhoff*, AG 2013, 211, 212; *Teichmann*, ZRP 2013, 169, 170 f.; *Teichmann*, FAZ v. 17.7.2013, S. 19.

676 EuGH, Rs. C-15/10 (*Etimine SA*), Slg. 2011, I-0000 Tz. 124; EuGH, Rs. C-309/10 (*Agrana Zucker*), Slg. 2011; I-0000 Tz. 42; EuGH, Rs. C-58/08 (*Vodafone Limited*), Slg. 2010, I-4999 Tz. 21, jeweils m.w.N.

677 *Lienbacher*, in: Schwarze (Hrsg.), EU-Kommentar, 3. Aufl. 2012, Art. 5 EUV Rn. 37.

678 Vgl. EuGH, Rs. C-58/08 (*Vodafone Limited*), Slg. 2010, I-4999 Tz. 52; EuGH, Rs. C-15/10 (*Etimine SA*), Slg. 2011, I-0000 Tz. 125; EuGH, Rs. C-309/10 (*Agrana Zucker*), Slg. 2011; I-0000 Tz. 43.

ungeeignet, einen Beitrag für die grenzüberschreitende Unternehmenstätigkeit von KMU zu leisten. Dies genügt, um die Geeignetheit zu bejahen.

2. *Erforderlichkeit*

Im Rahmen der Erforderlichkeit ist im Falle von mehreren geeigneten Maßnahmen das am wenigsten belastende Instrument zu wählen.[679] Sowohl die SPE als auch die SUP sind grundsätzlich für das Ziel der Förderung der grenzüberschreitenden Geschäftstätigkeit kleiner und mittelständischer Unternehmen geeignet. Zu untersuchen ist daher, welches der beiden Instrumente sich als weniger belastend für die Regelungsautonomie der Mitgliedstaaten darstellt. Maßgeblich ist somit der Einfluss auf das nationale Recht.

a) *Einfluss der SPE auf nationales Recht*

Als Verordnung wäre die SPE in all ihren Teilen verbindlich und würde unmittelbar geltendes Recht für alle Mitgliedstaaten schaffen, ohne dass es hierfür eines Transformationsaktes bedarf.[680] Entgegenstehendes nationales Recht wird über den Grundsatz des Anwendungsvorrangs des Unionsrechts[681] verdrängt. Gleichzeitig verhindert die Verordnung die zukünftige Entstehung nationaler Regelungen, die den Vorschriften der Verordnung entgegenstehen.[682] Damit schafft die Verordnung hohe Rechtssicherheit und Vergleichbarkeit der geregelten Materie.[683] Die SPE wird daher von zahlreichen Stimmen in der Literatur aus Sicht des Binnenmarktes als schonendere Methode gegenüber der Richtlinie und schlichtweg als „ermächtigungsstabiler, redlicher, europäischer und

679 *Lienbacher*, in: Schwarze (Hrsg.), EU-Kommentar, 3. Aufl. 2012, Art. 5 EUV Rn. 38; *Streinz*, in: Streinz, EUV/AEUV, 2. Aufl. 2012, Art. 5 EUV Rn. 46.

680 Vgl. Art. 288 Abs. 2 AEUV. Aufgrund der abstrakt-generellen Geltung wird die Verordnung auch als europäisches Gesetz bezeichnet (vgl. *Biervert*, in: Schwarze (Hrsg.), EU-Kommentar, 3. Aufl. 2012, Art. 288 AEUV Rn. 18. So auch der EuGH seit Rs. 8/55 (*Fédération Charbonnière de Belgique/Hohe Behörde*), Slg. 1955/56, 197, 227: fast Gesetzgebungsakt.

681 Zu diesem *Hetmeier*, in: Lenz/Borchardt, 6. Aufl. 2012, Art. 288 Rn. 36 ff.; *Schroeder*, in: Streinz, 2. Aufl. 2012, EUV/AEUV, Art. 288 AEUV Rn. 40 ff.; *Streinz*, EuR, S. 198 f., 203 ff.

682 Der Grundsatz des *lex posterior* gilt hier nicht, da die Verordnung im Verhältnis zum nationalen Recht höherrangig ist (so EuGH, Rs. 106/77 (*Simmenthal*), Slg. 1978, I-629, Tz. 17 ff.).

683 *Kahnert*, Rechtsetzung im EurGesR, S. 98.

mutiger“[684] verstanden, da die nationale GmbH neben der supranationalen Variante bestehen bleibt.[685]

Aus gesetzgeberischer Sicht wird der Einfluss supranationaler Rechtsformen auf das nationale Recht dagegen aufgrund des hinzutretenden vertikalen Wettbewerbs auch kritisch beäugt. So wurde nach Veröffentlichung des Kommissionsvorschlags zur SPE im Jahr 2008 befürchtet, dass das MoMiG mit seinen umfangreichen Normen zur Erleichterung, Beschleunigung und kostenreduzierten GmbH-Gründung sowie Regelungen zur Bekämpfung von Missbräuchen durch supranationale Regelungen unterlaufen werden könnte.[686] Auch bei der österreichischen Mindestkapitalreform bestand ein maßgeblicher Erwägungsgrund in der zu erwartenden Konkurrenzsituation mit der SPE.[687] Änderungen des traditionsverankerten *status quo* durch legislative Maßnahmen aus Brüssel wird somit häufig mit Skepsis begegnet.

b) Einfluss der SUP auf nationales Recht

Die SUP-Richtlinie hätte – anders als eine Verordnung – keine unmittelbare Wirkung und wäre nur hinsichtlich des zu erreichenden Ziels verbindlich; den innerstaatlichen Stellen verbliebe jedoch die Ausgestaltung der Wahl der Form und der Mittel.[688] Es handelt sich somit um ein Instrument zweistufiger Rechtsetzung:[689] Der Einflussgrad der Harmonisierung hängt dabei maßgeblich von

---

684 *Müller-Graff*, Privatrecht und Europäisches Gemeinschaftsrecht, S. 34.

685 *Heydt*, EuZW (1991), 513; *Hommelhoff/Teichmann*, DStR 2008, 925, 929; *Hommelhoff/Boucourechliev*, Vorschläge EPG, S. 225; *Hommelhoff*, ZIP 2013, 2177, 2182; *Hommelhoff*, AG 2013, 211, 221; *Hommelhoff/Teichmann*, GmbHR 2014, 177, 186; *Müller-Graff*, Privatrecht und Europäisches Gemeinschaftsrecht, S. 34 f.; *Rösing*, notar 2014, 149; *J. Schmidt*, FAZ v. 19.2.2014, S. 19; *Teichmann*, ZRP 2013, 169, 171; *Teichmann*, FAZ v. 17.7.2013, S. 19; *Teichmann*, NJW 2014, 3561, 3565.

686 Entsprechend zurückhaltend und inhaltlich überwiegend kritisch ist daher auch die Stellungnahme des Bundesrats zur SPE v. 10.10.2008, BR-Drs. 479/08 (Beschluss). Eingehend zum vertikalen Regulierungswettbewerb auch *Bachmann*, in: FS Hommelhoff, S. 21, 32 ff.

687 Vgl. hierzu das Vorblatt und die Erläuterungen zum GesRÄG 2013 (500/ME), S. 9, zuletzt abgerufen am 16.09.2016 unter http://www.parlament.gv.at/PAKT/VHG/XXIV/ME/ME_00500/imfname_295793.pdf.

688 Vgl. Art. 288 Abs. 3 AEUV.

689 *Nettesheim*, in: Grabitz/Hilf/Nettesheim, 58. EL 2016, Art. 288 AEUV Rn. 104; *Ruffert*, in: Calliess/Ruffert, EUV/AEUV, 5. Aufl. 2016, Art. 288 AEUV, Rn. 23. Hierzu *Hilf*, EuR 1993, 1, 4 f.; *Pernice*, EuR 1994, 325.

der Implementierung im nationalen Recht ab. Der SUP-Vorschlag erhält hierzu ein Optionsmodell[690]:

Die Mitgliedstaaten können festlegen, dass die Vorschriften zur SUP für alle mitgliedstaatlichen Einpersonen-GmbHs gelten, sodass alle zu SUPs werden (Option 1 – Einheitsmodell).[691] Dies bedeutet, dass alle Einpersonen-GmbHs als SUP firmieren müssten. Die Einpersonen-GmbH (inklusive der Einpersonen-UG (haftungsbeschränkt)) in ihrer heutigen Form würde es nicht mehr geben; sie würde durch die SUP substituiert.[692]

Alternativ können die Mitgliedstaaten die SUP als eigenständige Rechtsform zur Verfügung stellen, welche neben die nationalen Rechtsformen treten würde (Option 2: Modell der Ko-Existenz).[693] Dies würde in Deutschland zu einem parallelen Bestehen von Einpersonen-GmbH, Einpersonen-UG (haftungsbeschränkt) und SUP führen.[694]

---

690 Illustrativ hierzu *Jung*, GmbHR 2014, 579, 580; *Jung*, EBLR 2015, 645, 649 ff.

691 Vgl. Erwägungsgrund 10 S. 2 SUP-KOM.

692 Für Frankreich favorisiert *Lecourt*, Revue des sociétés 2014, 699, 700 diese Lösung. *Conac*, ECFR 2015, 139, 157 könnte sich diese Lösung für die skandinavischen Länder vorstellen. Abweichend dagegen die Interpretation bei *Beurskens*, GmbHR 2014, 738, 747, der bei dieser Option ausschließlich die UG (haftungsbeschränkt) ersetzt sieht und die SUP neben die Einpersonen-GmbH treten lassen möchte. Eine solche Interpretation ist jedoch vom Wortlaut des Erwägungsgrunds 10 S. 2 nicht gedeckt, da dieser vorsieht, dass Teil 2 auf „*alle* Gesellschaften mit beschränkter Haftung mit einem einzigen Gesellschafter" *(Herv. durch Verf.)* Anwendung finden soll – nicht nur auf die UG als Rechtsformvariante der GmbH.

693 Erwägungsgrund 10 S. 3 SUP-KOM.

694 Als „28 plus28"-System bezeichnend *Jung*, GmbHR 2014, 579, 582; *Jung*, Der Gesellschafter 2014, 363, 367; ähnlich *Seibert*, GmbHR 2014, R209. Kritisch die Beschlussempfehlung der Ausschüsse zur SUP-Richtlinie, v. 30.6.2014, BR-Drs. 165/2/14, S. 10: Schaden für die rechtliche Transparenz im Binnenmarkt, Stellungnahme Nr. 31/2014 der Bundesrechtsanwaltskammer v. 21.7.2014, S. 4 sowie die Gemeinsame Stellungnahme des BDA, BDI und der DIHK zum SUP-KOM v. 18.7.2014, S. 3. Befürwortend dagegen *Drygala*, EuZW 2014, 491, 496; *Omlor*, GPR 2015, 158, 159; tendenziell auch DAV (Handelsrechtsausschuss), NZG 2014, 1372, 1374 (Punkt 24 f.). Abweichend hingegen die Interpretation bei *Beurskens*, GmbHR 2014, 738, 747, der diese Option als vollständige Angleichung der Voraussetzungen der UG (haftungsbeschränkt) an die SUP interpretiert. In der Folge ließe sich nur an der Firmierung erkennen, ob es sich um eine Einpersonengesellschaft (dann: „SUP") oder Mehrpersonengesellschaft (dann „UG (haftungsbeschränkt)") handelt. Einen solchen Schluss lässt jedoch Erwägungsgrund 10 S. 3 nicht zu, da dessen Wortlaut die SUP als eigene Gesellschaftsrechtsform zulässt, die „*parallel* zu anderen im nationalen

Je nach selektiertem Modell ist der Einfluss der europäischen Maßnahme auf das nationale Recht unterschiedlich zu gewichten:

Entscheidet sich der Gesetzgeber für das Einheitsmodell, würde schwerwiegend in das nationale GmbH-Recht eingegriffen werden.[695] Zwar punktet das Modell mit Faktoren wie Einheitlichkeit und Rechtssicherheit; selbst eine intranationale Konkurrenz der GmbH, UG (haftungsbeschränkt) und SUP würde entfallen. Bei der praktischen Umsetzung würde sich aber die Frage stellen, wie mit den bestehenden Einpersonen-GmbH und UG (haftungsbeschränkt) verfahren werden soll. Entweder müssten die Mitgliedstaaten diese Gesellschaften zwingen, sich nach Artikel 9 SUP-KOM in eine SUP umzuwandeln[696] oder man ließe die existierenden Einpersonen-GmbHs neben der SUP bestehen. Damit würde jedoch im Ergebnis ebenso wie bei Option 2 ein Nebeneinander von Einpersonen-GmbH, Einpersonen-UG (haftungsbeschränkt) und SUP entstehen, was von dieser Alternative eigentlich vermieden werden sollte. „Einheit um jeden Preis ist ein Übel, führt zu Überforderung des Rechts und der Rechtsanwender, zum Mißtrauen des Bürgers"[697], so mahnt *Lutter* vor einem europäischen Einheitsrecht. Die Normenvielfalt als verfassungsrechtlich geschütztes Rechtsgut[698] erscheint bei der Wahl des Einheitsmodells daher gefährdet.

Entscheidet sich der nationale Gesetzgeber für das Modell der Ko-Existenz, würde das nationale Recht weitgehend unangetastet bleiben.[699] Die SUP

Recht vorgesehenen Formen von Gesellschaften" (*Herv. durch Verf.*) existiert – eine Subsitution bestehender Rechtsformvarianten ist dagegen nicht vorgesehen.

695 *Jung*, GmbHR 2014, 579, 581; *Jung*, Der Gesellschafter 2014, 363.

696 *Hommelhoff*, GmbHR 2014, 1065, 1070 nimmt an dieser Stelle eine teleologische Reduktion des Art. 9 vor und möchte eine bloße Umfirmierung im Wege der Satzungsänderung genügen lassen.

697 *Lutter*, ZGR 1992, 435, 447; ähnlich auch *Hopt*, ZHR 161 (1997), 368, 379; *Hopt*, ZGR 2000, 779, 813 ff.

698 So BVerfGE 50, 290, 355: „Der Gesetzgeber hat [...] eine hinreichende Vielfalt von Rechtsformen zur Verfügung zu stellen, die den verschiedenen Typen von Vereinigungen angemessen und deren Wahl deshalb zumutbar ist."

699 Für das 2. Modell daher *Jung*, GmbHR 2014, 579, 581; *Jung*, Der Gesellschafter 2014, 363; *Jung*, EBLR 2015, 645, 651; *Schoenemann*, EWS 2014, 241, 242; *Seibert*, GmbHR 2014, R209; wohl auch *Reimer/Waldhoff*, DB 2015, 2106. Auch in den Niederlanden sprechen sich *Boschma*, Ondernemingsrecht 2014, Heft 2014/144, Punkt 3.2 und *Koster*, 12 ECL (2015), 5, für ein Parallelsystem aus; für Frankreich *Conac*, ZVglRWiss 114 (2015), 215, 238 f. Wohl auch Stellungnahme des Ausschusses für Binnenmarkt und Verbraucherschutz für den Rechtsausschuss des Europäischen Parlaments, v. 23.7.2015, Dok. PE546.844v02-00, 2014/0120 (COD), Änderungsantrag 7 Erwägungsgrund 11a: „Um die Einheitlichkeit zu gewährleisten, sollten die im

würde die klassische Einpersonen-GmbH nicht ersetzen; es würde lediglich anhand vorab harmonisierter Kernbereiche eine zusätzliche Option geschaffen, um unternehmerisch tätig zu werden. Die SUP wäre eine europäisch geprägte Gesellschaft mit erleichterten Gründungsvoraussetzungen, fehlendem Mindestkapitalerfordernis und vereinfachter Organisationsstruktur. Ein harmonisiertes Regelungsregime könnte die grenzüberschreitende unternehmerische Tätigkeit erleichtern und somit die Wirtschaftskraft in ganz Europa stärken.[700] Die SUP würde dabei neben den bereits existierenden nationalen Einpersonen-GmbHs stehen und somit eine ähnlich autonomieschonende Wirkung entfalten wie eine Verordnung.

Durch die Einbeziehung des nationalen Gesetzgebers in den Normsetzungsprozess erhöht sich zudem die Akzeptanzbereitschaft europäischen Rechts in den Mitgliedstaaten. Für die Legitimierung ist dieser rechtspsychologische Faktor von entscheidender Bedeutung.[701] Letztlich etabliert sich auch unter Beleuchtung des in den Artikeln 20 EUV und 326 AEUV primärrechtlich verankerten Instruments der Verstärkten Zusammenarbeit die Richtlinie als „schonende, internationale Vermittlung von Einheit und Verschiedenheit“[702].

c) *Zwischenergebnis*

Beide Rechtsetzungsinstrumente setzen sich zum Ziel, möglichst autonomieschonende Lösungen zu kreieren. Dies bezweckt die SPE-Verordnung, indem sie neben das nationale Recht tritt und dieses weitgehend unberührt lassen möchte. Dies bezweckt die SUP-Richtlinie, falls der nationale Gesetzgeber sich bei der Umsetzung der SUP für das hier präferierte Modell der Ko-Existenz entscheidet. Die SUP-Richtlinie könnte somit eine vergleichbar autonomieschonende Wirkung entfalten wie das SPE-Statut.

Ein gewisser Einfluss auf das nationale Recht ist sowohl bei der SPE als auch bei der SUP unvermeidbar. Beide würden den Wettbewerb der Rechtsordnungen

---

Mitgliedstaat der Eintragung der SUP für Gesellschaften mit beschränkter Haftung geltenden Vorschriften auch für die SUP gelten […]“.

700 Ähnlich bereits *Ehricke*, in: Hommelhoff/Helms (Hrsg.), Neue Wege in die Europäische Privatgesellschaft, S. 18, 33 zur Einsatzmöglichkeit der SPE. Vgl. auch den Bericht der Reflection Group (Fn. 44), Kap. 3.3.2., S. 57 sowie *Conac*, ECFR 2013, 194, 209 ff.

701 Vgl. bereits *Hilf*, EuR 1993, 1, 6, 22. Speziell zur SUP *Lecourt*, Revue des sociétés 2014, 699, 700 f.

702 *Thomale*, ZEuP 2015, 517, 543.

beflügeln: die SPE auf vertikaler Ebene[703], die SUP auf horizontaler Ebene[704]. Inwieweit der nationale Gesetzgeber die Ansätze aus Brüssel als Denkanstoß für weitere, grundlegende Reformen des GmbH-Rechts heranzieht, bleibt jedoch allein dessen Reformbereitschaft überlassen.[705]

Mangels geringerer Belastung nationalen Rechts als im Falle der Einführung der SPE-Verordnung kann die Erforderlichkeit des SUP-Vorschlags als gegeben angesehen werden.

3. *Angemessenheit*

Die konkrete Belastung der SUP-Richtlinie müsste in einem proportionalen Verhältnis zu dem angestrebten Ziel stehen.[706] In Rahmen dieser Verhältnismäßigkeitskontrolle im engeren Sinn ist zu prüfen, ob das mit der SUP-Richtlinie verfolgte Ziel der Förderung der grenzüberschreitenden Unternehmenstätigkeit höher zu gewichten ist als der Eingriff in das nationale Recht.

a) Belastung nationalen Rechts

Der SUP-Vorschlag basiert auf einer Kernbereichsharmonisierung[707], bei welcher Schlüsselelemente wie die Gründung, das Mindestkapital und das Management

---

703 *Eidenmüller*, JZ 2009, 641, 652; *Hommelhoff*, Der Gesellschafter 2009, 337, 342; *Matyk*, GPR 2009, 2, 3; *Röpke/Heine*, in: Tietze/McGuire/Bendel/Kähler/Nickel/Reich/Sachse/Wehling (Hrsg.), Europäisches Privatrecht, S. 265. Aufgrund der speziellen Strukturelemente der SPE sind nach *Ehricke*, RabelsZ 64 (200), 497, 515 f. bei dieser jedoch erhebliche Akzeptanzprobleme zu befürchten.

704 *Jung*, Der Gesellschafter 2014, 363, 368; *Lecourt*, Revue des sociétés 2014, 699, 706; *J. Schmidt*, GmbHR 2014, R129-R130, R130.

705 *Lecourt*, Revue des sociétés 2014, 699, 706 spricht von einem möglichen „Ansteckungseffekt" („effet de «contagion»"). Positiv empfindend *Drygala*, EuZW 2014, 491, 497; *Jung*, Der Gesellschafter 2014, 363, 368; abgeneigt dagegen *Bormann*, in Lutter/Koch (Hrsg.), SUP, S. 23, 26.

706 *Lienbacher*, in: Schwarze (Hrsg.), EU-Kommentar, 3. Aufl. 2012, Art. 5 EUV, Rn. 38.

707 Die Änderung der Regulierungsstrategie der Europäischen Kommission wurde erstmals in Aktionsplan 2003 aufgegriffen, vgl. Mitteilung der Kommission v. 21.5.2003, Modernisierung des Gesellschaftsrechts und Verbesserung der Corporate Governance in der Europäischen Union, KOM (2003), 284 endg. dazu *van Hulle/Maul*, ZGR 2004, 484; *Habersack*, ZIP 2006, 445, 447 f. Fortgesetzt wurde dieser neue Weg auch in der Mitteilung der Kommission über ein vereinfachtes Unternehmensumfeld (s. Fn. 460), der auf eine Deregulierung und einen vorsichtigen Aufbau von supranationalen Rechtsformen setzt. Der Kernbereichsharmonisierung folgt im Ergebnis auch der Aktionsplan 2012 (s. Fn. 58) und der SUP-Kommissionsvorschlag (vgl.

angeglichen werden. Typische gesellschaftsrechtliche Konfliktfelder wie Minderheitenschutz, Interessenkonflikte, Squeeze-outs, Kündigungs- oder Austrittsrechte sind bei einer Einpersonengesellschaft von Natur aus nicht zu behandeln. Es handelt sich somit bereits um ein geschmälertes Regelungsregime.[708] In den Punkten, in denen die SUP-Richtlinie keine Bestimmung trifft[709], kommt gemäß Artikel 7 Abs. 4 SUP-KOM nationales Recht zur Anwendung.[710] Durch die Beschränkung des Anwendungsbereichs und der Regelungsinhalte wird eine weitgehend autonomieschonende Lösung erreicht, mit der das nationale Recht insbesondere im Falle der Implementierung im Wege des Modells der Ko-Existenz nur als geringfügig belastet eingestuft werden kann.

b) *Europäischer Mehrwert*

Im Gegenzug dazu steht der europäische Mehrwert, der mit der SUP geschaffen werden soll. Die Schaffung eines standardisierten Regelungsregimes, mit dem in allen EU-Staaten agiert werden kann, fördert den Binnenmarkt und sorgt für Beschäftigung, Wachstum und Innovation.[711] Für einen binnenmarktspezifischen Mehrwert sind daher zentrale, standardisierte Vorschriften erforderlich, um die Informations- und Beratungskosten möglichst gering zu halten.

Gegenüber einer vollständigen Rechtsvereinheitlichung durch eine Verordnung erscheint die Richtlinie als wesensgleiches Minus[712] auf den ersten Blick als

---

MEMO/14/274, Frage 5 S. 2, 3). Zum Wandel der Harmonisierungsmethoden *Teichmann*, Binnenmarktkonformes Gesellschaftsrecht, S. 198 ff. Monographisch zu den verschiedenen Harmonisierungsansätzen *Kahnert*, Rechtsetzung im EurGesR, S. 7 ff.

708 Vgl. SUP-KOM, MEMO/14/274, Frage 5. Nach a.A. ergibt sich das schmälere Regelungsregime der SUP dagegen nicht aus der unipersonalen Struktur, sondern allein aus der Tatsache, dass es sich um eine Richtlinie anstelle einer Verordnung handelt und somit nicht das Ziel einer abschließenden Regelung bestehe (so *Jung*, Der Gesellschafter 2014, 363, 366 Fn. 57).

709 So etwa zu Sitzverlegung, Arbeitnehmerbeteiligung und Auflösung.

710 Für eine Mindestharmonisierung mit teilweisen abschließenden Regelungen *Jung*, GmbHR 2014, 579, 583; *Jung*, Der Gesellschafter 2014, 363, 367; *Jung*, EBLR 2015, 645, 655; *Kindler*, ZHR 179 (2015), 330, 335 f., 380; *Lau Hansen*, ECFR 2015, 177; *Teichmann*, in Lutter/Koch (Hrsg.), SUP, S. 37, 39; a.A. *Moench*, SUP, 2016, S. 33 f.; *Omlor*, NZG 2014, 1137, 1139 (Vollharmonisierung).

711 Vgl. auch das Arbeitsdokument des Rechtsausschusses zur SUP v. 6.2.2015 (Dok. PE549.150v01-00), S. 3.

712 *Baums*, in: Kley/Leven/Rudolph/Schneider (Hrsg.), FS von Rosen, S. 525, 528; *Teichmann*, Binnenmarktkonformes Gesellschaftsrecht, S. 188; *Kahnert*, Rechtsetzung im EurGesR, S. 6.

suboptimal: Obgleich die Richtlinie für gemeinsame Standards, Rechtssicherheit und Vertrauen bei grenzüberschreitender Tätigkeit sorgen soll, stößt man im Vergleich der nationalen Umsetzungen häufig auf zahlreiche, teilweise sogar erhebliche Unterschiede. Dies liegt nicht nur an unzureichenden oder fehlerhaften Umsetzungen, sondern auch an Mitgliedstaatenoptionen, die der europäische Gesetzgeber einsetzt, um den schier endlosen Diskussionen und Blockaden bei der Einführung von Richtlinien ein Ende zu bereiten.[713] Neben schleppenden und unzureichenden Umsetzungen wird aufgrund dieser Divergenzen die gewünschte Harmonisierung nicht erreicht.[714]

Für die SUP gilt es daher, möglichst einheitliche Regelungen zu kreieren, da im Falle einer Vollharmonisierung eine ähnlich unitarisierende Wirkung wie bei einer Verordnung erreicht wird.[715] Der binnenmarktspezifische Mehrwert liegt somit in der Harmonisierung.[716] Würde hier eine gemeinsame Lösung geschaffen, könnte die SUP spürbare Verbesserungen im Bereich Arbeitslosigkeit, Wachstum, Investitionen und internationaler Wettbewerbsfähigkeit erzielen.[717]

---

713 *Wymeersch*, in: Andrews (Hrsg.), Referate für den 1. Europäischen Juristentag, S. 85, 96 Rz. 6. Allgemein zur Problematik der nationalen Divergenzen aufgrund von Mitgliedstaatenoptionen *Ebke*, RabelsZ 62 (1998), 195, 228; *Edwards*, EC Company Law, 1999, S. 10.

714 Auch die europäisch-autonome Verordnung (so *Prütting*, JZ 2014, 381), stellt kein prädestinierteres Regelungsinstrument dar. Aufgrund der zahlreichen Verweise in nationales Recht erscheint der supranationale Charakter der SE nur noch als „äußere Hülle“ (vgl. *Windbichler/Krolop*, in: Riesenhuber (Hrsg.), Europäische Methodenlehre, § 19 Rn. 10). Auch bei der SPE, deren Kommissionsentwurf noch ein Vollstatut anstrebte, führten die Konfliktfelder im Laufe der Verhandlungen immer häufiger zu Öffnungsklauseln, die das nationale Recht zur Anwendung kommen ließen (vgl. *Lutter/Bayer/J. Schmidt*, EuropUR, Rn. 47.11; *Hommelhoff/Teichmann*, GmbHR 2010, 337, 344; *Jung*, BB 2010, 1233, 1239 f.; *Sandberg/Skog*, AG 2010, 580, 582 f.; *Wedemann*, EuZW 2010, 534, 538). Eine „Re-Europäisierung“ der SPE fordernd daher *Hommelhoff/Teichmann*, GmbHR 2014, 177, 184.

715 *Beurskens*, GmbHR 2014, 738 f.; *Jung*, GmbHR 2014, 579, 581 f.; *Jung*, Der Gesellschafter 2014, 363, 366.

716 Vgl. *Teichmann*, NJW 2014, 3561, 3563; ähnlich *Lau Hansen*, ECFR 2015, 177, 178.

717 Vgl. hierzu die Ziele im Arbeitsprogramm der Kommission 2015 – ein neuer Start, COM (2014) 910 final v. 16.12.2014, S. 2.

c) Abwägung

Eine Abwägung zwischen dem angestrebten Nutzen für die Allgemeinheit und der Einschränkung nationaler Regelungsautonomie fällt zugunsten des SUP-Projekts aus:

Die Belastung nationalen Rechts ist als geringfügig einzustufen. Der europäische Gesetzgeber beschränkt sich auf eine punktuelle Angleichung bezüglich der Gründung, dem Kapital und der Organisationsstruktur. Auf nationales Recht wird nur ergänzend zurückgegriffen, da sich die Harmonsierung auf die genannten Kernelemente beschränkt.

Der potentielle europäische Mehrwert ist im Falle der Schaffung angeglichener Bedingungen für die Einpersonengesellschaft hoch einzuordnen. Eine grenzüberschreitende Unternehmenstätigkeit ist nur dann wirtschaflich, wenn sich die Aufwendungen für die Schaffung einer Sekundärniederlassung im Rahmen halten. Die Kosten für Information und Rechtsberatung fallen erheblich geringer aus, wenn zumindest einige Vorschriften – wie hier zur Gründung, Kapital und Organisationsverfassung – angeglichen sind. Eine solche Angleichung entspricht auch den Zielen des SUP-Vorschlags[718]: *Generell* liegt die Stärkung der KMU im Fokus; *speziell* sollen die Kosten bei grenzüberschreitender Tätigkeit reduziert werden, was *operativ* durch die Reduzierung der rechtlichen Unterschiede bei der Gründung von Tochtergesellschaften erfolgen soll. Eine Kernbereichsharmonisierung ist daher durchaus atttraktiv für Unternehmer und bietet einen erheblichen europäischen Mehrwert.

Aufgrund der geringen Belastung der nationalen Regelungsautonomie und dem erheblichen potentiellen europäischen Mehrwert fällt die Interessenabwägung zugunsten einer Rechtsangleichung aus. Die Verhältnismäßigkeit des Tätigwerdens des europäischen Gesetzgebers im engeren Sinne wird daher eingehalten.

IV. Ergebnis

Trotz der zahlreichen kritischen Stellungnahmen aus Politik und Wirtschaft ist der SUP-Vorschlag mit dem Subsidiaritäts- und Verhältnismäßigkeitsprinzip als vereinbar einzustufen. Insbesondere fällt der Einfluss des Unionsrechts im Falle der Implementierung des Modells der Ko-Existenz gering aus, sodass das nationale Recht weitgehend unangetastet bleiben kann. Ein grenzüberschreitendes Element als Voraussetzung unionalen Handelns ist nicht mehr zu verlangen.

718 Vgl. Impact Assessment (Fn. 64), S. 23.

Auch die herangezogene Kompetenzgrundlage ist aufgrund des Prinzips der freien Wahl der Handlungsform zulässig.

C. Gesamtwürdigung

Die umfangreichen Reformen auf nationaler Ebene und der SUP-Vorschlag sind miteinander verzahnt und dürfen daher nicht losgelöst voneinander betrachtet werden. Die gemeinsame Intention liegt in der Beschleunigung und Erleichterung von Unternehmensgründungen.

Auf nationaler Ebene wurden in den letzten Jahren zahlreiche Maßnahmen zur attraktiveren, kostengünstigen Gestaltung des Gesellschaftsrechts ergriffen. Hierbei wurden etwa in England, Dänemark, Polen und Ungarn nicht mehr zeitgemäße Normen reformiert. Die gesetzgeberische Intention andere Staaten wie Italien, Spanien und Griechenland sollte für einen Wirtschaftsaufschwung der krisengeplagten Staaten sorgen. Deutschland und Österreich wollten mit ihrer Reform eine attraktive Gestaltung im Hinblick auf den zunehmenden Wettbewerb der Rechtsordnungen bieten. Die Reformen reichen von eher formellen Gründungserleichterungen bis hin zu einer vereinfachten GmbH-Variante, bei der die deutsche Unternehmergesellschaft (haftungsbeschränkt) mehrfach als Vorbild für die Reformen anderer Mitgliedstaaten herbeigezogen wurde. Hierdurch hat sich eine facettenreiche, komplexe gesellschaftsrechtliche Landschaft in Europa entwickelt.

Während sich die Mitgliedstaaten auf den nationalen Kontext beschränken, greift der SUP-Vorschlag die Idee für grenzüberschreitende Transaktionen auf.[719] Der europäische Mehrwert liegt dabei in der Standardisierung materieller Anforderungen – denn es werden binnenmarktweit Hürden im Rahmen grenzüberschreitender Unternehmstätigkeit abgebaut.

Bedenken hinsichtlich der Subsidiarität, Kompetenzgrundlage und der Verhältnismäßigkeit sind reine Referenzpunkte im politischen Diskurs[720] und halten einer rechtlichen Prüfung kaum stand. Ein grenzüberschreitendes Element ist für ein Tätigwerden des europäischen Gesetzgebers nicht erforderlich. Aufgrund der freien Wahl der Handlungsformen ist der SUP-Vorschlag nicht zwingend auf Artikel 352 AEUV zu stützen. Artikel 50 Abs. 2 lit. f AEUV bietet eine Kompetenznorm zum schrittweisen Abbau von Beschränkungen der Niederlassungsfreiheit. Letzlich hält der SUP-Vorschlag auch einer Verhältnismäßigkeitsprüfung

719 Vgl. hierzu auch Europäische Kommission, MEMO /14/274, Frage 6, S. 3.

720 Vgl. bereits *Bast* in: Grabitz/Hilf/Nettesheim, 58. EL 2016, Art. 5 EUV Rn. 49; *Ebke*, RabelsZ 62 (1998), 195, 200; *Fleischer*, ZGR 2012, 160, 171.

stand. Im Falle der Umsetzung der Richtlinie über das Modell der Ko-Existenz ist der Einfluss auf die nationale Regelungsautonomie eher gering; gleichzeitig entstünde durch die Rechtsangleichung ein erheblicher europäischer Mehrwert. Angesichts der in absehbarer Zeit geringen Erfolgsaussichten für die SPE und mit Blick auf die über 40-jährige Entstehungsgeschichte der SE[721] ist es daher an der Zeit, sich für einen Follow-up zur SPE zu öffnen: Die Single Member Company oder – aus Gründen der europäischen Sprachenvielfalt – die lateinische Bezeichnung Societas Unius Personae (SUP).

721 Siehe hierzu statt aller *Lutter/Bayer/J. Schmidt*, EuropUR, Rn. 45.1 ff.

Kapitel 5: Regelungsinhalte der Societas Unius Personae

Ziel der SUP ist die Schaffung einer schnell und kostengünstig zu gründenden Rechtsform, die eine einfache Struktur aufweist und so als Vehikel grenzüberschreitender Unternehmenstätigkeit eingesetzt werden kann. Bislang ist die Harmonisierung der Gründung der Einpersonen-GmbH nur rudimentär erfolgt. In der Zwölften Richtlinie wird lediglich vorgeschrieben, dass die Einpersonengesellschaft zuzulassen ist.[722] Materielle Regelungsinhalte für die Errichtung oder die Satzung werden jedoch nicht vorgegeben.

Daher ist es unerlässlich, für die SUP ein vereinfachtes Gründungsverfahren ohne bürokratische Hürden zu entwickeln. Ein Rückgriff auf nationale Vorschriften sollte dabei so weit wie möglich vermieden werden, weil sonst das Ziel der erleichterten Erschließung fremder Märkte nicht erreicht werden würde. Angedacht ist, dass die Mitgliedstaaten in ihren Rechtsordnungen unter der unionsweiten Abkürzung SUP (*Societas Unius Personae*) eine nationale Gesellschaftsform errichten, bei der binnenmarktweit die gleichen Vorschriften gelten. Die Gründung erfolgt durch ein harmonisiertes Eintragungsverfahren, eine Online-Gründung, eine Mustersatzung und mit einem symbolischen Mindestkapital von 1 Euro. Zum Schutz der Gläubiger sind die Gründer zur Kontrolle der Gewinnausschüttungen verpflichtet. Außerdem wird den Mitgliedstaaten durch eine Soll-Vorschrift die Sitzspaltung angeboten, sodass der satzungsmäßige Sitz und die Hauptverwaltung der SUP in verschiedenen Mitgliedstaaten liegen dürfen.

A. Grundcharakteristika der Societas Unius Personae

I. Allgemeines

Der am 9. April 2014 im Rahmen des Maßnahmenpakets zur Modernisierung des Gesellschaftsrechts und Verbesserung der Corporate Governance veröffentlichte Richtlinienvorschlag über Gesellschaften mit beschränkter Haftung mit einem einzigen Gesellschafter untergliedert sich in zwei Teile, wobei zunächst allgemeine Bestimmungen getroffen werden und sodann besondere Regelungen

722 Art. 2 Abs. 1 der Richtlinie 2009/102/EG.

für die Societas Unius Personae aufgeführt werden.[723] Während der Anwendungsbereich des Teils 1 für alle in Anhang I aufgeführten Gesellschaftsformen (die mitgliedstaatlichen GmbHs) gilt, betrifft der 2. Teil ausschließlich die in Artikel 6 genannte Societas Unius Personae (SUP).[724] Teil 1 enthält dabei allgemeine Bestimmungen und übernimmt weitgehend – mit Ausnahme von Artikel 2 Abs. 2 und Artikel 7 – die Artikel der Zwölften Richtlinie[725]; in Teil 2 findet sich sodann das Novum und Herzstück des Vorschlags, die Societas Unius Personae (SUP).

Der Kommissionsvorschlag nimmt eine Kernbereichsharmonisierung für die Gründung, Haftungsbeschränkung, die Kapital- und Organisationsverfassung vor. Die SUP ist eine nationale, geschlossene Kapitalgesellschaft. Die Option, neben Einpersonengesellschaften in Form von Gesellschaften mit beschränkter Haftung auch Aktiengesellschaften mit einem einzigen Gesellschafter zu harmonisieren, wurde als nicht realisierbar und nicht erwünscht eingestuft.[726] Anders als die SPE handelt es sich somit nicht um eine eigenständige supranationale Rechtsform, sondern um eine nationale Gesellschaftsform.[727] Die SUP genießt

---

723 Vorschlag für eine Richtlinie des Europäischen Parlaments und des Rates über Gesellschaften mit beschränkter Haftung mit einem einzigen Gesellschafter, v. 9.4.2014, COM (2014) 212 final.

724 So explizit auch die Bestimmung des Anwendungsbereichs in Art. 1 Abs. 1 SUP-KOM.

725 Vgl. Erwägungsgrund 2 SUP-KOM. Zur Synopse siehe Annex 2 zum Kommissionsvorschlag (Fn. 723). Die Streichung von Art. 7 der Zwölften Richtlinie erscheint konsequent. Diese Regelung wurde im Hinblick auf die spezielle Rechtslage in Portugal eingeführt, wo mittlerweile aber auch die Einpersonen-GmbH legalisiert wurde (siehe hierzu oben Kapitel 3: B.I.1.b)).

726 Impact Assessment (Fn. 64), S. 23 f.; Zusammenfassung der Folgenabschätzung (Fn. 67), S. 3. Eindringlich auch *André-Leruste* in der Stellungnahme der französischen Industrie- und Handelskammer (CCI Paris Ile-de-France) v. 5.6.2014, S. 5 f. sowie auf deren Synthese: „En aucun cas, la SASU ne devrait être affectée par ce nouveau dispositif […]". Anders dagegen die Forderung von *Hommelhoff*, GmbHR 2014, 1065, 1069: Ausdehnung auf die AG und GmbH & Co. KG.

727 Vgl. Europäische Kommission, MEMO/14/274, Frage 5 (S. 2): keine Einführung einer supranationalen Rechtsform als „29th regime"; bestätigt durch das Arbeitsdokument des Rechtsausschusses zur SUP v. 6.2.2015 (Dok. PE549.150v01-00), S. 3. Irreführend dagegen teilweise die Bezeichnungen in der Literatur zur SUP, etwa *Adenauer*, AnwZert HaGesR 2014, Anm. 1, B. („neue europäische Rechtsform"); *Beurskens*, GmbHR 2014, 738 („vereinheitlichte europäische Rechtsform"); *Kindler*, ZHR 179 (2015), 330, 379 („in der Sache eine neue Rechtsform"); *Omlor*, NZG 2015, 665 („im supranationalen Gesetzgebungsverfahren"); *Omlor*, GPR 2015, 158 („Schaffung von supranationalen Rechtsformvarianten"); *Wicke*, ZIP 2014, 1414 („europäische

volle Rechtsfähigkeit und Haftungsbeschränkung. Soweit die Satzung nichts Anderes bestimmt, wird die SUP auf unbestimmte Zeit errichtet.

Bisher einmalig ist die Möglichkeit der Ferngründung, bei der mittels einer standardisierten Satzungs- und Registrierungsvorlage die Gesellschaftsgründung mit einem Mindestkapital von 1 Euro ohne physische Anwesenheit ermöglicht werden soll. Ein kombinierter Bilanz- und Solvenztest soll unzulässige Ausschüttungen unterbinden.

Im Rahmen der Organisationsverfassung übt der Alleingesellschafter die Befugnisse der Gesellschafterversammlung aus. Die Vertretung wird durch die Geschäftsführer übernommen, wobei förmlich bestellte und *de facto* Geschäftsführer den gleichen Pflichten unterliegen. Außerdem gibt es ein Weisungsrecht des Gesellschafters an die Geschäftsführung. Der Großteil der organisationsrechtlichen Bestimmungen wurde unter lettischer Ratspräsidentschaft allerdings wieder gestrichen, sodass sich der verbliebene Vorschlag auf die Erleichterung der Gründung der Einpersonengesellschaft im grenzüberschreitenden Kontext beschränkt.

II. Einsatzmöglichkeiten

1. *Kleine und mittelständische Unternehmen*

Die im Kommissionsvorschlag fokussierte Zielgruppe zur Förderung der grenzüberscheitenden Tätigkeit sind kleine und mittelständische Unternehmen (KMU).[728] Den KMU, die eine Schlüsselposition im Bereich Innovation, Forschung, Entwicklung und technischen Fortschritt haben, wird bereits seit Jahren erhöhte Aufmerksamkeit geschenkt und es ist der EU ein besonderes Anliegen, die Rahmenbedingungen für den Mittelstand zu stärken.[729]

Einpersonengesellschaft"); weicher formuliert bei *Bormann*, in Lutter/Koch (Hrsg.), SUP, S. 23, 25 („unionsrechtlich determinierte Rechtsform"). Für die Qualifizierung als supranationale Rechtsform explizit *Steinwendter*, NZA 2014, 262, 263. Eine eingehende Analyse nationaler und supranationaler Elemente der SUP findet sich bei *Jung*, Der Gesellschafter 2014, 363, 365 ff; zusammenfassend *Jung*, EBLR 2015, 645, 652 f.

728 Vgl. Begründung SUP-KOM, S. 1, Erwägungsgründe 5, 7 SUP-KOM. Unter KMU werden nach Empfehlung der Europäischen Kommission v. 6.5.2003 (KOM (2003/361/EG) Betriebe mit weniger als 250 Beschäftigten verstanden, die entweder einen Jahresumsatz von maximal 50 Mio. Euro erzielen oder deren Jahresbilanzsumme sich auf höchstens 43 Mio. Euro beläuft. Zur Kategorie der „großen mittelständischen Unternehmen" bzw. „Hidden Champions" vgl. *Simon*, BB 2005, Die Erste Seite, Nr. 3; *Krebs/Jung*, DB 2013, Nr. 51/52, M1.

729 Diesen Willen widerspiegelnd der „Small Business Act" für Europa, vgl. Mitteilung der Kommission an den Rat, das Europäische Parlament, den Europäischen

Bei KMU ist die Zurückhaltung besonders groß, grenzüberschreitend tätig zu werden.[730] Neben der Befürchtung, als ausländische Gesellschaft nicht am Markt angenommen zu werden, müssen die Unternehmen mit hohem Beratungsaufwand für die Gründung, Führung und Verwaltung der ausländischen Gesellschaft rechnen.[731] Mit einem angeglichenen Rechtsregime könnten diesbezügliche Kosten geschmälert werden.[732]

Der Anwendungsbereich der KMU wird jedoch teilweise als zu weit angesehen. Insbesondere aus den Kreisen des Europäischen Parlaments wird daher eine Einschränkung der Harmonisierung auf Kleinst- und Kleinunternehmen gefordert.[733] Nach diesem Änderungsvorschlag haben die Unternehmen selbst den Beweis dafür zu erbringen, dass sie als Kleinst- oder Kleinunternehmen einzuordnen sind. Bereits existierende Unternehmen müssen die Kriterien der Bilanzrichtlinie für diese Eigenschaft erfüllen. Unternehmensgründer *ex nihilo* sollen den Beweis anhand ihres Geschäftsplans, Umsatzplans, ihrer Mietverträge für Geschäftsräume oder Arbeitsverträge liefern.[734] Die ausschließliche Fokussierung auf Mikro- und Kleinunternehmen würde jedoch nur einen sehr eingeschränkten Nutzen bringen.[735] Die Beschränkung bedeutet geradezu eine

---

Wirtschafts- und Sozialausschuss und den Ausschuss der Regionen, Vorfahrt für KMU in Europa, Der „Small Business Act" für Europa, v. 25.6.2008, KOM (2008) 394 endg.

730 Der Folgenabschätzung zufolge investieren lediglich 2 % aller KMU im Ausland, vgl. Impact Assessment (Fn. 64), S. 18.

731 Vgl. hierzu bereits den Bericht der Reflection Group (Fn. 44), Kap. 3.3.2., S. 57.

732 Laut Impact Assessment (Fn. 64), S. 41 werden Ersparnisse von 236 bis 653 Mio. Euro pro Jahr prognostiziert.

733 Entwurf einer Stellungnahme des Ausschusses für Binnenmarkt und Verbraucherschutz des Europäischen Parlaments v. 29.1.2015, Dok. PE546.844v01-00, Änderungsanträge 6–9 Erwägungsgründe 7a, 7b, 7c, 7d, Änderungsantrag 44 Art. -1; Änderungsantrag 52, 53 Art. 2 Abs. 1 lit. a und b unter Heranziehung der Kategorisierung von Kleinst- und Kleinunternehmen im Sinne von Art. 3 Abs. 1 und 2 der Richtlinie 2013/34/EU (Bilanzrichtlinie). Auch das Arbeitsdokument des Rechtsausschusses zur SUP v. 6.2.2015 (Dok. PE549.150v01-00), S. 4 erwägt eine derartige Einschränkung; zuletzt in dessen Zweiten Arbeitsdokument v. 5.1.2016, Dok. PE575.031v01-00, Art. 7 Abs. 2, Art. 8 sowie Erwägungsgrund 6a.

734 Entwurf einer Stellungnahme des Ausschusses für Binnenmarkt und Verbraucherschutz des Europäischen Parlaments v. 29.1.2015, Dok. PE546.844v01-00, Änderungsantrag 10 Erwägungsgrund 7 lit. e.

735 Ebenso *Böhm*, DIHK-Newsletter, Thema der Woche 13, v. 26.3.2015; *Conac*, ECFR 2015, 139, 161. Vgl. bereits Former Reflection Group on the Future of EU Company Law, ECFR 2013, 304, 323.

Sanktion für diejenigen Unternehmen, die wirtschaftlich erfolgreich sind. Denn diese Unternehmen müssten sich bei Überschreiten der Umsatz- und Arbeitnehmerzahlen umwandeln.[736] Bei Missachtung dieser Umwandlungspflicht droht sogar die Auflösung der Gesellschaft durch die zuständige Behörde.[737] Letztlich stehen nicht nur Mikro- und Kleinunternehmen, sondern alle Gesellschaften unter dem Schutz der Niederlassungsfreiheit (Artikel 49, 54 AEUV). Die Niederlassungsfreiheit schützt „die nach den Rechtsvorschriften eines Mitgliedstaates gegründeten Gesellschaften". Der zusätzliche finanzielle und verwaltungstechnische Aufwand bei grenzüberschreitender Unternehmensgründung betrifft nicht nur Mikro- und Kleinunternehmen, sondern wirkt sich auf alle Gesellschaften aus.[738] Es bedürfte an dieser Stelle daher zumindest einer konkreten Rechtfertigung, warum mittelständische und größere Unternehmen von der SUP keinen Gebrauch machen dürften. Die SUP sollte besser in Übereinstimmung mit dem Kommissionsvorschlag unabhängig von Rechengrößen wie Bilanzsumme, Nettoumsatzerlöse oder der durchschnittlichen Zahl der Beschäftigten eingesetzt werden können.[739]

Weitere Bedenken werden dahingehend gehegt, dass der Vorschlag nur eine Option für Einpersonengesellschaften liefert, womit gerade Familienunternehmen, bei den häufig die Anteile in mehreren Händen gehalten werden, sowie dynamischen Start-ups und Joint Ventures, die aus mehreren Gesellschaftern bestehen, der Weg in die SUP versperrt werde.[740] In Verbindung mit den gescheiterten SPE-Verhandlungen würde diese eingeschränkte Nutzungsmöglichkeit

---

736 So zuletzt Art. 7a Abs. 1 und Erwägungsgrund 11c des Zweiten Arbeitsdokuments des Rechtsausschusses des Europäischen Parlaments v. 5.1.2016, Dok. PE575.031v01-00.

737 *Ebd.*, Art. 7a Abs. 1a.

738 Anders dagegen die Argumention in Erwägungsgrund 6a des Zweiten Arbeitsdokuments des Rechtsausschusses des Europäischen Parlaments v. 5.1.2016, Dok. PE575.031v01-00.

739 Hierzu auch *Teichmann*, ECFR 2015, 202, 223 f.

740 *Bayer/J. Schmidt*, BB 2014, 1219, 1223; *Grunewald*, in: FS Müller-Graff, S. 290, 294; *Harbarth*, ECFR 2015, 230, 234; *Lanfermann/Maul*, BB 2014, 1283, 1294; *Lecourt*, Revue des sociétés 2014, 699, 706 f.; *J. Schmidt*, FAZ v. 19.2.2014, S. 19; *J. Schmidt*, GmbHR 2014, R129, R130; *J. Schmidt*, FuS 2014, 232, 233; Stellungnahme zum SUP-Richtlinien-Vorschlag der Österreichischen Rechtsanwaltskammer (ÖRAK), BMJ-Z10.070 SM/0003-I 3/2014, S. 3; Beschlussempfehlung des Ausschusses für Recht und Verbraucherschutz (6. Ausschuss) zur SUP-Richtlinie, BT-Drs. 18/4843 v. 6.5.2015, S. 2. Ähnlich auch *Boschma*, Ondernemingsrecht 2014, Heft 2014/144, Punkt 3.2.

von großem Nachteil sein.[741] Im Falle der Öffnung der SUP für mehrere Personen würden allerdings die Vorteile der vereinfachten Innenstruktur verloren gehen und der Einigungsprozess an den 28 unterschiedlichen mitgliedstaatlichen Rechten zu scheitern drohen. Die Verhandlungen zur SPE lehren jedoch, dass gerade im Hinblick auf die Organisationsverfassung noch erhebliche Divergenzen bestehen[742] und es beim derzeitigen Stand des Gesellschaftsrechts an einer ausreichenden Kompromissbereitschaft der Mitgliedstaaten fehlt.

2. *Konzerne*

a) *Allgemeines*

Ein weiteres Einsatzfeld der SUP liegt im Bereich der Konzernstrukturierung. Die Nutzung der geschlossenen Kapitalgesellschaft als Baustein in Konzernen[743] und Unternehmensverbindungen wurde bereits vielfach als Strukturelement hervorgehoben.[744] Einzelne Unternehmenszweige werden dabei auf rechtlich verselbstständigte Tochtergesellschaften übertragen. Die Muttergesellschaft als Konzernspitze übernimmt häufig nur noch die Rolle der Koordinierung, während die Tochtergesellschaften sich auf den ihnen zugewiesenen Unternehmenszweig spezialisieren und die laufenden Geschäfte erledigen. Empirischen

---

741 Gemeinsame Stellungnahme des BDA, BDI und der DIHK zum SUP-KOM v. 18.7.2014, S. 3.

742 Insbesondere zu den Kompetenzen der Gesellschafterversammlung, dem Weisungsrecht gegenüber der Geschäftsführung sowie zu Klauseln zur Rechtswahl oder Schiedsgerichtsbestimmungen, vgl. *Hommelhoff/Teichmann*, GmbHR 2014, 177, 186. Ausführlich auch *Schubel*, in: Hommelhoff/Schubel/Teichmann (Hrsg.), SPE, S. 83, 93 ff.

743 Zu den Termini „Konzern" und „Gruppe" *Druey*, in: FS Hommelhoff, S. 135, 149 ff., speziell zum Imageproblem des Begriffs Konzern *Druey*, in: FS Hommelhoff, S. 135, 155 f.

744 Für die GmbH *Hirte*, ZIP 1992, 1122; *Hommelhoff*, in: Hommelhoff/Roth (Hrsg.), System der KapG, S. 26, 32; *Hommelhoff*, ZGR 2012, 535, 537; *Liebscher*, in: Münch. Komm.GmbHG, 2. Aufl. 2015, Anh. § 13 Rn. 1 ff.; *Lutter/Hommelhoff*, in: Lutter/Hommelhoff, GmbHG, 19. Aufl. 2016, Anh. § 13 Rn. 1 ff.; *Teichmann*, AG 2013, 184, 189; *Beurskens*, in: Baumbach/Hueck, GmbHG, 21. Aufl. 2017, Schlussanh. Konzernrecht, Rn. 1 ff. Für die SPE *Brems/Cannivé*, Der Konzern 2008, 629; *Hommelhoff*, ZHR 173 (2009), 255, 256 f.; *Hommelhoff*, in: FS Loewenheim, S. 591, 592 f.; *Hommelhoff/Teichmann*, GmbHR (2008), 897; *Hügel*, ZHR 173 (2009), 309, 334; *Krejci*, SPE, S. 23; *Teichmann*, in: Gesellschaftsrechtliche Vereinigung (Hrsg.), Gesellschaftsrecht in der Diskussion 2008, S. 55, 56 f. Monographisch *Bachmann/Eidenmüller/Engert/Fleischer/Schön*, Rechtsregeln für die geschlossene KapG.

Erhebungen zufolge sind in Deutschland über 650.000 GmbHs konzernverbunden.[745] Bei einem aktuellen Bestand von 1.035.493 Gesellschaften[746] sind dies mehr als die Hälfte.

Für grenzüberschreitende Tätigkeiten gibt es bislang kein geeignetes Instrument zur Gruppenstrukturierung. Trotz der Versuche zur Einführung der Neunten Gesellschaftsrechtlichen Richtlinie zum Konzernrecht[747] und den verschiedensten wissenschaftlichen Bestrebungen[748], ist es bislang nicht gelungen, einen einheitlichen Ansatz für ein europäisches Konzernrecht zu erlangen.[749] Ein kodifiziertes Konzernrecht gibt es aktuell nur in Deutschland und Portugal.[750] Teilkodifikationen existieren in Italien, Belgien, Slowenien, Kroatien, Polen, der Tschechischen Republik und Ungarn.[751] In den anderen Mitgliedstaaten

745 *Bayer/Hoffmann*, GmbHR 2014, 12, 16. Prägnant *Teichmann*, ECFR 2015, 202, 204: „the group is the rule and not the exception. “

746 Gemessen zum Stichtag 7.11.2013; empirische Darstellung bei *Bayer/Hoffmann*, GmbHR 2014, 12, 13; vergleichbare Zahlen finden sich bei *Kornblum*, GmbHR 2014, 694, 695 mit 1.127.620 Gesellschaften (gemessen zum Stichtag 1.1.2014).

747 Vorentwurf von 1984 auf der Grundlage von Art. 54 Abs. 3 Buchstabe g) des EWG-Vertrages über die Verbindungen zwischen Unternehmen, insbesondere über Konzerne, DOK Nr. III/1639/84, abgedruckt bei *Lutter*, EuropUR, 4. Aufl. 1996, S. 244 ff. sowie ZGR 1985, 446 ff.

748 Insbesondere das *Forum Europaeum Konzernrecht* aus dem Jahre 1998, siehe hierzu *Forum Europaeum Konzernrecht*, ZGR 1998, 672. Zuletzt *Forum Europaeum on Company Groups*, ZGR 2015, 507 (in englischer Fassung ECFR 2015, 299).

749 Zur Entwicklung des Konzernrechts *Druey*, in: FS Hommelhoff, S. 135, 137 ff.; *Mülbert*, ZHR 179 (2015), 645, 651 ff. Vgl. zuletzt den Aktionsplan 2012 (Fn. 58), Kap. 4.6, S. 16 f., in dem die Europäische Kommission eine Initiative über Gruppen und die EU-weite Anerkennung des Gruppeninteresses ankündigt (zuvor bereits der Bericht der Reflection Group (Fn. 44), Kap. 4.1, S. 59 ff.). Anstelle einer vollumfänglichen Harmonisierung im Konzernrecht wird daher auf eine Kernbereichsangleichung gesetzt (dazu *Hommelhoff/Teichmann*, GmbHR 2014, 177, 184; *Hommelhoff*, in: FS Stilz, S. 287, 288; *Weller/Bauer*, ZEuP 2015, 6, 26; vgl. bereits schon Forum Europaeum Konzernrecht, ZGR 1998, 672, 685 ff.). Zum neuesten wissenschaftlichen Vorstoß siehe *Forum Europaeum on Company Groups*, ZGR 2015, 507 (in englischer Fassung ECFR 2015, 299).

750 In Deutschland seit 1965; jüngst zusammenfassend *Weller/Bauer*, ZEuP 2015, 6, 14 ff.; in Portugal seit 1986, hierzu *Lutter/Overrath*, ZGR 1991, 394. Das portugiesische Gesetz in deutscher Übersetzung ist in Auszügen abgedruckt bei *Gause*, Europäisches Konzernrecht, *S. 319* ff.

751 Italien seit 2003, hierzu *Stein*, in: FS Hommelhoff, S. 1149; Belgien seit 2002, hierzu *Wymeersch*, ZGR 2004, 53; *de Cordt/Colard*, in: FS Hopt, S. 3043; Slowenien seit 1993, hierzu *Dežman/Babuder Hummel*, in: Bachner/Doralt/Winner (Hrsg.), Schutz der

werden die Konzernproblematiken mit grundlegend anderen Ansätzen (so etwa in Frankreich mit der *Rozenblum*-Formel[752]), unter Heranziehung des allgemeinen Gesellschaftsrechts (so etwa in Österreich[753]) oder über eine Haftung wegen *wrongful tradings* (so in England[754]) gelöst.[755]

b) *Eignung der SUP für Konzernstrukturen*

Die Einsatzmöglichkeit der SUP als Strukturelement in mittelständischen und größeren Unternehmensverbindungen wurde sowohl im Reflection Report, der Wiege der SUP, als auch in der Folgenabschätzung zum Richtlinienvorschlag betont.[756] Im Richtlinienvorschlag selbst finden sich zwar weder in den Erwägungsgründen noch in der Begründung explizite Hinweise auf die Nutzung im

---

Minderheitsaktionäre in Mittel- und Osteuropa, S. 683, 696 ff.; Kroatien seit 1993, hierzu *Obradović*, in: Bachner/Doralt/Winner (Hrsg.), Schutz der Minderheitsaktionäre in Mittel- und Osteuropa, S. 191, 227 ff.; Polen seit 2001, hierzu *Cierpal/Horwath*, in: Bachner/Doralt/Winner (Hrsg.), Schutz der Minderheitsaktionäre in Mittel- und Osteuropa, S. 311, 344 f.; *Hommelhoff/Schubel*, in: Schubel/Kirste/Müller-Graff/Diggelman/Hufeld (Hrsg.), S. 47; *Oplustil/Włudyka*, in: FS Hommelhoff, S. 863; *Sołtysiński/Szumański*, in: Hopt/Jessel-Holst/Pistor (Hrsg.), Unternehmensgruppen in mittel- und osteuropäischen Ländern, S. 89; Tschechische Republik seit 1991, hierzu *Humlová-Ueltzhöffer/Kořínková*, WiRO 2001, 234, 237 f.; Ungarn seit 1988; hierzu *Vecsey*, in: Bachner/Doralt/Winner (Hrsg.), Schutz der Minderheitsaktionäre in Mittel- und Osteuropa, S. 751, 822 ff. Zahlreiche rechtsvergleichende Nachweise finden sich bei *Emmerich/Habersack*, Konzernrecht, § 1 Rn. 41. Eingehend auch *Teichmann*, ZGR 2014, 45, 49 ff.

752 Chambre Criminelle de Cour de Cassation, 4.2.1985, JCP/E 1985, II n °14614 (zitiert nach *Maul*, NZG 1998, 965, 966); hierzu *Conac*, ECFR 2013, 194, 219 f.; *Cozian/Viandier/Deboissy*, Droit des sociétés, 27. Aufl. 2014, Rn. 1586; Forum Europaeum Konzernrecht, ZGR 1998, 672, 705; *Hommelhoff*, KSzW 2014, 63, 65 f.; *Hommelhoff*, in: FS Stilz, S. 287, 294 f.; *Lutter*, in: Hopt/Jessel-Holst/Pistor (Hrsg.), Unternehmensgruppen in mittel- und osteuropäischen Ländern, S. 79, 84 ff.; *Teichmann*, AG 2013, 184, 193 f.; *Weller/Bauer*, ZEuP 2015, 6, 14.

753 Hierzu *Kalss*, EuZW 2013, 361, 362; *Kalss*, ZVglRWiss 13 (2014), 291.

754 Hierzu *Weller/Bauer*, ZEuP 2015, 6, 10 ff.

755 Vgl. auch *Conac*, ECFR 2013, 194, 199 ff.

756 Bericht der Reflection Group (Fn. 44), Kap. 4.3, S. 66 f.; Impact Assessment (Fn. 64), S. 5, 12, 14 f. Vgl. auch die Roadmap Single-Member Company der Europäischen Kommission, GD Markt/F2, März 2013, S. 3, zuletzt abgerufen am 16.09.2016 unter http://ec.europa.eu/smart-regulation/impact/planned_ia/docs/2014_markt_003_single_member_company.pdf.

Konzern, gleichwohl deuten diverse konzernspezifische Bezüge[757] offenkundig auf ein solches Einsatzfeld hin. Sollten sich diese Vorschriften durchsetzen, wäre erstmalig eine europäische Gesetzgebung geschaffen, die sich direkt an Unternehmensgruppen wendet.[758]

Im Schrifttum wird die Schaffung eines Instruments zur grenzüberschreitenden Gruppenstrukturierung stark unterstützt.[759] Während größere Unternehmensgruppen die Kosten grenzüberschreitender Gründungen besser abfedern können und häufig sogar über eigene Rechtsabteilungen verfügen, fällt für KMU der Aufwand verhältnismäßig viel höher aus. Gerade bei KMU sind von einer Kernbereichsharmonisierung erhebliche Kosteneinsparungen und erhöhte Rechtssicherheit zu erwarten.[760]

Auch dem Subsidiaritätsprinzip würde mit einer solchen Kernbereichsharmonisierung hinreichend Rechnung getragen werden.[761] Abzulehnen ist daher das Bestreben des EU-Ausschusses für Binnenmarkt und Verbraucherschutz, der die mit dem Vorstoß verbundenen Erleichterungen grenzüberschreitender Unternehmenstätigkeit auf Kleinst- und Kleinunternehmen beschränken möchte und sämtliche für Gruppenstrukturen attraktive Regelungen gestrichen sehen möchte.[762] Ebenso abzulehnen ist der Vorschlag des Europäischen Wirtschafts- und Sozialausschusses, eine Beschränkung auf KMU in Anlehnung an die Kriterien des Artikels 3 Abs. 2 der Rechnungslegungsrichtlinie (Richtlinie 2013/34/EU) vorzunehmen.[763] Eine solche Einschränkung würde den europäischen Mehrwert der Maßnahme erheblich eingrenzen.

---

757 Zu diesen *Hommelhoff*, GmbHR 2014, 1065, 1066 f; *Teichmann*, in Lutter/Koch (Hrsg.), SUP, S. 37, 47 ff.; *Teichmann*, ECFR 2015, 202, 203 ff.

758 *Malberti*, ECFR 2015, 238, 256 f.

759 *Conac*, ECFR 2013, 194, 194 ff.; *Conac*, ECFR 2015, 139, 159; *Drygala*, AG 2013, 198; *Teichmann*, AG 2013, 184, 189 ff. Vgl. hierzu auch die Beiträge zur Einsatzmöglichkeit der SUP von Former Reflection Group on the Future of EU Company Law, ECFR 2013, 304, 322; *Hommelhoff*, AG 2013, 211, 220; *Hommelhoff*, KSzW 2014, 63; *Hommelhoff*, GmbHR 2014, 1065, 1071.

760 *Conac*, ECFR 2015, 139, 160.

761 *Hommelhoff*, GmbHR 2014, 1065, 1067; allgemein auch *Hopt*, ZGR 2013, 165, 212.

762 Insbesondere die vollständige Streichung der organisationsrechtlichen Bestimmungen, vgl. Entwurf einer Stellungnahme des Ausschusses für Binnenmarkt und Verbraucherschutz des Europäischen Parlaments (Dok. PE546.844v01-00 v. 29.1.2015), Änderungsanträge 107–110, Art. 21–24.

763 Stellungnahme des Europäischen Wirtschafts- und Sozialausschusses zum SUP-KOM v. 10.9.2014, INT/744, 1.8 und 4.1.4.

Die konkrete Eignung der SUP als Vehikel für Konzernstrukturen soll im Folgenden anhand des Kommissionsvorschlages und der Kompromissvorschläge der Ratspräsidentschaften näher beleuchtet werden:

1) Fehlende Höchstgrenzen

Im Rahmen der nationalen Reformen erwiesen sich die Mitgliedstaaten als äußerst kreativ, die eingeführten Gründungserleichterungen auf kleine und mittlere Unternehmen zu begrenzen: So ist bei der österreichischen gründungsprivilegierten GmbH eine Höchstgeltungsdauer von zehn Jahren vorgesehen; die französische SARL ist auf maximal 99 Jahre limitiert und die griechische IKE auf zwölf Jahre.[764] Die belgische SPRL-Starter sah in ihrer ursprünglichen Fassung eine Begrenzung der Arbeitnehmerzahl auf maximal fünf Vollzeitbeschäftigte vor.[765] Die Erleichterungen für die Gründung und die laufende Geschäftstätigkeit enden zudem häufig dann, wenn das gesetzlich vorgeschriebene Mindestkapital erreicht ist. So finden die Vorschriften der UG (haftungsbeschränkt) keine Anwendung mehr, wenn das Mindeststammkapital von 25.000 Euro erreicht ist.[766] Den gleichen Regelungsgehalt weisen die belgische SPRL-Starter, die italienische Società a Responsabilità Limitata Semplificata, die spanische Sociedad Limitada de Formación Sucesiva und die dänische Iværksætterselskabet auf.[767]

Abgesehen von dem Verzicht auf ein gesetzliches Mindestkapital weisen im SUP-Vorschlag keine weiteren Normen auf eine „Mini-GmbH" hin.[768] Insbesondere werden keine Grenzen hinsichtlich der Kapitalhöhe, der Arbeitnehmerzahl oder der zeitlichen Bestandsdauer gezogen. Die SUP ist, soweit die Satzung nichts Anderes bestimmt, auf unbestimmte Zeit errichtet.[769] Die Festlegung eines Höchstwertes des Anteils ist gemäß Artikel 16 Abs. 3 SUP-KOM untersagt. Zur Anzahl der Arbeitnehmer schweigt die Richtlinie. Diese fehlenden Obergrenzen zur Bestandsdauer, Kapitalhöhe und Arbeitnehmerzahl stärken die

---

764 Vgl. § 10b Abs. 5 S. 2 öGmbHG (für Österreich); Art. 1838 Code civil, Art. L-210-2 Code de commerce (für Frankreich); und Art. 46 S. 2 des Gesetzes 4072/2012 (für Griechenland). Bei Letzterer kann die Bestandsdauer jedoch durch Beschluss verlängert werden (Art. 46 S. 3).

765 Art. 214 § 2 S. 1 Code des Sociétés a.F.

766 § 5a Abs. 5 GmbHG.

767 Ausführlich hierzu Kapitel 5: C.I.1.b).

768 *Drygala*, EuZW 2014, 491.

769 Art. 7 Abs. 5 SUP-KOM. Die „Satzung" wird im SUP-KOM als Oberbegriff für die Satzung, den Gesellschaftsvertrag oder sonstige Vorschriften oder Urkunden zur Gründung einer Gesellschaft legaldefiniert (Art. 2 Abs. 4 SUP-KOM).

Attraktivität nicht nur für kleine und mittelständische, sondern auch für größere Unternehmen. Obwohl der Fokus der SUP offensichtlich auf KMU gerichtet ist, könnten komplexere Strukturen ebenso profitieren. Insbesondere verhindert eine solch liberale Lösung Schwierigkeiten für den Fall, dass eine Gesellschaft eine bestimmte Größe überschreitet und damit dem Anwendungsbereich der SUP entzogen wäre.[770] Die bewusste Entscheidung gegen derartige inhaltliche Beschränkungen verläuft parallel zu dem international zu beobachtenden Trend, von den charakteristischen Merkmalen der geschlossenen Kapitalgesellschaft weitgehend abzusehen und es den Gesellschaftsgründern zu überlassen, ob sie sich für diese Rechtsform entscheiden.[771]

Zwar wurde im Kompromissentwurf unter lettischer Ratspräsidentschaft das Verbot der Beschränkung der zeitlichen Bestandsdauer der SUP wieder gestrichen. Das Gesamtkonzept der SUP würde jedoch deutlich an Mehrwert und Attraktivität verlieren, wenn ein Mitgliedstaat eine derartige zeitliche Obergrenze normieren würde. Bereits aus Gründen des *effet utile* sollte die Bestandsdauer der SUP daher unbeschränkt sein.

2) Juristische Personen als Gründer

Zu Erhöhung der Flexibilität und Gewährleistung eines breiten Anwendungsbereiches steht die SUP neben natürlichen auch juristischen Personen als Gründer offen.[772] Daneben verlangt Artikel 6 Abs. 2 SUP-KOM ausdrücklich, dass die Mitgliedstaaten eine SUP nicht daran hindern dürfen, Alleingesellschafter einer anderen Gesellschaft zu sein. Artikel 2 Abs. 2 der Zwölften Richtlinie, der Schutzmaßnahmen und Sanktionen im Falle mehrstöckiger Konstruktionen zulässt, wird im Richtlinienvorschlag nicht übernommen. Damit lösen sich auch die mit der Mitgliedstaatenoption verbundenen Probleme wie Haftungsrisiken und Umgehungsversuche. Der Kommissionsvorschlag stellt aus

770 *Conac*, ECFR 2015, 139, 161; *Teichmann*, ECFR 2015, 202, 223 f.; *Wuisman*, ECL 12 (2015), 34, 36. Vgl. bereits Former Reflection Group on the Future of EU Company Law, ECFR 2013, 304, 323.

771 Zu dieser Beobachtung *Fleischer*, NZG 2014, 1081, 1082.

772 Art. 8 SUP-KOM, Erwägungsgrund 11 S. 1 der Richtlinie. Vgl. auch Begründung SUP-Vorschlag, S. 7. Auf diesen weiten Anwendungsbereich drängend bereits die Former Reflection Group on the Future of EU Company Law, ECFR 2013, 304, 322 f. Kritisch dagegen die Stellungnahme der Österreichischen Notariatskammer v. 15.5.2014, AZ 532.30, S. 4.

rechtsvergleichender Perspektive ein Novum dar und eignet sich für den Einsatz als Konzernbaustein.[773]

Kritische Stimmen wollen den Konzernrechtsvorbehalt dagegen in den Richtlinientext integriert sehen.[774] Durch den Einsatz der SUP als Tochtergesellschaft entzögen sich die Muttergesellschaften ihrer unternehmerischen Verantwortung. Die Haftung beschränke sich laut Entwurf auf das Stammkapital; sodass damit eine darüber hinausgehende konzernrechtliche Inanspruchnahme ausgeschlossen wäre.[775]

Der Kompromissvorschlag unter italienischer Ratspräsidentschaft nimmt die Einschränkung vor, dass der Konzernrechtsvorbehalt nur außerhalb der SUP zur Anwendung kommen darf.[776] Der Kompromissvorschlag unter lettischer Ratspräsidentschaft erweist sich als weiterer Rückschritt: Über eine Mitgliedstaatenoption steht es den Mitgliedstaaten frei, Regeln aufzustellen, die es der SUP verbieten, Alleingesellschafter in einer anderen haftungsbeschränkten Gesellschaft zu sein. Dies ist jedoch nur zulässig, wenn andernfalls Kapitalverflechtungen oder Zirkeleigentum entstehen könnten.[777] Insbesondere sollen damit Situationen vermieden werden, in denen die SUP indirekt ihre eigenen Anteile hält, sei es durch das gegenseitige Halten der Anteile der Gesellschaften oder im Falle von längeren Gesellschaftsketten, wenn die Gesellschaft am Ende dieser Kette den einzigen Anteil der SUP hält.[778] Die Intention entspricht insofern dem Gedanken bei Einführung von Artikel 2 Abs. 2 der Zwölften Richtlinie.[779] Die Mitgliedstaatenoption unter lettischer Ratspräsidentschaft beschränkt sich auf

---

773 vgl. *Jung*, EBLR 2015, 645, 660; *Teichmann*, NJW 2014, 3561, 3565; *Teichmann*, in Lutter/Koch (Hrsg.), SUP, S. 37, 39.

774 Entwurf einer Stellungnahme des Ausschusses für Binnenmarkt und Verbraucherschutz des Europäischen Parlaments, Dok. PE546.844v01-00, v. 29.1.2015, Änderungsantrag 17 Erwägungsgrund 11a und Änderungsantrag 50 Art. 1 Abs. 3 lit. a; Änderungsantrag 68 Art. 8; Stellungnahme des Ausschusses für Binnenmarkt und Verbraucherschutz für den Rechtsausschuss des Europäischen Parlaments, v. 23.7.2015, Dok. PE546.844v02-00, 2014/0120 (COD), Änderungsantrag 15, Art. 6 Abs. 2 („Die Mitgliedstaaten können Vorschriften erlassen, die es SUP untersagen, einzige Gesellschafter in anderen Gesellschaften mit beschränkter Haftung zu sein, wenn dies zu einer Überkreuz- oder Ringbeteiligung führen würde."); außerdem DAV (Handelsrechtsausschuss), NZG 2014, 1372, 1373, Punkt 11.

775 DAV (Handelsrechtsausschuss), NZG 2014, 1372, 1373, Punkt 11.

776 Erwägungsgrund 11 S. 4 SUP-IT-NOV.

777 Art. 6 Abs. 2 S. 2 SUP-LV-MAR.

778 Erwägungsgrund 11 S. 2 SUP-LV-MAR.

779 Hierzu bereits oben Kapitel 3: C.I.

die Fälle von Kapitalverflechtungen und Zirkeleigentum, ein vollumfängliches Verbot für Einpersonengesellschaften, gleichzeitig Einpersonengesellschafter einer anderen Gesellschaft zu sein, ist dagegen untersagt.[780] Vielmehr wird explizit betont, dass auch eine SUP selbst Alleingesellschafterin einer SUP oder einer anderen haftungsbeschränkten Gesellschaft sein kann.[781]

Gleichwohl schränkt ein solch fakultatives Verbot von Enkelkonstruktionen den Anwendungsbereich der SUP erheblich ein und erweist sich als äußerst unattraktiv für den Einsatz in Unternehmensgruppen. Im weiteren Verlauf der Verhandlungen sollte daher vehement für deren Aufhebung eingetreten werden.

3) Juristische Personen als Geschäftsführer

Der Kommissionsentwurf sieht für die Geschäftsführereigenschaft als Leitbild eine natürliche Person vor.[782] Soweit dies mit dem jeweiligen nationalen Recht vereinbar ist, sind jedoch auch juristische Personen als Geschäftsführer zulässig.[783]

Die Option einer juristischen Person als Geschäftsführer bietet neben der Verwendung in Sondervermögen[784] einen weiteren Baustein zur Strukturierung von Konzerntöchtern, Finanzierungsgesellschaften und Unternehmenskooperationen.[785] Wären juristische Personen von der Geschäftsführung dagegen ausgeschlossen, verbliebe der Konzernmutter nur die Möglichkeit von Weisungen oder etwaigen Doppelmandaten.[786] Durch die Möglichkeit der Identität von Alleingesellschafter und Geschäftsführer[787] kann der Einfluss der Muttergesellschaft noch verstärkt werden.

Vorsicht ist jedoch dahingehend geboten, dass nicht nur förmlich bestellte Geschäftsführer, sondern auch *de facto*-Geschäftsführer zur Haftung herangezogen werden können.[788] Dies soll selbst dann gelten, wenn eine juristische Person

---

780 Erwägungsgrund 11 S. 5 SUP-LV MAR.

781 Erwägungsgrund 11 S. 1 SUP-LV-MAR.

782 Vgl. Erwägungsgrund 22 sowie den Wortlaut des Art. 22 Abs. 4 S. 1 SUP-KOM: „Geschäftsführer sind natürliche Personen oder können, wenn dies nach dem anwendbaren nationalen Recht zulässig ist, auch juristische Personen sein."

783 Art. 22 Abs. 4 S. 1 SUP-KOM.

784 Insbesondere bei *Unit Trusts*, weniger bei *Investment-Trusts* (vgl. *Brandes*, Juristische Personen als Geschäftsführer der EPG, S. 24 ff.).

785 *Brandes*, Juristische Personen als Geschäftsführer der EPG, S. 21 ff.

786 *Schoenemann*, EWS 2014, 241, 246.

787 Art. 22 Abs. 4 S. 3 SUP-KOM.

788 Art. 22 Abs. 7 S. 1 iVm Art. 2 Abs. 5 SUP-KOM. Speziell zu dieser Regelung DAV (Handelsrechtsausschuss), NZG 2014, 1372, 1380, Punkt 88; *Dreher*, NZG 2014, 967;

nach dem einzelstaatlichen Recht kein Geschäftsführer sein könnte.[789] In der Konsequenz bedeutet dies eine erhebliche Haftungserstreckung.

Problematisch ist auch der Einsatz weitgehend vermögensloser Betriebsführungsgesellschaften, um sich der unternehmerischen Verantwortlichkeit zu entziehen.[790] Legt die Betriebsführungsgesellschaft in ihrer Geschäftsführungstätigkeit sodann nicht die gebotene Sorgfalt und Gewissenhaftigkeit zutage, gehen die Gläubiger im Falle einer Organhaftung mangels Zahlungsfähigkeit der Betriebsführungsgesellschaft weitgehend leer aus.

Im Bewusstsein dieser Risiken schließen die deutsche und österreichische GmbH, die französische SARL, die belgische SPRL-Starter, die portugiesischen Lda sowie die polnische Sp. z o. o. juristische Personen von der Eigenschaft als alleinige Geschäftsführer aus.[791] Der Kompromissvorschlag unter italienischer Ratspräsidentschaft fordert daher für den Fall, dass im nationalen Recht juristische Personen als Geschäftsführer zugelassen sind, dass mindestens einer der Geschäftsführer eine natürliche Person ist.[792] Damit werden juristische Personen nicht vollständig von der Geschäftsführung ausgeschlossen, gleichzeitig wird sichergestellt, dass die mit der Geschäftsführertätigkeit juristischer Personen verbundenen Gefahren eliminiert werden. Unter lettischer Ratspräsidentschaft finden sich dagegen keine Ausführungen zur subjektiven Eigenschaft der Geschäftsführer mehr. Dies bleibt nationalem Recht überlassen.

4) Beschlussfassung

Auch die eigenständige Beschlussfassung des Alleingesellschafters unterstreicht die Praktikabilität und Attraktivität der SUP als Konzernbaustein: Anstelle der Einberufung einer Gesellschafterversammlung darf der Alleingesellschafter die

Jung, EBLR 2015, 645, 685 f.; *Moench*, SUP, 2016, S. 136 ff; *Schoenemann*, EWS 2014, 241, 245 f.; *Teichmann*, in Lutter/Koch (Hrsg.), SUP, S. 37, 50 f.

789 *Schoenemann*, EWS 2014, 241, 246.

790 *Brandes*, Juristische Personen als Geschäftsführer der EPG, S. 67 f., ablehnend bereits *Helms*, EPG, 1998, S. 145 f.

791 § 6 Abs. 2 S. 1 GmbHG (für Deutschland); § 15 Abs. 1 S. 2 öGmbHG (für Österreich); Art. L-223-18 Abs. 1 und 2 Code de commerce (für Frankreich); Art. 255 S. 2 iVm Art. 211bis Code des Sociétés (für Belgien); Art. 252 Código das Sociedades Comerciais (für Portugal); Art. 201 § 3 KSH (für Polen). In der regulären belgischen SPRL sind juristische Personen als Geschäftsführer dagegen zulässig, hierzu *Kocks/Hennes*, Belgien, in: Süß/Wachter (Hrsg.), Handbuch des internationalen GmbH-Rechts, 3. Aufl. 2016, Rn. 87.

792 Art. 22 Abs. 4 S. 4 HS 2 und Erwägungsgrund 22 S. 2 SUP-IT-NOV.

Befugnisse der Hauptversammlung alleine ausüben.[793] Mangels Mehrgliedrigkeit wäre eine Gesellschafterversammlung auch nicht möglich, da diese naturgemäß das Zusammentreffen von mindestens zwei Anteilseignern voraussetzen würde. Zum Schutz des Rechtsverkehrs und zur Gewährung eines größtmöglichen Maßes an Transparenz legt der Richtlinienentwurf die schriftliche[794] Niederlegung für einen Zeitraum von fünf Jahren fest.[795]

Weitergehende förmliche Beschränkungen, insbesondere hinsichtlich Ort und Zeitpunkt der Beschlussfassung, sind untersagt.[796] Fälle, in denen der Alleingesellschafter verpflichtet ist, Tausende von Kilometern zurückzulegen, um bestimmte Beschlüsse zu unterzeichnen – einzig und allein, weil der Mitgliedstaat die Beschlussfassung aus der Ferne verbietet – dürfen somit bei der SUP nicht eingeführt werden.[797]

Die mit dem Verzicht einer förmlichen Gesellschafterversammlung verbundenen Entlastung von Form- und Verfahrensregelungen ist bereits aus der Zwölften Richtlinie bekannt und deckt sich mit den neuesten Bestrebungen im Aktienrecht, wonach die strengen Vorschriften zu Transaktionen mit nahe stehenden Personen und Unternehmen (sog. *related party transactions*[798]) nicht

793 Explizit Art. 21 Abs. 3 S. 1 SUP-KOM. Vgl. hierzu auch die entsprechende Regelung in Art. 4 Abs. 1 der Zwölften Richtlinie. Unter lettischer Ratspräsidentschaft wurde die Vorschrift daher in Art. 4 SUP-LV-MAR integriert.

794 „Schriftlich" bedeutet nach dem europäischen Sprachverständnis bereits die rein textliche Fixierung iSv § 126b BGB und ist somit weiter gefasst als die Schriftform nach § 126 Abs. 1 BGB. Vgl. zur Parallelproblematik bei anderen europäischen Richtlinien *Lutter/Bayer/J. Schmidt*, EuropUR, Rn. 20.32, 20.47, 20.58, 21.27, 21.38, 21.46, 22.37, 22.63, 22.76.

795 Art. 21 Abs. 1 SUP-KOM und Erwägungsgrund 21 S. 1 SUP-KOM; abweichend die für alle Einpersonengesellschaften geltende Regelung in Art. 4 Abs. 2 SUP-KOM in Teil 1 (dort allerdings keine fünfjährige Aufbewahrungsfrist) sowie Art. 4 Abs. 2 der Zwölften Richtlinie (dort keine fünfjährige Aufbewahrungsfrist, zudem ist neben der schriftlichen Beschlussfassung auch die Niederschrift zulässig). Im Kompromissvorschlag unter italienischer Ratspräsidentschaft wurde die Regelung des Art. 21 Abs. 1 gestrichen und in Art. 4 Abs. 2 SUP-IT-NOV integriert.

796 So ausdrücklich Art. 21 Abs. 3 S. 2 SUP-KOM. Unter lettischer Ratspräsidentschaft wurde die Vorschrift daher in Art. 4 Abs. 2 S. 4 SUP-LV-MAR integriert. Später findet sich die Vorschrift in Art. 7 Abs. 5 SUP-LV-APR. Vgl. bereits *Jung*, GmbHR 2014, 579, 590; für die Einpersonen-GmbH in Deutschland *Liebscher*, in: Münch.Komm. GmbHG, 2. Aufl. 2015, § 48 Rn. 179.

797 Vgl. Begründung SUP-LV-APR, Punkt 7.

798 Dieser Personenkreis umfasst Rechtsgeschäfte zwischen der Tochter- und der Muttergesellschaft sowie bedeutenden Gesellschaftern, Organmitgliedern und

für Gruppenmitglieder gelten sollen, die vollständig im Besitz der Muttergesellschaft stehen.[799] Die Erleichterung im Rahmen der Beschlussfassung ist der Einanteilsgesellschaft wesensimmanent und kann daher auch in Konzernstrukturen zu erheblichen Verfahrenserleichterungen beitragen.

Die ausschließlichen Zuständigkeiten des Alleingesellschafters, die nicht auf das Leitungsorgan delegiert werden dürfen, legt Artikel 21 Abs. 2 SUP-KOM fest: Genehmigung des Jahresabschlusses, Gewinnausschüttungen, Kapitalerhöhung und -herabsetzung, Bestellung und Abberufung der Geschäftsführer, Vergütung der Geschäftsführer, Sitzverlegung, Bestellung und Entlassung des Wirtschaftsprüfers, Umwandlung, Auflösung, Satzungsänderung. Im Kompromissentwurf unter italienischer Ratspräsidentschaft wurde die Aufzählung um Beschlüsse zu Fusionen und Übernahmen sowie zur Rücklagenbildung ergänzt; die Thematik der Sitzverlegung wurde dagegen gestrichen.[800] Die Enumeration ist nicht abschließend,[801] es wird lediglich ein kleiner Ausschnitt besonders wichtiger Zuständigkeiten dargelegt. Der Alleingesellschafter kann somit in Übereinstimmung mit der Satzung weitere Kompetenzen in seinen Aufgabenkreis ziehen.

Der Kompromissvorschlag unter lettischer Ratspräsidentschaft verzichtet dagegen vollständig auf eine Liste harmonisierter ausschließlicher Zuständigkeiten des Alleingesellschafters. Diese werden somit nationalem Recht überlassen. Insbesondere dürfen keine Einschränkungen bezüglich des konkreten Ortes, an dem die Beschlüsse gefasst werden, vorgenommen werden.[802] Die

---

Familienangehörigen, vgl. *Drygala*, AG 2013, 198, 206; *Mülbert*, ZHR 179 (2015), 645, 655 ff.; speziell für Italien *Scognamiglio* in: Hommelhoff/Lutter/Teichmann, Corporate Governance, S. 175, 191 f. Die Schaffung spezieller Regelungen für sog. *related party transactions* wurde bereits im Bericht der Reflection Group (Fn. 44) Kap. 4.3, S. 68 ff. gefordert, auf den im Aktionsplan 2012 (Fn. 58) in Fn. 53 pauschal verwiesen wird.

799 So Art. 9 c mit der Ausnahmebestimmung in Abs. 4 sowie Erwägungsgrund 19 des Richtlinienvorschlags zur Änderung der Aktionärsrichtlinie (Vorschlag für eine Richtlinie des Europäischen Parlaments und des Rates zur Änderung der Richtlinie 2007/36/EG im Hinblick auf die Förderung der langfristigen Einbeziehung der Aktionäre sowie der Richtlinie 2013/34/EU in Bezug auf bestimmte Elemente der Erklärung zur Unternehmensführung) v. 9.4.2014, COM (2014) 213 final. Hierzu *Bayer/J. Schmidt*, BB 2014, 1219, 1221; *Lanfermann/Maul*, BB 2014, 1283, 1286 ff.; *Lutter*, EuZW 2014, 687; *Schneider*, EuZW 2014, 641.

800 Art. 21 Abs. 2 lit. l und m SUP-IT-NOV.

801 Klargestellt in Art. 21 Abs. 2 SUP-IT-NOV („at least“).

802 Erwägungsgrund 11 UAbs. 2 S. 1 SUP-LV-APR bzw. Erwägungsgrund 11a S. 1 SUP-LV-MAI. *Jung*, EBLR 2015, 645, 683 Fn. 186 ordnet diesen in die Kategorie als „eigenständiger weitreichender Erwägungsgrund“ ein.

Mitgliedstaaten sind jedoch verpflichtet, dem Gründer verständliche, präzise und nutzerfreundliche Informationen über das anwendbare Recht zur Verfügung zu stellen.[803] Aufgrund der Streichung der harmonisierten ausschließlichen Zuständigkeiten des Alleingesellschafters müsste hierauf in der Mustersatzung, der Registrierungs-Website oder einem anderem, für den Gründer leicht zugänglichen Ort, hingewiesen werden.[804] Diese Informationen müssen kostenfrei in sämtlichen Amtssprachen des Mitgliedstaats zur Verfügung gestellt werden. Darüber hinaus haben sich die Mitgliedstaaten zu bemühen, die Informationen auch in anderen Landessprachen der Union, insbesondere in solchen des internationalen Geschäftsverkehrs, zur Verfügung zu stellen.[805]

5) Weisungsrecht

(a) **Grundsatz: Bindendes Weisungsrecht**

Neben dem in Artikel 21 Abs. 2 SUP-KOM zugewiesenen Zuständigkeitskatalog findet der Einfluss des Alleingesellschafters in der Erteilung von Weisungen an die Geschäftsführer zusätzliches Gewicht. In Konzernstrukturen kann die Muttergesellschaft somit die strategische Ausrichtung der Tochtergesellschaft nach ihren Bedürfnissen ausrichten.[806]

Leitbild des Kommissionsvorschlags ist ein grundsätzlich bindendes Weisungsrecht des Alleingesellschafters. Insofern verläuft die Regelung inhaltlich parallel zum deutschen GmbH-Recht.[807]

---

803 Art. 12 Abs. 1 und Erwägungsgrund 15c SUP-LV-MAR. Vgl. hierzu *Jung*, EBLR 2015, 645, 687.

804 Art. 12 Abs. 2 S. 1 Erwägungsgrund 15c S. 4 SUP-LV-MAR.

805 Art. 12 Abs. 2 S. 2 und 3 SUP-LV-MAR.

806 Vgl. dazu auch *Jung*, GmbHR 2014, 579, 590. Eingehend *Weller/Bauer*, ZEuP 2015, 6, 28 f. A.A. *Kindler*, ZHR 179 (2015), 330, 358, der eine Ausrichtung des Konzernrechts auf die Leitungsinteressen des herrschenden Unternehmens ablehnt.

807 § 37 GmbHG, hierzu *Buck-Heeb*, in: Gehrlein/Born/Simon, GmbHG, 3. Aufl. 2016, § 37, Rn. 11 ff.; *Kleindiek*, in: Lutter/Hommelhoff, GmbHG, 19. Aufl. 2016, § 37 Rn. 17 ff.; *Schneider/Schneider*, in: Scholz, GmbHG, 11. Aufl. 2012, § 37 Rn. 37 ff. Die Aufnahme des Weisungsrechts daher begrüßend *Adenauer*, AnwZert HaGesR 2014, Anm. 1, D. II. 4 b); *Hommelhoff*, KSzW 2014, 63, 67 f.; *Hommelhoff*, GmbHR 2014, 1065, 1071; *Jung*, GmbHR 2014, 579, 590; *Jung*, Der Gesellschafter 2014, 363, 364; *J. Schmidt*, GmbHR 2014, R129, R130; *Teichmann/Fröhlich*, MJ 21 (2014), 536, 540 f.; *Teichmann*, NJW 2014, 3561, 3561, 3564; *Teichmann*, ECFR 2015, 202, 227; aus Dänemark *Neville/Sørensen*, EBOR 15 (2014), 545, 579.

Auf europäischer Ebene ist ein gesellschaftsrechtliches Weisungsrecht dagegen längst keine gängige Praxis. Anders als im deutschen GmbH-Recht gewähren andere Mitgliedstaaten kein gesetzliches Weisungsrecht beziehungsweise erlauben ein solches ausschließlich durch statutarische Ermächtigung.[808] Insbesondere in Frankreich fürchtet man ein einschleichendes Konzernrecht und fordert, die „voreilige, unangepasste und lückenhafte“[809] Regelung ersatzlos zu streichen.[810]

(b) Begrenzung auf Vereinbarkeit mit nationalem Recht

Der in den Mitgliedstaaten unterschiedlich geregelten Gruppenpraxis trägt auch der Kommissionsvorschlag mit einer gesellschaftsrechtsimmanenten Schranke Rechnung: Das Weisungsrecht ist nur dann zulässig, wenn darin kein Verstoß gegen nationales Recht oder die Satzung vorliegt.[811] Dem Kommissionsvorschlag zufolge wäre somit in jedem Einzelfall zu prüfen, ob und inwieweit das mitgliedstaatliche Recht ein Weisungsrecht zulässt. Manche Mitgliedstaaten sind der Auffassung, dass eine Gesellschaft allein ihr Eigeninteresse verfolgen dürfe, sodass nachteilige Weisungen der abhängigen Gesellschaft zugunsten des Konzerns Schadensersatzpflichten oder sogar eine strafrechtliche Verantwortlichkeit der Geschäftsführer wegen Untreue nach sich ziehen.[812] Dass sich das Eigeninteresse der Gesellschaft in verflechteten Unternehmensstrukturen zugunsten des Interesses der Obergesellschaft verschieben dürfte, wird dabei unbeachtet gelassen.[813] Würde man auf europäischer Ebene eine Prävalenz des Konzerninteresses

---

808 So z. B. in den Niederlanden (Art. 239 Abs. 4 S. 1 Burgerlijk Wetboek II); dazu *Hirschfeld*, RIW 2013, 134, 135; *De Kluiver*, in: Viera González/Teichmann (Hrsg.), Private company law reform in Europe, S. 405, 415 f. Siehe allgemein *Weller/Bauer*, ZEuP 2015, 6, 22 ff.

809 Vgl. *André-Leruste* in der Stellungnahme der französischen Industrie- und Handelskammer (CCI Paris Ile-de-France) v. 5.6.2014, S. 11: „prématurée, inadaptée et lacunaire“.

810 So *André-Leruste* in der Stellungnahme der französischen Industrie- und Handelskammer (CCI Paris Ile-de-France) v. 5.6.2014, S. 11 sowie *Lecourt*, Revue des sociétés 2014, 699, 705. Für die Aufnahme des Weisungsrechts dagegen *Conac*, ECFR 2013, 194, 222; *Conac*, ECFR 2015, 139, 162; *Conac*, ZVglRWiss 114 (2015), 215, 238.

811 Art. 23 Abs. 2 SUP-KOM. Während *J. Schmidt*, GmbHR 2014, R 129, R130 davon ausgeht, dass es sich bei dem Verstoß gegen nationales Recht allein um allgemeine Regeln außerhalb des Gesellschaftsrechts handeln kann, ist mit *Teichmann*, NJW 2014, 3561, 3564 die Regelung als konzernimmanente Schranke auszulegen.

812 Vgl. hierzu die Länderberichte bei *Teichmann*, AG 2013, 184, 191 ff.; *Teichmann*, ZGR 2014, 45, 49 ff; *Kindler*, ZHR 179 (2015), 330, 359 ff.

813 Zu den durch Abhängigkeits- und Konzernverhältnisse begründeten Gefahren siehe *Emmerich/Habersack*, Konzernrecht, § 1 Rn. 23 ff.

schaffen, würde den Unternehmensgruppen ein Rechtsangebot zur Verfügung gestellt werden, mit Hilfe dessen sie in ganz Europa agieren könnten.[814]

(c) Beachtung von Fremdinteressen

Der Kompromissvorschlag unter italienischer Ratspräsidentschaft nimmt diese Überlegungen auf und verpflichtet den Geschäftsführer, im Falle von Weisungen nicht allein auf das Eigeninteresse der SUP abzustellen.[815] Zu berücksichtigen sei neben Drittinteressen wie Gläubiger, Umwelt- und Arbeitnehmerschutz auch das Gruppeninteresse. Dieses könne im Einzelfall im Konflikt mit dem Eigeninteresse der einzelnen Gesellschaft stehen.[816]

Die Berücksichtigung etwaiger Fremdinteressen wird jedoch unter den Vorbehalt der Vereinbarkeit mit nationalem Recht gestellt. Aufgrunddessen ist noch keine befriedigende, rechtssichere Lösung auf europäischer Ebene erreicht.[817] Gleichwohl weist die Aufnahme des Weisungsrechts bereits einen ersten Schritt zur Anerkennung eines binnenmarktweiten Gruppeninteresses[818] auf. Im Falle einer solchen Anerkennung könnte die Begrenzung des Weisungsrechts auf die Vereinbarkeit mit nationalem Recht gestrichen werden, womit für strukturell verfestigte Gruppen eine *Folgepflicht* zur Berücksichtigung des Konzerninteresses verankert würde.[819] Eine Ausnahme sollte in Anlehnung an die französische *Rozenblum-Formel*[820]

---

814 Für den Vorrang des Gruppeninteresses gegenüber dem Tochtereigeninteresse *Conac*, ECFR 2013, 194, 194 ff.; *Conac*, ECFR 2015, 139, 163; *Drygala*, AG 2013, 198, 203; *Drygala*, EuZW 2014, 491, 494 f.; *Hommelhoff*, KSzW 2014, 63, 64 f.; *Hommelhoff*, GmbHR 2014, 1065, 1071; *Teichmann*, NJW 2014, 3561, 3564; *Teichmann*, FAZ v. 17.7.2013, S. 19; *Teichmann*, ECFR 2015, 202, 228 f.; *Weller/Bauer*, ZEuP 2015, 6, 26, 31; *v. Werder*, Der Konzern 2015, 362, 368; kritisch dagegen *Mülbert*, ZHR 179 (2015), 645, 658 f, 667. Rechtsvergleichend zu der Problematik der Führung einer ausländischen Tochtergesellschaft nach den Maßstäben des Konzerninteresses *Teichmann*, AG 2013, 184, 191 ff.

815 Erwägungsgrund 23 S. 3 SUP-IT-NOV.

816 Erwägungsgrund 23 S. 4 SUP-IT-NOV.

817 Das Meinungsbild der Delegationen im Rat war hierzu stark gespalten (vgl. Ratsdokument 17018/14 v. 17.12.2014, S. 5 f.).

818 Vgl. hierzu auch den Aktionsplan 2012 (Fn. 58), Kap. 4.6, S. 17, siehe dazu oben Kapitel 5: A.II.2.a).

819 *Teichmann*, in Lutter/Koch (Hrsg.), SUP, S. 37, 51 ff.; *Weller/Bauer*, ZEuP 2015, 6, 28; vgl. auch zuletzt die Empfehlung des *Forum Europaeum on Company Groups*, ZGR 2015, 507, 515. A.A. *Kindler*, ZHR 179 (2015), 330, 358, der einen generellen Vorrang des herrschenden Unternehmens im Konzern ablehnt.

820 Chambre Criminelle de Cour de Cassation, 4.2.1985, JCP/E 1985, II n °14614 (zitiert nach *Maul*, NZG 1998, 965, 966); hierzu *Cozian/Viandier/Deboissy*, Droit des sociétés,

lediglich für existenzgefährdende Weisungen bestehen.[821] Eine derartige obligatorische Beachtung des Weisungsrechts wäre im Interesse der Einheitlichkeit und Rechtssicherheit erstrebenswert.[822]

(d) Streichung des Weisungsrechts

Unter lettischer Ratspräsidentschaft wurde das Weisungsrecht ersatzlos gestrichen. Ob ein Mitgliedstaat Weisungen der Muttergesellschaft an die Tochter sanktionsfrei zulässt, ist somit in jedem Einzelfall gesondert zu prüfen. Der in den Vorgängervorschlägen enthaltene potentielle europäische Mehrwert zur Strukturierung von Gruppen wurde insofern eliminiert.[823]

6) Sitzaufspaltung

(a) Von der Soll-Vorschrift...

Anders als Artikel 7 SE-VO verlangt der SUP-Kommissionsentwurf lediglich, dass der satzungsmäßige Sitz und ihre Hauptverwaltung oder Hauptniederlassung *innerhalb der EU* liegen müssen.[824] Die Gründung einer SUP ist somit auf das Unionsgebiet beschränkt. Gleichzeitig „sollten die Mitgliedstaaten nicht verlangen, dass sich der satzungsmäßige Sitz und die Hauptverwaltung einer SUP in demselben Mitgliedstaat befinden müssen“[825]. Vielfach wird aus diesem Erwägungsgrund die zwingende Möglichkeit der Sitzaufspaltung innerhalb der Union geschlossen.[826]

---

27. Aufl. 2014, Rn. 1586; Forum Europaeum Konzernrecht, ZGR 1998, 672, 705; *Hommelhoff*, KSzW 2014, 63, 65 f.; *Hommelhoff*, in: FS Stilz, S. 287, 294 f.; *Maul*, NZG 1998, 965, 966 f.; *Teichmann*, AG 2013, 184, 193 f.

821 *Hommelhoff*, KSzW 2014, 63, 67 f.

822 Ebenso *Drygala*, EuZW 2014, 491, 495. Sollte bezüglich der Weisungsbefugnis kein Konsens geschaffen werden, könnte laut *Weller/Bauer*, ZEuP 2015, 6, 29, 31 als Lösung lediglich die Inkorporierung sämtlicher Tochtergesellschaften im Mitgliedstaat der Muttergesellschaft erwogen werden. Aufgrund der Geltung der Gründungstheorie könnte so ein rechtssicheres Regime geschaffen werden, welches eine berechenbare und zuverlässige Konzernleitung ermöglicht.

823 Vgl. auch *Hommelhoff/Teichmann*, FAZ v. 10.6.2015, S. 15; *Kindler*, DB 2015, Nr. 37, Gastkommentar M5. Anders *Mülbert*, ZHR 179 (2015), 645, 667: „schon in der Fassung des Kommissionsentwurfs bildete das Weisungsrecht kein auch nur annäherndes Äquivalent zur Anerkennung eines unional determinierten Gruppeninteresses“.

824 Art. 10 SUP-KOM. Eine Verlegung des Sitzes außerhalb der EU ist damit nicht rechtsformwahrend zulässig; sie führt zur Auflösung der Gesellschaft (vgl. *Krauß/Meichelbeck*, BB 2015, 1562, 1566).

825 Erwägungsgrund 12 SUP-KOM.

826 *Conac*, ECFR 2015, 139, 171; *Drygala*, EuZW 2014, 491, 492; *Hommelhoff*, GmbHR 2014, 1065, 1074; *Jung*, GmbHR 2014, 579, 585; *Jung*, Der Gesellschafter 2014, 363,

Eine rein sprachlich- grammatikalische Auslegung kann diesen Rückschluss jedoch nicht von vornherein bestätigen. Die in den Erwägungsgründen verwendete Formulierung „sollte" ist vielmehr dahingehend zu interpretieren, dass die Sitztrennung seitens der Union zur Erreichung des Ziels der Verbesserung der grenzüberschreitenden Unternehmenstätigkeit zwar gewünscht ist, momentan jedoch noch nicht erreicht ist.[827] Im Gegensatz zu einer Soll-Formulierung, der zwingende Wirkung beigemessen wird, aber im Falle der Nichtbeachtung sanktionslos bleibt, gibt das „sollte" eine bloße Wunschvorstellung wieder. Die englische Sprachfassung lässt dagegen eine zwingende Interpretation der Vorschrift vermuten. Hier heißt es: "Member States *should not* require the registered office of an SUP and its central administration to be in the same Member State"[828]. Dieses „should" wird vielfach mit „soll" übersetzt; das deutsche „sollte" entspricht dagegen eher einem „ought to". Die verschiedenen Sprachfassungen weichen insofern voneinander ab. Während im deutschen und französischen die Nutzung des Konjunktivs II auf eine reine Erwartungshaltung schließen lässt, deutet die englische Sprachfassung eher auf die Verbindlichkeit der Sitztrennung hin. Die Formulierung „shall", welche als zwingende Bestimmung in Verträgen und Gesetzen dem deutschen „müssen" entspricht,[829] wurde dabei jedoch bewusst vermieden. Die rein sprachlich-grammatikalische Auslegung bietet somit keine zufriedenstellende Interpretation der Vorschrift. In Anlehnung an die deutliche Formulierung des Kommissionsvorschlags zur SPE[830] wäre hier eine Klarstellung wünschenswert.[831]

364; *Kindler*, ZHR 179 (2015), 330, 365; *Schoenemann*, EWS 2014, 241 Fn. 10, 14; *Seibert*, GmbHR 2014, R209, R210; *Wicke*, ZIP 2014, 1414, 1415; tendenziell auch *Beurskens*, GmbHR 2014, 738, 746.

827 Gleiches belegt die französische Sprachfassung („ne devraient pas").

828 Erwägungsgrund 12 SUP KOM der englischsprachigen Fassung.

829 Vgl. *Romain/Bader/Byrd*, Wörterbuch der Rechts- und Wirtschaftssprache, S. 743.

830 Vgl. Art. 7 Abs. 2 SPE-VO-KOM: „Die Hauptverwaltung oder Hauptniederlassung einer SPE muss sich nicht im gleichen Mitgliedstaat befinden wie ihr eingetragener Sitz." Die Möglichkeit der Sitzaufspaltung wurde jedoch im schwedischen Kompromissvorschlag wieder gestrichen (Art. 7 SPE-VO-SE). Der ungarische Kompromissvorschlag erlaubt die Sitzaufspaltung, soweit dies in Einklang mit dem geltenden nationalen Recht steht (Art. 7 SPE-VO-HU, vgl. SPE-Kompromissvorschlag unter ungarischer Ratspräsidentschaft, v. 23.5.2011, Doc. 10611/11). Zusammenfassend *Gutsche*, in: FS Hommelhoff, S. 285, 291 f.

831 Siehe hierzu auch den Änderungsvorschlag von *André-Leruste* in der Stellungnahme der französischen Industrie- und Handelskammer (CCI Paris Ile-de-France) v. 5.6.2014, S. 13: „La SUP peut transférer son siège social statuaire sur le territoire de

Die *ratio legis* bestätigt dagegen die als Soll-Vorschrift zu interpretierende Sitzaufspaltung. Das übergeordnete Ziel der SUP-Richtlinie ist die Stärkung des Binnenmarktes durch Gründungserleichterungen und die Flexibilisierung der operativen Geschäftstätigkeit.[832] Durch die Option, den Satzungs- und tatsächlichen Verwaltungssitz in verschiedenen Mitgliedstaaten ansiedeln zu dürfen, können sämtliche Tochtergesellschaften dem Mutterrecht unterstellt werden, ohne dort gleichzeitig den Verwaltungssitz ansiedeln zu müssen. Die Muttergesellschaft kann folglich die Registersitze sämtlicher Tochtergesellschaften in einem einzigen Mitgliedstaat konzentrieren.[833] Mit einer solchen organisatorischen Bündelung können die Mehraufwendungen, die typischerweise mit der Gründung von Tochtergesellschaften verbunden sind, gesenkt werden. Würde man zulassen, dass Mitgliedstaaten die Sitzeinheit verlangen dürfen, wäre damit unvermeidlich eine Schmälerung des bezweckten europäischen Mehrwertes verbunden. Die Kommission zielt mit der Sitzaufspaltung darauf ab, dass die Gesellschaften die „Vorteile des Binnenmarkts in vollem Umfang nutzen" können.[834] Die Sitztrennung könnte somit die Ausübung der Niederlassungsfreiheit und die binnenmarktweite Gruppenstrukturierung erleichtern.

Auf europäischer Ebene ist die Sitztrennung keinesfalls unumstritten.[835] Die Regelung des Kommissionsentwurfs wurde daher nicht nur in Kreisen der

---

tout Etat membre par décision de son associé unique. À cette fin, l'organe de direction doit attester de la solvabilité de la société. Le transfert du siège social statutaire d'un État membre à un autre n'emporte ni dissolution, ni perte de la personnalité juridique. "

832 Impact Assessment (Fn. 64), S. 22 sowie deren Zusammenfassung (Fn. 67), S. 3.

833 *Jung*, GmbHR 2014, 579, 582; *Lecourt*, Revue des sociétés 2014, 699, 703; *J. Schmidt*, FuS 2014, 232, 233.

834 Erwägungsgrund 12 SUP-KOM. Vgl. auch die Stellungnahme der Europäischen Kommission zu dem Beschluss des Bundesrates zum SUP-Vorschlag, v. 29.9.2014, C (2014) 6855 final, S. 4. Insoweit befürwortend *Jung*, Der Gesellschafter 2014, 363, 364, 368; *J. Schmidt*, GmbHR 2014, R129, R130; Deutscher Anwaltverein, Europa im Überblick (14/2014) v. 11.4.2014; Stellungnahme Nr. 31/2014 der Bundesrechtsanwaltskammer v. 21.7.2014, S. 4. Eher kritisch dagegen DAV (Handelsrechtsausschuss), NZG 2014, 1372, 1375, Punkt 39.

835 Vgl. hierzu den Zwischenbericht über den Vorschlag für eine Verordnung des Rates über das Statut der Europäischen Stiftung (COM (2012) 35 final v. 8.2.2012) v. 18.6.2013, bei der der Rechtsausschuss in Änderungsvorschlag 27 (zu Art. 35) die Beibehaltung der Sitzeinheit forderte: „Der Satzungssitz einer FE muss sich innerhalb der Europäischen Union in demselben Mitgliedstaat wie ihre Hauptverwaltung oder Hauptniederlassung befinden. […]".

Wissenschaft, sondern auch aus der Praxis, insbesondere seitens der Gewerkschaften, scharf angegriffen. Im Mittelpunkt der Diskussion standen dabei die Frage der Vereinbarkeit der Sitzaufspaltung mit der Rechtsprechungslinie des EuGH und die Auswirkungen auf das nationale Mitbestimmungsregime:

(1) Vereinbarkeit mit der EuGH-Judikatur

Der Bundesrat hält die Sitztrennung insbesondere bei Briefkastengesellschaften mangels tatsächlicher Ausübung einer wirtschaftlichen Tätigkeit für unvereinbar mit dem Begriff der Niederlassungsfreiheit nach Artikel 49, 54 AEUV.[836] Er schließt sich damit den Interpretatoren an, welche die Legitimität von Briefkastengesellschaften durch die EuGH-Judikatur in den Rechtssachen *Vale*[837] und *Cadbury Schweppes*[838] wieder einschränkt sehen.[839] Eine Gesellschaft, die im Hoheitsgebiet ihres Gesellschaftssitzes nur fiktiv angesiedelt ist, um sich eines besonders attraktiven Gesellschaftsrechts zu bedienen, sei eine „rein künstliche Gestaltung“ und nicht von der Niederlassungsfreiheit gedeckt.[840] Dem im Jahr 2008 in Deutschland eingefügten § 4a GmbHG wird daher eine überschießende Tendenz dahingehend beigemessen, dass die Zulassung der Verlegung des Verwaltungssitzes ins Ausland europarechtlich *nicht zwingend geboten* sei.[841]

---

836 Beschlussempfehlung der Ausschüsse zur SUP-Richtlinie, v. 30.6.2014, BR-Drs. 165/2/14, S. 8.

837 EuGH, Rs. C-378/10 (*Vale Epitesi kft*) = EuGH EuZW 2012, 621.

838 EuGH, Rs. C-196/04 (*Cadbury Schweppes)*, Slg. 2006, I-8031.

839 So die Interpretation nach *Cadbury Schweppes* (Fn. 838) in den Schlussanträgen des GA Manduro, v. 22.5.2008, C-210/06 – *Cartesio*, Tz. 29 sowie bei *Kindler*, in Münch. Komm.BGB, 7. Aufl. 2018, Band 12, IntGesR, Rn. 128 f.; *Kindler*, IPRax 2014, 272, 273 f.; *Roth*, Vorgaben der Niederlassungsfreiheit für das KapGesR, S. 12 ff.; *Roth*, EuZW 2010, 607; in Reaktion auf *Vale* (EuGH, Rs. C-378/10 = EuGH EuZW 2012, 621) *König/Bormann*, NZG 2014, 1241, 1242 f.; *Böttcher/Kraft*, NJW 2012, 2701, 2703; *Kindler*, EuZW 2012, 888, 891 f.; *Mörsdorf-Schulte*, KSzW 2014, 117, 127; *Roth*, ZIP 2012, 1744 f., *Roth*, in: Roth/Altmeppen, GmbHG, 8. Aufl. 2015, § 4a Rn. 43; wohl auch *Mörsdorf/Jopen*, ZIP 2012, 1398, 1399; *Wicke*, DStR 2012, 1756, 1758.

840 EuGH, (*Cadbury Schweppes)*, Fn. 838, Tz. 68.

841 *Bayer*, in: Lutter/Hommelhoff, GmbHG, 19. Aufl. 2016, § 4a Rn. 15 f.; *Mayer*, in: Münch.Komm.GmbHG, 2. Aufl. 2015, § 4a Rn. 66a; *Roth*, in: Roth/Altmeppen, GmbHG, 8. Aufl. 2015, § 4a Rn. 47; *Wicke*, GmbHG, 3. Aufl. 2016, § 4a Rn. 11. Im Rahmen der SUP-Diskussion explizit *Bormann*, in Lutter/Koch (Hrsg.), SUP, S. 23, 35; *Jung*, in: Schwarze (Hrsg.), EU-Kommentar, 3. Aufl. 2012, Art. 54 AEUV Rn. 37.

Nach Ansicht der Kommission steht die Möglichkeit der Trennung von Satzungs- und Verwaltungssitz im SUP-Vorschlag jedoch im Einklang mit der EuGH-Judikatur.[842] Es sei von der Niederlassungsfreiheit gedeckt, wenn eine Gesellschaft ihren Satzungssitz im Eintragungsstaat und den Sitz der Hauptverwaltung in verschiedenen Mitgliedstaaten hat. Es bestehe somit eine Wahlfreiheit der Gründer hinsichtlich des Satzungs- und Verwaltungssitzes.[843]

Eine solche Interpretation entspricht der allgemeinen Grundfreiheitendogmatik, die zumindest den Marktzugang schützt.[844] Die Gründung der Gesellschaft und die anschließende Niederlassung sind dabei zwei zu unterscheidende Vorgänge.[845] Nach *Cartesio* kann jeder Mitgliedstaat „sowohl die Anknüpfung bestimmen, die eine Gesellschaft aufweisen muss, um als nach seinem innerstaatlichen Recht gegründet angesehen werden und damit in den Genuss der Niederlassungsfreiheit gelangen zu können, als auch die Anknüpfung, die für den Erhalt dieser Eigenschaft verlangt wird"[846]. Sehen die Mitgliedstaaten nach dem Marktzutritt bestimmte Schutzmaßnahmen vor, sind diese nicht vom Beschränkungsverbot erfasst.[847] Unter Anschluss an diese Auffassung und der Tatsache, dass die Sitzaufspaltung nur in den Erwägungsgründen genannt wird, die als solche keinen Regelungsanspruch erheben, ist die Regelung zum Sitz der SUP als mit dem Primärrecht vereinbar einzustufen.

---

842 Stellungnahme der Europäischen Kommission zu dem Beschluss des Bundesrates zum SUP-Vorschlag, v. 29.9.2014, C (2014) 6855 final, S. 4. Sie schließt sich damit der Auffassung an, dass der EuGH trotz der Urteile *Cadbury Schweppes* und *Vale* keine Abkehr der bisherigen liberalen Rechtsprechungslinie vornehmen wollte (so *Bayer/J. Schmidt*, ZIP 2012, 1481, 1486; *Bayer/J. Schmidt*, KSzW 2014, 69; *Behme*, NZG 2012, 936, 939; *Drygala*, EuZW 2013, 569; *Eckert*, Int GesR, 2010, S. 68 ff.; *Habersack/Verse*, EuropGesR, § 3 Rn. 18; *Mäsch*, in Beck'scher Online-Kommentar, 31. Ed. 2013, Art. 12 EGBGB Rn. 88e; *Roth*, in: FS Hoffmann-Becking, S. 965, 968; *Teichmann*, ZGR 2011, 639, 671 ff.; *Teichmann*, DB 2012, 2085; *Schaper*, ZIP 2014, 810, 814 f.; *Schön*, ZGR 2013, 333, 352 ff.; *Verse*, ZEuP 2013, 458, 472 ff.).

843 Stellungnahme der Europäischen Kommission zu dem Beschluss des Bundesrates zum SUP-Vorschlag, v. 29.9.2014, C (2014) 6855 final, S. 4.

844 *Teichmann*, ZGR 2011, 639, 669 f.

845 *Teichmann*, in: Enzyklopädie Europarecht, § 6 Rn. 79ff.

846 EuGH (*Cartesio*, Fn. 87), Tz. 110.

847 Art. 49 Abs. 2 AEUV bestimmt ausdrücklich, dass sich die spätere Ausübung der selbstständigen Erwerbstätigkeit nach dem Rechtsregime des Aufnahmestaates richtet.

(2) Mitbestimmungsarbitrage

Ein weiterer Konflikt besteht in der Kombination der Sitzaufspaltung und den fehlenden Regelungen zur Mitbestimmung. Da sich eine eventuelle Arbeitnehmermitbestimmung nach dem mitgliedstaatlichen Recht bemisst, in dem sich der Satzungssitz befindet (Artikel 7 Abs. 4 SUP-KOM)[848], könnte dies zu einer erheblichen Mitbestimmungsarbitrage führen.[849] Denn nach § 1 MitbestG sind allein Inlandsunternehmen Adressaten der Mitbestimmung. Gesellschaften, die ihren Sitz im Ausland haben und lediglich Zweigniederlassungen in Deutschland haben, unterliegen keiner Mitbestimmung.[850]

---

848 Ausdrücklich Europäische Kommission v. 9.4.2014, MEMO/14/275, Nr. 15. Eine Höchstgrenze der Anzahl der Arbeitnehmer, wie im Vorfeld des Vorschlags angedacht, wurde im Richtlinien-Vorschlag nicht übernommen.

849 Beschlussempfehlung der Ausschüsse zur SUP-Richtlinie, v. 30.6.2014, BR-Drs. 165/2/14, S. 8; Beschlussempfehlung des Ausschusses für Recht und Verbraucherschutz (6. Ausschuss) zur SUP-Richtlinie, BT-Drs. 18/4843 v. 6.5.2015, S. 3; *Bormann*, in Lutter/Koch (Hrsg.), SUP, S. 23, 33; *Kindler*, ZHR 179 (2015), 330, 373 ff; *Lange*, 924. Sitzung des Bundesrats v. 11.7.2014, 248 (D); *Lecourt*, Revue des sociétés 2014, 699, 704, 707; *Steinwendter*, NZA 2014, 262, 264 f.; *Seibert*, GmbHR 2014, R209, R210; *Teichmann/Fröhlich*, MJ 21 (2014), 536, 544; *Wicke*, ZIP 2014, 1414, 1417; Arbeitsdokument des Rechtsausschusses zur SUP v. 6.2.2015 (Dok. PE549.150v01-00), S. 4; tendenziell auch DAV (Handelsrechtsausschuss), NZG 2014, 1372, 1375, Punkt 39. Die SUP daher ablehnend: Stellungnahme des DGB zum SUP-Vorschlag v. 15.7.2014, S. 3 f.; Stellungnahme der Österreichischen Notariatskammer v. 15.5.2014, AZ 532.30, S. 5; Stellungnahme der Bundesarbeitskammer Österreich v. 17.6.2014, S. 6 f., 10; Beschlussempfehlung der Ausschüsse zur SUP-Richtlinie, v. 30.6.2014, BR-Drs. 165/2/14, S. 9; Beschlussempfehlung des niedersächsischen Landtages v. 19.6.2014, Drs. 17/1649, S. 2; Stellungnahme des Europäischen Wirtschafts- und Sozialausschusses zum SUP-KOM v. 10.9.2014, INT/744, 1.5, 1.6 und 4.3; Stellungnahme der Chambre des Salariés Luxembourg v. 10.10.2014, S. 6; Gemeinsame Stellungnahme der Tarifvertragsparteien des Baugewerbes v. 30.1.2015, S. 3; *Harbarth*, ECFR 2015, 230, 237; *Schulte-Wrede*, SPE, 2015, S. 600, 602, *Sick*, Böckler Impuls 8/2016, S. 5; *Simantke*, Tagesspiegel v. 9.12.2014, S. 10; *Thannisch*, AiB 2015, 31. Anders dagegen *Conac*, ECFR 2015, 139, 173: Gefahr für Mitbestimmung übertrieben; zurückhaltend auch *Malberti*, ECFR 2015, 238, 270; *Moench*, SUP, 2016, S. 51. Vgl. zu der Problematik bereits die im Rahmen der SPE-Diskussion geführte Analyse von *Bormann/Böttcher*, NZG 2011, 411 mit potentiellen Strategien zur Umgehung der Mitbestimmung durch die Sitzaufspaltung; grundlegend auch *Hommelhoff*, ZEuP 2011, 7.

850 Vgl. Bericht des Ausschusses für Arbeit und Sozialordnung, BT-Drs. 7/4845 v. 10.3.1976, S. 4; *Gach*, in: Münch.Komm.AktG, 4. Aufl. 2014, § 1 MitbestG Rn. 6, 13; *Mertens/Cahn*, in: Köln.Komm.AktG, 3. Aufl. 2013, Anh. § 117 B § 1 MitbestG

Der SUP-Vorschlag enthält keine Regelungen zur Mitbestimmung. Nach Artikel 7 Abs. 4 SUP-KOM bestimmt sich das maßgebliche Recht nach dem Staat, in dem die SUP eingetragen ist (subsidiäre Anwendbarkeit nationalen Rechts). Existiert im Registrierungsstaat keine Arbeitnehmerbeteiligung im Aufsichts- beziehungsweise Verwaltungsrat, hat die SUP diesbezüglich keine Regeln zu beachten. Dies gilt selbst dann, wenn die SUP in einem Staat bloß registriert ist und in einem anderen Staat ihre Hauptverwaltung situiert. Die im Kommissionsvorschlag suggerierte Sitztrennung ermöglicht es somit, das nationale Recht mit dem für die Gesellschaft günstigsten System zu wählen, sodass ein erhebliches Risiko der Umgehung nationaler Mitbestimmungsregelungen (sog. *forum shopping*) besteht.[851] Was sich für die Unternehmer als liberal-progressive Regelung[852] erweist, gefährdet das traditionelle deutsche Mitbestimmungsregime.[853] Die in der Weimarer Zeit wurzelnde Mitbestimmung soll die Teilnahme der Arbeitnehmer an den Entscheidungsprozessen des Unternehmens sicherstellen, die Arbeitswelt humaner gestalten und gleichzeitig die Machtverhältnisse im Unternehmen kontrollieren. Diesem Schutz der Mitbestimmung hat sich auch die Union verschrieben.[854] Die Kombination von Sitzaufspaltung und fehlenden Regelungen zur Arbeitnehmermitbestimmung in der Richtlinie könnte dieses unternehmensrechtliche Konzept untergraben.[855] Zwar bestehen Überlegungen, das inländische Mitbestimmungsregime im Falle von Briefkastenfirmen auf ausländische Gesellschaften zu erstrecken[856], eine Arbeitnehmerhöchstgrenze

---

Rn. 3; *Ulmer/Habersack*, in: Ulmer/Habersack/Henssler, Mitbestimmungsrecht, 3. Aufl. 2012, § 1 Rn. 6.

851 Vgl. Arbeitsdokument des Rechtsausschusses des Europäischen Parlaments zur SUP v. 6.2.2015 (Dok. PE549.150v01-00), S. 4 sowie *Adenauer*, AnwZert HaGesR 2014, Anm. 1, D. II. 2.; *Beurskens*, GmbHR 2014, 738, 747; *Thannisch*, AiB 2015, 31, 32 f. Anders dagegen die Stellungnahme der Europäischen Kommission zu dem Beschluss des Bundesrates zum SUP-Vorschlag, v. 29.9.2014, C (2014) 6855 final, S. 4: Risiko des *forum shoppings* werde überwertet.

852 *J. Schmidt*, FuS 2014, 232, 234; *J. Schmidt*, in Lutter/Koch (Hrsg.), SUP, S. 1, 3.

853 Zu den Gestaltungsmöglichkeiten zur Umgehung der Mitbestimmung siehe *Kindler*, ZHR 179 (2015), 330, 373 ff.

854 Art. 153 Abs. 1 lit. f AEUV.

855 Diese Gefahr hat auch das Europäische Parlament erkannt. In der Entschließung des Europäischen Parlaments v. 2.2.2012, P6_TA (2012) 0019 zur grenzüberschreitenden Verlegung von Unternehmenssitzen findet sich das Ziel, den „Missbrauch von Briefkastenfirmen und Mantelgesellschaften zur Umgehung rechtlicher, sozialer und steuerlicher Bedingungen“ zu verhindern.

856 Hierzu *Teichmann*, ZIP 2016, 899 ff.

festzulegen[857] oder die Mitbestimmungsregeln der SE auf die SUP auszudehnen[858]. Die Regelung des Kommissionsentwurfs zum Sitz ist jedoch noch weit von einem Konsens entfernt.[859]

(3) Weitere Bedenken

Daneben wird befürchtet, dass mit der Zulässigkeit der Sitzspaltung das Gesellschaftskollisionsrecht „klammheimlich" vereinheitlicht werde, sodass binnenmarktweit die Gründungstheorie gelte.[860] Die Anerkennung der Gründungstheorie innerhalb der EU ist jedoch bereits durch die Rechtsprechungslinie des EuGH zur Niederlassungsfreiheit vorgegeben. Auch der Bundesgerichtshof hat sich mittlerweile für EU- und EWR-Gesellschaften klar zur Gründungstheorie bekannt.[861] Demzufolge unterfällt eine Gesellschaft dem Rechtsregime ihres Gründungsstaates, auch wenn sie in einem anderen Mitgliedstaat der Europäischen Union ihre Geschäftstätigkeit entfaltet. Allein im Verhältnis zu Drittstaaten können die Mitgliedstaaten an der traditionell verankerten Sitztheorie festhalten.[862] Kollisionsrechtliche Auswirkungen des SUP-Vorschlags sind demnach nicht zu erkennen.

---

857 So zur SPE bereits *Hommelhoff*, in: Hommelhoff/Schubel/Teichmann (Hrsg.), SPE, S. 23, 33 f.

858 Beschlussempfehlung des Ausschusses für Recht und Verbraucherschutz (6. Ausschuss) zur SUP-Richtlinie, BT-Drs. 18/4843 v. 6.5.2015, S. 4. Anders als bei der SE soll jedoch ein „Einfrieren" des Mitbestimmungsniveaus auf den Zeitpunkt der Entstehung der Gesellschaft gestrichen werden.

859 Vgl. auch *Beurskens*, GmbHR 2014, 738, 746 f.

860 *Bayer/J. Schmidt*, BB 2014, 1219, 1223; *Kindler*, ZHR 179 (2015), 330, 371, 377 ff.; *Steinwendter*, NZA 2014, 262, 263 f.; ebenso die Beschlussempfehlung der Ausschüsse zur SUP Richtlinie, v. 30.6.2014, BR-Drs. 165/2/14, S. 9; Stellungnahme des DGB zum SUP-Vorschlag v. 15.7.2014, S. 3; Stellungnahme der Österreichischen Notariatskammer v. 15.5.2014, AZ 532.30, S. 4 f.; Stellungnahme der Chambre des Salariés Luxembourg v. 10.10.2014, S. 7.

861 BGHZ 154, 185 (für EU-Auslandsgesellschaften) und BGHZ 64, 148 (für EWR-Auslandsgesellschaften). Zum Übergang der Sitztheorie zur Gründungstheorie ausführlich *Martin-Ehlers*, in: Sandrock/Wetzler (Hrsg.), Deutsches Gesellschaftsrecht im Wettbewerb der Rechtsordnungen, S. 1, 2 ff.

862 Vgl. *Schwarz*, EuropGesR, S. 179. Die Sitztheorie, die das maßgebliche Recht nach dem Verwaltungssitz bemessen hat, galt als weit verbreitete Kollisionsregel, so beispielsweise in Deutschland (zuletzt BGH NJW 2002, 3539), in Frankreich (Art. 1837 Code Civil) und Belgien (Art. 197 Code de commerce). Zur Sitztheorie in Frankreich *Zimmer*, RabelsZ 67 (2003), 299, 303.

Auch im Rahmen von Zwangsvollstreckungsmaßnahmen werden Schwierigkeiten gesehen, wenn nicht festgestellt werden kann, an welchem Ort sich das Gesellschaftsvermögen befindet.[863] Aufgrund der Eigenschaft der SUP als Kapitalgesellschaft könnte nur gegen die Gesellschaft, nicht jedoch gegen den Gesellschafter vorgegangen werden.[864] Befindet sich der Geschäftsort mit dem Gesellschaftsvermögen im Ausland, wären Anfragen bei den zuständigen Registern und Behörden im Ausland zu stellen.[865] Wird beim dortigen Handelsregister nicht die materielle Richtigkeit des Gesellschaftssitzes der Gesellschaft geprüft, könnte die Vollstreckung ins Leere laufen. Etwaigen Einzelzwangsvollstreckungen dürfen an dieser Stelle jedoch keine allzu große Bedeutung beigemessen werden. Denn meist wurzelt die fehlende Zahlung bei einer Kapitalgesellschaft weniger in der fehlenden Zahlungsbereitschaft, sondern vielmehr in der fehlenden Zahlungsfähigkeit. Die fehlende Zahlungsfähigkeit führt jedoch gem. §§ 15a, 16 InsO zur Eröffnung des Insolvenzverfahrens, bei dem anders als bei der Einzelzwangsvollstreckung nicht der Prioritätsgrundsatz, sondern das Ziel der gleichmäßigen Gläubigerbefriedigung[866] gilt. Einzelzwangsvollstreckungen sind zu diesem Zeitpunkt nicht mehr möglich.[867] Als Anknüpfungspunkt für die Bestimmung der internationalen Zuständigkeit und des anwendbaren Rechts für das Hauptinsolvenzverfahren wird der Ort herangezogen, an dem der Schuldner für gewöhnlich der Verwaltung seiner Interessen nachgeht und für Dritte feststellbar ist (sog. Center of Main Interest – COMI).[868] Für Gesellschaften und juristische Personen besteht dabei eine gesetzliche Vermutung, dass der Mittelpunkt der gesellschaftlichen Interessen der Registersitz der Gesellschaft ist.[869] Die Bedenken im Rahmen der Zwangsvollstreckung können diesen Überlegungen zufolge nicht bestätigt werden.

---

863 Beschlussempfehlung der Ausschüsse zur SUP-Richtlinie, v. 30.6.2014, BR-Drs. 165/2/14, S. 9; Stellungnahme der Bundesarbeitskammer Österreich v. 17.6.2014, S. 7; ferner *Bormann*, in Lutter/Koch (Hrsg.), SUP, S. 23, 34.

864 Vgl. zur GmbH *Merkt*, in: Münch.Komm.GmbHG, 2. Aufl. 2015, § 13 Rn. 62.

865 Für natürliche Personen vgl. § 755 Abs. 2 ZPO.

866 § 1 InsO.

867 § 89 Abs. 1 InsO.

868 Art. 3 Abs. 1 S. 1 EuInsVO (Verordnung (EG) Nr. 1346/2000 des Rates vom 29. Mai 2000 über Insolvenzverfahren, Abl. EG L 160 v. 30.06.2000, S. 1 ff., zuletzt geändert durch Art. 91 EuInsVO 2017 v. 20.5.2015, Abl. EU Nr. L 141, S. 19).

869 Art. 3 Abs. 1 S. 3 EuInsVO n.F.

(b) ... zur Option der Anordnung der Sitzeinheit

Infolge der erheblichen Kritik wurde im Ratsdokument unter italienischer Präsidentschaft die Regelung zur Sitztrennung modifiziert.[870] Zwar bleibt die Regelung grundsätzlich bestehen, dass der satzungsmäßige Sitz und die Hauptverwaltung oder Hauptniederlassung in der Union zu liegen haben und die Mitgliedstaaten die Sitzaufspaltung auf verschiedene Mitgliedstaaten zulassen sollten.[871] Diese Regelung wird im Kompromissvorschlag dahingehend präzisiert, dass die Mitgliedstaaten die Sitzeinheit bei der SUP nur dann anordnen dürfen, wenn eine solche auch für die nationale GmbH vorgesehen ist.[872] Der Mitgliedstaat darf folglich der SUP die Sitzaufspaltung nicht verbieten, wenn er eine solche gleichzeitig für seine nationale geschlossene Kapitalgesellschaftsform erlaubt. Andernfalls läge ein Verstoß gegen das unionsrechtliche Gleichbehandlungsgebot vor.

In Deutschland ist die Sitztrennung über § 4a GmbHG zulässig, wonach sich der Sitz der Gesellschaft als der Ort im Inland definiert, den der Gesellschaftsvertrag bestimmt.[873] Der Satzungssitz einer GmbH muss folglich zwingend im Inland liegen, jedoch ist es möglich, einen Verwaltungssitz zu wählen, der nicht notwendig identisch mit dem Satzungssitz ist und auch im Ausland liegen kann.[874] Der Gesetzgeber wollte mit der Einfügung des § 4a GmbHG gleichwertige Ausgangsbedingungen (*level playing field*) gegenüber vergleichbaren Auslandsgesellschaften schaffen, und die Gesellschaften, die nach bisherigem deutschen Recht in ihrer Mobilität eingeschränkt waren, fördern.[875] Daneben sollte auch deutschen Konzernen die Option eingeräumt werden, ausländische

---

870 Art. 10 und Erwägungsgrund 12 SUP-IT-NOV.

871 Art. 10 Abs. 1 SUP-IT-NOV. Es bleibt damit auch bei der „Soll"-Formulierung in Erwägungsgrund 12 S. 1 SUP-IT-NOV.

872 Vgl. Art. 10 Abs. 2 SUP-IT-NOV und Erwägungsgrund 12 S. 2 SUP-IT-NOV. Befürwortend *Conac*, ECFR 2015, 139, 172.

873 Die Einfügung des § 4a GmbHG in das GmbH-Gesetz war eine Reaktion auf die Rechtsprechung des EuGH, die es EU-Auslandsgesellschaften gestattet, ihren effektiven Verwaltungssitz in einen anderen Mitgliedstaat zu nehmen (vgl. *Bayer*, in: Lutter/Hommelhoff, GmbHG, 19. Aufl. 2016, § 4a Rn. 1).

874 Vor dem MoMiG wurde die Verlegung des Verwaltungssitzes ins Ausland als Auflösungsgrund eingestuft, vgl. statt vieler OLG München, 31 Wx 36/07 – DStR 2007, 1925. Hierzu kritisch *Teichmann*, Binnenmarktkonformes Gesellschaftsrecht, S. 171 ff.

875 Gesetzentwurf der Bundesregierung, Entwurf eines Gesetzes zur Modernisierung des GmbH-Rechts und zur Bekämpfung von Missbräuchen (MoMiG), v. 23.5.2007, S. 65.

Tochtergesellschaften mit der Rechtsform der GmbH zu gründen.[876] In der Folge dürfte die Bundesrepublik der SUP die Sitztrennung nicht verbieten, da die Aufspaltung des Sitzes auf verschiedene Mitgliedstaaten für die GmbH zulässig ist.[877]

Laut Kompromissvorschlag unter italienischer Ratspräsidentschaft dürfen die Mitgliedstaaten weiterhin nicht verlangen, dass der Geschäftsführer seinen Wohnsitz am Verwaltungssitz hat.[878] Eine derartige Regelung findet sich etwa in Frankreich, wonach ein ausländischer Geschäftsführer entweder einen festen Wohnsitz in Frankreich oder eine zumindest temporäre Aufenthaltsgenehmigung haben muss – Unionsbürger sind von dieser Einschränkung jedoch ausgenommen.[879] In Zeiten erhöhter Digitalität und Mobilität der Bürger und Unternehmen sollte eine Verwaltung aus der Ferne unter Heranziehung der modernen, elektronischen Kommunikationsmittel möglich sein.[880] Unter lettischer Ratspräsidentschaft wurde diese Vorschrift jedoch wieder eliminiert.

Die Regelung zum Sitz soll außerdem die Durchsetzung von Steueransprüchen und nationalen Mitbestimmungsregeln unberührt lassen.[881] Im Falle von doppelt ansässigen Gesellschaften bleibt aus steuerrechtlicher Perspektive jedoch noch einiges ungeklärt.[882]

---

876 So die Begründung des Gesetzentwurfs der Bundesregierung, Entwurf eines Gesetzes zur Modernisierung des GmbH-Rechts und zur Bekämpfung von Missbräuchen (MoMiG), v. 23.5.2007, S. 65.

877 Stellungnahme der Europäischen Kommission zu dem Beschluss des Bundesrates zum SUP-Vorschlag, v. 29.9.2014, C (2014) 6855 final, S. 4; *Böhm*, DIHK-Newsletter, Thema der Woche 13, v. 26.3.2015; DAV (Handelsrechtsausschuss), NZG 2014, 1372, 1375, Punkt 39.

878 SUP-IT-DEZ, Annex I, S. 3 und Erwägungsgrund 12 S. 3 SUP-IT-DEZ.

879 Vgl. *Döbereiner*, Frankreich in: Süß/Wachter (Hrsg.), Handbuch des internationalen GmbH-Rechts, 3. Aufl. 2016, Rn. 139.

880 So der Kompromissentwurf unter italienischer Ratspräsidentschaft v. 1.12.2014, Dok. 16010/14, Annex I, S. 3 und Erwägungsgrund 12 S. 3 SUP-IT-DEZ. Zur gleichgelagerten Thematik im GmbH-Recht *Kleindiek*, in: Lutter/Hommelhoff, GmbHG, 19. Aufl. 2016, § 6 Rn. 14 f.; *Stucke*, in: Hauschild/Kallrath/Wachter (Hrsg.), Notarhdb, § 16 Rn. 416.

881 Vgl. auch Erwägungsgrund 12 S. 3 SUP-IT-NOV.

882 Neben möglicher Doppelbesteuerungen droht ein „race to the bottom" zum steuergünstigsten Staat, da aktuell weder die Steuermessungsgrundlage noch die Steuersätze auf Unionsebene angeglichen sind. Vgl. die Stellungnahme der Bundessteuerberaterkammer v. 23.7.2014, S. 4 f. sowie das Arbeitsdokument des Rechtsausschusses zur SUP v. 6.2.2015 (Dok. PE549.150v01-00), S. 4. Eingehend zu steuerrechtlichen Fragestellungen bei doppelt ansässigen Gesellschaften *Schnitger*, IStR 2013, 82; speziell zur SUP *Reimer/Waldhoff*, DB 2015, 2106, 2107 ff.

(c) … zur Überlassung nationalen Rechts

Die Diskussion zur Regelung des Sitzes erscheint an dieser Stelle noch lange nicht abgeschlossen. Stimmen aus dem Europäischen Parlament forderten daher, die Thematik gänzlich nationalem Recht zu überlassen.[883] Dies wurde im Kompromissvorschlag unter lettischer Ratspräsidentschaft von April 2015 berücksichtigt. Die Regelung des Artikels 10 wurde vollständig gestrichen.[884] Stattdessen wurde betont, dass der Formwechsel in eine SUP nicht automatisch mit der Verlegung des Satzungssitzes verbunden ist. Angesichts der fehlenden Harmonisierung auf EU-Ebene könne mit dem Formwechsel nur dann ein Sitzwechsel verbunden sein, wenn dies sowohl im Wegzugs- als auch im Zuzugsstaat zulässig ist und/oder seitens EuGH für zulässig erklärt wurde.[885]

3. Resümee

Die Organisationsform der SUP soll für KMU, im Eigentum von KMU stehenden Unternehmensgruppen sowie für größere Unternehmen zur Verfügung stehen. Eine Einschränkung des Anwendungsbereichs der Richtlinie auf Kleinst- oder Kleinunternehmen sollte dabei nicht vorgenommen werden.

Für den Einsatz als Konzernbaustein fällt positiv ins Gewicht, dass der SUP-Vorschlag keine Grenzen hinsichtlich der Bestandsdauer, der Kapitalhöhe oder der Anzahl der Arbeitnehmer vorsieht und somit die nötige Flexibilität für Konzernstrukturen bieten. Auch der Verzicht auf eine förmliche Gesellschafterversammung bietet erhebliche Verfahrenserleichterungen.

Nachteilig ist dagegen das fakultative Verbot von Enkelkonstruktionen, das es den Mitgliedstaaten ermöglicht, Regeln aufzustellen, die es der SUP verbieten, Alleingesellschafter einer anderen haftungsbeschränkten Gesellschaft zu sein. Der Einsatz der SUP als Vehikel grenzüberschreitender Unternehmenstätigkeit ist hierdurch erschwert, da vor der Gründung einer Sekundärniederlassung Kenntnisse darüber zu erlangen sind, ob in diesem Mitgliedstaat derartige Beschränkungen normiert sind.

---

883 Entwurf einer Stellungnahme des Ausschusses für Binnenmarkt und Verbraucherschutz des Europäischen Parlaments (Dok. PE546.844v01-00 v. 29.1.2015, Änderungsanträge 15, 19 Erwägungsgründe 10b und 2, Änderungsantrag 70 Art. 10 sowie das Arbeitsdokument des Rechtsausschusses zur SUP v. 6.2.2015 (Dok. PE549.150v01-00), S. 4.

884 Vgl. *C. Müller*, AG-Report 2015, R172; *C. Müller*, GmbH-Report 2015, R186.

885 Erwägungsgrund 11 UAbs. 3 S. 3 SUP-LV-APR.

Über ein grundsätzlich bindendes Weisungsrecht könnte die Muttergesellschaft die Tochtergesellschaft nach dem Konzerninteresse ausrichten. Die Begrenzung auf die Vereinbarkeit mit nationalem Recht sorgt jedoch auch hier für keine einheitliche, rechtssichere Regelung. Erst die Integration einer Folgepflicht der Weisungen würde eine rechtssichere und uniforme Ausgestaltung von Gruppenstrukturen ermöglichen.

Auch die Regelung zur Sitztrennung bedarf insbesondere aufgrund der Umgehungsrisiken des nationalen Mitbestimmungsregimes einer Überarbeitung. Eine liberale Regelung bezüglich des Gesellschaftssitzes hätte zu einer flexibleren Gestaltung transnationalen Tätigwerdens beitragen können. Durch die Übertragung dieser Thematik auf nationales Recht bleiben Rechtsunsicherheiten und Beratungsbedarf bestehen.

Die im Kompromissentwurf unter lettischer Ratspräsidentschaft vorgenommenen Modifizierungen zur zeitlichen Existenz, etwaigen Gesellschafterketten und der Eliminierung des Weisungsrechts erweisen sich im Gegensatz zu den progressiven Vorgängervorschlägen als erheblicher Rückschritt. Hinter der Streichung der Normen zur Organisationsverfassung stand die Erkenntnis, dass zahlreiche Mitgliedstaaten für die Beibehaltung nationaler Regelungshoheit über die internen Angelegenheiten eingetreten sind. Die Attraktivität der SUP als Strukturelement im Konzern wird damit erheblich herabgesetzt. Für Gruppenstrukturen ist die SUP somit nach dem derzeitigen Rechtsstand noch nicht vollständig ausgereift.

III. Der einzige Geschäftsanteil

1. Unteilbarkeit

Das Kapital hat aus einem einzigem Geschäftsanteil zu bestehen.[886] Das bedeutet, dass weder weitere Geschäftsanteile ausgegeben werden dürfen noch dass dieser einzige Geschäftsanteil aufgeteilt werden darf. Damit soll das Risiko verhindert werden, dass Gesellschaften als SUP registriert bleiben, obwohl der Gesellschafter in der Zwischenzeit einige Anteile an Dritte veräußert hat und somit eine Mehrpersonen-SUP entsteht.[887] Dieses In-der-Hand-halten eines einzigen Geschäftsanteils stellt etwa in Frankreich eine Neuerung dar, wo es selbst

---

886 Art. 15 Abs. 1 S. 1 SUP-KOM. Vgl. auch die Legaldefinition der "Einpersonengesellschaft" in Art. 2 Abs. 1 SUP-KOM: „jede Gesellschaft, deren Anteile sich in der Hand einer einzigen Person befinden."

887 Sehr allgemein gehalten in Erwägungsgrund 20 S. 1: „Um Missbrauch zu verhindern und die Kontrolle von SUP zu vereinfachen, [...]".

in der Einpersonen-GmbH (EURL) verpflichtend ist, dass das Kapital in mehrere Anteile aufgeteilt wird, wenngleich die Anteile vollständig in den Händen des Alleingesellschafters gehalten werden.[888]

Möchte der Gesellschafter einen weiteren Gesellschafter aufnehmen, hat sich die Gesellschaft nach ihrem nationalen Recht aufzulösen oder in eine andere Rechtsform umzuwandeln.[889] Unter Umwandeln versteht der Kommissionsvorschlag dabei jeden Vorgang, durch den eine bestehende Gesellschaft aufhört, eine SUP zu sein.[890]

Außerdem besteht ein Verbot des Erwerbs des Anteils durch die SUP selbst.[891] Dieses Verbot gilt auch für den Fall, dass eine Person in eigenem Namen, aber in Auftrag der SUP handelt.[892] Ansonsten würde eine sich selbst gehörende Gesellschaft entstehen, ohne dass es außenstehende Gesellschafter gibt (sog. Keinmann-Gesellschaft).[893]

2. *Miteigentum am Geschäftsanteil*

Erlaubt das nationale Recht, dass mehrere Personen Eigentümer des Geschäftsanteils werden können, sind diese Personen laut Artikel 15 Abs. 3 S. 1 SUP-KOM dennoch als *ein* Gesellschafter in Bezug auf die SUP anzusehen.[894] Sie haben ihre

888 Vgl. Art. L-223-2 S. 2 Code de commerce. Die Regelung der SUP daher als „logisch" einstufend und begrüßend *André-Leruste* in der Stellungnahme der französischen Industrie- und Handelskammer (CCI Paris Ile-de-France) v. 5.6.2014, S. 9.

889 Art. 25 Abs. 1 S. 1 SUP-KOM.

890 Art. 2 Abs. 2 Alt. 2 SUP-KOM. „Der Vorgang, durch den eine bestehende Gesellschaft aufhört, eine SUP zu sein" konkretisiert der Änderungsvorschlag im Entwurf einer Stellungnahme des Ausschusses für Binnenmarkt und Verbraucherschutz des Europäischen Parlaments v. 29.1.2015, Dok. PE546.844v01-00, Änderungsantrag 54 Art. 2 Abs. 2: Umwandlung, wenn mehr als ein Gesellschafter, mehr als ein Anteil oder wenn die Gesellschaft nicht mehr unter die Kategorisierung als Kleinst- oder Kleinunternehmen fällt. Letzterer Punkt ist jedoch der Tatsache geschuldet, dass der Ausschussentwurf die Harmonisierungen nicht auf größere Unternehmen ausdehnen möchte.

891 Art. 15 Abs. 2 SUP-KOM.

892 So die Ergänzung in Art. 15 Abs. 2 SUP-LV-MAR.

893 DAV (Handelsrechtsausschuss), NZG 2014, 1372, 1377, Punkt 50; *Jung*, GmbHR 2014, 579, 587. Zur sog. „Keinmann-Gesellschaft" *Kreutz*, in: FS Stimpel, S. 379; *Paulick*, GmbH ohne Gesellschafter.

894 Die SUP daher als ein „Einanteilsgesellschaft" bezeichnend DAV (Handelsrechtsausschuss), NZG 2014, 1372, 1377, Punkt 48; dem folgend *Kindler*, ZHR 179 (2015), 330, 348; *Omlor*, GPR 2015, 158, 163.

Rechte durch einen Vertreter auszuüben und unverzüglich das Geschäftsführungsorgan der SUP zu unterrichten; der Vertreter ist in das zuständige Register eingetragen.[895] Bis zu dieser Unterrichtung kann die Ausübung der Gesellschafterrechte in Übereinstimmung mit nationalem Recht unterbunden werden.[896]

Der Kommissionsentwurf sah eine gesamtschuldnerische, solidarische Haftung der Miteigentümer für die seitens ihres Vertreters eingegangenen Verbindlichkeiten vor[897] – diese Regelung wurde jedoch im Kompromissvorschlag unter italienischer Ratspräsidentschaft im Dezember wieder gestrichen. Für die Meinungsbildung und Beschlussfassung, die sich in zweiter Reihe abspielt, sieht der Richtlinienentwurf keine Regelungen vor, sodass insofern nationales Recht gilt.[898]

Neben der Umwandlung einer Mehrpersonen-GmbH in eine SUP[899] ist Artikel 15 Abs. 3 SUP-KOM insbesondere für den Fall vorgesehen, dass eine natürliche Person als Alleingesellschafter verstirbt und eine Bruchteilsgemeinschaft oder Gesamthandsgemeinschaft in Form der Erbengemeinschaft entsteht.[900] Auch in Deutschland würde bei mehreren Erben eine Erbengemeinschaft entstehen, bei dem der zum Vermögen des Erblassers gehörende GmbH-Anteil unmittelbar und ungeteilt auf die Erben übergeht.[901] Die grundsätzlich gesamthänderische Ausübung der Gesellschafterrechte müsste somit durch einen gemeinsamen Vertreter der Mitberechtigten erfolgen.[902] Ein weiterer Anwendungsfall der Norm ist das eheliche Güterrecht.[903] Im Schrifttum wird Artikel 15 Abs. 3 SUP-KOM zudem als Vehikel für eine gemeinnützige Mehrpersonengesellschaft[904] oder eine atypische stille Gesellschaft[905] angedacht.

---

895 Art. 15 Abs. 3 S. 2 und 5 SUP-KOM.

896 Art. 15 Abs. 3 SUP-KOM.

897 Art. 15 Abs. 3 S. 4 SUP-KOM.

898 Kritisch zu dieser Regelungslücke *Lanfermann/Maul*, BB 2014, 1283, 1292, 1294.

899 Siehe Kapitel 5: B.II.2.

900 Vgl. Erwägungsgrund 20 S. S. 4 SUP-IT-NOV. Speziell zu Art. 15 Abs. 3 SUP-KOM *Grunewald*, in: FS Müller-Graff, S. 290 ff.; *Omlor*, GPR 2015, 158.

901 § 1922 Abs. 1 BGB iVm § 15 Abs. 1 Alt. 2 GmbHG.

902 Aufgrund der bereits bestehenden Dispositivität des § 18 Abs. 1 GmbHG dürften dahingehend jedoch keine Schwierigkeiten zu erwarten sein. Zur Rechtsstellung des Vertreters im Rahmen von Art. 15 Abs. 3 SUP-KOM siehe *Grunewald*, in: FS Müller-Graff, S. 290, 292 f.; *Omlor*, GPR 2015, 158, 163.

903 Neu eingefügt durch Erwägungsgrund 20 S. 4 SUP-LV-MAI.

904 *Omlor*, NZG 2015, 665, 668. Zum kumulativen Bestehen von Gesellschaft und Gemeinschaft siehe *Omlor*, GPR 2015, 158, 160.

905 *Reimer/Waldhoff*, DB 2015, 2106, 2108.

Die Regelung des Artikels 15 Abs. 3 SUP-KOM ist somit als „Notbehelf"[906] im Falle des Todes des Alleingesellschafters oder des sonstigen Entstehens einer Bruchteilgemeinschaft einzuordnen. Zur Stärkung des Rechtsverkehrs wurde überdies festgeschrieben, dass sämtliche Miteigentümer einer Identitätskontrolle zu unterliegen haben.[907]

Gleichwohl ist der Sinn der Regelung zu hinterfragen. Denn das Verhältnis der Anteilseigner untereinander ist in den Richtlinienvorschlägen nicht normiert, sodass für das Innenverhältnis auf nationales Recht oder eine vertragliche Vereinbarung zurückzugreifen ist. Dies birgt erneute Rechtsunsicherheiten. Zudem ergibt sich ein systematischer Widerspruch zu Artikel 25 SUP-KOM, der die Umwandlung der Gesellschaft für den Fall anordnet, dass die Voraussetzungen der Richtlinie nicht mehr eingehalten werden. Könnte man an dieser Stelle zur Beibehaltung des status quo in eine Einanteilsgesellschaft mit Hintermännern flüchten, würde die Grundvoraussetzung – die Einpersonen-Gesellschaft – zur reinen Farce. Möchte sich der europäische Gesetzgeber zunächst auf die Angleichung Einpersonen-Gesellschaft beschränken, sollte er hierin auch konsequent bleiben und die Möglichkeit des Miteigentums am Geschäftsanteil streichen.[908] Andernfalls könnte er gleich – wie teilweise gefordert[909] – die Harmonisierung auf Mehrpersonengesellschaften ausdehnen.

906 *Schoenemann*, EWS 2014, 241, 246; die Regelung als unproblematisch empfindend auch *Lau Hansen*, ECFR 2015, 177, 186.

907 Klarstellend hierzu Art. 15 Abs. 3 UAbs. 2 des Zweiten Arbeitsdokument des Rechtsausschusses des Europäischen Parlaments v. 5.1.2016, Dok. PE575.031v01-00: „The representative must prove his or her identity in the same manner as the founder or founders, […].

908 Eine Streichung verlangt auch der Entwurf einer Stellungnahme des Ausschusses für Binnenmarkt und Verbraucherschutz des Europäischen Parlaments, vgl. Dok. PE546.844v01-00 v. 29.1.2015, Änderungsantrag 96 Art. 15 Abs. 3.

909 *Grunewald*, in: FS Müller-Graff, S. 290, 294; *Harbarth*, ECFR 2015, 230, 234 (welcher der SUP jedoch ablehnend gegenübersteht); *Lanfermann/Maul*, BB 2014, 1283, 1294; *Lecourt*, Revue des sociétés 2014, 699, 706 f.; *J. Schmidt*, GmbHR 2014, R129, R130; *J. Schmidt*, FuS 2014, 232, 233.

IV. Rechtsformzusatz

1. Vom rein europäischen Rechtsformzusatz…

Bei der Firmierung ist der Rechtsformzusatz „SUP“ als Abkürzung der lateinischen Bezeichnung Societas Unius Personae zu verwenden.[910] Diesen Zusatz dürfen ausschließlich SUPs benutzen. Laut Kommissionsvorschlag soll sichergestellt werden, dass die Gesellschaft auf europäischer Ebene schnell identifiziert werden kann und es eine einheitliche, neutrale Bezeichnung der Rechtsform gibt.[911] Gewinnt die SUP das Label einer vertrauenswürdigen, europäisch geprägten Rechtsform, könnten die Unternehmer mit diesem *„passeport“*[912] auch im Ausland auftreten, ohne sogleich als Briefkastengesellschaft abgestempelt zu werden – denn unionsweit bekannte Standards bei der Gründung, den Kapitalvorschriften und der Organisationsverfassung bauen Hemmnisse vor der „fremden“ Rechtsform ab.[913] Insofern ist eine einheitliche Firmierung zu unterstützen.

Ein Hinweis auf das Herkunftsland wird mit der EU-Abkürzung „SUP“ im Kommissionsvorschlag nicht gegeben. Die SUP würde danach sowohl in Deutschland, Griechenland, Spanien oder Frankreich als diese Gesellschaftsform firmieren, ohne dass nach außen ersichtlich wäre, welchem Staat die Gesellschaft eigentlich entstammt.

Teilweise werden die im Briefkopf oder der E-Mail-Signatur liegenden Informationen zum Registersitz und dem zuständigen zentralen Register zur Ermittlung der Herkunft der SUP als ausreichend erachtet.[914] Dafür könnte sprechen, dass auch bei supranationalen Gesellschaften eine Herkunftsbezeichnung im Rechtsformzusatz bewusst weggelassen wird.[915]

---

910 Art. 6 Abs. 1 S. 2, Art. 7 Abs. 3 SUP-KOM. *Jung*, GmbHR 2014, 579, 583 sieht auch die Verwendung der Langform „Societas Unius Personae“ als zulässig an – dagegen jedoch *Adenauer*, AnwZert HaGesR 2014, Anm. 1, D II. 1; *Moench*, SUP, 2016, S. 38.

911 Vgl. Erwägungsgrund 9 SUP-KOM. Den Terminus als für die Praxis ungeeignet ansehend dagegen *Lecourt*, Revue des sociétés 2014, 699, 707.

912 So die Bezeichnung von *André-Leruste* in der Stellungnahme der französischen Industrie- und Handelskammer (CCI Paris Ile-de-France) v. 5.6.2014, S. 7. Ebenso *Conac*, ECFR 2015, 139.

913 Vgl. auch *Jung*, Der Gesellschafter 2014, 363, 368; *Jung*, EBLR 2015, 645, 656; *Moench*, SUP, 2016, S. 38 f.; *J. Schmidt*, FuS 2014, 232, 233.

914 *Jung*, GmbHR 2014, 579, 583; *Jung*, EBLR 2015, 645, 656 f., jeweils mit Verweis auf Art. 5 lit. a und b der Publizitätsrichtlinie (2009/101/EG), nunmehr Art. 26 lit. a und b der Gesellschaftsrechtsrichtlinie.

915 Vgl. Art. 11 SE-VO und Art. Art. 6 SPE-VO-HU (SPE-Kompromissvorschlag unter ungarischer Ratspräsidentschaft, v. 23.5.2011, Doc. 10611/11).

Trotz der Angleichung bestimmter Kernbereiche bleibt die SUP doch eine nationale Gesellschaftsform. Mit der Bezeichnung SUP würde das fälschliche Bild einer supranationalen Rechtsform vermittelt, obwohl es sich in Wirklichkeit um eine bloß harmonisierte GmbH-(Unterrechts-)form handelt.[916] Zudem werden mangels offenkundiger nationaler Identifizierbarkeit Rechtsunsicherheiten bezüglich des anwendbaren Rechts befürchtet:[917] Nach Artikel 7 Abs. 4 SUP-KOM findet nationales Recht Anwendung, sofern in der Richtlinie zu einer Thematik nichts geregelt ist. Welches der 28 nationalen Rechte zum Tragen kommt, bestimmt sich somit nach dem Recht des Eintragungsstaates. Für die Bestimmung des anwendbaren Rechtsregimes ist daher zusätzlicher Aufwand erforderlich.

Der hohe Informationswert, der dem Rechtsformzusatz beigemessen wird, ist auch der EuGH-Judikatur zu entnehmen.[918] So führte der Gerichtshof in *Inspire*

---

916 Stellungnahme zum SUP-Richtlinien-Vorschlag der Österreichischen Rechtsanwaltskammer (ÖRAK), BMJ-Z10.070 SM/0003-I 3/2014, S. 2; ähnlich auch die Ausschussempfehlung des Bundesrats, v. 12.5.2014, BR-Drs. 165/1/14, S. 2 sowie die erneute Beschlussempfehlung der Ausschüsse zur SUP-Richtlinie, v. 30.6.2014, BR-Drs. 165/2/14, S. 10 f; weiterhin Stellungnahme des Europäischen Wirtschafts- und Sozialausschusses zum SUP-KOM v. 10.9.2014, INT/744, 4.1.1; DAV (Handelsrechtsausschuss), NZG 2014, 1372, 1373 f. (Punkt 8 und 27). Siehe auch *André-Leruste* in der Stellungnahme der französischen Industrie- und Handelskammer (CCI Paris Ile-de-France) v. 5.6.2014, S. 5: „La logique soustendant la proposition de directive se rapproche de celle qui a prévalu pour la societas europaea (SE)."; ferner *Conac*, ECFR 2015, 139, 154; *Jung*, GmbHR 2014, 579, 581; *Jung*, Der Gesellschafter 2014, 363, 367; *Lecourt*, Revue des sociétés 2014, 699, 707; *Omlor*, NZG 2014, 1137, 1139; *Thomale*, ZEuP 2015, 517, 541; *Wicke*, ZIP 2014, 1414, 1417 („Etikettenschwindel").

917 So die Stellungnahmen zum SUP-Richtlinien-Vorschlag der Österreichischen Rechtsanwaltskammer (ÖRAK), BMJ-Z10.070 SM/0003-I 3/2014, S. 6, Gemeinsame Stellungnahme des BDA, BDI und der DIHK zum SUP-KOM v. 18.7.2014, S. 4; Analyse des Centrums für Europäische Politik (cep) Nr. 31/2014 v. 18.8.2014, S. 3; Stellungnahme der Österreichischen Notariatskammer v. 15.5.2014, AZ 532.30, S. 5; Beschlussempfehlung der Ausschüsse zur SUP-Richtlinie, v. 30.6.2014, BR-Drs. 165/2/14, S. 12; Stellungnahme des Europäischen Wirtschafts- und Sozialausschusses zum SUP-KOM v. 10.9.2014, INT/744, 1.4 und 4.4.1; ferner *Conac*, ECFR 2015, 139, 154 f.; *Lecourt*, Revue des sociétés 2014, 699, 707; *Krauß/Meichelbeck*, BB 2015, 1562, 1564; *Steinwendter*, NZA 2014, 262, 264; *Wicke*, ZIP 2014, 1414, 1416 f.; *Wicke*, in: Hommelhoff/Schubel/Teichmann (Hrsg.), SPE, S. 107, 116.

918 EuGH, Rs. C-212/97 (*Centros*), Slg. 1999, I-1459, Tz. 36; EuGH, Rs. C-167/01 (*Inspire Art*), Slg. 2003, I-10155, Tz. 135. Das sog. „Informationsmodell" als Leitfaden der Harmonisierung analysierend *Grundmann*, EuropGesR, S. 227 ff.; *Grundmann*, ZIP 2004,

Art aus:[919] „Ihre potenziellen Gläubiger sind hinreichend darüber unterrichtet, dass sie [*Anm.: die Limited*] anderen Rechtsvorschriften als denen unterliegt, die in den Niederlanden die Gründung von Gesellschaften mit beschränkter Haftung regeln, unter anderem, was die Vorschriften über das Mindestkapital und die Haftung der Geschäftsführer betrifft." Allein der Rechtsformzusatz soll Außenstehende somit bereits über die Herkunft der Gesellschaft, deren Kapital und Gläubigerschutz aufklären. Zeichnet der EuGH das Leitbild eines intelligenten, verständigen Gläubigers[920], der sich aufgrund der ihm bereitgestellten Informationen selbstständig informieren kann,[921] besteht im Falle der SUP ein Informationsdefizit im Hinblick auf das anwendbare Recht.

Ein rein europäisches Label ist daher mangels Supranationalität der SUP sowie aufgrund des mangelnden Informationswertes im Hinblick auf das anwendbare Recht abzulehnen.

2. … *über einen obligatorischen Länderzusatz*

Zu Recht wurde daher im Kompromissvorschlag unter italienischer Ratspräsidentschaft ein Länderzusatz hinzugefügt.[922] Danach ist die SUP um den entsprechenden Landeszusatz zu ergänzen, wobei der Länderzusatz im Falle der Neugründung vorangestellt sowie im Falle der Umwandlung noch zusätzlich hinten angefügt werden soll. SUPs aus Frankreich, Italien oder Deutschland

---

2401, 2405 ff.; *Grohmann*, Informationsmodell, S. 126 f. Kritisch hierzu *Grohmann*, EWS 2007, 540; *Schön*, in: FS Canaris, S. 1191, 1193 ff.

919 EuGH (*Inspire Art*, Fn. 918), Tz. 135.

920 *Martin-Ehlers*, in: Sandrock/Wetzler (Hrsg.), Deutsches Gesellschaftsrecht im Wettbewerb der Rechtsordnungen, S. 1.

921 Anders dagegen in EuGH, Rs. 32/74 (*Haaga)*, Slg. 1974, 1201: Hier hält der Gerichtshof es für geboten, auch Angaben im Register zu machen, die sich „ohne weiteres aus den nationalen Rechtsvorschriften ergeben oder offenkundig erscheinen mögen; denn von Außenstehenden kann keine vollständige Kenntnis der Rechtsvorschriften eines anderen Mitgliedstaates oder der dort vorherrschenden Handelsbräuche erwartet werden." (Tz. 6). Zu diesem Kontrast in der Rechtsprechung des EuGH *Teichmann*, Binnenmarktkonformes Gesellschaftsrecht, S. 213.

922 Vgl. Art. 7 Abs. 3 S. 1 und Erwägungsgrund 9 SUP-IT-NOV. Auch der Entwurf einer Stellungnahme des Ausschusses für Binnenmarkt und Verbraucherschutz des Europäischen Parlaments sieht die Verwendung eines Landeszusatzes vor (Dok. PE546.844v01-00 v. 29.1.2015, Änderungsantrag 30 Erwägungsgrund 15e und Änderungsantrag 1 Art. 13 Abs. 1 lit. a). Ebenso zuletzt Art. 7 Abs. 3 S. 2 des Zweiten Arbeitsdokuments des Rechtsausschusses des Europäischen Parlaments v. 5.1.2016, Dok. PE575.031v01-00.

würden somit folgendermaßen lauten: Bei Neugründung (FR) SUP, (IT) SUP, (DE) SUP bzw. bei Gründung durch Umwandlung SUP (FR) SUP, SUP (IT) SUP, SUP (DE) SUP. Im zweiten Fall würde die Firmierung damit doppelt erscheinen.

Nur SUPs dürfen diesen Rechtsformzusatz verwenden.[923] Einschränkend gilt jedoch für nationale Gesellschaften, die bereits vor Inkrafttreten der Richtlinie die Bezeichnung „SUP" in der Firmierung enthielten, dass diese ihren Namen beibehalten können (Bestandsschutzregelung).[924] Über die Länderbezeichnung distanziert man sich von der scheinbar europäischen, supranationalen Rechtsform der SUP. Überdies wird erhöhte Transparenz und Rechtssicherheit im Geschäftsverkehr geschaffen. Für die Unternehmenspublizität und zum Schutz der Gläubiger ist die Schaffung von Gewissheit über die im Außenverhältnis relevanten Unternehmensverhältnisse unerlässlich.[925]

3. … zur Mitgliedstaatenoption

Eine weitere Modifizierung erfolgte im Kompromissvorschlag unter lettischer Ratspräsidentschaft. Danach bleibt es bei der zwingenden Verwendung der Abkürzung „SUP"; die Ergänzung des Länderzusatzes wird jedoch zur Disposition der Mitgliedstaaten gestellt. Anstelle des obligatorischen Länderzusatzes ist ein solcher nur fakultativ hinzuzufügen (Mitgliedstaatenoption).[926] Auch die konkrete Ausgestaltung der Länderkennzeichnung soll dem Mitgliedstaat freigestellt werden: Sie können entweder die offizielle Länderkodierung verwenden (etwa SUP-DE, SUP-FR, SUP-GB) oder auf die jeweilige Abkürzung der nationalen privaten Kapitalgesellschaftsrechtsform zurückgreifen (etwa SUP-GmbH, SUP-EURL, SUP-Ltd.)[927] Die Reputation einzelstaatlicher Rechtsformen soll damit erhalten bleiben.[928]

Gleichwohl ist eine solche Mitgliedstaatenoption zu kritisieren: Der intendierte Erhalt der Reputation mitgliedstaatlicher Rechtsformen wirkt ausschließlich zugunsten der starken, kontinental- und westeuropäischen Rechtstraditionen. Während der deutsche Gesetzgeber somit wohl einen Landeszusatz verwenden

---

923 Art. 7 Abs. 3 S. 2 SUP-IT-NOV.

924 Art. 7 Abs. 3 S. 3 SUP-IT-NOV. Gleichsinnig bereits Art. 11 Abs. 3 SE-VO.

925 Allgemein *K. Schmidt*, HandelsR (I), § 11 I 1.

926 Art. 7 Abs. 3 S. 2 und Erwägungsgrund 9 S. 2 SUP-LV-MAR. Siehe hierzu *Jung*, EBLR 2015, 645, 657; kritisch *Kindler*, DB 2015, Nr. 37, Gastkommentar M5.

927 Erwägungsgrund 9 S. 3 SUP-LV-MAR. Vgl. auch die Anmerkung zu den Kernänderungen unter lettischer Ratspräsidentschaft, SUP-LV-MAR, S. 2.

928 *Conac*, ECFR 2015, 139, 155.

wird, ist zu vermuten, dass Mitgliedstaaten mit eher unbekannteren Kapitalgesellschaftsformen eher auf diesen Hinweis verzichten werden. Gerade die osteuropäischen Rechtsformen genießen auf dem Markt keine hohe Reputation und sind in der Geschäftswelt weniger bekannt, sodass dort wohl das rein europäische Label SUP eingesetzt werden könnte. Der kundige Betrachter könnte einer Gesellschaft mit dem bloßen Zusatz SUP leicht entnehmen, dass diese aus einem Mitgliedstaat mit geringerer Reputation stammt.

Ohne Länderzusatz geht der Informationswert im Hinblick auf das anwendbare Recht verloren. Die SUP ist in zahlreichen Aspekten an nationales Recht gebunden, denn die Richtlinie nimmt nur eine Kernbereichsharmonisierung vor und verweist für die übrigen Angelegenheiten auf das national anwendbare GmbH-Recht. Dieses anwendbare Recht sollte für den Ausstehenden auf den ersten Blick erkennbar sein.[929]

B. Gründung

I. Gründungssubjekte

Zur Gründung berechtigt ist jede natürliche oder juristische Person, die ihren Registersitz in der Europäischen Union hat.[930]

Im Gegensatz zu Artikel 2 Abs. 2 lit. a der Zwölften Richtlinie, bei der die Mitgliedstaaten eine Beschränkung der Anzahl an Einpersonen-GmbHs, die eine natürliche Person neu gründen darf,[931] vorsehen können, ist eine solche

929 In diese Richtung geht wohl auch die Tendenz im Europäischen Parlament. Im Rechtsausschuss wurde wieder ein verpflichtender Länderzusatz aufgenommen; vgl. Art. 6 Abs. 3 S. 2 des Second Working Document on the proposal for a directive of the European Parliament and of the Council on single-member private limited liability companies v. 05.01.2016, Dok. PE575.031v01-00.

930 Art. 8 SUP-KOM. Gleichsinnig auch der Entwurf des European Model Company Acts (EMCA): keine Restriktionen für den Gründer einer Gesellschaft (vgl. Section 2 S. 1 des EMCA-Entwurfs) Allgemein zum EMCA-Projekt *Baums*, Europäische Modellgesetze im Gesellschaftsrecht, (zuletzt abgerufen am 16.09.2016 unter http://www.ilf-frankfurt.de/fileadmin/_migrated/content_uploads/ILF_WP_075.pdf); *Baums*, in: FS von Rosen, S. 525, 527 ff.; *Kahnert*, Rechtsetzung im EurGesR, S. 207 f.; *Krüger Andersen*, in: Neville/Engsig Sørensen (Hrsg.), Company law and SMEs, S. 67; *Roesener*, NZG 2013, 241, 242 f.; *Teichmann*, KSzW 2014, 77. Befürwortend als Alternative zur SPE *Sandberg/Skog*, AG 2010, 580, 583.

931 Vgl. hierzu auch Frage 8 der Konsultation zu Kapitalgesellschaften mit einem einzigen Gesellschafter.

Einschränkung bei der SUP nicht vorgesehen. Eine natürliche Person kann somit beliebig viele SUP gründen.

Durch die Zulassung juristischer Personen als Gesellschaftsgründer wird ein möglichst weiter Anwendungsbereich sichergestellt; insbesondere sollen auch Gesellschaften mit beschränkter Haftung, die nicht als SUP gegründet wurden, diesen Rechtsrahmen nutzen können.[932] Mitgliedstaaten, die ihre Einpersonen-GmbH bislang auf natürliche Personen beschränkten, sind ebenso zum Überdenken ihrer Regelungen aufgerufen wie diejenigen, die ihre vereinfachte Rechtsformvariante bislang nur natürlichen Personen zur Verfügung stellen.[933]

Der Begriff der juristischen Person ist aufgrund der Initiative nach Art. 50 Abs. 2 lit. f AEUV unionsautonom auszulegen und meint in Anlehnung an Artikel 54 AEUV alle selbstständigen, rechtsfähigen und auf einen Erwerbszweck gerichteten Gesellschaften.[934] Neben der Gesellschaft mit beschränkter Haftung und der Aktiengesellschaft kommen somit auch folgende Rechtsformen in Betracht: die BGB-Gesellschaft, soweit diese nach außen im Rechtsverkehr auftritt[935], die Offene Handelsgesellschaft[936]; die Kommanditgesellschaft[937]; die Partnerschaftsgesellschaft mit oder ohne beschränkter Berufshaftung[938] sowie die Europäische Wirtschaftliche Interessenvereinigung[939]. Darüber hinaus sind auch juristische Personen des öffentlichen Rechts erfasst, soweit sie keine Hoheitstätigkeit ausüben.[940]

---

932 Vgl. Erwägungsgrund 11 S. 2 SUP-KOM.

933 So u.a. in Belgien (*SPRL-Starter*), Italien (*SRLS*), Spanien (*SLNE*). Siehe hierzu den Länderbericht unter Kapitel 4: A.I.1.

934 Vgl. hierzu die Kommentarliteratur zu Art. 54 AEUV bei *Korte*, in: Calliess/Ruffert, EUV/AEUV, 5. Aufl. 2016, Art. 54 AEUV Rn. 9 ff.; *Forsthoff*, in: Grabitz/Hilf/Nettesheim, 58. EL 2016, Art. 54 AEUV Rn. 3; *Jung*, in: Schwarze (Hrsg.), EU-Kommentar, 3. Aufl. 2012, Art. 54 AEUV Rn. 2; *Müller-Graff*, in: Streinz, 2. Aufl. 2012, EUV/AEUV, Art. 54 AEUV Rn. 2 ff. Anders dagegen *Grunewald*, in: FS Müller-Graff, S. 290, 291, welche die Personengesellschaften unter Art. 15 Abs. 3 SUP-KOM fasst.

935 Zur Anerkennung der Rechtsfähigkeit der BGB-Gesellschaft über § 124 HGB analog siehe BGHZ 146, 341 (*Weißes Ross*).

936 § 124 HGB.

937 § 161 Abs. 2 iVm § 124 HGB.

938 § 7 Abs. 2 PartGG iVm § 124 HGB.

939 Art. 1 Abs. 2 EWIV-VO, § 1 EWIV-AG iVm § 124 Abs. 1 HGB. Die EWiV wurde eingeführt durch Verordnung (EWG) Nr. 2137/85 des Rates v. 25.7.1985, Abl. Nr. L 199 S. 1.

940 *Korte*, in: Calliess/Ruffert, EUV/AEUV, 5. Aufl. 2016, Art. 54 AEUV, Rn. 24; *Jung*, in: Schwarze (Hrsg.), EU-Kommentar, 3. Aufl. 2012, Art. 54 AEUV Rn. 6; *Müller-Graff*, in: Streinz, EUV/AEUV, 2. Aufl. 2012, Art. 54 AEUV Rn. 5.

Der Kompromissvorschlag unter italienischer Ratspräsidentschaft will die Eigenschaft als Gründer sogar auf Gesellschaften ohne Rechtspersönlichkeit ausdehnen, soweit dies durch das nationale Recht zugelassen ist.[941] Diese Ergänzung wurde vor dem Hintergrund eingeführt, dass häufig Gesellschaften des Zivilrechts keine Rechtsfähigkeit beigemessen wird – so etwa bei der polnischen Gesellschaft des Zivilrechts (Spółka cywilna). Gerade solche Gesellschaften gehören jedoch zu dem potentiellen Interessentenkreis, für welchen die SUP interessant sein könnte.[942] Eine derartige Ausdehnung der Gründereigenschaft ist jedoch eine Mitgliedstaatenoption, die unter dem ausdrücklichen Vorbehalt der Zulassung durch nationales Recht steht.

Der Kompromissvorschlag unter lettischer Ratspräsidentschaft stellt es den Mitgliedstaaten frei, Regeln aufzustellen, die es der SUP verbieten, Alleingesellschafter in einer anderen haftungsbeschränkten Gesellschaft zu sein, um Kapitalverflechtungen oder Zirkeleigentum zu vermeiden.[943] Die Mitgliedstaatenoption unter lettischer Ratspräsidentschaft beschränkt sich auf die Fälle von Kapitalverflechtungen und Zirkeleigentum, ein vollumfängliches Verbot für Einpersonengesellschaften, gleichzeitig Einpersonengesellschafter einer anderen Gesellschaft zu sein, ist dagegen untersagt.[944] Vielmehr wird explizit betont, dass auch eine SUP selbst Alleingesellschafterin einer SUP oder einer anderen haftungsbeschränkten Gesellschaft sein kann.[945]

Eine derart weite Interpretation der juristischen Person als Gründer, die auch auch rechtsfähige – oder sogar nicht rechtsfähige Personengesellschaften – erfassen soll, steht gleichwohl im Konflikt mit dem Prinzip, dass es nur einen Anteil geben und dieser nicht mehreren Personen gemeinsam zustehen soll.

II. Gründungsvarianten

Der Kommissionsentwurf sieht zwei unterschiedliche, als abschließend[946] einzustufende Gründungsvarianten der SUP vor: Zum einem die Neugründung durch eine natürliche oder juristische Person „aus dem nichts heraus“ (*ex nihilo*

941 Art. 8 S. 2 SUP-IT-NOV. Vgl. auch den Kompromissentwurf unter italienischer Ratspräsidentschaft v. 1.12.2014, Dok. 16010/14, Annex I, S. 3.

942 Vgl. Anmerkung zu den Änderungen des italienischen Ratskompromissentwurfs v. 1.12.2014, Punkt 5.

943 Art. 6 Abs. 2 S. 2 SUP-LV-MAR; vgl. bereits oben Kapitel 5 A. II. 2. b) 2).

944 Erwägungsgrund 11 S. 5 SUP-LV-MAR.

945 Erwägungsgrund 11 S. 1 SUP-LV-MAR.

946 Vgl. Kommissionsvorschlag, Begründung, S. 7 sowie *Hommelhoff*, in Lutter/Koch (Hrsg.), SUP, S. 69, 70; *Jung*, GmbHR 2014, 579, 584.

beziehungsweise *ab initio*); zum anderen die Umwandlung einer nationalen Gesellschaft in eine SUP. Die Regelung geht somit weiter als beispielsweise bei der UG (haftungsbeschränkt), die ausschließlich Neugründungen privilegiert. Gleichzeitig sind die Gründungsvarianten schmäler als bei der SPE, welche auch die Gründung durch Verschmelzung zulässt.[947]

1. *Gründung* ex nihilo

Die Gründung der SUP ist *ex nihilo* möglich.[948] Während bei der Gründung durch Umwandlung ein bereits bestehender Rechtsträger lediglich sein Rechtskleid wechselt, handelt es sich bei dieser Gründungsvariante um eine echte Neugründung. Dies entspricht auch der Idee der Reflection Group, die neben Sekundärgründungen auch Start-ups von binnenmarktweit angeglichenen Regelungen profitieren lassen möchte.[949] Die haftungsbeschränkte Rechtsform bietet für Existenzgründer eine gewisse Risikobegrenzung und schafft Verhaltensanreize, um das wirtschaftliche Risiko für den Gesellschafter kalkulierbar zu machen.[950] Die Neugründung einer SUP ohne transnationalen Bezug wird jedoch teilweise im Hinblick auf das Subsidiaritätsprinzip kritisch gesehen.[951]

2. Umwandlung

a) Allgemeine Vorschriften

Neben der Gründung *ex nihilo* ist auch der Formwechsel einer bestehenden nationalen GmbH in eine SUP möglich.[952] Durch die Gründung einer SUP

---

947 Zuletzt Art. 5 lit. c) SPE-VO-HU (SPE-Kompromissvorschlag unter ungarischer Ratspräsidentschaft, v. 23.5.2011, Doc. 10611/11).

948 Art. 8 SUP-KOM. Diese Gründungsmöglichkeit bietet auch die SPE (zuletzt Art. 5 lit. a, Art. 5a SPE-VO HU, Erwägungsgrund 7 SPE-VO-HU – vgl. SPE-Kompromissvorschlag unter ungarischer Ratspräsidentschaft, v. 23.5.2011, Doc. 10611/11), während bei der SE grundsätzlich zwei bestehende Rechtsträger Voraussetzung sind (Art. 2 SE-VO).

949 Bericht der Reflection Group (Fn. 44), Kap. 4.2, S. 66.

950 So die Überlegungen im Rahmen der ökonomischen Analyse des Rechts, hierzu *Fleischer*, ZGR 2001, 1; *Schäfer/Ott*, Ökonomische Analyse des Rechts; *Teichmann*, ZGR 2001, 645, 645; *Teichmann*, NJW 2006, 2444.

951 Siehe bereits oben Kapitel 4: B.I, sowie *Hommelhoff/Teichmann*, GmbHR 2014, 177, 181; *Teichmann/Fröhlich*, MJ 21 (2014), 536, 540.

952 Art. 9 SUP-KOM iVm Anhang I. Eine solche Gründungsvariante findet sich auch bei der SE und dem SPE-Vorschlag (vgl. Art. 2 Abs. 4, 37 SE-VO und Art. 5 lit. b, 5b SPE-VO-E-HU; hierzu *Lutter/Bayer/J. Schmidt*, EuropUR, Rn. 45.29, 45.71 ff.; Rn. 47.19).

durch Umwandlung soll einem möglichst weiten Interessenkreis die Nutzung der SUP zur Verfügung gestellt werden.[953]

Bei der SUP-Gründung durch Umwandlung handelt es sich um einen „Vorgang, durch den eine bestehende Gesellschaft zu einer SUP wird".[954] Die Mitgliedstaaten dürfen vorher weder ein Liquidationsverfahren oder den Verlust beziehungsweise die Unterbrechung der Rechtspersönlichkeit der Gesellschaft vorsehen. Unberührt bleiben auch die Rechte und Pflichten, die vor der Umwandlung eingegangen worden sind.[955] Dies bedeutet, dass sämtliche Rechte und Pflichten des vorigen Rechtsträgers im Rahmen der Universalsukzession identitätswahrend auf die SUP übergehen.

Umwandlungsfähige Rechtsträger sind die nationale GmbH im Alleinbesitz und die Mehrpersonen-GmbH.[956] Die Umwandlung einer anderen Rechtsform – etwa einer AG – in eine SUP ist dagegen nicht erlaubt.[957] Die konkreten Umwandlungsvorgänge richten sich sodann nach nationalem Recht. Deutsche GmbHs können daher insbesondere den Formwechsel, aber auch die Spaltung oder Verschmelzung zur Neugründung wählen.[958]

Die Umwandlung darf grundsätzlich nicht dazu genutzt werden, den Satzungssitz in einen anderen Mitgliedstaat zu verlegen.[959] Eine gleichzeitige grenzüberschreitende Sitzverlegung ist somit im Interesse etwaiger bestehender Rechte von Gläubigern, Arbeitnehmern und Dritten verboten.[960] Eine solche Verlegung des Satzungssitzes ist nur dann zulässig, wenn dies mit dem anwendbaren Recht beider betroffener Mitgliedstaaten vereinbar ist.[961]

---

953 Vgl. Erwägungsgrund 11 S. 1 SUP-KOM.

954 So die Legaldefinition des Art. 2 Abs. 2 Alt. 1 SUP-KOM.

955 Art. 9 Abs. 2 SUP-KOM.

956 Vgl. hierzu den Wortlaut in Art. 9 Abs. 3 lit. a SUP-KOM: „Beschluss ihrer Gesellschafter oder ihres einzigen Gesellschafters." Für eine Beschränkung auf Gesellschaften im Alleinbesitz dagegen *Hommelhoff*, GmbHR 2014, 1065, 1069.

957 So die Begründung zum SUP-Kommissionsentwurf, S. 7: „Nur die in Anhang I aufgeführten Gesellschaften mit beschränkter Haftung können sich in eine SUP umwandeln."; vgl. auch DAV (Handelsrechtsausschuss), NZG 2014, 1372, 1375 Punkt 31. Für eine Ausdehnung auf die AG und GmbH & Co. KG plädierend *Hommelhoff*, GmbHR 2014, 1065, 1069.

958 *Krauß/Meichelbeck*, BB 2015, 1562, 1563, 1565 f.

959 Gleichsinnig die Regelung bei der SE (Art. 37 Abs. 3 SE-VO), SCE (Art. 35 Abs. 2 SCE-VO) und SPE (Art. 5b Abs. 2 SPE-HU).

960 Vgl. bereits *Lutter/Bayer/J. Schmidt*, EuropUR, 5. Aufl. 2011, § 43 Rn. 37 zur SPE.

961 So die Ergänzung im italienischen Kompromissvorschlag, Art. 9 Abs. 1 S. 2 SUP-IT-NOV.

b) Kommissionsvorschlag: Verfahrensregeln

Der Kommissionsvorschlag verbindet den Umwandlungsprozess mit gewissen verfahrensrechtlichen Vorschriften.[962] Im Gegensatz zu der Regelung der SPE, die einen förmlichen Umwandlungsplan, -prüfung und -bericht verlangt[963], soll für die Umwandlung in eine SUP ein schmales Verfahrensgerüst genügen: Die Mitgliedstaaten haben zu prüfen, dass ein Umwandlungsbeschluss gefasst wurde und die Satzung der Gesellschaft mit nationalem Recht vereinbar ist.[964] Außerdem kann der Mitgliedstaat die Umwandlung verbieten, wenn eine Unterbilanz besteht.[965]

1) Beschluss

Zunächst muss sichergestellt sein, dass der oder die Gesellschafter des bisherigen Rechtsträgers einen Beschluss über die Umwandlung der Gesellschaft in eine SUP gefasst haben.[966] Weitere Verfahrensvorschriften zur Beschlussfassung sieht der Kommissionsentwurf nicht vor, insofern gilt nationales Recht.[967]

Befindet sich die bestehende GmbH bereits im Alleinbesitz, genügt ein förmlicher Beschluss. Im Falle einer GmbH mit mehreren Gesellschaftern müsste in der Gesellschafterversammlung beschlossen werden, dass bis auf einen Gesellschafter – meist der Mehrheitsgesellschafter – sämtliche Gesellschafter das Ausscheiden aus der Gesellschaft erklären.[968] Die entsprechenden Mehrheitserfordernisse richten sich nach nationalem Recht.[969] Alternativ können sich die Gesellschafter auch einigen, anstelle mehrerer Anteile nur noch einen einzigen Anteil gemeinsam zu halten. Dieser einzige Anteil würde dann im Eigentum von

---

962 Vgl. zu diesen *Jung*, EBLR 2015, 645, 661 f; *Moench*, SUP, 2016, S. 13 ff.

963 Art. 5b SPE-HU, bereits integriert durch den schwedischen SPE-Kompromissvorschlag, zu diesem *Hommelhoff/Teichmann*, in: FS Hopt, S. 849.

964 Art. 9 Abs. 3 lit. a und b SUP-KOM.

965 Art. 9 Abs. 4 SUP-IT-NOV in Abänderung von Art. 9 Abs. 3 lit. c SUP-KOM.

966 Art. 9 Abs. 3 lit. a SUP-KOM.

967 Kommissionsentwurf, Begründung, S. 7. Die Gefahr von Firmenbestattungen an dieser Stelle befürchtend die Beschlussempfehlung der Ausschüsse zur SUP-Richtlinie, v. 30.6.2014, BR-Drs. 165/2/14, S. 12.

968 Aufgrund des Prinzips der Anteilsidentität wäre damit ein Anspruch auf Abfindung verbunden (§§ 207 Abs. 1 iVm 202 Abs. 1 Nr. 2 UmwG). Kritisch DAV (Handelsrechtsausschuss), NZG 2014, 1372, 1375, Punkt 34.

969 Art. 7 Abs. 4 SUP-KOM. Reglementierter dagegen Art. 5b Abs. 8 S. 2 SPE-VO-HU: mindestens zwei Drittel der Stimmrechte (vgl. SPE-Kompromissvorschlag unter ungarischer Ratspräsidentschaft, v. 23.5.2011, Doc. 10611/11).

mehr als einer Person stehen. Auch dann gelten diese Personen im Verhältnis zur SUP als *ein* Gesellschafter.[970]

2) Vereinbarkeit der Satzung mit nationalem Recht

Sodann hat der Mitgliedstaat zu prüfen, ob die Satzung der ursprünglichen Gesellschaft mit dem anwendbaren nationalen Recht vereinbar ist.[971] Unter dem „anwendbaren nationalem Recht" ist dabei das Recht des Mitgliedstaates zu verstehen, in dem die SUP eingetragen werden soll.[972] Insbesondere muss die Bedingung erfüllt sein, dass der Gesellschafter nur einen einzigen Kapitalanteil innehaben darf.[973]

3) Ausschluss bei Unterbilanz

Der Mitgliedstaat darf die Umwandlung einer Gesellschaft in eine SUP untersagen, wenn der Gesamtbetrag des Vermögens abzüglich der Gesamtverbindlichkeiten nicht mindestens dem Betrag ihres gezeichneten Stammkapitals zuzüglich der Rücklagen, die nach der Satzung nicht ausgeschüttet werden dürfen, entspricht.[974] Während der Kommissionsentwurf das Unterbilanzverbot als zwingend einstufte, wurde im italienischen Kompromissvorschlag der Ausschluss den Mitgliedstaaten freigestellt.

Eine Änderung des bisherigen Umwandlungsrechts ist hierin jedoch nicht zu erblicken, da auch in Deutschland der Fortbestand des bisherigen Nennkapitals beim Formwechsel einer GmbH in eine Kapitalgesellschaft anderer Rechtsform verankert ist.[975]

c) Kompromissvorschlag unter italienischer Ratspräsidentschaft

Die verfahrensrechtlichen Anforderungen des Kommissionsvorschlags und des ersten Entwurfs der italienischen Ratspräsidentschaft wurden auf das Bestreben

970 Art. 15 Abs. 3 S. 1 SUP-KOM. Vgl. zu dieser Sonderkonstellation Kapitel 5: A.III.2; ferner *Lanfermann/Maul*, BB 2014, 1283, 1291 f.

971 Art. 9 Abs. 3 lit. b SUP-KOM.

972 Vgl. Art. 7 Abs. 4 SUP-KOM.

973 So die Ergänzung in Art. 9 Abs. 3 lit. b SUP-IT-NOV.

974 Art. 9 Abs. 4 SUP-IT-NOV in Abänderung von Art. 9 Abs. 3 lit. c SUP-KOM.

975 § 247 Abs. 1 UmwG, vgl. DAV (Handelsrechtsausschuss), NZG 2014, 1372, 1375, Punkt 37; kritisch *Moench*, SUP, 2016, S. 46 f.

einiger Mitgliedstaaten im Rahmen der weiteren Verhandlungen wieder gestrichen.[976]

Es ist nicht abzustreiten, dass das Regelungskonzept des Kommissionsentwurfs äußerst schmal ist. In Anbetracht dessen, dass im Rahmen der SPE-Verhandlungen die formalen Umwandlungsregeln aufgrund der befürchteten zahlreichen praktischen Hürden[977] sogar nachträglich ergänzt wurden, ist die rein nationale Ausgestaltung des Verfahrens gleichwohl als Rückschritt zu werten.

III. Gründungsverfahren

Die Höhe der Eintragungskosten hängt maßgeblich von den Eintragungsformalitäten und der Rechtmäßigkeitskontrolle ab. Bereits im Rahmen der Verhandlungen über das SPE-Statut wurde darüber diskutiert, ob die Gründung einer SPE durch Online-Registrierung innerhalb weniger Stunden ermöglicht oder lieber auf die notarielle Beurkundung als vorbeugende Rechtspflege zurückgegriffen werden sollte.[978] Die Erfahrungen aus den Verhandlungen zur SPE lehren, dass die divergierenden Standpunkte einer gemeinsamen Lösung bedürfen.[979] Die Rechtsvorschriften zum Eintragungsverfahren und einer präventiven Rechtsmäßigkeitskontrolle variieren in den Mitgliedstaaten allerdings erheblich. Auch die Richtlinie zur Verknüpfung der Handelsregister[980] erzielte diesbezüglich keine Harmonisierung.[981]

---

976 SUP-IT-DEZ, Annex I, S. 3. Eine Streichung fordernd auch der Entwurf einer Stellungnahme des Ausschusses für Binnenmarkt und Verbraucherschutz des Europäischen Parlaments v. 29.1.2015, Dok. PE546.844v01-00, Änderungsantrag 69 Artikel 9.

977 Zu diesen etwa Arbeitskreis Europäisches Unternehmensrecht, NZG 2008, 897, 899; *Brems/Cannivé*, Der Konzern 2008, 629, 636; *Hommelhoff*, in: FS Loewenheim, S. 591, 593 f.; *Hommelhoff/Teichmann*, in: FS Hopt, S. 849, 851 f.

978 Vgl. hierzu *Teichmann/Limmer*, GmbHR 2009, 537, 538.

979 Die Harmonisierung der Gründungsvorschriften als nicht harmonisierungsfähig betrachtend *Vossius*, EWS 2007, 438, 443. Im SPE-Entwurf wurde die Kontrolle der Identität und Rechtsmäßigkeit der Gründungsunterlagen dem nationalen Recht unterstellt, vgl. Art. 9 Abs. 4 SPE-VO-HU (SPE-Kompromissvorschlag unter ungarischer Ratspräsidentschaft, v. 23.5.2011, Doc. 10611/11).

980 Richtlinie 2012/17/EU des Europäischen Parlaments und des Rates v. 13.6.2012 zur Änderung der Richtlinie 89/666/EWG des Rates sowie der Richtlinien 2005/56/EG und 2009/101/EG des Europäischen Parlaments und des Rates in Bezug auf die Verknüpfung von Zentral-, Handels- und Gesellschaftsregistern, Abl. EG Nr. L 156/1.

981 Vgl. Erwägungsgründe 10 und 11 der Verknüpfungsrichtlinie (Fn. 980): Da die Verknüpfungsrichtlinie „nicht auf die Schaffung einer zentralen Registerdatenbank“ abzielt, in der aussagekräftige Informationen über Gesellschaften gespeichert werden,

Vor der Darstellung der Vorgaben des SUP-Richtlinienvorschlags ist daher rechtsvergleichend zu untersuchen, welche Gründungsregelungen die Mitgliedstaaten für ihre nationale GmbH beziehungsweise deren Rechtsformvariante vorsehen (unter 1.). Insbesondere soll aufgezeigt werden, inwieweit schon heute in den Mitgliedstaaten Online-Registrierungsverfahren und Mustersatzungen zur Verfügung gestellt werden. Differenziert werden soll zwischen den liberaleren Mitgliedstaaten, die bereits eine Gründung auf elektronischem Wege vorsehen und den kontinentaleuropäisch geprägten Staaten, die an der notariellen Beurkundung festhalten. Vorreiterrollen übernehmen dabei England einerseits und Deutschland andererseits. Nach dem Länderbericht soll auch auf die bereits bestehenden Möglichkeiten, eine deutsche GmbH aus dem Ausland zu gründen, eingegangen werden (unter 2.)

Von Erkenntnisgewinn sind überdies die im Vorfeld des Kommissionsvorschlags diskutierten Modelle zum Eintragungsverfahren (unter 3.). Diese belegen eindrucksvoll, welche Optionen zur Verfügung standen und die rechtsvergleichende Art und Weise, wie die Kommission ihre Entscheidung begründet.

Den Schwerpunkt dieses Abschnitts bilden sodann die Vorgaben des Kommissionsentwurfs zum Gründungsverfahren (unter III.4.). Zu beleuchten sind hierbei insbesondere das Registrierungsformular, die Online-Registrierung, die Identitätskontrolle, die Mustersatzung, die Eintragungsfrist sowie der Abschluss der Eintragung und die Entstehung als Rechtsträger. Hierbei soll auch auf die Modifikationen im Laufe der Verhandlungen eingegangen werden.

1. Länderbericht

a) Gründung auf elektronischem Wege

1) England

Neben der klassischen Einreichung per Post oder der Beauftragung professioneller Dienstleister (formation agents)[982], die sämtliche Formalitäten im

„sind die Mitgliedstaaten in keiner Weise verpflichtet, ihr internes System für Register, insbesondere hinsichtlich der Verwaltung und der Speicherung von Daten, der Gebühren und der Verwendung und Offenlegung von Informationen zu einzelstaatlichen Zwecken zu ändern."

982 Vgl. Section 9 (3) Companies Act 2006. Diese können für ihre Kunden Limiteds gründen. Es handelt sich dabei um eine Neugründung. Diese bieten oftmals auch Vorratsgesellschaften an, grundsätzlich wollte man damit aber die Möglichkeit schaffen, Gesellschaften auf Anfrage neu zu gründen. Voraussetzung ist jedoch, dass die Limited die Mustersatzung des Table A vollständig übernimmt. Ausführlich zur

Zusammenhang mit der Gesellschaftsgründung erledigen, ist die Online-Gründung der wohl bekannteste und am meisten genutzte Gründungsweg.

Drei Formulare genügen, um innerhalb kürzester Zeit die Gesellschaft zu gründen: Der Registrierungsantrag, das Memorandum of Association und der Gesellschaftsvertrag (articles of association).

Der Registrierungsantrag, benannt als "The Form IN01 Application to register a company", enthält folgende Angaben: Die Firma und Geschäftsadresse, Angaben zum director, Stammkapital und Anzahl, Höhe und Währung der Geschäftsanteile sowie eine Registrierungsgebühr von 15 £.[983] Auch der Satzungssitz ist mit anzugeben. Dieser entscheidet darüber, bei welchem Register die Gesellschaftsanmeldung erfolgt. Der Satzungssitz ist dabei allerdings lediglich die Zustelladresse, an der die Gesellschaft nicht tatsächlich geschäftstätig sein muss. Ein bloßer Briefkasten genügt.[984]

Das zweite Formular enthält die Gründungsurkunde, in der erklärt wird, dass alle Gründungsvoraussetzungen der Gesellschaft vorliegen (sog. Memorandum of Association) und die von dem Gründungsgesellschafter zu unterschreiben ist. Das Memorandum ist damit lediglich ein Formblatt.

Die inhaltlichen Regelungen sind in der Satzung (articles of association) enthalten. Diese bedürfen keiner notariellen Beurkundung. Es genügt, wenn die Unterschriften im Beisein eines Zeugens erfolgen.[985] Die Vertragsfreiheit ermöglicht es, dass die Gesellschafter einen individuellen Gesellschaftsvertrag aushandeln, der ebenfalls beim Companies House vorzulegen ist. Existiert kein Gesellschaftsvertrag, gilt die Mustersatzung in Table A des Companies Acts.[986]

Gesellschaftsgründung und -prüfung im Vereingten Königreich *Bock*, Harmonisierungserfolg der Publizitätsrichtlinie, 2016, S. 39 ff.

983 Unter Geltung des Companies Act 1985 war außerdem noch ein *companies secretary* erforderlich. Dieser war gegenüber der Behörde (dem *Companies House* in Cardiff) dafür verantwortlich, dass die Vorschriften des Gesellschaftsrechts eingehalten werden, die Mitteilungs- und Informationspflichten erfüllt, die jährlichen Aktualisierungen vorgenommen und der Jahresabschluss vorlegt wird. Nach Art. 270 Companies Act 2006 ist die Heranziehung eines *companies secretary* nur noch bei der *public company* verlangt.

984 *Levedag*, England, in: Süß/Wachter (Hrsg.), Handbuch des internationalen GmbH-Rechts, 3. Aufl. 2016, Rn. 84.

985 *Levedag*, England, in: Süß/Wachter (Hrsg.), Handbuch des internationalen GmbH-Rechts, 3. Aufl. 2016, Rn. 82.

986 Table A in der angepassten Fassung durch Regulation SI 2008/3229 zum Companies Act 2006, geändert zum 28.4.2013 durch den Mental Health Discrimination Act 2013. Die Mustersatzung ist abrufbar über die Homepage des Companies House. Table A ist

Sind die Unterlagen vollständig eingegangen, besteht ein Anspruch auf Eintragung der Gesellschaft.[987] Der *Registrar* überprüft in materiell-rechtlicher Hinsicht lediglich die Zulässigkeit des Gesellschaftszwecks und der Firma.[988] Die übrigen Dokumente werden ausschließlich in formaler Hinsicht geprüft und inhaltlich als echt hingenommen. Eine präventive Kontrolle durch den Notar kennt das englische Rechtssystem nicht.[989] Innerhalb weniger Tage kann die Gesellschaft bereits eingetragen werden. Daneben gibt es eine spezielle Software, mit der die Gesellschaft auch vom Ausland aus gegründet werden kann. Mit dieser können die Formulare auf elektronischem Weg eingereicht werden, die Eintragung der Gesellschaft kann dann innerhalb von 24 Stunden erfolgen.[990]

Mustersatzungen gehen in England auf eine lange Historie zurück und sind auch heute von höchster Praxisrelevanz.[991] Nicht nur bei Vorratsgesellschaften, sondern auch in größeren Unternehmen und führenden Sozietäten wird die Mustersatzung häufig unverändert übernommen.[992] Grundsätzlich verbleibt den Gesellschaftern jedoch das Recht, jederzeit Änderungen der Mustersatzung vorzunehmen oder eine individuelle Satzung zu erstellen.[993] Selbst wenn nur teilweise Änderungen der Mustersatzung vorgenommen worden sind, gelten die Regeln des Table A im Übrigen fort, es sei denn, dies wurde statutarisch ausgeschlossen. Der Gesetzgeber wollte mit dieser Option Regelungslücken vermeiden, wenn Gesellschafter bei Gründung der Gesellschaft Regelungsinhalte

---

die Bezeichnung für das vorgegebene Format für Gesellschaftsverträge der Limited. Ausführlich hierzu *Hübner*, Mustersatzungen SPE, S. 55 ff.

987 Section 14 Companies Act 2006.

988 Vgl. *Bock*, Harmonisierungserfolg der Publizitätsrichtlinie, 2016, S. 44 f.; zur Funktion und den Aufgaben des *registrars* siehe *Schall/Günther*, in: Schall, Companies Act, Sect. 1067 Rn. 1–3.

989 *Bock*, ZIP 2011, 2449, 2450; *Bock*, Harmonisierungserfolg der Publizitätsrichtlinie, 2016, S. 44f.; *Bormann/König*, RIW 2010, 111, 115.

990 Noch schneller ist die sog. *same-day-incorporation* – vorausgesetzt man zahlt eine zusätzliche Gebühr und nutzt eine Firmenbezeichnung ohne missverständliche Begriffe (sog. *sensitive words*), vgl. *Levedag*, England, in: Süß/Wachter (Hrsg.), Handbuch des internationalen GmbH-Rechts, 3. Aufl. 2016, Rn. 96.

991 Die erste Mustersatzung „Table B" befand sich im „The Joint Stock Companies Act" von 1856. Die erste Mustersatzung („Table A") im Companies Act stammt von 1862. Sämtliche Mustersatzungen sind unter http://www.companieshouse.gov.uk/about/tableA/ (zuletzt abgerufen am 16.09.2016) zu finden.

992 *Helms*, in: Hommelhoff/Helms (Hrsg.), Neue Wege in die Europäische Privatgesellschaft, S. 259, 261; *Karsten*, GmbHR 2007, 958, 960.

993 Section 19 Companies Act 2006.

übersehen.[994] Im Gegensatz zu den Musterprotokollen in anderen Mitgliedstaaten, die nur für Einpersonengesellschaften oder GmbH-Subformen standardisierte Satzungen bereithalten, kann in England jede Limited unabhängig von der Anzahl der Gesellschafter sich der Mustersatzung bedienen. Sie enthält ein Regelwerk von 113 Klauseln und erfasst Regelungen vom Kapital bis zur Liquidation.

2) Frankreich

Frankreich richtete bereits im Jahre 1981 One-Stop-Shops als zentrale Anlaufstelle für Unternehmensgründer ein (sog. Centre de Formalités des Entreprises – CFE), die bei den Industrie- und Handelskammern sowie bei den Handwerkskammern angesiedelt sind.[995] Hintergrund dessen war das Ziel, die Bearbeitung der Gründung, Änderungen und Auflösung von Gesellschaften auf eine einzige Behörde zu beschränken und durch deren Spezialisierung den Gründungsprozess zu beschleunigen und zu erleichtern.[996]

Seit 2003 können Unternehmenserklärungen, insbesondere bei Gründung, Änderungen oder Abtretung von Gesellschaftsanteilen, online an das CFE eingereicht werden.[997] Die Unterlagen werden sodann an das zuständige Finanzamt, das Statistikamt und das Handelsregister weitergeleitet.[998] Das CFE spielt daher im Gründungsprozess eine herausragende Rolle.[999] Die Schriftform des Gesellschaftsvertrages wirkt sogar nur deklaratorisch, nicht konstitutiv.[1000]

---

994 *Helms*, in: Hommelhoff/Helms (Hrsg.), Neue Wege in die Europäische Privatgesellschaft, S. 259, 261; *Hübner*, Mustersatzungen SPE, S. 62 („Sicherheitsnetz").

995 Art. R-123-1 Code de commerce, eingeführt durch Décret n°81-257 v. 18.3.1981 créant des centres de formalités des entreprises.

996 *Döbewreiner*, Frankreich, in: Süß/Wachter (Hrsg.), Handbuch des internationalen GmbH-Rechts, 3. Aufl. 2016, Rn. 12.

997 Sog. Déclaration d'entreprise par internet (DIE), eingeführt durch Art. 4 des Gesetzes 2003-721 v. 1.8.2003 über die wirtschaftliche Initiative, JO Nr. 179 v. 5.8.2003, S. 13449; mittlerweile Art. 4 du Loi Nr. 94-126 du 11 février 1994 relative à l'initiative et à l'entreprise individuelle; neu gefasst durch Verordnung Nr. 2005-1516 v. 8.12.2005 – Art. 13 JORF v. 9.12.2005.

998 Art. R-123-6 iVm Art. R-123-77 Code de commerce.

999 *Peifer*, GmbHR 2009, 1145, 1147.

1000 Art. L-223-6 Code de commerce iVm Art. 1835 S. 1 Code Civil (vgl. *Cozian/Viandier/Deboissy*, Droit des sociétés, 27. Aufl. 2014, Rn. 194).

Die Satzung bedarf nur dann der notariellen Beurkundung, wenn Sacheinlagen in Form von Immobilien eingebracht werden.[1001] Mit einem einzigen Erklärungsformular („liasse unique") an einer einzigen Stelle („guichet unique") und durch ein einziges Verfahren wird es den Gesellschaften ermöglicht, innerhalb von 24 Stunden eine Gesellschaft zu gründen.[1002]

Seit 2006 gibt es eine amtliche Mustersatzung für die Einpersonen-GmbH (Entreprise Unipersonnelle à Responsabilité Limitée, EURL), sofern die Geschäftsführung durch den Alleingesellschafter ausgeübt wird.[1003] Eine weitere Gründungserleichterung für EURL und SASU[1004] wurde durch die Befreiung von der Eintragungspflicht im offiziellen Bekanntmachungsblatt des französischen Handelsregisters geschaffen.[1005] Diese Befreiung gilt auch dann, wenn der Gründer nicht von der Mustersatzung Gebrauch macht.[1006]

Die Mustersatzung gilt dagegen nur für die Einpersonen-SARL und ist fakultativ, von ihr kann – auch nur teilweise – abgewichen werden.[1007] Die Mustersatzung ist beschränkt auf natürliche Personen als Alleingesellschafter, die gleichzeitig Geschäftsführer der EURL sind[1008] und eignet sich somit eher für persönlich geführte Kleingewerbe.[1009]

Die Mustersatzung enthält 13 Artikel, in deren Freifeldern die Gesellschaft die jeweiligen Bezeichnungen einzutragen hat. Hierbei werden insbesondere

---

1001 So die Regelung für Grundstücke oder Pachtverträge mit einer Laufzeit von über 12 Jahren (Art. 4 du Décret 55-22 v. 4.1.1955 portant réforme de la publicité foncière). Auf die notarielle Beurkundung des Gesellschaftsvertrags zwischen Ehegatten kann allerdings durch eine Gesetzesänderung zum 1.1.2005 verzichtet werden.

1002 Dazu *Becker*, GmbHR 2003, 1120, 1120; *Leutner*, in: Schmidt-Kessel/Leutner/Müther (Hrsg.), Handelsregisterrecht, Rn. 8, 32.

1003 Eingeführt durch Dekret Nr. 2006-301 v. 9. 3 2006 relatif au modèle de statuts types de la société à responsabilité limitée à associé unique; JORF n°64 v. 16.3.2006, S. 3391, text n°25; neu gefasst durch Dekret Nr. 2008-1419 relatif aux statuts types des sociétés à responsabilité limitée dont l'associé unique, personne physique, assume personnellement la gérance et modifiant le code de commerce v. 19.12.2008, JO v. 27.12.2008, S. 20 129 (iVm Art. L-223-1 Abs. 2 S. 3 Code de commerce).

1004 Société par actions simplifiée unipersonnelle.

1005 Art. R-123–155 Abs. 2 iVm R-123–159 Code de commerce. Das französische Bekanntmachungsblatt ist der Bulletin officiel des annonces civiles et commerciales (BODACC).

1006 *Hübner*, Mustersatzungen SPE, S. 88.

1007 Art. 1 des Dekrets Nr. 2006-301 (siehe Fn. 1003).

1008 Vgl. Art. 8 der Mustersatzung (Fn. 1003).

1009 *Peifer*, GmbHR 2009, 1145, 1148.

Bestimmungen bezüglich des Gesellschaftszwecks, des Namens, des Sitzes, der Dauer, der Einlagen, des Kapitals, der Geschäftsführung, der Gesellschafterbeschlüsse und der Rechnungslegung getroffen. Teilweise handelt es sich hierbei jedoch lediglich um eine Wiedergabe des Gesetzestextes.[1010]

3) Griechenland

Seit April 2011 erfolgt die Gründung von Personen- und Kapitalgesellschaften in Griechenland zwingend über One-Stop-Shops.[1011] Damit sollen das Gründungsverfahren und dessen Kosten reduziert, Missbräuchen bei der Gründung und im laufenden Geschäftsbetrieb vorgebeugt und ein Anreiz für den Standort Griechenland geschaffen werden.[1012] Die One-Stop-Shops treten an Stelle der örtlichen Bürgerservice- und Handelsregisterdienststellen und sollen als zentrale Anlaufstellen für die Gesellschaftsgründung ein Gründungsverfahren innerhalb von 24 Stunden ermöglichen.[1013]

Eine Einschränkung besteht jedoch dahin, dass nur originäre Gesellschaftsgründungen über die „One-Stop-Shops" abgewickelt werden können, Gesellschaftsgründungen durch Umwandlungen oder Fusionen sind genauso ausgeschlossen wie Unternehmen, die zur Gründung eine Sondergenehmigung brauchen.[1014] Die IKE ist jedoch zwingend im One-Stop-Shop-Verfahren zu gründen.[1015]

Inhaltlich nimmt der One-Stop-Shop eine eingeschränkte formale Kontrolle vor, bei der die Berechtigung beziehungsweise Legitimität des Antragstellers sowie die Vollständigkeit der Unterlagen überprüft werden. Sodann kümmert sich die Stelle um die Erstellung der Steuernummer, die Vorgenehmigung der

---

1010 So bestimmt Art. 9 der Mustersatzung ebenso wie Art. L-223 Abs. 2 S. 2 Code de commerce, dass der Alleingesellschafter die Befugnisse der Gesellschafterversammlung ausübt. Eine Übereinstimmung findet sich auch bei den Vorschriften zur Rechnungslegung (Art. 11 der Mustersatzung sowie Art. L-223-26 Code de commerce).

1011 Eingeführt durch Gesetz 3853/2010 über das vereinfachte Verfahren von Gesellschaftsgründungen v. 17.6.2010, Regierungsanzeiger Blatt A 90/17.6.2010; aktiviert durch den Ministerialbeschluss K1-802/23.3.2011. Regierungsanzeiger Blatt B 470/24.3.2011 (zitiert nach *Papadimopoulos/Fink*, RIW 2013, 745, 746). Zu diesen ausführlich *Papadimopoulos/Fink*, RIW 2013, 745, 751 ff.; *Papadimopoulos*, RIW 2014, 344, 346.

1012 *Papadimopoulos/Fink*, RIW 2013, 745, 746.

1013 *Papadimopoulos/Fink*, RIW 2013, 745, 751.

1014 *Papadimopoulos/Fink*, RIW 2013, 745, 751.

1015 *Papadimopoulos*, RIW 2014, 344, 345.

Firmierung durch die Handelskammer, die Bezahlung der Gründungsgebühr und die Online-Stellung des Gesellschaftsvertrages auf der Homepage des zentralen Handelsregisters. Abschließend wird die IKE elektronisch in das Firmenbuch und im Registerblatt des Handelsregisters eingetragen.[1016]

Bei der regulären GmbH besteht weiterhin das Erfordernis der notariellen Beurkundung, jedoch wurde seit 2012 der ursprünglich bestehende Anwaltszwang während der Beurkundung abgeschafft.[1017] Im Falle der IKE genügt jedoch für den Abschluss des Gesellschaftsvertrags grundsätzlich die Schriftform. Eine notarielle Beurkundung ist jedoch dann erforderlich, wenn Sacheinlagen eingebracht werden, bei Abtretungen, welche zwingend der notariellen Form bedürfen, sowie bei Parteivereinbarung.[1018]

Im Jahr 2013 wurden Musterprotokolle für die griechische OHG, KG, GmbH, AG und die IKE eingeführt.[1019] Im Gegensatz zu den Regelungen in vielen anderen Mitgliedstaaten bezieht sich das Musterprotokoll nicht nur auf IKE, sondern auf jede Gesellschaftsform. Jedes Musterprotokoll weist dabei die gesetzlich vorgesehenen Mindestinhalte auf, die im Gesellschaftsvertrag zu regeln sind, auf. Die Protokolle werden bei der GmbH und gegebenenfalls auch bei der IKE von Notaren in ihrer Funktion als One-Stop-Dienststelle ausgefüllt. Das Musterprotoll soll die Gründung beschleunigen und günstiger gestalten, es stellt aber nur ein *Angebot* an die Gesellschaftsgründer dar – es ist kein zwingendes Recht. Die Gesellschaftsgründer können daher abweichende Bestimmungen treffen.[1020]

1016 *Papadimopoulos*, RIW 2014, 344, 346.

1017 *Papadimopoulos/Fink*, RIW 2013, 745, 749.

1018 Art. 49 Abs. 2 S. 2 des Gesetzes 4072/2012: „Such document shall be a notarial deed if a special legal provision requires this, if assets are contributed to the company, for the transfer of which a notarial deed is required, or if the parties choose it.“ (nach der von *Perakis* übersetzten englischen Fassung, welche der Autorin zur Verfügung gestellt wurde).

1019 Ministerialbeschluss K2-828 v. 31.1.2013, Regierungsanzeiger Blatt A 216/5.2.1013 (zitiert nach *Papadimopoulos/Fink*, RIW 2013, 745, 755. Der Ministerialbeschluss geht auf den Regelungsauftrag in Par. H Unterpar. H1 Fall 10 des Gesetzes 4093/2012 (Memorandum III) zurück. Hierzu *Papadimopoulos/Fink*, RIW 2013, 745, 755 f.; *Papadimopoulos*, RIW 2014, 344, 347.

1020 *Papadimopoulos/Fink*, RIW 2013, 745, 756.

4) Polen

In Polen wurde zum Jahr 2012 ein vereinfachtes, elektronisches Gründungsverfahren eingeführt („S 24 -Verfahren").[1021] Zu verwenden ist ein Musterprotokoll, mit dem die Sp. z o. o. innerhalb eines Tages entstehen kann.[1022] Das vereinfachte Verfahren zur Gründung der Sp. z o. o. mit zwingender Verwendung des Musterprotokolls stellt dabei ein Angebot *neben* der regulären GmbH-Gründung dar.[1023] Es ersetzt somit nicht das bisherige Verfahren, sondern stellt eine Alternative zur schnelleren und vereinfachten Gründung dar. Möglich ist auch, die Sp. z o. o. zunächst mittels des Musterprotokolls zu gründen und im Anschluss Änderungen vornehmen, um die Satzung an die individuellen Verhältnisse der Gesellschaft anzupassen.[1024] Bei der Gründung selbst darf das Vertragsmuster jedoch nicht abgeändert werden. Die Gründer können nur dann wählen, soweit das Musterprotokoll ausdrücklich entsprechende Optionen bereithält.[1025]

Die grundsätzlich bestehende Pflicht zur notariellen Beurkundung (Artikel 157 § 2 KSH) gilt somit nicht für die S-24- Sp. z o. o.[1026] Der Gesetzgeber intendiert damit die Vereinfachung der Gründung von Gesellschaften, die Sicherstellung der Effektivität des Gründungsverfahrens und des gerichtlichen Registrierungsverfahrens sowie die Gewährleistung von Sicherheit und Zuverlässigkeit im Geschäftsverkehr. Obwohl der polnische Notariatsrat im Rahmen der öffentlichen Anhörung für die Einbindung des Notars plädierte, wurde eine notarielle Richtigkeits- oder Vermittlungskontrolle aufgrund des Mustervertrags als überflüssig angesehen.[1027]

1021 Gesetz v. 1.4.2011, inkraftgetreten am 1.1.2012. Hierzu *Lewandowski*, WiRO 2011, 240; *Opalski/Oplustil*, in: Viera González/Teichmann (Hrsg.), Private company law reform in Europe, S. 443; *Romanowski/Makowicz*, GmbHR 2012, 736; *Romanowski/Makowicz*, RIW 2012, 497. Eine Übersetzung des polnischen Gesetzes über Handelsgesellschaften in deutsche Sprache findet sich bei *Breidenbach* (Hrsg.), Handbuch Wirtschaft und Recht in Osteuropa, Bd. 2, PL 350.

1022 Das offizielle Musterprotokoll für Gesellschaftsgründungen im vereinfachten Verfahren findet sich in Art. 1571 § 5 KSH iVm einer Rechtsverordnung des Justizministeriums.

1023 So der Wortlaut des Art. 1571 § 1 KSH: „Der Vertrag einer Gesellschaft kann *auch* unter Verwendung eines Musters des Vertrages einer Gesellschaft geschlossen werden…" *(Herv. durch Verf.).*

1024 Art. 1571 § 4 KSH.

1025 *Lewandowski*, WiRO 2011, 240, 241.

1026 Art. 1571 § 5 KSH.

1027 *Lewandowski*, WiRO 2011, 240, 241; *Romanowski/Makowicz*, RIW 2012, 497, 503 f.

5) Portugal

Im Jahr 2006 wurde in Portugal die Online-Gründung eingeführt, die nicht nur für die portugiesische GmbH, sondern auch für die Aktiengesellschaft möglich ist.[1028] Seither werden die Gesellschaftsverträge nicht mehr im Gesetzblatt, sondern auf der Internetseite des Justizministeriums veröffentlicht.

Die im Jahr 2005 verabschiedete Turbo-GmbH[1029] („Empresa na hora") kann innerhalb einer Stunde gegründet werden. Eine notarielle Beurkundung des Gesellschaftsvertrages ist nicht erforderlich, vielmehr wird dieser lediglich von einem bestimmten Behördenzentrum oder dem Handelsregister beglaubigt.[1030] Die seitens der portugiesischen Notarvereinigung gehegten Androhungen, die „*on the spot firm*" vor Gericht zu bringen, blieb ohne Ergebnisse.[1031] Aus einer Sammlung von 200 vorreservierten Firmierungen kann der Gesellschafter einen Namen für sein Unternehmen wählen, wodurch die zeitraubende Registrierung beim Unternehmensregister ersetzt wird.

Für die Nutzung der Turbo-GmbH ist ein vorformuliertes Standardformular zwingend heranzuziehen.[1032] Andernfalls ist die schnelle und kostengünstige Gründung der Turbo-GmbH nicht möglich.[1033]

6) Dänemark

Die Gründung der dänischen GmbH erfolgt über zentrale One-Stop-Shops. Es besteht die Möglichkeit der online-Gründung, bei der neben den erforderlichen Unterlagen zwingend eine digitale Signatur zu verwenden ist.[1034] Außerdem ist im Falle einer natürlichen Person als Gründer ein Identitätsnachweis (Kopie des Reisepasses, des Führerscheins oder der Social Security Card) einzureichen. Ist der Gründer ein Unternehmen, sind als Nachweis Kopien des Unternehmensberichts[1035], des Reisepasses beziehungsweise Führerscheins der

---

1028 Siehe Gesetz 125/2006 v. 29.6.2006.

1029 Gesetz Nr. 111/2005 v. 8.7.2005.

1030 *Stieb*, Portugal, in: Süß/Wachter (Hrsg.), Handbuch des internationalen GmbH-Rechts, 3. Aufl. 2016, Rn. 7, 10.

1031 *Branstetter/Lima/Taylor/Venâncio*, The Economic Journal 124 (2014), 805, 813.

1032 Art. 8 Abs. 1c GD Nr. 111/2005 (zitiert nach *Stieb*, Portugal, in: Süß/Wachter (Hrsg.), Handbuch des internationalen GmbH-Rechts, 2. Aufl. 2011, Rn. 4 Fn. 24).

1033 *Stieb*, Portugal, in: Süß/Wachter (Hrsg.), Handbuch des internationalen GmbH-Rechts, 3. Aufl. 2016, Rn. 4.

1034 Art. 12 SEL, vgl. *Krüger Andersen/Sørensen*, Danish Companies Act, 2012, S. 84 f.

1035 Sog. „sammenskrevet resume". Hierin finden sich u.a. Angaben zum Sitz, Kapital, vertretungsberechtigten Personenkreis und zur Rechnungslegung. Weitere Angaben auf der Seite des dänischen Handelsregisters (www.cvr.dk).

vertretungsberechtigten Person sowie deren Versicherungskarte zu erbringen. Der Gründer hat dabei zu erklären, dass die vorgelegten Dokumente rechtmäßig und gültig sind.[1036] Auch ausländische natürliche Personen können über eine derartige Identifizierung auf digitalem Wege eine Gesellschaft gründen.

Außerdem kann die Registrierung auch auf herkömmlichen Wege erfolgen, indem das Eintragungsformular ausgefüllt und per Post dem Handelsregister zugeschickt wird. Eine materiell-rechtliche Kontrolle erfolgt nicht.[1037]

Für juristische Personen aus dem Ausland ist bislang noch keine Online-Gründung möglich; diese müssen auf herkömmlichen Wege in Papierform vorgehen. Für die zweite Jahreshälfte 2014 war hier jedoch eine Umstellung geplant, sodass auch dies ermöglicht werden kann.

Ein Musterprotokoll ist nicht vorhanden. Das Gesetz verlangt lediglich einige Mindestangaben, die in der Satzung aufzunehmen sind.[1038]

7) Ungarn

In Ungarn gibt es seit 2006 ein vereinfachtes Gründungsverfahren, bei dem die Gründung mittels einer gesetzlichen Mustersatzung erfolgt.[1039]

Im Gegensatz zur ordentlichen Gründung, die einer notariellen Beurkundung bedarf und innerhalb von 18 Arbeitstagen nach Einreichung der Unterlagen bei dem zuständigen Registergericht einzutragen ist, erfolgt die Gründung im vereinfachten elektronischen Registrierungsverfahren innerhalb von einer Stunde.[1040] Das Vertragsmuster darf dabei weder verändert noch ergänzt werden.[1041] Es erfolgt keine registerrechtliche Kontrolle; es besteht jedoch eine

---

1036 Art. 15 Abs. 2 SEL (zitiert nach *Krüger Andersen/Sørensen*, Danish Companies Act, 2012, S. 85).

1037 *Neville*, in: Vicra González/Teichmann (Hrsg.), Private company law reform in Europe, S. 87, 110.

1038 Insbesondere die Angabe zur Firma, den Sitz und das Geschäftsfeld, hierzu ausführlich *Krüger Andersen/Sørensen*, Danish Companies Act, 2012, S. 73 ff.

1039 Übersetzungen der Mustersatzungen für die ungarische OHG, KG, GmbH und AG finden sich bei *Breidenbach* (Hrsg.), Handbuch Wirtschaft und Recht in Osteuropa, Verlag C. H. Beck München. Die Anlage zum FirmenG sind in deutscher Übersetzung abgedruckt unter UNG Kapitel E.I-E.VI.

1040 *Braner*, Ungarn, in: Süß/Wachter (Hrsg.), Handbuch des internationalen GmbH-Rechts, 3. Aufl. 2016, Rn. 11 ff.; *Csehi*, in: Hommelhoff/Schubel/Teichmann (Hrsg.), SPE, S. 119, 126; *Küpper*, WiRO 2014, 266, 267.

1041 *Braner*, Ungarn, in: Süß/Wachter (Hrsg.), Handbuch des internationalen GmbH-Rechts, 3. Aufl. 2016, Rn. 15; *Csehi*, in: Hommelhoff/Schubel/Teichmann (Hrsg.), SPE, S. 119, 123.

anwaltliche Prüfpflicht, ob das Ausfüllen des Musters rechtmäßig ist und die Daten korrekt sind. Im Falle des unrichtigen oder gesetzeswidrigen Ausfüllens kann der Rechtsanwalt haftungsrechtlich herangezogen werden.[1042] Spätere Änderungen des Mustervertrages können nur durch Ausfüllen eines neuen Musters erfolgen.[1043] Die registerrechtliche Kontrolle beschränkt sich somit allein auf den Inhalt des Registrierungsantrags.[1044]

b) Gründung mit notarieller Beurkundung

1) Deutschland

Die in den Rechtsordnungen grundsätzlich bestehende Formfreiheit als Ausfluss der Privatautonomie wird in besonderen Fällen aus Gründen der Beweisbarkeit, als Warnung und zur Beratung zum Schutz vor Übereilung oder zur Erreichung bestimmter Publizitätsvorschriften eingeschränkt. In Deutschland besteht ein solcher Formzwang in der notariellen Beurkundung des GmbH-Gesellschaftsvertrages.[1045] Zudem prüft das zuständige Registergericht die eingereichten Unterlagen. Es handelt sich somit um eine zweistufige Kontrollinstanz von Notar und Registerrichter. Deren Aufgabe wird beschrieben als „Tätigkeit, die durch Mitwirkung bei der Gestaltung und Sicherung privater Rechtsverhältnisse die schutzwerten rechtlichen Interessen des Einzelnen fördert, ihrer künftigen Verletzung vorbeugt, zugleich aber auch die Interessen der Allgemeinheit betreut und auf diese Weise der Gerechtigkeit, der Rechtssicherheit und dem Rechtsfrieden dient."[1046]

Der Notar wird nach traditionellem Verständnis somit als neutrale, unabhängige Kontrollinstanz betrachtet, der im Wege der vorbeugenden Rechtspflege präventiv die Einhaltung der Rechtsvorschriften gewährleistet.[1047] Er beglaubigt und beurkundet die vorgesehenen Dokumente.[1048]

1042 *Csehi*, in: Hommelhoff/Schubel/Teichmann (Hrsg.), SPE, S. 119, 123.

1043 Hierzu *Csehi*, in: Hommelhoff/Schubel/Teichmann (Hrsg.), SPE, S. 119, 127 f.

1044 *Csehi*, in: Hommelhoff/Schubel/Teichmann (Hrsg.), SPE, S. 119, 124.

1045 § 2 Abs. 1 S. 1 GmbHG iVm § 128 BGB.

1046 *Preuß*, RNotZ 2009, 529.

1047 *Eickelberg*, NZG 2015, 81, 82 f.; *Matyk*, GPR 2009, 2, 5; *Kögel*, Rpfleger 2016, 1; *Krejci*, SPE, S. 165 ff.; *Peters/Wüllrich*, DB 2008, 2179, 2180; *Preuß*, RNotZ 2009, 529; *Robbers*, notar 2015, 213; *Teichmann/Limmer*, GmbHR 2009, 537, 538; zur Bedeutung des Beurkundungserfordernisses im deutschen Recht *Mayer*, in: Münch.Komm. GmbHG, 2. Aufl. 2015, § 2 Rn. 21; *Wicke*, ZIP 2006, 977.

1048 Häufig wird der Notar auch für weitere Dienstleistungen beauftragt, hierzu zählen insbesondere der Entwurf und die Beurkundung des Beschlusses über die

Nach Einreichung der Unterlagen in elektronischer Form[1049] verlangt das Handelsregister einen Kostenvorschuss auf die Eintragungs- und Veröffentlichungskosten und überprüft die eingereichten Unterlagen. Stehen der Eintragung keine Eintragungshindernisse[1050] entgegen, ist die Gesellschaft ins Handelsregister einzutragen. Erst mit der Eintragung entsteht die Gesellschaft als juristische Person.[1051]

Zur Kostenprivilegierung und Verfahrenserleichterung wurde 2008 ein notariell zu beurkundendes Musterprotokoll für einfach strukturierte GmbHs und haftungsbeschränkte UGs eingeführt.[1052] Die Nutzung ist jedoch fakultativ. Für das Musterprotokoll gibt es eine Vorlage für die Gründung von Einpersonengesellschaften sowie eine weitere für die Gründung von Mehrpersonengesellschaften, die maximal drei Gesellschafter und einen Geschäftsführer haben. Die in den Entwürfen zum MoMiG zunächst angedachte Mustersatzung, bei der Schriftform und öffentliche Beglaubigung der Unterschriften genügen sollten, hat sich nicht durchsetzen können.[1053] Der Gesetzgeber wollte über das Musterprotokoll die Gründung in unkomplizierten Standardfällen erleichtern und die Wettbewerbsfähigkeit der GmbH stärken.[1054] Gleichzeitig soll damit das Gründungsverfahren beschleunigt werden.[1055] Der Gesellschaftsvertrag, die Bestellung der Geschäftsführer und die Gesellschafterliste werden in einem einzigen

---

Geschäftsführerbestellung, der Entwurf der von den Geschäftsführern einzureichenden Gesellschafterliste, die Einholung der Stellungnahme der Industrie- und Handelskammer (§ 23 HRV) bezüglich der Firmierung und des Unternehmensgegenstandes und die Überwachung der Stammkapitaleinzahlung.

1049 § 12 Abs. 1 S. 1 HGB. Die Übermittlung an das Handelsregister erfolgt entweder über das Einscannen und Verschicken der Originaldokumente oder durch Fertigung einer elektronischen Leseabschrift auf rein elektronischem Weg. Eingehend hierzu *Eickelberg*, NZG 2015, 81, 83; sehr kritisch *Kögel*, Rpfleger 2016, 1, 6.

1050 Vgl. § 9c GmbHG.

1051 § 11 Abs. 1 GmbHG.

1052 § 2 Abs. 1a GmbHG iVm Anlage 1; hierzu *Wicke*, in: Hirte/Teichmann (Hrsg.), SPE, S. 183, 187 ff.

1053 Entwurf eines Gesetzes zur Modernisierung des GmbH-Rechts und zur Bekämpfung von Missbräuchen (MoMiG) v. 25.7.2007, BT-Drs. 16/6140, Art. 1 Nr. 2. Eine vollständige Streichung des Musterprotokolls, wie sie seitens der FDP befürwortet wurde (BT-Drs. 16/9737, S. 51), wurde im Rechtsausschuss abgelehnt.

1054 Begr RegE MoMiG, BT-Drs 16/6140, S. 27; RegBegr BR-Drs 354/07, S. 60.

1055 *Seibert*/Decker, ZIP 2008, 1208, 1209; *Wälzholz*, GmbHR 2008, 841, 843. Anders dagegen *Wicke*, GWR 2010, 259, 260; *Wicke*, MittBayNot 2011, 23, 25, der die Verzögerung daraus herleitet, dass bei der UG (haftungsbeschränkt) der vom Registergericht angeforderte Kostenvorschuss in Höhe von 101 Euro über längere Zeit häufig nicht bezahlt wird, sowie *Terbrack*, Deutschland, in: Süß/Wachter (Hrsg.),

Dokument zusammengefasst und kostenrechtlich privilegiert.[1056] Damit sollten die Gründungskosten gesenkt und trotzdem die notarielle Mitwirkung sichergestellt werden. Die GmbHs, welche dieses Musterprotokoll verwenden, dürfen jedoch keine anderen Bestimmungen treffen.[1057] Im Gegensatz zu den Mustersatzungen in anderen Mitgliedstaaten, welche detaillierte Bestimmungen enthalten, beschränkt sich das deutsche Protokoll auf wenige Punkte.[1058]

2) Österreich

Der Abschluss eines Gesellschaftsvertrages bedarf der notariellen Beurkundung.[1059] Der Notar prüft bereits die Zulässigkeit der Firmierung, deren Voraussetzungen sich aus § 5 Abs. 1 öGmbHG und § 17 ff. UGB ergeben. Zur Eintragung ins Firmenbuch erforderlich sind neben dem Gesellschaftsvertrag die Benennung des Firmengesuchs, die Erklärung der Geschäftsführer über die Einlagen der Gesellschaft, der Gesellschafterbeschluss über die Bestellung der Geschäftsführer beziehungsweise deren Angabe im Gesellschaftsvertrag, Musterzeichnungserklärungen, der Gesellschafterbeschluss über die Bestellung des Geschäftsführers, die Erklärung über die Selbstberechnung der Gesellschaftssteuer sowie eine Bestätigung einer Bank über die Einzahlung des Mindestkapitals. Die Eintragungsdauer beträgt etwa 7 bis 10 Tage.[1060]

Für Einpersonengesellschaften gibt es seit 2013 eine Mustersatzung, unter deren Verwendung sich der Notariatstarif erheblich reduziert.[1061] Voraussetzung

Handbuch des internationalen GmbH-Rechts, 3. Aufl. 2016, Rn. 35 mit zahlreichen Rechtsprechungsnachweisen.

1056 Vgl. § 41d KostO. Zweifelnd im Hinblick auf die Kostenersparnis *Fastrich*, in: Baumbach/Hueck, GmbHG, 21. Aufl. 2017, § 2 Rn. 16; *Heckschen*, DStR 2009, 166, 166 f.; *Jaeger*, in: Ziemons/Jaeger, GmbHG, 2013, § 2 Rn. 72.

1057 Daher kritisch *Fastrich*, in: Baumbach/Hueck, GmbHG, 21. Aufl. 2017, § 2 Rn. 16; *Heckschen*, DStR 2009, 166, 167; *Wicke*, GmbHG, 3. Aufl. 2016, § 2 Rn. 18; radikal *Terbrack*, Deutschland, in: Süß/Wachter (Hrsg.), Handbuch des internationalen GmbH-Rechts, 3. Aufl. 2016, Rn. 35: „Der Gesetzgeber wäre gut beraten, diesen überflüssigen Teil des Gesetzes […] ersatzlos zu streichen".

1058 Firmierung, Sitz, Unternehmensgegenstand, Stammkapital, Stammeinlagen, Geschäftsführer, Gründungsaufwand, Veröffentlichungen, kritisch analysiert bei *Ries*, NotBZ 2007, 244.

1059 § 4 Abs. 3 S. 1 öGmbHG.

1060 *Beer*, Österreich, in: Süß/Wachter (Hrsg.), Handbuch des internationalen GmbH-Rechts, 3. Aufl. 2016, Rn. 21.

1061 Vgl. § 5 Abs. 8 S. 3 Notariatstarifgesetz. Die Mustersatzung ist abrufbar über die Homepage der Wirtschaftskammer Österreich (www.wko.at).

hierfür ist, dass eine Neugründung im Sinne des Neugründungs-Förderungsgesetzes vorliegen muss.[1062] Außerdem darf die Satzung ausschließlich die gesetzlichen Mindesterfordernisse des § 4 Abs. 1 öGmbHG enthalten (Firma, Sitz, Unternehmensgegenstand, Höhe des Stammkapitals, Stammeinlagen), die Bestellung des Geschäftsführers, eine Gründungsprivilegierung sowie den Ersatz der Gründungskosten. Trotz der Wiedererhöhung des Stammkapitals zum Frühjahr 2014 wurde die Möglichkeit der Gründung von Einpersonengesellschaften mittels Mustersatzung beibehalten.[1063]

3) Italien

In Italien besteht neben der Società per azioni (s.p.a.) und Società a responsabilità limitada (s.r.l.) auch für die società a responsabilità limitata semplificata das in Artikel 2463 Abs. 1 Codice Civile normierte Erfordernis der öffentlichen oder notariellen Beurkundung, wonach der Notar die Unterlagen und die Identität der Gesellschafter zu überprüfen hat.[1064] Bei der Eintragung der Gesellschaft hat der Notar die Tatsache, dass es sich um eine vereinfachte haftungsbeschränkte Gesellschaft im Sinne von Artikel 2463bis des Codice Civile handelt, mit einzutragen.[1065]

Anstelle eines Verzichts auf die notarielle Mitwirkung schuf Italien einen Präzedenzfall im Hinblick auf die notarielle Beteiligung: Bei der SRLS wird zwar an der notariellen Gründungsurkunde festgehalten, jedoch dürfen die Notare keine Gebühren verlangen.[1066] Daneben ist der Gründungsakt von den Stempel- und Bearbeitungsgebühren befreit.[1067] Auf diese Weise können rechtssicher und zugleich kostengünstig Gesellschaften errichtet werden.

1062 § 2 NeuFöG. Österreich erließ bereits im Jahre 1999 ein Bundesgesetz, mit dem die Neugründung von Betrieben und die Übertragung von Klein- und Mittelbetrieben gefördert werden sollten, BGBl. I Nr. 106/1999 v. 14.7.1999.

1063 Vgl. hierzu das Vorblatt, Wirkungsorientierte Folgenabschätzung, Erläuterungen zum Abgabenänderungsgesetz 2014, zuletzt abgerufen am 16.09.2016 unter http://www.parlament.gv.at/PAKT/VHG/XXV/ME/ME_00003/fname_335767.pdf.

1064 Art. 2 des Decreto ministeriale *v.* 23.6.2012, n. 138; veröffentlicht *am 14.8.2012 im* Gazzetta Ufficiale n. 189 mit Verweis auf Art. 49 des Gesetzes v. 12.2.1913, n. 89, geändert durch Art. 1 des Gesetzes v. 10.5.1976, n. 334.

1065 Art. 2 des Decreto ministeriale *v.* 23.6.2012, n. 138; veröffentlicht *am 14.8.2012 im* Gazzetta Ufficiale n. 189.

1066 Dekret-Gesetz Nr. 1 v. 24.1.2012, Art. 3.

1067 *Cian*, ZVglRWiss 114 (2015), 288, 293; *Neville/Sørensen*, EBOR 15 (2014), 545, 566.

Damit der ungeschriebene Rechtsgrundsatz, dass gute, professionelle Arbeit auch bezahlt wird, nicht gänzlich unterlaufen wird, hat das italienische Justizministerium eine Standardsatzung erlassen, die bei der Gründung einer società a responsabilità limitata semplificata heranzuziehen ist.[1068] Der Aufwand für die Notare soll auf diese Weise auf ein Minimum beschränkt werden. Gleichwohl ist nicht verwunderlich, dass die vom Gesetzgeber oktroyierte unentgeltliche Dienstleistung scharf kritisiert wurde.

Für die Gründung und die Geschäftstätigkeit der SRLS ist die Mustersatzung unabdingbar.[1069] Eine maßgeschneiderte Satzung ist für die SRLS somit nicht möglich. Für Satzungsänderungen oder Strukturmaßnahmen bedarf es der Umwandlung oder der Weiterentwicklung zur regulären SRL.[1070]

4) Spanien

Bei der regulären SL bedarf der Gesellschaftsvertrag der notariellen Beurkundung.[1071] Spätestens nach zwei Monaten ist sodann der Antrag beim Handelsregister zu stellen.[1072] Nach Eingang des Antrags soll die Eintragung innerhalb von 15 Arbeitstagen erfolgen. Mit der Eintragung entsteht die Gesellschaft als Rechtsträger.[1073]

Daneben existiert in Spanien ein Schnellgründungsverfahren, mit dem die bürokratischen Hürden, die mit der Gesellschaftsgründung verbunden sind, abgebaut werden können. Die Ursprünge einer solchen „Blitzgründung" liegen in der im Jahre 2003 eingeführten SLNE. Hierbei wurde eine elektronische Einheitsgründungsurkunde (Documento único electrónico) entwickelt, mit der innerhalb 48 Stunden der vollständige Eintragungsprozess abgewickelt werden soll.[1074] Die Einheitsgründungsurkunde ersetzt dabei nicht die notarielle

---

1068 Art. 2463bis Ziffer 6 Codice Civile. Das Musterprotokoll wurde mit dem Dekret Nr. 138 v. 23.6.2012 eingeführt. Vgl. *Guidotto*, in: Viera González/Teichmann (Hrsg.), Private company law reform in Europe, S. 285, 299.

1069 Trotz des eindeutigen gesetzlichen Wortlauts war dies im italienischen Schrifttum heftig umstritten. Zum Streitstand siehe *Cian*, ZVglRWiss 114 (2015), 288, 300 ff.

1070 *Cian*, ZVglRWiss 114 (2015), 288, 303.

1071 Art. 20 Ley de Sociedades de Capital. Zum Gründungsverfahren und den erforderlichen Angaben in der Gründungsurkunde siehe *Hübner*, Mustersatzungen SPE, S. 65 f.; *Lozano/Hilgers/Löber*, Spanien, in: Süß/Wachter (Hrsg.), Handbuch des internationalen GmbH-Rechts, 3. Aufl. 2016, Rn. 31.

1072 Art. 32 Abs. 1 Ley de Sociedades de Capital.

1073 Art. 33 Ley de Sociedades de Capital.

1074 Siehe hierzu auch *Hübner*, Mustersatzungen SPE, S. 64 f.

Beurkundung oder die Eintragung im Handelsregister, sondern soll ausschließlich das Gründungsverfahren beschleunigen. Die Gründer müssen die Einheitsgründungsurkunde an den Notar schicken und vor dem Notar bezeugen, dass sie das entsprechende Kapital erbracht haben und die Erlaubnis des Handelsregisters bezüglich der gewünschten Firmierung erhalten haben. Nach der notariellen Beurkundung werden die Einheitsgründungsurkunde sowie etwaige weitere erforderliche Unterlagen an das Handelsregister zur Eintragung geschickt.

Die Schnellgründung auf elektronischem Wege, die bisweilen auf die Blitz-GmbH beschränkt war, wurde 2010 auf die reguläre SRL sowie Aktiengesellschaften und Kommanditgesellschaften auf Aktien ausgeweitet.[1075] Dabei wird zwischen der Mikro-SRL (Gesellschaftskapital von 3.000 bis 3.100 Euro), der SRL mit einem Kapital bis zu 30.000 Euro und der mittelgroßen Gesellschaft (Kapital über 30.000 Euro) unterschieden.[1076] Die Gründungsurkunde und sämtliche erforderlichen Unterlagen werden vom Notar beurkundet und an das Registergericht überstellt. Bei der Anmeldung kann der Notar oder sein Bevollmächtigter unter einer von fünf verschiedenen Firmierungen wählen, für die das Handelsregister bereits ein Negativzertifikat ausgestellt hat.[1077] Die Kopie des beurkundeten Gründungsvertrages der SL wird am Tag der Gründung auf elektronischem Wege dem Registergericht am Sitz der Gesellschaft zugestellt.[1078] Die Eintragung erfolgt gerechnet vom Erhalt der Gründungsurkunde innerhalb von drei Arbeitstagen.[1079] Um die fehlerfreie Eintragung im Handelsregister sicherzustellen, wird die Anmeldung mit der Ernennung der Geschäftsführer als öffentliche Urkunde, per elektronischer Bescheinigung oder schriftlich am Tag der Eintragung an jeden Interessenträger verschickt, ohne dass hiermit zusätzliche Kosten verbunden wären. Dies gilt auch für die Übertragung des notariell beurkundeten Gründungsvertrages und der Anmeldebescheinigung für das Handelsregister.[1080]

1075 Art. 5 Nr. 1 des Königlichen Dekrets 13/2010.

1076 *Löber/Lozano/Steinmetz*, Spanien, in: Süß/Wachter (Hrsg.), Handbuch des internationalen GmbH-Rechts, 2. Aufl. 2011, Rn. 44 f. Bei der mittelgroßen Gesellschaft waren ursprünglich nicht nur die SRL, sondern auch die spanische AG und KGaA erfasst. Im Jahre 2013 wurde der Anwendungsbereich der Schnellgründung jedoch auf die SL eingeschränkt.

1077 Art. 5 Abs. 1 lit. a des Königlichen Dekrets 13/2010.

1078 Art. 5 Abs. 1 lit. b des Königlichen Dekrets 13/2010.

1079 Art. 5 Abs. 1 lit. c des Königlichen Dekrets 13/2010.

1080 Art. 5 Abs. 1 lit. d des Königlichen Dekrets 13/2010.

Bei der SLNE ist die Verwendung der gesetzlich vorgegebenen Mustersatzung zwingender Bestandteil für die Anwendbarkeit der Rechtsform.[1081] Diese kann nur Änderungen im Hinblick auf die Firmierung, den Sitz und das Stammkapital vornehmen.[1082]

Auch für Mikro-GmbHs wurde seitens des spanischen Justizministeriums eine Mustersatzung entwickelt.[1083]

5) Niederlande

In den Niederlanden hielt man trotz des Vereinfachungsgesetzes von 2012 (flex-bv) an der konstitutiven Mitwirkung des Notars fest: Jede Gründung, Satzungsänderung, Kapitalerhöhung oder die Abtretung von Gesellschaftsanteilen bedarf der notariellen Beurkundung.[1084] Die für die Eintragung erforderlichen Formalien wurden gleichwohl auf das absolut Wesentliche beschränkt.[1085]

Auch ein amtliches Musterprotokoll ist dem niederländischen Recht fremd. Im Laufe der Diskussionen im Vorfeld der flex-bv wurde ein solches zwar vorgeschlagen, jedoch aufgrund der zurückhaltenden Haltung von Sachverständigen und des Regierungsausschusses für Gesellschaftsrecht letztlich nicht durchgesetzt.[1086] Gleichwohl hat die niederländische Notarsvereinigung ihrerseits eine Mustersatzung entwickelt, die sie Gesellschaftsgründern als Modell zur Verfügung stellt.[1087]

6) Belgien

Sowohl bei der Einpersonen-SPRL als auch die SPRL-Starter besteht das Erfordernis der notariellen Mitwirkung.[1088] Zwar ist diese mit zusätzlicher Bürokratie

---

1081 Vgl. *Hübner*, Mustersatzungen SPE, S. 66; *Lozano/Hilgers/Löber*, Spanien, in: Süß/Wachter (Hrsg.), Handbuch des internationalen GmbH-Rechts, 3. Aufl. 2016, Rn. 49 (mit Auflistung der weiteren Voraussetzungen für die SLNE).

1082 Art. 450 Abs. 1 Ley de Sociedades de Capital (ursprünglich Art. 140 Ley de Sociedades de Responsiblidad Limitada), hierzu *Cohnen*, ZVglRWiss 104 (2005), 479, 493, 506 f.; *Embid Irujo*, RIW 2004, 760, 762 Fn. 16; *Vietz*, GmbHR 2003, 26, 27.

1083 *Lozano/Hilgers/Löber*, Spanien, in: Süß/Wachter (Hrsg.), Handbuch des internationalen GmbH-Rechts, 3. Aufl. 2016, Rn. 54.

1084 *Zaman*, GmbHR 2012, 1062.

1085 Insbesondere wird auf zahlreiche Gläubigerschutzregeln zum Mindestkapital und Kapitalaufbringung verzichtet, vgl. *De Kluiver*, in: Viera González/Teichmann (Hrsg.), Private company law reform in Europe, S. 405, 413 f.

1086 *Zaman*, GmbHR 2012, 1062.

1087 *Fleischer*, ZHR 179 (2015), 404, 4016.

1088 Art. 66 Abs. 2 Code des Sociétés.

und Kosten verbunden, sie sichert jedoch eine effektive Kontrolle des Eintragungsprozesses.[1089]

Die eigentliche Anmeldung beim Handelsregister und die Veröffentlichung im Moniteur Belge kann der Notar elektronisch vornehmen. Hierfür steht ein elektronisches Depot für gesellschaftsrechtliche Anmeldungen zur Verfügung (e-depot).[1090] über welches jedoch nur Notare Transaktionen vornehmen können. Über das e-depot erhält die Gesellschaft innerhalb weniger Minuten eine Gesellschaftsnummer. Der gesamte Gründungsprozess bis zur Aktivierung dauert inklusive der Involvierung der Bank und des Notars drei Werktage. Eine Mustersatzung existiert nicht.

c) *Zusammenfassung*

Das Gründungsverfahren variiert in den Mitgliedstaaten erheblich.[1091] Insgesamt gestatten bereits 17 von 28 Mitgliedstaaten die Online-Gründung. Neben den bereits dargestellten Mitgliedstaaten sind dies Bulgarien, Estland, Finnland, Irland, Lettland, Litauen, Rumänien, Slowakei, Slowenien und Schweden.[1092] In Estland kann hierbei die Gründung im Einzelfall in nur 18 Minuten geschafft werden, gefolgt von England mit einer Stunde.[1093] Gleichwohl gilt hier zu berücksichtigen, dass es sich bei diesen beworbenen Gründungsgeschwindigkeiten nicht um arithmetische Mittelwerte handelt, sondern um exzeptionelle Spitzenwerte in Einzelfällen.

Die anderen Mitgliedstaaten, wozu neben Deutschland, Österreich, Italien, Spanien, die Niederlande und Belgien auch Kroatien, Zypern und die Tschechische Republik gehören, setzen auf das traditionelle Modell der notariellen Kontrolle.[1094]

Die Verwendung eines Musterprotokolls ist eng verwoben mit dem Online-Registrierungsprozess. Aber auch in den Mitgliedstaaten, die bislang am Notar festhalten, werden Vorlagen zur Verfügung gestellt, die den Eintragungsprozess beschleunigen und kostenrechtlich privilegieren sollen.

1089 *Wyckaert/Geens*, in: Viera González/Teichmann (Hrsg.), Private company law reform in Europe, S. 49, 54.

1090 Kurzform für „Dépôt électronique des actes des sociétés".

1091 Vgl. auch *Teichmann*, NJW 2014, 3561, 3561, 3563: „Die Gründungsregelungen [...] driften immer weiter auseinander."

1092 Impact Assessment (Fn. 64), S. 27.

1093 Impact Assessment (Fn. 64), S. 27.

1094 Impact Assessment (Fn. 64), S. 27.

2. *Speziell: Gründung einer GmbH aus dem Ausland*

Bereits heute gibt es in Deutschland zwei Möglichkeiten, aus dem Ausland eine GmbH zu gründen. Zum einen kann eine formgerechte Stellvertretung vor einem Notar in Deutschland erfolgen; zum anderen ist unter bestimmten Voraussetzungen auch die Beurkundung im Ausland zulässig.

a) *Stellvertretung*

Bei der GmbH-Gründung ist mangels Höchstpersönlichkeit des Rechtsgeschäfts eine Stellvertretung zulässig. Hierfür genügt bereits eine allgemeine Generalvollmacht.[1095] Abweichend von § 167 Abs. 2 BGB benötigt die Vollmacht das Formerfordernis der notariellen Beurkundung oder der öffentlichen Beglaubigung.[1096] Die Beurkundung beziehungsweise Beglaubigung kann auch ein ausländischer Notar erteilen, sofern sich die Identität des Ausstellers der Beglaubigungsurkunde zweifelsfrei feststellen lässt.[1097] Aufgrund bilateraler Abkommen mit Belgien, Dänemark, Frankreich, Italien und Österreich ist die Beglaubigungsurkunde ohne zusätzliche Prüfung seitens der deutschen Registergerichte zu akzeptieren.[1098] Andernfalls ist zusätzlich eine Apostille beziehungsweise Legislation erforderlich.[1099] Ist die Gründungsgesellschafterin eine juristische Person oder Personengesamtheit, muss ein Nachweis ihrer tatsächlichen Existenz sowie ihrer organschaftlichen Vertretung als Registerauszug vorgelegt werden.[1100] Die

1095 *Terbrack*, Deutschland, in: Süß/Wachter (Hrsg.), Handbuch des internationalen GmbH-Rechts, 3. Aufl. 2016, Rn. 52.

1096 § 2 Abs. 2 GmbHG iVm §§ 128, 129 BGB, § 40 BeurkG.

1097 *Heckschen/Heidinger*, GmbH in der Gestaltungs- und Beratungspraxis, 3. Aufl. 2014, § 2 Rn. 45b. Diese Voraussetzungen erfüllt ein angelsächsischer Notar allerdings nicht.

1098 *Fastrich*, in: Baumbach/Hueck, GmbHG, 21. Aufl. 2017, § 2 Rn. 20; *Mayer*, in: Münch. Komm.GmbHG, 2. Aufl. 2015, § 2, Rn. 69; *Terbrack*, Deutschland, in: Süß/Wachter (Hrsg.), Handbuch des internationalen GmbH-Rechts, 3. Aufl. 2016, Rn. 53.

1099 Die Apostille gilt für alle Vertragsstaaten des Haager Übereinkommens v. 5.10.1961 zur Befreiung ausländischer öffentlicher Urkunden von der Legalisation v. 5.10.1961 (BGBl. 1965 II, S. 876). Hierzu gehören u.a. alle EU-Staaten. Die Legislation bestätigt die Echtheit der Urkunde durch den Konsularbeamten des Staates, in welchem die Urkunde verwendet werden soll.

1100 *Heinemann*, in: Hauschild/Kallrath/Wachter (Hrsg.), Notarhdb, § 9 Rn. 70 f.; *Terbrack*, Deutschland, in: Süß/Wachter (Hrsg.), Handbuch des internationalen GmbH-Rechts, 3. Aufl. 2016, Rn. 53. Ausführlich zu Existenz- und Vertretungsnachweise bei deutschen Gesellschaften *Schmiegelt/Schmidt*, in: Hauschild/Kallrath/Wachter (Hrsg.), Notarhdb, § 28 Rn. 36 ff., bei ausländischen Gesellschaften Rn. 156 ff.

Gründung einer GmbH durch einen Ausländer ist daher in Deutschland bereits ohne physische Präsenz möglich.

b) Beurkundung der Gründung aus dem Ausland

Die rechtliche Ausgangslage für die Beurkundung der Gründung im Ausland gestaltet sich dagegen schwieriger.[1101] Auch für die GmbH-Gründung im Ausland gilt gem. Art. 11 Abs. 4 EGBGB das Formerfordernis der notariellen Beurkundung.[1102] Die Frage, ob die notarielle Beurkundung vor einem deutschen Notar in Deutschland[1103] vorgenommen werden muss oder ob auch ein ausländischer Notar das Formerfordernis erfüllen kann, unterliegt dabei einer kontroversen Diskussion:

Der BGH lässt für die Fälle der Satzungsänderung, der Übertragung von Gesellschaftsanteilen und der Einreichung einer Gesellschafterliste die erforderliche notarielle Beurkundung durch einen ausländischen Notar zu, sofern die ausländische Beurkundung der deutschen gleichwertig ist (Substitution).[1104] Diese Gleichwertigkeit ist dann gegeben, wenn die ausländische Urkundsperson „nach ihrer Vorbildung und Stellung im Rechtsleben eine der Tätigkeit des deutschen Notars entsprechende Funktion ausübt und für die Errichtung der Urkunde ein Verfahrensrecht beachtet ist, das den tragenden Grundsätzen des deutschen Beurkundungsrechts entspricht"[1105]. Zwar hat der Notar nach § 17

1101 Ausführlich hierzu *Bayer/Meier-Wehrsdorfer*, in: Hauschild/Kallrath/Wachter (Hrsg.), Notarhdb, § 10. Zu den ökonomischen und steuerlichen Vorteilen einer Auslandsbeurkundung *Heckschen/Heidinger*, GmbH in der Gestaltungs- und Beratungspraxis, 3. Aufl. 2014, § 2 Rn. 32.

1102 Insofern lex specialis zu Art. 11 Abs. 1 EGBGB (h.M., vgl. *Heckschen/Heidinger*, GmbH in der Gestaltungs- und Beratungspraxis, 3. Aufl. 2014, § 2 Rn. 34 f.; *Mayer*, in: Münch.Komm.GmbHG, 2. Aufl. 2015, § 2 Rn. 44).

1103 Im Ausland ist dagegen keine Beurkundung durch einen deutschen Notar möglich. Eine wirksame Beurkundung durch einen deutschen Notar kann nur im Inland vorgenommen werden (siehe *Michalski*, in: Michalski, GmbHG, 2.Aufl. 2010, § 2 Rn. 21).

1104 BGHZ 80, 76 (Satzungsänderung durch ausländischen Notar); bestätigt in BGH NJW-RR 1989, 1259 (Übertragung von Gesellschaftsanteilen); bestätigt nach dem MoMIG durch BGHZ 199, 270, Amtlicher Leitsatz und Tz. 13 (Einreichen einer ausländischen Gesellschafterliste); hierzu *Böcker*, DZWiR 2014, 234; *Götze/Mörtel*, NZG 2014, 369; *Meichelbeck/Krauß*, DStR 2014, 752. Insbesondere kann die Beurkundung auch vor einem deutschen Konsulat im Ausland vorgenommen werden (vgl. *Ries*, in Lutter/Koch (Hrsg.), SUP, S. 65).

1105 BGHZ 80, 76, 78; BGHZ 199, 270, Tz. 14.

Abs. 1 S. 1 BeurkG eine Prüfungs- und Belehrungsfunktion. Durch das Aufsuchen eines ausländischen Notars werde jedoch konkludent darauf verzichtet.[1106] Der ausländische Notar müsse auch nicht über die Vorschriften des deutschen Rechts belehren, da auch der deutsche Notar gemäß § 17 Abs. 3 S. 2 BeurkG nicht zur Belehrung über ausländisches Recht verpflichtet sei.[1107] Letzlich gewähren auch die deutschen Registergerichte, dass die Urkunde, der ja Publizitätswirkung zukommt, eine sichere Grundlage für den Rechtsverkehr darstellt.[1108]

In der Literatur – sowie nun auch vom AG Charlottenburg – wird eine solche Substitution teils heftig kritisiert und insbesondere für den Fall der Gründung einer Gesellschaft nicht anerkannt.[1109] Hervorgehoben wird insbesondere der Sinn und Zweck der notariellen Beurkundung der Satzung aus Beweissicherungs- und Rechtssicherheitsgründen sowie zur materiellen Richtigkeitsgewähr.[1110] Bei einem statusrelevanten Vorgang könne nur eine unparteiische, fachkundige Person die körperschaftlichen Regelungen überprüfen.[1111] Eine solche Funktion erfülle nur ein deutscher Notar, der mit dem deutschen Rechtssystem vertraut ist.[1112]

Im Ergebnis bedeutet dies, dass bei derzeitigem Stand der Diskussion in jedem Einzelfall geprüft werden muss, ob der jeweilige Mitgliedstaat die Substitutionsvoraussetzungen erfüllt.[1113] In dem jüngst vom AG Charlottenburg entschiedenen Fall wurde die Beurkundung der Gründung einer deutschen GmbH durch einen Berner Notar als nicht mit der Form des § 2 Abs. 1 S. 1 GmbHG

1106 BGHZ 80, 76, 79.

1107 BGHZ 80, 76, 79.

1108 BGHZ 80, 76, 79 f.

1109 *Bayer*, in: Lutter/Hommelhoff, GmbHG, 19. Aufl. 2016, § 2 Rn. 30; *Mayer*, in: Münch. Komm.GmbHG, 2. Aufl. 2015, § 2 Rn. 52 ff.; *Terbrack*, Deutschland, in: Süß/Wachter (Hrsg.), Handbuch des internationalen GmbH-Rechts, 3. Aufl. 2016, Rn. 51; AG Charlottenburg, ZIP 2016, 770.

1110 *Bayer*, in: Lutter/Hommelhoff, GmbHG, 19. Aufl. 2016, § 2 Rn. 23; AG Charlottenburg, ZIP 2016, 770, 773.

1111 *Bayer/Meier-Wehrsdorfer*, in: Hauschild/Kallrath/Wachter (Hrsg.), Notarhdb, § 10 Rn. 7; *Mayer*, in: Münch.Komm.GmbHG, 2. Aufl. 2015, §2 Rn. 53; *Terbrack*, Deutschland, in: Süß/Wachter (Hrsg.), Handbuch des internationalen GmbH-Rechts, 3. Aufl. 2016, Rn. 51.

1112 *Bayer*, in: Lutter/Hommelhoff, GmbHG, 19. Aufl. 2016, § 2 Rn. 30; *Mayer*, in: Münch. Komm.GmbHG, 2. Aufl. 2015, § 2 Rn. 55; *Roth*, in: Roth/Altmeppen, GmbHG, 8. Aufl. 2015, § 2 Rn. 23a.

1113 *Heckschen/Heidinger*, GmbH in der Gestaltungs- und Beratungspraxis, 3. Aufl. 2014, § 2 Rn. 37.

vereinbar angesehen.[1114] Es fehle am Erfordernis der Gleichwertigkeit, das vom Kanton Bern zu beachtende Beurkundungsrecht erheblich von deutschen Standards abweiche. Selbst wenn freiwillig der höhere Standard des deutschen Rechts angewendet werde, würde dies nicht zu einer Gleichwertigkeit führen, da es abstrakt darauf ankomme, dass der ausländische Notar ein gleichwertiges Verfahren einhalte.[1115]

Damit unterliegen die Beurkundungen durch einen ausländischen Notar erheblichen Rechtsunsicherheiten, die nur durch entsprechende Grundsatzentscheidungen des BGH geklärt werden könnten. Aus deutscher Sicht wäre es daher gewinnbringender Natur, wenn auf Unionsebene ein Vorschlag unterbreitet werden würde, wie die Authentifizierung aus der Ferne zu lösen wäre beziehungsweise ob das bereits praktizierte Verfahren hierfür den vorgesehenen Standard erfüllen könnte. Nur so kann der hohe rechtspolitische Widerstand, der insbesondere seitens der Notare angestrengt wird, überwunden werden.[1116]

3. *Ausgestaltungsmöglichkeiten für die SUP*

Nachdem nun beleuchtet wurde, von welch zahlreich divergierenden Regelungen die gesellschaftsrechtliche Landschaft in Europa durchzogen ist und wie bereits heute die Gründung einer GmbH aus dem Ausland erfolgen kann, sollen im Folgenden die von der Kommission angestrengten Überlegungen zur konkreten Ausgestaltung eines harmonisierten Gründungsregimes dargelegt werden. Innerhalb der Kommission bestand Einigkeit, dass die Beibehaltung des status quo dem Ziel der Stärkung der grenzüberschreitenden Mobilität von Unternehmen zuwiderlaufe und für die Gründung eine harmonisierte Regelung zu finden sei. Im Vorfeld des Kommissionsvorschlags wurden dabei drei Modelle überprüft:[1117]

Modell A: Ausschließliche Online-Registrierung
Modell B: Online-Registrierung und herkömmliche Registrierung
Modell C: Online-Registrierung mit obligatorischer Mustersatzung und herkömmliche Registrierung.

1114 AG Charlottenburg, ZIP 2016, 770.
1115 AG Charlottenburg, ZIP 2016, 770, 772.
1116 Vgl. auch *Fleischer*, NZG 2014, 1081, 1086.
1117 Hierzu ausführlich Impact Assessment (Fn. 64), S. 28 ff.

a) Modell A: Ausschließliche Online-Registrierung

1) Beschreibung

Modell A sieht vor, dass eine SUP ausschließlich online gegründet werden kann. Eine schriftliche Einreichung der Unterlagen wäre nicht möglich.[1118] Hierfür müsste in den Mitgliedstaaten ein Online-Registrierungssystem eingerichtet werden, welches die Identität der Gründer, die Firma und die Unterzeichnung der Satzung überprüft. Damit soll insbesondere Gelegenheit zur Gesellschaftsgründung aus dem Ausland gegeben werden. Die Identifizierung der Gründer soll durch eine elektronische Signatur erfolgen oder durch einen anderen Identifizierungsmechanismus, wie er bereits in einigen Mitgliedstaaten praktiziert wird. Als technische Umsetzungswege werden dabei das vereinheitlichte Identifizierungssystem (e-IDAS)[1119] oder das Binnenmarktinformationssystem (IMI)[1120] vorgeschlagen.

Dieser Weg erfordert Änderungen im Eintragungsprozess derjeniger Mitgliedstaaten, die bislang die physische Anwesenheit der Gründer verlangen, bevor die Gesellschaft eingetragen werden kann. Die Staaten wären jedoch bei der konkreten Ausgestaltung der Form und der Mittel frei, solange hierbei das Ziel der Online-Registrierung erreicht wird. Die Registrierungs-Websites können von Behörden, Notaren, Anwälten oder auch privaten Gesellschaften betrieben werden. Mangels europäischen Unternehmensregisters wird die Eintragung daher eine nationale Angelegenheit bleiben.

1118 Impact Assessment (Fn. 64), S. 28.

1119 Sog. „Elektronische Identifizierung, Authentifizierung und Signaturen sowie einschlägige Vertrauensdienste", mittlerweile Verordnung (EU) Nr. 910/2014 des Europäischen Parlaments und des Rates v. 23.7.2014 über elektronische Identifizierung und Vertrauensdienste für elektronische Transaktionen im Binnenmarkt und zur Aufhebung der Richtlinie 1999/93/EG, ABl.EU L 257/73 v. 28.8.2014. Zum Verhältnis der e-IDAS-Verordnung zur SUP *Wuisman*, ECL 12 (2015), 34, 40 ff.

1120 Das Binnenmarktinformationssystem ist ein Netzwerk zum Informationsaustausch zwischen Behörden in verschiedenen Mitgliedstaaten für Berufsqualifikationen, Dienstleistungen, Entsendung von Arbeitnehmern, Transport von EU-Bargeld, SOLVIT, Patientenrechte und den elektronischen Geschäftsverkehr. Informationen hierzu finden sich unter http://ec.europa.eu/internal_market/imi-net/about/index_de.htm (zuletzt abgerufen am 16.09.2016). Zum Verhältnis der IMI-Verordnung zur SUP *Wuisman*, ECL 12 (2015), 34, 42.

2) Abschätzung der Europäischen Kommission

Bei einer reinen Online-Registrierung könnten, je nachdem, inwieweit das Eintragungsverfahren bereits auf nationaler Ebene digitalisiert ist, nach den Erhebungen der Europäischen Kommission Kostenersparnisse zwischen 21 und 58 Mio. Euro erzielt werden.[1121] Der Registrierungsprozess würde damit einfacher, schneller und kostengünstiger werden.[1122]

Durch die Gründung vom Ausland aus würden zudem Reisekosten und weitere Aufwendungen für den Gründer, der eine Auslandsgesellschaft gründen möchte, erspart werden.[1123] Zwar bedeutet der Aufbau des Online-Registrierungssystems Kosten für diejenigen Mitgliedstaaten, die bislang keine Online-Registrierung für ihre GmbH kennen. Deren Höhe könne nicht exakt vorausgesagt werden; sie hänge von der konkreten mitgliedstaatlichen Ausgestaltung ab.[1124] Die Kosten würden allerdings nur einmalig anfallen.

Obwohl im Falle von Online-Gründungen stets ein gewisses Missbrauchspotential bestehe, müsse dieses Risiko abgewogen werden mit den Vorteilen für Unternehmensgründungen und den damit verbundenen positiven wirtschaftlichen und sozialen Auswirkungen für den europäischen Binnenmarkt, wonach jede neue Gesellschaft eine potentielle Arbeits- und Wachstumsquelle darstelle.[1125] Auch seien für die Mitgliedstaaten, die eine Online-Gründung anbieten, keine Daten bekannt, dass die dortigen Missbrauchsfälle seit Einführung des Online-Verfahrens angestiegen seien.[1126]

Die mit der SUP angesprochenen Zielgruppen könnten jedoch durch ein reines Online-Verfahren eingeschränkt werden. Für komplexere Unternehmensgründungen, insbesondere in Unternehmensgruppen, wäre die Beschränkung auf eine reine Online-Registrierung nur wenig geeignet. Zudem sei kein Grund ersichtlich, ausschließlich online-Gründungen zuzulassen. Auch die

1121 Impact Assessment (Fn. 64), S. 47.

1122 Laut Impact Assessment (Fn. 64), S. 28 kostet in England die Online-Registrierung 15 £ statt 40 £ bei schriftlicher Einreichung und die Eintragung kann drei Tage schneller erfolgen (im Falle einer „fast track" Registrierung sogar siebenmal schneller). In Irland und der Slowakei betragen die Kostenersparnisse bei Online-Registrierung 50 %.

1123 Impact Assessment (Fn. 64), S. 28.

1124 Impact Assessment (Fn. 64), S. 29. Beispielhaft werden die Kosten in Polen (100.000 Euro), Irland (42.000 Euro), Lettland (120.000 Euro), Slowenien (1, 1 Mio. Euro) und Litauen (1, 9 Mio. Euro) genannt.

1125 Impact Assessment (Fn. 64), S. 30.

1126 Impact Assessment (Fn. 64), S. 30.

Mitgliedstaaten, die die Online-Registrierung zulassen, böten daneben die Registrierung auf herkömmlichem Wege an.[1127]

b) Modell B: Online-Registrierung und herkömmliche Registrierung

1) Beschreibung

Dieses Modell[1128] sieht vor, dass neben der Online-Registrierung auch die Einreichung der Unterlagen auf herkömmlichem Wege, etwa schriftlich und per Post, möglich sein sollte. Der Gründer hat also die Option, entweder die Gesellschaft am heimischen PC online registrieren zu lassen oder die Unterlagen schriftlich einzureichen. Im Falle der Standardregistrierung kann auch die Heranziehung eines Notars oder eines sonstigen Rechtsorgans verlangt werden.

2) Abschätzung der Europäischen Kommission

Neben den Vorteilen der Online-Gründung, die bereits bei Modell A aufgeführt wurden, hätte das Modell B zusätzlich den Vorzug, dass auch die Registrierung auf herkömmlichem Wege möglich wäre. Gerade Gründer aus Mitgliedstaaten, die bislang kein Online-Verfahren anbieten, könnten weiterhin auf vertraute Weise die Gesellschaft gründen. Durch die Beibehaltung des notariellen Verfahrens in diesen Mitgliedstaaten würde die Berufsgruppe der Notare weniger stark beeinträchtigt werden als bei einer zwingenden Online-Gründung.[1129]

c) Modell C: Online-Registrierung mit obligatorischer Mustersatzung und herkömmliche Registrierung

1) Beschreibung

Das dritte Modell[1130] umfasst die gleiche Wahlmöglichkeit wie das Modell B. Es zwingt den Gründer jedoch im Falle der Online-Eintragung zur Verwendung eines Musterprotokolls. Das Musterprotokoll würde mit den für die Einpersonengesellschaft notwendigen Inhalten im Rahmen eines europäischen Durchführungsrechtsaktes zur Verfügung gestellt und in alle Amtssprachen der EU übersetzt werden. Im Falle einer herkömmlichen Registrierung, wo nach dem Recht zahlreicher Mitgliedstaaten die Beteiligung eines Rechtsanwalts oder

1127 Impact Assessment (Fn. 64), S. 30.
1128 Impact Assessment (Fn. 64), S. 30.
1129 Impact Assessment (Fn. 64), S. 30.
1130 Impact Assessment (Fn. 64), S. 30 f.

Notars zwingend vorgeschrieben wird, wäre die Mustersatzung fakultativ einsetzbar, obgleich deren Nutzung seitens der Kommission auch für die traditionelle Registrierung empfohlen werde.

2) Abschätzung der Europäischen Kommission

Neben den bereits bei Modell B genannten Vorzügen könne nach Ansicht der Kommission die zwingende Verwendung der Mustersatzung für weitere Kosten- und Zeitersparnisse bei Unternehmensgründungen sorgen. Da die Mustersatzung in sämtlichen Mitgliedstaaten identisch wäre, würden insbesondere die Aufwendungen für rechtliche Beratung und Übersetzungen reduziert werden. Dies wäre nicht nur für ausländische Unternehmensgründer, sondern auch für Unternehmensgruppen mit Tochtergesellschaften in den verschiedensten EU-Mitgliedstaaten ein erheblicher Vorteil. Die Mustersatzung würde dabei für die notwendige Rechtssicherheit sorgen.[1131]

Die Häufigkeit der Verwendung der Mustersatzung hänge davon ab, ob die Einpersonen-GmbH zwingend an die Mustersatzung gekoppelt sei. Die Beliebtheit des Online-Registrierungssystems und der wahrgenommene Nutzen im Vergleich zur Standard-Registrierung seien weitere Faktoren. Selbst aus Notarkreisen wurde die Mustersatzung als großer Vorteil angesehen, um ihre Klienten über die Voraussetzungen der Unternehmensgründung zu informieren.[1132]

Die größten Auswirkungen bei der Gründung würden die Unternehmensgründer beziehungsweise Gründer von Tochtergesellschaften in den Mitgliedstaaten zu spüren bekommen, die bislang kein Online-Verfahren und keine Mustersatzung kennen. Ebenso würden diejenigen, die eine Gesellschaft vom Ausland aus gründen wollen, ein erheblich größeres Interesse an einer Online-Gründung und einem binnenmarktweit vereinheitlichten Standardformular haben als dies bei einheimischen Gründern der Fall sei.[1133]

Für die Mitgliedstaaten selber seien mit der Bereitstellung einer Mustersatzung neben den Aufwendungen für die Errichtung des Online-Registrierungssystems nur geringe Zusatzkosten verbunden.[1134]

1131 Impact Assessment (Fn. 64), S. 31.
1132 Impact Assessment (Fn. 64), S. 31.
1133 Impact Assessment (Fn. 64), S. 31 f.
1134 Impact Assessment (Fn. 64), S. 32.

d) Ergebnis der Europäischen Kommission

Nach einem Vergleich der Effektivität, Effizienz und Kohärenz der Modelle sowie nach Untersuchung der Auswirkungen auf die Gesellschaften, Mitgliedstaaten und Notare wurde das Modell C als die mit den höchsten Kostenersparnissen verbundene Variante festgestellt.[1135] Trotz der Online-Gründung soll die effektive Kontrolle bei den Notaren verbleiben. Die physische Präsenz der Gründer vor dem Notar, wie sie in vielen Staaten üblich ist, darf jedoch nicht verlangt werden. Diejenigen Mitgliedstaaten, die bereits die Online-Eintragung eingeführt haben, müssen ihr Registersystem lediglich anpassen; der einzige Kostenfaktor würde für diese Mitgliedstaaten in der Zurverfügungstellung des Musterformulars liegen. In den übrigen Mitgliedstaaten würden mit der Errichtung des Online-Systems einmalig Investitionskosten entstehen. Von diesem könnten die Unternehmergründer jedoch zukünftig dauerhaft profitieren.[1136]

4. Vorgaben der Richtlinienvorschläge

Nachdem nun die im Vorfeld erörterten Ausgestaltungsmöglichkeiten für ein gemeinsames Gründungsregime der Einpersonen-GmbH aufgezeigt wurden, sollen im Folgenden die Vorgaben des Kommissionsvorschlags zur SUP dargestellt werden. Dabei sollen auch die Veränderungen im Laufe der Verhandlungen des Rates der Europäischen Union berücksichtigt werden. Nach einem systematischen Überblick (*unter a)*) ist hierbei insbesondere auf das Registrierungsformular (*unter b)*), die Online-Registrierung und die dazugehörige Identitätskontrolle mitsamt deren konkreten Ausgestaltungsmöglichkeiten (*unter c)*) sowie das Musterprotokoll (*unter d)*) einzugehen. Abschließender Ausführungen bedarf es hinsichtlich der Eintragungsfrist (*unter e)*) sowie des Abschlusses der Eintragung und der Entstehung als Rechtsträger (*unter f)*).

a) Systematischer Überblick

Der Kommissionsvorschlag verzichtet im Rahmen des Gründungsverfahrens auf eine systematische Trennung zwischen der Gründungsart (Neugründung oder Gründung durch Umwandlung) und der Wahl des Eintragungsverfahrens (online oder in „anderer Form").

Als allgemeine Regeln für die Gründung sind jedoch nur das Registrierungsformular (*unter b)*), sowie die Bestimmungen zum Abschluss der Eintragung

1135 Impact Assessment (Fn. 64), S. 32 ff., 39 f.
1136 Impact Assessment (Fn. 64), S. 40.

und der Entstehung der SUP als Rechtsträger (*unter f)*) einzuordnen.[1137] Von diesen Vorschriften dürfen die Mitgliedstaaten nur in den zugelassenen Fällen abweichen.

Spezifische Regelungen finden sich hauptsächlich bei der Gründung *ex nihilo*. Bei dieser sind die Mitgliedstaaten verpflichtet, ein Online-Registrierungsverfahren unter zwingender Verwendung der Mustersatzung einzurichten.[1138] Die Online-Registrierung ist somit nur möglich, wenn eine Mustersatzung und eine Registrierungsvorlage benutzt werden.[1139] Die Mitgliedstaaten müssen gewährleisten, dass das Eintragungsverfahren für Neugründungen vollständig auf elektronischem Wege erfolgen kann, ohne dass hierbei die persönliche Anwesenheit des Gründers vor einer nationalen Behörde oder einem Notar nötig ist (Distanzgeschäft).[1140] Zwingend ist allerdings nur die Zurverfügungstellung der Online-Eintragungsmöglichkeit an sich; daneben bleibt es den Mitgliedstaaten gestattet, „eine andere Form der Eintragung" anzubieten.[1141] Möchte der Existenzgründer somit auf herkömmlichen Wege in Papierform seine Unterlagen einreichen oder eine individuelle Satzung verwenden, ist dies möglich, soweit es nach nationalem Recht zulässig ist.

Für die Gründung durch *Umwandlung* ist das Gründungsverfahren im Kommissionsvorschlag nicht ausdrücklich geregelt. Die Mitgliedstaaten haben hierfür eigenständige nationale Regeln zu treffen. Die Einrichtung eines elektronischen Eintragungsverfahrens ist für Gründungen durch Umwandlung jedenfalls nicht obligatorisch.[1142]

1137 Zu Recht bemängelt *Jung*, GmbHR 2014, 579, 586; *Jung*, EBLR 2015, 645, 664 an dieser Stelle die mangelnde systematische Trennung in allgemeine Vorschriften zur Eintragung und spezielle Regelungen zum Online-Verfahren. Eine Extrahierung einiger allgemeiner Regeln erfolgt erst mit dem Kompromissvorschlag unter italienischer Ratspräsidentschaft v. 1.12.2014, Dok. 16010/14, Art. 14a.

1138 Art. 14 Abs. 3, 4 S. 2 SUP-KOM.

1139 Art. 14 Abs. 4 S. 2 SUP-KOM. Anders bei der SPE: Nach *Hübner*, Mustersatzungen SPE, S. 138 f. soll die Entscheidung für eine Mustersatzung nicht an Vorteile im Gründungsprozess geknüpft werden.

1140 Art. 14 Abs. 3 und Erwägungsgrund 13 S. 1 SUP-KOM.

1141 Vgl. Erwägungsgrund 19 S. 2 SUP-KOM. Explizit klargestellt auch in Art. 14 Abs. 3 S. 2 SUP-IT-NOV und Erwägungsgrund 13 S. 3 SUP-IT-NOV.

1142 Vgl. hierzu den Wortlaut des Art. 14 Abs. 3 S. 1 SUP-KOM: „Die Mitgliedstaaten stellen sicher, dass das gesamte Eintragungsverfahren *für neu gegründete SUP* auf elektronischem Wege abgewickelt werden kann […]" *(Herv. durch Verf.)*; klargestellt in Art. 14 Abs. 3 S. 1 SUP-IT-NOV: „SUPs established *ex nihilo*".

b) Registrierungsformular

1) Harmonisierungsgrad

(a) Von der einheitlichen Registrierungsvorlage ...

Die Eintragung der Gesellschaft erfolgt mit einem einheitlichen Registrierungsformular. Dieses ist sachlich und inhaltlich von der Mustersatzung zu unterscheiden.[1143]

Der Kommissionsvorschlag enthält eine abschließende Aufzählung von Informationen und Unterlagen, die im Wege eines Durchführungsrechtsakts als einheitliche Registervorlage für alle Mitgliedstaaten verbindlich werden soll.[1144] Darüber hinausgehende Informationen beziehungsweise Unterlagen dürfen die Mitgliedstaaten somit nicht verlangen.[1145] Die Registrierungsvorlage ist in allen Mitgliedstaaten einheitlich auszugestalten.[1146]

Die Uniformität bezieht sich nicht nur auf die inhaltlichen Regelungen, sondern auch auf das Layout.[1147] Damit würde Gründern aus dem Ausland das Ausfüllen des Formulars maßgeblich erleichtert, da im Zweifel der Registrierungsbogen des Eintragungslandes mit der Heimatsprache verglichen werden könnte. Zwar können die Mitgliedstaaten verlangen, dass die Eintragung in der Amtssprache des Mitgliedstaates abgewickelt werden muss. Die Akzeptanz eines Registrierungsbogens in ausländischer Sprache ist folglich nicht zwingend. Es wird jedoch empfohlen, dass die Eintragung auch in anderen Amtssprachen der Union zugelassen wird.[1148] Gemäß dem operativen Ziel der Richtlinie, die rechtlichen und administrativen Hürden bei der Gründung einer Tochtergesellschaft zu senken,[1149] wäre die Zulassung auch aus Gründen des *effet utile* in ausländischer Sprache erstrebenswert.

(b) ... über die Zulassung geringerer Anforderungen

Von der uniformen Ausgestaltung wird im Kompromissentwurf unter italienischer Ratspräsidentschaft abgerückt. Danach soll es den Mitgliedstaaten freistehen, auch weniger Informationen oder Unterlagen in der Registrierungsvorlage

---

1143 DAV (Handelsrechtsausschuss), NZG 2014, 1372, 1377, Punkt 46; *Jung*, GmbHR 2014, 579, 586.

1144 Art. 13 Abs. 1 und 2 SUP-KOM.

1145 Klargestellt in Erwägungsgrund 15a S. 2 SUP-IT-NOV.

1146 Vgl. Erwägungsgrund 15 S. 1 SUP-KOM.

1147 *Jung*, GmbHR 2014, 579, 586; *Jung*, EBLR 2015, 645, 668.

1148 Vgl. Erwägungsgrund 15 S. 2 SUP-KOM.

1149 Siehe dazu oben Kapitel 1: D.

zu verlangen.[1150] Die einheitliche Registrierungsvorlage bleibt im Rahmen dieses Verhandlungsstandes somit erhalten. Die Mitgliedstaaten können jedoch auf bestimmte Informationen oder Unterlagen verzichten.

(c) ... zur national auszugestaltenden Registrierungsvorlage

Noch weiter geht der Kompromissvorschlag unter lettischer Ratspräsidentschaft: Dieser überlässt die Eintragungsformalitäten grundsätzlich dem nationalen Recht.[1151] Gleichwohl ist für die Online-Registrierung ein nationales Registrierungsformular zur Verfügung zu stellen. Aus der in Artikel 13 Abs. 2 SUP-LV-MAR aufgeführten Checkliste dürfen die Mitgliedstaaten die für sie als notwendig erscheinenden Punkte herausgreifen (Rosinenprinzip). Die Mitgliedstaaten müssen somit nicht alle aufgeführten Inhalte in ihr nationales Registrierungsformular aufnehmen.[1152]

Im Falle der einfachen Online-Registrierung handelt es sich jedoch um einen Maximalstandard. Die Mitgliedstaaten dürfen diesbezüglich nicht mehr Informationen und Unterlagen als die in der Richtlinie aufgeführten Inhalte verlangen.[1153] Gleichzeitig wird klargestellt, dass Dokumente und Unterlagen, die außerhalb des Anwendungsbereiches der SUP-Richtlinie liegen, auch weiterhin seitens der Mitgliedstaaten gefordert werden dürfen. Dies gilt insbesondere für steuer- und sozialrechtliche Bereiche.[1154]

Anders gestaltet sich die Lage, wenn der Gründer eine aufwendigere, individuelle SUP-Gründung vornehmen möchte: In jenem Fall darf der Mitgliedstaat auch zusätzliche Informationen verlangen.[1155] Beispielhaft führt der Kompromissvorschlag die Erbringung einer Sacheinlage auf. Hierbei geht der Gründer über den einfachen Mindeststandard hinaus. Die Mitgliedstaaten sollten daher auch Informationen über die konkrete Darlegung und Bewertung der Sacheinlage verlangen können.[1156]

Summa summarum lässt der Kompromissvorschlag Abweichungen der Registrierungsvorlage sowohl nach unten als auch nach oben zu: Bei der

---

1150 Erwägungsgrund 15a S. 3 SUP-IT-NOV; vgl. auch den modifizierten Wortlaut des Art. 13 Abs. 1 SUP-IT-NOV: „Member States may only require some or all ...".

1151 Art. 13 Abs. 1 SUP-LV-MAR.

1152 Art. 13 Abs. 3 S. 1 SUP-LV-MAR.

1153 Vgl. die Anmerkung zu den Kernänderungen unter lettischer Ratspräsidentschaft, SUP-LV-MAR, S. 6.

1154 Art. 13 Abs. 5 und Erwägungsgrund 15d S. 3 SUP-LV-MAR.

1155 Art. 13 Abs. 3 S. 2 und Erwägungsgrund 15d S. 2 SUP-LV-MAR.

1156 Vgl. die Anmerkung zu den Kernänderungen unter lettischer Ratspräsidentschaft, SUP-LV-MAR, S. 6.

Standard-Online-Registrierung können weniger Informationen als die in der Richtlinie aufgeführten verlangt werden. Bei Gründungen, die über den einfachsten Standard hinausgehen, ist es gestattet, zusätzliche Informationen einzufordern. Eine einheitliche Vorlage existiert diesem Kompromissentwurf zufolge nicht mehr.

Die dargestellte Lösung, die auch im verabschiedeten Ratstext übernommen wurde, läuft jedoch der Idee der Schaffung eines harmonisierten Gründungsregimes mit einheitlicher Registrierungsvorlage für Einpersonengesellschaften zuwider. Wird die Gestaltung der Registrierungsvorlage nationalem Recht überlassen, bleibt der erstrebte europäische Mehrwert erheblich in Frage gestellt.

2) Inhalt

(a) Kommissionsvorschlag

Der Registrierungsbogen verlangt folgende in Artikel 13 Abs. 1 SUP-KOM aufgeführten Angaben: den Namen der SUP; die Anschrift des satzungsmäßigen Sitzes, der Hauptverwaltung und/oder der Hauptniederlassung der SUP; den Unternehmensgegenstand; die Namen, Anschriften und sonstigen Informationen, die für die Identifizierung des Gründungsgesellschafters und gegebenenfalls des wirtschaftlichen Eigentümers sowie eines Vertreters, der die SUP im Namen des Gesellschafters eintragen lässt, erforderlich sind; die Namen, Anschriften und sonstigen Informationen, die für die Identifizierung der zur gerichtlichen und außergerichtlichen Vertretung der SUP gegenüber Dritten befugten Personen erforderlich sind, und die Angabe, ob diese Person nach dem Recht von Mitgliedstaaten im Sinne des Artikels 22 nicht für ungeeignet erklärt worden sind; das Stammkapital; den Nominalwert des einzigen Geschäftsanteils, falls erforderlich; die Satzung sowie gegebenenfalls den Beschluss zur Genehmigung der Umwandlung der Gesellschaft in eine SUP.

Laut Europäischen Datenschutzbeauftragten sind die in Artikel 13 enthaltenen personenbezogenen Daten mit den europäischen Datenschutzbestimmungen vereinbar, da die Informationen dem Zweck der Eintragung entsprechen, für diese erheblich sind und nicht darüber hinausgehen.[1157]

1157 Stellungnahme des Europäischen Datenschutzbeauftragten zum SUP-Vorschlag v. 23.7.2014, C2014-0440, S. 3 (Punkt 7) mit Verweis auf Art. 6 Abs. 1 lit. c der Richtlinie 95/46/EG des Europäischen Parlaments v. 24.10.1995 zum Schutz natürlicher Personen bei der Verarbeitung personenbezogener Daten und zum freien Datenverkehr, AblEG Nr. L 281/31.

(b) Kompromissvorschlag unter italienischer Ratspräsidentschaft

Im Kompromissvorschlag unter italienischer Ratspräsidentschaft wurden einige Angaben präzisiert, namentlich der Sitz der Hauptverwaltung, Angaben zum Vertreter, der die SUP eintragen lässt, Informationen zum Leitungsorgan und etwaigen Überwachungsorganen, Unterschriftsproben der Vertreter der Gesellschaft sowie die Erklärung, dass die Bareinlagen erfolgt sind.[1158]

Im weiteren Verlauf unter italienischer Ratspräsidentschaft wurde die Enumeration dahingehend geschmälert, dass Angaben, die bereits aufgrund der Publizitätsrichtlinie (nunmehr: Gesellschaftsrechtsrichtlinie[1159]) zu erbringen sind oder in der Satzung aufgeführt werden, in der Registrierungsvorlage nicht mehr zusätzlich zu nennen sind.[1160] Die Registrierungsvorlage soll nur einige Informationen ergänzen, Mehrfachnennungen sollen jedoch vermieden werden.[1161]

(c) Kompromissvorschlag unter lettischer Ratspräsidentschaft

Der Kompromissvorschlag unter lettischer Ratspräsidentschaft verweist bezüglich der Inhalte der Registrierungsvorlage auf die Angaben der Mustervorlage. Es steht den Mitgliedstaaten frei, ob sie die in der nationalen Mustersatzung festgelegten Inhalte auch für die Registrierungsvorlage verwenden.[1162] Dies könne zwar dazu führen, dass teilweise die gleiche Information doppelt zu nennen ist. Die Regelung berücksichtigt dabei jedoch die divergierenden mitgliedstaatlichen Traditionen bezüglich der inhaltlichen Anforderungen: Während in einigen Staaten die Anzahl der seitens des Gründers anzugebenden Informationen sehr beschränkt ist, gestaltet sich die Anzahl der anzugebenden Informationen in anderen Staaten viel extensiver. Auch genügt einigen Mitgliedstaaten die Angabe von Informationen in der Registrierungsvorlage, während andere Mitgliedstaaten die gleiche Information sowohl in der Registrierungsvorlage als auch in der Satzung verlangen.[1163]

1158 Art. 13 Abs. 1 S. 1 lit. b, d, e, ea, eb SUP-IT-NOV. Zu den letzten beiden Angaben ebenso der Änderungsvorschlag im Entwurf einer Stellungnahme des Ausschusses für Binnenmarkt und Verbraucherschutz des Europäischen Parlaments v. 29.1.2015, Dok. PE546.844v01-00, Änderungsantrag 81 Art. 13 Abs. 1 lit. e und f.

1159 Vgl. Fn. 142.

1160 Vgl. Art. 13 Abs. 1 SUP-IT-DEZ. Nach Erwägungsgrund 10a SUP-IT-DEZ soll der Anwendungsbereich der Publizitätsrichtlinie um die SUP ergänzt werden.

1161 Vgl. hierzu auch die erläuternden Hinweise in SUP-IT-DEZ, S. 5.

1162 Art. 11 Abs. 5 SUP-LV-MAR.

1163 Vgl. die Anmerkung zu den Kernänderungen unter lettischer Ratspräsidentschaft SUP-LV-MAR, S. 4.

Zusätzliche Informationen sollen bezüglich der Identifizierung einiger Kernpersonen (Gründer, Geschäftsführer, Aufsichtsrat, Rechnungsprüfer, Vertreter, wirtschaftlicher Eigentümer) erfolgen. Außerdem können Informationen verlangt werden, ob die Geschäftsführer oder Mitglieder des Aufsichtsrates aufgrund einer Gerichts- oder Verwaltungsentscheidung des Registrierungsstaates ungeeignet sind.[1164]

Im weiteren Verhandlungsverlauf wurde ergänzt, dass nicht nur der Gründer, sondern auch sein Vertreter die Informationen und Unterlagen für die Registrierungsvorlage einreichen darf.[1165] Außerdem ist der Wert des Anteils und der eventuell noch ausstehende Betrag für die Einzahlung anzugeben sowie diejenigen Informationen, die mit der Umwandlung in eine SUP in Beziehung stehen.[1166]

In der Entwurfsfassung von Mai 2015 wurden die Angaben zu den Mitgliedern der Geschäftsführung und des Aufsichtsrats wieder gestrichen. Neu eingefügt wurde stattdessen die Angabe des Bankkontos, auf welches der Kapitalanteil eingezahlt wird und die Art der Errichtung der Gesellschaft.[1167]

(d) Besonderheiten

Auffällig ist, dass neben der Identifizierung des Gründungsgesellschafters auch der wirtschaftliche Eigentümer mit aufzuführen ist.[1168] Dies deckt sich mit den europäischen Bestrebungen zur Schaffung einer höheren Transparenz zur Bekämpfung von Geldwäsche, bei der die Zurverfügungstellung von Informationen zum wirtschaftlich Berechtigten als Beitrag zur Stabilisierung der Finanzmärkte gesehen wird. Der wirtschaftliche Eigentümer einer SUP definiert sich nach der Geldwäsche-Richtlinie.[1169] Danach sind wirtschaftlicher Eigentümer „alle natürlichen Personen, in deren Eigentum oder deren Kontrolle der Kunde letztlich steht, und/oder die natürliche(n) Person(en), in deren Auftrag eine Transaktion oder Tätigkeit ausgeführt wird“[1170]. Durch die zwingende Angabe des wirtschaftlichen Eigentümers können etwaige Transparenzprobleme,

---

1164 Art. 13 Abs. 2 SUP-LV-MAR.

1165 Art. 13 Abs. 2 SUP-LV-APR.

1166 Art. 13 Abs. 2 lit. d und e SUP-LV-APR.

1167 Art. 13 Abs. 2 lit. f und g SUP-LV-MAI.

1168 Art. 13 Abs. 1 lit. d SUP-KOM; Art. 13 Abs. 1 S. 1 lit. da SUP-IT-NOV; Art. 13 Abs. 3 lit. bg SUP-LV-MAR.

1169 Vgl. Erwägungsgrund 18 S. 4 SUP-IT-NOV.

1170 Richtlinie (EU) 2015/849 des Europäischen Parlaments und des Rates vom 20. Mai 2015 zur Verhinderung der Nutzung des Finanzsystems zum Zwecke der Geldwäsche und der Terrorismusfinanzierung, zur Änderung der Verordnung (EU) Nr. 648/2012 des Europäischen Parlaments und des Rates und zur Aufhebung der insbesondere im Falle einer Außen-GbR als Gründungsgesellschafterin, relativiert werden.[1171] Umso bedauernswerter erscheint daher die Lösung des Kompromissvorschlags unter lettischer Ratspräsidentschaft, welche sämtliche Angaben zur Disposition der Mitgliedstaaten stellt. Staaten, die die Nennung des wirtschaftlichen Eigentümers für verzichtbar halten, müssen diese Information diesem Änderungsvorschlag zufolge nicht in ihr Registrierungsformular aufnehmen.[1172]

Eine weitere Einzelfrage betrifft die Angabe zur Einlageart. Eine solche ist im Kommissionsentwurf nicht vorgesehen. Die Beschlussempfehlung des Bundesrates plädierte daher dafür, dass die Aufführung des Stammkapitals in Artikel 13 Abs. 1 lit. f SUP-KOM eine Ergänzung bezüglich der Einlageart erfahren sollte.[1173] Im Kompromissvorschlag unter italienischer Ratspräsidentschaft wurde dieser Hinweis aufgenommen und die Bezeichnung des Stammkapitals um die Art der Einlage ergänzt sowie für den Fall der Online-Registrierung die Erklärung, dass die Bareinlagen erbracht wurden.[1174] Die Ergänzung zur Einlageart erscheint sinnvoll. Denn während bei der Online-Gründung nur Bareinlagen der Gesellschaft zugeführt werden können, sind bei den anderen Gründungsmöglichkeiten auch Sacheinlagen, teilweise sogar Dienstleistungen, erlaubt. Zur Präzisierung etwaig erbrachter Sacheinlagen sollte überdies sichergestellt werden, dass der Wert der Sacheinlagen den Nennbetrag des Geschäftsanteils erreicht. Diese Materie bleibt jedoch bislang nationalem Recht überlassen; dies

---

Richtlinie 2005/60/EG des Europäischen Parlaments und des Rates und der Richtlinie 2006/70/EG der Kommission (Geldwäsche-Richtlinie).

1171 *Conac*, ECFR 2015, 139, 166 („full adequacy with the latest developments in AML"). Befürchtungen hegen dagegen *Beurskens*, GmbHR 2014, 738, 739 f. und *Wicke*, ZIP 2014, 1414, 1415 f., da bei einer GbR nur der Name angegeben würde, jedoch mangels Registerpflicht der BGB-Gesellschaft nicht nachvollziehbar wäre, wer sich hinter dieser Gesellschaft verbirgt.

1172 Vgl. die Anmerkung zu den Kernänderungen unter lettischer Ratspräsidentschaft SUP-LV-MAR, S. 7.

1173 Beschlussempfehlung der Ausschüsse zur SUP Richtlinie, v. 30.6.2014, BR Drs. 165/2/14, S. 15.

1174 Art. 13 Abs. 1 S. 1 lit. f SUP-IT-NOV. Aufgrund der Umstrukturierung im Kompromissentwurf von Dezember 2014 (SUP-IT-DEZ), in dem aufgrund der in Art. 11 bereits aufgeführten Inhalte der Mustersatzung auf eine nochmalige Nennung im Registrierungsbogen verzichtet wurde, ist die Nennung der Einlagenart bereits in Art. 11 Abs. 2 lit. f SUP-IT-DEZ manifestiert.

wird im Kompromissvorschlag unter lettischer Ratspräsidentschaft ausdrücklich klargestellt.[1175]

3) Durchführungs-, Form- und Beweisvorschriften

Der im Kommissionsvorschlag angedachte Registrierungsbogen ist kein Bestandteil der Richtlinie, sondern soll im Wege eines Durchführungsrechtsaktes mit Unterstützung des Company Law Committee für alle Mitgliedstaaten verbindlich werden.[1176] Durch die Abkehr von einer unionsweit einheitlich ausgestalteten Registrierungsvorlage in den Ratsverhandlungen wurde auch eine etwaige Durchführungsverordnung obsolet.

Formvorschriften zu den in der Registrierungsvorlage anzugebenden Informationen finden sich weder im Kommissionsentwurf noch im ersten Kompromissentwurf unter italienischer Ratspräsidentschaft von November 2014. Diesbezügliche Ausführungen werden erst im überarbeiteten Entwurf unter italienischer Ratspräsidentschaft von Dezember vorgenommen. Danach genügt bei den in Artikel 13 Abs. 1 enumerierten Angaben zur Registrierung, die nach dem anwendbaren nationalen Recht handschriftlich unterzeichnet oder beurkundet werden müssen, eine elektronische Signatur im Sinne der e-identity-Verordnung.[1177]

Darüber hinaus besteht eine Mitgliedstaatenoption dahingehend, ob die Informationen den Behörden zugänglich zu machen sind. Eine Offenlegung im Sinne von Artikel 3 Abs. 5 der Publizitätsrichtlinie, der eine Veröffentlichung im Amtsblatt vorsieht, darf jedoch nicht verlangt werden.[1178] Im Kompromissvorschlag

---

1175 Art. 13 Abs. 3 S. 2 SUP-LV-MAR. Vgl. auch die Anmerkung zu den Kernänderungen unter lettischer Ratspräsidentschaft, SUP-LV-MAR, S. 6.

1176 Art. 13 Abs. 2 S. 2 iVm Art. 27 SUP-KOM; Erwägungsgrund 25 SUP-KOM.

1177 Art. 13 Abs. 1a S. 1 SUP-IT-DEZ sowie Art. 13 Abs. 7 SUP-LV-MAR. Laut dem Entwurf einer Stellungnahme des Ausschusses für Binnenmarkt und Verbraucherschutz des Europäischen Parlaments sollen zwar trotz Online-Gründung nationale Formvorschriften sowohl für Verträge als auch für die Eintragung im Register unberührt bleiben (vgl. Entwurf einer Stellungnahme des Ausschusses für Binnenmarkt und Verbraucherschutz des Europäischen Parlaments v. 29.1.2015, Dok. PE546.844v01-00, Änderungsantrag 21 Erwägungsgrund 13a einerseits und Änderungsantrag 24 Erwägungsgrund 13d andererseits). Eine solche Regelung erscheint jedoch unvereinbar mit dem Ferngründungsgebot.

1178 Art. 13 Abs. 1a S. 2 SUP-IT-DEZ.

unter lettischer Ratspräsidentschaft wurde dieser Passus allerdings wieder gestrichen.

Letzterer nahm jedoch eine Ergänzung bezüglich der Darlegung von Beweisen der im Registrierungsformular genannten Informationen auf. Die Mitgliedstaaten dürfen solche Nachweise verlangen, wenn sie solche auch für ihre nationale GmbH erheben (Anti-Diskriminierungsregel).[1179] Derartige Regeln müssen jedoch mit der Möglichkeit der Online-Registrierung vereinbar sein.[1180] Die Mitgliedstaaten können somit Dokumente verlangen, die etwa den Wohnsitz bestätigen oder einen Abgleich der Unterschriften der Geschäftsführer ermöglichen.[1181]

c) Online-Registrierung

1) Elektronischer Eintragungsprozess

Die Mitgliedstaaten müssen gewährleisten, dass der Eintragungsprozess für Neugründungen vollständig auf elektronischem Wege erfolgen kann, ohne dass hierbei die persönliche Anwesenheit des Gründers vor einer nationalen Behörde oder einem Notar nötig ist (Distanzgeschäft).[1182] Damit soll die Gründung aus dem Ausland garantiert werden. Verfügen einige Mitgliedstaaten bislang über kein Online-Registrierungsystem, müssen sie ein solches einrichten und die zuständige elektronische Eintragungsstelle benennen.

Die Online-Registrierung bietet eine schnelle, unbürokratische und kostengünstige Gründung von Gesellschaften. Diese können rasch mit ihrer unternehmerischen Tätigkeit beginnen. Rechtliche Problemfelder wie die Phase zwischen dem Abschluss des Gesellschaftsvertrags und der Eintragung ins Handelsregister, in der die GmbH als Vor-Gesellschaft *sui generis* agiert[1183], existieren bei einer raschen Gründung faktisch nicht.[1184] Die Online-Gründung würde sich

1179 Art. 13 Abs. 4 SUP-LV-MAR.

1180 Art. 13 Abs. 6 iVm Art. 14 Abs. 3 SUP-LV-MAR.

1181 Vgl. auch die Anmerkung zu den Kernänderungen unter lettischer Ratspräsidentschaft SUP-LV-MAR, S. 6.

1182 Art. 14 Abs. 3 und Erwägungsgrund 13 S. 1 SUP-KOM.

1183 In Deutschland sind mit der Vor-GmbH insbesondere Haftungsfragen verbunden, inwieweit die Gründungsgesellschafter für die Verbindlichkeiten der Vor-GmbH haften, wenn diese bereits ihre Geschäftstätigkeit aufgenommen hat, hierzu *Roth*, in: Roth/Altmeppen, GmbHG, 8. Aufl. 2015, § 11 Rn. 49.

1184 *Beurskens*, GmbHR 2014, 738, 740. Auch in England gibt es keine „Vor-Limited" (vgl. *Just*, Limited, II. Rn. 30).

somit durch ihre geringe Regelungsintensität und geringe Transaktionskosten auszeichnen.[1185]

Für grenzüberschreitende Tätigkeiten ist die Möglichkeit der Ferngründung gewinnbringender Natur. So hat der Gesellschafter bei der Online-Eintragung für die Registrierung nicht mehr ins Eintragungsland zu reisen, um dort eine Gesellschaft errichten zu können. Dies reduziert nicht nur den Zeit- und Kostenaufwand, sondern verringert auch die Hemmschwelle zur Errichtung von Tochtergesellschaften. Die physische Präsenz wird insbesondere dann als überflüssig angesehen, wenn Alleingesellschafterin eine Gesellschaft ist, welche bereits ins Handelsregister als Rechtsträger eingetragen ist.[1186] Eine stetig wachsende Anzahl der Mitgliedstaaten setzt daher auf die Online-Gründung.[1187]

Die Online-Registrierung läuft parallel zu der digitalen Agenda, mit welcher auf europäischer Ebene eine bessere, dem aktuellen Stand der Technik entsprechende Infrastruktur geschaffen werden soll, um einen nachhaltigen ökonomischen und sozialen Nutzen für die europäische Wirtschaft und deren Bürger zu ziehen.[1188] Zur Verwirklichung des Ziels der Verbesserung der grenzüberschreitenden Mobilität und der Förderung einer schnellen, einfachen und kostengünstigen Gründung erscheint die Online-Gründung als solche daher unerlässlich.[1189]

Das Online-Verfahren ist das Ergebnis einer Analyse der Eintragungsverfahren in den Mitgliedstaaten. Es speist sich nicht aus der bloßen Anlehnung an das anglo-amerikanische Rechtssystem, sondern ist das Resultat einer Bewertung von Effektivität, Effizienz und Kohärenz für die Stakeholder. Laut Kommission

---

1185 Vgl. Stellungnahme der Europäischen Kommission zu dem Beschluss des Bundesrates zum SUP-Vorschlag, v. 29.9.2014, C (2014) 6855 final, S. 4; Former Reflection Group on the Future of EU Company Law, ECFR 2013, 304, 324. Insoweit befürwortend *Hommelhoff*, GmbHR 2014, 1065, 1068. Das Kostenargument anzweifelnd *Zaman*, Ondernemingsrecht 2015/1.

1186 *Lau Hansen*, ECFR 2015, 177, 179.

1187 Vgl. hierzu den Länderbericht oben Kapitel 5: B.III.1.a).

1188 Die digitale Agenda ist Bestandteil der Kommissionsmitteilung „Europa 2020 – Eine Strategie für intelligentes, nachhaltiges und integratives Wachstum", v. 3.3.2010, KOM (2010) 2020 endg. S. 16 f. Siehe hierzu auch die Bezugnahme in Erwägungsgrund 6 SUP-KOM.

1189 Insofern wäre der Vorschlag des Europäischen Wirtschafts- und Sozialausschusses, die Online-Gründung fakultativ auszugestalten, nicht zielkonform (siehe hierzu Stellungnahme des Europäischen Wirtschafts- und Sozialausschusses zum SUP-KOM v. 10.9.2014, INT/744, 1.7 und 4.2.2).

handelt es sich bei der Online-Registrierung daher weniger um ein *race to the bottom*, sondern vielmehr um ein *race to modernization.*[1190]

2) Persönliche Anmeldung im Einzelfall

Kurz vor der Einigung im Rat im Mai 2015 wurde eine Ausnahmevorschrift eingefügt: Danach dürfen die Mitgliedstaaten im Falle des konkreten Verdachts eines Identitätsbetrugs entsprechende Maßnahme ergreifen. Insbesondere dürfen sie die persönliche Anwesenheit des Gesellschafters verlangen.[1191] Die Mitgliedstaaten dürfen somit im Zweifel die Identität persönlich überprüfen und sind insofern nicht an die rein elektronische Kontrolle gebunden. Dies gilt allerdings nur im Falle eines konkreten Verdachts.

3) Gegenseitige Vernetzung

Die nationalen Internetseiten zur Online-Registrierung müssen Hyperlinks zu den Registrierungswebsites der anderen Mitgliedstaaten einrichten.[1192] Eine andere Möglichkeit wäre der Verweis auf eine zentrale europäische Website oder das Europäische elektronische Justiz-Portal (European e-Justice portal), welches Links zu allen nationalen Registrierungsstellen auflistet.[1193] Mit einer solchen Vernetzung soll die Gründung im Ausland leichter, kostengünstiger und weniger zeitaufwendig gestaltet werden.[1194]

Außerdem wird zur Vernetzung auf den Einheitlichen Ansprechpartner[1195] verwiesen, der als Portal neben den nationalen Online-Eintragungsstellen zur Verfügung steht.[1196] Der Einheitliche Ansprechpartner dient als Service für Unternehmen und soll als One-Stop-Shop ein Bindeglied zwischen Behörden und Dienstleistungsbetrieben darstellen. Die 118 Erwägungsgründe der Richtlinie,

---

1190 So *Kurcz* bei *Kravets*, ECFR 2015, 125, 126; *Conac*, ECFR 2015, 139, 152, 165.

1191 Art. 14b Abs. 4 und Erwägungsgrund 18b S. 2 SUP-LV-RAT.

1192 Art. 14 Abs. 4 S. 1 SUP-KOM.

1193 Vgl. Erwägungsgrund 13a S. 2 SUP-IT-NOV; Art. 12 Abs. 3 S. 2 SUP-LV-MAR; Art. 12 Abs. 3 S. 2 SUP-APR.

1194 Vgl. Erwägungsgrund 13 S. 1 SUP-KOM sowie die Begründung zum SUP-KOM, S. 8.

1195 Eingeführt durch Richtlinie 2006/123/EG des Europäischen Parlaments und des Rates v. 12.12.2006 über Dienstleistungen im Binnenmarkt, Abl.EG L 376 v. 27.12.2006, S. 36. Vgl. auch *Wuisman*, ECL 12 (2015), 34, 38. Weitere Informationen zu dem sog. Einheitlichen Ansprechpartner finden sich auf http://einheitlicher-ansprechpartner.info (zuletzt abgerufen am 16.09.2016).

1196 Vgl. Erwägungsgrund 13 S. 2 SUP-KOM bzw. Erwägungsgrund 14 SUP-IT-NOV; Erwägungsgrund 13a UAbs. 1 SUP-LV-MAI.

auf welche die Einführung des Einheitlichen Ansprechpartners zurückzuführen ist, unterstreichen zwar die Zielsetzung der Förderung der Dienstleistungs- und Niederlassungsfreiheit durch gezielte Verwaltungszusammenarbeit.[1197] Die konkrete Rolle und Funktion dieser Stellen bleibt jedoch hinter ihren Erwartungen zurück.[1198] Vor dem Hintergrund, dass die Einheitlichen Ansprechpartner auf kommunaler Ebene angesiedelt sind und für die Abwicklung aller für die Aufnahme und Ausübung einer Dienstleistungstätigkeit erforderlichen Verfahren und Formalitäten zuständig sind, ist diese Stelle nicht nur materiell ungeeignet. Für die transnationale Vernetzung müsste überdies eine höhere Verwaltungsebene (Bund- oder Länder) beauftragt werden. Der Einsatz des Einheitlichen Ansprechpartners erscheint daher wenig zielführend.[1199]

Für die Zusammenarbeit zwischen den Mitgliedstaaten soll außerdem das Binnenmarktinformationssystem Anwendung finden.[1200] Die verfahrenstechnischen Regeln mitsamt der Akzeptanz von an die Eintragungsbehörde eingereichten Dokumenten und Informationen werden seitens der Mitgliedstaaten erstellt und sind auf aktuellem Stand zu halten. Die Regeln sollen auf den Registrierungs-Websites zugänglich gemacht werden.[1201] Stets ist jedoch sicherzustellen, dass die Vorgabe der Online-Registrierung bewahrt bleibt.[1202]

1197 Vgl. statt aller Erwägungsgrund 7 S. 3 der Richtlinie 2006/123/EG.

1198 Vgl. die Gemeinsame Stellungnahme des BDA, BDI und der DIHK zum SUP-KOM v. 18.7.2014, S. 10. *Kögel*, Rpfleger 2016, 1, 4 verweist überdies auf eine Studie, wonach die Erwartungen an den Einheitlichen Ansprechpartner im EU-Durchschnitt nur zu 54 %, in Deutschland sogar nur zu 40 % erfüllt wurden.

1199 Ebenso *Kögel*, Rpfleger 2016, 1, 4.

1200 Art. 14 Abs. 5b SUP-IT-NOV. Zum Binnenmarktinformationssystem siehe Verordnung (EU) Nr. 1024/2012 des Europäischen Parlaments und des Rates v. 25.10.2012 über die Verwaltungszusammenarbeit mit Hilfe des Binnenmarktinformationsystems („IMI"), ABl. EU Nr. L 316/1. Eine Präzision über den konkreten Einsatz und die Häufigkeit der ausgetauschten Information fordert dagegen der Europäische Datenschutzbeauftragte (vgl. Stellungnahme des Europäischen Datenschutzbeauftragten zum SUP-Vorschlag v. 23.7.2014, C2014-0440, S. 3 f., Punkt 10 ff.).

1201 Art. 14 Abs. 5a lit. (b) UAbs. 3 SUP-IT-NOV. Ebenso der Änderungsvorschlag im Entwurf einer Stellungnahme des Ausschusses für Binnenmarkt und Verbraucherschutz des Europäischen Parlaments v. 29.1.2015, Dok. PE546.844v01-00, Änderungsantrag 22 Erwägungsgrund 13b S. 3.

1202 Art. 14 Abs. 5a lit. (b) UAbs. 4 SUP-IT-NOV und Erwägungsgrund 18 S. 2.

4) Beschränkung der Harmonisierung auf den Gründungsakt

Die Vorgabe zur vollständigen elektronischen Durchführung gilt nur für den Errichtungsakt. Spätere Satzungsänderungen erfolgen im Einklang mit dem nationalen Recht, Artikel 12 Abs. 1 S. 1 SUP-KOM[1203]: „Nach der Eintragung kann die SUP ihre Satzung im Einklang mit dem anwendbaren nationalen Recht auf elektronischem oder anderem Weg ändern." Dies gilt auch für etwaige Formvorschriften. In Deutschland unterliegen Satzungsänderungen der notariellen Beurkundung, § 53 Abs. 2 S. 1 GmbHG. Sie entfalten ihre rechtliche Wirkung erst mit Eintragung ins Handelsregister, § 54 Abs. 2 GmbHG.

Unklar erscheint an dieser Stelle das Verhältnis zu Artikel 21 Abs. 3 S. 2 SUP-KOM, wonach die Mitgliedstaaten dem Alleingesellschafter bei der Beschlussfassung keine förmlichen Beschränkungen in Bezug auf seine Beschlussfassungsbefugnis, auch nicht hinsichtlich Ort und Zeitpunkt der Beschlussfassung auferlegt werden dürfen. Zu den Gegenständen der Beschlussfassung gehören nach Artikel 21 Abs. 2 lit. k SUP-KOM jedoch auch Satzungsänderungen. Dies bedeutet, dass bei einer Satzungsänderung über Artikel 21 Abs. 3 S. 2, Abs. 2 lit. k SUP-KOM keine förmlichen Beschränkungen erfolgen dürfen.

Artikel 12 Abs. 1 S. 1 SUP-KOM und Artikel 21 Abs. 3 S. 2 SUP-KOM stehen damit in einem zu klärenden Spannungsverhältnis.[1204] Der *Deutsche Anwaltsverein* geht davon aus, dass das im deutschen Recht befindliche Formerfordernis der notariellen Beurkundung von Satzungsänderungen nach § 53 Abs. 2 S. 1 GmbHG nicht mit dem im Kommissionsvorschlag befindlichen Formverbot des Artikel 21 Abs. 3 S. 2 SUP-KOM zu vereinbaren sei.[1205] Die Beschlussfassung und somit auch Satzungsänderungen dürften nach dem Richtlinienentwurf keinerlei Beschränkungen unterworfen werden. Der nationale Gesetzgeber sei somit gehindert, für Satzungsänderungen der SUP eine notarielle Beurkundung zu verlangen.[1206]

Moench hält dagegen das grundsätzlich über Artikel 12 Abs. 1 S. 1 SUP-KOM anzuwendende Beurkundungserfordernis des § 53 Abs. 2 S. 1 GmbHG

1203 Diese Vorschrift wurde im Kompromissvorschlag unter lettischer Ratspräsidentschaft zwar gestrichen. Die Anwendbarkeit des nationalen GmbH-Rechts für nicht in der Richtlinie geregelte Inhalte ergibt sich jedoch aus Art. 7 Abs. 4 S. 1 lit. b SUP-LV-MAR.

1204 Die Frage aufwerfend auch *Teichmann* bei *Kravets*, ECFR 2015, 125, 134 sowie *Steinwendter*, NZA 2014, 262, 265.

1205 DAV (Handelsrechtsausschuss), NZG 2014, 1372, 1376, Punkt 42, S. 1379, Punkt 77 sowie S. 1380, Punkt 82.

1206 DAV (Handelsrechtsausschuss), NZG 2014, 1372, 1380, Punkt 82.

bei der SUP für entbehrlich.[1207] Sinn und Zweck der notariellen Beurkundung von Satzungsänderungen sei die Beweissicherung über das Zustandekommen des Änderungsbeschlusses und die materielle Zulässigkeit der Änderungen. Aufgrund des allein zuständigen Einzelgesellschafters seien gesellschaftsinterne Streitigkeiten sowie Zweifel über die Wirksamkeit des Zustandekommens des Beschlusses jedoch ausgeschlossen. Artikel 12 Abs. 1 S. 1 und Artikel 21 Abs. 3 S. 2 SUP-KOM stünden daher in keinem Widerspruch.[1208]

Diesen Ansichten kann vorliegend nicht gefolgt werden. Auch im geltenden GmbH-Recht unterliegt die Satzungsänderung einer Einpersonen-GmbH der notariellen Beurkundung. § 53 GmbHG gilt für alle GmbHs – gleich, ob die Gesellschaft aus nur einer oder aus mehreren Personen besteht. Der Verzicht auf die notarielle Beurkundung bei Einpersonengesellschaften wäre daher *contra legem.*

Aus einem systematischen Vergleich mit dem GmbH-Gesetz ergibt sich vielmehr, dass die Aufzählung der in Artikel 21 Abs. 2 SUP-KOM aufgelisteten Beschlusskompetenzen dem Aufgabenkreis der Gesellschafter nach § 46 GmbHG in zahlreichen Punkten entspricht. Die Art und Weise der Beschlussfassung kann im Gesellschaftsvertrag festgelegt werden, die §§ 46 bis 51 GmbHG greifen nur als Auffangregeln. Dies bedeutet, dass auch der deutsche Gesetzgeber den Gesellschaftern grundsätzlich keine förmlichen Beschränkungen im Hinblick auf die Beschlussfassung auferlegt. Eine Ausnahme besteht dagegen für Abänderungen des Gesellschaftsvertrages. Nach § 53 Abs. 1 GmbHG kann eine Satzungsänderung „durch Beschluss der Gesellschafter erfolgen", welcher nach Absatz 2 notariell zu beurkunden ist. Diese Vorschriften sind zwingend und stellen eine Ausnahme zur allgemeinen Dispositivität im GmbH-Recht dar. Eine solche Ausnahme regelt auch Artikel 12 Abs. 1 S. 1 SUP-KOM, welcher für den Fall von Satzungsänderungen auf nationales Recht verweist. Es soll an dieser Stelle somit gerade keine Formfreiheit bei der Beschlussfassung bestehen. Artikel 21 Abs. 2 lit. k SUP-KOM kann daher nur als Redaktionsversehen eingestuft werden. Hilfsweise ist Artikel 12 Abs. 1 S. 1 SUP-KOM, der sich ja aussschließlich auf Satzungsänderungen bezieht, zumindest als *lex specialis* gegenüber der allgemeinen Anordnung für die Beschlussgegenstände in Artikel 21 SUP-KOM zu werten.

Der für Satzungsänderungen geltende Verweis in Artikel 12 Abs. 1 S. 1 SUP-KOM auf nationales Recht – und damit auf das Erfordernis notarieller

1207 *Moench*, SUP, 2016, S. 119.
1208 *Moench*, SUP, 2016, S. 119.

Beurkundung für Satzungsänderungen – steht auch im Einklang mit dem Subsidiaritätsprinzip. Dieses soll gewährleisten, dass die Union nur in den Bereichen gesetzgeberisch tätig wird, „soweit die *Ziele* der in Betracht gezogenen Maßnahmen von den Mitgliedstaaten weder auf zentraler noch auf regionaler oder lokaler Ebene ausreichend verwirklicht werden können"[1209]. Ziel des SUP-Entwurfs ist es, die grenzüberschreitende Unternehmensgründung zu fördern.[1210] Gerade die *Gründung* (insbesondere die Gründungskosten) stellt für viele KMU eine Marktzutrittsbarriere dar. Die unterschiedlichen rechtlichen und administrativen Hürden werden häufig als größere Schranke wahrgenommen als die divergierenden Regelungen für den laufenden Geschäftsbetrieb. Daher beschränkt sich die Richtlinie auf eine Harmonisierung der Gründung.[1211] Dies wird durch die Streichung der organisationsrechtlichen Vorschriften unter lettischer Ratspräsidentschaft bestätigt. Eine Vielzahl der Mitgliedstaaten sah in den organisationsverfassungsrechtlichen Vorschriften keinen Angleichungsbedarf.[1212] Eine Harmonisierung des laufenden Geschäftsbetriebes und damit auch von Satzungsänderungen soll an dieser Stelle nicht vorgenommen werden.

5) Materielle Kontrolle

(a) Kommissionsvorschlag

Der Kommissionsvorschlag weist in Erwägungsgrund 18 darauf hin, dass die Bestimmungen über die Gründung der SUP das mitgliedstaatliche Recht zur Überprüfung des Eintragungsvorgangs beibehalten dürfen, sofern der Eintragungsprozess sowohl online als auch aus der Ferne abgewickelt werden kann. Trotz Einführung der Online-Registrierung soll also keine Absenkung des Schutzniveaus auf das niedrigste Level erfolgen. Vielmehr sollen die Mitgliedstaaten für die Qualität der notwendigen Kontrolle in vollem Umfang verantwortlich bleiben.[1213]

In der Vorschrift des Artikels 14 wird auf eine materielle Kontrolle jedoch nicht explizit eingegangen. Vielfach wurde daher aus der Online-Gründung

1209 Art. 5 Abs. 3 EUV (*Herv. duch Verf.*).

1210 Vgl. hierzu nur die Erwägungsgründe 3 bis 7 SUP-KOM.

1211 Vgl. *Hommelhoff*, GmbHR 2014, 1065, 1067: „Konzept punktueller Einzelregelungen".

1212 Siehe hierzu das Meinungsbild der Delegationen, Ratsdokument 17018/14 v. 17.12.2014, S. 2, 5 f.

1213 Zusammenfassung der Folgenabschätzung SWD (2014) 123 final, S. 5. Klargestellt auch in Art. 14a Abs. 2 SUP-IT-DEZ.

geschlossen, dass die Eintragung der Gesellschaft ohne materielle Kontrolle erfolgen dürfe.

(b) Kritik aus der Politik und Praxis

Während sich Staaten wie Großbritannien gegenüber dem schnellen Gründungsverfahren durchaus positiv äußerten[1214], wurden von anderen Staaten neben den Mängeln an der Sicherheit des Online-Verfahrens die fehlende materielle Mitwirkung des Notars bereits im Vorfeld des Kommissionsvorschlags gerügt.[1215] Die Kritik zur Online-Gründung wurde nicht nur von deutscher Seite[1216], sondern auch aus anderen europäischen Staaten[1217], Zusammenschlüssen[1218], dem Europäischen Wirtschafts- und Sozialausschuss[1219] und Teilen des

---

1214 Siehe die Stellungnahme des Cabinet Office v. 1.5.2014, Dok. EM 8842/14, abrufbar unter http://europeanmemoranda.cabinetoffice.gov.uk/memorandum/proposal-for-directive-on-single-member-private-liability-companies (zuletzt abgerufen am 18.12.2018).

1215 So der Verweis auf das Treffen mit der Generaldirektion Binnenmarkt und Dienstleistungen der Kommission am 13.9.2013 im Begründungsteil von KOM (2014) 212 final, S. 4 f.

1216 Siehe nur die Beiträge von *Bormann*, in Lutter/Koch (Hrsg.), SUP, S. 23, 27 ff.; *Drygala*, EuZW 2014, 491, 493 f.; *Hommelhoff*, GmbHR 2014, 1065, 1068 f.; *Kindler*, ZHR 179 (2015), 330, 340 f.; *Ries*, NZG 2014, 569; *Robbers*, notar 2015, 213; *Rösing*, notar 2014, 149; *Vossius*, notar 2014, 185; *Wicke*, ZIP 2014, 1414; *Wicke*, in: Hommelhoff/Schubel/Teichmann (Hrsg.), SPE, S. 107, 116 f. tendenziell auch *Beurskens*, GmbHR 2014, 738, 744 f.; *Lanfermann/Maul*, BB 2014, 1283, 1291. Ebenso Beschlussempfehlung der Ausschüsse zur SUP-RL, v. 30.6.2014, BR-Drs. 165/2/14, S. 5 f.; Beschlussempfehlung des Ausschusses für Recht und Verbraucherschutz (6. Ausschuss) zur SUP-Richtlinie, BT-Drs. 18/4843 v. 6.5.2015, S. 2; Gemeinsame Stellungnahme des BDA, BDI und der DIHK zum SUP-KOM v. 18.7.2014, S. 6; *Bausback*, 924. Sitzung des Bundesrats v. 11.7.2014, 247 (D).

1217 So aus Österreich die Stellungnahme der Österreichischen Notariatskammer v. 15.5.2014, AZ 532.30, S. 1 ff. und *Steinwendter*, NZA 2014, 262, 266 f. Aus den Niederlanden die Stellungnahme der niederländischen Gesellschaftsrechtskommission (*gecombineerde commissie vennootschapsrecht*) v. 26.5.2014, Punkt 1 und 5.3; *Boschma*, Ondernemingsrecht 2014, Heft 2014/144, Punkt 4.3.2; *Zaman*, Ondernemingsrecht 2015/1.

1218 Vgl. die Stellungnahme der Notaries of Europe, Proposal for Directive on creation of single-member private limited liability companies not acceptable as it stands, v. 9.4.2014.

1219 Stellungnahme des Europäischen Wirtschafts- und Sozialausschusses zum SUP-KOM v. 10.9.2014, INT/744, 1.7 und 4.2.1.

Rechtsausschusses des Europäischen Parlaments[1220] erhoben. Ihnen zufolge fehle es an einer zwingenden, inhaltlichen Kontrolle des Unternehmensgegenstands und der Firma. Es wird lediglich nach Eingang der erforderlichen Unterlagen eine Eintragungsbescheinigung ausgestellt, mit der das Eintragungsverfahren für abgeschlossen erklärt wird.[1221] Befürchtet wird daher eine hohe Fehleranfälligkeit, die gleichzeitig zu Lasten der Vertraulichkeit der öffentlichen Register, insbesondere des Handelsregisters und des Grundbuchs gehe.[1222] Der hohe Stellenwert der Notare zeichnet sich auch in Staaten wie Belgien, den Niederlanden oder Luxemburg ab, in denen die Gesellschaft ihre Rechtsfähigkeit bereits mit Unterzeichnung des notariellen Gesellschaftsvertrages erlangt.[1223] Ohne die Notare, so die Befürchtung, würden die Gesellschaften ungeprüft auf den Markt entlassen werden.

In der Einpersonengesellschaft gibt es neben dem Gründer keine andere Person, die am Gesellschaftsvertrag beteiligt ist und etwaige Fremdinteressen berücksichtigt. Außerhalb der Insolvenz fehlt es somit an Personen, die Ansprüche der Gesellschaft gegen den Alleingesellschafter geltend machen.[1224] Die Gefahr ist daher umso größer, dass unzulässige Regelungen aufgenommen werden, die die Gläubiger oder die Öffentlichkeit benachteiligen

Letztlich wird sowohl in Deutschland als auch in den Niederlanden eine gewisse Schieflage zwischen den sehr einfachen Gründungsformalien mit der

---

1220 Arbeitsdokument des Rechtsausschusses zur SUP v. 6.2.2015 (Dok. PE549.150v01-00), S. 5.

1221 Art. 14 Abs. 4 S. 3 SUP-KOM, Art. Art. 14 Abs. 4 S. 4 SUP-IT-NOV.

1222 *Bormann*, in Lutter/Koch (Hrsg.), SUP, S. 23, 27 ff.; *Kindler*, ZHR 179 (2015), 330, 340 f.; *Kögel*, Rpfleger 2016, 1 ff; *Ries*, NZG 2014, 569, 569 f.; *Ries*, in Lutter/Koch (Hrsg.), SUP, S. 65 f.; *Steinwendter*, NZA 2014, 262, 266 f.; *Wicke*, ZIP 2014, 1414, 1415; *Wicke*, in: Hommelhoff/Schubel/Teichmann (Hrsg.), SPE, S. 107, 116 f.; *Zaman*, Ondernemingsrecht 2015/1. Zu weitgehend *Bormann/Apfelbaum*, ZIP 2007, 946, 949, die die materielle Kontrolle aus einem in Art. 14 Abs. 1 und Art. 2 Abs. 1 GG gesicherten Vermögensschutz herleiten wollen. Das Vermögen ist jedoch nach ständiger Rechtsprechung des BVerfG nicht vom Schutzbereich des Art. 14 GG erfasst, vgl. nur BVerfGE 28, 119,142; BVerfGE 30, 250, 271 f.; BVerfGE 65, 196, 209; BVerfGE 72, 175, 195; BVerfGE 95, 267, 300.

1223 Für Belgien Art. 2 § 4 iVm Art. 68 Code des Sociétés; für die Niederlande Art. 2:175 Abs. 2 BW; für Luxemburg vgl. *Simon*, Luxemburg, in: Süß/Wachter (Hrsg.), Handbuch des internationalen GmbH-Rechts, 3. Aufl. 2016, Rn. 17.

1224 Auch ein Fremdgeschäftsführer ist aufgrund des in Art. 23 Abs. 2 SUP-KOM integrierten Weisungsrechts dazu außerstande. Vgl. die parallele Problematik bei der Einpersonen-GmbH bei *Emmerich/Habersack*, Konzernrecht, § 29 Rn. 8.

Option der Online-Gründung und dem strengen GmbH-Regime mit notarieller Mitwirkung im Falle einer Satzungsänderung gesehen.[1225] Es werde nur eine „europäische Soße“[1226] über den Gründungsprozess gegossen, während weitere beratungsintensive Anschlusshandlungen weiterhin dem nationalem Recht überlassen bleiben.[1227]

(c) Klarstellung unter lettischer Ratspräsidentschaft

Diesen Befürchtungen entgegentretend erfolgte im April 2015 eine Änderung des Entwurfstextes dahingehend, dass die bestehenden Regelungen der Mitgliedstaaten zur materiellen Kontrolle unberührt bleiben. Die Mitgliedstaaten dürfen auch weiterhin Punkte wie den Unternehmensgegenstand oder das Firmenrecht prüfen. Sie sind weiterhin für die Zuverlässigkeit und den guten Glauben des Handelsregisters verantwortlich.[1228] Die fehlende physische Anwesenheit könne auch über die Heranziehung einer Webcam oder die Schaltung einer Videokonferenz, die eine Echtzeit-Direktverbindung zwischen dem Gründer und der Eintragungsstelle herstellt, überwunden werden.[1229] Auf diese Weise kann gleichzeitig die Online-Gründung und die rechtssichere Eintragung sichergestellt werden.[1230]

Tatsächlich kann die Änderung des Entwurfstextes nur als Klarstellung des Kommissionstextes eingeordnet werden. Bereits der Kommissionsvorschlag weist in Erwägungsgrund 18 darauf hin, dass die Bestimmungen über die Gründung der SUP das mitgliedstaatliche Recht zur Überprüfung des Eintragungsvorgangs beibehalten dürfen: „Die Bestimmungen über die Gründung von Gesellschaften mit beschränkter Haftung mit einem einzigen Gesellschafter sollten nicht das Recht der Mitgliedstaaten berühren, bestehende Vorschriften für die Überprüfung des Eintragungsvorgangs beizubehalten“. Unter italienischer Ratspräsidentschaft wurde der Text sogar dahingehend ergänzt, dass bespielhaft “the involvement of notaries and lawyers”[1231] als materielle Kontrollstelle

---

1225 So *Drygala*, EuZW 2014, 491, 494; Stellungnahme Nr. 31/2014 der Bundesrechtsanwaltskammer v. 21.7.2014, S. 4 sowie *Habersack* im Rahmen eines Vortrags in der Bayerischen Vertretung in Berlin am 23.5.2014. Aus den Niederlanden *Zaman*, Ondernemingsrecht 2015/1.

1226 *Zaman*, Ondernemingsrecht 2015/1: Europees “sausje”.

1227 Ausführlich zu diesen *Leuering*, in Lutter/Koch (Hrsg.), SUP, S. 89, 97 ff.

1228 Art. 14a Abs. 1 und Erwägungsgrund 18 S. 1 und 2 SUP-LV-APR.

1229 Erwägungsgrund 18 S. 2 SUP-LV-APR. Vgl. hierzu die Redebeiträge von *Fechner* (SPD) und *Keul* (Bündnis 90/Die Grünen), 103. Sitzung des deutschen Bundestages v. 7.5.2015, Protokoll S. 9887, 9890.

1230 Kritisch *Kindler*, DB 2015, Nr. 37, Gastkommentar M5.

1231 Erwägungsgrund 18 SUP-IT-NOV.

angeführt wurden. Ergänzend wurde hier nun lediglich hinzugefügt, dass dies auch die materielle Kontrolle und die Zuständigkeit für die Zuverlässigkeit des Handelsregisters betrifft.[1232] Gewinnbringender Natur ist dagegen die Inkorporierung des materiellen Prüfungsrechts in den Richtlinientext selbst. Artikel 14a Abs. 1 SUP-LV-RAT statuiert die mitgliedstaatliche Regelungshoheit bezüglich der materiellen Kontrolle. Insofern wird dieser ein höherer Stellenwert beigemessen als in vorigen Entwurfstexten.

Festzuhalten bleibt somit, dass bereits die Kommission die materielle präventive Kontrolle keiner Harmonisierung unterwerfen wollte. Die Wertvorstellungen der Mitgliedstaaten divergieren hier erheblich. Die zwingende Heranziehung eines Notars wäre eine rein national geprägte Sichtweise und würde die Regeln derjenigen europäischen Mitgliedstaaten, die auf einen Notar verzichten, übergehen.[1233] Für Letztere stünde eine präventive Kontrolle im Widerspruch zu der angestrebten schnellen und kostengünstigen Gründung – aus ihrer Perspektive wäre die Prüfung eher eine Gründungshürde.[1234] Der Verzicht auf eine Angleichung der präventiven Kontrolldichte schont somit die nationale Regelungsautonomie und respektiert die unterschiedlichen Regelungsansätze der Mitgliedstaaten.

6) Speziell: Die Identitätskontrolle

Die mitgliedstaatliche Kontrolle umfasst auch die Überprüfung der Identität des Gründungsgesellschafters und jeder Person, die die Eintragung im Namen des Gesellschafters veranlasst. Die physische Präsenz darf jedoch nicht zur Voraussetzung der Eintragung gemacht werden. Trotz etwaiger eingeführter Prüfmaßstäbe muss das Eintragungsverfahren auch aus der Ferne abgewickelt werden können (Distanzgeschäft).[1235] Im Rahmen der Identitätskontrolle bedürfen insbesondere die Fragen zur zuständigen Kontrollstelle, der gegenseitigen

1232 Erwägungsgrund 18 SUP-LV-APR: "Provisions concerning the establishment of single-member private limited companies should not affect the right of Member States to maintain existing rules concerning the verification of the registration process, *including rules on verification of identification and legal capacity in order to provide for safeguards for the reliability and trustworthiness of registers.*" (*Herv. durch Verf.*).

1233 Eher fernliegend daher *Ries*, ZIP 2013, 866, 870, der für das angelsächsische Registersystem eine Erhöhung der Prüfungsstandards fordert.

1234 Die Regelungsintensität einer Präventivkontrolle wird vielfach als Grund für die hohen Gründungs- und Transaktionskosten gesehen, vgl. *Preuß*, RNotZ 2009, 529.

1235 Vgl. Erwägungsgrund 18 SUP-KOM.

Anerkennung von Identifizierung und der Kontrolldichte einer eingehenden Betrachtung.

(a) Zuständige Kontrollstelle

(1) Örtliche Zuständigkeit

Im Komissionsvorschlag erschien zunächst fraglich, ob die Festlegung von Regeln zur Identitätskontrolle dem Herkunftsstaat des Gesellschafters[1236], dem Eintragungsstaat[1237] oder sogar allen beiden zugeteilt wird. Während der Wortlaut des Artikels 14 Abs. 5 S. 1 SUP-KOM („Die Mitgliedstaaten") scheinbar sowohl dem Herkunfts- als auch dem Eintragungsstaat die Kontrollzuständigkeit gewährt, ergibt sich in Verbindung mit Artikel 14 Abs. 3 SUP-KOM nur, dass der Gründungsgesellschafter nicht vor einer Behörde im Eintragungsmitgliedstaat erscheinen muss.

Die Maßstäbe für die Vertraulichkeit und Sicherheit des Registers kann ein Mitgliedstaat jedoch nur für diejenigen Gesellschaften festlegen, die auch im eigenen Hoheitsgebiet registriert werden. Es muss aufgrund der Ferngründung zwar möglich sein, sich auch im Herkunftsstaat die Identität bestätigen lassen zu können. Diese Kontrollstelle liegt im Herkunftsstaat; entsprechende Ausweise sind wegen Artikel 14 Abs. 5 S. 2 SUP-KOM auch im Eintragungsstaat zu akzeptieren. Eine doppelte Identitätskontrolle – in Form einer zweifachen Richtigkeitskontrolle der Ausweise durch den Herkunfts- und den Eintragungsstaat – würde dem Ziel der Vereinfachung der grenzüberschreitenden Mobilität zuwiderlaufen. Ebensowenig hat der Herkunftsstaat die Kompetenz, über das Gründungsverfahren einer Gesellschaft in einem anderen Mitgliedstaat zu bestimmen.

Bereits heute bestimmen ausschließlich die Eintragungsstaaten, welche Anforderungen für die Registrierung zu erbringen sind. Auch wenn das Kontrollsystem in einem Mitgliedstaat weniger streng ausgelegt sein sollte, dürfen die Gesellschaften gleichwohl binnenmarktweit agieren. Festzuhalten bleibt somit, dass dem Eintragungsstaat die Identitätskontrolle obliegt. Der Herkunftsstaat des Gründers kann die Kontrolle lediglich im Wege der Amtshilfe unterstützen.

1236 *Hommelhoff*, GmbHR 2014, 1065, 1069.

1237 *Conac*, ECFR 2015, 139, 167; *Jung*, GmbHR 2014, 579, 587; *Moench*, SUP, 2016, S. 69. Wohl auch die Europäische Kommission in der Stellungnahme zu dem Beschluss des Bundesrates zum SUP-Vorschlag, v. 29.9.2014, C (2014) 6855 final, S. 2 f.

(2) Funktionelle Zuständigkeit
Hinsichtlich der funktionellen Zuständigkeit schweigt die Richtlinie. Es bleibt somit dem nationalem Recht überlassen, die Kontrolle einer bestimmten Stelle zuzuordnen.[1238] Der Notar oder der Anwalt wird dabei in Erwägungsgrund 18 in der Fassung des italienischen Ratsvorschlags explizit aufgeführt.[1239] Der Einsatz obliegt dabei den Mitgliedstaaten und wird nicht seitens des europäischen Gesetzgebers oktroyiert. Zwar muss die Möglichkeit der Ferngründung als „overall principle"[1240] bewahrt bleiben. Der Auffassung *Moenchs*, dass die in Deutschland übliche Identifizierung durch einen Notar bei der Online-Eintragung einer SUP ausscheiden müsse[1241], kann jedoch nicht gefolgt werden. Die ausdrückliche, beispielhafte Nennung des Notars in Erwägungsgrund 18 des Richtlinienvorschlags unter italienischer Ratspräsidentschaft indiziert vielmehr, dass es auch bei der Online-Gründung kein grundsätzliches Mitwirkungsverbot von Notaren geben soll.

(b) Kontrolldichte

(1) Von der fakultativen Identitätskontrolle ...
Der Kommissionsvorschlag gestaltete die Identitätskontrolle zunächst als Mitgliedstaatenoption aus: Die Aufstellung von Regeln für die Kontrolle der Identität des Gründungsgesellschafters und jeder anderen Person, welche die Eintragung im Namen des Gesellschafters veranlasst, sowie über die Echtheit der Dokumente, Unterlagen und sonstige Informationen, steht den Mitgliedstaaten frei.[1242] Die Regelungsoption ermöglicht denjenigen Mitgliedstaaten, die traditionell im Vorfeld der Eintragung eine Prüfung vornehmen, auch für die SUP diesen Qualitätsstandard beizubehalten. Andere Mitgliedstaaten, denen eine derartige Kontrolle fremd ist, müssen keine Prüfung einführen. Die rein optionale Identitätskontrolle wurzelt somit in der divergierenden mitgliedstaatlichen Landschaft bezüglich der Kontrolldichte vor der Eintragung.

Die fakultative Kontrolle war jedoch erheblicher Kritik ausgesetzt. Es bestand die Befürchtung, die SUP könne auf diesem Wege als Plattform für kriminelle Aktivitäten (Banden- und gewerbsmäßiger Betrug, Geldwäsche, Steuerhinterziehung, Insolvenzstraftaten) genutzt werden und somit das Renommee

---

1238 *Conac*, ECFR 2015, 139, 165 f.; *Hommelhoff*, GmbHR 2014, 1065, 1069; zur SPE bereits *Hübner*, Mustersatzungen SPE, S. 138.
1239 Vgl. Erwägungsgrund 18 S. 1 SUP-IT-NOV.
1240 *Lau Hansen*, ECFR 2015, 177, 180.
1241 *Moench*, SUP, 2016, S. 68.
1242 Art. 14 Abs. 5 S. 1 SUP-KOM.

anerkannter Gesellschaftsformen zerstören.[1243] Für die Schaffung von soliden, seriösen und bestandsfähigen Gesellschaften vermag es daher durchaus sinnvoll sein, bereits vor dem Bestehen der Gesellschaft zumindest die Identität des Gründers beziehungsweise des wirtschaftlichen Eigentümers zu überprüfen.[1244] Nur so kann möglichem Missbrauch, insbesondere Geldwäsche-Geschäften, entgegengewirkt werden.

Hiergegen könnte zwar aufgeführt werden, dass bei der Registrierung der SUP neben der Identifizierung des Gründungsgesellschafters auch der wirtschaftliche Eigentümer mit aufzuführen ist[1245] und die Mitgliedstaaten über das Binnenmarktinformationssystem transnational Daten über den wirtschaftlichen Eigentümer austauschen können[1246]. Die Transparenz der Angabe des wirtschaftlichen

---

1243 Beschlussempfehlung der Ausschüsse zur SUP-Richtlinie, v. 30.6.2014, BR-Drs. 165/2/14, S. 4; Beschlussempfehlung des Ausschusses für Recht und Verbraucherschutz (6. Ausschuss) zur SUP-Richtlinie, BT-Drs. 18/4843 v. 6.5.2015, S. 2; Stellungnahme des Deutschen Notarvereins zur SUP-Entwurf v. 30.4.2014, S. 7; Stellungnahme zum SUP-Richtlinien-Vorschlag der Österreichischen Rechtsanwaltskammer (ÖRAK), BMJ-Z10.070 SM/0003-I 3/2014, S. 5; Stellungnahme der Österreichischen Notariatskammer v. 15.5.2014, AZ 532.30, S. 2 f.; Stellungnahme der Bundesarbeitskammer Österreich v. 17.6.2014, S. 5; Gemeinsame Stellungnahme der Tarifvertragsparteien des Baugewerbes v. 30.1.2015, S. 2; *Harbarth*, ECFR 2015, 230, 237; *Hommelhoff*, in Lutter/Koch (Hrsg.), SUP, S. 69, 74; *Koster*, 12 ECL (2015), 5; *Ries*, NZG 2014, 569, 569; *Rösing*, notar 2014, 149; *Sick*, Böckler Impuls 8/2016, S. 5 („europäisches Panama"); *Simantke*, Tagesspiegel v. 9.12.2014, S. 10; *Steinwendter*, NZA 2014, 262, 266; *Thomale*, ZEuP 2015, 517, 542; *Vossius*, notar 2014, 185 („Konjunkturprogramm für Nepper, Schlepper, Bauernfänger"); *Wicke*, ZIP 2014, 1414, 1415 f. Weniger kritisch dagegen *Teichmann*, NJW 2014, 3561, 3562, *Teichmann*, in Lutter/Koch (Hrsg.), SUP, S. 37, 44.

1244 Einvernehmlich hierzu das Schrifttum: *Beurskens*, GmbHR 2014, 738, 744 f.; *Hommelhoff*, GmbHR 2014, 1065, 1068 f.; *Omlor*, NZG 2014, 1137, 1139; *Ries*, NZG 2014, 569 f.; *Schoenemann*, EWS 2014, 241, 242; *Seibert*, GmbHR 2014, R209, R210; *Steinwendter*, NZA 2014, 262, 266; *Drygala*, EuZW 2014, 491, 493 f.; *Teichmann/Fröhlich*, MJ 21 (2014), 536, 542 f.; *Wicke*, ZIP 2014, 1414, 1415.

1245 Art. 13 Abs. 1 lit. d SUP-KOM; hierauf verweisen *Jung*, GmbHR 2014, 579, 586 und *Hommelhoff*, GmbHR 2014, 1065, 1068.

1246 Vgl. Erwägungsgrund 17 S. 2 SUP-IT-NOV iVm Verordnung (EU) Nr. 1024/2012 des Europäischen Parlaments und des Rates v. 25.10.2012 über die Verwaltungszusammenarbeit mit Hilfe des Binnenmarktinformationssystems („IMI"), ABl. EU Nr. L 316/1. Konkretere Aussagen über die per „IMI" ausgetauschten Daten fordert allerdings der Europäische Datenschutzbeauftragte (vgl. Stellungnahme des Europäischen Datenschutzbeauftragten zum SUP-Vorschlag v. 23.7.2014, C2014-0440, S. 3 f., Punkt 10 ff.).

Eigentümers, die auch im Rahmen der Geldwäschebekämpfung diskutiert wird, bleibt allerdings zweifelhaft.

Obgleich der Europäischen Kommission angeblich keine Daten bekannt sind, wonach in den Mitgliedstaaten, die mittlerweile eine Online-Registrierung anbieten, ein Anstieg an Missbrauchsfällen zu bemerken sei[1247], ist doch zumindest im Vergleich mit Großbritannien festzustellen, dass die dortige Missbrauchsrate erheblich höher ist als in Deutschland.[1248] In Großbritannien werden monatlich bis zu 100 Fälle des *corporate identity fraud* beziehungsweise *company hijacking* registriert. Die Dunkelziffer ist dabei sogar noch erheblich höher.[1249] Mangels materieller Registerkontrolle werden unzulässige Anmeldungen vorgenommen; der Schaden soll jährlich bei 50 Millionen Pfund liegen.[1250] Eine rein fakultative Identitätskontrolle wäre daher verfehlt.

Auch die Geldwäsche-Richtlinie[1251] verlangt verstärkte Sorgfaltspflichten im Falle von Distanzgeschäften und nimmt die Notare in ihren Geltungsbereich auf. Die Gründung einer Gesellschaft wird als potentielle Gefahr für Geldwäscheaktivitäten betrachtet.[1252] Es gehört daher zur Verpflichtung der Notare (sofern diese in den Gründungsprozess involviert sind), die Identität des wirtschaftlichen Eigentümers der Gesellschaft zu prüfen. Gleichwohl lässt der Kommissionsvorschlag zur SUP die Identitätskontrolle ohne physische Anwesenheit zu.

1247 Vgl. Impact Assessment (Fn. 64), S. 30: „There is not data available that the fraudulent activity has increased due to the direct on-line registration of companies in those MS."

1248 Zuletzt im Rahmen des SUP-Vorschlags *Bormann*, in Lutter/Koch (Hrsg.), SUP, S. 23, 29; *Ries*, NZG 2014, 569; *Ries*, in Lutter/Koch (Hrsg.), SUP, S. 65 f.; *Teichmann*, in Lutter/Koch (Hrsg.), SUP, S. 37, 43 f.

1249 *Hommelhoff*, in Lutter/Koch (Hrsg.), SUP, S. 69, 82 f.; *Ries*, in Lutter/Koch (Hrsg.), SUP, S. 65, 66; Stellungnahme des DGB zum SUP-Vorschlag v. 15.7.2014, S. 5.

1250 *Bock*, ZIP 2011, 2449; *Ries*, ZIP 2013, 866, 869; *Teichmann/Limmer*, GmbHR 2009, 537, 538; *Vossius*, EWS 2007, 438, 441, letzterer mit dem Verweis auf einen Bericht des Daily Telegraph v. 9.12.2006, der empfiehlt, wöchentlich das Handelsregister einzusehen.

1251 Richtlinie (EU) 2015/849 des Europäischen Parlaments und des Rates vom 20. Mai 2015 zur Verhinderung der Nutzung des Finanzsystems zum Zwecke der Geldwäsche und der Terrorismusfinanzierung, zur Änderung der Verordnung (EU) Nr. 648/2012 des Europäischen Parlaments und des Rates und zur Aufhebung der Richtlinie 2005/60/EG des Europäischen Parlaments und des Rates und der Richtlinie 2006/70/EG der Kommission (Geldwäsche-Richtlinie).

1252 Art. 2 Abs. 1 Nr. 3 lit. b v) der Geldwäsche-Richtlinie 2005/60/EG (Fn. 1251).

(2) ... über die zwingende Identitätskontrolle
Im Hinblick auf die wiederholten Anstrengungen der Kommission zur Geldwäsche-Bekämpfung wurde im Anschluss an den SUP-Vorschlag dafür eingetreten, die Identitätskontrolle als verpflichtend festzuschreiben.[1253] Während der Kommissionsvorschlag die Identitätskontrolle noch als bloße Option für die Mitgliedstaaten vorsah, wurde die Kontrolle im italienischen Kompromissvorschlag in eine zwingende Vorschrift transformiert.[1254] Es wird zudem explizit auf die Geldwäsche-Richtlinie verwiesen[1255] und die durchzuführende Identitätskontrolle als zwingende Voraussetzung festgelegt.[1256] Für das Label einer seriösen Rechtsform ist ein solcher Qualitätsstandard zwingender Natur.

Außerdem wurde neben der Überprüfung des Gründungsgesellschafters beziehungsweise dessen Vertreters auch der etwaig bestehende wirtschaftliche Eigentümer in die Kontrolle aufgenommen.[1257] Gleichzeitig wird es zur Aufgabe der Mitgliedstaaten gemacht, die Daten auf dem aktuellen Stand zu halten.[1258] Durch die Identitätskontrolle sollen unseriöse Gründungen, insbesondere Geldwäsche-Aktivitäten und organisierte Kriminalität, vermieden werden.[1259]

1253 *Beurskens*, GmbHR 2014, 738, 746; DAV (Handelsrechtsausschuss), NZG 2014, 1372, 1377, Punkt 45; *Hommelhoff*, GmbHR 2014, 1065, 1068 f.; *Hommelhoff*, in Lutter/Koch (Hrsg.), SUP, S. 69, 83 f.; *Teichmann/Fröhlich*, MJ 21 (2014), 536, 543, *Wuisman*, ECL 12 (2015), 34, 37; *Zaman*, Ondernemingsrecht 2015/1.

1254 Vgl. Art. 14 Abs. 5 S. 1 SUP-IT-NOV („shall lay down rules“ statt “may lay down rules”). So bereits die Forderung bei *Beurskens*, GmbHR 2014, 738, 746; *Teichmann/Fröhlich*, MJ 21 (2014), 536, 543; *Wicke*, ZIP 2014, 1414, 1415. Zu weitgehend jedoch die Ansicht von *Bormann/Apfelbaum*, ZIP 2007, 946, 949, die die Identitätskontrolle aus einem in Art. 14, 2 Abs. 1 GG gesicherten Vermögensschutz herleiten wollen. Das Vermögen ist nach ständiger Rechtsprechung des BVerfG nicht vom Schutzbereich des Art. 14 GG erfasst, vgl. nur BVerfGE 28, 119 (142); BVerfGE 30, 250 (271 f.); BVerfGE 65, 196, 209; 72, 175 (195); 95, 267 (300).

1255 Erwägungsgrund 18a SUP-IT-NOV.

1256 Vgl. Art. 14 Abs. 5 S. 1 SUP-IT-NOV („shall lay down rules“), hiergegen noch Art. 14 Abs. 5 S. 1 SUP-KOM (“may lay down rules”). Zur Regelung des Art. 14 Abs. 5 S. 1 SUP-IT-NOV siehe *Kindler*, ZHR 179 (2015), 330, 341.

1257 Art. 14 Abs. 5 S. 2 und Erwägungsgrund 18 S. 3 SUP-IT-NOV. Der wirtschaftliche Eigentümer definiert sich dabei entsprechend Art. 3 Nr. 6 der Geldwäsche-Richtlinie (2005/60/EG), vgl. Erwägungsgrund 18 S. 4 SUP-IT-NOV.

1258 Art. 14 Abs. 5 S. 2 SUP-IT-NOV.

1259 Dieses Ziel klarstellend der Entwurf einer Stellungnahme des Ausschusses für Binnenmarkt und Verbraucherschutz des Europäischen Parlaments v. 29.1.2015, Dok. PE546.844v01-00, Änderungsantrag 23 Erwägungsgrund 13c und Änderungsantrag 89 Art. 14 Abs. 5 UAbs. 1.

(3) … zur Überlassung nationalen Rechts
Noch im weiteren Verhandlungsverlauf unter italienischer Ratspräsidentschaft löste man sich wieder von der obligatorischen Identitätskontrolle. Stattdessen bleibt eine etwaige Überprüfung der Identität dem Recht des Registrierungsstaates überlassen.[1260] Den Mitgliedstaaten steht die Vornahme einer Identitätskontrolle somit frei. Auch die konkrete Art und Weise der Prüfung bleibt nationalem Recht überlassen. Die Möglichkeit der Ferngründung darf dabei jedoch nicht unterlaufen werden.[1261] Hieran wurde auch unter lettischer Ratspräsidentschaft festgehalten.

Kurz vor der politischen Einigung im Rat Ende Mai 2015 wurde den Mitgliedstaaten zugestanden, im Falle des konkreten Verdachts eines Identitätsbetrugs Maßnahmen zu ergreifen. Insbesondere dürfen sie das persönliche Erscheinen vor der zuständigen Eintragungsstelle verlangen.[1262]

(c) Gegenseitige Anerkennung von Identifizierungssystemen

(1) Von der zwingenden Anerkennung…
Der Kommissionsvorschlag fordert eine zwingende gegenseitige Anerkennung sämtlicher Legitimationen und Ausweise, die von einer Behörde eines anderen Mitgliedstaates ausgestellt wurden. Dies gilt auch für elektronisch ausgestellte Ausweise.[1263] Die Anerkennung einer solchen Identifizierung soll die Eintragung aus der Ferne gewährleisten.

Wie die technische Umsetzung einer solchen gesicherten Identitätsfeststellung erfolgen soll, erschien nach dem Kommissionsvorschlag zunächst als ungelöstes Problem.[1264] Vorgeschlagen wurde die Nutzung einer elektronischen Signatur

---

1260 Art. 14a Abs. 1 SUP-IT-DEZ: „The […] *possible* verification of identification of the founding member and/or a representative […] shall be governed by the applicable national law."(*Herv. durch Verf.*).

1261 Vgl. Anmerkung zu den Kernänderungen unter italienischer Ratspräsidentschaft SUP-IT-DEZ, S. 5.

1262 Art. 14b Abs. 4 und Erwägungsgrund 18b SUP-LV-RAT. Trotz dieser Möglichkeit wird die Ratseinigung seitens *Kindler*, DB 2015, Nr. 37, Gastkommentar M5 als zu schwach eingestuft.

1263 Art. 14 Abs. 5 S. 2 SUP-KOM. Die Norm spricht zwar nur von Ausweisen. Dieser Begriff muss jedoch iVm Art. 14 Abs. 5 S. 1 SUP-KOM weit verstanden werden und auch Dokumente, die die Identität des Gründers bestätigen, sowie Bescheinigungen über die Zulässigkeit der Eintragungsdokumente erfassen.

1264 *Beurskens*, GmbHR 2014, 738, 745; *Jung*, GmbHR 2014, 579, 587; *Lecourt*, Revue des sociétés 2014, 699, 702; *Omlor*, NZG 2015, 665, 667; *Seibert*, GmbHR 2014, R209, R210 sowie *Lange*, 924. Sitzung des Bundesrats v. 11.7.2014, 248 (C). Ähnlich oder die Heranziehung eines Urkundsbeamten.[1265] Einer Analyse zufolge bieten die bisher eingeführten elektronischen Verfahren wie PostIdent, De-Mail und e-Personalausweis keine Möglichkeit zur rechtssicheren Identifizierung von Unternehmensgründern.[1266]

In Bereichen des e-commerce wird zwar bereits an einer sicheren elektronischen Interaktion zwischen Unternehmern, Verbrauchern und öffentlichen Verwaltungen gearbeitet, um öffentliche und private Dienstleistungen sicher und effektiv gestalten zu können. Die im Juli 2014 erlassene Verordnung zur elektronischen Identifizierung im elektronischen Geschäftsverkehr[1267] weist mit der „Beseitigung bestehender Hindernisse bei der grenzüberschreitenden Verwendung elektronischer Identifizierungsmittel"[1268] eine ähnliche Intention wie der SUP-Vorschlag auf. Die Heranziehung der e-IDAS-Verordnung wurde bereits in der Folgenabschätzung des Kommissionsvorschlags erwähnt.[1269]

Gleichwohl schien es, als könne auf die Verordnung bei der Gründung einer Gesellschaft nicht zurückgegriffen werden.[1270] Denn der Anwendungsbereich der Verordnung schließt „Aspekte im Zusammenhang mit dem Abschluss und der Gültigkeit von Verträgen […], für die nach nationalem Recht oder Unionsrecht Formvorschriften zu erfüllen sind"[1271] vom Anwendungsbereich der Verordnung aus. Das Gleiche gilt für nationale Formvorschriften für das Handelsregister und das Grundbuch.[1272] Darüber hinaus ließ sich das Sicherheitsniveau elektronischer Identifizierungssysteme und deren gegenseitige Anerkennung trotz der bereits in Kraft getretenen Richtlinie im Zeitpunkt des SUP-Kommissionsvorschlag im

Bausback, 924. Sitzung des Bundesrats v. 11.7.2014, 247 (C): "[…] sind uns andere Mitgliedstaaten in Sachen elektronischer Kommunikation voraus."

1265 Arbeitsdokument des Rechtsausschusses zur SUP v. 6.2.2015 (Dok. PE549.150v01-00), S. 5. Die e-Signatur problematisierend *Wuisman*, ECL 12 (2015), 34, 39.

1266 Ausführlich *Eickelberg*, NZG 2015, 81, 84 f. Für die Eignung des e-Personalausweises als Identifizierungsmittel dagegen *Kindler*, ZHR 179 (2015), 330, 343, 381. Für eine Verbindung von DE-Mail-Verfahren und Video-Chat *Moench*, SUP, 2016, S. 71.

1267 Vgl. Verordnung (EU) Nr. 910/2014 des Europäischen Parlaments und des Rates v. 23.7.2014 über elektronische Identifizierung und Vertrauensdienste für elektronische Transaktionen im Binnenmarkt und zur Aufhebung der Richtlinie 1999/93/EG, ABl. EU Nr. L 257/73 (e-IDAS-Verordnung); zum Vorschlag bereits *Spindler/Rockenbauer*, MMR 2012, 139.

1268 So Erwägungsgrund 12 S. 1 der Verordnung.

1269 Impact Assessment (Fn. 64), S. 28.

1270 Vgl. *Hommelhoff*, in Lutter/Koch (Hrsg.), SUP, S. 69, 85.

1271 Erwägungsgrund 21 S. 5 der Verordnung.

1272 Erwägungsgrund 21 S. 6 und Art. 2 Abs. 3 der Verordnung.

April 2014 noch nicht abschließend bewerten, da die spezifischen Normen und Verfahren der e-IDAS-Verordnung erst im Wege von Durchführungsakten festgelegt werden sollten, wofür eine Frist bis September 2015 gesetzt war.[1273]

Fest steht jedoch, dass es auf europäischer Ebene Bestrebungen gibt, eine binnenmarktweite Identifizierung mit einheitlichen Sicherheitsniveaus („niedrig", „substantiell" und/oder „hoch") festzulegen, mit der es ermöglicht werden soll, ohne physische Präsenz der Parteien Verträge abwickeln zu können.[1274] Dieses Ziel kommt dem des SUP-Vorschlags sehr nahe, Unternehmensgründungen im Wege eines Distanzgeschäfts zu ermöglichen.

Bereits im November 2014 wurden Verweise auf die e-IDAS-Verordnung in die Kompromissvorschläge unter italienischer Ratspräsidentschaft aufgenommen.[1275] Die Bedenken im Hinblick auf die fehlende Anwendbarkeit der e-IDAS-Verordnung dürften damit ausgeräumt sein.

(2) … mit Öffnungsklausel

Der Kompromissvorschlag unter italienischer Ratspräsidentschaft modifiziert die Regelung unter Trennung in eine obligatorische und eine fakultative Anerkennung elektronischer Identifizierungssysteme.

Zwingend anzuerkennen sind die nach einem elektronischen Identifizierungssystem entwickelten elektronischen Ausweise des Registrierungsstaates.[1276] Außerdem müssen die Registrierungsbehörden die elektronischen Identifizierungsmittel, die die Anforderungen der gegenseitigen Anerkennung des Online-Dienstes erfüllen, akzeptieren.[1277]

Fakultativ ist dagegen die Anerkennung anderer elektronischer oder nichtelektronischer Identifizierungsmittel (Öffnungsklausel[1278]). Wenn eine solche,

---

1273 Art. 8 Abs. 3 iVm Art. 8 Abs. 2, Art. 6 der Verordnung. Hierauf weist das Positionspapier der Bundesregierung zur SUP-Richtlinie hin.

1274 Siehe Art. 8 des Verordnung.

1275 Art. 13 Abs. 1 S. 1 lit. ea, S. 2, Art. 14 Abs. 5a lit. b SUP-IT-NOV.

1276 Art. 14 Abs. 5a lit. a SUP-IT-NOV (bzw. Art. 14b Abs. 1 lit. a SUP-IT-DEZ).

1277 Art. 14 Abs. 5a lit. b, Erwägungsgrund 18b S. 1 SUP-IT-NOV (bzw. Art. 14b Abs. 1 lit. b SUP-IT-DEZ). Die Voraussetzungen der gegenseitigen Anerkennung finden sich in Art. 6 Abs. 1 der e-identity-Verordnung Nr. 910/2014 v. 23.7.2014 (siehe Fn. 1119): a) Identifizierungsmittel im Rahmen eines nach Art. 9 zugelassenen Identifizierungssystems; b) Festlegung des Sicherheitsniveaus des elektronischen Identifzierungssystems („hoch" oder „substantiell"); c) Verwendung des Sicherheitsniveaus „hoch" oder „substantiell" für den Zugang zum Online-Dienst. Für die Festlegung des höchsten Sicherheitsniveaus bei der SUP *Hommelhoff/Teichmann*, FAZ v. 10.6.2015, S. 16; *Kindler*, ZHR 179 (2015), 330, 345, 381.

1278 So die Bezeichnung bei *Kindler*, ZHR 179 (2015), 330, 344.

nicht bereits durch die e-IDAS-Verordnung festgelegte Identifizierung im Registrierungsstaat für die Eintragung der Gesellschaft zulässig ist, hat der Mitgliedstaat aus Gründen der Gleichbehandlung diese Art der Identifizierung auch aus einem anderen Mitgliedstaat zu akzeptieren (Anti-Diskriminierungs-Regel).[1279] Folglich kann die Eintragungsbehörde auch Identifizierungsmittel akzeptieren, die unterhalb des Sicherheitsniveaus der e-IDAS-Verordnung liegen.[1280]

(3) ... und Eintragungsverweigerungsrecht im Einzelfall

Im Rahmen der Ratsverhandlungen wurde im letzten Moment ein Eintragungsverweigerungsrecht integriert. Die Mitgliedstaaten haben das Recht, die Eintragung der Gesellschaft zu verweigern, wenn der Gründer eine Identifizierung benutzt, die nicht von der e-IDAS-Verordnung gedeckt ist.[1281]

7) Resümee

Die Online-Registrierung ist für das Ziel der Verbesserung grenzüberschreitender Unternehmensgründungen unerlässlich. Die fehlende physische Präsenz bei einer Gründung aus dem Ausland kann durch audiovisuelle Techniken überwunden werden. Der Einsatz elektronischer Identifizierungsmittel kann dabei nicht *per se* als unsicherer eingestuft werden.

Die Vorgaben des Richtlinienvorschlags führen zu einer autonomieschonenden Angleichung des Eintragungsprozesses. Es erfolgt keine Harmonisierung der Prüfungsintensität der eingereichten Unterlagen. Auch zur funktionellen Zuständigkeit schweigt der Entwurf. Die Mitgliedstaaten können somit den in ihrem Gebiet üblichen Prüfungsmaßstab anwenden. Für Deutschland bedeutet dies, dass auch weiterhin die Notare für die materielle präventive Kontrolle und Identitätsprüfung zuständig sind. In der Folge besteht auch keine Gefahr für die

---

1279 Art. 14 Abs. 5a lit. (b) UAbs. 2 SUP-IT-NOV und Erwägungsgrund 18b S. 2 und 3 SUP-IT-NOV (bzw. Art. 14b Abs. 2 SUP-IT-DEZ). Der dazugehörige Datenaustausch sollte jedoch in Einklang mit dem EU-Datenschutzrecht stehen (so der Änderungsvorschlag im Entwurf einer Stellungnahme des Ausschusses für Binnenmarkt und Verbraucherschutz des Europäischen Parlaments v. 29.1.2015, Dok. PE546.844v01-00, Änderungsantrag 90 Art. 14 Abs. 5 UAbs. 2).

1280 Kritisch *Kindler*, ZHR 179 (2015), 330, 344.

1281 Art. 14b Abs. 3 iVm Erwägungsgrund 18b S. 1 SUP-LV-RAT. Vgl. *Hommelhoff/Teichmann*, FAZ v. 10.6.2015, S. 16; *C. Müller*, AG-Report 2015, R172; *C. Müller*, GmbH-Report 2015, R186.

örtlichen Handelsregister und das Grundbuch. Die Mitgliedstaaten bleiben weiterhin für die Solidität, Aussagekraft und Zuverlässigkeit der öffentlichen Register und Bücher verantwortlich.

Die Anerkennung der Identifizierungsmittel richtet sich nach der e-IDAS-Verordnung. Im Falle eines konkreten Verdachts des Identitätsbetrugs können die Mitgliedstaaten ausnahmsweise das persönliche Erscheinen des Gründers vor der Eintragungsstelle verlangen. Falls das Identifizierungsmittel nicht über die e-IDAS-Verordnung anerkannt ist, besteht ein Eintragungsverweigerungsrecht des Mitgliedstaates.

d) Mustersatzung

1) Harmonisierungsgrad

(a) Von der einheitlichen Mustersatzung…

Der Kommissionsvorschlag sieht eine uniforme Mustersatzung für alle 28 Mitgliedstaaten vor. Die einheitliche Mustersatzung trägt dem Ziel der Richtlinie Rechnung, eine schnelle, einfache, kostengünstige und flexible Errichtung einer Gesellschaft zu ermöglichen.[1282] Die Verwendung der Mustersatzung ist allerdings nur für den Fall der Online-Gründung obligatorisch. Wird die Gesellschaft auf anderem Wege oder durch Umwandlung gegründet, kann auch eine individuelle Satzung herangezogen werden.[1283]

Die Mustersatzung der SUP ist unionsweit einheitlich auszugestalten und in allen Landessprachen der Union zur Verfügung zu stellen. Die Uniformität bezieht sich auf Inhalt und Layout.[1284] Durch einen Vergleich der verschiedenen Sprachfassungen könnte der Gründer sofort erkennen, welche Informationen an welcher Stelle anzugeben sind. Bereits die Reflection Group schlug die Mustersatzung für Einpersonengesellschaften vor, um die rechtliche Struktur im Konzern zu vereinfachen und einen Rechtsrahmen zu ermöglichen, mit welchem

1282 Die Kostenreduktion hervorhebend Former Reflection Group on the Future of EU Company Law, ECFR 2013, 304, 324. Insofern befürwortend auch *Zaman*, Ondernemingsrecht 2015/1. Vgl. auch die allgemeine Definierung einer Mustersatzung bei *Fleischer*, ZHR 179 (2015), 404, 415: „optionale Modellregeln, die der Gesetzgeber zur Verfügung stellt, um Gesellschaftsgründern die Ausarbeitung einer eigenen Satzung zu ersparen".

1283 Impact Assessment (Fn. 64), S. 31.

1284 Erwägungsgrund 15 S. 1 SUP-KOM; MEMO/14/274, Frage 12, S. 5. Vgl. hierzu auch *Jung*, GmbHR 2014, 579, 586.

Tochtergesellschaften mit der gleichen Rechtsstruktur in ganz Europa errichtet werden könnten.[1285]

Mit Hilfe der Mustersatzung könnten sich die Unternehmen flexibel innerhalb des Binnenmarktes bewegen und Tochtergesellschaften in Form von SUP des jeweiligen Staates gründen, ohne dass es hierfür großer Beratung bedarf. Jeder Gründer könnte im Mitgliedstaat seines Beliebens eine Mustersatzung ausfüllen, ohne zwingend der dortigen Landessprache mächtig zu sein.

Überdies würde die binnenmarktweit identisch ausgestaltete Mustersatzung für Wiedererkennung sorgen.[1286] Durch die Verfügbarkeit in allen Sprachen der Europäischen Union könnte die notwendige Vertrauensbasis, Vergleichbarkeit und Transparenz zur Etablierung des neuen Rechtstypus' geschaffen werden.

(b) … über die Zulassung nationaler Mustersatzungen

Im Kompromissvorschlag unter italienischer Ratspräsidentschaft wurden neben der uniformen Mustersatzung auch solche Mustersatzungen zugelassen, die bereits in einem Mitgliedstaat für die Einpersonengesellschaft verwendet werden.[1287] Ein solcher Kompromiss kann nur dahingehend erklärt werden, dass einige Mitgliedstaaten nicht zur Änderung ihrer bereits bestehenden Mustersatzungen bereit waren.

Im weiteren Verhandlungsverlauf wurde die Zuständigkeit für die Satzung grundsätzlich nationalem Recht überlassen. Der Gründer darf somit eine maßgeschneiderte Satzung verwenden oder auch eine solche, die auf einer bereits existierenden nationalen Vorlage beruht. Gleichwohl wurde an der einheitlichen Mustersatzung für die SUP festgehalten. Wenn der Gründer die Vorlage der SUP-Richtlinie verwendet, haben die Mitgliedstaaten dies zu akzeptieren.[1288] Die Mitgliedstaaten sind somit verpflichtet, die Mustersatzung der SUP im Falle der Online-Registrierung anzuerkennen und dürfen dem Gründer die Verwendung der unionsweit einheitlich ausgestalteten SUP-Mustersatzung nicht verweigern. Insbesondere dürfen sie keine weiteren Angaben als diejenigen der Mustersatzung verlangen.

Auf der anderen Seite steht es den Mitgliedstaaten frei, die Mustersatzung auch im Falle der herkömmlichen Registrierung anzuwenden.[1289]

1285 Bericht der Reflection Group (Fn. 44), Kap. 4.2., S. 66 f.

1286 *Lecourt*, Revue des sociétés 2014, 699, 703. Zum Wiedererkennungswert der Standardisierung bereits *Hübner*, Mustersatzungen SPE, S. 99 f.

1287 Art. 11 Abs. 1 S. 2 SUP-IT-NOV.

1288 Art. 11 Abs. 1 S. 1 und 2 SUP-IT-DEZ.

1289 Art. 11 Abs. 1 SUP-IT-DEZ. Siehe hierzu auch die dazugehörige Anmerkung zu den Kernänderungen auf S. 3.

(c) … zum Regelungsauftrag

Unter lettischer Ratspräsidentschaft wurde das unionsweit einheitliche Musterformular gestrichen. Für den Errichtungsakt, insbesondere für deren Inhalt und Form, sind die Mitgliedstaaten verantwortlich. Auch die Mustersatzung wird nationaler Regelungshoheit überlassen. Dahinter stand die Erkenntnis, dass es aufgrund der erheblichen Divergenzen zwischen den Mitgliedstaaten dem Rat unmöglich erschien, eine einheitliche Mustersatzung zu schaffen.[1290]

Artikel 11 normiert somit nicht mehr vor, wie die nationalen Mustersatzungen auszusehen haben. Es bleibt dem Recht des Eintragungsstaates überlassen, welche Elemente die Satzungen enthalten und ob es eine einzige oder mehrere Vorlagen geben wird.[1291]

Es besteht jedoch ein Regelungsauftrag dahingehend, dass die Mitgliedstaaten eine nationale Mustersatzung für den Fall der Online-Registrierung auszugestalten haben.[1292] Dies wird insbesondere in einer weiteren Textfassung verdeutlicht, in deren Erwägungsgrund 15a klargestellt wird, dass die Mitgliedstaaten für die Erstellung der Mustersatzung verantwortlich sind, insbesondere das Layout, die Form, die Anzahl der Vorlagen, den Namen und konkreten Inhalt zu gestalten haben.[1293]

Diese national ausgestalteten Mustersatzungen dürfen für den Fall der einfachsten Errichtung maximal die in der Richtlinie aufgeführten Inhalte aufweisen. Eine als abschließend zu betrachtende Liste enthält die Informationen, die seitens des Gründers, der die einfachste Form der Registrierung wählt, höchstens verlangt werden dürfen.[1294] Jeder Mitgliedstaat kann aus dieser Liste die Elemente herausgreifen und eine Liste der absolut unerlässlichen, nicht durch nationales Recht modifizierbaren Informationen für die Gründung erstellen (Rosinenprinzip). Unberührt davon bleiben individuelle, seitens des Gründers in Übereinstimmung mit dem anwendbaren nationalen Recht vorgenommene Ergänzungen.[1295] Solche Änderungen könnten laut Kompromissentwurf in

---

1290 Begründung zum Kompromissentwurf unter lettischer Ratspräsidentschaft (SUP-LV-MAR), S. 3. Vgl. bereits die Befürchtung bei *Malberti*, ECFR 2015, 238, 258.

1291 Aufgrund der divergierenden mitgliedstaatlichen Traditionen wird es in einigen Staaten nur eine einzige Vorlage geben (the „statute" – die Satzung), während in anderen Mitgliedstaaten mehrere Vorlagen für die Niederschrift und die Satzung zur Verfügung gestellt werden (vgl. die Anmerkung zu den Kernänderungen unter lettischer Ratspräsidentschaft SUP-LV-MAR, S. 3).

1292 Art. 11 Abs. 1 S. 1 und 2 SUP-LV-MAR.

1293 Erwägungsgrund 15a S. 2 SUP-LV-APR.

1294 Art. 11 Abs. 3 SUP-LV-MAR. Vgl. hierzu *Jung*, EBLR 2015, 645, 666.

1295 Art. 11 Abs. 4 SUP-LV-MAR.

Einzelfällen sinnvoll sein, sollten dem Gründer jedoch nicht zwingend auferlegt werden.[1296]

2) Inhalt

Die Mustersatzung beinhaltet laut Kommissionsvorschlag Angaben zur Errichtung, Anteile, Stammkapital, Organisation, Buchführung und zur Auflösung.[1297] Diese Informationen sind zwingend und abschließend. Auch bei einer späteren Änderung der Satzung dürfen diese Inhalte nicht unterschritten werden.[1298]

Im Kompromissvorschlag unter italienischer Ratspräsidentschaft wurde eine ganze Reihe an Punkten hinzugefügt, namentlich Informationen über die Gesellschaft und ihren Alleingesellschafter (inklusive Name und Adresse), Unternehmensgegenstand, Firma, Register- und Hauptverwaltungssitz, zeitliche Existenz (falls auf gewisse Zeit beschränkt); Einlagen, Geschäftsjahr, Rechnungslegung und -prüfung, Beendigung und Umwandlung und eine Schiedsgerichtsklausel.[1299] Die Angabe der „Organisation" wurde expliziert durch die Angabe des Leitungsorgans, der Vertretung und gegebenenfalls des Aufsichtsrats sowie der Zuständigkeiten des Alleingesellschafters.[1300] Verglichen mit den wenigen Mindestangaben in § 3 Abs. 1 GmbHG umfasst die Mustersatzung der SUP ein weites Spektrum an Pflichtangaben.[1301]

1296 Vgl. die Anmerkung zu den Kernänderungen unter lettischer Ratspräsidentschaft SUP-LV-MAR, S. 3.

1297 Art. 11 Abs. 2 SUP-KOM. Sowohl die deutsche als auch die englische und französische Sprachfassung verwendet das Wort „Anteil" in Art. 11 Abs. 2 SUP-KOM im Plural (engl.: „shares", frz.: „parts"). Art. 15 Abs. 1 S. 1 SUP-KOM verlangt jedoch ausdrücklich, dass die SUP lediglich einen einzigen Anteil ausgeben darf. Bei der Verwendung des Begriffs im Plural muss es sich daher um ein Redaktionsversehen handeln (vgl. auch *Beurskens*, GmbHR 2014, 738, 740; *Jung*, GmbHR 2014, 579, 585 sowie den Änderungsvorschlag im Entwurf einer Stellungnahme des Ausschusses für Binnenmarkt und Verbraucherschutz des Europäischen Parlaments v. 29.1.2015, Dok. PE546.844v01-00, Änderungsantrag 73 Art. 11 Abs. 2 UAbs. 1: „single share".).

1298 So explizit Art. 12 Abs. 2 iVm Art. 11 Abs. 2 SUP-KOM. Als zu weitgehend empfindend *Teichmann*, in Lutter/Koch (Hrsg.), SUP, S. 37, 41.

1299 Art. 11 Abs. 2 S. 1 SUP-IT-NOV. Hiervon divergiert teilweise der Änderungsvorschlag im Entwurf einer Stellungnahme des Ausschusses für Binnenmarkt und Verbraucherschutz des Europäischen Parlaments v. 29.1.2015, Dok. PE546.844v01-00, Änderungsantrag 73 Art. 11 Abs. 2 UAbs. 1.

1300 Art. 11 Abs. 2 S. 1 lit. h und i SUP-IT-NOV.

1301 *Kindler*, ZHR 179 (2015), 330, 346.

Im weiteren Verlauf unter italienischer Ratspräsidentschaft wurden lediglich einige sprachliche Modifikationen vorgenommen, insbesondere wurde die Schiedsgerichtsklausel ausführlich begründet.[1302]

Unter Berücksichtigung der erheblichen Schmälerung der Regelungen zur Organisationsverfassung wurden unter lettischer Ratspräsidentschaft die Angaben zu den internen Angelegenheiten gestrichen.[1303] Hinzugefügt wurden lediglich Angaben für den Fall der Abwesenheit oder fehlenden Geschäftsfähigkeit des Geschäftsführungsorgans und Informationen zur Gültigkeit von Entscheidungen bei der Gesellschaft in Gründung (Vor-GmbH).[1304] Die Schiedsgerichtsklausel wurde dagegen wieder gestrichen.

Im weiteren Verhandlungsverlauf unter lettischer Ratspräsidentschaft wurden die Angaben um die Nennung des Beginns des Geschäftsjahres ergänzt.[1305] Im Mai 2015 wurde überdies die Angabe zum Namen und sonstiger notwendiger Informationen zur Identifizierung der Geschäftsführer und etwaiger Aufsichtsräte eingefügt.[1306]

3) Keine Abkehr von der Gestaltungsfreiheit im GmbH-Recht

Aufgrund der in Artikel 11 SUP-KOM geführten Überschrift „Einheitliche Vorlage für die Satzung“ wurde teilweise der Eindruck erweckt, dass bei der SUP keine abweichenden Satzungsregelungen zulässig seien.[1307] Der fehlende Gestaltungsraum stelle daher eine Abkehr der dem GmbH-Recht innewohnenden Gestaltungsfreiheit dar. Die geschlossene Kapitalgesellschaft sei für einen kleinen Kreis von Gesellschaftern konzipiert und soll daher auch individuell auf diese angepasst werden können. Eine Mustersatzung orientiere sich dagegen nicht an den spezifischen Bedürfnissen der Gesellschafter.[1308] Denn bei Verwendung

---

1302 Art. 11 Abs. 2 S. 1 lit. l SUP-IT-DEZ. Erläuternd hierzu die Anmerkung zu den Kernänderungen SUP-IT-DEZ, S. 4. Die Aufnahme der Schiedsklausel als Verstoß gegen das Recht auf einen gesetzlichen Richter einstufend *Kindler*, ZHR 179 (2015), 330, 346 Fn. 83.

1303 Vgl. die Anmerkung zu den Kernänderungen unter lettischer Ratspräsidentschaft SUP-LV-MAR, S. 4.

1304 Art. 11 Abs. 3 lit. i und j SUP-LV-MAR.

1305 Art. 11 Abs. 3 lit. k SUP LV-APR.

1306 Art. 11 Abs. 3 lit. ba SUP-LV-MAI.

1307 So die Interpretation in der Beschlussempfehlung der Bundesrats-Ausschüsse zur SUP-Richtlinie, v. 30.6.2014, BR-Drs. 165/2/14, S. 13; *Hommelhoff*, in Lutter/Koch (Hrsg.), SUP, S. 69, 73; *Kindler*, ZHR 179 (2015), 330, 348.

1308 *Steinwendter*, NZA 2014, 262, 265. Die grundsätzliche Kritik an Mustersatzungen zusammenfassend *Holzner*, UG, S. 147 ff.

eines Standardvertrages seien häufig keine Abweichungen zulässig, so dass wichtige gesellschaftsrechtliche Fragestellungen nicht in die Satzung mit aufgenommen werden können. Fakultative Regelungen wie Zustimmungsvorbehalte der Gesellschafterversammlung, Erhöhung der Beschlussmehrheiten, Klauseln zur Vinkulierung, Kündigung, Güterstandsklauseln, Erbfolge, Insolvenz etc. seien daher nicht möglich.[1309] Aufgrund des fehlenden Gestaltungsspielraums werden Mustersatzungen daher als „Fremdkörper im System" eingestuft.[1310]

Bei der SUP erscheinen derartige Bedenken gleichwohl unangebracht: Zum einen besteht für die SUP ein geringerer Gestaltungsbedarf.[1311] Bei einer zu 100% in einer Hand gehaltenen Gesellschaft bedarf es längst nicht so einer umfangreichen Beratung. Fragen des Minderheitenschutzes, Beschlussgegenstände der Gesellschafterversammlung oder Vereinbarungen zur Vermeidung von Pattsituationen stellen sich bei einer unipersonalen Struktur von Natur aus nicht.[1312] Ein derartiges Bedürfnis individueller Vertragsgestaltung besteht daher vorwiegend bei Mehrpersonengesellschaften. Das vereinfachte Regelungsregime im Falle von Einpersonengesellschaften belegen auch die Muster zur Einpersonen-GmbH in Formularhandbüchern, die für die Satzung eines Alleingesellschafters lediglich wenige Paragraphen vorsehen.[1313] Darüber hinaus zeigt ein Vergleich

---

1309 Vgl. hierzu bereits die kritischen Auseinandersetzungen im Rahmen des MoMiG bei *Freitag/Riemenschneider*, ZIP 2007, 1485, 1487; *Heckschen*, DStR 2007, 1442, 1444; *Katschinski/Rawert*, ZIP 2008, 1993, 1994; *Krejci*, in: FS K. Schmidt, S. 981, 992; *Wicke*, GmbHG, 3. Aufl. 2016, § 2 Rn. 18, 20; *Wicke*, in: Hommelhoff/Schubel/Teichmann (Hrsg.), SPE, S. 107, 113. Vgl. auch *Karsten*, GmbHR 2007, 958: „Kann man eine GmbH auf einem Bierdeckel gründen?". Zur Relevanz von Vinkulierungsklauseln vgl. die Studie von *Bayer/Hoffmann/J. Schmidt*, GmbHR 2007, 953, 955 f.

1310 *Preuß*, RNotZ 2009, 529, 531.

1311 Vgl. *Beurskens*, GmbHR 2014, 738, 745: „die Aufklärungs- und Beratungspflichten des Notars bei der Gründung einer Einpersonengesellschaft mit geringem Mindestkapital anhand einer Mustersatzung [darf man] nicht überschätzen."; weiterhin *Schoenemann*, EWS 2014, 241, 242: Entbehrlichkeit des beratenden Notars für die Zielgruppe Konzern.

1312 Bericht der Reflection Group (Fn. 44), Kap. 3.3.2., S. 57; Kap. 4.2 S. 66; *Schoenemann*, EWS 2014, 241, 242. Selbst Teile der Kritiker des Musterprotokolls sehen dieses als für die Einpersonengesellschaft geeignet an. Ähnlich auch *Hügel*, ZHR 173 (2009), 309, 337: kaum Raum für Satzungskreativität im Rahmen von Einpersonen-Konzern-SPEs. Anders dagegen *Ries*, NZG 2014, 569, 570; *Ries*, in Lutter/Koch (Hrsg.), SUP, S. 65, 66 f.; *Wicke*, ZIP 2014, 1414, 1416.

1313 Vgl. *Haasen*, in: Lorz/Pfisterer/Gerber (Hrsg.), Beck'sches Formularbuch GmbH-Recht, C. I. 1.; *Langenfeld*, GmbH-Vertragspraxis, Rn. 133.

der in Artikel 11 Abs. 2 SUP-KOM aufgeführten Inhalte mit den Angaben des Musterprotokolls für die Gründung einer Einpersonengesellschaft deutschen Rechts (siehe Anlage zu § 2 Abs. 1a GmbHG), dass die SUP sogar mehr Regelungsgegenstände aufweist als das Musterprotokoll der deutschen Einpersonen-GmbH.[1314] Ähnlich knappe Vorlagen finden sich in Italien und Frankreich.[1315] Die vorgegebene Mustersatzung im Falle der Online-Gründung soll daher nicht die Gestaltungsfreiheit einschränken, sondern vielmehr eine rationelle Erleichterung der Eintragung der SUP bringen.[1316] Ein Blick in das Recht der Mitgliedstaaten belegt die Tendenz, dass bei vereinfachten Rechtsformen vermehrt auf standardisierte Gesellschaftsverträge (Mustersatzungen) zurückgegriffen wird.[1317]

Überdies besteht bei der SUP kein abschließender Zwang zur Verwendung der Mustersatzung. Die Mustersatzung ist laut Kommissionsvorschlag ausschließlich im Falle der Online-Gründung obligatorisch und nicht automatisch auch bei einer Gründung auf anderem Wege heranzuziehen.[1318] Die Mustersatzung der SUP bietet somit ein bloßes Angebot für die Gründer, auf schnellem und einfachem Wege eine Gesellschaft zu errichten. Möchte die Gesellschaft später zusätzliche Organe oder Rechte für Dritte schaffen, kann die Mustersatzung nach der Eintragung modifiziert werden, sofern die Satzung dabei nicht unter die Mindestanforderungen der in Artikel 11 Abs. 2 festgelegten Inhalte fällt.[1319]

Letztlich belegt der Verhandlungsverlauf der SUP im Rat, dass an der Möglichkeit der Mustersatzung an sich nichts geändert werden sollte. Diskussionsbedarf bestand lediglich im Hinblick auf die konkreten Inhalte der Mustersatzung. Die Zurverfügungstellung der Mustersatzung selbst sollte beibehalten werden – auch

---

1314 Namentlich zur Organisation, Buchführung und Auflösung, vgl. auch *Beurskens*, GmbHR 2014, 738, 740; *Moench*, SUP, 2016, S. 57; *Lanfermann/Maul*, BB 2014, 1283, 1291.

1315 *Malberti*, ECFR 2015, 238, 259 Fn. 74.

1316 Dies explizit betonend die Stellungnahme der Europäischen Kommission zu dem Beschluss des Bundesrates zum SUP-Vorschlag, v. 29.9.2014, C (2014) 6855 final, S. 4.

1317 *Wicke*, in: Hommelhoff/Schubel/Teichmann (Hrsg.), SPE, S. 107, 108. Anders dagegen bei der regulären GmbH: Hier ist international eine Stärkung der Vertragsfreiheit bei der geschlossenen Kapitalgesellschaft zu beobachten, vgl. *Fleischer*, ZHR 179 (2015), 404, 416 ff.

1318 Vgl. Erwägungsgrund 19 S. 2 SUP-KOM: „Wenn nach nationalem Recht eine andere Form der Eintragung zulässig ist, braucht die Vorlage nicht verwendet werden".

1319 Art. 12 Abs. 2 SUP-KOM. Vgl. *Beurskens*, GmbHR 2014, 738, 741; DAV (Handelsrechtsausschuss), NZG 2014, 1372, 1376, Punkt 42; *Hommelhoff*, GmbHR 2014, 1065, 1068; *Jung*, GmbHR 2014, 579, 585.

wenn diese unter lettischer Ratspräsidentschaft als nationaler Regelungsauftrag ausgestaltet wurde.

Die Mustersatzung wird folglich lediglich zur Disposition des Gründungsgesellschafters gestellt, ist nicht zwingender Natur und stellt ein reines Angebot zur Verfahrensbeschleunigung dar. Der Charakter einer geschlossenen Rechtsform mit breiter Satzungsfreiheit bleibt folglich erhalten.

4) Versteckte Harmonisierung des GmbH-Rechts?

Teilweise wird befürchtet, dass die Mustersatzung als Lenkungsmittel zur Schaffung einheitlicher Regelungen und indirekt zu einer Harmonisierung des GmbH-Rechts eingesetzt werde.[1320] Das Interesse des europäischen Gesetzgebers liegt jedoch weniger in der Gestaltung einer für alle geschlossenen Kapitalgesellschaften anzuwendenden Satzung, sondern allein in der Erleichterung der grenzüberschreitenden Tätigkeit durch ein einfaches Gründungsverfahren. Dies belegt die vorangegangene Folgenabschätzung, bei der die Online-Registrierung nur in Kombination mit einer Mustersatzung als hinreichend effizient angesehen wurde, um die erstrebten Einsparungen für die rechtliche Beratung und Übersetzung zu erlangen.[1321] Weiterhin ist die Mustersatzung laut Kommissionsvorschlag allein bei der Online-Gründung zwingend heranzuziehen.[1322] Bei einer Gründung auf anderem Wege können auch individuelle Satzungen herangezogen werden. Auch bleibt es den Mitgliedstaaten unbenommen, für Gesellschaften außerhalb des Anwendungsbereichs der Richtlinie nationale Mustersatzungen beizubehalten[1323] oder die Mustersatzung nachträglich zu ändern[1324].

Überdies wird den Mitgliedstaaten die Wahl überlassen, ob sie die SUP neben der nationalen Einpersonen-GmbH oder als dessen Substitut einführen wollen.[1325] Im Falle des parallelen Bestehens der SUP neben der nationalen Einpersonen-GmbH muss der nationale Gesetzgeber die bestehende Konkurrenzsituation

1320 *Beurskens*, GmbHR 2014, 738, 741; *J. Schmidt*, GmbHR 2014, R129, R130.

1321 Impact Assessment (Fn. 64), S. 31 ff.

1322 Klargestellt auch im Entwurf einer Stellungnahme des Ausschusses für Binnenmarkt und Verbraucherschutz des Europäischen Parlaments v. 29.1.2015, Dok. PE546.844v01-00, Änderungsantrag 25 Erwägungsgrund 15 und Änderungsantrag 72 Art. 11 Abs. 1.

1323 Vgl. den Entwurf einer Stellungnahme des Ausschusses für Binnenmarkt und Verbraucherschutz des Europäischen Parlaments v. 29.1.2015, Dok. PE546.844v01-00, Änderungsantrag 72 Art. 11 Abs. 1.

1324 Art. 12 SUP-KOM; vgl. auch *Lau Hansen*, ECFR 2015, 177, 181.

1325 Erwägungsgrund 10 SUP-KOM.

in Kauf nehmen und im Zweifel bestimmte Reformen veranlassen. Gerade dies ist ein Vorteil des Wettbewerbs der Rechtsordnungen.

Eine versteckte Angleichung kann daher nur dann vorliegen, wenn die anwendbare Rechtsordnung die Mustersatzung im Falle einer fehlenden individuellen Satzung oder bei einer unvollständigen beziehungsweise nichtigen Satzungsklausel als Lückenfüller heranzieht.

Eine solche Handhabung besteht beispielsweise in England. Dort gehören die Model Articles (Table A) zum geltenden Recht und werden ergänzend herangezogen. Die Mustersatzung steht somit auf gleicher Stufe wie dispositives Gesetzesrecht.[1326] Auch in Frankreich hat die Mustersatzung Gesetzesrang: Legt der Unternehmensgründer keine individuelle Satzung vor, findet die Mustersatzung automatisch kraft Gesetzes Anwendung (Lückenschlussfunktion).[1327] Ebenso schlug das Europäische Parlament im Rahmen der SPE-Verhandlungen vor, im Falle einer unwirksamen individuellen Satzungsklausel diese durch die entsprechende Klausel der Mustersatzung zu ersetzen.[1328]

In anderen Staaten wie Deutschland ist eine solche Praxis völlig unbekannt. Sieht der Gesellschaftsvertrag keine individuelle Regelung vor, gilt das Gesetz. Darüber hinaus gibt es auch keine durch den Gesetzgeber vorgegebene umfassende Mustersatzung, auf die im Zweifel zurückgegriffen werden könnte. Die Musterprotokolle nach § 2 Abs. 1a S. 2 iVm Anlage zum GmbHG sind lediglich für einen beschränkten Personenkreis bestimmt und dienen der Verfahrenserleichterung und Kostenreduzierung. Sie enthalten jedoch kaum materielle Regelungen.

Mangels ausdrücklicher Anordnung der subsidiären Geltung der Mustersatzung in der Richtlinie unterliegt die SUP im Falle einer fehlenden Regelung vielmehr über Artikel 7 Abs. 4 SUP-KOM dem anwendbaren nationalen Recht. Um Zweifeln vorzubeugen[1329], wäre eine Normierung des Verhältnisses der Mustersatzung zum nationalen Recht erstrebenswert.

1326 Vgl. *Beurskens*, GmbHR 2014, 738, 741; *Hübner*, Mustersatzungen SPE, S. 61 f.; *Just*, Limited, I. 3. Rn. 17.

1327 Art. L-223-1 Abs. 2 S. 3 und 4 Code de commerce.

1328 Legislative Entschließung des Europäischen Parlaments v. 10.3.2009 zu dem Vorschlag für eine Verordnung des Rates über das Statut der Europäischen Privatgesellschaft (KOM (2008) 396), Abänderungsvorschlag 63 (Art. 43a). Hierzu *Teichmann/Limmer*, GmbHR 2009, 537, 539 f.; *Wicke*, in: Hommelhoff/Schubel/Teichmann (Hrsg.), SPE, S. 107, 109.

1329 So z.B. die Stellungnahme der niederländischen Gesellschaftsrechtskommission (gecombineerde commissie vennootschapsrecht) v. 26.5.2014, Punkt 4.1.; *Malberti*, ECFR 2015, 238, 259.

Festzuhalten bleibt jedoch, dass mit dem Vorstoß der SUP-Richtlinie keine verdeckte Harmonisierung des GmbH-Rechts verbunden wird.

5) Durchführungs- und Formvorschriften

Laut Kommissionsvorschlag soll die einheitliche Satzungsvorlage im Wege einer Durchführungsverordnung erlassen werden.[1330] Dies hätte den Vorteil, dass bei späteren Änderungen das EU-Parlament nicht mehr involviert und so eine schnellere, flexiblere Anpassung an das gesellschaftsrechtliche Umfeld ermöglicht wäre. Aufgrund der fehlenden Anbindung an das ordentliche Gesetzgebungsverfahren und der damit geringeren demokratischen Legitimation plädierte der Arbeitsbericht des Rechtsausschusses dagegen für die Aufnahme der Vorlage in den Anhang zur Richtlinie.[1331] Nach der Ausgestaltung der Mustersatzung als Regelungsauftrag für das nationale Recht wurden derartige Kontroversen zur Implementierung obsolet.

Unter lettischer Ratspräsidentschaft wurde überdies explizit darauf hingewiesen, dass für die Standardgründung keine speziellen Formvorschriften, insbesondere keine notarielle Beurkundung verlangt werden sollten.[1332] Hierbei handelt es sich jedoch um eine bloße, wunschausdrückende „Sollte-Vorschrift". Das Verhältnis zu Erwägungsgrund 18, wonach das bereits existierende mitgliedstaatliche Recht hinsichtlich der Verifizierung (etwa durch Notare oder Anwälte) unberührt bleibt, gleichzeitig der vollständige Eintragungsprozess jedoch online möglich sein soll, ist dagegen ungeklärt.

6) Resümee

Im Laufe des Richtlinienprozesses wandelte sich die Idee einer einheitlichen Mustersatzung über die Freigabe nationaler Satzungen unter Anerkennung eines einheitlichen Musters somit hin zu rein national festzulegenden Mustern.[1333]

1330 Art. 11 Abs. 3 SUP-KOM.

1331 Vgl. Arbeitsdokument des Rechtsausschusses zur SUP v. 6.2.2015 (Dok. PE549.150v01-00), S. 5. Kritisch auch *Böhm*, DIHK-Newsletter, Thema der Woche 13, v. 26.3.2015. Keine Bedenken dagegen seitens *Moench*, SUP, 2016, S. 58 f.

1332 Vgl. auch die Anmerkung zu den Kernänderungen unter lettischer Ratspräsidentschaft SUP-LV-MAR, S. 4.

1333 Vgl. hierzu auch die Überschriften des Art. 11 von „Uniform template of articles of association" (KOM); „The templates of articles of association" (IT-NOV) über "The articles of association and their uniform template" (IT-DEC) hin zu "Online template (s) for the instrument(s) constituting SUP" (SUP-LV-MAR).

Der Wiedererkennungseffekt der einheitlichen, im Kommissionsvorschlag enthaltenen Mustersatzung schafft das notwendige Vertrauen bei der Gründung einer Auslandstochtergesellschaft und sorgt für Vergleichbarkeit und Transparenz. Als Inhalte der Mustersatzung werden in der Richtlinie die für eine Einpersonengesellschaft als unerlässlich anzusehenden Elemente festgelegt.

Die Mustersatzung führt dabei weder zu einer Restriktion der Gestaltungsfreiheit noch zu einer versteckten Angleichung des gesamten GmbH-Rechts. Sie enthält lediglich punktuelle Angleichungselemente. Ziel des europäischen Gesetzgebers ist die Erleichterung grenzüberschreitender Unternehmenstätigkeit durch ein vereinfachtes Gründungsverfahren für Einpersonengesellschaften. Eine ganzheitliche Harmonisierung des GmbH-Rechts ist damit nicht verbunden.

Das transparenzschaffende Element einer einheitlichen Mustersatzung konnte sich im Laufe der Ratsverhandlungen nicht durchsetzen. Aufgrund der unüberwindbaren Gegensätze bestehen seit dem lettischen Kompromissvorschlag keine identischen Inhalte mehr, vielmehr können die Mitgliedstaaten die für sie relevanten Informationen aus einer Liste herausgreifen. Die Lösung stellt eine Abkehr dar von der ursprünglichen Idee, über ein unionsweit vergleichbares, einheitliches Formular eine Mustersatzung ausfüllen zu können. Denn unter lettischer Ratspräsidentschaft wurde die Mustersatzung als nationaler Regelungsauftrag ausgestaltet. Dies bedeutet, dass es für die SUP 28 verschiedene Mustersatzungen geben könnte. Der Wiedererkennungseffekt und die Einheitlichkeit werden sich damit in Grenzen halten. Das Ziel der Kosteneinsparung bei grenzüberschreitender Unternehmenstätigkeit wird sich auf diese Weise nicht realisieren lassen.

e) Eintragungsfrist

Für die Online-Gründung besteht nach dem Kommissionsentwurf eine Eintragungsfrist von drei Arbeitstagen nach Eingang aller Unterlagen bei der zuständigen Behörde.[1334] Diese Frist gilt allerdings nur für Neueintragungen, nicht dagegen für die Gründung durch Umwandlung.[1335] Sie besteht überdies nur für

---

1334 Art. 14 Abs. 4 S. 4 SUP-KOM.

1335 Vgl. hierzu explizit den Wortlaut in Erwägungsgrund 16 S. 2, wonach bei Umwandlungen die Eintragung „naturgemäß mehr Zeit in Anspruch nimmt" (ebenso die englische und französische Sprachfassung: „the registration of such entities by their very nature, may take more time", frz.: „l'immatriculation de ces dernières, de par sa nature, étant susceptible de prendre plus de temps"). Klarstellend auch der Entwurf einer Stellungnahme des Ausschusses für Binnenmarkt und Verbraucherschutz des Europäischen Parlaments v. 29.1.2015, Dok. PE546.844v01-00, Änderungsantrag 33 den Fall der Online-Registrierung, anderweitig gestaltete Errichtungsakte unterliegen keiner Frist. Die Begrenzung auf drei Arbeitstage orientiert sich an der Überprüfung des „Small Business Act", der eine Empfehlung an die Mitgliedstaaten zur Verringerung der für die Gesellschaftsgründung notwendigen Zeit auf drei Tage vorsieht.[1336]

Bislang sind die Mitgliedstaaten von dieser Zielvorgabe bei grenzüberschreitenden Gründungen noch weit entfernt: Bereits die Bearbeitung einer Anfrage beim Binnenmarktinformationssystem, auf welches die Richtlinie zur grenzüberschreitenden Informationsgewinnung Bezug nimmt[1337], dauert bis zu 21 Tage.[1338] Zu Recht besteht daher gewisse Skepsis, ob eine Eintragung tatsächlich innerhalb von drei Werktagen zu bewerkstelligen sein kann, wenn gleichzeitig die Überprüfung der Identität des Gründungsgesellschafters, der Unterlagen, des Unternehmensgegenstandes, der Firma und sonstiger Informationen erfolgen soll.[1339]

Als Reaktion auf die harsche Kritik aus Kreisen der Politik und Wirtschaft wurde im Kompromissvorschlag unter italienischer Ratspräsidentschaft die Eintragungsfrist auf maximal acht Arbeitstage erhöht.[1340]

Erwägungsgrund 16b. Kritisch zur Beschränkung der Frist auf Online-Gründungen *Drygala*, EuZW 2014, 491, 494.

1336 Vgl. Mitteilung der Kommission an das Europäische Parlament, den Rat, den Europäischen Wirtschafts- und Sozialausschuss und den Ausschuss der Regionen, Überprüfung des „Small Business Act" für Europa, v. 23.2.2011, KOM (2011) 78 endg., S. 20.

1337 Art. 14 Abs. 5, Art. 22 Abs. 6 UAbs. 2, Art. 30 und Erwägungsgrund 17 SUP-KOM. Das Binnenmarktinformationssystem (Internal Market Information System – IMI) wurde eingeführt durch die Verordnung (EU) Nr. 1024/2012 des Europäischen Parlaments und des Rates v. 25.10.2012 über die Verwaltungszusammenarbeit mit Hilfe des Binnenmarktinformationssystems, ABl. EU Nr. L 316/1.

1338 So die Statistik für das erste Halbjahr 2016 auf der Website des Binnenmarktinformationssystems, http://ec.europa.eu/internal_market/imi-net/statistics/index_de.htm.

1339 Namentlich die Beschlussempfehlung der Ausschüsse zur SUP-Richtlinie, v. 30.6.2014, BR-Drs. 165/2/14, S. 16; Beschlussempfehlung des niedersächsischen Landtages v. 19.6.2014, Drs. 17/1649, S. 1; Stellungnahme Nr. 31/2014 der Bundesrechtsanwaltskammer v. 21.7.2014, S. 7; Gemeinsame Stellungnahme des BDA, BDI und der DIHK zum SUP-KOM v. 18.7.2014, S. 7; *Adenauer*, AnwZert HaGesR 2014, Anm. 1, D. II. 3.; *Wicke*, ZIP 2014, 1414, 1416. Befürwortend dagegen *Moench*, SUP, 2016, S. 66 f.

1340 Art. 14 Abs. 4 S. 5 und Erwägungsgrund 16 S. 1 SUP-IT-NOV.

Noch weiter geht der Entwurf einer Stellungnahme des Ausschusses für Binnenmarkt und Verbraucherschutz des Europäischen Parlaments: Nach diesem besteht im Falle der Ferngründung mit Austausch von Informationen über das Binnenmarktinformationssystem eine Eintragungsfrist von zehn Tagen. Bei weiteren Verzögerungen hat die Registerbehörde den Gesellschafter hierüber zu informieren, die Verzögerung zu begründen und eine Angabe zu machen, zu welchem Zeitpunkt mit der Eintragung gerechnet werden kann.[1341]

Unter lettischer Ratspräsidentschaft wurde dieser Vorschlag jedoch nicht übernommen. Stattdessen wurde die Frist auf grundsätzlich fünf Tage reduziert.[1342] Fristbeginn ist bei Erhalt sämtlicher Unterlagen und der Bestätigung über die Zahlung der Eintragungsgebühren.[1343] Die Frist gilt allerdings nicht für spezielle Umstände, die es unmöglich erscheinen lassen, die Registrierung innerhalb dieses Zeitraums vorzunehmen. Solche Ausnahmen könnten etwa bei der Überprüfung geistigen Eigentums vorliegen.[1344]

Im der Fassung von April 2015 wurde zudem nochmals klargestellt, dass die Eintragungsfrist ausschließlich für Online-Gründungen *ex nihilo* gilt, welche eine Mustervorlage verwenden.[1345]

Fristen sind jedoch ein dehnbarer Begriff und haben ausschließlich Programmcharakter – sie haben nur so viel Erklärungswert, wie sie tatsächlich eingehalten werden. Die grundsätzliche Frist beginnt erst dann zu laufen, wenn sämtliche Unterlagen vorliegen, die etwaige Vorabkontrolle vorgenommen wurde und die Eintragung nur noch ein reiner Verwaltungsakt ist.[1346] Die seitens der Mitgliedstaaten optionale Identitätsprüfung und die Einholung von Informationen über das Binnenmarktinformationssystem vollziehen sich bereits im Vorfeld und können sich über Wochen erstrecken, ohne dass der Fristbeginn bereits einsetzt. Letzterer erfolgt erst, wenn sämtliche Unterlagen bei der Registerstelle vorliegen. Die Eintragungsstaaten bleiben im vollem Umfang für die

---

1341 Vgl. Dok. PE546.844v01-00 v. 29.1.2015, Änderungsantrag 32 Erwägungsgrund 16a und Änderungsantrag 88 Art. 14 Abs. 4 UAbs. 2a.

1342 Art. 14 Abs. 3 S. 1 und Erwägungsgrund 16 S. 1 SUP-LV-MAR.

1343 Art. 14 Abs. 3 S. 1 und Erwägungsgrund 16 S. 2 SUP-LV-MAR.

1344 Art. 14 Abs. 3 S. 1 und Erwägungsgrund 16 S. 1 SUP-LV-MAR.

1345 Anmerkungen zu den Kernänderungen SUP-LV-APR, Punkt 5.

1346 Vgl. hierzu den Wortlaut des Art. 14 Abs. 4 S. 4 SUP KOM: „nach Eingang aller erforderlichen Unterlagen". Klarstellend auch Entwurf einer Stellungnahme des Ausschusses für Binnenmarkt und Verbraucherschutz des Europäischen Parlaments v. 29.1.2015, Dok. PE546.844v01-00, Änderungsantrag 31 Erwägungsgrund 16 S. 2.

Qualität der Eintragung verantwortlich und können hierfür auch die für sie notwendige Zeit zur Überprüfung in Anspruch nehmen. Dies gilt auch im Falle der Ferngründung, wenn die Identitätskontrolle durch den Herkunftsstaat im Wege der Amtshilfe durchgeführt wird. Überdies kann die Frist im Falle von besonderen Umständen sanktionslos überschritten werden. Insofern ist die Zielvorgabe der Fünf-Tages-Frist zu relativieren.

f) Abschluss der Eintragung

1) Erwerb der Rechtsfähigkeit

Nach dem Kommissionsvorschlag erwirbt die Gesellschaft mit der Eintragung in das nationale Handelsregister Rechtsfähigkeit.[1347] Der Kompromissentwurf unter italienischer Ratspräsidentschaft ergänzte die Regelung zur konstitutiven Wirkung zunächst dahingehend, dass der Beginn der Rechtsfähigkeit mit dem Ausstellungsdatum der Eintragungsbescheinigung erfolgt.[1348] Im weiteren Verhandlungsverlauf unter italienischer Ratspräsidentschaft wurde dagegen die Festlegung des Zeitpunkts der Erlangung der Rechtsfähigkeit nationalem Recht überlassen.[1349] Die unterlassene Harmonisierung kann nur auf die divergierenden mitgliedstaatlichen Rechtsordnungen zurückgeführt werden.[1350] Auch die Vorschrift zur Eintragungsbescheinigung, die den Abschluss des Registrierungsverfahrens bestätigt[1351], wurde gestrichen – auch dies soll der nationalen Regelungshoheit verbleiben.[1352]

1347 Vgl. Art. 14 Abs. 2 SUP-KOM. Auf diesen Zeitpunkt stellen auch Art. 16 Abs. 1 SE-VO, Art. 9 Abs. 2 SPE-VO-KOM sowie Kapitel 1 Section 4 des EMCA-Entwurfs ab. Zu steuerrechtlichen Fragen im Rahmen der Entstehung siehe *Krauß/Meichelbeck*, BB 2015, 1562, 1565.

1348 Klargestellt in Art. 14 Abs. 2 SUP-IT-NOV.

1349 Art. 14 Abs. 2 S. 1 SUP-IT-DEZ.

1350 Siehe hierzu etwa Luxemburg, die Niederlande und Belgien, wo die Gesellschaft mit Unterzeichnung des Gesellschaftsvertrages Rechtspersönlichkeit erlangt (vgl. *Simon*, Luxemburg, in: Süß/Wachter (Hrsg.), Handbuch des internationalen GmbH-Rechts, 3. Aufl. 2016, Rn. 17 für Luxemburg; Art. 2:175 Abs. 2 BW für die Niederlande sowie Art. 2 § 4 iVm Art. 68 Code des Sociétés für Belgien).

1351 Art. 14 Abs. 4 S. 3 SUP-KOM und Erwägungsgrund 16 S. 1 SUP-KOM.

1352 Art. 14a Abs. 1 SUP-IT-DEZ.

2) Eintragungsort

Eingetragen wird die SUP in dem Mitgliedstaat, in dem sie ihren satzungsmäßigen Sitz hat.[1353] An dieser Vorschrift wurde in den Kompromissvorschlägen festgehalten.

3) Vorlage von Lizenzen und Genehmigungen

(a) Vom abschließenden Verbot...

Die Mitgliedstaaten dürfen die Eintragung der SUP nicht von Lizenzen oder behördlichen Genehmigungen abhängig machen.[1354]

In diversen Stellungnahmen[1355] zum SUP-Vorschlag wird das Verbot der vorherigen Erteilung von Lizenzen oder Genehmigungen bei bestimmten Gesellschaftszwecken kritisch betrachtet – dienen die Genehmigungen doch dem Schutz rechtlich geschützter Güter wie Gesundheit, Sicherheit oder öffentlicher Ordnung und könnten durch das Verbot vorherigen Einreichens von Lizenzen unterlaufen werden.[1356] Das Verbot, die Eintragung von der vorherigen Vorlage von Lizenzen abhängig zu machen, steht jedoch in Übereinstimmung mit der Rechtslage seit dem MoMiG, wonach die Anmeldung und Eintragung der GmbH für den Fall, dass der Unternehmensgegenstand einer staatlichen Genehmigung bedarf, nicht mehr von der Erteilung der Genehmigungsurkunde abhängig gemacht werden darf.[1357] Die Trennung der Eintragung von der Aufnahme

---

1353 Art. 14 Abs. 1 SUP-KOM.

1354 Art. 14 Abs. 6 S. 1 SUP-KOM. Dass es sich hierbei um eine allgemeine, vom Gründungsverfahren unabhängige Regel handelt, wird klargestellt in Art. 14a Abs. 3 SUP-IT-DEZ.

1355 Vgl. Notaries of Europe, Proposal for Directive on creation of single-member private limited liability companies not acceptable as it stands, v. 9.4.2014; Stellungnahme des Deutschen Notarvereins zur SUP-Entwurf v. 30.4.2014, S. 9; Stellungnahme Nr. 31/2014 der Bundesrechtsanwaltskammer v. 21.7.2014, S. 7; Beschlussempfehlung der Ausschüsse zur SUP-Richtlinie, v. 30.6.2014, BR-Drs. 165/2/14, S. 16 f.

1356 So insbesondere der Hinweis auf § 43 Abs. 1 KWG, wonach die Eintragung einer Gesellschaft, die ein Bankgeschäft betreibt oder Finanzdienstleistungen erbringt und einer Genehmigung nach § 32 KWG bedarf, nur nach Vorlage der Erlaubnis durch die BaFin vorgenommen werden darf.

1357 Die Regelung in § 8 Abs. 1 Nr. 6 GmbHG a.F. wurde mit Wirkung v. 1.11.2008 durch das MoMiG (BGBl. I S. 2026) aufgehoben. Zu der Regelung *Ulmer/Casper*, in: Ulmer/Habersack/Löbbe, GmbHG, 2. Aufl. 2013, § 8 Rn. 4; *Gehrlein*, Neues GmbH Recht, Rn. 18. Bei Einzelkaufleuten und Personengesellschaften war die Anmeldung bereits vor dem MoMiG nicht von der Erteilung staatlicher Genehmigungen abhängig (vgl. § 7 HGB).

des operativen Geschäfts mindert die bürokratischen und rechtlichen Hürden im Gründungsprozess. Zuvor ergingen in Deutschland mangels Rechtsfähigkeit der GmbH im Zeitpunkt des Genehmigungsantrags zunächst Vorbescheide; darüber hinaus drohte dem Gründer die Unterbilanzhaftung.[1358] Diese Risiken wurden durch die Trennung der Eintragung von der Erteilung staatlicher Lizenzen beseitigt. Auch bei der im Jahre 2012 neu eingeführten griechischen IKE wurde von etwaigen behördlichen Genehmigungserfordernissen bezüglich des Unternehmensgegenstandes, die bei der regulären EPE erforderlich sind, abgesehen.[1359]

Am *Bestehen* bestimmter öffentlich-rechtlicher Genehmigungserfordernisse ändert sich dabei jedoch nichts. Dies wird ausdrücklich im Kompromissvorschlag unter italienischer Ratspräsidentschaft klargestellt: Nach der Registrierung steht es den Mitgliedstaaten frei, Lizenzen oder Genehmigungen für bestimmte Geschäftstätigkeiten zu verlangen.[1360] Das Erfordernis einer Lizenz wird somit lediglich von der Eintragung entkoppelt; diese sind als Anschlusshandlungen zu qualifizieren.[1361]

(b) … zum Verbot mit Erlaubnisvorbehalt

Das grundsätzlich bestehende Verbot der voherigen Vorlage von Lizenzen und Genehmigungen soll dann eine Ausnahme erfahren, wenn die Lizenz oder Genehmigung nach dem einzelstaatlichen Recht unerlässlich für die Eintragung erscheint.[1362] Dies wurde unter italienischer Ratspräsidentschaft ergänzt. Hierbei handelt es ausschließlich um Ausnahmefälle, die naturgemäß eher eng auszulegen sind.

4) Offenlegung

Die Eintragung der SUP, sämtliche Dokumente sowie spätere Veränderungen sind nach der Eintragung im relevanten Unternehmensregister offen zu legen.[1363]

1358 *Gehrlein*, Neues GmbH-Recht, Rn. 18. Zu den zahlreichen Verzögerungen aufgrund § 8 Abs. 1 Nr. 6 a.F. GmbHG siehe *Wachter*, in: Gesellschaftsrechtliche Vereinigung (VGR) (Hrsg.), Die GmbH-Reform in der Diskussion, S. 55, 73 ff.

1359 *Papadimopoulos*, RIW 2014, 344, 345.

1360 Art. 14 Abs. 6 S. 2 SUP-IT-NOV (bzw. Art. 14a Abs. 3 S. 2 SUP-IT-DEZ).

1361 Zu diesen *Leuering*, in Lutter/Koch (Hrsg.), SUP, S. 89, 97 ff.

1362 Art. 14 Abs. 6 S. 1 HS 2 SUP-IT-NOV; übernommen in Art. 14a Abs. 3 SUP-IT-DEZ. Ebenso auch der Änderungsvorschlag im Entwurf einer Stellungnahme des Ausschusses für Binnenmarkt und Verbraucherschutz des Europäischen Parlaments v. 29.1.2015, Dok. PE546.844v01-00, Änderungsantrag 91 Art. 14 Abs. 6.

1363 Art. 14 Abs. 6 S. 2 SUP-KOM. Eine Aufforderung zur konkreteren Darstellung der offenzulegenden Dokumente in Abwägung von Transparenz und Privatsphäre findet

Diese Regelung wurde im Kompromissvorschlag unter italienischer Ratspräsidentschaft gestrichen, da die Offenlegung bereits in der Publizitätsrichtlinie normiert ist, deren Anwendungsbereich auf die SUP erstreckt werden soll.[1364]

Die seitens der Registrierungsbehörde zwingend zu erteilende Information an die Behörde des Herkunftsstaates des Gründers, dass dieser im Registrierungsstaat eine Gesellschaft gegründet hat, fand nur kurzzeitig Eingang in den Richtlinientext.[1365]

Explizit eingefügt wurde dagegen der Hinweis, dass der satzungsmäßige Sitz im Einklang mit der Publizitätsrichtlinie auf Briefen und Bestellscheinen anzugeben ist.[1366] Aufgrund der bereits unter italienischer Ratspräsidentschaft vorgenommenen Erstreckung der Publizitätsrichtlinie auf die SUP ist dieser Hinweis nur klarstellender Natur.

IV. Resümee

Die Gründung der Einpersonengesellschaft wird durch die Option der Online-Gründung unter gleichzeitiger Verwendung eines Musterprotokolls beschleunigt. Die Option der Online-Gründung mit Mustersatzung entspricht dem *spezifischem* Ziel der Richtlinie, die direkten und indirekten Kosten im Zusammenhang mit der Gründung von Tochtergesellschaften im Ausland zu reduzieren[1367] und verlauft parallel zur digitalen Agenda der Union.

Die nationale Regelungshoheit bezüglich der materiellen Kontrolle und der Identitätsprüfung bleibt unberührt. Der teilweise befürchtete Verlust an Rechtssicherheit, Gläubigerschutz und Solidität des Handelsregisters und des Grundbuchs wird insofern nicht eintreten. Ein „race to the bottom"[1368] ist nicht zu

---

sich in der Stellungnahme des Europäischen Datenschutzbeauftragten zum SUP-Vorschlag v. 23.7.2014, C2014-0440, S. 4 f., S. 17 ff. Dieser wurde aufgenommen im Entwurf einer Stellungnahme des Ausschusses für Binnenmarkt und Verbraucherschutz des Europäischen Parlaments v. 29.1.2015, Dok. PE546.844v01-00, Änderungsantrag 39 Erwägungsgrund 21b und Änderungsantrag 64 Art. 5a.

1364 Vgl. Art. 13 der Gesellschaftsrechtsrichtlinie. Die Erstreckung der Publizitätsrichtlinie (nunmehr: Gesellschaftsrechtsrichtlinie) auf die SUP findet sich in Erwägungsgrund 10a S. 1 SUP-IT-NOV.

1365 Art. 14 Abs. 4 S. 7 SUP-IT-NOV – bereits in SUP-IT-DEZ wurde dies wieder gestrichen.

1366 Erwägungsgrund 9 S. 4 SUP-LV-APR.

1367 Die Kommission erhofft sich damit eine Senkung der Gründungskosten von 230 bis 650 Mio. Euro pro Jahr (vgl. MEMO 14/274, Frage 9, S. 4).

1368 So die allgemeine Befürchtung zum SUP-Vorschlag von *Sick* (Hans Böckler Stiftung) und *Menne* (Europäischer Gewerkschaftsbund), Magazin Mitbestimmung, Ausgabe befürchten. Die fehlende physische Präsenz bei der Identitätskontrolle kann durch audiovisuelle Technologien wie die Einschaltung einer Echtzeit-Videokonferenz oder die Nutzung einer Webcam überwunden werden.

Weder die Registrierungsvorlage noch die Mustersatzung konnten ihren einheitlichen Charakter im Rahmen der Ratsverhandlungen beibehalten. Beides ist nun als nationaler Regelungsauftrag ausgestaltet. Das im Ratsentwurf verabschiedete Rosinenprinzip verstärkt die Unterschiede, die durch die Wahlmöglichkeit der abschließend festgelegten Inhalte bedingt sind. Der Wiedererkennungseffekt und die Einheitlichkeit werden sich damit in Grenzen halten. Das Ziel der Kosteneinsparung bei grenzüberschreitender Unternehmenstätigkeit wird sich bei der Mustersatzung nicht realisieren lassen.

Die Fünf-Tages-Frist zur Eintragung der SUP gestaltet sich als Zielvorgabe, die wohl nur im Falle von Standard-Registrierungen eingehalten werden kann. Sie relativiert sich insbesondere dadurch, dass die Frist erst nach Eingang sämlicher erforderlicher Unterlagen zu laufen beginnt. Im Falle von besonderen Umständen darf die Frist überdies sanktionslos überschritten werden.

In ganzheitlicher Betrachtung wäre für das Eintragungsverfahren eine stärkere Angleichung wünschenswert gewesen. Die Übertragung der präventiven Kontrolle auf nationales Recht, die Ausgestaltung der Mustersatzung als Regelungsauftrag und die liberale Linie beim Registrierungsformular schmälern den europäischen Mehrwert. Die Wertvorstellungen der Mitgliedstaaten divergieren in dieser Hinsicht jedoch zu stark, als dass eine einheitliche Lösung zu finden wäre.

C. Gläubigerschutz durch haftendes Kapital

I. Länderbericht

1. Mindestkapital

Das Kapital der GmbH wurde bislang nicht harmonisiert. Die Übernahme von Artikel 6 der Zweiten Richtlinie, der ein Mindestkapitalerfordernis für die nationale Aktiengesellschaft festlegt[1369], wurde seinerzeit ausdrücklich unterlassen.

7+8/2014; ferner *Bormann*, in Lutter/Koch (Hrsg.), SUP, S. 23, 34; *Steinwendter*, NZA 2014, 262, 268.

1369 Mindestens 25.000 Euro, siehe Richtlinie 2012/30/EU v. 25.10.2012, ABl. EU Nr. L 315/74 (Neukodifizierung der Zweiten Richtlinie des Rates v. 13.12.1976 zur Koordinierung der Schutzbestimmungen, die in den Mitgliedstaaten den Gesellschaften im Sinne des Artikels 58 Absatz 2 des Vertrages im Interesse der Gesellschafter

Nach dem *Centros*-Urteil wurde zwar teilweise gefordert, die Kapitalrichtlinie auf die GmbH auszuweiten.[1370] Hierauf ist die Europäische Kommission im Aktionsplan 2003[1371] jedoch nicht mehr eingegangen.

Die fehlende Harmonisierung der GmbH im Bereich des Mindestkapitals hat den Wettbewerb der Rechtsordnungen besonders stark beflügelt.[1372] In der mitgliedstaatlichen Landschaft an Gesellschaftsformen gab es in den letzten Jahren zahlreiche Reformen, deren Trend tendenziell in die Richtung einer Aufweichung des Mindestkapitalerfordernisses wies.[1373] Eine ansteigende Anzahl an Mitgliedstaaten eröffnet Existenzgründern die Möglichkeit, ihre Gesellschaft ohne beziehungsweise mit reduziertem Mindestkapital zu gründen. Von der Struktur her lassen sich drei Gruppen unterscheiden: a) Staaten, welche das Mindestkapitalerfordernis für ihre geschlossene Kapitalgesellschaft faktisch abgeschafft haben (1 Euro-GmbHs), b) Staaten, welche neben dem Erfordernis einer regulären GmbH eine 1-Euro-GmbH anbieten, und c) Mitgliedstaaten, welche neben dem Mindestkapitalerfordernis eine stammkapitalreduzierte GmbH anbieten. An dieser Gliederung soll sich auch der nachfolgende Länderbericht orientieren.

a) Faktische Abschaffung des Mindestkapitalerfordernisses

Die erste Gruppe hat das Mindestkapitalerfordernis für ihre nationale GmbH vollständig abgeschafft. Eine Subform, wie sie es etwa in Deutschland mit der Unternehmergesellschaft (haftungsbeschränkt) als Unterform der GmbH gibt, existiert in diesen Staaten nicht. Die gesetzgeberische Intention lag zum einen in der Feststellung, dass das Mindestkapital seine Funktion als Seriositätsschwelle verloren hat. Zum anderen sollte mit der Abschaffung des Mindestkapitals das

---

sowie Dritter für die Gründung der Aktiengesellschaft sowie für die Erhaltung und Änderung ihres Kapitals vorgeschrieben sind, um diese Bestimmungen gleichwertig zu gestalten (77/91/EWG), Abl. EWG Nr. L 65/8).

1370 *Lutter*, ZGR 2000, 1, 10. Eine derartige Angleichung des GmbH-Rechts wurde bereits 1985 seitens der Kommission angedacht (EG-Kommission, Vollendung des Binnenmarktes, Weißbuch der Kommission an den Europäischen Rat v. 14.6.1985, KOM (85) 310 endg., Rn. 140)

1371 Mitteilung der Kommission an den Rat und das Europäische Parlament, Modernisierung des Gesellschaftsrechts und Verbesserung der Corporate Governance in der Europäischen Union – Aktionsplan v. 21.5.2003, KOM (2003) 284 endg.

1372 *Habersack/Verse*, EuropGesR, § Rn. 39 sieht in der fehlenden Harmonisierung des Mindestkapitals den „sichtbarsten Ausdruck“ für die Deregulierung.

1373 Vgl. Erwägungsgrund 19a S. 2 SUP-IT-NOV.

Unternehmertum gefördert werden. Derartige Reformen wurden in Frankreich, den Niederlanden, Portugal und Griechenland durchgeführt:[1374]

1) Frankreich

In Frankreich wurde das Mindestkapital für die SARL, das zuweilen 7.500 Euro betrug, im Jahre 2003 abgeschafft.[1375] Frankreich war damit der erste kontinentaleuropäische Staat, der keinen Eigenkapital-Sockel mehr verlangte. Zurückzuführen ist die Reform auf die bereits seit mehreren Jahren zu beobachtende äußerst geringe Anzahl an Unternehmensgründungen, den teuren, langwierigen Gründungsprozess sowie die fehlende Funktion des Mindestkapitals als Haftungspuffer.[1376]

Das Stammkapital wird seither durch den Gesellschaftsvertrag bestimmt. Außerdem müssen die Nennbeträge in gleicher Höhe sein (Prinzip der Gleichheit der Gesellschaftsanteile).[1377] Seit 2009 kann auch die vereinfachte Aktiengesellschaft (SAS) mit einem 1 Euro gegründet werden.[1378]

Die Aufhebung des Mindestkapitals ist jedoch eher symbolischer Natur, da andernfalls die Gesellschaft bereits im Gründungsverfahren in die materielle Unterkapitalisierung rutschen würde und die Gesellschaft sofort Insolvenz anmelden müsste.[1379] In Verbindung mit den fehlenden Ausschüttungsgrenzen

---

1374 England kann dagegen nicht zu diesen Reformstaaten gezählt werden, da dort von Beginn an auf ein anderes Gläubigerschutzsystem gesetzt und auf ein Mindestkapital verzichtet wurde.

1375 Art. L-223-2 Code de Commerce, eingeführt durch Art. 1 des Loi n°2003-721 pour l'initiative économique v. 1.8.2003, JORF v. 5.8.2003, 13449 (*Loi dutreil*). Zu den Hintergründen und Reaktionen auf die Reform siehe *Grimm*, Finanzverfassung der kleinen Kapitalgesellschaft, 2013, S. 320 ff. Kritisch *Merle*, Droit commercial, Rn. 213.

1376 *Le Cannu*, Revue des sociétés 2003, 409, 410; *Kroh*, KSzW 2014, 94, 97.

1377 Art. L-223-2 S. 2 Code de commerce. Nach *Le Cannu*, Revue des sociétés 2003, 409, 415 ist allein diese Bestimmung über die Gleichheit der Geschäftsanteile gesetzlich relevant. Art. L-223-2 S. 1 Code de commerce, der im Hinblick auf das Gesellschaftskapital auf den Gesellschaftsvertrag verweist, sei überflüssig, da dies bereits in Art. 1835 S. 2 Code civil (für Gesellschaften im Allgemeinen) und Art. L- 210-2 Code de commerce (für Handelsgesellschaften) normiert sei.

1378 Nach Art. L-227-1 Abs. 3 Code de commerce findet die Vorschrift des Art. L-224-2 Code de commerce, worin das Kapital der Aktiengesellschaft festgelegt ist, auf die SAS keine Anwendung. Das Kapital richtet sich somit nach dem in der Satzung festgelegten Betrag.

1379 *Peifer*, GmbHR 2009, 1145, 1146.

erscheint das französische System jedoch unausgewogen und unzureichend für den Gläubigerschutz.[1380]

2) Niederlande

Die Niederlande haben mit ihrer Reform zur flex-BV 2012 das Mindestkapital (ursprünglich 18.000 Euro) faktisch abgeschafft.[1381] Im Gesellschaftsvertrag muss auch keine Angabe mehr zum Stammkapital gemacht werden; bereits 1 Cent genügt für den Geschäftsanteil. Mangels hinweisendem Zusatz auf das fehlende Mindestkapital für alle seit der Reform gegründeten Gesellschaften wird in der Praxis teilweise um den Ruf der BV gefürchtet, da das fehlende Mindestkapital nur durch Einblick in das Handelsregister oder in die Satzung erkennbar ist.[1382]

Für unterkapitalisierte oder überschuldete BVs gibt es keine spezielle Haftung der Gesellschafter oder der Geschäftsführer, jedoch bleiben die richterrechtlich anerkannten Missbrauchsregeln für diese anwendbar.[1383]

Im Gegenzug zur Erleichterung des Mindestkapitals wurden die Vorschriften zur Kapitalerhaltung verschärft. Der niederländische Gesetzgeber setzt hierbei auf einen kombinierten Bilanz- und Solvenztest.[1384] Beschlüsse der Hauptversammlung zur Gewinnausschüttung bedürfen der Zustimmung des Geschäftsführers.[1385] Dieser hat zu prüfen, ob die Gesellschaft auch nach der Ausschüttung die Verbindlichkeiten begleichen kann. Ohne die Zustimmung der Geschäftsführung ist die Ausschüttung unwirksam.

3) Portugal

Portugal hat seit April 2011 das Mindestkapital bei der GmbH (inklusive der Einpersonen-GmbH) abgeschafft.[1386] Nach der Gesetzesbegründung kann das bisherige Mindestkapital von 5.000 Euro nicht den bezweckten Gläubigerschutz bieten.[1387] Das Kapital kann seitdem in der Satzung frei bestimmt werden; mindestens ist jedoch 1 Euro zu leisten.[1388] Außerdem wird den Gründern eine Frist

1380 *Conac*, ECFR 2015, 139, 169.

1381 Art. 178 Abs. 1 S. 1 Burgerlijk Wetboek Boek 2.

1382 *Kläner*, KSzW 2014, 101, 103 f.

1383 *Zaman*, GmbHR 2012, 1062, 1063.

1384 Hierzu *De Kluiver*, in: Viera González/Teichmann (Hrsg.), Private company law reform in Europe, S. 405, 425 ff.; *Zaman*, GmbHR 2012, 1062, 1064.

1385 Art. 216 Abs. 1, 2 Burgerlijk Wetboek Boek 2, dazu *Kläner*, KSzW 2014, 101, 105.

1386 Durch Dekret-Gesetz Nr. 33/2011 v. 7.3.2011, inkraftgetreten zum 6. 4.2011.

1387 Dekret-Gesetz Nr. 33/2011 (*ebd.*), Sumário.

1388 Art. 201 sowie Art. 219 Abs. 3 Código das Sociedades Comerciais.

bis zum Ende des ersten Geschäftsjahres gewährt, bis die erste Bareinlage eingezahlt wird.[1389]

4) Griechenland

Bereits vor Inkrafttreten des Reformgesetzes 2012 wurde das Mindestkapital für die griechische GmbH (Eteria Periorismenis Efthynis – EPE) phasenweise gesenkt: 2008 wurde das ursprüngliche Mindestkapital von 18.000 Euro auf 4.500 Euro reduziert, im Dezember 2012 auf 2.400 Euro und im Sommer 2013 auf 1 Euro[1390]. Wenige Monate später wurde selbst diese Anforderung abgeschafft. Das Gesellschaftsvermögen kann seither bei Gründung null Euro betragen.[1391] Die Abschaffung des Mindestkapitals ist nicht nur auf die Kritik am Mindestkapitalerfordernis zurückzuführen, sondern auch auf den Liquiditätsengpass, der in Griechenland seit der im Jahr 2010 aufgedeckten Staatsschuldenkrise vorherrscht. Auch die IKE, die als private Kapitalgesellschaftsrechtsform im Frühjahr 2012 als eigenständige Rechtsform eingeführt wurde, kann mit null Euro Stammkapital gegründet werden.

Der Gläubigerschutz soll anstelle des Mindestkapitals durch andere Vorschriften gewährleistet werden. Hierzu gehören die Angabe des Stammkapitals in der Satzung, die Bewertung von Sacheinlagen, die vollständige Kapitalaufbringung sowohl bei Gründung als auch bei Kapitalerhöhung, das Verbot des Erwerbs eigener Gesellschaftsanteile, das Verbot der Rückgewähr von Einlagen, die Ausschüttung von nur tatsächlich erlangten Gewinnen, das Verbot verdeckter Gewinnausschüttungen, die Pflicht zur Rücklagenbildung in Höhe von 5 % des erzielten Nettogewinns sowie die Pflicht zur Offenlegung der Art der von den Gesellschaftern gezeichneten Stammeinlage.[1392]

b) Mindestkapital + 1-Euro-Subform

Die Mitgliedstaaten, die neben dem Mindestkapitalerfordernis eine 1-Euro-Subform zulassen, nehmen eine Zwischenstellung ein: Einerseits halten sie grundsätzlich am Mindestkapital fest, andererseits stellen sie sich mit der Zulassung

1389 *Stieb*, Portugal, in: Süß/Wachter (Hrsg.), Handbuch des internationalen GmbH-Rechts, 3. Aufl. 2016, Rn. 35.

1390 Art. 43 Abs. 3 des Gesetzes 4072/2012 ((übersetzt in englische Sprache von *Perakis*).

1391 Eingeführt durch die Neuregelung in Art. 11 G. 4155/2013, Regierungsanzeiger Blatt A 120/29.5.2013 (zitiert nach *Papadimopoulos*, RIW 2014, 344). Hierzu *Tzakas*, GmbHR 2014, 243, 244; *Papadimopoulos*, RIW 2014, 344, 345.

1392 *Tzakas*, GmbHR 2014, 243, 244.

von 1-Euro-Gesellschaften dem Wettbewerb der Rechtsordnungen, um einer Abwanderung in Staaten mit attraktiverem, kostengünstigerem Gründungsregime entgegenzutreten. Eine derartige Rechtsformvariante führte erstmals Deutschland mit der UG (haftungsbeschränkt) ein; sie wurde seitens der Reformgesetzgeber in Belgien, Italien, Dänemark, Spanien und Polen übernommen.

1) Deutschland

Im Rahmen der GmbH-Reform 2008 sahen die ursprünglichen Pläne der Bundesregierung eine Reduzierung des Mindeststammkapitals von 25.000 Euro auf 10.000 Euro vor.[1393] Damit sollte der EuGH-Rechtsprechung und dem daraus entstandenen Wettbewerb der Gesellschaftsformen Rechnung getragen werden, ohne dabei die bestehenden Vorteile des deutschen GmbH-Rechts aufzugeben.[1394] Der Regierungsentwurf übernahm dabei den Vorschlag, der bereits im Rahmen des Gesetzesvorschlags zur Neuregelung des Mindestkapitals aus dem Jahr 2005[1395] vorgestellt wurde.

Eine derartige Herabsenkung stieß sowohl in der Wissenschaft[1396] als auch im Bundesrat[1397] auf heftige Kritik. Bei Verabschiedung des MoMiG wurde an der mittlerweile über 100 Jahre bestehenden Tradition eines festen Kapitals nicht gerüttelt, sodass die klassische GmbH mit einem Mindeststammkapital in Höhe von 25.000 Euro beibehalten wurde.[1398]

Um die GmbH auch international wettbewerbsfähig zu gestalten, wurde als Kompromiss die Unternehmergesellschaft (haftungsbeschränkt) eingeführt, welche als Subform der GmbH ausgestaltet ist.[1399] Diese kann mit einem

---

1393 Entwurf eines Gesetzes zur Modernisierung des GmbH-Rechts und zur Bekampfung von Missbräuchen (MoMiG) v. 25.7.2007, BT-Drs. 16/6140, Art. 1 Nr. 5 (S. 5).

1394 *Ebd.*, Begründung S. 25.

1395 Entwurf eines Gesetzes zur Neuregelung des Mindestkapitals der GmbH (MindestkapG), v. 14.6.2005, BT-Drs. 15/5673.

1396 Arbeitsgruppe Europäisches Gesellschaftsrecht, ZIP 2003, 863, 872; *Altmeppen*, NJW 2005, 1911, 1912; *Bormann*, GmbHR 2006, 1021, 1022; DAV (Handelsrechtsausschuss), NZG 2007, 211, 212; *Kleindiek/Krieger*, DStR 2005, 1366, 1368; *Priester*, DB 2005, 1315, 1317; *Thiessen*, DStR 2007, 202, 204; *Wulfetange*, BB Beilage 2006, 19, 21.

1397 BR-Drs. 619/05, S. 6.

1398 Vgl. hierzu nur die Aufzeichnung der historischen Entwicklung des Mindeststammkapitals im deutschen GmbH-Recht *Holzner*, UG, S. 9 ff.

1399 Hierzu *Seibert*, GmbHR (2007), 673; *Veil*, GmbHR 2007, 1080; *Wälzholz*, GmbH-StB 2007, 319; *Wälzholz*, GmbHR 2008, 841, 843; *Wilhelm*, DB 2007, 1510.

Stammkapital von 1 Euro gegründet werden.[1400] Im Gegenzug unterliegt sie strengen Vorschriften zur Rücklagenbildung.[1401]

2) Belgien

Belgien verlangt für die SPRL grundsätzlich ein Mindestkapital von 18.550 Euro.[1402] Bei der Einführung der SPRL-Starter im Jahre 2010 orientierte sich Belgien an der deutschen Unternehmergesellschaft (haftungsbeschränkt) und erlaubte für diese ein Mindestkapital zwischen 1 Euro und 18.549 Euro.[1403] In diesem Fall ist der Gründer jedoch verpflichtet, unter Heranziehung eines Wirtschaftsprüfers einen Finanzplan aufzustellen, welcher die Kapitalbedürfnisse der Gesellschaft wiedergibt.[1404]

3) Italien

Auch Italien lehnte sich zunächst an das deutsche Modell der Unternehmergesellschaft (haftungsbeschränkt) an. Neben der regulären società a responsabilità limitata (SRL), deren Mindestkapital 10.000 Euro beträgt, führte Italien dabei gleich zwei Subformen ein, deren Mindestkapital nur 1 Euro beträgt: die vereinfachte SRL (SRLS) sowie die SRL mit ermäßigtem Mindestkapital (SRLCR).[1405]

Im August 2013 wurden die Regeln zum Mindestkapital in Italien erneut überarbeitet. Hierbei wurde die SRLCR in die reguläre SRL eingegliedert.[1406] Die Gründung einer haftungsbeschränkten geschlossenen Kapitalgesellschaft ist seither auf zwei Wegen möglich: Zum einen kann die vereinfachte SRL mit einem Mindestkapital von 1 Euro gegründet werden. Zum anderen kann auch die reguläre SRL mit einem Kapital unter 10.000 Euro errichtet werden, sofern das Kapital in voller Höhe und in bar aufgebracht wird.[1407] Als Kompensation muss ein Fünftel des Jahresgewinns als gesetzliche Rücklage zugeführt werden, bis die Summe des Stammkapitals und der gesetzlichen Rücklage die Höhe von

---

1400 Die Untergrenze von 1 Euro Startkapital ergibt sich nach §§ 5a Abs. 1, 5 Abs. 2 S. 1 GmbH, wonach der Nennbetrag jedes Geschäftsanteils auf volle Euro zu lauten hat.

1401 § 5a Abs. 3 GmbHG.

1402 Art. 214 § 1 Code des Sociétés (für die reguläre SPRL).

1403 Art. 214 § 2 Code des Sociétés.

1404 *Wyckaert/Geens*, in: Viera González/Teichmann (Hrsg.), Private company law reform in Europe, S. 49, 74.

1405 Art. 2463bis Nr. 3 Codice Civile für die SRLS. Zum Kapital der beiden italienischen Subformen *Cian*, ZVglRWiss 114 (2015), 288, 294 f.

1406 Zu der Reform 2013 *Cian*, ZVglRWiss 114 (2015), 288, 307 ff.

1407 Art. 2463 Abs. 2 Nr. 4 und Abs. 4 Codice Civile.

10.000 Euro erreicht.[1408] Wenn das Stammkapital bei 10.000 Euro oder darüber liegt, können auch Sacheinlagen erbracht werden; in diesem Fall genügt auch die Einzahlung eines Kapitalanteils von 25 %.

4) Dänemark

In Dänemark traten zum Januar 2014 zwei Neuerungen zum Kapital in Kraft: Zum einen wurde das Mindestkapital für die ApS nach einer bereits erfolgten Reduzierung von 125.000 DKK (ca. 16.800 Euro) auf 80.000 DKK (ca. 10.800 Euro) nochmals auf die Summe von 50.000 DKK (ca. 6.700 Euro) gesenkt.[1409] Vom grundsätzlichen Mindestkapital wollte der dänische Gesetzgeber dennoch nicht abrücken, obwohl der Ausschuss für die Modernisierung des Gesellschaftsrechts festgestellt hat, dass es keinen zwingenden Zusammenhang zwischen Mindestkapitalerfordernis und Gläubigerschutz gibt. Das benötigte Kapital hänge vielmehr vom Unternehmenszweck und dessen Risikoprofil ab.[1410] Das Kapital ist in DKK oder Euro aufzuführen, die Gewerbe- und Gesellschaftsverwaltung kann jedoch gestatten, dass auch eine andere Währung angegeben wird.[1411]

Zum anderen führte Dänemark ebenfalls eine Unterform der ApS ein, die „iværksætterselskabet" (IVS). Diese kann mit 1 DKK gegründet werden.[1412] Sie unterliegt gleich der deutschen UG (haftungsbeschränkt) einer gesetzlichen Rücklagenpflicht von 25 % des jährlichen Gewinns.[1413]

5) Spanien

Spanien orientierte sich bei seiner Gesellschaftsrechtsreform 2013 an Deutschland und Belgien.[1414] Zur regulären SL mit einem Mindestkapital von 3.000

1408 Art. 2463 Abs. 5 S. 1 Codice Civile.

1409 § 4 Abs. 2 HS 2 lov om aktie og anpartsselskaber selskabsloven (SEL) Damit unterlag die dänische GmbH seit ihrer Einführung im Jahre 1973 bereits der 5. Änderung des Mindeststammkapitals (1973: 30.000 DKK; 1982: 80.000 DKK; 1991: 200.000 DKK; 1996: 125.000 DKK; 2009: 80.000 DKK; 2014: 50.000 DKK).

1410 Vgl. hierzu die Kommentierung zu § 4 SEL auf retsinformation.dk (zuletzt abgerufen am 05.01.2019).

1411 § 4 Abs. 3 SEL.

1412 § 357a Abs. 2 S. 1 SEL.

1413 § 357b lov om aktie og anpartsselskaber selskabsloven SEL; hierzu *Neville*, In: Viera González/Teichmann (Hrsg.), Private company law reform in Europe, S. 87, 122 f.

1414 *Muñoz Pérez*, in: Viera González/Teichmann (Hrsg.), Private company law reform in Europe, S. 653, 664.

Euro[1415] wurde im Jahr 2013 die *Sociedad en régimen de formación sucesiva* (SLFS) eingeführt, deren Kapital darunter liegen darf. Die SLFS unterliegt jedoch diversen Schranken. So sind Gewinnausschüttungen verboten, zudem besteht eine gesetzliche Rücklagenbildungspflicht in Höhe von 20 % des jährlichen Gewinns. Diese Sonderregeln gelten, bis das gesetzliche Mindestkapital von 3.000 Euro erreicht ist.[1416]

6) Polen

Polen reduzierte im Jahr 2008 das Mindestkapital von 50.000 PLN (ca. 12.000 Euro) auf 5.000 PLN (ca. 1.200 Euro).[1417] Auch wenn diese Reform als logische Reaktion auf den Wettbewerb der Rechtsordnungen und der parallel dazu erfolgten Herabsetzung des Mindestkapitals in anderen Mitgliedstaaten erscheinen mag, weist das polnische Schrifttum darauf hin, dass die Reduktion in Polen völlig isoliert von der umfangreichen Reform des Gläubigerschutzes erfolgt ist und daher eher als zufällig und willkürlich einzustufen ist.[1418] Trotz der Novelle zum Januar 2012 hielt Polen am Mindestkapital fest.

Angespornt durch die ungarische Reform hat das polnische Justizministerium im Sommer 2013 einen Vorschlag für eine Novelle vorgelegt, nach der es in Zukunft zwei Arten von Sp. z o. o., nämlich mit und ohne Mindeststammkapitalerfordernis, geben soll. In diesem „gemischten System“ sollen flexible, an das anglo-amerikanische Recht angelehnte Kapitalisierungsregeln und der traditionelle Schutz des Stammkapitals vereint werden. Der Gläubigerschutz soll dabei durch diverse neue Regelungen (Solvenztests, Überwachungspflicht der Geschäftsführung, Rücklagenbildung) kompensiert werden.[1419]

c) Erhöhung des Mindestkapitals

Eine gewisse Gegenbewegung zur Null-Euro-GmbH lässt sich in Österreich und Ungarn bemerken, wo das Mindestkapital nach einer erfolgten Senkung

---

1415 Art. 4 Abs. 1 Ley de Sociedades de Capital. Zur Entwicklung des Mindestkapitals in Spanien vgl. *Grimm*, Finanzverfassung der kleinen Kapitalgesellschaft, 2013, S. 178 f.

1416 *Muñoz Pérez*, in: Viera González/Teichmann (Hrsg.), Private company law reform in Europe, S. 653, 666.

1417 Art. 154 § 1 kodeks spółek handlowych (KSH); hierzu *Opalski/Oplustil*, in: Viera González/Teichmann (Hrsg.), Private company law reform in Europe, S. 443, 446.

1418 *Opalski/Oplustil*, in: Viera González/Teichmann (Hrsg.), Private company law reform in Europe, S. 443, 446.

1419 Ausführlich *Opalski/Oplustil*, in: Viera González/Teichmann (Hrsg.), Private company law reform in Europe, S. 443, 449 ff.

in jüngster Zeit wieder angehoben wurde. Während in Ungarn dieser Wandel auf den zu schwach ausgeprägten Gläubigerschutz zurückzuführen ist, sind die Motive in Österreich eher fiskalischer Natur.

In beiden Staaten gibt es jedoch neben der regulären GmbH eine gründungsprivilegierte Gesellschaft mit vereinfachten Voraussetzungen.

1) Österreich

Österreich hat durch eine „Reform der Reform" das Mindestkapitalerfordernis für die reguläre GmbH nach kurzer Absenkung auf 10.000 Euro wieder auf 35.000 Euro angehoben.[1420] Österreich hielt somit am traditionellen Verständnis zum Mindestkapital fest. Gleichwohl sind fiskalische Beweggründe nicht zu leugnen: In Rahmen der kurzen Herabsetzung des Mindestkapitals erfuhr der Fiskus erhebliche Rückgänge bei der Mindestkörperschaftssteuer, da sich diese nach der Höhe des Mindestkapitals bemisst. Um dem entgegenzutreten, wurde das Mindestkapital innerhalb eines Jahres wieder erhöht. Allein bei der gründungsprivilegierten GmbH erlaubt Österreich eine gründungsprivilegierte Stammeinlage von 10.000 Euro.

2) Ungarn

Auch *Ungarn* hob das Mindestkapital der Kft. mit der jüngsten Reform 2014 wieder an: Das im Jahre 2007 von 3 Mio. HUF (ca. 9.600 Euro) auf 500.000 HUF (ca. 1.600 Euro) gesenkte Mindestkapital wurde zum 15.3.2014 wieder auf 3 Mio. HUF erhöht.[1421] In der Gesetzesbegründung heißt es hierzu, dass das niedrige Mindestkapital nicht ausgereicht habe, die Gläubigerinteressen hinreichend zu wahren und potentielle Gesellschafter davon abhalte, der Gesellschaft ein angemessenes Startkapital zur Verfügung zu stellen.[1422] Die bestehenden Gesellschaften mit einem geringeren Stammkapital sind gezwungen, dieses binnen eines Jahres auf 3 Mio. HUF zu erhöhen. Obwohl das neue ungarische Recht

---

1420 § 6 Abs. 1 S. 2 öGmbHG.

1421 3: § 161 Abs. 4 uBGB. Übergangsbestimmungen für Gesellschaften, die noch vor Inkrafttreten der Reform mit einem geringerem Stammkapital als 3 Mio. HUF gegründet worden sind oder sich im Gründungsstadium befinden, werden gesondert festgelegt (vgl. 8: § 5 uBGB).

1422 Begründung zum Gesetzesvorschlag, S. 428 (übersetzt bei *Baumann*, GmbHR 2014, 23, 24).

konzeptionell dem Grundsatz der Dispositivität folgt, ist das Mindestkapitalerfordernis zwingender Natur.[1423]

Ob die Erhöhung des Mindestkapitals ein sinnvoller Schritt ist, bleibt abzuwarten. Erhebungen ergaben, dass vor dessen Herabsenkung im Jahr 2007 im Gegensatz zu den meisten europäischen Rechtsordnungen nicht die GmbH, sondern die Kommanditgesellschaft (*Betéti Társaság – Bt.*) die am häufigsten genutzte Gesellschaftsform in Ungarn war, da das Mindestkapital von 3 Mio. HUF für viele Existenzgründer eine zu hohe Hürde darstellte.[1424] Mit der Absenkung des Mindestkapitals erfolgte ein starker Anstieg von GmbH-Gründungen.[1425] Mit der Wiedererhöhung des Mindestkapitals ist davon auszugehen, dass die Anzahl der Unternehmensneugründungen rückläufig wird. Alternativ könnten die Gründer auch auf andere, ausländische Rechtsformen zurückgreifen.

Zur Verhinderung einer möglichen Flucht in eine ausländische Gesellschaftsform und zur Privilegierung kapitalschwacher Gründer stellt Ungarn allerdings seit März 2014 die „kleine Kft." zur Verfügung, bei der das Mindestkapital bei Gründung noch nicht aufgebracht sein muss. In der kleinen Kft. besteht jedoch ein Gewinnausschüttungsverbot[1426], eine gesamtschuldnerische Haftung der Gesellschafter[1427] und ein Verbot der Abtretung der Gesellschafteranteile[1428] bis zur vollständigen Erbringung des Stammkapitals.

d) Zwischenergebnis

Die aufgezeigten mitgliedstaatlichen Reformen zum Mindestkapital belegen die vielfältige Ausgestaltung allein zur Mindestkapitalziffer. Insbesondere diejenigen Staaten, die einem traditionellen Kapitalverständnis folgen, haben Subformen

---

1423 *Baumann*, GmbHR 2014, 23, 24; *Dziuba*, in: Schubel/Kirste/Müller-Graff/Diggelman/Hufeld (Hrsg.), S. 209, 232. Die grundsätzliche Dispositivität festlegend 3: § 4 Abs. 2 uBGB.

1424 *Schubel*, StudZR 2005, 165, 168; *Dziuba*, in: Schubel/Kirste/Müller-Graff/Diggelman/Hufeld (Hrsg.), S. 209, 234 f.

1425 Zum Stichtag 30.6.2015 wurden dabei 404.956 GmbHs gezählt, was einem Anteil von 72 % an ungarischen registrierten Gesellschaften entspricht, vgl. *Braner*, Ungarn, in: Süß/Wachter (Hrsg.), Handbuch des internationalen GmbH-Rechts, 3. Aufl. 2016, Rn. 4.

1426 3:§ 162 Abs. 1 uBGB, übersetzt bei *Dziuba*, in: Schubel/Kirste/Müller-Graff/Diggelman/Hufeld (Hrsg.), S. 209, 233 f.

1427 3:§ 162 Abs. 2 uBGB.

1428 3:§ 167 Abs. 1 uBGB, hierzu *Baumann*, GmbHR 2014, 23, 125. Für die Übertragung von Gesellschaftsanteilen an Mitgesellschafter gilt dagegen keine Einschränkung.

ihrer nationalen GmbH ohne beziehungsweise mit reduzierten Mindestkapital eingeführt. Dies bedeutet, dass es für die reguläre GmbH ein Mindestkapital gibt, während ein solches für die Subform abgeschafft wurde. In der Europäischen Union ist es mittlerweile in der Mehrheit der Staaten möglich, eine haftungsbeschränkte Gesellschaft mit einem Kapital von 1 Euro oder darunter zu gründen.[1429] Die Subformen unterliegen jedoch speziellen Voraussetzungen. So gibt es Vorschriften zur Rücklagenbildung (etwa in Deutschland und Italien) oder eine Beschränkung der Gründung auf natürliche Personen (so etwa in Belgien). Obgleich Österreich und Ungarn in jüngster Zeit eine Erhöhung der Mindestkapitalziffer vornahmen, ist in der Gesamtbetrachtung doch eine Entwicklung in Richtung einer Absenkung oder einer vollständigen Abschaffung des Mindestkapitals festzustellen.

2. *Rücklagenbildung*

Eine prominente Vorlage zur gesetzlichen Rücklagenbildung hat *Deutschland* mit der Regelung des § 5a Abs. 3 GmbHG für die Unternehmergesellschaft (haftungsbeschränkt) geschaffen. Danach ist in der Bilanz eine gesetzliche Rücklage von 25 % des um einen Verlustvortrag aus dem Vorjahr geminderten Jahresüberschusses einzustellen. Die Rücklage darf nur für die in § 5a Abs. 3 S. 2 GmbHG genannten Zwecke verwendet werden.[1430] Eine Höchstgrenze für die Rücklagen besteht nicht.[1431] Die Pflicht zur Rücklagenbildung entfällt, sobald das Mindestkapital den Betrag von 25.000 Euro erreicht. Der Gesetzgeber wollte damit sicherstellen, dass die Gesellschaften, die möglicherweise mit einem nur sehr geringem Stammkapital gegründet worden sind, durch Thesaurierung innerhalb weniger Jahre eine höhere Eigenkapitalausstattung erreichen und mit diesem „Sprungbrett" zu einer regulären GmbH aufsteigen können.[1432] Durch die Schaffung einer Ansammelrücklage soll die anfänglich fehlende Kapitalausstattung aufgestockt werden.[1433]

Dänemark folgte dem deutschen Modell mit der Regelung in § 357b S. 1 SEL. Die Rücklage von 25 %, die bis zum Erreichen des Stammkapitals von 50.000 DKK zu bilden ist, darf jedoch im Gegensatz zu den Ausnahmebestimmungen in § 5a Abs. 3 S. 2 GmbHG nicht angetastet werden.[1434]

1429 Siehe hierzu die Tabelle im Impact Assessment (Fn. 64), S. 44.
1430 Hierzu *Holzner*, UG, S. 257 ff.; *H.-F. Müller*, ZGR 2012, 81, 85 ff.
1431 Anders hingegen im Aktienrecht, vgl. § 150 Abs. 2 AktG.
1432 Begründung. RegE MoMiG (Fn. 1393), 16/6140, S. 32.
1433 *Hennrichs*, NZG 2009, 921, 924; *Hennrichs*, NZG 2009, 1161, 1165.
1434 Vgl. auch *Neville/Sørensen*, EBOR 15 (2014), 545, 562.

Die *spanische* SLFS hat Rücklagen in Höhe von 20 % des Jahresüberschusses zu bilden, um – wie die deutsche Unternehmergesellschaft (haftungsbeschränkt) – möglichst zu einer regulären SL heranzuwachsen.[1435] Außerdem ist die Ausschüttung von Dividenden auf das Nettovermögen, maximal jedoch 60 % des Mindestkapital einer regulären SL beschränkt.[1436] Auch die Jahresvergütung der Gesellschafter und Geschäftsführer wird beschränkt auf maximal 20 % des Betriebsvermögens.[1437] Außerdem haften im Falle der Liquidation die Anteilseigner und Geschäftsführer der SLFS solidarisch für die Aufbringung des Mindestkapitalerfordernisses der regulären SL, falls das Gesellschaftsvermögen nicht ausreicht, um die Verbindlichkeiten zu begleichen.[1438] Auch die reguläre SL hat eine gesetzliche Rücklage in Höhe von 10 % des Jahresüberschusses zu bilden, bis sie 20 % des Grundkapitals erreicht hat.[1439]

Trotz Orientierung an den deutschen und belgischen Reformen, verlangte der *italienische* Gesetzgeber bei seinen Subformen der regulären SRL zunächst keine Thesaurierung. Es bestanden somit weder bei der vereinfachten SRL (SRLS) noch bei der Gesellschaft mit reduziertem Mindestkapital (SRLCR) spezifische Regelungen zur Rücklagenbildung.[1440] Bei der Reform im August 2013 wurden diese Vorschriften jedoch geändert: Seither sind bei Gesellschaften, die nicht das reguläre Mindestkapital aufweisen, Rücklagen von mindestens 20 % des jährlichen Jahresreingewinns zu bilden, bis die Rücklage ein Fünftel des Gesellschaftskapitals erreicht hat.[1441] Sollten die Rücklagen nach Erreichung von 10 % des Stammkapitals aus irgendeinem Grund wieder zurückgegangen sein, sind diese wieder aufzufüllen.[1442]

Auch *Belgien* nahm die deutsche Lösung zum Vorbild und verlangt bei der SPRL-Starter eine gesetzliche Rücklagenbildung in Höhe von 25 % des Nettogewinns. Diese Regelung besteht, bis die Gesellschaft das Mindestkapital einer regulären belgischen GmbH in Höhe von 18.550 Euro erreicht hat.[1443] Für die reguläre SPRL besteht eine gesetzliche Pflicht zur Rücklagenbildung in Höhe von

1435 Art. 4 bis Abs. 1 lit. a Ley de Sociedades de Capital.
1436 Art. 4 bis Abs. 1 lit. b Ley de Sociedades de Capital.
1437 Art. 4 bis Abs. 1 lit. c Ley de Sociedades de Capital.
1438 Art. 4 bis Abs. 2 Ley de Sociedades de Capital.
1439 Art. 274 Abs. 1 Ley de Sociedades de Capital.
1440 *Cian*, ZVglRWiss 114 (2015), 288, 294 f.
1441 Art. 2478bis iVm Art. 2430 Abs. 1 Codice Civile.
1442 Art. 2478bis iVm Art. 2430 Abs. 2 Codice Civile.
1443 Art. 319bis Code des Sociétés.

5 % des jährlichen Nettogewinns, bis diese eine Höhe von 10 % des Stammkapitals erreicht haben.[1444]

Nach dem *polnischen* Reformentwurf aus dem Jahr 2013 sollen alle GmbHs, unabhängig davon, ob sie sich für die traditionelle Sp z. o.o. mit Mindestkapital oder die Sp z o.o.[bis] ohne Mindestkapital entscheiden, 10 % des Jahresgewinns, mindestens jedoch 50.000 PLN (ca. 12.000 Euro) als Rücklage festsetzen.[1445]

Selbst Staaten ohne gesetzliches Mindestkapital setzen auf die Erlangung eines gewissen Kapitalstocks durch Rücklagenbildung. So sind in *Frankreich* 5 % des Jahresüberschusses abzüglich früherer Verluste als Rücklage zu bilden, bis die Summe der Rücklage 10 % des Stammkapitals beträgt.[1446] Damit soll ein gewisser Kapitalpuffer geschaffen werden.

3. *Höchstkapital*

Die Festlegung eines Höchstkapitals für eine Rechtsform scheint dem Ziel der Stärkung der Wirtschaft entgegenzustehen. Kapitalhöchstgrenzen für reguläre Gesellschaftsformen sind daher eine Seltenheit. Allein in Frankreich gibt es bei der vereinfachten Aktiengesellschaft (SAS) ein Höchstkapital von 1.000.000 Euro.[1447]

Insbesondere die vereinfachten nationalen GmbH-Formen sehen jedoch häufig eine Begrenzung der Kapitalhöhe vor: Das Privileg einer Gründung ohne Mindestkapital soll nur Existenzgründern zuteilwerden. Wird im Laufe der ersten Geschäftsjahre der Mindestkapitalsockel der regulären GmbH erreicht, gelten die Sondervorschriften nicht mehr. Es finden vielmehr die allgemeinen Vorschriften für die GmbH Anwendung. Hauptsächlich sind es daher die Subformen, die eine Kapitalhöchstgrenze vorsehen:

So hat in *Deutschland* das Stammkapital bei der UG (haftungsbeschränkt) unter 25.000 Euro zu liegen. Später kann das Kapital aber auch auf 25.000 Euro und mehr erhöht werden.[1448] Obgleich die Gesellschaft bei Erhöhung des

1444 Art. 319 Code des Sociétés.

1445 *Opalski/Oplustil*, in: Viera González/Teichmann (Hrsg.), Private company law reform in Europe, S. 443, 459.

1446 Art. L-232-10 Code de commerce.

1447 Hierzu *Schultze*, IStR 2005, 730, 734. Die SAS gehört zwar grundsätzlich dem Typus der Aktiengesellschaft an. Sie weist jedoch ähnliche Eigenschaften wie die nationale GmbH auf und kann insofern in die Betrachtung mit einbezogen werden.

1448 Etwa durch Auflösung der gesetzlichen Rücklage nach § 5a Abs. 5 GmbHG oder durch eine Barkapitalerhöhung nach §§ 55 ff. GmbHG. Die Erhöhung des Kapitals durch eine Sacheinlage ist dagegen ausgeschlossen (BGH ZIP 2011, 955).

Stammkapitals auf mindestens 25.000 Euro ihren Rechtsformzusatz „Unternehmergesellschaft (haftungsbeschränkt)“ oder „UG (haftungsbeschränkt)“ beibehalten darf, gelten die besonderen Bestimmungen des § 5a Abs. 2–4 GmbHG in diesem Fall nicht mehr.[1449]

In *Italien* gibt es bei der società semplificata a responsabilità limitata (SRLS) die Verpflichtung, dass das Stammkapital höchstens 9.999, 99 Euro betragen bedarf.[1450]

In *Spanien* darf die Sociedades en régimen de formación sucesiva (SLFS) nur verwendet werden, wenn das Kapital unter dem Mindestkapitalerfordernis der regulären SRL liegt, also unter 3.000 Euro. Bei der spanischen Blitz-GmbH ist das Kapital auf maximal 120.000 Euro begrenzt.[1451]

Belgien setzt die Grenze für die Nutzung der SPRL-Starter bei 18.499, 99 Euro.[1452]

Insgesamt ist somit festzuhalten, dass diejenigen Mitgliedstaaten, die eine Subform zur Förderung von Existenzgründern eingeführt haben, die Rechtsform als Sprungbrett in reguläre private Kapitalgesellschaftsrechtsform konstruiert haben, deren Regelungen keine Anwendungen mehr finden, sobald das reguläre Mindestkapital erreicht ist. Bei der regulären nationalen GmbH existieren dagegen faktisch keine Kapitalobergrenzen.

4. *Geschäftsbrieftransparenz*

a) *Keine Harmonisierung durch die Publizitätsrichtlinie*

Die Angabe des Stammkapitals auf den Geschäftskorrespondenzen wurde bereits im Rahmen der Vorarbeiten zur Publizitätsrichtlinie in den 1960er Jahren behandelt. Der damalige Kommissionsentwurf, der sich an einer Regelung des französischen Rechts orientierte[1453], sah hierbei eine zwingende Nennung der Kapitalziffer auf den Briefen und Bestellscheinen vor.[1454] Auf Grund der breiten

1449 § 5a Abs. 5 HS 2 GmbHG. Die Beibehaltung des Rechtsformzusatzes als „irreführend“ bezeichnend *Wachter*, in: Römermann, Münchener Anwaltshandbuch GmbH-Recht, 3. Aufl. 2014, § 4 Rn. 148.

1450 Art. 2463bis Abs. 2 Nr. 3 Codice civile.

1451 Art. 443 Nr. 1 Ley de Sociedades de Capital. Bis 2011 galt noch die ungerade Summe von 120.202 Euro, die aus der exaten Umrechnung von Peseten in Euro resultierte.

1452 Art. 214 § 2 Code des Sociétés.

1453 Art. 28 (für die französische GmbH) und Art. 56 Abs. 1 (für die französische Aktiengesellschaft) des Décret n°67-236 v. 23.3.1967 sur les sociétés commerciales.

1454 Siehe Art. 5 UAbs. 2 des Vorschlags für eine Richtlinie des Rates zur Koordinierung der Schutzbestimmungen, die in den Mitgliedstaaten den Gesellschaften im Sinne des Artikels 58 Absatz 2 im Interesse der Gesellschafter sowie Dritter vorgeschrieben

Kritik aus Deutschland wurde diese Offenlegungspflicht jedoch wieder verworfen. Die politischen Gremien und Verbände sahen hierin keine Garantie für den Kapitalumfang und damit nur eine sehr geringe Aussagekraft für die Gläubiger. Es wurde eher befürchtet, dass Gläubiger über die Liquidität der Gesellschaft getäuscht werden könnten. Überdies wäre der Offenlegungszwang gerade für Gesellschaften im Investmentbereich, die häufig ihre Kapitalziffer ändern, mit hohem bürokratischen Aufwand verbunden.[1455]

Auf die zwingende Angabe der Kapitalziffer wurde in der verabschiedeten Fassung sodann verzichtet. Allein für den Fall, dass die Gesellschaft das Kapital aus nationalem Zwang oder freiwillig auf den Geschäftskorrespondenzen angibt, hat die Gesellschaft das gezeichnete und eingezahlte Kapital aufzuführen.[1456] In der Konsequenz divergieren die mitgliedstaatlichen Regelungen zur Offenlegung der Kapitalziffer:

b) Zwingende Offenlegung der Kapitalziffer

In einigen Mitgliedstaaten ist die Offenlegung der Kapitalziffer auf der Geschäftskorrespondenz dagegen seit Jahrzehnten eingängige Praxis.[1457] So ist in *Italien* für alle Rechtsformen das Gesellschaftskapital in der Höhe anzugeben, welche tatsächlich einbezahlt wurde und aus der letzten Bilanz hervorgeht.[1458] Auch in *Frankreich* muss auf den Geschäftsbriefen unter anderem die Höhe des Stammkapitals aufgeführt werden.[1459] Das Gleiche gilt für *Polen*.[1460]

---

sind, um diese Bestimmungen gleichwertig zu gestalten v. 21.12.1964, AblEG v. 27.11.1964, S. 3245.

1455 Eingehend zur damaligen Kritik *Einmahl*, AG 1969, 131, 134.

1456 Art. 26 UAbs. 2 der Gesellschaftsrechtsrichtlinie.

1457 *Omlor*, NZG 2014, 1137, 1140; *J. Schmidt*, in Lutter/Koch (Hrsg.), SUP, S. 1, 10.

1458 Art. 2250 Abs. 2 Codice Civile. Vgl. *Fasciani*, Italien, in: Süß/Wachter (Hrsg.), Handbuch des internationalen GmbH-Rechts, 3. Aufl. 2016, Rn. 175; *Kindler*, Italienisches Handels- und Wirtschaftsrecht, § 4 Rn. 31.

1459 Art. L-223 Abs. 1 iVm Art. R-123-238 Nr. 3 Code de commerce. Zu weiteren Angaben siehe *Döbereiner*, Frankreich, in: Süß/Wachter (Hrsg.), Handbuch des internationalen GmbH-Rechts, 3. Aufl. 2016, Rn. 155.

1460 Art. 206 § 1 Nr. 4 KSH; vgl. *Bogen*/Siekierzyński, Polen, in: Süß/Wachter (Hrsg.), Handbuch des internationalen GmbH-Rechts, 3. Aufl. 2016, Rn. 141.

c) *Fakultative Offenlegung der Kapitalziffer*

In *Deutschland* und *Österreich* ist die Angabe des Stammkapitals rein fakultativ. Werden hierzu Angaben gemacht, muss das Stammkapital sowie der Gesamtbetrag der im Zweifel noch ausstehenden Einlagen angegeben werden.[1461]

In Deutschland war zwar in den Entwürfen[1462] im Vorfeld des MoMiG vorgesehen, dass als Korrelat der Absenkung des Mindestkapitals der GmbH auf 10.000 Euro auf allen Geschäftsbriefen das Stammkapital offengelegt werden sollte. Die gesetzgeberische Intention war dabei, dass aufgrund des Offenlegungszwangs ein ökonomischer Anreiz und erzieherischer Druck bestehe, für eine entsprechend hohe Kapitalausstattung zu sorgen, um so Vertrauen auf dem Markt zu erlangen.[1463] *Priester* sah hierin keinen ausreichenden Gläubigerschutz und prognostizierte einen erheblichen Anstieg der Haftungsfälle wegen Unterkapitalisierung.[1464] Auch die diversen Stellungnahmen der Berufsverbände bezweifelten den gläubigerschützenden Mehrwert und das Ziel des Bürokratieabbaus. Insbesondere sei die ständige Anpassung der Nennziffer auf den Geschäftsbriefen bei Änderung des Stammkapitals aufwendig und schwer kontrollierbar.[1465]

5. *Kapitalaufbringung*

Von der Frage des Mindestkapitals ist die der Kapitalaufbringung zu unterscheiden. Wenngleich die Kapitalaufbringung begrifflich viel weiter gefasst ist und auch Agios, verdeckte Sacheinlagen und das Hin-und-Herzahlen erfasst[1466], soll

---

1461 So die Umsetzung von Art. 26 UAbs. 2 der Gesellschaftsrechtsrichtlinie in Art. § 35a Abs. 1 S. 2 GmbHG; zur österreichischen Regelung siehe Art. 14 Abs. 2 Unternehmensgesetzbuch (UGB).

1462 Zum einen der Entwurf eines "Gesetzes zur Bekämpfung von Missbräuchen, zur Neuregelung der Kapitalaufbringung und zur Förderung, der Transparenz im GmbH-Recht (MiKaTraG)" v. 30.11.2004 (nicht veröffentlicht), zum anderen der Referenten-Entwurf eines "Gesetzes zur Neuregelung des Mindestkapitals der GmbH (MindestKapG)" v. 29.4.2005. Hierzu *Priester*, DB 2005, 1315, 1318 f.

1463 Vgl. *Seibert*, BB 2005, 1061, 1062.

1464 *Priester*, DB 2005, 1315, 1319.

1465 Vgl. die Stellungnahme des Deutschen Notarvereins (DNotV) v. 17.5.2005, S. 2; Stellungnahme des Steuerberaterverbandes (DStV) v. 13.5.2005, S. 2; zurückhaltend auch die Stellungnahme durch den Handelsrechtsausschuss des Deutschen Anwaltvereins Nr. 32/05, S. 4 (die Stellungnahmen finden sich unter http://www.bundesgerichtshof.de/DE/Bibliothek/GesMat/gesmat_node.html; zuletzt abgerufen am 05.01.2019).

1466 Zur Kapitalaufbringung in der GmbH nach dem MoMiG siehe etwa *A. Steiner*, BWNotZ 2009, 193 ff. Monographisch *Körber*, Kapitalaufbringung.

die folgende Darstellung auf Art und Höhe der Kapitalaufbringung beschränkt werden. Auf letztere richten sich auch die Harmonisierungsbestrebungen der Europäischen Union. Eine Harmonisierung der Kapitalaufbringung im weiteren Sinne ist dagegen nicht vorgesehen.

Bereits im Rahmen der SPE-Vorschläge wurde die Kapitalaufbringung immer wieder modifiziert.[1467] Dies ist auf die zahlreich divergierenden mitgliedstaatlichen Regelungen zur Kapitalaufbringung zurückzuführen. Belegen soll dies der nachfolgende Länderbericht zur Normierung der Art und Höhe der Kapitalaufbringung.

a) *Art der Kapitalaufbringung*

Die Art der Kapitalaufbringung regelt, in welcher Form das Stammkapital bei Gründung der Gesellschaft zur Verfügung steht. Hier erlauben einige Mitgliedstaaten Bar- und Sacheinlagen (*unter 1)*), andere lassen darüber hinaus auch Dienstleistungen oder sonstige Einlagenarten zu (*unter 2)*). Eine dritte Gruppe beschränkt die Kapitalaufbringung allein auf Bareinlagen (*unter 3)*).

1) Bar- und Sacheinlagen

Bei der *deutschen GmbH* wird traditionell zwischen Bar- und Sacheinlage unterschieden.[1468] Die Bareinlage wird auch als Geldeinlage bezeichnet. Auch die Verbindung von Geld- und Sachleistungen auf eine Stammeinlage ist möglich (sog. Mischeinlage[1469]). Die Vorschriften zur Sacheinlage werden dann bezüglich des Teils der Einlage, der eine Sacheinlage darstellt, sinngemäß angewandt. Gleiches gilt bei der *österreichischen GmbH.*[1470]

Bei der *belgischen SPRL* gibt es Bar- und Sacheinlagen. Eine Besonderheit ist, dass die aus der Kapital-Richtlinie wurzelnde Regelung zur Nachgründung auch für die SPRL übernommen wurde – die sogenannte Quasi-Einlagen *(quasi-apports).*[1471] Dabei handelt es sich um die Bareinlage eines Gründungsgesellschafters, Geschäftsführer oder Gesellschafter, mit der die SPRL binnen zwei Jahren nach der Gründung eine Sache erwirbt, welche im Eigentum dieses

1467 Ausführliche Analysen zur Kapitalaufbringung in den SPE-Verordnungsentwürfen finden sich bei *Jung*, DStR (2009), 1700; *Maschke*, Gläubigerschutz in der SPE, S. 76 ff.; *Pfennig*, Gläubigerschutz bei der EPG, S. 59 ff.

1468 Ausführlich zur Trennung von Geld- und Sacheinlagen *Körber*, Kapitalaufbringung, S. 103 ff.

1469 Vgl. *Schwandtner*, in: Münch.Komm.GmbHG, 2. Aufl. 2015, § 5 Rn. 216.

1470 § 6 öGmbHG.

1471 Art. 220 ff. Code des sociétés.

Gründungsgesellschafters, Geschäftsführers oder Gesellschafters steht. Die Quasi-Einlagen sind an strenge Voraussetzungen geknüpft und verlangen neben einem Werthaltigkeitsbericht des Wirtschaftsprüfers, dass der Gegenwert der Leistung mindestens 10 % des Stammkapitals beträgt.[1472] Es handelt sich bei der Quasi-Einlage dogmatisch jedoch nicht um eine Einlage, sondern vielmehr um einen Erwerbsvorgang nach Eintragung der Gesellschaft.

Bei der *dänischen ApS* sind Bar- und Sacheinlagen zulässig. Letztere sind vollständig zu erbringen, müssen einen wirtschaftlichen Wert haben und dürfen keine Verpflichtung zur Arbeits- oder Dienstleistung sein.[1473] Sie sind von zugelassenen, unabhängigen Sachverständigen zu bewerten und in einen Bewertungsbericht zu fassen.[1474]

Eine vergleichbare Regelung findet sich auch bei der *spanischen SL*. Bei Sacheinlagen[1475] ist ein Sachgründungsbericht durch externe Prüfer allerdings nicht vorgeschrieben, es genügt die Benennung des Wertes und der damit verbundenen zugeteilten Anteile. Die Gesellschafter trifft eine gesamtschuldnerische Haftung für die angegebene Werthaltigkeit der Sacheinlagen gegenüber der Gesellschaft und den Gesellschaftsgläubigern.[1476] Auch Forderungen als Sacheinlage sind zulässig.

In der *regulären polnischen Sp. z o. o.* werden Arbeits- und Dienstleistungen sowie unveräußerliche Rechte explizit verboten.[1477] Zulässig sind auch hier nur Bar- und Sacheinlagen. Gleiches gilt für die *ungarische Kft.*, die *niederländische BV*, die *griechische EPE* und die *portugiesische Sociedade por Quotas*.[1478]

1472 Art. 220, 222 Code des sociétés.

1473 § 35 Abs. 1 lov om aktie og anpartsselskaber selskabsloven (SEL).

1474 §§ 35, 36 SEL.

1475 Vgl. Art. 63 ff. Ley de Sociedades de Capital.

1476 Art. 73 Abs. 1 Ley de Sociedades de Capital. Diese Haftung besteht fünf Jahre ab Erbringung der Sacheinlage (Art. 75 LSC). Zur Erbringung von Sacheinlagen vgl. auch *Lozano/Hilgers/Löber*, Spanien, in: Süß/Wachter (Hrsg.), Handbuch des internationalen GmbH-Rechts, 3. Aufl. 2016, Rn. 88 ff.

1477 Art. 14 § 1 KSH, vgl. auch *Brockhuis*, in: Breidenbach (Hrsg.), Hdb Wirtschaft und Recht in Osteuropa, Rn. 51.

1478 Für Ungarn vgl. *Küpper*, WiRO 2014, 266, 268; für die Niederlande: Art. 2: 191b Abs. 1 Burgerlijk Wetboek Boek 2 (vgl. *Rademakers/de Vries*, Niederlande, in: Süß/Wachter (Hrsg.), Handbuch des internationalen GmbH-Rechts, 3. Aufl. 2016, Rn. 70); für Griechenland *Ziouvas*, Griechenland, in: Süß/Wachter (Hrsg.), Handbuch des internationalen GmbH-Rechts, 3. Aufl. 2016, Rn. 63.; für Portugal: Art. 202 Abs. 1 Código das Sociedades Comerciais.

2) Bar- und Sacheinlagen sowie Dienstleistungen

(a) Italien

Bei der *regulären italienischen SRL*, die mit einem Stammkapital von 10.000 Euro oder darüber gegründet werden, können alle Bestandteile der Aktiva, die einer wirtschaftlichen Wertbestimmung fähig sind, eingebracht werden.[1479] Neben der Einlage in Geld ist auch der Abschluss einer Versicherungspolice oder einer Bankbürgschaft zulässig.[1480] Sacheinlagen und Forderungen sind vollständig zu erbringen und unterstehen einer besonderen Wertprüfung, die seitens eines in einem eigenen Register eingetragenen Wirtschaftsprüfers vorzunehmen ist.[1481] Auch Arbeits- und Dienstleistungen können als Einlage erbracht werden. In diesem Fall ist jedoch die Sicherung der diesen zugeschriebenen Werte durch eine Versicherungspolice oder Bürgschaft erforderlich.[1482] Für die Subformen der SRLS und SRLCR bestehen keine Sonderregelungen.[1483]

(b) Frankreich

Neben Bar- und Sacheinlagen können in Frankreich auch Dienstleistungen eingebracht werden (sog. *apports en industrie*), worunter etwa technisches Wissen, Fachkenntnisse oder Arbeitskraft fallen. Die konkrete Ausgestaltung ist im Gesellschaftsvertrag festzulegen.[1484] Mit der Einbringung von Dienstleistungen sollen insbesondere kapitalschwächere Gesellschafter, die jedoch über betrieblich relevantes Know-How verfügen, gestärkt werden und auf die Stufe von Gesellschaftern rücken, welche traditionelle Bar- und Sacheinlagen erbringen.[1485] Als gleichberechtigter Gesellschafter besteht ein Anspruch auf Gewinnbeteiligung und das Recht zur Teilnahme an der Gesellschafterversammlung.[1486] Zum Schutz der Gläubiger dürfen Dienstleistungen jedoch nicht auf das Stammkapital angerechnet werden.[1487]

1479 Art. 2464 Abs. 2 Codice Civile.

1480 Art. 2464 Abs. 4 S. 2 Codice Civile.

1481 Art. 2464 Abs. 5 S. 1, Art. 2465 Codice Civile.

1482 Art. 2464 Abs. 6 Codice Civile.

1483 *Cian*, ZVglRWiss 114 (2015), 288, 295 f.

1484 Art. L-223-7 Abs. 2 Code de commerce. In Deutschland sind Dienstleistungen analog § 27 Abs. 2 HS 2 AktG mangels Feststellbarkeit des wirtschaftlichen Wertes nicht einlagefähig (vgl. hierzu nur BGH ZIP 2004, 1046).

1485 *Peifer*, GmbHR 2007, 1208, 1210.

1486 *Döbereiner*, Frankreich, in: Süß/Wachter (Hrsg.), Handbuch des internationalen GmbH-Rechts, 3. Aufl. 2016, Rn. 53.

1487 Art. 1843-2 Abs. 2 Code civil. Vgl. auch *Peifer*, GmbHR 2007, 1208, 1210; *Peifer*, GmbHR 2009, 1145, 1146.

(c) Griechenland

Während bei der *EPE*, der regulären *griechischen* GmbH, nur Bar- und Sacheinlagen möglich sind, wurden mit der neu geschaffen privaten Kapitalgesellschaftsform *IKE* zwei weitere Arten der Kapitalaufbringung eingeführt: Die „Nicht-Kapital-Einlagen" und die „Garantieeinlagen".[1488]

Die „Nicht-Kapital-Einlagen" werden negativ definiert als Leistungen, die keinen Gegenstand von Bareinlagen darstellen dürfen.[1489] Als Beispiel werden hier Arbeits- beziehungsweise Dienstleistungen genannt, die in der Satzung näher zu erläutern sind und für eine bestimmte oder unbestimmte Zeit zur Verfügung gestellt werden müssen.[1490] Das griechische Schrifttum sieht auch Bürgschaftsversprechen über die Gesellschaftsschulden, Zusagen über Kredit-/Darlehensgewährungen sowie Leistungen unter Auflage als Nicht-Kapital-Einlagen an.[1491]

Die Garantieeinlagen stellen die bedeutendere Neuerung bei der Kapitalaufbringung dar. Bei diesen handelt es sich um Einlagen, die in der Haftungsübernahme für die Gesellschaftsverbindlichkeiten gegenüber Dritten bis zu der in der Satzung festgelegten Höhe bestehen. Die Garantieeinlagen sind jedoch nicht mit der Bürgschaft gleichzustellen.[1492] Der Gesellschafter hat eine Erklärung abzugeben, dass er oder sie jederzeit in der Lage sein und alle erforderlichen Anstrengungen tätigen wird, die Schulden bis zu der in der Satzung festgelegten Summe zu begleichen.[1493] Die Schulden umfassen dabei sämtliche Verbindlichkeiten der Gesellschaft einschließlich der Zinsen und sonstigen Belastungen.[1494] Für die Gläubiger der Gesellschaft bedeutet dies, dass sie ihre Ansprüche direkt an die Gesellschafter richten können. Die Gesellschafter, welche Garantieeinlagen erbracht haben, haften gegenüber den Dritten solidarisch.[1495] Ein interner Regressanspruch der Gesellschafter gegenüber der Gesellschaft ist ausgeschlossen.[1496] Im Falle des Austritts beziehungsweise Ausschlusses des Gesellschafters, der seine Garantieeinlage noch nicht vollständig erbracht hat, haftet dieser für

---

1488 Hierzu *Papadimopoulos/Fink*, RIW 2013, 745, 751; *Papadimopoulos*, RIW 2014, 344, 349 f.; *Tzakas*, GmbHR 2014, 243, 245 f.

1489 Art. 78 Abs. 1 S. 1 des Gesetzes 4072/2012 (übersetzt in englische Sprache von *Perakis*).

1490 Art. 78 Abs. 1 S. 2 des Gesetzes 4072/2012.

1491 *Tzakas*, GmbHR 2014, 243, 245 mwN.

1492 *Tzakas*, GmbHR 2014, 243, 245.

1493 Art. 79 Abs. 1 des Gesetzes 4072/2012.

1494 Art. 79 Abs. 2 S. 1 des Gesetzes 4072/2012.

1495 Art. 79 Abs. 3 S. 4 des Gesetzes 4072/2012.

1496 Art. 79 Abs. 5 des Gesetzes 4072/2012.

die bis dahin begründeten Verbindlichkeiten sowie für solche, die bis zum Ablauf von drei Jahren nach dessen Ausscheiden fällig waren.[1497] Mit der Garantieeinlage nutzt der griechische Gesetzgeber somit ein Merkmal, das eigentlich für Personengesellschaften typisch ist: Der Gesellschafter, der eine Garantieeinlage erbringt, haftet persönlich bis zu der in der Satzung festgelegten Höhe und kann direkt von den Gläubigern verklagt werden. Außerdem trifft ihn für den Zeitraum von drei Jahren eine Nachhaftung, wenn er seine Gesellschaftsschuld bei seinem Ausscheiden noch nicht erbracht hat. Die persönliche Haftung ist jedoch auf den in der Satzung begrenzten Betrag beschränkt, so dass der Grundcharakter der Haftungsbeschränkung im Kapitalgesellschaftsrecht bewahrt bleibt.

3) Reine Bareinlagen

In den Subformen der nationalen GmbHs sind häufig nur Bareinlagen zulässig. Eine solche Regel findet sich etwa bei der deutschen Unternehmergesellschaft (haftungsbeschränkt).[1498] Der Gesetzgeber begründet das Verbot von Sacheinlagen damit, dass jede GmbH nach der Gründung gewisse Barmittel für die Anfangsphase benötigt. Da das Stammkapital von den Gründern frei gewählt werden könne, müsse dieses dann auch bar einbezahlt werden. Sacheinlagen seien nicht erforderlich und daher nicht zulässig.[1499] Im Schrifttum wird der Grund mehrheitlich darin gesehen, dass die freie Wahl des Stammkapitals Sacheinlagen entbehrlich mache und durch die reine Bargründung ein vereinfachteres Verfahren festgeschrieben werde.[1500]

Die Beschränkung auf Bareinlagen wurde auch bei der *dänischen IVS* übernommen.[1501]

Seit August 2013 kann das Mindestkapital der *regulären italienischen SRL* auch weniger als 10.000 Euro betragen.[1502] In diesem Fall ist das Stammkapital vollständig in bar aufzubringen.[1503] Gleiches gilt für die *SRLS* (und ursprünglich

---

1497 Art. 79 Abs. 6 des Gesetzes 4072/2012.

1498 § 5a Abs. 2 S. 2 GmbHG.

1499 Begr. RegE MoMiG, BT-Drs. 16/6140 (Fn. 1393), S. 32. Kritisch *Hennrichs*, NZG 2009, 1161, 1162; *Körber*, Kapitalaufbringung, S. 187; *Miras*, in: Michalski, GmbHG, 2.Aufl. 2010, § 5a Rn. 36.

1500 *Hennrichs*, NZG 2009, 1161, 1162; *Körber*, Kapitalaufbringung, S. 188 f.; *Kleindiek*, in: Lutter/Hommelhoff, GmbHG, 19. Aufl. 2016, § 5a Rn. 21; *Roth*, in: Roth/Altmeppen, GmbHG, 8. Aufl. 2015, § 5a Rn. 18.

1501 § 357a Abs. 2 S. 2 lov om aktie og anpartsselskaber selskabsloven (SEL).

1502 Art. 2463 Abs. 2 Nr. 4 Codice Civile.

1503 Art. 2463 Abs. 4 S. 2 Codice Civile.

auch bei der *società a responsabilità limitata a capitale ridotto*). Auch bei dieser können nur Bareinlagen erbracht werden, die vollständig an den Geschäftsführer zu überweisen sind.[1504]

Wird die *polnische* GmbH im vereinfachten Registrierungsverfahren nach § 157[1] KSH gegründet (*„spółka 24"*), dürfen nur Bareinlagen eingebracht werden. Die Deckung des Stammkapitals hat innerhalb von sieben Tagen nach der Eintragung in das Handelsregister zu erfolgen.[1505] Sacheinlagen sind ausgeschlossen.[1506] Hintergrund ist, dass der formale Aufwand zur Prüfung von Sacheinlagen dem Sinn und Zweck der vereinfachten und beschleunigten GmbH-Gründung zuwiderlaufen würde.[1507] Der Ausschluss von Sacheinlagen gilt jedoch nur bei Gründung der Gesellschaft. Nach der Eintragung können sowohl Bar- als auch Sacheinlagen nach den allgemeinen Vorschriften eingebracht werden.[1508]

Auch in der *portugiesischen Turbo-GmbH* sind alle Kapitaleinlagen bar im Voraus zu erbringen.[1509]

Mit der *„GmbH gründungsprivilegiert"* setzte *Österreich* auf Erleichterungen bei der Kapitalaufbringung. Die gründungsprivilegierte Stammeinlage tritt dabei neben die reguläre Stammeinlage. Gründungsprivilegierte Stammeinlagen sind in Höhe von mindestens 5.000 Euro bar einzuzahlen. Sacheinlagen sind ausgeschlossen.[1510] Der Ausschluss der Sacheinlage gilt allerdings nur für den gründungsprivilegierten Teil der Stammeinlage; bei regulären Stammeinlagen können durchaus Sacheinlagen eingebracht werden.[1511] Die gründungsprivilegierte Einlage muss mindestens ein Viertel des Betrages, auf alle Fälle aber 70 Euro, betragen.[1512] Gründungsprivilegierte Stammeinlagen und reguläre Stammeinlagen müssen bei Mehrpersonengesellschaften nicht im gleichen Verhältnis stehen.[1513] Bei der gründungsprivilegierten GmbH verschiebt sich im Ergebnis

---

1504 *Kindler*, Italienisches Handels- und Wirtschaftsrecht, § 4 Rn. 233.

1505 Art. 158 § 1[1] S. 2 kodeks spółek handlowych (KSH).

1506 Art. 158 § 1[1] S. 1 KSH. Vgl. auch *Romanowski/Makowicz*, GmbHR 2012, 736, 738.

1507 *Romanowski/Makowicz*, RIW 2012, 497, 502.

1508 Art. 158 § 1[2] KSH.

1509 *Coutinho/Antunes*, in: Wegen/Spahlinger/Barth (Hrsg.), Gesellschaftsrecht des Auslands in Einzeldarstellungen, Rn. 21.

1510 § 10b Abs. 3 öGmbHG.

1511 So klarstellend *Bachner*, RdW 2014, 115, 116.

1512 § 10 Abs. 1 HS 1 öGmbHG. Ebenso *Reich-Rohrwig*, ecolex 2014, 335, 336; a.A. *Bachner*, RdW 2014, 115, 116, der den Mindestbetrag von 70 Euro im Verhältnis 3,5 herabsenken möchte und somit nur 20 Euro als Mindestbetrag in gründungsprivilegierten GmbHs ansieht.

1513 *Bachner*, RdW 2014, 115, 115 f.; *Reich-Rohrwig*, ecolex 2014, 335, 336.

lediglich die Fälligkeit der Stammeinlage auf den Zeitpunkt des Wegfalls der Gründungsprivilegierung. Dies bedeutet, dass die Gesellschaft während der Zeit der Gründungsprivilegierung nicht auf den Differenzbetrag von gründungsprivilegierter und übernommener Stammeinlage zurückgreifen kann.[1514] Mit diesem Kunstgriff sichert sich der Fiskus die Steuereinnahmen auf Basis eines Mindestkapitals von 35.000 Euro.[1515]

b) Höhe der Kapitalaufbringung

Eine für den Gründer maßgebliche Frage ist die Höhe der Kapitalaufbringung bei Errichtung der Gesellschaft. Hier ist zwischen Sacheinlagen und Bareinlagen zu differenzieren:

1) Höhe der Kapitalaufbringung bei Sacheinlagen

Sacheinlagen sind in fast allen Mitgliedstaaten grundsätzlich in voller Höhe zu erbringen.[1516] Die einzige Ausnahme hierbei bildet *Ungarn*. Bis März 2014 galten dort strenge Schutzvorschriften zu Sacheinlagen, welche vollständig aufzubringen und grundsätzlich seitens eines Wirtschaftsprüfers oder Sachverständigen (subsidiär durch eine formelle Erklärung der Gesellschafter) zu bewerten waren.[1517] Diese Regelungen wurden mit der Reform des UBGB gestrichen und stehen seither zur Disposition des Satzungsgebers. Sacheinlagen können damit auch nur teilweise erbracht werden. Die Deregulierung wurde seitens des Schrifttums begrüßt; eine Beeinträchtigung der Gläubiger- oder Gesellschafterinteressen wurde hierin nicht gesehen.[1518] Bei der Einpersonen-Kft. bleibt es jedoch bei der Regelung der vollständigen Aufbringung der Sacheinlage bei Eintragung der Gesellschaft. Eine dazu im Widerspruch stehende Bestimmung in der Satzung ist nichtig.[1519]

1514 *Büchele*, ZVglRWiss 113 (2014), 213, 218.

1515 *Reich-Rohrwig*, ecolex 2014, 335, 336.

1516 *Belgien*: Art. 223 S. 2 Nr. 2 Code des sociétés; *Dänemark*: § 35 Abs. 1 SEL; *Deutschland*: § 7 Abs. 3 GmbHG; *Frankreich*: Art. L-223-7 Abs. 1 S. 2 Code de commerce; *Italien*: Art. 2464 Abs. 5 S. 1, Art. 2465 Codice Civile; *Österreich*: § 10 Abs. 1 S. 2 HS 2 öGmbHG; *Polen*: Art. 158 iVm Art. 163 Nr. 2 kodeks spółek handlowych (KSH); *Spanien*: Art. 63 ff. Ley de Sociedades de Capital.

1517 Zuweilen §§ 114 Abs. 3, 116 Abs. 2 GWiG, übersetzt bei *Dziuba*, in: Schubel/Kirste/Müller-Graff/Diggelman/Hufeld (Hrsg.), S. 209, 235.

1518 Siehe hierzu *Dziuba*, in: Schubel/Kirste/Müller-Graff/Diggelman/Hufeld (Hrsg.), S. 209, 235 mwN.

1519 3: § 208 Abs. 1 UBGB, vgl. *Küpper*, WiRO 2014, 266, 268.

Unterschiedlich ausgestaltet ist allein die Werthaltigkeitsprüfung der Sacheinlage. Einige Mitgliedstaaten verlangen hierfür einen externen Wirtschaftsprüfer.[1520] In anderen wird die Bewertung durch die Gesellschafter oder die Geschäftsführer selbst vorgenommen.[1521] Dies bedeutet, dass bei der Erbringung von Sacheinlagen keine externe Kontrolle mehr stattfindet; die Bewertung wird vielmehr von der Gesellschaft selbst vorgenommen. Die damit gewonnene Beschleunigung des Gründungsverfahrens[1522] könnte jedoch zu Lasten der mit dem Stammkapital verbunden Haftungs- und Herkunftsgarantie gehen.

In *Frankreich* besteht eine differenzierte Regelung: Dort ist die Erstellung des Sachgründungsbericht grundsätzlich von einem Wirtschaftsprüfer durchzuführen.[1523] Auf die Bestellung eines Wirtschaftsprüfers kann jedoch durch einstimmigen Beschluss der Gründer verzichtet werden, wenn keiner der einzubringenden Vermögensgegenstände den Wert von 7.500 Euro übersteigt und der Wert der Sacheinlage nicht mehr als die Hälfte des Stammkapitals beträgt.[1524] Auf die Pflicht zur Erstellung eines Sachgründungsberichts wird damit gleichwohl nicht verzichtet.[1525] Außerdem haftet der Gesellschafter im Falle einer selbstständig durchgeführten Bewertung für einen Zeitraum von fünf Jahren gegenüber den Gesellschaftsgläubigern persönlich für deren Richtigkeit.[1526]

Auch *Griechenland* hat eine differenzierte Regelung: Dort dürfen Sacheinlagen bis zu einem Wert von 5.000 Euro im Gesellschaftsvertrag frei festgesetzt werden. Nur bei einem höheren Betrag ist eine Prüfung der Sacheinlage durch eine Sachverständigenkommission des Handelsregisters erforderlich.[1527]

1520 So in *Dänemark*: § 35 Abs. 1 lov om aktie og anpartsselskaber selskabsloven (SEL); *Italien* Art. 2464 Abs. 5 S. 1, Art. 2465 Codice Civile; für *Portugal* vgl. *Stieb*, Portugal, in: Süß/Wachter (Hrsg.), Handbuch des internationalen GmbH-Rechts, 3. Aufl. 2016, Rn. 37; Spanien: Art. 67 Ley de Sociedades de Capital.

1521 *Deutschland*: § 5 Abs. 4 GmbHG; *Niederlande*: Art. 204a Abs. 1 S. 2 und 3 Burgerlijk Wetboek Boek 2; *Polen*: Art. 158 § 1 KSH.

1522 *Zaman*, GmbHR 2012, 1062, 1063.

1523 Art. L-223-9 Abs. 1 S. 2 Code de commerce.

1524 Art. L-223-9 Abs. 2 Code de commerce.

1525 *Grimm*, Finanzverfassung der kleinen Kapitalgesellschaft, 2013, S. 131, zu den Sanktionen bei Überwertung von Sacheinlagen siehe *Grimm*, Finanzverfassung der kleinen Kapitalgesellschaft, 2013, S. 133 ff.

1526 Art. L-223-9 Abs. 4 Code de commerce.

1527 *Papadimopoulos*, RIW 2014, 344, 348.

2) Höhe der Kapitalaufbringung bei Bareinlagen

Im Falle von Bareinlagen genügt in einigen Staaten eine anteilige Einzahlung des Mindestkapitals (Teileinzahlungsgebot). Andere verlangen die vollständige Einzahlung der Einlagen bei Errichtung der Gesellschaft (Volleinzahlungsgebot). Letzteres ist insbesondere bei den nationalen Sub-GmbHs vorgesehen. Für die angestrebte Harmonisierung der Kapitalaufbringung wird es Sinn machen, sich einen Überblick über die divergierenden mitgliedstaatlichen Regelungen zur Erbringung der Bareinlage zu machen:

(a) Teileinzahlungsgebot

(1) Deutschland

Bei Anmeldung der Gesellschaft muss mindestens die Hälfte des gesetzlichen Mindeststammkapitals erbracht worden sein.[1528] Bei der Bareinlage muss mindestens ein Viertel des Nennbetrages eingezahlt werden.[1529] Sacheinlagen sind in voller Höhe zu erbringen.[1530] Seit dem MoMiG gelten diese Vorschriften auch für Einpersonen-GmbHs. Zuvor verlangte § 7 Abs. 2 S. 3 GmbHG a.F. neben der Mindesteinzahlung zusätzlich eine *Sicherung* für die noch ausstehende Einlageverpflichtung. Dies sollte einen Schutz für die Gläubiger bieten, da die Ausfallhaftung nach § 24 GmbHG bei einem Alleingesellschafter nicht anwendbar war. Eine weitere Sicherung sah § 19 Abs. 4 GmbHG a.F. vor, wenn sich innerhalb von drei Jahren nach der Eintragung alle Anteile in der Hand eines Gesellschafters vereinigten (nachträgliche Einpersonen-GmbH). Damit sollten Umgehungsversuche vermieden werden. Diese Sicherungspflichten sind durch das MoMiG ersatzlos gestrichen worden. Die Gesetzesbegründung verwies dabei darauf, dass nach Auskunft der Praxis die besonderen Sicherungen bei Einpersonengesellschaften verzichtbar seien, die GmbH-Gründung lediglich unnötig verkompliziert hätten und über das hinausgingen, was von der Richtlinie über die Einpersonen-GmbH verlangt sei.[1531] Zwar wurde eingewandt, dass die Regelungen vielmehr dazu geführt haben, dass in der Praxis der Einmann-Gesellschafter seine Einlage entweder voll eingezahlt oder über einen Strohmann die Pflicht zur Erbringung einer Sicherungsleistung umgangen hat.[1532] Nach der 12. Richtlinie sind jedoch die originäre und die nachträgliche Gründung gleichgestellt.[1533]

1528 § 7 Abs. 2 S. 2 GmbHG.
1529 § 7 Abs. 2 S. 1 GmbHG.
1530 § 7 Abs. 3 GmbHG.
1531 Begründung RegE MoMiG, BT-Drs. 16/6140 (Fn. 1393), S. 33.
1532 *Tebben*, in: Michalski, GmbHG, 2.Aufl. 2010, § 7 Rn. 37.
1533 Art. 2 Abs. 1 der Zwölften Richtlinie 2009/102/EG. Ausführlich Kapitel 3: B.I.1.a)

Die Schlechterstellung von originären Einpersonengesellschaften würde die vor der Legalisierung der Einpersonengesellschaft gängige Praxis einer Strohmann-Gründung wieder aufleben lassen, sodass dem Ziel der Richtlinie, eine haftungsbeschränkte Gesellschaft auch nur für eine Person zuzulassen, nicht Rechnung getragen würde. Aus Gründen des *effet utile* ist die Aufhebung der Sonderregeln daher zu begrüßen.[1534]

(2) Österreich

Gleich der deutschen Regelung verlangt auch der österreichische Gesetzgeber, dass jede Bareinlage mindestens zu einem Viertel, mindestens jedoch mit einem Betrag von 70 Euro, zu erbringen ist. Insgesamt müssen bei Gründung die Hälfte des Mindestkapitals, also 17.500 Euro, durch bar zu leistende Stammeinlage erbracht werden.[1535]

(3) Frankreich

Anders als in Deutschland ist in der französischen SARL lediglich ein Fünftel der Bareinlage bei Eintragung zu erbringen. Der Rest ist innerhalb von fünf Jahren nach Eintragung der Gesellschaft zu leisten.[1536] Die Bareinlagen sind bei der Caisse des dépôts et consignations, einem Notar oder einem Kreditinstitut einzuzahlen.[1537]

(4) Belgien

Artikel 216 Code des sociétés fordert die vollständige und unbedingte Einzahlung des Kapitals. Dies erscheint etwas missverständlich, denn für die Gründung genügt die Einzahlung von mindestens 6.200 Euro. Jede Bareinlage muss jedoch mindestens zu einem Fünftel erbracht werden.[1538]

1534 Ebenso *Breitenstein/Meyding*, BB 2006, 1457, 1459; *Römermann*, GmbHR 2006, 673, 675 (jeweils bereits zum Referentenentwurf des MoMiG). Mit Blick auf den Grundsatz der realen Kapitalaufbringung und den fehlenden Gläubigerschutz dagegen kritisch *Bormann*, GmbHR 2006, 1021, 1024; *Heckschen*, DStR 2009, 166, 172; *Karsten*, GmbHR 2006, 57, 60; *Körber*, Kapitalaufbringung, S. 442 f.

1535 § 6a iVm § 10 Abs. 1 S. 1, 2 HS 1 öGmbHG. Siehe hierzu *Büchele*, ZVglRWiss 113 (2014), 213, 216 f.

1536 Art. L-223-7 Abs. 1 S. 3 und 4 Code de commerce.

1537 Art. L-223-7 Abs. 4 iVm Art. R-223-3 Abs. 1 Code de commerce. Die Einzahlung der Bareinlagen ist jedoch nur bei solchen Banken zulässig, welche seitens der französischen Bankenaufsichtsbehörde anerkannt sind (vgl. *Döbereiner*, Frankreich, in: Süß/Wachter (Hrsg.), Handbuch des internationalen GmbH-Rechts, 3. Aufl. 2016, Rn. 48).

1538 Art. 223 S. 1 und 2 Nr. 1 Code des sociétés.

Bei der Einpersonen-SPRL (SPRLU) genügt nicht die Einzahlung von 6.200 Euro; verlangt sind hier 12.400 Euro.[1539] Im Falle einer nachträglichen SPRLU ist diese Summe innerhalb eines Jahres nach der Vereinigung aller Geschäftsanteile in einer Hand zu erbringen. Andernfalls droht dem Alleingesellschafter und der Gesellschaft eine gesamtschuldnerische Haftung. Diese Haftung endet erst bei Beitritt eines weiteren Gesellschafters, bei Auflösung oder bei Aufstockung des Kapitals auf 12.400 Euro.[1540]

(5) Italien

In Italien besteht das Teileinzahlungsgebot nur für Mehrpersonen-SRL, wobei die Bareinlagen mindestens zu 25 % des zu zeichnenden Kapitals zu erbringen sind.[1541]

(6) Niederlande

In der flex-BV muss ein Viertel des Nennbetrags einbezahlt werden. Die Parteien können jedoch vereinbaren, dass ein Gesellschaftsanteil erst nach einer bestimmten Zeit auf Verlangen der Gesellschaft eingezahlt werden muss oder in einer fremden Valuta einzuzahlen ist.[1542] Vor der Gesellschaftsrechtsreform im Herbst 2012 verlangte das niederländische Recht im Fall von Bareinlagen außerdem eine Bescheinigung einer Bank. Dieses Erfordernis wurde nun gestrichen.[1543]

(7) Ungarn

Mit der Gesellschaftsrechtsreform 2014 änderte der ungarische Gesetzgeber auch die Vorschriften zur Kapitalaufbringung. Während bislang mindestens die Hälfte der Bareinlagen aufgebracht werden musste und die fehlenden Beiträge innerhalb eines Jahres einzuzahlen waren,[1544] wird die Kapitalaufbringung nun fast vollständig zur Disposition der Gesellschafter gestellt. Die Einlagen können auch erst nach der Gründung erbracht werden, spätestens jedoch nach drei Jahren.[1545]

1539 Art. 223 S. 3 Code des sociétés.

1540 Art. 213 § 1 Code des sociétés.

1541 Art. 2464 Abs. 4 S. 1 Codice Civile.

1542 Art. 191 Abs. 1 S. 2 Burgerlijk Wetboek Boek 2.

1543 Art. 203a Burgerlijk Wetboek Boek 2 a.F., nun „vervallen".

1544 So noch § 115 GWiG.

1545 Die Satzung kann hierbei auch eine kürzere Frist vorsehen, 3: § 163, 3: § 252 UBGB (vgl. *Küpper*, WiRO 2014, 266, 268).

Wird zugelassen, dass der Gesellschafter bei Eintragung noch nicht die Hälfte seiner Einlage geleistet hat, oder wird in der Satzung die Frist für die Leistung der Einlage von über einem Jahr nach Eintragung erlaubt, darf keine Gewinnausschüttung erfolgen, bis das vollständige Kapital erbracht ist.[1546] Eine weitere Schutzklausel sieht bis zur vollständigen Einlagenleistung die unmittelbare und persönliche Haftung bis zur Höhe der Einlage vor.[1547]

(8) Portugal

Mit Abschaffung des Mindestkapitals zum April 2011 erfolgte in Portugal eine Abkehr des vorab bestehenden Halbeinzahlungsgebots. Nach der neuen Rechtslage hat die Einzahlung der ersten Einlage spätestens bis zum Ende des ersten Geschäftsjahres nach der Unternehmensgründung zu erfolgen.[1548] Weitere Einlagen können noch bis zum Ablauf des fünften Geschäftsjahres ab Gründung der Gesellschaft eingebracht werden. Für diese gestundeten Einlagen haben die Gründungsgesellschafter beim Gründungsakt eine schuldrechtliche Verpflichtungserklärung abzugeben.[1549]

(b) Volleinzahlungsgebot

(1) Reguläre GmbHs

Bei der *dänischen ApS* ist mindestens ein Viertel des Gesellschaftskapitals, mindestens jedoch die Summe von 50.000 DKR (ca. 6.700 Euro) einzuzahlen.[1550] Das bedeutet, dass im Falle eines Stammkapitals von 50.000 DKR ein Volleinzahlungsgebot besteht; ist das Stammkapital höher, genügt der entsprechende Bruchteil.

In der *spanischen SL* sind die Stammeinlagen bei Gründung ebenfalls vollständig aufzubringen (Volleinzahlungsgebot). Bei Bareinlagen ist entweder die Bescheinigung eines Kreditinstituts über das Bestehen eines Kontos auf den Namen der Gesellschaft vorzulegen, welche die Einzahlung bestätigt, oder es ist die Summe auf ein Notarkonto einzuzahlen.[1551] Eine solche Zertifizierung ist

---

1546 3: § 162 Abs. 1 UBGB, übersetzt bei *Dziuba*, in: Schubel/Kirste/Müller-Graff/Diggelman/Hufeld (Hrsg.), S. 209, 233 f.

1547 3: § 162 Abs. 2 UBGB, übersetzt bei *Dziuba*, in: Schubel/Kirste/Müller-Graff/Diggelman/Hufeld (Hrsg.), S. 209, 234. Zu weiteren Einschränkungen bei noch nicht in vollem Umfang erbrachten Einlagen siehe *Küpper*, WiRO 2014, 266, 268.

1548 Art. 202 Abs. 4 Código das Sociedades Comerciais.

1549 *Coutinho/Antunes*, in: Wegen/Spahlinger/Barth (Hrsg.), Gesellschaftsrecht des Auslands in Einzeldarstellungen, Rn. 207 f.; *Stieb*, Portugal, in: Süß/Wachter (Hrsg.), Handbuch des internationalen GmbH-Rechts, 3. Aufl. 2016, Rn. 35.

1550 § 33 Abs. 1 SEL.

1551 Art. 62 Ley de Sociedades de Capital.

bei der *SLFS* nicht einzureichen. Es genügt vielmehr, dass die Gesellschafter die schuldrechtliche Erklärung abgeben, in Zukunft die Zahlung vorzunehmen.[1552]

In Italien ist allein für die *Einpersonen-SRL* die Einlage in voller Höhe zu erbringen.[1553] Im Falle der nachträglichen Entstehung einer Einpersonen-SRL müssen die noch geschuldeten Beträge innerhalb von 90 Tagen geleistet werden.[1554]

In der polnischen *Sp. z o. o.* sind die Einlagen in voller Höhe bei Gründung zu erbringen.[1555] Dieses grundsätzlich bestehende Volleinzahlungsgebot gilt allerdings nicht für das vereinfachte elektronische Gründungsverfahren (S-24-Verfahren). Deren Einlagen sind nicht bereits vor der Anmeldung der Gesellschaft vollständig zu erbringen; es genügt, die Bareinlagen spätestens sieben Tage nach der Registrierung der Gesellschaft einzuzahlen.[1556] Hierin wird keine Gefahr für den Gläubigerschutz und die Sicherheit des Handelsverkehrs gesehen, da die Höhe des Mindestkapitals von 5.000 PLN (ca. 1.250 Euro) keine Schutzfunktion mehr erfülle.[1557] Außerdem ist die Information der noch nicht vollständig aufgebrachten Bareinlage ins Unternehmensregister mit einzutragen,[1558] so dass von der erst nachträglichen Einbringung der Bareinlage wohl eher selten Gebrauch gemacht wird. Zur Absicherung der Gläubiger müssen zudem auf sämtlichen Geschäftsschreiben sowie auf der Homepage der Gesellschaft die Höhe des Stammkapitals und – im S-24-Verfahren – die Information, ob und in welcher Höhe die Einlagen eingezahlt wurden, angegeben werden.[1559] Überdies kann das Registergericht Sanktionen für den Fall der Nichterfüllung der Einlagen vorsehen.[1560]

Die *griechische IKE*, die neue private Kapitalgesellschaft, verlangt ebenfalls die vollständige Einzahlung der Bareinlage.[1561]

1552 Art. 4bis Abs. 3 und Art. 23 lit. d S. 2 Ley de Sociedades de Capital.

1553 Art. 2464 Abs. 4 S. 1 Codice Civile.

1554 Art. 2464 Abs. 7 Codice Civile.

1555 Art. 163 Nr. 2, Art. 167 § 1 Nr. 2 kodeks spółek handlowych (KSH).

1556 Art. 158 § 1^{1} S. 2 KSH.

1557 *Lewandowski*, WiRO 2011, 240, 242; *Romanowski/Makowicz*, GmbHR 2012, 736, 738.

1558 Art. 167 § 4, 5 S. 1 KSH.

1559 Art. 206 § 1 Nr. 4 KSH.

1560 Art. 172 § 2 KSH. Hierzu *Romanowski/Makowicz*, GmbHR 2012, 736, 739.

1561 Gesetz 4072/2012, Art. 77 Abs. 4 (übersetzt in englischer Sprache von *Perakis*).

(2) GmbH-Subformen

Die nationale privilegierte GmbH-Subform ist häufig nicht nur an Bareinlagen gebunden, meist unterliegt die Gesellschaft auch dem Volleinzahlungsgebot. So ist auch in der *deutschen UG (haftungsbeschränkt)* das Kapital vollständig zu erbringen.[1562]

Der Hintergrund des Volleinzahlungsgebots wird auf unterschiedliche Weise begründet. Teilweise wird der Sinn und Zweck der Regelung darin gesehen, dass aufgrund der freien Wählbarkeit des Stammkapitals dieses auch bei Beginn der Gesellschaft vollständig einzuzahlen ist – eine bloß anteilige Einzahlung sei daher sinnlos.[1563] Ein solcher Ansatz erscheint auf den ersten Blick logisch-konsequent, er leugnet jedoch das Bonitätssignal, das mit einem höheren Stammkapital ausgestrahlt werden kann.[1564] Auch EU-Staaten, die das Mindestkapital faktisch abgeschafft haben, verlangen häufig nur eine anteilige Einzahlung des Stammkapitals bei Gründung.[1565] Diesen Staaten würde unweigerlich ein überflüssiger Formalismus unterstellt werden, wenn man die anteilige Einzahlung als sinnlos erachtet. Nach einer weiteren Ansicht spiegelt das Volleinzahlungsgebot weniger den Gedanken des Gläubigerschutzes und die Bereitstellung von Kapital für die Anfangsphase als vielmehr das Ziel der Deregulierung wider.[1566] Überzeugend erscheint dagegen die Begründung, dass das Volleinzahlungsgebot ausschließlich eine Kompensation für die niedrige Bonitätserwartung der UG (haftungsbeschränkt) darstellt.[1567] Dafür sprechen auch Aspekte des Gläubigerschutzes. Durch die Volleinzahlung wird gewährleistet, dass das Stammkapital bei Gründung in voller Höhe eingezahlt und somit ein gewisser Ausgleich für das fehlende Mindestkapital von 25.000 Euro geschaffen wird. Insofern kann dem Volleinzahlungsgebot ein gewisses gläubigerschützendes Element beigemessen werden.

Die anderen Mitgliedstaaten, die ebenfalls eine Rechtsformvariante der GmbH geschaffen und sich dabei zahlreich am deutschen Modell der Unternehmergesellschaft (haftungsbeschränkt) orientiert haben, integrierten kein explizites Volleinzahlungsgebot für die Subform. Dies ist maßgeblich darauf zurückzuführen, dass etwa in Spanien, Polen und Dänemark das Volleinzahlungsgebot

1562 § 5a Abs. 2 S. 1 GmbHG.

1563 *Miras*, in: Michalski, GmbHG, 2.Aufl. 2010, § 5a Rn. 33.

1564 Ebenso *Körber*, Kapitalaufbringung, S. 178; *Rieder*, in: Münch.Komm.GmbHG, 2. Aufl. 2015, § 5a Rn. 20.

1565 So z.B. in Frankreich (20%) und in den Niederlanden (25 %).

1566 So *Rieder*, in: Münch.Komm.GmbHG, 2. Aufl. 2015, § 5a Rn. 18.

1567 *Körber*, Kapitalaufbringung, S. 180.

bereits für die reguläre GmbH manifestiert ist und insofern nicht gesondert für die Rechtsformvariante zu regeln ist.

6. *Kapitalerhaltung*

Im Rahmen der Kapitalerhaltungsvorschriften soll an dieser Stelle auf eine vollumfängliche Betrachtung der mitgliedstaatlichen Vorschriften verzichtet werden, insbesondere bleibt das Recht der eigenkapitalersetzenden Darlehen und der Rückerwerb eigener Anteile außer Betracht. Die Darstellung der mitgliedstaatlichen Regelungen beschränkt sich vielmehr auf die Bestimmungen zur Gewinnausschüttung sowie der dazugehörigen Sanktionen im Falle des Verstoßes, welche auch im Rahmen des SUP-Vorschlags angeglichen werden sollen. Während die Mehrheit der Mitgliedstaaten einem traditionellen Kapitalerhaltungsregime folgt (*unter 6.a)*, sind in einigen Mitgliedstaaten auch alternative Reformbewegungen in Richtung des angloamerikanischen Gläubigerschutzsystems festzustellen (*unter 6.b)*).

a) *Traditionelles Kapitalerhaltungssystem*

1) Deutschland

Zur Sicherung des Stammkapitals von mindestens 25.000 Euro sieht das GmbH-Recht ein Rückzahlungsverbot nach § 30 GmbHG sowie einen Erstattungsanspruch nach § 31 GmbHG im Falle unrechtmäßig vorgenommener Gewinnausschüttungen vor. Anknüpfungspunkt eines Rückzahlungsanspruchs ist die Frage, ob zum Zeitpunkt der Auszahlung an die Gesellschafter eine Unterbilanz besteht oder durch die Auszahlung hervorgerufen beziehungsweise vertieft wird. Die Unterbilanz wird dabei durch einen Vergleich des Nettovermögens abzüglich der Rücklagen und etwaigem Nachschusskapital errechnet (bilanzielle Betrachtungsweise).[1568] Im Falle des Verstoßes gegen das Auszahlungsverbot besteht ein Erstattungsanspruch der Gesellschaft gegenüber dem Leistungsempfänger, subsidiär gegenüber dem Gesellschafter.[1569] Daneben kommt eine Haftung des Geschäftsführers in Betracht.[1570] Eine Ergänzung des Kapitalschutzes besteht im Falle von Ausschüttungen an den Gesellschafter, die zur Zahlungsunfähigkeit oder Überschuldung der Gesellschaft führen mussten.[1571] Den

1568 *Hommelhoff*, in: Lutter/Hommelhoff, GmbHG, 19. Aufl. 2016, § 30 Rn. 11.
1569 § 31 Abs. 1, 3 GmbHG.
1570 § 43 Abs. 3 GmbHG.
1571 § 64 S. 3 GmbHG.

Geschäftsführern droht hierfür die persönliche Haftung. Weite Teile des Schrifttums sehen hierin eine Parallele zu dem aus dem anglo-amerikanischen Recht bekannten Solvenztest.[1572]

2) England

Selbst England, dessen Recht viel stärker mit dem anglo-amerikanischen System verwoben ist als das deutsche, verlangt im Rahmen der Ausschüttung keinen Solvenztest. Vielmehr besteht eine allgemeine Verknüpfung von Gewinnermittlung und Ausschüttung. Eine Gesellschaft darf eine Ausschüttung nur bei Gewinnerwirtschaftung vornehmen. Bei dem aus der Bilanz ermittelten Gewinn können jedoch unter Zugrundelegung der *asset-liability-view* auch die noch nicht realisierten Gewinne abgezogen werden.[1573] Das in der Jahresabschluss-Richtlinie wurzelnde Realisationsprinzip wird bei der Gewinn- und Verlust-Rechnung dabei zunächst nicht berücksichtigt, da dieses nach Auffassung des *Accounting Standards Board* im Widerspruch zum Grundsatz *des true and fair view* stehe.[1574] Als Vehikel zur Vermeidung einer Ausschüttung noch nicht realisierter Gewinne wird stattdessen eine „Überleitungsrechnung“[1575] vorgenommen. Nach Section 830 Abs. 1 Companies Act 2006 dürfen nur ausschüttungsfähige Gewinne ausgeschüttet werden. Ausschüttungsfähig ist der Gesamtbetrag der seit Bestehen der Gesellschaft noch nicht ausgeschütteten, realisierten Gewinne, abzüglich des Gesamtbetrags der seit Bestehen der Gesellschaft aufgelaufenen realisierten Verluste, Section 830 Abs. 2 Companies Act 2006. Insofern wird die Ausschüttung nicht realisierter Gewinne an die Gesellschafter verhindert.

Bei einer unzulässigen Ausschüttung haftet jeder Gesellschafter auf den vollen Betrag, wenn er positive Kenntnis oder grob fahrlässige Unkenntnis darüber hatte, dass die Auszahlung unzulässig war.[1576] Eine etwaige nach Common Law

---

1572 *Knof*, DStR 2007, 1536, 1537; *Kleindiek*, in: FS K. Schmidt, S. 893, 902, 906; *K. Schmidt*, ZIP 2006, 1925, 1933; *J. Schmidt*, FuS 2014, 232, 234; *Wicke*, GmbHG, 3. Aufl. 2016, § 64 Rn. 25. Vgl. bereits den Referentenentwurf zum MoMiG v. 29.5.2006, S. 64: „Parallelen zum sog. ‚solvency test'“. Kritisch zum Verhältnis der §§ 30, 31 und § 64 S. 3 GmbHG hingegen *Greulich/Rau*, NZG 2008, 284, 286.

1573 Ausführlich *Davies/Worthington*, Company Law, Rn. 12-3, 12-4; *Knoch*, Rechnungslegung einer Limited, S. 86, zur *asset-liability-view* S. 95.

1574 *Knoch*, Rechnungslegung einer Limited, S. 86, zum Grundsatz *des true and fair view* S. 109 ff. Allgemein zum Konflikt von Vorsichtsprinzip und *true and fair view Hommelhoff*, RabelsZ 62 (1998), 381 ff.

1575 So die Bezeichnung bei *Knoch*, Rechnungslegung einer Limited, S. 86.

1576 Section 847 Abs. 2 Companies Act 2006.

oder Equity-Grundsätzen bestehende Haftung bleibt hiervon allerdings unberührt.[1577] Nach Common Law existiert die Haftungsfigur des *constructive trust*, wonach der Empfänger der unzulässigen Leistung zwar Eigentümer wird, das Erlangte jedoch treuhänderisch behandeln muss.[1578] Im Gegensatz zum bloß schuldrechtlichen Rückerstattungsanspruch nach Section 847 Abs. 1 Companies Act 2006 handelt es sich bei diesem um einen dinglichen Anspruch auf die Sache zuzüglich des Gewinns.[1579] Nach Equity-Recht besteht nach der Figur des *knowing receipt* ein Anspruch gegen den Gesellschafter, wenn die Ausschüttung als Pflichtverletzung des Leistenden einzustufen ist und der Empfänger hiervon positive Kenntnis oder grob fahrlässige Unkenntnis hatte.[1580]

Neben der Haftung der Gesellschafter können auch Direktoren nach Common Law-Grundsätzen in Anspruch genommen werden.[1581] Es handelt sich dabei um eine vollumfängliche Haftung der Direktoren, die unabhängig von der Solvenz der Gesellschaft besteht und geht somit über einen bloßen Rückerstattungsanspruch hinaus.[1582]

3) Frankreich

Die Regelungen zur Kapitalerhaltung bei der französischen SARL orientieren sich an denen zur Société Anonyme. Danach darf nur der Bilanzgewinn ausgeschüttet werden, abzüglich früherer Verluste und der Summe der gesetzlichen oder statutarischen Rücklagen, zuzüglich des Gewinnvortrags.[1583] Die Ausschüttungsmöglichkeiten der SARL sind damit zugunsten des Gläubigerschutzes stark eingeschränkt, da nur noch der tatsächlich vorhandene Überschuss ausgezahlt werden kann. Im Falle der Missachtung (sog. *dividende fictif*) droht dem Geschäftsführer eine strafrechtliche Verantwortlichkeit mit einer Freiheitsstrafe von fünf Jahren oder einer Geldstrafe von 375.000 Euro.[1584]

1577 Section 847 Abs. 3 Companies Act 2006.

1578 *Davies/Worthington*, Company Law, Rn. 12–12.

1579 *Thole*, in: Schall, Companies Act, Sect. 847 Rn. 7 (str.).

1580 *Hannigan*, Company law, Rn. 22–119; *Thole*, in: Schall, Companies Act, Sect. 847 Rn. 8.

1581 Eingehend mit zahlreichen Rechtsprechungsnachweisen *Davies/Worthington*, Company Law, Rn. 12–13 f.; *Hannigan*, Company law, Rn. 22–122.

1582 *Thole*, in: Schall, Companies Act, Sect. 847 Rn. 9.

1583 Art. L-232-11 Abs. 1 Code de commerce. Hierzu *Merle*, Droit commercial, Rn. 267; *Cozian/Viandier*, Droit des sociétés, 27. Aufl. 2014, Rn. 396; ausführlich zur Kapitalerhaltung in Frankreich *Grimm*, Finanzverfassung der kleinen Kapitalgesellschaft, 2013, S. 135 ff.

1584 Art. L-232-12 Abs. 3 iVm Art. L-241-3 Nr. 2 Code de commerce.

4) Österreich

Zum Schutz des Mindestkapitals darf nur der Bilanzgewinn ausgeschüttet werden; Rückzahlungen der Einlagen an die Gesellschafter sind unzulässig. Erfasst werden nicht nur offene, unrechtmäßige Ausschüttungen, sondern auch verdeckte Begünstigungen der Gesellschafter.[1585] Der Gewinn darf nur ausgeschüttet werden, wenn dies nicht durch die Satzung oder durch Gesellschafterbeschluss ausgeschlossen ist.[1586] Im Falle des Verlustes von mindestens der Hälfte des Stammkapitals ist eine außerordentliche Generalversammlung einzuberufen.[1587] Im Falle des Verstoßes haften die Geschäftsführer gegenüber der GmbH zur ungeteilten Hand für den hieraus entstandenen Schaden. Dies gilt sowohl für unzulässige Gewinnausschüttungen als auch für Zahlungen zu einem Zeitpunkt, in dem eigentlich bereits das Insolvenzverfahren hätte eröffnet werden müssen.[1588] Eine persönliche Inanspruchnahme der Gesellschafter besteht dagegen nur in Einzelfällen.[1589]

5) Spanien

Die Kapitalerhaltung der spanischen GmbH ähnelt ebenfalls dem der Aktiengesellschaft. Im Falle von Ausschüttungen muss das Nettovermögen der SL noch vollständig abgedeckt sein und darf nur aus dem Bilanzgewinn abzüglich der obligatorischen oder fakultativen Rücklagenbildung erfolgen.[1590]

Die Kapitalerhaltungsvorschrift bei der SLFS ist noch strenger: Hier hat nach der Gewinnausschüttung mindestens 60 % des Stammkapitals in der Gesellschaft zu verbleiben.[1591] Als Sanktion droht dem Geschäftsführer bei Zahlungsunfähigkeit oder Überschuldung die persönliche und gesamtschuldnerische Haftung mit Beweislastumkehr.[1592]

1585 *Koppensteiner/Rüffler*, GmbHG, 3. Aufl. 2007, § 82 Rn. 15 mit Beispielen und Fallgruppen in Rn. 17.

1586 § 82 öGmbHG.

1587 § 36 Abs. 2 S. 2 öGmbHG.

1588 § 25 Abs. 2, 3 öGmbHG.

1589 Zu diesen *Beer*, Österreich, in: Süß/Wachter (Hrsg.), Handbuch des internationalen GmbH-Rechts, 3. Aufl. 2016, Rn. 126.

1590 Art. 273, 274 Abs. 2 LSC. Eingehend *Grimm*, Finanzverfassung der kleinen Kapitalgesellschaft, 2013, S. 184 ff.

1591 Art. 4bis Abs. 1 lit. b LSC.

1592 Art. 367 Abs. 1 LSC für die SL (dazu *Lozano/Hilgers/Löber*, Spanien, in: Süß/Wachter (Hrsg.), Handbuch des internationalen GmbH-Rechts, 3. Aufl. 2016, Rn. 319 f.); für die SLFS Art. 4bis Abs. 2 LSC.

6) Griechenland

Trotz Abschaffung des Mindestkapitals in der griechischen GmbH und Einführung der neuen Gesellschaftsform IKE hat es der griechische Gesetzgeber versäumt, auch das Recht der Kapitalerhaltung zu reformieren.[1593] Insofern gilt weiterhin die am traditionellen Gläubigerschutz orientierte Regelung, dass die Ausschüttungen nicht das Stammkapital oder die nicht ausschüttungsfähigen Rücklagen beeinträchtigen dürfen. Im Falle der Missachtung besteht ein Rückzahlungsanspruch gegen die Gesellschafter.[1594]

7) Portugal

Auch in Portugal bemisst sich die Ausschüttung allein danach, ob das Nettovermögen das Stammkapital zuzüglich etwaiger nicht ausschüttungsfähiger Rücklagen übersteigt.[1595] Ist dies nicht der Fall, darf der Geschäftsführer keine Auszahlung an die Gesellschafter vornehmen.[1596] Falls die Verluste mehr als die Hälfte des Stammkapitals umfassen, hat der Geschäftsführer den Gesellschaftern die Auflösung, eine Kapitalherabsetzung oder eine Kapitalerhöhung zu empfehlen.[1597] Diese Vorschrift hat seit der Aufhebung des Mindestkapitals im Frühjahr 2011 erheblich an Bedeutung gewonnen.[1598]

8) Belgien

Auch Belgien verfolgt einen rein bilanziellen Ansatz: Gewinnausschüttungen sind unzulässig, wenn das im Jahresabschluss festgestellte Nettoaktivvermögen geringer ist als das einbezahlte oder abgerufene Gesellschaftskapital zuzüglich etwaiger nicht ausschüttungsfähiger gesetzlicher oder statutarischer Rücklagen.[1599] Im Falle des Verstoßes besteht ein Erstattungsanspruch der Gesellschaft gegenüber den Gesellschaftern, sofern diese die Rechtswidrigkeit der

---

1593 *Papadimopoulos/Fink*, RIW 2013, 745, 749.

1594 *Ziouvas*, Griechenland, in: Süß/Wachter (Hrsg.), Handbuch des internationalen GmbH-Rechts, 3. Aufl. 2016, Rn. 71.

1595 Art. 32 Abs. 1 Código das Sociedades Comerciais (CSC). Ausführlich zur Kapitalerhaltung in Portugal *Stieb*, Portugal, in: Süß/Wachter (Hrsg.), Handbuch des internationalen GmbH-Rechts, 3. Aufl. 2016, Rn. 40 ff.

1596 Art. 31 Abs. 2 und 3 CSC.

1597 Art. 35 Abs. 3 CSC.

1598 *Stieb*, Portugal, in: Süß/Wachter (Hrsg.), Handbuch des internationalen GmbH-Rechts, 3. Aufl. 2016, Rn. 41.

1599 Art. 320 § 1 Code des Sociétés.

Ausschüttung kannten oder hätten kennen können.[1600] Daneben haften die Geschäftsführer gesamtschuldnerisch gegenüber der Gesellschaft und gegenüber Dritten.[1601]

9) Ungarn

In Ungarn darf der Bilanzgewinn nur ausgeschüttet werden, sofern damit nicht das Stammkapital oder die Solvenz der Kft. gefährdet ist.[1602] Die im Jahr 2007 eingeführte Solvenzbescheinigung, bei der die Geschäftsführer gegenüber der Gesellschafterversammlung bestätigen mussten, dass die Auszahlung weder die Zahlungsfähigkeit der Gesellschaft gefährdet noch die Interessen der Gläubiger beeinträchtigt, wurde mit der Reform 2014 wieder gestrichen.[1603] Da die gleichzeitige Erhöhung des Mindestkapitals der Kft. von 500.000 auf 3 Mio. HUF (ca. 9.600 Euro) bereits angemessenen Gläubigerschutz gewährleiste, sei eine Solvenzbescheinigung dem Schrifttum zufolge überflüssig.[1604]

Im Falle des Verstoßes gegen das Kapitalerhaltungsgebot sind die Zahlungen verschuldensunabhängig zurückzuerstatten.[1605] Es wird somit ein rein objektiver Maßstab angelegt und nicht mehr darauf abgestellt, ob der Geschäftsleiter die Zahlungsunfähigkeit kannte beziehungsweise hätte kennen müssen oder ob er die Sorgfalt eines ordnungsgemäßen Geschäftsführers gewahrt hat.[1606]

10) Italien

In Italien dürfen nur tatsächlich erzielte Gewinne, die aus dem ordnungsgemäß genehmigten Jahresabschluss hervorgehen, verteilt werden.[1607] Falls das Mindestkapital dabei unter den gesetzlichen Mindestbetrag fällt, haften die Geschäftsführer persönlich und gesamtschuldnerisch für die von der Gesellschaft, den Gläubigern oder Dritten erlittenen Schäden.[1608]

1600 Art. 320 § 2 Code des Sociétés.

1601 Art. 263 S. 1 Code des Sociétés.

1602 § 3:184 Abs. 1 uBGB; hierzu *Baumann*, GmbHR 2014, 23, 25.

1603 *Dziuba*, in: Schubel/Kirste/Müller-Graff/Diggelman/Hufeld (Hrsg.), S. 209, 235.

1604 *Dziuba*, in: Schubel/Kirste/Müller-Graff/Diggelman/Hufeld (Hrsg.), S. 209, 235 f.

1605 § 3:184 Abs. 3 uBGB. Anders hingegen noch das vorige ungarische Recht, vgl. *Dziuba*, in: Schubel/Kirste/Müller-Graff/Diggelman/Hufeld (Hrsg.), S. 209, 236.

1606 *Baumann*, GmbHR 2014, 23, 25.

1607 Art. 2478bis Abs. 4 Codice Civile.

1608 Art. 2485 Abs. 1 Codice Civile.

b) Alternatives Kapitalerhaltungssystem

1) Niederlande

Während die Niederlande bislang auf ein eher traditionelles Gläubigerschutzsystem mit rein bilanzieller Ausschüttungskontrolle setzten, wurde mit der Gesellschaftsrechtsreform 2012 zum flex-BV eine Kehrtwende zu einem kombinierten Bilanz- und Solvenztest vollzogen.[1609] Im Rahmen des bilanziellen Überschuldungstests ist zu prüfen, ob das Eigenkapital den eingezahlten Teil des Kapitals zuzüglich der gesetzlichen oder statutarischen Rücklagen übersteigt.[1610] Die daran anschließende materielle Ausschüttungskontrolle beinhaltet eine Liquiditätsprognose: Der Geschäftsführer darf einer Dividende nicht zustimmen, wenn er weiß oder vernünftigerweise wissen müsste, dass die Gesellschaft nach der Ausschüttung ihre einforderbaren Verbindlichkeiten nicht mehr begleichen kann. Im Falle des Verstoßes haftet der Geschäftsführer für den durch die Auszahlung entstandenen Schaden, es sei denn, er kann der *Business Judgement Rule* entsprechend nachweisen, dass er die Sorgfalt eines ordnungsgemäßen Geschäftsmanns bewahrt hat.[1611] Zur Vermeidung einer zu starken Risikoverteilung auf die Geschäftsleitung trifft den Gesellschafter die gleiche Ersatzpflicht.[1612] Eine weitere Haftungsausdehnung besteht durch die Gleichstellung so genannter faktischer Geschäftsführer mit förmlich bestellten Geschäftsführern.[1613]

2) Polen

Bislang orientieren sich die polnischen Kapitalerhaltungsvorschriften stark am deutschen Vorbild der §§ 30, 31 GmbHG. Den Gesellschaftern dürfen während des Bestehens der Gesellschaft die erbrachten Einlagen weder ganz noch teilweise

---

1609 Eingehend hierzu *Zaman*, GmbHR 2012, 1062, 1063 f.; *Hirschfeld*, RIW 2013, 134, 138 ff.; *Neville/Sørensen*, EBOR 15 (2014), 545, 563.

1610 Art. 216 Abs. 2 Burgerlijk Wetboek II (zitiert nach *Rademakers/de Vries*, Niederlande, in: Süß/Wachter (Hrsg.), Handbuch des internationalen GmbH-Rechts, 3. Aufl. 2016, Rn. 80).

1611 Art. 216 Abs. 3 S. 1 und 3Burgerlijk Wetboek II (zitiert nach *Hirschfeld*, RIW 2013, 134, 139).

1612 Art. 216 Abs. 3 S. 4 Burgerlijk Wetboek II (zitiert nach *Hirschfeld*, RIW 2013, 134, 139).

1613 Art. 216 Abs. 4 S. 1 Burgerlijk Wetboek II (zitiert nach *Hirschfeld*, RIW 2013, 134, 140).

zurückgezahlt werden.[1614] Die Gesellschafter dürfen keine Zahlungen aus dem zur vollständigen Deckung des Stammkapitals erforderlichen Gesellschaftsvermögen erhalten.[1615] Die Höhe der zu verteilenden Ausschüttungen bemisst sich nach einem kombinierten Bilanztest und *earned surplus test*: Die Dividenden dürfen den Gewinn für das letzte Geschäftsjahr, erhöht um die nicht verteilten Gewinne der vergangenen Jahre sowie der Rücklagen, nicht überschreiten. Von dem daraus resultierenden Ergebnis sind die nicht gedeckten Verluste, die Eigenanteile sowie die Beträge zu subtrahieren, die gesetzlich oder statutarisch von dem Gewinn des letzten Geschäftsjahres in die Kapital- und Gewinnrücklage oder in sonstige Rücklagen zu übertragen sind.[1616]

Der radikale Reformvorschlag des polnischen Justizministeriums aus dem Jahr 2013 sieht ein gemischtes System vor: Gesellschaften, die am bisherigen Mindestkapitalerfordernis von 5.000 Zloty (ca. 1200 Euro) festhalten, haben weiterhin die bereits bestehenden Kapitalerhaltungsvorschriften zu beachten. Hintergrund dessen ist der Gedanke, dass die bisherigen Gesellschaften nicht gezwungen werden sollen, ihre Kapitalstruktur zu ändern, da sich dies ansonsten kostenintensiv und wirtschaftlich kontraproduktiv erweisen könnte.[1617] Für Gesellschaften, die sich für ein Gesellschaftskapital unter 5.000 Zloty (1.200 Euro) entscheiden, soll ein strenges Gläubigerschutzsystem, bestehend aus vier Säulen, eingeführt werden:[1618] Erstens soll ein klassischer Solvenztest für alle Auszahlungen vorgenommen werden, bei dem die Geschäftsleitung vor jeder Ausschüttung die Zahlungsfähigkeit der Gesellschaft zu überprüfen hat. Dabei wird eine Prognose erstellt, ob die Gesellschaft in dem auf die Gewinnausschüttung folgenden Jahr zahlungsfähig bleibt. Zweitens sollen mit Hilfe eines vereinfachten Solvenztests die Geschäftstransaktionen besser eingestuft werden. Hier hat die Geschäftsführung die Zahlungsfähigkeit der Gesellschaft für die nächsten drei Monate nach dem betreffenden Handelsgeschäft zu ermitteln. Im Gegensatz

1614 Art. 189 § 1 kodeks spółek handlowych (KSH); eingehend hierzu *Bogen/Siekierzynski*, Polen, in: Süß/Wachter (Hrsg.), Handbuch des internationalen GmbH-Rechts, 3. Aufl. 2016, Rn. 38.

1615 Art. 189 § 2 KSH. Die Tragweite dieser Vorschrift ist im polnischen Schrifttum umstritten, siehe *Opalski/Oplustil*, in: Viera González/Teichmann (Hrsg.), Private company law reform in Europe, S. 443, 448 Fn. 12 mwN.

1616 Art. 192 KSH.

1617 *Opalski/Oplustil*, in: Viera González/Teichmann (Hrsg.), Private company law reform in Europe, S. 443, 450.

1618 Ausführlich hierzu *Opalski/Oplustil*, in: Viera González/Teichmann (Hrsg.), Private company law reform in Europe, S. 443, 458 ff.

zum klassischen Solvenztest bedarf es beim vereinfachten Solvenztest jedoch keines förmlichen Beschlusses oder einer Begründung. Drittens soll eine Überwachungspflicht der Geschäftsführer hinsichtlich der finanziellen Stabilität und Solvenz der Gesellschaft in der laufenden Geschäftstätigkeit eingeführt werden. Viertens soll eine gesetzliche Pflicht zur Rücklagenbildung die Kapitalausstattung erhöhen. Hierbei sollen ein Zehntel des jährlichen Gewinns als Rücklagen eingestellt werden, bis zu der Grenze von 10 % der Schulden, mindestens jedoch 50.000 Zloty (ca. 12.000 Euro).

c) Zwischenergebnis

Der Großteil der Mitgliedstaaten verfolgt einen strengen Ansatz der Kapitalerhaltung. Während in Deutschland nur das Stammkapital geschützt wird, lehnen sich andere Staaten wie etwa Italien und Frankreich an das Aktienrecht an, in dem sie die Ausschüttungen auf den Bilanzgewinn begrenzen. Trotz Aufgabe des Mindestkapitals halten diese Staaten somit am System einer bilanziellen Ausschüttungskontrolle fest.

Die Neuregelungen in den Niederlanden mit kombinierten Bilanz- und Solvenztest in der flex-BV stellen dagegen eine Abkehr vom kontinentaleuropäischen Kapitalerhaltungsregime dar. Einen ähnlich innovativen Ansatz verfolgt der polnische Reformvorschlag für die Sp. z o. o. ohne Mindestkapital. Insgesamt stellen Ausschüttungsmodelle mit einem Solvenztest gleichwohl noch die Minderheit in Europa dar.

7. Resümee

Der Gläubigerschutz durch Kapital variiert in den Mitgliedstaaten erheblich. Während kontinentaleuropäisch geprägte Mitgliedstaaten wie Deutschland oder Österreich den Drittschutz durch Mindestkapital und strenge Vorschriften zur Kapitalaufbringung und -erhaltung gewährleisten, wurde das Mindestkapital in anderen Staaten sukzessive abgeschafft.

Als Reaktion auf den durch die Rechtsprechung des EuGH entfachten Wettbewerb der Rechtsordnungen bzw. aufgrund nationaler Wirtschaftskrisen bieten Deutschland, Belgien, Italien, Dänemark, Spanien und Polen ein kombiniertes Mindestkapital-Modell an, indem es neben der regulären GmbH eine 1-Euro-GmbH-Subform gibt. Andere Staaten (Frankreich, Niederlande, Portugal) stellen die Festlegung einer Mindestkapitalziffer vollständig zur Disposition des Gesellschaftsgründers. Exotisch erscheinen an dieser Stelle Österreich und Ungarn, welche beide eine „Reform der Reform“ beim Mindestkapital vorgenmmen haben. Nach einer kurzzeitigen Absenkung des Mindestkapitals wurde dort wieder auf das ursprüngliche Mindestkapital zurückgegriffen.

Als Kompensation für den geringen Kapitalstock wird sowohl für die GmbH-Subformen als auch für einige mitgliedstaatliche GmbHs ohne Mindestkapital (wie in Frankreich) auf eine verpflichtende gesetzliche Thesaurierung gesetzt. Damit soll ein Kapitalpuffer geschaffen werden.

Bei der Art und Höhe der Kapitalaufbringung bestehen ebenfalls unterschiedliche Anforderungen. Während bei der regulären GmbH in allen Mitgliedstaaten Bar- und Sacheinlagen zugelassen sind, gestatten einige Mitgliedstaaten auch die Erbringung von Dienstleistungen. Bei den GmbH-Subformen sind dagegen meist nur reine Bareinlagen erlaubt. Zur Vermeidung einer persönlichen Haftung ist auch zu prüfen, ob die Einlagen bei Eintragung der Gesellschaft bereits voll erbracht sein müssen oder ob eine Teileinzahlung genügt.

Im Rahmen der Kapitalerhaltung setzen die meisten Mitgliedstaaten auf ein traditionelles Kapitalerhaltungsregime. Einige der Reformstaaten wie Frankreich oder Griechenland haben allerdings versäumt, als Kompensation der Aufweichung des Mindestkapitals ihre Kapitalerhaltungsvorschriften zu verschärfen. Niederlande und Polen erproben sich seit ihren letzten Reformen an dem aus dem angloamerikanischen Rechtskreis stammenden kombinierten Bilanz- und Solvenztest.

Zum Gläubigerschutz durch Kapital besteht somit ein breit angelegtes Regelungsgeflecht, das für jede mitgliedstaatliche GmbH im Detail unterschiedlich ausgestaltet ist. Das Gläubigerschutzsystem ist dabei nicht nur 28-fach anders ausgestaltet, vielmehr gibt es auch in den einzelnen Mitgliedstaaten nochmals Unterschiede, da vermehrt neben der regulären GmbH noch eine Sub-Form mit eigenen Regeln zum Gläubigerschutz besteht.

Die bisherige Regelungsvielfalt erweist sich für die grenzüberschreitende Unternehmenstätigkeit als durchaus aufwendig, da zum Schutz vor einer persönlichen Haftung des Gesellschafters oder anderen einzelstaatlichen Sanktionen für jeden Einzelstaat zunächst entsprechende Beratung einzuholen ist. Zur Reduktion der zahlreichen Unterschiede bedarf es daher auch für den Gläubigerschutz durch Kapital eines ausgewogenen, einheitlichen Systems. Nur durch ein solch angeglichenes System können die rechtlichen und administrativen Hindernisse für grenzüberschreitendes Tätigwerden überwunden werden.

II. Ausgestaltungsmöglichkeiten für die SUP

Die unterschiedlichen mitgliedstaatlichen Regelungen zum Gläubigerschutz sind grundkonzeptionell verwurzelt und entstammen tradierten Rechtssystemen.

Für die Kommission stand fest, dass ein Untätigbleiben des Unionsgesetzgebers keine Option darstellt. Die mitgliedstaatlichen Mindestkapitalerfordernisse sind der Höhe nach zu unterschiedlich ausgestaltet und variieren zwischen 45 Euro in Rumänien und 35.000 Euro in Österreich.[1619] Die Mitgliedstaaten verlangen mehrheitlich dagegen gar kein Mindestkapital mehr oder haben zumindest eine Subform der GmbH, bei der das Mindestkapital abgeschafft wurde. Die Beibehaltung dieses status quo bringt weder Nutzen noch eine gesteigerte Attraktivität für die angestrebte Verbesserung der grenzüberschreitenden Aktivität von Unternehmen.[1620]

Die EU-Kommission hat im Vorfeld des SUP-Vorschlags daher drei Modelle zum Mindestkapital untersucht, woraus sich weitreichende Erkenntnisse für die Schaffung einer gemeinsamen Lösung im Bereich des Gläubigerschutzes ergeben:[1621]

Modell A: Mindestkapitalerfordernis nach dem EU-Durchschnitt
Modell B: Mindestkapitalerfordernis von 1 Euro
Modell C: Mindestkapitalerfordernis von 1 Euro mit Bilanztest und Solvenzbescheinigung

Im Folgenden sollen die Modelle erläutert und die jeweilige Einschätzung der Kommission dargestellt werden. Diese lassen Aufschlüsse zur Implementierung des Gläubigerschutzes im Kommissionsvorschlag zu, die einer gesamteuropäisch geprägten, rechtsüberblickenden und rechtsvergleichenden Analyse entspringen. Obgleich der Kommissionsvorschlag auch Vorschriften zur Kapitalaufbringung und -erhaltung enthält, wurde eine diesbezügliche Analyse im Vorfeld nicht vorgenommen. Die Erwägung eines kombinierten Bilanz- und Solvenztests findet lediglich in Modell C Eingang.

1619 Ausführlich dazu Impact Assessment (Fn. 64), S. 34. In diesem wurde zwar Luxemburg mit einem Mindestkapital von ca. 12.400 Euro als Mitgliedstaat mit dem höchsten Mindestkapital genannt. Die Analyse entstammt jedoch dem Zeitraum, in dem das Mindestkapital in Österreich kurzfristig auf 10.000 Euro gesenkt wurde. Nachdem diese Reform im Frühjahr 2014 wieder rückgängig gemacht wurde, ist Österreich der Mitgliedstaat mit dem höchsten Mindestkapital in Höhe von 35.000 Euro.

1620 Impact Assessment (Fn. 64), S. 34.

1621 Siehe hierzu ausführlich Impact Assessment (Fn. 64), S. 34 ff.

1. *Modell A: Mindestkapitalerfordernis nach dem EU-Durchschnitt*

a) Beschreibung

Modell A setzt das Mindestkapital nach dem durchschnittlichen Mindestkapitalerfordernis der Mitgliedstaaten fest. Dabei wurde als Rechnungsgröße das in den Mitgliedstaaten jeweils niedrigste zulässige Mindestkapital angesetzt.[1622] Dies bedeutet, dass in Mitgliedstaaten wie Deutschland, Belgien, Italien oder auch Spanien aufgrund der dort bestehenden Sub-GmbHs das Mindestkapital mit 1 Euro und nicht mit dem Kapitalerfordernis der regulären GmbH angesetzt wurde. Der Durchschnitt der 28 mitgliedstaatlichen Mindestkapitalerfordernisse beträgt dabei eine Summe von 2.197 Euro. Das Mindestkapital würde nach Rundung somit mit 2.200 Euro festgelegt werden.

b) Folgenabschätzung der Europäischen Kommission

Wie die Kommission in ihrer Folgenabschätzung feststellt, wäre mit einem Ansetzen auf 2.200 Euro als Startkapital eine Kapitalerhöhung in 19 Mitgliedstaaten und eine Kapitalherabsetzung in 9 Mitgliedstaaten verbunden.[1623] In Letzteren könnte die Reduzierung des Mindestkapitals für eine Senkung der Gründungskosten und einen Anstieg an Neugründungen sorgen. Für die Staaten, in denen das Mindestkapital bereits statutarisch festgelegt werden kann, wäre eine SUP mit gesetzlichem Mindestkapitalerfordernis dagegen nicht attraktiv.[1624] Die Kommission fürchtet einen erheblichen Kostenanstieg für die dortigen Gründer, der auch nicht durch die Möglichkeit der Online-Registrierung unter gleichzeitiger Zurverfügungstellung einer Mustersatzung ausgeglichen werden könne.[1625]

Bereits im Rahmen der Bestrebungen zur SPE-Verordnung hat sich die Festlegung des Mindestkapitals auf das Durchschnittsmindestkapital der Mitgliedstaaten nicht durchsetzen können.[1626] Rechtspolitisch wäre eine solche Lösung daher für die SUP kaum durchsetzbar.

1622 Vgl. hierzu die Aufstellung im Annex des Impact Assessments (Fn. 64), S. 44.
1623 Impact Assessment (Fn. 64), S. 34 f.
1624 So auch die Einschätzung aus Frankreich *Lecourt*, Revue des sociétés 2014, 699, 704.
1625 Impact Assessment (Fn. 64), S. 34 f.
1626 *Pfennig*, Gläubigerschutz bei der EPG, S. 110 ff.

2. *Modell B: Mindestkapitalerfordernis von 1 Euro*

a) Beschreibung

Nach Modell B würde das Mindestkapital mindestens 1 Euro (beziehungsweise eine Währungseinheit für alle Mitgliedstaaten, die keinen Euro haben) betragen und ansonsten durch die Satzung bestimmt werden.[1627] Diese Regelung hat bereits der SPE-Vorschlag der Kommission enthalten.[1628]

b) Folgenabschätzung der Europäischen Kommission

Nach der Europäischen Kommission würden insbesondere diejenigen Mitgliedstaaten von dem 1-Euro-Kapitalerfordernis profitieren, die in ihrem nationalen Recht bislang ein höheres Startkapital vorsehen. In den Mitgliedstaaten, in welchen bereits eine Mindestkapitalreduktion erfolgt sei, habe sich eine solche Reform positiv auf die Anzahl an Unternehmensgründungen ausgewirkt. Ein solcher Effekt sei insbesondere in Frankreich, Deutschland und Polen festgestellt worden. Ob von der Reduzierung des Mindestkapitals eher Einheimische oder Gründer aus dem EU-Ausland profitieren, könne mit den bisherigen Daten nicht prognostiziert werden.

Obwohl sich die Kommission bewusst ist, dass eine Gesellschaft zum geschäftlichen Agieren Kapital benötigt, stuft sie das Kapitalerfordernis zumindest dann als Hürde ein, wenn das Mindestkapitalerfordernis eines Mitgliedstaates höher angesetzt ist als der Betrag, den der Gründer zu investieren bereit ist. Gerade bei grenzüberschreitenden Finanzierungen könne es daher zu Schwierigkeiten kommen.[1629]

Diejenigen Mitgliedstaaten, die bereits die Gründung mit einem 1 Euro Startkapital (oder darunter) zulassen, werden diesem Modell kaum Einwendungen entgegenzusetzen haben; gleicht diese Regelung doch dem nationalen Recht. Auch diejenigen Mitgliedstaaten, die aktuell eine Absenkung des Mindestkapitals im nationalen Recht planen, würden eine solche Lösung unterstützen (so etwa die Slowakei).[1630]

In den elf Mitgliedstaaten, die bislang ein höheres Mindestkapital verlangen, sei – wie bereits bei den Verhandlungen zur SPE – mit Widerstand zu rechnen. Die Gegner werden sich mutmaßlich insbesondere in Österreich und Polen

---

1627 Impact Assessment (Fn. 64), S. 35.

1628 Art. 19 Abs. 4 SPE-VO-KOM.

1629 Impact Assessment (Fn. 64), S. 35.

1630 Impact Assessment (Fn. 64), S. 36.

finden, in denen die Steuereinnahmen von der Höhe des Mindestkapitals abhängen und die somit bereits aus fiskalischen Gründen aktuell keine 1-Euro-GmbH anbieten.[1631]

Insgesamt sei bei einer derartigen Lösung der fehlende Gläubigerschutz ein Manko. Gerade diejenigen Mitgliedstaaten, die aktuell noch ein hohes Niveau an Mindestkapital aufweisen, sehen dieses als Seriositätsschwelle und als den Preis, der für die beschränkte Haftung zu zahlen sei. Zu betonen sei jedoch, dass das fehlende Mindestkapitalerfordernis keine Auswirkungen auf das für die Geschäftstätigkeit benötigte Kapital habe. Der Gründer habe in einem Geschäftsplan das notwendige Kapital festzusetzen. Der fehlende Gläubigerschutz sei bei diesem Modell gleichwohl kaum zu leugnen.[1632]

3. *Modell C: Mindestkapitalerfordernis von 1 Euro mit Bilanztest und Solvenzbescheinigung*

a) Beschreibung

Zur Gewährleistung eines effektiven Gläubigerschutzes ergänzt Modell C das vorherige Modell B um einen Bilanztest und eine Solvenzbescheinigung im Falle von Kapitalauszahlungen. Vor jeder Gewinnausschüttung an den Alleingesellschafter hat die Geschäftsleitung einen Bilanztest anzuwenden. Außerdem hat die Geschäftsleitung eine Solvenzbescheinigung zu unterzeichnen, in der bestätigt wird, dass sie nach vollumfänglicher Prüfung der Geschäftszahlen zu der Auffassung gelangt sei, dass die SUP in der Lage sei, ihre fälligen Verbindlichkeiten zu begleichen. Diese Prüfung soll ausschließlich das Leitungsorgan vornehmen dürfen. Ein Delegieren an Dritte ist unzulässig. Der Alleingesellschafter darf keine Gewinne abschöpfen, die nicht im Einklang mit dem Bilanztest oder der Solvenzbescheinigung stehen. Im Falle des Missbrauchs ist er zur Rückzahlung verpflichtet.[1633]

b) Folgenabschätzung der Europäischen Kommission

Neben den bereits bei Modell B festgestellten Vorteilen sieht die Kommission bei dem eben vorgestellten Modell auch den Gläubigerschutz als hinreichend verankert.[1634] Zwar sei damit zu rechnen, dass durch die Einführung eines kumulativen Bilanztests mit Solvenzbescheinigung zur Bemessung der Ausschüttungsgrenze

---

1631 Impact Assessment (Fn. 64), S. 36.
1632 Impact Assessment (Fn. 64), S. 36.
1633 Impact Assessment Fn. 64), S. 36.
1634 Impact Assessment (Fn. 64), S. 37.

eine gewisse Kostenbelastung auf die Unternehmen zukommen könne. Dies sei insbesondere dann anzunehmen, wenn ein solcher Test im Heimatrecht der Gesellschaft bislang nicht angewendet wird. Im Moment gebe es allerdings keine formelle Vorgabe für die Heranziehung des Rechnungs- oder Wirtschaftsprüfers vor der Unterzeichnung der Solvenzbescheinigung. Die Art und Weise der Ausübung der Ausschüttungsprüfung stehe den Unternehmen daher frei, sodass der Kostenfaktor insofern abgeschwächt werden könne. Insbesondere für mittelständische und große Unternehmen dürften aufgrund der für sie bereits über die Bilanzrichtlinie geltenden Vorschriften jedoch kaum Zusatzkosten zu erwarten sein.[1635]

Durch die Verankerung dieses kombinierten Bilanz- und Solvenztests erhofft sich die Kommission eine höhere Akzeptanzbereitschaft der Mitgliedstaaten für 1-Euro-Gesellschaften. Die Gläubiger seien grundsätzlich daran interessiert, dass ihre Forderungen bereits während der laufenden Geschäftstätigkeit der Gesellschaft beglichen werden. Auf die Einforderung während eines Insolvenzverfahrens, bei dessen gemeinschaftlicher Gläubigerbefriedigung das Vermögen der Gesellschaft verwertet, der Erlös verteilt und lediglich eine anteilige Quote ausgezahlt wird, soll daher so weit wie möglich verzichtet werden. Für die Einpersonengesellschaft sei der Ausschüttungstest daher ein Vehikel für nachhaltiges Wirtschaften.[1636]

Die Verantwortung der Geschäftsführer und des Gesellschafters gewährleisten nach Ansicht der Kommission ein hohes Schutzniveau für die Gläubiger. Es stellt eine Kompensation für die Mitgliedstaaten dar, welche derzeit ein höheres Mindestkapital als 1 Euro verlangen.[1637]

Auch ein hohes Mindestkapitalerfordernis bei Gründung gewährleiste nicht die Rückgriffsmöglichkeit auf das Kapital im Falle der fehlenden Zahlungsbereitschaft oder -fähigkeit. Denn häufig sei zu diesem Zeitpunkt das Mindestkapital längst aufgebraucht. Daneben werde in den Staaten mit Mindestkapitalerfordernis häufig nicht die volle Einzahlung bei Gründung verlangt, sondern nur ein Teilbetrag (Teileinzahlungsgebot). Auch die Einzahlung auf ein geschlossenes Bankkonto sei nicht der Regelfall; die Kapitalaufbringung erfolge häufig auch durch Sacheinlagen, deren Buchwert im Falle eines Insolvenzverfahrens häufig vom tatsächlichen Wert abweiche oder mittlerweile gänzlich wertlos sei.[1638]

1635 Impact Assessment (Fn. 64), S. 37.
1636 Impact Assessment (Fn. 64), S. 37.
1637 Impact Assessment (Fn. 64), S. 37.
1638 Impact Assessment (Fn. 64), S. 37.

Häufig setzen Gläubiger ebenso wie Banken auf vertragliche Instrumente wie selbstschuldnerische Bürgschaften, Hypotheken oder andere dingliche Sicherungsrechte. Dies erfolge unabhängig davon, ob die Gesellschaft dem Mindestkapital unterworfen sei oder nicht.[1639]

In den Mitgliedstaaten, die bereits 1-Euro-Gesellschaften zulassen, gebe es bereits meistens Gläubigerschutzinstrumente wie den kumulativen Bilanz- und Solvenztest oder eine gesetzliche Pflicht zur Rücklagenbildung aus dem jährlichen Gewinn. Der Vorschlag verlaufe daher parallel zu den Regelungen in den Mitgliedstaaten, die bereits auf ein Mindestkapital verzichten.[1640]

4. Ergebnis der Kommission

Nach einer tabellarischen Gegenüberstellung von Effektivität, Effizienz und Kohärenz sowie einer Untersuchung der Auswirkungen auf die *Stakeholder* (Unternehmen, Mitgliedstaaten, Notare/ Rechtsberater und Gläubiger) war das Modell C mit einem Mindestkapital von 1 Euro mit Bilanztest und Solvenzbescheinigung die favorisierte Lösung.[1641] Zwar sei das Modell nicht ganz so kostensparsam wie Modell B, da zusätzliche Aufwendungen bei der Ausschüttungskontrolle aus Bilanz- und Solvenztest zu erwarten seien. Die Lösung stünde jedoch im Einklang mit dem Manifest für Entrepreneurship und Innovation zur Wachstumsförderung in der Union und der Politik eines hohen Standards an Gläubiger- und Verbraucherschutz. Die Ziele der Förderung der grenzüberschreitenden Mobilität von Unternehmen und der Stärkung des Binnenmarktes können durch das Modell C am besten erfüllt werden. Der Gläubigerschutz durch Kapital soll im Richtlinienvorschlag somit durch ein Mindestkapitalerfordernis von 1 Euro und einer Ausschüttungskontrolle durch kombinierten Bilanz- und Solvenztest gewährleistet werden.

III. Vorgaben der Richtlinienvorschläge

1. Mindestkapital

a) 1-Euro-Gesellschaft

Das Stammkapital der SUP hat mindestens 1 Euro zu betragen. Falls ein Mitgliedstaat eine andere Währung als den Euro hat, beträgt das Mindestkapital eine

---

1639 Impact Assessment (Fn. 64), S. 37.

1640 Impact Assessment (Fn. 64), S. 37.

1641 Siehe hierzu die Tabellen im Impact Assessment (Fn. 64), S. 38 ff.

Einheit der jeweiligen Landeswährung.[1642] Nach dem Kommissionsvorschlag wurde jedoch auf die Missverständlichkeit des Wortlauts „mindestens 1 EUR" hingewiesen. Denn dies könnte auch dahingehend ausgelegt werden, dass die Mitgliedstaaten mindestens 1 Euro als Mindestkapital festzulegen haben, aber auch einen höheren Betrag verlangen dürfen.[1643] Zur Klarstellung wurde unter italienischer Ratspräsidentschaft daher ergänzt, dass die Mitgliedstaaten für die SUP auch kein höheres Stammkapital als diese eine Währungseinheit verlangen dürfen und das Kapital auch nicht zum späteren Zeitpunkt unter einen Euro fallen darf.[1644] Tatsächlich ist der Wortlaut „mindestens 1 EUR" dahingehend auszulegen, dass die Gesellschaftsgründer - nicht die Mitgliedstaaten - die Option haben, ein höheres Mindestkapital als 1 Euro festzulegen. Die Entscheidung für ein solches Startkapital ergibt sich bereits aus der Folgenabschätzung, in der gleichzeitig einem höheren gesetzlichen Mindestkapital eine Absage erteilt wurde.[1645]

Zur Berücksichtigung derjenigen Mitgliedstaaten, welche das Mindestkapital als unerlässliche Voraussetzung einer seriösen Gründung ansehen, wurde seitens des Ausschusses für Binnenmarkt und Verbraucherschutz des Europäischen Parlaments die grundsätzliche Festlegung eines Mindestkapitals von mindestens 1.000 Euro vorgeschlagen. Für Mitgliedstaaten, deren Mindestkapital darunter liegt, soll dieses bei einem symbolischen Wert von 1 Euro liegen.[1646] Mit diesem Kompromiss würde zumindest eine kleine Seriositätsschwelle geschaffen und der Ruf der Gesellschaftsform gewahrt werden.[1647]

1642 Art. 16 Abs. 1 SUP-KOM.

1643 Vgl. DAV (Handelsrechtsausschuss), NZG 2014, 1372, 1378, Punkt 55; dem folgend *Kindler*, ZHR 179 (2015), 330, 348.

1644 Art. 16 Abs. 1 S. 3 und Art. 17 Abs. 3 SUP-IT-NOV. Vgl. auch die Ergänzung in Art. Art. 17 Abs. 1 S. 2 SUP-IT-DEZ. Vgl. hierzu auch die Formulierung im Entwurf einer Stellungnahme des Ausschusses für Binnenmarkt und Verbraucherschutz des Europäischen Parlaments v. 29.1.2015, Dok. PE546.844v01-00, Änderungsantrag 35 Erwägungsgrund 19 S. 3: „at EUR 1000 minimum capital or more, at the discretion of the founding member".

1645 Siehe hierzu oben Kapitel 5: C.II.4.

1646 So Änderungsantrag 35 Erwägungsgrund 19 S. 3, 4 und Änderungsanträge 96 und 97 Art. 16 Abs. 1 und 1a des Entwurfs einer Stellungnahme des Ausschusses für Binnenmarkt und Verbraucherschutz des Europäischen Parlaments v. 29.1.2015, Dok. PE546.844v01-00.

1647 Vgl. die Begründung des Entwurfs einer Stellungnahme des Ausschusses für Binnenmarkt und Verbraucherschutz des Europäischen Parlaments v. 29.1.2015, Dok. PE546.844v01-00, Short Justification, S. 4.

Der Änderungsvorschlag fand im Kompromissvorschlag unter lettischer Ratspräsidentschaft jedoch keine Berücksichtigung. Gerade im Hinblick auf die weite Verbreitung eines Mindestkapitals von 1 Euro kann die Festlegung eines höheren Mindestkapitals nicht ernsthaft in Erwägung gezogen werden.[1648] Es bleibt somit bei einem Mindestkapital von 1 Euro.[1649]

b) Ziel der Regelung

Zahlreiche Mitgliedstaaten betrachten ein zwingendes Mindestkapital als Gründungshürde.[1650] Die liberale Regelung der freien Kapitalwahl bei Errichtung der Gesellschaft soll zu einer Senkung der Gründungskosten führen. Ein solcher Effekt ist insbesondere in denjenigen Mitgliedstaaten zu erwarten, die bislang ein höheres Mindestkapital für ihre GmbH vorsehen. Der europäische Gesetzgeber verspricht sich mit der faktischen Abschaffung des Mindestkapitals – vergleichbar mit der Beobachtung zu den Reformen in Frankreich, Deutschland und Polen – einen erheblichen Anstieg an Neugründungen.[1651]

c) Fehlende Seriositätsschwelle

Die Argumente um das Für und Wider eines festen Mindestkapitals sind bereits aus den Vorarbeiten des MoMiG und den SPE-Verhandlungen bekannt.[1652] Die hierzu geführten Diskussionen liefern nicht nur systematische und teleologische Argumente, sondern belegen auch die hochpolitische Brisanz der Thematik.[1653]

1648 *Lau Hansen*, ECFR 2015, 177, 187.

1649 Art. 16 Abs. 1 S. 1 SUP-LV-MAR (ebenso Art. 16 Abs. 1 S. 1 SUP-LV-APR).

1650 Vgl. Erwägungsgrund 19a S. 3 SUP-IT-NOV.

1651 Vgl. MEMO/14/274, Frage 13 S. 5 und Impact Assessment (Fn. 64), S. 35.

1652 Zur Frage einer Herabsenkung des Mindestkapitals im Rahmen des MoMiG siehe statt aller *Priester*, in: Gesellschaftsrechtliche Vereinigung (VGR) (Hrsg.), Die GmbH-Reform in der Diskussion, 2006, S. 1; aus österreichischer Sicht *Krejci*, in: FS K. Schmidt, S. 981, 989. Zu den Diskussionsbeiträgen im Rahmen des SPE-Kommissionsvorschlags *Brems/Cannivé*, Der Konzern 2008, 629, 632; *Hadding/Kießling*, WM 2009, 145, 157; *Hennrichs*, NZG 2009, 921, 922; *Hommelhoff/Teichmann*, GmbHR 2008, 897, 904; *Hommelhoff/Teichmann*, GmbHR 2009, 36, 37; *Hommelhoff*, in: FS K. Schmidt, S. 671, 672; *Hennrichs*, NZG 2009, 921, 926; *Hügel*, ZHR 173 (2009), 309, 313; *Jung*, in: FS von Büren, S. 103, 120 ff.; großzügiger dagegen *Peters/Wüllrich*, DB 2008, 2179, 2182; *J. Schmidt*, EWS 2008, 455, 459.

1653 So fürchtet etwa *Bausback* (CSU) den „Untergang kontinentaler und deutscher Gesellschaftsrechtsgrundsätze" (vgl. 924. Sitzung des Bundesrats v. 11.7.2014, 247 (C)); offener dagegen *Ch. Lange* (SPD): „Das [*Anm.*: der Solvency test] muss im

Nach traditioneller Wertauffassung gehen Haftungsbeschränkung und Gläubigerschutz Hand in Hand. Für die Festsetzung eines fixen Mindestkapitals spricht vor allem der Gedanke, dass die Gesellschaft ein Korrelat zur Haftungsbeschränkung aufbringen muss. Ansonsten bestünde die Gefahr, dass Investoren zu hohe Risiken eingehen. Nicht nur Startinsolvenzen können so vermieden werden,[1654] auch das Image und die Reputation als nationale Rechtsform mit einem EU-Gütesiegel könnte sich durch ein adäquates Mindestkapital erhöhen.[1655] Ein fester Eigenkapitalgrundstock bietet daher eine gewisse Seriositätsschwelle, um den Interessen der Gläubiger, Verbraucher und Arbeitnehmer Rechnung zu tragen.[1656]

Vielfach wurde bereits festgestellt, dass durch eine präventive betriebswirtschaftliche Aufwandsprüfung gänzlich unseriöse Gründungen gar nicht zur Entstehung gelangen.[1657] Nach empirischen Erhebungen über die kurze Bestandsdauer von Limiteds in Deutschland sehen sich die Kritiker bestätigt, dass sich das kontinentaleuropäische Haftkapitalsystem bewährt hat und somit trotz des entfachten Wettbewerbs der Rechtsordnungen kein Anlass für eine weitere 1-Euro-Gesellschaft besteht.[1658]

Ergebnis nicht schlechter sein." (924. Sitzung des Bundesrats v. 11.7.2014, 248 (D)). Plakativ *Thomale*, ZEuP 2015, 517, 542: „Vehikel programmierter Fremdschädigung".

1654 *Steinwendter*, NZA 2014, 262, 267. Bereits vorher *Hennrichs*, NZG 2009, 921, 922; *Ries*, NotBZ 2007, 244, 245; *Krejci*, in: FS K. Schmidt, S. 981, 989.

1655 *Teichmann/Fröhlich*, MJ 21 (2014), 536, 539 f. Ähnlich zur SPE *Siems/Rosenhäger/Herzog*, Der Konzern 2008, 393, 398.

1656 *Hommelhoff*, WM 1997, 2101, 2107; *Krejci*, in: FS K. Schmidt, S. 981, 989; *Lutter*, in: FS Riesenfeld, S. 165, 168; *K. Schmidt*, GesR, § 18 II. 4; kritisch hierzu Arbeitsgruppe Europäisches Gesellschaftsrecht, ZIP 2003, 863, 872; *Blaurock*, in: FS Raiser, S. 3, 12 ff.; *Eidenmüller*, in: FS Heldrich, S. 581, 593; *Haas*, DStR 2006, 993, 994; *Vetter*, ZGR 2005, 788, 800.

1657 *Ballerstedt*, ZHR 135 (1971), 383, 384 ff.; *Goette*, DStR 2005, 197, 198; *Goette*, ZIP 2005, 1481, 1482; *K. Schmidt*, GesR, § 18 II 4a. Vgl. hierzu zu auch die Regierungsbegründungen im Zuge der GmbH-Reform: Begr. RegE MindestkapitalG, BT-Drs. 15/5673, S. 3; Begr. RegE MoMiG, BT-Drs. 16/6140, S. 29. Zur SPE: *Hommelhoff/Teichmann*, DStR 2008, 925, 931 f.; *Hommelhoff/Teichmann*, GmbHR 2008, 897, 904; *Hommelhoff*, in: FS K. Schmidt, S. 671, 672; *Siems/Rosenhäger/Herzog*, Der Konzern 2008, 393, 398.

1658 Nach den Erhebungen wurden 2600 Limiteds mit Verwaltungssitz in Deutschland bereits wieder aufgelöst; die durchschnittliche Bestandsdauer einer Limited betrug gerade mal knapp 24 Monaten, vgl. *Westhoff*, GmbHR 2006, 525, 527. Weitere Daten finden sich bei *Niemeier*, ZIP 2006, 2237, 2241 f.; *Niemeier*, ZIP 2007, 1794, 1798. Zur Studie über mögliche Scheinauslandsgesellschaften siehe *Becht/Mayer/Wagner*, Journal of Corporate Finance 14 (2008), 241.

Letztlich stellt das Mindestkapital im Gegensatz zu den Gebühren beim Handelsregister nur einen indirekten Kostenfaktor dar, da das eingezahlte Kapital bei der Gesellschaft verbleibt.[1659]

Zeichnet sich die SUP mit einem Mindestkapital von 1 Euro aus, fehlt es an der mit dem Mindestkapital verbundenen Seriositätsschwelle. Es besteht somit keine Filterwirkung gegen gänzlich sinnlose Gründungen. Überdies mangelt es bei der 1-Euro-Gesellschaft an der Reputation der Rechtsform am Markt.

d) *Europäischer Mehrwert*

Der europäische Trend weist dagegen in Richtung einer Herabsetzung oder völligen Abschaffung des Mindestkapitals. Die Mehrheit der Mitgliedstaaten verzichtet bereits auf ein Mindestkapital.[1660] Allein Österreich bildet hier eine Ausnahme – die gesetzgeberische Intention ist dort jedoch fiskalischer Natur.[1661] Auch der Entwurf zum europäischen Modellkapitalgesellschaftsgesetz (European Modell Company Act – EMCA) überlässt den private companies, zu denen die jeweils nationalen GmbHs gehören, die freie Wahl des Stammkapitals der Gesellschaft.[1662] Mit der liberalen Regelung zum Stammkapital wird dem Unternehmer die notwendige Flexibilität gegeben, die Haftsumme seinem individuellen Geschäftsmodell anzupassen.[1663] Auch in Deutschland erfuhr die Grundhaltung der Funktion des Mindestkapitals als Seriositätsschwelle mit Einführung der Unternehmergesellschaft (haftungsbeschränkt) einen erheblichen Einbruch.

Tatsächlich kann ein gesetzliches Mindestkapital für die SUP kaum noch am Gedanken des Gläubigerschutzes aufgehängt werden.[1664] Nicht zu unterschätzen

---

1659 *Becht/Mayer/Wagner*, Journal of Corporate Finance 14 (2008), 241, 244.

1660 Das Mindestkapital wird dort als überkommener Paternalismus eingestuft („outdated paternalism"), vgl. *Lau Hansen*, ECFR 2015, 177, 184.

1661 Erwartungsgemäß ablehnend ist daher auch die Stellungnahme der Bundesarbeitskammer Österreich v. 17.6.2014, S. 6 sowie *Steinwendter*, NZA 2014, 262, 267.

1662 EMCA-Entwurf, Kapitel 2 Section 7 Abs. 1 S. 2 (zuletzt abgerufen am 16.09.2016 unter http://law.au.dk/en/research/projects/european-model-company-act-emca). Zu den Vorarbeiten bereits *Teichmann*, KSzW 2014, 77, 82.

1663 So auch der Gedanke im Begr. RegE MindestkapitalG, BT-Drucks. 15/5673, S. 4; Begr. RegE MoMiG, BT-Drucks. 16/6140, S. 29; BR-Drucks. 619/05, S. 5 im Rahmen des Vorschlags zur Herabsetzung des Mindestkapitals in Deutschland, wonach mittlerweile der Großteil der Gesellschaften im Dienstleistungssektor tätig sei (85 %); sodass ein Startkapital wie dies noch früher im Produktionsgewerbe erforderlich war, nicht mehr benötigt werde.

1664 *Teichmann/Fröhlich*, MJ 21 (2014), 536, 539. Monographisch *Körber*, Kapitalaufbringung, S. 157 ff.

ist zwar das Misstrauen, welches Geschäftspartnern entgegengebracht wird, wenn diese eine Gesellschaft ohne Haftungspuffer betreiben und das „Qualitätsmerkmal"[1665] Stammkapital nicht aufgebracht wird.[1666] Jedoch würde die Festlegung eines fixen Mindestkapitals die Entwicklung in der Mehrheit der Mitgliedstaaten in Richtung einer Aufweichung oder gänzlichen Abschaffung des Mindestkapitalerfordernisses ignorieren.

Auch der Lösungsvorschlag des Ausschusses für Binnenmarkt und Verbraucherschutz des Europäischen Parlaments mit der Wahlmöglichkeit des Mindestkapitals von 1 oder 1.000 Euro[1667] verspricht an dieser Stelle keine gemeinsame Basis. Die Anstrengungen der Union sollten sich auf eine harmonisierte Lösung zum Mindestkapital beziehen. Die Festlegung des Mindestkapitals auf 1 Euro bietet daher trotz aller Seriositätsbedenken einen europäischen Mehrwert.

2. *Rücklagenbildung*

a) Vom Verbot der Rücklagenbildung …

Nach dem Kommissionsvorschlag dürfen die SUP keinen gesetzlichen Vorschriften zur Rücklagenbildung unterliegen.[1668] Eine statutarische Rücklagenbildung bleibt jedoch weiterhin zulässig.[1669] Durch die Option, in der Satzung eine Rücklagenbildung festzusetzen, soll dem Alleingesellschafter freigestellt werden, ob und in welcher Höhe er Rücklagen bilden möchte und für welche Verwendungszwecke auf diese zurückgegriffen werden kann. Der Aufbau eines gewissen Haftungspuffers ist somit dispositiv.

Das Verbot eines gesetzlichen Zwangs zur Rücklagenbildung steht in Einklang mit dem Leitziel der Richtlinie, für eine Vereinfachung der Unternehmensgründung zu sorgen. Es soll verhindert werden, dass die Mitgliedstaaten die Gesellschaften über die Hintertür zur Bildung eines höheren Stammkapitals zwingen.[1670]

1665 *Schoenemann*, EWS 2014, 241, 243.

1666 Vgl. hierzu auch *Kläner*, KSzW 2014, 101, 103, 106.

1667 Änderungsantrag 35 Erwägungsgrund 19 S. 3, 4 und Änderungsanträge 96 und 97 Art. 16 Abs. 1 und 1a des Entwurfs einer Stellungnahme des Ausschusses für Binnenmarkt und Verbraucherschutz des Europäischen Parlaments v. 29.1.2015, Dok. PE546.844v01-00.

1668 Art. 16 Abs. 4 S. 1 SUP-KOM.

1669 Art. 16 Abs. 4 S. 2 SUP-KOM.

1670 *Jung*, GmbHR 2014, 579, 587.

Die Regelung stellt eine Abkehr von einigen nationalen Reformgesetzgebungen dar, welche für die Rechtsformvariante der GmbH ohne Mindestkapital eine obligatorische Rücklagenbildung vorsehen.[1671] Der dahinterstehende Zweck liegt im Aufbau eines Haftungspuffers zur schrittweisen Erreichung des Mindestkapitals der regulären nationalen GmbH. Die Gesellschaft soll baldmöglichst von den Sonderregeln befreit werden und von der Reputation der regulären GmbH profitieren.

Teilweise wurde das Verbot einer gesetzlichen Rücklagenbildung bei der SUP als logische Konsequenz des fehlenden Mindestkapitals interpretiert.[1672] Da das Mindestkapital seine Funktion als Gläubigerschutzinstrument verloren habe, würde auch eine gesetzliche Rücklagenbildung ihr Ziel verfehlen. Außerdem würde die notwendige Rechtssicherheit dahingehend geschaffen, dass der Gesellschafter bei der Gründung einer Tochtergesellschaft im Ausland nicht auf unerwartete, unbekannte Regeln zur Rücklagenbildung stoße.[1673] Überwiegend wurde die Regelungskombination aus fehlendem Mindestkapital und verbotener gesetzlicher Rücklagenbildungspflicht jedoch als höchst missbrauchsanfällig eingestuft. Befürchtet wurde eine dauerhafte Unterkapitalisierung von Gesellschaften, durch welche die Gläubigerinteressen erheblich gefährdet würden.[1674] Die Diskussion um das fehlende Mindestkapital wird durch die fehlende Thesauierungspflicht somit noch verstärkt. Das im Kommissionsvorschlag vorgesehene Verbot einer gesetzlichen Rücklagenbildung hat sich daher zu Recht als nicht haltbar erwiesen.

b) … über eine zu rechtfertigende Rücklagenbildungspflicht …

Im Kompromissvorschlag unter italienischer Ratspräsidentschaft wurde die Vorschrift in eine Mitgliedstaatenoption umgewandelt: Danach dürfen die Mitgliedstaaten verlangen, dass die SUP in bestimmten Wirtschaftssektoren aufgrund des höheren Kapitalbedarfs und zum Schutz der Gläubiger und des öffentlichen Interesses Rücklagen zu bilden hat.[1675] Diese Verpflichtung ist aus

1671 Siehe hierzu bereits den Länderbericht unter Kapitel 5: C.I.2.

1672 So etwa *Lau Hansen*, ECFR 2015, 177, 187.

1673 *Conac*, ECFR 2015, 139, 169.

1674 Vgl. Stellungnahme Nr. 31/2014 der Bundesrechtsanwaltskammer v. 21.7.2014, S. 7; Stellungnahme der Österreichischen Notariatskammer v. 15.5.2014, AZ 532.30, S. 6; Arbeitsdokument des Rechtsausschusses zur SUP v. 6.2.2015 (Dok. PE549.150v01-00), S. 6; ferner *Steinwendter*, NZA 2014, 262, 267. Offener dagegen *J. Schmidt*, in Lutter/Koch (Hrsg.), SUP, S. 1, 9.

1675 Art. 16 Abs. 4 S. 1 und Erwägungsgrund 19b S. 1 SUP-IT-NOV; hierzu *Kindler*, ZHR 179 (2015), 330, 349. Ebenso der Entwurf einer Stellungnahme des Ausschusses für

Transparenzgründen und zur Information des Gesellschafters auf der nationalen Registrierungs-Website aufzuführen.[1676] Gleichzeitig dürfen die Mitgliedstaaten der Gesellschaft nicht verbieten, freiwillig Rücklagen zu bilden.[1677] Unberührt hiervon bleiben jedoch die bereits in der Bilanzrichtlinie festgelegten, obligatorischen Rücklagepflichten sowie die nach nationalem Recht vorgesehenen Publizitätsnormen.[1678] Gleichzeitig dürfen die Mitgliedstaaten die statutarische Rücklagenbildung nicht verbieten.

In der SUP, die keinem gesetzlichen Mindestkapital unterliegt, haben die Gläubiger keinen Kapitalstock, auf den sie im Zweifel zurückgreifen können. Umso bedeutender ist daher die Schutzfunktion, die eine feste Rücklagenbildung im Rechtsverkehr bietet: Durch ein gesetzlich angeordnetes „Zwangssparen" wird den Gesellschaften peu à peu eine solche Eigenkapitalposition verschafft.

Eine vergleichbare Intention findet sich im französischen Recht: Für die SARL und SAS besteht trotz fehlendem Mindestkapital eine gesetzliche Rücklagenpflicht in Höhe von 5 % des Gewinns.[1679] Über dieses *quasi-capital* soll ein gewisser Kapitalstock geschaffen werden. Der französische Staat bietet auf diese Weise eine kostengünstige Gründung ohne Mindestkapital und sichert gleichzeitig für die weiteren Geschäftsjahre eine gewisse Haftungsrücklage. Diese Rücklage soll zum Gläubigerschutz beitragen und gleichzeitig einen Schutz gegen Missbrauch des Systems ohne Mindestkapital bieten.[1680]

Binnenmarkt und Verbraucherschutz des Europäischen Parlaments v. 29.1.2015, Dok. PE546.844v01-00, Änderungsantrag 35 Erwägungsgrund 19 S. 6, 7 und Änderungsanträge 98, 100 Art. 16 Abs. 1b, Abs. 4.

1676 Art. 16 Abs. 4 S. 2 und Erwägungsgrund 19b S. 2 SUP-IT-NOV.

1677 Art. 16 Abs. 4 S. 3 SUP-IT-NOV.

1678 Art. 16 Abs. 4 S. 4 SUP-IT-NOV; so etwa Neubewertungsrücklagen, Zeitwertrücklagen und Rücklagen für eigene Anteile (vgl. Richtlinie 2013/34/EU des Europäischen Parlaments und des Rates v. 26.6.2013 über den Jahresabschluss, den konsolidierten Abschluss und damit verbundene Berichte von Unternehmen bestimmter Rechtsformen und zur Änderung der Richtlinie 2006/43/EG des Europäischen Parlaments und des Rates zur Aufhebung der Richtlinien 78/660/EWG und 83/349/EWG des Rates, Anhänge III und IV).

1679 Art. L-232-10 Code de commerce; hierzu *Cozian/Viandier/Deboissy*, Droit des sociétés, 27. Aufl. 2014, Rn. 369 ff. Anders hingegen in Deutschland: Nach § 46 Nr. 1 GmbHG unterliegt die Verwendung des Ergebnisses dem Beschluss des Gesellschafters; dieser kann somit frei über die Gewinnausschüttung beschließen.

1680 Gleichwohl kann die gesetzliche Pflicht zur Rücklagenbildung leicht umgangen werden, etwa durch Gewinnabführungsverträge, hochbezahlte Beschäftigung von Familienmitgliedern oder exorbitante Verzinsung von Gesellschafterdarlehen, vgl. *Kleindiek*, in: Lutter/Hommelhoff, GmbHG, 19. Aufl. 2016, § 5a Rn. 41 ff.

Festzuhalten bleibt jedoch, dass die Festlegung einer Rücklagenbildungspflicht in diesem Verhandlungsstadium an zwei Voraussetzungen geknüpft war: Zum einen durfte die Thesaurierung nicht allen Gesellschaften auferlegt werden, sondern beschränkte sich auf bestimmte Wirtschaftssektoren. Zum anderen mussten Schutzgründe des öffentlichen Interesses vorliegen, die eine Pflicht zur Rücklagenbildung rechtfertigen.

c) … zur freien Rücklagenbildungspflicht …

Bereits im Dezember wurde die Beschränkung der Rücklagenbildung auf Schutzgründe des öffentlichen Interesses gestrichen.[1681] Die Begrenzung auf bestimmte Wirtschaftssektoren wurde ebenso aufgeweicht: Anstelle einer imperativen Beschränkung wird den Mitgliedstaaten lediglich nahegelegt, bei der Einführung gesetzlicher Rücklagenbildung auf die Kapitalbedürfnisse der verschiedenen Wirtschaftssektoren zu achten.[1682]

Eine Rücklagenbildung baut stufenweise einen gewissen Haftungspuffer auf und kann so zum Schutz der Gesellschaftsgläubiger beitragen. Ein solcher Haftungspuffer ist für jede SUP gleich welchen Wirtschaftssektors für die laufende Geschäftstätigkeit unerlässlich. Die Streichung der Einschränkung der Rücklagenbildung auf besondere öffentliche Schutzgründe ist daher zu begrüßen. Die Mitgliedstaaten haben somit die Option, auf gesetzlichem Wege Rücklagen zu verlangen, ohne dies explizit rechtfertigen zu müssen.

d) … mit Obergrenzen

Unter lettischer Ratspräsidentschaft wurde die Bildung der Rücklage jedoch auf den Prozentsatz des Gewinns begrenzt, der auch in der jeweiligen nationalen GmbH vorgesehen ist. Für die SUP darf also kein höherer Anteil verlangt werden als für die entsprechende nationale GmbH-Subform (Anti-Diskriminierungsregel). Außerdem darf die Rücklagenbildung nicht mehr verlangt werden, wenn die Summe des gesetzlichen Mindestkapitals der regulären GmbH erreicht ist.[1683] Die Beendigung des Rücklagenzwangs bei Erreichung des Mindestkapitals einer regulären GmbH lässt eine vergleichbare Intention wie bei der UG

1681 Vgl. Art. 16 Abs. 4 S. 1 SUP-IT-DEZ.

1682 Erwägungsgrund 19b S. 3 SUP-IT-DEZ. Vgl. auch die Anmerkung zu den Kernänderungen unter lettischer Ratspräsidentschaft, SUP-LV-MAR, S. 7. Kritisch zum sektoralen Anknüpfungspunkt *Jung*, EBLR 2015, 645, 673.

1683 Art. 16 Abs. 4 S. 1 SUP-LV-MAR. Vgl. auch *C. Müller*, AG-Report 2015, R172, R173; *C. Müller*, GmbH-Report 2015, R186.

(haftungsbeschränkt) vermuten: Die SUP soll zum Aufstieg in eine reguläre GmbH animiert werden.[1684]

Insgesamt stellt das Mitgliedstaatenwahlrecht zur Rücklagenbildung einen Kompromiss zu Gunsten derjenigen Mitgliedstaaten dar, welche bislang einen eher traditionellen Gläubiger- und Kapitalschutz gepflegt haben. Zudem trägt es in der Geschäftswelt zur Verbesserung des Images der SUP bei. Im gesamteuropäischen Kontext könnte dies die Solvenz und Wirtschaftskraft der Unternehmen stärken und somit dem Binnenmarkt weitere Kraft verleihen.

Im Zweiten Arbeitsdokument des Rechtsausschusses des Europäischen Parlaments von Januar 2016 wurde mittlerweile eine zwingende Rücklagenbildungspflicht festgelegt.[1685] Eine solche Regelung würde im Einklang mit den nationalen Reformgesetzgebungen stehen, welche für die Rechtsformvariante der GmbH ohne Mindestkapital eine obligatorische Rücklagenbildung vorsehen.[1686] Es bleibt abzuwarten, ob das Europäische Parlament im weiteren Verfahren daran festhält.

3. *Kein Höchstkapital*

Der Kommissionsvorschlag verbietet den Mitgliedstaaten die Vorgabe eines maximalen Wertes des Geschäftsanteils.[1687] Die Regelung trägt dem Umstand Rechnung, dass einige Mitgliedstaaten für ihre GmbH-Subform eine Höchstgrenze im Hinblick auf deren Stammkapital vorsehen.

Die Gesellschafter profitieren nur dann von dem vereinfachten GmbH-Regime, wenn das Kapital – und somit auch der Wert des Geschäftsanteils – unter der Mindestkapitalanforderung der regulären nationalen GmbH liegt. Solche Höchstgrenzen existieren insbesondere bei den nationalen GmbH-Subformen wie etwa in Deutschland, Belgien, Italien und Dänemark.[1688] Eine derartige Kapitalobergrenze würde jedoch den Attraktivitätsgrad der SUP erheblich schmälern und deren Anwendungsbereich auf kapitalschwache Gesellschaften reduzieren. Um die SUP auch für Unternehmensgruppen zu öffnen, verbietet

---

1684 Vgl. BegrRegE MoMiG, BT-Drs. 16/6140, S. 32 für die UG (haftungsbeschränkt). Kritisch *Hommelhoff/Teichmann*, FAZ v. 10.6.2015, S. 16.

1685 Art. 16 Abs. 4 und Erwägungsgrund 19 des Zweiten Arbeitsdokuments des Rechtsausschusses des Europäischen Parlaments v. 5.1.2016, Dok. PE575.031v01-00.

1686 Siehe hierzu bereits den Länderbericht unter Kapitel 5: C.I.2.

1687 Art. 16 Abs. 3 SUP-KOM.

1688 Bei der UG (haftungsbeschränkt) darf gleichwohl der Rechtsformzusatz beibehalten werden, auch wenn die Sondervorschriften der § 5a Abs. 1 bis 4 GmbHG keine Anwendung mehr finden.

der Richtlinienvorschlag daher eine Kapitalobergrenze. Trotz Streichung konzernfreundlicher Regelungen – insbesondere derjenigen zur Organisationsverfassung – in den späteren Entwürfen hielt der Rat an dieser Vorschrift fest.

4. *Geschäftsbrieftransparenz*

Der Kommissionsvorschlag verlangt die Offenlegung des gezeichneten oder eingezahlten Kapitals auf sämtlichen Briefen und Formularen auf Papier oder sonstigen Trägern (E-Mail, Fax, etc.). Verfügt die Gesellschaft über eine eigene Homepage, ist die Nennung der Kapitalziffer dort ebenfalls zu veröffentlichen.[1689] Die Angabe auf den Geschäftsbriefen stellt einen Teil des Gläubigerschutzes durch Information dar und soll für ausreichend Transparenz sorgen.[1690]

Die Regelung wurde im Kompromissvorschlag unter italienischer Ratspräsidentschaft mit der Begründung wieder gestrichen, dass die Offenlegung der Kapitalziffer bereits in Artikel 5 der Publizitätsrichtlinie normiert sei, welche auch auf die SUP Anwendung findet.[1691] Tatsächlich ist die Geschäftsbrieftransparenz momentan jedoch kein Gegenstand der Angabepflichten der Publizitätsrichtlinie, da gerade bei dieser Thematik auf europäischer Ebene kein Konsens gefunden werden konnte.[1692] Sollte die Harmonisierung der Geschäftsbrieftransparenz auf die Kapitalziffer ausgedehnt werden, müsste dies in Artikel 5 der Publizitätsrichtlinie verortet werden und nicht nur für die SUP gelten, sondern auch auf die nationalen GmbHs und Aktiengesellschaften ausgedehnt werden.

Daneben ist auch der materielle Mehrwert einer solchen Offenlegung fraglich. Zum einen bestehen keine Kontrollinstrumente, ob die Gesellschaft auch tatsächlich über das angegebene Kapital verfügt; zum anderen birgt die Offenlegungspflicht einen nicht unerheblichen bürokratischen Aufwand.[1693] Zwar obliegt es den Mitgliedstaaten über Art. 28 SUP-KOM für wirksame, verhältnismäßige und abschreckende Regelungen zu sorgen; eine umfassende Kontrolle

---

1689 Art. 16 Abs. 5 SUP-KOM.

1690 Kritisch *Lau Hansen*, ECFR 2015, 177, 188.

1691 Vgl. *Comment* zu Art. 16 SUP-IT-NOV. Auf die Anwendbarkeit der Publizitätsrichtlinie (nunmehr: Gesellschaftsrechtsrichtlinie) auf die SUP wird in Erwägungsgrund 10a S. 1 SUP-IT-NOV verwiesen.

1692 So *Edwards*, EC Company Law, 1999, S. 24; *Grundmann*, EuropGesR, S. 270; *Lutter/Bayer/J. Schmidt*, EuropUR, Rn. 18.26. Eingehend zur Entstehungsgeschichte dieser Materie *Einmahl*, AG 1969, 131, 134.

1693 So auch die Gemeinsame Stellungnahme des BDA, BDI und der DIHK zum SUP-KOM v. 18.7.2014, S. 8; *Böhm*, DIHK-Newsletter, Thema der Woche 13, v. 26.3.2015; *Omlor*, NZG 2014, 1137, 1140. A.A. *Kindler*, ZHR 179 (2015), 330, 350.

ist praktisch jedoch kaum realisierbar. Insofern ist auch aus materieller Sicht der Verzicht einer Harmonisierung der Stammkapitalangabe auf Geschäftsbriefen angebracht.[1694]

Es bleibt somit bei der rein optionalen mitgliedstaatlichen Festlegung der Angabe des Stammkapitals auf Geschäftsbriefen und Bestellscheinen.[1695]

5. *Kapitalaufbringung*

Der Kommissionsvorschlag regelt im Rahmen der Kapitalaufbringung die Höhe und Art der Einlagenerbringung.

a) *Einlagehöhe*

Jede SUP unterliegt dem Volleinzahlungsgebot. Das bedeutet, dass zum Zeitpunkt der Eintragung das Kapital vollständig aufgebracht sein muss.[1696] Unter italienischer Ratspräsidentschaft wird ergänzt, dass auch bei späteren Kapitaländerungen die Summe jeweils vollständig einzuzahlen ist.[1697]

Das Volleinzahlungsgebot ist strenger als die Vorgabe im SPE-Vorschlag. Es deckt sich jedoch mit der Regelung zur deutschen UG (haftungsbeschränkt) und anderen nationalen Rechtsformvarianten, die ebenfalls die vollständige Einzahlung des Kapitals verlangen.

Verbunden mit dem Volleinzahlungsgebot ist ein Appell an die Notwendigkeit eines gewissen Kapitals für die Gründungs- und Anlaufphase der Gesellschaft. Auch wenn das Mindestkapital nach der Satzung lediglich 1 Euro beträgt, genügt dieser Betrag nicht für ein geschäftliches Tätigwerden. Mit einem Startkapital von 1 Euro wäre die Gesellschaft bereits nach Zahlung der Eintragungskosten materiell unterkapitalisiert. Die Hervorrufung des Bewusstseins hinsichtlich der Risiken der überproportional hohen Insolvenzanfälligkeit in der Anlaufphase soll durch die Einzahlung des vollen Stammkapitals gestärkt werden. Es stellt somit eine Kompensation für das geringe Mindestkapital von 1 Euro dar.[1698]

1694 A.A. *Kindler*, ZHR 179 (2015), 330, 349 f., 382, der die Angabe des Mindestkapitals als „flankierende Gläubigerschutzmßnahme" als durchaus sinnvoll einstuft.

1695 Vgl. Art. 26 UAbs. 2 der Gesellschaftsrechtsrichtlinie.

1696 Art. 16 Abs. 2 und Art. 17 Abs. 1 SUP-KOM. Befürwortend *André-Leruste* in der Stellungnahme der französischen Industrie- und Handelskammer (CCI Paris Ile-de-France) v. 5.6.2014, S. 9; kritisch dagegen DAV (Handelsrechtsausschuss), NZG 2014, 1372, 1378, Punkt 58.

1697 Art. 17 Abs. 1 S. 2 SUP-IT-NOV.

1698 So auch das Ergebnis der Analyse des Zwecks des Volleinzahlungsgebot bei der UG (haftungsbeschränkt) bei *Körber*, Kapitalaufbringung, S. 180.

Auch für das in Deutschland bestehende lediglich hälftige Einzahlungsgebot bei Errichtung der GmbH[1699] findet sich weder in den Gesetzesgründungen noch in der Kommentarliteratur eine stichfeste Begründung, warum auf eine Volleinzahlung verzichtet wird. Nach der Begründung des Regierungsentwurfs 1977 sei Gesetzeszweck der Einzahlungssumme, dass den Gesellschaften ein „Mindestmaß an finanzieller Leistungsfähigkeit" zum Schutz der Gläubiger verbleibt.[1700] Häufig wird der Sinn des Teileinzahlungsgebots darin gesehen, dass die Gesellschaftsform der GmbH auf vermögensmäßig qualifizierte Unternehmen mit effektiven Ressourceneinsatz beschränkt bleibt und der Gesellschaft ein Mindestmaß an Liquidität gewährleisten werden soll.[1701] In der Tat vermag die Einzahlung eine gewisse Seriositätsschwelle für die Gründer darstellen. Die Argumente belegen jedoch lediglich das Kapitalbedürfnis bei Errichtung der Gesellschaft und begründen nicht die lediglich hälftige Einzahlung des Stammkapitals. Bei einer Volleinzahlung wäre die Anforderung der Sicherung des Stammkapitals zu Gründungsbeginn in noch stärkerem Maße erreicht.[1702] Das Volleinzahlungsgebot der SUP trägt daher zum Aufbau eines Kapitalstocks bei.

b) Einlageart

Bei der Einlagenart differenziert der Kommissionsvorschlag zwischen dem Online-Gründungsverfahren und anderer Registrierung:

1) Einlagen bei Online-Registrierung

Im Falle der Online-Registrierung sind ausschließlich Bareinlagen zulässig.[1703] Nach der Gründung sind auch für online registrierte Gesellschaften Sacheinlagen und sonstige Einlagen wie etwa Dienstleistungen erlaubt, sofern diese im Eintragungsstaat zugelassen sind.[1704]

1699 Vgl. § 7 Abs. 2 S. 2 GmbHG.

1700 Begr. BT-Drs. 8/1347 v. 15.12.1977 zur Änderung des GmbH-Gesetzes, S. 32. Kritisch hierzu bereits *Ballerstedt*, GmbHR 1967, 66, 68.

1701 *Fastrich*, in: Baumbach/Hueck, GmbHG, 21. Aufl. 2017, § 7 Rn. 6; *Roth*, in: Roth/Altmeppen, GmbHG, 8. Aufl. 2015, § 7 Rn. 18.

1702 Allgemein auch *Körber*, Kapitalaufbringung, S. 95.

1703 Art. 17 Abs. 2 S. 1 SUP-KOM.

1704 Art. 17 Abs. 2 S. 2 SUP-KOM. Zur Bewertung von Sacheinlagen trifft der Richtlinienvorschlag keine Regelung, so dass insofern nationales Recht greift (Art. 7 Abs. 4 SUP-KOM). Kritisch die Beschlussempfehlung der Ausschüsse zur SUP-Richtlinie, v. 30.6.2014, BR-Drs. 165/2/14, S. 13.

Die ausschließliche Akzeptanz von Bareinlagen im Falle der Online-Gründung ist im Hinblick auf das Ziel der Verfahrensbeschleunigung und Kostenreduktion zu begrüßen.[1705] Unter der Vorgabe, dass im Falle von Neugründungen die Eintragung innerhalb weniger Werktage erfolgen soll,[1706] wäre eine Überprüfung von Sacheinlagen kaum zu bewerkstelligen.

Unter italienischer Ratspräsidentschaft wurden Ergänzungen zum Einzahlungszeitpunkt und Einzahlungsort vorgenommen: Danach ist zur Sicherstellung der Kapitalaufbringung die Einzahlung bereits vor der Registrierung vorzunehmen.[1707] Zur Gewährleistung der Ferngründung darf die Einlage auf ein Konto eines jeden Kreditinstituts, welches die Erlaubnis zur Geschäftstätigkeit innerhalb der Union hat, eingezahlt werden.[1708] Die Vorschrift geht weiter als die bisherige Regelung in Deutschland oder auch Frankreich, wonach die Einlage ausschließlich durch Gutschrift auf ein Konto bei einem inländischen Kreditinstitut zu erfolgen hat.[1709] Der SUP-Vorschlag erlaubt dagegen die Einzahlung auf jedes Konto eines mitgliedstaatlichen autorisierten Kreditinstituts. Die Registerstaaten dürfen somit nicht verlangen, dass das Bankkonto im Heimatstaat einzurichten ist.[1710] Wenn nach nationalem Recht eine SUP mangels Rechtsfähigkeit vor der Eintragung noch kein Konto unterhalten darf, müssen die Mitgliedstaaten ein Zwischenkonto oder Depot zur Verfügung stellen, auf welche die Einzahlung vorzunehmen ist.[1711] Die Möglichkeit der Einzahlung der Bareinlage auf ein Konto eines anderen Mitgliedstaates erleichtert die Ferngründung aus dem

1705 Anders *Kindler*, ZHR 179 (2015), 330, 349, der im Verbot von Sacheinlagen keinen hinreichenden Gläubigerschutz verankert sieht.

1706 Vgl. Erwägungsgrund 16 S. 1 SUP-KOM.

1707 Art. 17 Abs. 2 S. 1 SUP-IT-NOV. Auch der Entwurf einer Stellungnahme des Ausschusses für Binnenmarkt und Verbraucherschutz des Europäischen Parlaments v. 29.1.2015, Dok. PE546.844v01-00, Änderungsantrag 103 Art. 17 Abs. 3 S. 2 verlangt einen Beleg für die Sicherstellung der Einlagenerbringung.

1708 Art. 17 Abs. 2 S. 1 SUP-IT-NOV.

1709 Zur deutschen Regelung: *Bayer*, in: Lutter/Hommelhoff, GmbHG, 19. Aufl. 2016, § 7 Rn. 11; *Heidinger* in *Heckschen/Heidinger*, GmbH in der Gestaltungs- und Beratungspraxis, 3. Aufl. 2014, § 11 Rn. 41; *Tebben*, in: Michalski, GmbHG, 2.Aufl. 2010, § 7 Rn. 28. Zur französischen Regelung: *Conac*, ECFR 2015, 139, 166.

1710 So etwa noch die Regelung in Frankreich: Dort kann die Einzahlung des Kapitals gem. Art. L-223-7 Abs. 4 iVm Art. R-223-3 Abs. 1 Code de commerce kann nach Auffassung des französischen Justizministeriums nur auf ein von Bankenaufsichtsbehörde anerkanntes Bankkonto erfolgen, vgl. *Döbereiner*, Frankreich, in: Süß/Wachter (Hrsg.), Handbuch des internationalen GmbH-Rechts, 3. Aufl. 2016, Rn. 48.

1711 Art. 17 Abs. 2 S. 2 SUP-IT-NOV.

Ausland.[1712] Behördliche Genehmigungen, Autorisierungen, Bestätigungen oder Zustimmungen von anderen Parteien würden den Gründungsprozess verlangsamen. Zur Stärkung von grenzüberschreitenden Unternehmensgründungen ist eine solche Regelung konsequent.

Der Registrierungsstelle ist grundsätzlich ein Einzahlungsnachweis zu erbringen.[1713] Eines Einzahlungsnachweises bedarf es jedoch nicht, wenn dem Registerstaat bereits die Erklärung genügt, dass die Einzahlung erfolgt ist.

2) Einlagen bei anderer Registrierung

Für den Fall der Einreichung der Unterlagen in Papierform oder bei Gründung durch Umwandlung wird keine Regelung getroffen, sodass insofern nationales Recht gilt. Erlaubt sind somit Bar- und Sacheinlagen sowie sonstige Einlagen, soweit diese im Eintragungsstaat zugelassen sind.[1714] Bei der Registrierung ist im Eintragungsformular die Einlageart mit aufzuführen.[1715]

Die Gründung unter Einbringung von Sacheinlagen bleibt dem Alleingesellschafter damit nicht grundsätzlich verwehrt; lediglich die Online-Gründung ist nicht möglich. Die Überprüfung der Werthaltigkeit der Sacheinlage unterliegt somit dem nationalen Recht.[1716] Bereits im Rahmen der SPE-Verhandlungen konnte man sich an dieser Stelle nur zu einer Kompromisslösung durchringen: Während der SPE-Kommissionsentwurf noch vorsah, dass die Sachprüfung vollständig der Satzung überlassen bleiben soll,[1717] eröffnete der Kompromissvorschlag unter schwedischer Ratspräsidentschaft, der auch von der ungarischen Ratspräsidentschaft beibehalten wurde, den Mitgliedstaaten die Option, eine Wertprüfung durch einen unabhängigen Sachverständigen einzuführen.[1718]

1712 Art. 17 Abs. 3 SUP-KOM, Art. 17 Abs. 2 SUP-IT-NOV.

1713 Art. 17 Abs. 2 S. 3 iVm Art. 13 Abs. 1 S. 1 lit. f SUP-IT-NOV.

1714 Die Zulassung von Sacheinlagen kritisierend die Beschlussempfehlung der Ausschüsse zur SUP-Richtlinie, v. 30.6.2014, BR-Drs. 165/2/14, S. 13. Die grundsätzliche Zulässigkeit von Sacheinlagen bei Neugründung der SUP problematisierend *Krauß/Meichelbeck*, BB 2015, 1562, 1563.

1715 Art. 13 Abs. 1 S. 1 lit. f SUP-IT-NOV.

1716 Art. 7 Abs. 4 SUP-KOM.

1717 Anh. I zur SPE-VO-KOM, Kapitel IV-Kapital, 3. Spiegelstrich. Hierzu *Anzinger*, BB 2009, 2606, 2609 f.; *Hommelhoff/Teichmann*, GmbHR 2008, 897, 905; *J. Schmidt*, EWS 2008, 455, 459.

1718 Art. 20 Abs. 1a S. 2 SPE-SE (Vorschlag für eine Verordnung des Rates über das Statut der Europäischen Privatgesellschaft – Politische Einigung, v. 27.11.2009, Dok. 16115/09 ADD 1).

Obligatorisch war eine solche Prüfung jedoch nicht. Die nähere Ausgestaltung war den Mitgliedstaaten überlassen (Mitgliedstaatenoption). Verzichtet der Mitgliedstaat auf die Einführung einer gesetzlichen Wertprüfung durch einen Sachverständigen, könne der Satzungsgeber selbst entscheiden, ob er einen Experten heranzieht.[1719]

c) *Abkehr im Kompromissvorschlag unter lettischer Ratspräsidentschaft*

Unter lettischer Ratspräsidentschaft wurde sowohl die Regelung zur Höhe als auch zur Art der Einlagenerbringung nationalem Recht überlassen.[1720] Dies bedeutet, dass jeder Mitgliedstaat selbst festlegen kann, zu welchem Anteil das Kapital bei Gründung zu erbringen ist. Außerdem kann der nationale Gesetzgeber entscheiden, ob die Gesellschaft nur mit Bareinlagen oder auch mit Sacheinlagen oder Dienstleistungen errichtet werden darf.

Zum Schutz der Regelungshoheit der Mitgliedstaaten vermag diese Regelung vielleicht sinnvoll sein, die Idee der Schaffung eines harmonisierten Regimes für die Gründung, welche auch die Kapitalaufbringung erfasst, erfährt an dieser Stelle jedoch einen weiteren Abstrich.

Das einzige in der Richtlinie verbleibende Element zur Kapitalaufbringung ist liberale Regelung zum Einzahlungsort: Die Einzahlung darf auf jedes Bankkonto innerhalb der Union erfolgen. Sie darf nicht auf die Einzahlung auf ein Kreditinstitut innerhalb der Landesgrenzen des Registerstaates beschränkt werden.[1721] Damit wird jedoch allein die Gründung aus der Ferne begünstigt. Ein europäischer Mehrwert in materieller Hinsicht wird damit jedoch nicht geschaffen.[1722]

6. *Kapitalerhaltung*

Die Kommission setzt anstelle einer Bremswirkung durch Mindestkapital auf einen Gläubigerschutz durch Ausschuttungsregelungen. Ein solches

---

1719 Art. 8 Abs. 1a iVm Anh. I Ziff. 4 SPE-VO-HU (SPE-Kompromissvorschlag unter ungarischer Ratspräsidentschaft, v. 23.5.2011, Doc. 10611/11). Vgl. auch *Jung*, Kapitalverfassung der SPE, S. 153 ff. Zur Normenhierarchie gemäß Art. 4 SPE-VO *Jung*, Kapitalverfassung der SPE, S. 53 ff.; *Wicke*, GmbHR 2011, 566, 567 f.

1720 Vgl. die Anmerkung zu den Kernänderungen unter lettischer Ratspräsidentschaft, SUP-LV MAR, S. 8.

1721 Vgl. hierzu die Neufassung des Art. 17 SUP-LV-MAR sowie die Anmerkung zu den Kernänderungen unter lettischer Ratspräsidentschaft, SUP-LV-MAR, S. 7.

1722 Ebenso *Jung*, EBLR 2015, 645, 674. Im Zweiten Arbeitsdokument des Rechtsausschusses des Europäischen Parlaments v. 5.1.2016, Dok. PE575.031v01-00 wird daher wieder auf die Regelung des Kommissionsvorschlags zurückgegriffen.

Gläubigerschutzsystem ist konzeptionell auch in den Niederlanden zu finden und wurzelt im anglo-amerikanischen Rechtskreis.[1723] Damit soll sichergestellt werden, dass nur das Gesellschaftsvermögen ausbezahlt wird, welches nicht zur Deckung der Schulden benötigt wird.

Im Falle der Auszahlung von Dividenden sind zur Gewährleistung eines effektiven Gläubigerschutzes formelle und materielle Verfahrensvorschriften zu beachten.[1724] Eine Gewinnausschüttung darf nur erfolgen, wenn die Anforderungen eines Bilanztests mit Solvenzbescheinigung erfüllt sind. Während die bilanzielle Betrachtungsweise bereits aus § 30 GmbHG bekannt ist, erscheint die Solvenzbescheinigung dem deutschen Recht fremd.[1725] Gleichwohl ist diese Ausschüttungsregelung kein Novum, sondern lehnt sich an die Vorgabe des SPE-Vorschlags aus dem Jahr 2008 an.[1726]

Die Kapitalerhaltungsvorschriften der SUP-Richtlinie weisen keinen abschließenden Charakter auf. Dies wurde unter lettischer Ratspräsidentschaft klargestellt: Die Mitgliedstaaten können somit weitere Regeln zur Begrenzung der Gewinnausschüttung einführen. Die SUP darf jedoch aufgrund des Gleichbehandlungsgebots keinen strengeren Anforderungen unterworfen werden als die jeweilige nationale GmbH.[1727]

1723 So auch die Einordnung bei *Beurskens*, GmbHR 2014, 738, 743; *Conac*, ECFR 2015, 139, 169 und *Omlor*, NZG 2014, 1137, 1140. Auf internationaler Ebene haben sich zuletzt Australien und Neuseeland für das Ausschüttungssystem eines kombinierten Bilanz- und Solvenztests entschieden, vgl. *Drygala*, EuZW 2014, 491, 495. Zu den Erfahrungen mit dem Solvenztest in Neuseeland *Weiss*, Der Konzern 2007, 109.

1724 Art. 18 SUP-KOM, vgl. auch Erwägungsgrund 19 S. 6 und 7 SUP-KOM sowie Erwägungsgrund 19a S. 4 SUP-IT-NOV. Anders hingegen der Entwurf einer Stellungnahme des Ausschusses für Binnenmarkt und Verbraucherschutz des Europäischen Parlaments, die Vorschriften zur Kapitalerhaltung allein dem mitgliedstaatlichen Recht überlassen will (vgl. Dok. PE546.844v01-00, v. 29.1.2015, Änderungsantrag 35 Erwägungsgrund 19 S. 8 und Änderungsantrag 104 Art. 18).

1725 *Beurskens*, GmbHR 2014, 738, 743. Mangels Netzwerkexternalität eine abschreckende Wirkung befürchtend *Neville/Sørensen*, EBOR 15 (2014), 545, 553, 565.

1726 Vgl. Art. 21 Abs. 1 S. 1 SPE-VO-KOM. Ausführlich zur Kapitalerhaltung unter Heranziehung eines Bilanztests und *earned surplus test* bei der SPE *Jung*, Kapitalverfassung der SPE, S. 193 ff.

1727 Art. 18 Abs. 3 S. 2 SUP-LV-MAR. Vgl. auch die Anmerkung zu den Kernänderungen unter lettischer Ratspräsidentschaft, SUP-LV-MAR, S. 8.

a) Gewinnausschüttungsbegriff

Als Gewinnausschüttung definiert der Kommissionsvorschlag „jeden finanziellen Vorteil, den der einzige Gesellschafter aufgrund des einzigen Anteils direkt oder indirekt aus der SUP zieht, einschließlich der Übertragung von Geld oder Immobilien. Gewinnausschüttungen können in Form einer Dividende, durch Immobilienerwerb oder -verkauf oder auf jedem anderen Wege erfolgen."[1728] Der Ausschüttungsbegriff orientiert sich dabei an Section 829 (1) Companies Act 2006, ist sehr weit gefasst[1729] und umfasst neben dem Transfer von Geld und Sachen jeglicher Art auch indirekte Vermögens- und Liquiditätszuwendungen. Im Kompromissvorschlag verzichtet die italienische Ratspräsidentschaft auf eine Definition der Gewinnausschüttung.[1730] Stattdessen wurden die Kapitalerhaltungsregeln auf Ausschüttungen in Form von Dividenden reduziert.[1731] Diese Beschränkung sollte das Prognoserisiko im Rahmen des Solvenztests mindern.[1732]

Unter lettischer Ratspräsidentschaft wurde eine differenzierte Lösung vorgenommen: Demzufolge sind sämtliche Ausschüttungen dem Bilanztest unterworfen.[1733] Der Ausschüttungsbegriff richtet sich dabei nach nationalem Recht. Der Solvenztest ist dagegen nur bei der Auszahlung von Dividenden erforderlich.[1734]

1728 Art. 2 Abs. 3 SUP-KOM. Eine Präzisierung dieser Definition fordernd die Beschlussempfehlung der Ausschüsse zur SUP-Richtlinie, v. 30.6.2014, BR-Drs. 165/2/14, S. 11 f.; ähnlich auch *Beurskens*, GmbHR 2014, 738, 742; *Kindler*, ZHR 179 (2015), 330, 352. Befürwortend dagegen *Drygala*, EuZW 2014, 491, 494; *Schoenemann*, EWS 2014, 241, 243.

1729 *Conac*, ECFR 2015, 139, 169; *Beurskens*, GmbHR 2014, 738, 742; DAV (Handelsrechtsausschuss), NZG 2014, 1372, 1373 (Punkte 15 und 16); *Jung*, EBLR 2015, 645, 675; *Knapp*, ECFR 2015, 191, 192; *Lanfermann/Maul*, BB 2014, 1283, 1293.

1730 Insofern übereinstimmend mit dem Entwurf einer Stellungnahme des Ausschusses für Binnenmarkt und Verbraucherschutz des Europäischen Parlaments v. 29.1.2015, Dok. PE546.844v01-00, Änderungsantrag 55 Art. 2 Abs. 3.

1731 Vgl. hierzu den einleitenden Wortlaut in Art. 18 Abs. 2 S. 1 und Abs. 3 S. 1 SUP-IT-NOV: „An SUP shall not make a distribution in the form of a dividend".

1732 Dies betonend auch die Anmerkung zu den Kernänderungen unter lettischer Ratspräsidentschaft, SUP-LV-MAR, S. 8.

1733 Insofern wird der Begriff der "distribution" verwendet (vgl. etwa Art. 18 Abs. 1 SUP-LV-MAR).

1734 Art. 18 Abs. 1 lit. b SUP-LV-MAR: "in case of a distribution in form of a payment of a dividend". Vgl. auch die Anmerkung zu den Kernänderungen unter lettischer Ratspräsidentschaft, SUP-LV-MAR, S. 8: „Paragraph 1(b) now only applies to distributions in the form of payment of a dividend."

b) Formelle Anforderungen

Während der Kommissionsvorschlag lediglich anordnete, dass Gewinnausschüttungen auf Empfehlung des Managements und nach Beschluss des Gesellschafters zu erfolgen haben[1735], präzisiert der Kompromissvorschlag unter italienischer Ratspräsidentschaft die formellen Verfahrensregeln. Differenziert wird dabei zwischen dem Fall der Fremdorganschaft und der Selbstorganschaft.

Ist der Alleingesellschafter gleichzeitig alleiniger Geschäftsführer (Selbstorganschaft), genügt für die Gewinnausschüttung der Beschluss des Alleingesellschafters.[1736] Dieser ist schriftlich zu fassen und mindestens fünf Jahre aufzubewahren.[1737]

Besteht keine Personenidentität zwischen dem Alleingesellschafter und dem Leitungsorgan (Fremdorganschaft), sind drei Verfahrensschritte zu beachten: Zunächst hat eine Empfehlung[1738] des Leitungsorgans zu erfolgen (Gewinnverwendungsvorschlag). Diese ist schriftlich zu verfassen und von sämtlichen Geschäftsführern zu unterzeichnen.[1739] Sodann hat ein Beschluss des Alleingesellschafters zu erfolgen, gerichtet auf die Ausschüttung der Dividende.[1740] Der Beschluss ist ebenfalls schriftlich zu fassen und unterliegt der fünfjährigen Aufbewahrungsfrist.[1741] Die Auszahlung an den Gesellschafter hat über das Leitungsorgan zu erfolgen.[1742] Durch die Zwischenschaltung des Leitungsorgans soll sichergestellt werden, dass der Alleingesellschafter nicht unbefugt auf das Gesellschaftsvermögen zurückgreift.

Unter lettischer Ratspräsidentschaft wurden sämtliche formellen Anforderungen an die nationalen Gesetzgeber delegiert.[1743]

1735 Art. 18 Abs. 1 iVm Art. 21 Abs. 2 lit. b SUP-KOM.

1736 Art. 18 Abs. 1 S. 3 iVm Art. 21 Abs. 2 lit. b SUP-IT-NOV.

1737 Art. 4 Abs. 2 SUP-IT-NOV (die inhaltlich gleiche Regelung in Art. 21 Abs. 1 SUP-KOM wurde aufgrund der Doppelung im Kompromissvorschlag unter italienischer Ratspräsidentschaft gestrichen).

1738 Diesen Terminus wegen des fehlenden Bezugs zur deutschen Gesetzessprache kritisierend DAV (Handelsrechtsausschuss), NZG 2014, 1372, 1378 (Punkt 62); *Hommelhoff*, GmbHR 2014, 1065, 1072.

1739 Siehe Art. 18 Abs. 1 S. 1 SUP-IT-NOV.

1740 Art. 18 Abs. 1 S. 1 SUP-IT-NOV.

1741 Art. 4 Abs. 2 SUP-IT-NOV.

1742 Art. 18 Abs. 1 S. 2 SUP-IT-NOV.

1743 Art. 18 Abs. 3 S. 1 SUP-LV-MAR. Vgl. auch die Anmerkung zu den Kernänderungen unter lettischer Ratspräsidentschaft, SUP-LV-MAR, S. 8. In der verabschiedeten Ratsfassung wurde der Passus gestrichen, da über Art. 7 Abs. 4 lit. b SUP-LV-RAT bereits nationales GmbH-Recht zur Anwendung kommt, wenn in der Richtlinie eine Materie nicht geregelt wird.

c) Materielle Anforderungen

1) Bilanztest

Beim Bilanztest wird ein Vergleich des Aktivvermögens mit dem Fremdkapital vorgenommen.[1744] Ist das im Jahresabschluss ausgewiesene Nettovermögen bei Abschluss des letzten Geschäftsjahres geringer als das Stammkapital zuzüglich etwaiger statutarisch vorgenommener Rücklagen oder würde das Nettovermögen durch die Gewinnausschüttung dieses unterschreiten, darf die SUP keine Gewinnausschüttung vornehmen.[1745] Für die Berechnung wird die zuletzt festgestellte Bilanz zugrunde gelegt (Stichtagsregelung).[1746] Es werden jedoch auch nach Abschluss des Geschäftsjahres eingetretene Veränderungen des Stammkapitals, Veränderungen des Teils der nicht ausschüttungsfähigen Rücklagen sowie vorab erfolgte Gewinnausschüttungen berücksichtigt.[1747]

Die konkrete Ausgestaltung des Bilanztests bleibt nicht frei von Kritik. Hervorzuheben ist zum einen die Gefahr der Erlangung eines verzerrten Vermögensbildes aufgrund der stichtagsbezogenen Prüfung, zum anderen bestehen erhebliche Diskrepanzen bei der Ermittlung des der Ausschüttung zugrundeliegenden Nettovermögens:

Der Bilanztest ist eine vergangenheitsbezogene Prüfung, bei der die zuletzt festgestellte Bilanz zugrunde gelegt wird (Stichtagsregelung).[1748] Dies unterscheidet sich von § 30 GmbHG, welcher bei der Feststellung einer etwaigen Unterbilanz auf den Zeitpunkt der effektiven Auszahlung abstellt.[1749] Vorteilhaft an der vergangenheitsbezogenen Prüfung ist zwar die leichte Nachvollziehbarkeit und Nachprüfbarkeit. Jedoch werden neben Veränderungen des Stammkapitals sowie nicht ausschüttungsfähiger Rücklagen keine weiteren negativen

---

1744 Vgl. Art. 18 Abs. 2 SUP-KOM. Insofern besteht eine konzeptionelle Übernahme von Art. 17 der Kapital-Richtlinie (2012/30/EU; Neukodifizierung der Zweiten Gesellschaftsrechtlichen Richtlinie 77/91/EWG). Hierzu vergleichend *Knapp*, ECFR 2015, 191, 193 f.

1745 Vereinfacht ausgedrückt in Erwägungsgrund 19 S. 7 SUP-KOM: „Die Verbindlichkeiten dürfen nicht höher sein als die Vermögenswerte".

1746 Art. 18 Abs. 2 S. 2 SUP-KOM.

1747 Art. 18 Abs. 2 S. 3 SUP-KOM, ergänzt in Art. 18 Abs. 2 S. 2 SUP-IT-NOV. Unter lettischer Ratspräsidentschaft wurde der Bilanztest in Art. 18 Abs. 1 lit. a SUP-LV-MAR aufgrund der Möglichkeit der Rücklagenbildung nach Art. 16 Abs. 4 angepasst.

1748 Art. 18 Abs. 2 S. 2 SUP-KOM.

1749 *Altmeppen*, in: Roth/Altmeppen, GmbHG, 8. Aufl. 2015, § 30 Rn. 16; *Hommelhoff*, in: Lutter/Hommelhoff, GmbHG, 19. Aufl. 2016, § 30 Rn. 17.

Vermögensveränderungen berücksichtigt. Aufgrund der zeitlichen Diskrepanz zwischen der Vornahme der Gewinnausschüttung und der zuletzt festgestellten Bilanz ist der Bilanztest daher wenig aussagekräftig.[1750] Der vergangenheitsbezogene Beurteilungszeitpunkt könnte ein fälschliches Vermögensbild der Gesellschaft abwerfen und somit die Gläubiger in die Irre leiten.[1751]

Weiterhin uneinheitlich ist auch die Rechnungslegung in den Mitgliedstaaten ausgestaltet. Die Feststellung des dem Bilanztest zugrunde gelegten Nettovermögens divergiert in den Mitgliedstaaten in erheblicher Weise. Je nachdem, ob sich die Mitgliedstaaten an den internationalen Rechnungslegungsstandards, der Rechnungslegung nach der Bilanzrichtlinie oder sonstigen nach der Bilanzrichtlinie zulässigen nationalen Regeln richtet, fällt das berechnete Nettovermögen entsprechend großzügiger oder restriktiver aus.[1752] Insbesondere in denjenigen Mitgliedstaaten, welche die *UK Generally Accepted Accounting Practice (GAAP)* oder die *International Financial Reporting Standards (IFRS)* zugrunde legen, erreichen die Unternehmensbilanzen einen höheren Wert des Aktivvermögens und somit einen höheren Wert an Gewinnen als in Staaten wie Deutschland, welche traditionell dem Vorsichtsprinzip[1753] folgen. Die bilanzielle Gewinnausweisung nach dem *UK GAAP* genügt nicht dem aus der Jahresabschlussrichtlinie vorgegebenen Realisationsprinzip.[1754] Der Ausgleich durch Überleitungsrechnung erfolgt dort erst im Anschluss an die bilanzielle Gewinnermittlung.

Solange die Zuständigkeit zur bilanziellen Gewinnermittlung in den Kompetenzbereich der Mitgliedstaaten fällt, besteht daher über einen Bilanztest kein einheitlicher, europäischer Schutzstandard.

2) Solvenztest

Zur Korrektur der Nachteile des Bilanztests greift eine Solvenzprüfung ein, die eine Bestandsaufnahme der realen Vermögenswerte vornimmt. Diese wird als „essentielles Instrument eines gewissen Gläubigerschutzes“ sowie als sinnvolle,

---

1750 DAV (Handelsrechtsausschuss), NZG 2014, 1372, 1378 (Punkt 65), *Drygala*, EuZW 2014, 491, 496; *Schoenemann*, EWS 2014, 241, 243. So bereits allgemein zum Bilanztest *Arnold*, Der Konzern 2007, 118, 120 mwN, relativierend jedoch S. 121.

1751 *Schoenemann*, EWS 2014, 241, 243.

1752 Vgl. hierzu auch die Kritik bei DAV (Handelsrechtsausschuss), NZG 2014, 1372, 1378 (Punkt 68) und *Drygala*, EuZW 2014, 491, 496. Zu diesem Ergebnis kommt auch die Analyse von *Knoch*, Rechnungslegung einer Limited, S. 329.

1753 Zu diesem *Knoch*, Rechnungslegung einer Limited, S. 127 f.

1754 So das Ergebnis bei *Knoch*, Rechnungslegung einer Limited, S. 330.

notwendige Ergänzung des Bilanztests eingestuft.[1755] Im Gegensatz zum SPE-Vorschlag, der den Solvenztest zunächst zur Disposition des Satzungsgebers stellte und später als Regelungsauftrag ausgestaltete[1756], ist der Solvenztest bei der SUP zwingender Natur. Vorteilhaft am Solvenztest sind insbesondere die flexiblen Gestaltungsmöglichkeiten und Spielräume für das Kapital.[1757]

Sämtliche Mitglieder des Leitungsorgans haben schriftlich zu bestätigen, dass sie nach umfassender Prüfung der Geschäfte und der Geschäftsaussichten zu der begründeten Auffassung gelangt seien, dass die SUP in dem auf die Gewinnausschüttung folgenden Jahr in der Lage sein wird, die Schulden bei Fälligkeit im normalen Geschäftsgang zu begleichen (Solvenzbescheinigung).[1758]

Die Solvenzbescheinigung soll auch außergewöhnliche Geschäftsvorfälle abdecken, wenn das Leitungsorgan im Zeitpunkt der Unterzeichnung der Solvenzbescheinigung von diesen Kenntnis hatte oder hätte Kenntnis haben sollen.[1759] Unter lettischer Ratspräsidentschaft wurde diese Ergänzung aufgrund der lediglich „beispielhaften Beschreibung" wieder gestrichen.[1760] Vielmehr soll die konkrete Ausgestaltung des Solvenztests nationalem Recht überlassen bleiben.[1761]

Auch der Maßstab der „umfassenden" Prüfung der Geschäfte und Geschäftsaussichten wird im Schrifttum teilweise als zu streng eingestuft.[1762] Managementfreundlicher sei dieser Ansicht nach eine „angemessene" Prüfung der Geschäfte und Geschäftsaussichten.

1755 DAV (Handelsrechtsausschuss), NZG 2014, 1372, 1378 (Punkt 66); ähnlich *Conac*, ECFR 2015, 139, 169 f.; *Drygala*, EuZW 2014, 491, 496.

1756 Art. 21 Abs. 2 S. 1 SPE-KOM, zuletzt Art. 21 Abs. 4 SPE-VO-HU (SPE-Kompromissvorschlag unter ungarischer Ratspräsidentschaft, v. 23.5.2011, Doc. 10611/11), dazu *Jung*, Kapitalverfassung der SPE, S. 210 ff. Zum Für und Wider des Solvenztests in der SPE *Pfennig*, Gläubigerschutz bei der EPG, S. 130 ff.

1757 *Arnold*, Der Konzern 2007, 118, 121; *Knapp*, ECFR 2015, 191, 200; *Neville/Sørensen*, EBOR 15 (2014), 545, 563; *Weiss*, Der Konzern 2007, 109, 114; kritisch *Schubert*, Der Konzern 2007, 126.

1758 Art. 18 Abs. 3 S. 2 SUP-KOM. Die „begründete Auffassung" wird jedoch teilweise als auslegungsbedürftig eingestuft (vgl. Stellungnahme der Bundessteuerberaterkammer v. 23.7.2014, S. 4). Grundlegend zur Solvenzbescheinigung *Rickford*, EBLR 15 (2004), 919, 972 ff.

1759 Insofern eingefügt durch Art. 18 Abs. 3 S. 3 SUP-IT-NOV.

1760 Vgl. die Anmerkung zu den Kernänderungen unter lettischer Ratspräsidentschaft, SUP-LV-MAR, S. 8.

1761 Art. 18 Abs. 3 S. 1 SUP-LV-APR.

1762 *Knapp*, ECFR 2015, 191, 195.

Die Solvenzbescheinigung ist durch sämtliche Mitglieder des Leitungsorgans zu unterzeichnen und dem Gesellschafter spätestens 15 Tage vor dem Gewinnausschüttungsbeschluss in Kopie vorzulegen.[1763] Die 15-Tage-Frist wurde im Schrifttum als zu unflexibel eingestuft[1764] und unter lettischer Ratspräsidentschaft gestrichen.

Aus Transparenzgründen ist die Solvenzbescheinigung im zuständigen Register offenzulegen. Falls die Gesellschaft eine Website unterhält, ist die Solvenzbescheinigung dort ebenfalls online zu stellen.[1765] Unter italienischer Ratspräsidentschaft wurde alternativ auch die Online-Stellung der Registernummer der Gesellschaft mit einem Link zur Homepage des Registers, auf der die Solvenzbescheinigung veröffentlicht ist, zugelassen.[1766] Im weiteren Verhandlungsverlauf wurde auf eine Harmonisierung der Online-Stellung der Solvenzbescheinigung verzichtet. Zwingend blieb nur die Offenlegung der Solvenzbescheinigung gegenüber dem zuständigen Register.[1767]

Im Gegensatz zum vergangenheitsbezogenen Bilanztest wird beim Solvenztest eine Prognoseentscheidung vorgenommen. Der Prognosezeitraum wurde unter lettischer Ratspräsidentschaft von einem Jahr auf sechs Monate nach Zahlung der Dividende reduziert. Damit sollten Hürden bei der Beurteilung der Solvenz der Gesellschaft abgebaut werden.[1768] Nach erneuten Gesprächen in der Arbeitsgruppe wurde im Kompromissentwurf von April den Mitgliedstaaten zugestanden, den Prognosezeitraum auch höher als sechs Monate festzuschreiben. Der Prognosezeitraum darf jedoch maximal auf ein Jahr nach Zahlung der Dividende ausgedehnt werden.[1769]

Materiell darf die SUP keine Auszahlung in Form von Dividenden an den Alleingesellschafter vornehmen, wenn dies dazu führen würde, dass die SUP

1763 Art. 18 Abs. 3 S. 3 SUP-KOM, präzisiert in Art. 18 Abs. 3 S. 4 SUP-IT-NOV.

1764 *Knapp*, ECFR 2015, 191, 196.

1765 Art. 18 Abs. 4 SUP-KOM.

1766 Art. 18 Abs. 4 S. 1 und 2 SUP-IT-NOV. Ein Zwang zur Schaffung einer Website ist damit jedoch nicht verbunden.

1767 Art. 18 Abs. 2 UAbs. 2 SUP-LV-MAR; später Art. 18 Abs. 3 UAbs. 2 SUP-LV-MAI.

1768 Art. 18 Abs. 1 lit. b, Abs. 2 UAbs. 1 SUP-LV-MAR. Vgl. auch die Anmerkung zu den Kernänderungen unter lettischer Ratspräsidentschaft, SUP-LV-MAR, S. 8.

1769 Art. 18 Abs. 3 S. 2 SUP-LV-APR. Für die Forderung *Kindlers*, ZHR 179 (2015), 330, 351 zur optionellen Erhöhung des Prognosezeitraums auf zwei Jahre für alle in Deutschland ansässigen SUP bleibt somit kein Raum. Auch die Forderung *Knapps*, ECFR 2015, 191, 195, den Prognosezeitraum bei überschaubaren Sachverhalten zu erhöhen, wird nicht aufgegriffen.

nicht mehr in der Lage wäre, in dem auf die Gewinnausschüttung folgenden Jahr die fälligen Verbindlichkeiten zu begleichen (Liquiditäts-Check).[1770] Insoweit besteht eine Übereinstimmung mit dem Fortführungsprinzip des deutschen Bilanzrechts, auch going-concern-Prinzip genannt, wonach bei der Jahresabschlussbewertung die Fortführung des Unternehmens prognostiziert wird.[1771] Vorteilhaft an dieser zukunftsbezogenen Betrachtung ist der weite Planungshorizont.[1772] Die Solvenz wird nicht aufgrund der Bewertung des Nettovermögens zu einem bestimmten Stichtag ermittelt. Vielmehr handelt es sich um eine vollumfängliche Prüfung sämtlicher vorhersehbarer Ereignisse in der Zukunft. Der Solvenztest schließt somit die Informationslücke des stichtagsbezogenen Bilanztests.

Die konkrete Bewertung der cash-flows könnte sich jedoch als schwierig erweisen. Während in Gruppenstrukturen derartige Planungen zum Alltagsgeschäft gehören, stehen Start-ups vor höheren Herausforderungen.[1773] Im angelsächsischen Recht gibt es bereits Leitlinien der Law Society zur Durchführung des Solvenztests.[1774] Diese fehlen bislang im deutschen Recht, so dass kleine, kapitalschwache Unternehmen auf Beratung angewiesen sind – denn im Falle einer unzulässigen Gewinnausschüttung droht die persönliche, unmittelbare Haftung eines jeden einzelnen Geschäftsführers sowie des Gesellschafters.[1775] Die Beratung stellt jedoch einen nicht unerheblichen Kostenfaktor für die Unternehmen dar.

1770 So bereits die allgemeine Definition zum Solvenztest bei *Rickford*, EBLR 15 (2004), 919, 921, 979.

1771 DAV (Handelsrechtsausschuss), NZG 2014, 1372, 1379 (Punkt 66); *Kindler*, ZHR 179 (2015), 330, 351; *Knapp*, ECFR 2015, 191, 197 f. Zum Fortführungsprinzip siehe *Ballwieser*, in: Münch.Komm.HGB, 3. Aufl. 2013, § 252 Rn. 9 ff.; *Merkt*, in: Baumbach/Hopt, HGB 37. Aufl. 2016, § 252 Rn. 7.

1772 DAV (Handelsrechtsausschuss), NZG 2014, 1372, 1379 (Punkt 66). Vgl. bereits *Arnold*, Der Konzern 2007, 118, 120.

1773 DAV (Handelsrechtsausschuss), NZG 2014, 1372, 1379 (Punkt 67); exkursartig *Moench*, SUP, 2016, S. 112 ff. Siehe bereits auch *Arnold*, Der Konzern 2007, 118, 123; *Greulich/Rau*, DB 2008, 2691, 2693 f.; *Kleindiek*, ZGR 2006, 335, 347 f.; *Teichmann*, NJW 2006, 2444, 2447.

1774 Hierauf weist bereits *J. Schmidt*, in Lutter/Koch (Hrsg.), SUP, S. 1, 19 hin.

1775 Vgl. auch *Lanfermann/Maul*, BB 2014, 1283, 1293 sowie die Beschlussempfehlung der Ausschüsse zur SUP-Richtlinie, v. 30.6.2014, BR-Drs. 165/2/14, S. 17. Aus den Niederlanden die Stellungnahme der niederländischen Gesellschaftsrechtskommission (gecombineerde commissie vennootschapsrecht) v. 26.5.2014, Punkt 6.2 lit. b.

In Gruppenstrukturen sind bei der cash-flow-Bewertung dagegen keine besonderen Mehraufwendungen zu besorgen. Insbesondere im Konzern ist es üblich, die Liquidität der verbundenen Gesellschaften zentral über Cash-Pools zu verwalten, um Fremdfinanzierungen einzusparen und das Geld günstig anlegen zu können.[1776] Die rein auf die einzelne Gesellschaft bezogene Ausschüttungskontrolle bietet daher nur einen beschränkten Nutzen, da abhängige Gesellschaften im Rahmen eines zentralen Cash-Managements verpflichtet werden, ihre überschüssigen liquiden Mittel dem Cash-Pool zur Verfügung zu stellen. *Hommelhoff* plädiert daher im Falle von gruppenabhängigen Gesellschaften für die Einrichtung eines permanenten Liquiditätsfonds, um die Gesellschaft vor dem Zugriff ihrer Mutter- oder Schwestergesellschaften zu schützen.[1777]

Weiterhin können sich aufgrund der ex-ante-Betrachtung erhebliche Rechtsunsicherheiten ergeben, denn die Prognoseentscheidung ist aufgrund des breiten Beurteilungsspielraumes richterlich nur sehr beschränkt nachprüfbar.[1778] Die Bewertung der Fehleranfälligkeit der Prognose ist zudem mit einem erheblichen Haftungsrisiko für die Geschäftsführer und den Gesellschafter verbunden.[1779] Zur Unterbindung eines erhöhten Haftungsdurchgriffs wird daher die Vornahme einer schriftlichen Begründung der jeweiligen Bewertungen vorgeschlagen.[1780] Damit würden nicht nur das Ergebnis, sondern auch die dahinter liegenden unternehmerischen Motive zum Ausdruck kommen, die im Falle einer richterlichen Überprüfung die Entscheidung transparenter erscheinen lassen könnte.

3) Konkurrenzverhältnis von Bilanz- und Solvenztest

Im Kommissionsvorschlag wurde zunächst die kumulative Durchführung eines Bilanz- und Solvenztests festgelegt. Diese doppelte Prüfung vor jeder Kapitalausschüttung wurde im Kompromissvorschlag unter lettischer Ratspräsidentschaft

---

1776 Eingehend hierzu die Beitragsreihe von *Altmeppen*, NZG 2010, 361 ff.; 401 ff.; 441 ff. Zur „Regelungslücke“ Cash-Pooling bei der SUP siehe *Kindler*, ZHR 179 (2015), 330, 352 f.

1777 *Hommelhoff*, GmbHR 2014, 1065, 1073; kritisch dagegen *Schoenemann*, EWS 2014, 241, 243.

1778 *Omlor*, NZG 2014, 1137, 1140; ihm folgend *Kindler*, ZHR 179 (2015), 330, 354. Vgl. auch die Kritik in der Beschlussempfehlung der Ausschüsse zur SUP-Richtlinie, v. 30.6.2014, BR-Drs. 165/2/14, S. 17. Grundlegend hierzu *Rickford*, EBLR 15 (2004), 919, 981; weiterhin *Arnold*, Der Konzern 2007, 118, 121 f.

1779 Art. 18 Abs. 5 und Art. 19 SUP-KOM.

1780 DAV (Handelsrechtsausschuss), NZG 2014, 1372, 1379 (Punkt 69).

jedoch reduziert: Die Mitgliedstaaten können nach der Kompromissregelung festlegen, ob ihre nationale SUP sowohl einen Bilanz- als auch einen Solvenztest durchführen muss oder ob alternativ nur einer der beiden Tests zu bewältigen ist. Es besteht somit ein Wahlrecht der Mitgliedstaaten, ob sie die beiden Kontrollen kumulativ oder alternativ verlangen.[1781] Dies ergibt sich explizit aus dem Wortlaut des Artikels 18 Abs. 2 SUP-LV-MAI durch die Änderung des „and" in ein „and/or". Auch Erwägungsgrund 19aa SUP-LV-MAI bestätigt die Alternativität der Ausschüttungstests: „The choice of form and methods to ensure the compliance with this requirement is left to Member States".

Außerdem ist davon auszugehen, dass für den Fall, dass der Mitgliedstaat den Solvenztest nicht kumulativ zum Bilanztest verlangt, der Alleingesellschafter letzteren auch individuell in seiner Satzung anordnen kann.[1782]

Die Kombination von Bilanz- und Solvenztest im Kommissionsvorschlag sollte einen Ausgleich für den fehlenden Gläubigerschutz durch Mindestkapital bieten. Die Ausschüttungssperre sollte „Gläubiger vor unverhältnismäßig hohen Gewinnausschüttungen an den einzigen Gesellschafter" schützen, welche die „Schuldentilgungsfähigkeit der SUP mindern könnten."[1783] Eine solch strenge, kumulative Ausschüttungsanforderung bietet damit sogar einen höheren Gläubigerschutzstandard als in Deutschland.[1784]

Die Alternativität der Kapitalerhaltungstests in der Einigung im Ministerrat ist wohl auf zwei Motive zurückzuführen: Zum einen ist die Pflicht zur Durchführung eines Solvenztests vor der Gewinnausschüttung mangels bereits bestehender anerkannter Maßstäbe noch nicht hinreichend gefestigt.[1785] Gerade für Start-up-Unternehmen könnten daher die Vorteile im Gründungsverfahren schnell durch erhöhte Kosten im laufenden Betrieb übertroffen werden. Bei einem kumulativen Ausschüttungstest würde sich die SUP somit weniger attraktiv erweisen als die nationale GmbH, in der häufig nur der Bilanztest durchzuführen ist. Zum anderen ist das Mitgliedstaatenwahlrecht als politisches

1781 Ein solches Wahlrecht findet sich auch in Art. 21 Abs. 4 SPE-KOM, hierzu *Jung*, Kapitalverfassung der SPE, S. 210 f.

1782 Für die SPE siehe *Jung*, Kapitalverfassung der SPE, S. 212 f.

1783 Erwägungsgrund 19 S. 6 SUP-KOM.

1784 Die kumulative Erfüllung von Bilanz- und Solvenztest fordert auch das Zweite Arbeitsdokument des Rechtsausschusses des Europäischen Parlaments v. 5.1.2016, Dok. PE575.031v01-00, Art. 18.

1785 Vgl. die Kritik des DAV (Handelsrechtsausschuss), NZG 2014, 1372, 1379, Punkt 67 und *André-Leruste* in der Stellungnahme der französischen Industrie- und Handelskammer (CCI Paris Ile-de-France) v. 5.6.2014, S. 12.

Einigungsinstrument zu werten. Es stellt einen Kompromiss zugunsten derjenigen Mitgliedstaaten dar, denen ein Solvenztest bislang noch fremd ist. Diese Mitgliedstaaten sind nicht zur Einführung eines Solvenztests verpflichtet, sondern könnten allein auf den bereits durch die Kapitalrichtlinie bekannten Bilanztest zurückgreifen. Gleichzeitig bleiben durch die Alternativität von Bilanz- und Solvenztest zukünftige Entwicklungen offen. Die Bestrebungen zur Einführungen eines Solvenztest wurde in der Literatur breit diskutiert.[1786] Die Diskussion ist zwar ruhiger geworden, allerdings noch nicht vollständig abgeklungen.[1787] Insofern möchte sich der europäische Gesetzgeber Flexibilität für zukünftige Entwicklungen auf diesem Gebiet sichern.

Anders als bei der SPE, in der vorgesehen ist, dass zumindest der Bilanztest durchzuführen ist und die Solvenzprüfung eine bloße Option ist[1788], handelt es sich in der verabschiedeten Ratsfassung um rein alternatives Verhältnis.

Die Alternativität kommt zwar denjenigen Unternehmen zugute, denen bislang ein Solvenztest fremd war. Soll die SUP jedoch als Vehikel grenzüberschreitender Unternehmenstätigkeit genutzt werden, steht die Mitgliedstaatenoption dem Ziel einer einheitlichen Rechtsgestaltung entgegen. Stets müsste vor einer Ausschüttung überprüft werden, ob der Mitgliedstaat, dessen Recht auf die SUP Anwendung findet, ein Bilanztest, ein Solvenztest oder eine Kombination aus beiden durchzuführen ist. An dieser Stelle könnte sich der Einsatz einer SUP bei grenzüberschreitenden Sachverhalten somit sogar als Kostenfaktor erweisen, da zunächst die Beratung über das anwendbare Kapitalerhaltungsregime eingeholt werden müsste.

4) Rechtsfolgen bei unzulässiger Gewinnausschüttung

Im Falle von zu Unrecht vorgenommenen Gewinnausschüttungen sieht der Kommissionsvorschlag eine Haftungsnorm sowie einen eigenständigen Erstattungsanspruch vor.[1789] Deren Zweck und deren objektive Voraussetzungen gilt es im Folgenden zu beleuchten, bevor abschließend auf das Konkurrenzverhältnis der beiden Vorschriften einzugehen ist.

1786 Exemplarisch *Engert*, ZHR 170 (2006), 296 ff.; *Drygala*, ZGR 2006, 587 ff.; *Jungmann*, ZGR 2006, 638 ff.

1787 Zu einer kritischen Analyse siehe etwa *Arminger*, IRZ 2012, 343 ff.

1788 So die Interpretation bei *Jung*, Kapitalverfassung der SPE, S. 210 f.

1789 Grundlegend zu möglichen Sanktionen bei falscher Prognose *Rickford*, EBLR 15 (2004), 919, 980.

(a) Schadensersatzanspruch

Nach Artikel 18 Abs. 5 SUP-KOM haften die Geschäftsführer persönlich und unmittelbar für jede Empfehlung oder Anordnung einer Gewinnausschüttung, wenn sie wussten oder in Anbetracht der Umstände hätten wissen müssen, dass die Gewinnausschüttung unzulässig ist.

Im deutschen Recht gibt es zwar keinen Solvenztest mit entsprechender Haftung, jedoch kommt die in § 64 S. 3 GmbHG normierte erweiterte Geschäftsführerhaftung der Vorschrift des Artikels 18 Abs. 5 SUP-KOM äußerst nahe.[1790] In der Folge können bei der Analyse des Normzwecks, der Auslösung des Haftungstatbestands und dem Haftungsmaßstab Parallelen zum deutschen Recht gezogen werden.

(1) Normzweck

Die Sanktion soll eine sorgfältige Solvenzprüfung der Geschäftsführer beziehungsweise einen überlegten Beschluss des Gesellschafters gewährleisten.[1791] Im Hintergrund steht dabei das Ziel, Gläubiger vor unzulässigen Vermögensverschiebungen zwischen der SUP und dem Alleingesellschafter zu schützen.[1792] Insbesondere sollen Ausplünderungen und organisierte Firmenbestattungen kurz vor dem Eintritt in das Insolvenzstadium vermieden werden.[1793]

Gleichzeitig schafft die Haftungsnorm einen Anreiz zur restriktiven Bewertung des Vermögens. Andernfalls würde sich das Haftungsrisiko für die Geschäftsführer erhöhen.[1794] Verbreitet sich eine derartig zurückhaltende Ausschüttungskontrolle, könnte ein hohes Gläubigerschutzniveau gewährleistet

---

1790 *Adenauer*, AnwZert HaGesR 2014, Anm. 1, D. II. 6.; *Beurskens*, GmbHR 2014, 738, 743; *Kindler*, ZHR 179 (2015), 330, 354; *Omlor*, NZG 2014, 1137, 1140; *Schoenemann*, EWS 2014, 241, 243; *Seibert*, GmbHR 2014, R209, R210. Vgl. auch den Referentenentwurf zum MoMiG v. 29.5.2006, S. 64: „Parallelen zum sog. ‚solvency test'"; hierzu *K. Schmidt*, ZIP 2006, 1925, 1933: „Unverkennbar kokettiert hier der Gesetzgeber mit dem Gedanken des Solvency Test." Ferner *Altmeppen*, in: Roth/Altmeppen, GmbHG, 8. Aufl. 2015, § 64 Rn. 65. Anders dagegen *Hommelhoff*, GmbHR 2014, 1065, 1072, der erhebliche Probleme beim Wechsel vom Kapitalschutzsystem des Art. 18 zum nationalen Kapitalschutzsystem prognostiziert.

1791 DAV (Handelsrechtsausschuss), NZG 2014, 1372, 1379, Punkt 68.

1792 Vgl. zum deutschen GmbH-Recht *Kleindiek*, in: Lutter/Hommelhoff, GmbHG, 19. Aufl. 2016, § 64 Rn. 48.

1793 *Kleindiek*, in: Lutter/Hommelhoff, GmbHG, 19. Aufl. 2016, § 64 Rn. 49.

1794 Vgl. bereits die Vermutung bei *Weiss*, Der Konzern 2007, 109, 114.

werden.[1795] Insofern kann der Haftungsnorm eine gewisse Steuerungswirkung beigemessen werden.

(2) Objektive Voraussetzungen

Jeder Geschäftsführer haftet persönlich und unmittelbar für die Empfehlung oder Anordnung einer Gewinnausschüttung, wenn danach das Gesellschaftsvermögen nicht mehr zur Deckung der Geschäftsverbindlichkeiten genügt.[1796] Das gleiche gilt für den Alleingesellschafter im Hinblick auf den von ihm gefassten Gewinnausschüttungsbeschluss.[1797] Ob es sich dabei um eine gesamtschuldnerische Haftung der Geschäftsführer und des Gesellschafters handelt, lässt die Richtlinie offen. Ferner bleibt unklar, ob es sich um eine Innen- oder Außenhaftung handelt.[1798] Orientiert man sich am deutschen Recht, würde es sich bei dem Anspruch um eine Außenhaftung handeln, die anschließend im Innenverhältnis auszugleichen ist. Der Beurteilungszeitpunkt für etwaige Sanktionen ist das Datum der Unterzeichnung der Solvenzbescheinigung.[1799]

Bei der sanktionsauslösenden Handlung geht der SUP-Vorschlag weiter als die deutsche erweiterte Geschäftsführerhaftung des § 64 S. 3 GmbHG. Nach deutschem Recht haftet der Geschäftsführer für Zahlungen an Gesellschafter, die erkennbar zur Zahlungsunfähigkeit führen mussten. Bei der SUP wird die Haftung insoweit vorverlagert, als dass nicht erst die Auszahlung untersagt wird, sondern bereits die Empfehlung oder Anordnung der Gewinnausschüttung als haftungsbegründend eingestuft wird.[1800] Während der deutsche Gesetzgeber in § 64 S. 3 GmbHG einen sehr eng umschlossenen Anwendungsbereich festlegt[1801], findet sich im SUP-Vorschlag eine Haftungsausdehnung dahingehend, dass bereits bloße Empfehlungen oder Anordnungen sanktionsauslösend sein können. Eine solche Ausweitung des Tatbestandes ist im Hinblick auf den Verzicht auf ein obligatorisches Mindestkapital zu befürworten. Wenn die Gesellschaft

1795 Vgl. bereits *Kuhner*, ZGR 2005, 753, 779; *Kuhner/Sabiwalsky*, Der Konzern 2006, 504, 519 zum US-amerikanischen Gesellschaftsrecht.

1796 Art. 18 Abs. 5 S. 1 SUP-KOM. Aufgrund der Gleichstellung von förmlich bestellten Geschäftsführern und de facto-Geschäftsführern in Art. 2 Abs. 5 SUP-KOM gilt die Haftung auch für letztere (hierzu *Dreher*, NZG 2014, 967.

1797 Art. 18 Abs. 5 S. 2 iVm Art. 21 Abs. 2 lit. b SUP-KOM. Hierin einen „erheblichen Verantwortungsdurchgriff" befürchtend *Schoenemann*, EWS 2014, 241, 246.

1798 *Beurskens*, GmbHR 2014, 738, 743; DAV (Handelsrechtsausschuss), NZG 2014, 1372, 1379 (Punkt 71); *Jung*, EBLR 2015, 645, 678; *Moench*, SUP, 2016, S. 108 f.

1799 Eingefügt durch Art. 18 Abs. 2 S. 2 SUP-IT-NOV.

1800 Art. 18 Abs. 5 S. 1 SUP-KOM. Vgl. bereits *Hommelhoff*, GmbHR 2014, 1065, 1072.

1801 Begründung Regierungsentwurf MoMiG, BT-Drs. 16/6140, S. 47.

bereits nicht mit einem vorgeschriebenen Haftkapital beansprucht werden kann, so kann zumindest eine sorgfältige Solvenzprüfung beziehungsweise ein reflektierter Beschluss vor der Ausschüttung verlangt werden.[1802]

Unter lettischer Ratspräsidentschaft wurden die objektiven Voraussetzungen der Haftungsnorm jedoch weitgehend nationalem Recht überlassen.[1803] Die Mitgliedstaaten haben die Möglichkeit, eine Kompensationsnorm zu schaffen, um denjenigen Personen, die einen Schaden aufgrund der unzulässigen Gewinnausschüttung erlitten haben, diesen zu ersetzen. Der Zeitpunkt der sanktionsauslösenden Handlung sowie das Haftungsverhältnis unter den Geschäftsführern und dem Alleingesellschafter bemessen sich somit nach nationalem Recht. Hierbei kann es sich auch um eine spezielle für die SUP kreierte Regelung handeln; diese muss nicht gleichzeitig für die nationale GmbH gelten.[1804]

(3) Subjektive Voraussetzungen

Als subjektives Element verlangt der Kommissionsvorschlag die positive Kenntnis oder grob fahrlässige Unkenntnis über die zu erwartende fehlende Liquidität des Gesellschaftsvermögens zur Begleichung der Verbindlichkeiten.[1805] Die Geschäftsführer und der Gesellschafter haften persönlich, wenn sie in Anbetracht der Umstände wussten oder hätten wissen müssen, dass die Ausschüttung in unzulässiger Weise vorgenommen wurde. Dieser Ansatz wurde jedoch wegen der Kenntnisabhängigkeit und der starken Beweislast des Gläubigers als zu schwach eingestuft.[1806]

Im Kompromissvorschlag unter italienischer Ratspräsidentschaft wird stattdessen auf die *Business Judgement Rule* zurückgegriffen.[1807] Nach dieser Regel

---

1802 Kritisch dagegen *Omlor*, NZG 2014, 1137, 1140; *J. Schmidt*, FuS 2014, 232, 234.

1803 Vgl. Art. 18 Abs. 5 SUP-LV-MAR bzw. Art. 18 Abs. 7 SUP-LV-MAI.

1804 *Jung*, EBLR 2015, 645, 678 f.

1805 Art. 18 Abs. 5 S. 1 SUP-KOM. Ebenso der Haftungsmaßstab in Section 847 (2) Companies Act 2006. Unklar blieb an dieser Stelle, wie die Wissenszurechnung im Falle einer Einanteilsgesellschaft nach Art. 15 Abs. 3 SUP-KOM zu erfolgen hat. Abgestellt werden könnte auf das Wissen bzw. Wissenmüssen des Vertreters, alternativ auf das des Vertretenen (für Ersteres DAV (Handelsrechtsausschuss), NZG 2014, 1372, 1377, Punkt 54.

1806 *Drygala*, EuZW 2014, 491, 496; *Kindler*, ZHR 179 (2015), 330, 354 f., 382; *Neville/Sørensen*, EBOR 15 (2014), 545, 565. Zur Analyse der fehlenden Gutgläubigkeit in Art. 22 SPE-VO siehe *Jung*, Kapitalverfassung der SPE, S. 244 ff.

1807 Art. 18 Abs. 5 S. 1 SUP-IT-NOV: "… unless that director demonstrates acting with due care and that, in the view of circumstances, the director could not have been aware that the distribution would be contrary to this Article." Dies entspricht auch dem Vorschlag des DAV (vgl. DAV (Handelsrechtsausschuss), NZG 2014, 1372, 1379 liegt keine Pflichtverletzung vor, wenn der mit der Sorgfalt eines vernünftigen und gewissenhaften Geschäftsführers beziehungsweise Gesellschafters Tätige auf Grundlage seiner Informationen vernünftigerweise nicht hätte annehmen dürfen, dass die Ausschüttungen nicht hätten erfolgen dürfen. Die im Kompromissvorschlag unter italienischer Ratspräsidentschaft vorgenommene Beweislastumkehr verschärft die Sanktionsregelung, in dem es nun Aufgabe der Geschäftsführer beziehungsweise des Gesellschafters wird, die Sorgfalt eines ordentlichen und gewissenhaften Geschäftsleiters nachzuweisen, wollen sie einer persönlichen Inanspruchnahme entgehen. Durch den flexiblen Sorgfaltsmaßstab, welcher sich nach Art und Größe des Unternehmens, der Beschäftigtenquote, dem konjunkturellen Umfeld sowie der Aufgabenverteilung im Falle von mehreren Geschäftsführern bemisst,[1808] kann sich die Norm an das jeweilige Unternehmen individuell anpassen. Insbesondere kann zwischen den Sorgfaltspflichten in einem kleineren Start-up-Unternehmen und in Gruppenstrukturen differenziert werden. Die scharfe Sanktionsregelung bietet somit einen Ausgleich für das fehlende Mindestkapital. Wird der Gläubiger nicht zu Beginn der Geschäftstätigkeit der SUP geschützt, so soll er wenigstens vor unzulässigen Vermögensausschüttungen bewahrt werden.

Unter lettischer Ratspräsidentschaft wurde der Haftungsmaßstab nationalem Recht überlassen.[1809] Die mitgliedstaatlich auszugestaltende Haftungsnorm kann somit diejenigen subjektiven Voraussetzungen festlegen, die bereits im nationale GmbH-Recht gelten.

(b) Rückzahlungsanspruch

Artikel 19 SUP-KOM formuliert einen Regelungsauftrag: Die Mitgliedstaaten müssen sicherstellen, dass Gewinnausschüttungen, welche gegen die Anforderungen des Artikels 18 Abs. 2 oder 3 verstoßen, an die Gesellschaft zurück zu zahlen sind, sofern der Gesellschafter von diesem Verstoß wusste oder hätte wissen müssen.

(1) Normzweck

Auch der Rückgewähranspruch zu Unrecht vorgenommener Gewinnausschüttungen dient dem Schutz des Gesellschaftsvermögens vor unzulässigen Zugriffen

---

(Punkt 68). Anders dagegen *Kindler*, ZHR 179 (2015), 330, 354, 382, der für eine vollständige Streichung des subjektiven Elements plädiert.

1808 So zur Business Judgement Rule im Aktienrecht *Fleischer*, in: Spindler/Stilz, AktG, 3. Aufl. 2015, § 93 Rn. 41; *Hölters*, in: Hölters, AktG, 3. Aufl. 2017, § 93 Rn. 26; *Spindler*, in: Münch.Komm.AktG, 4. Aufl. 2014, § 93 AktG Rn. 25.

1809 Art. 18 Abs. 5 SUP-LV-MAR bzw. Art. 18 Abs. 7 SUP-LV-MAI.

des Gesellschafters.[1810] Artikel 19 SUP-KOM verfolgt somit das gleiche Regelungsziel wie Artikel 18 Abs. 5 SUP-KOM. Es handelt sich dabei um einen eigenständigen Erstattungsanspruch. Die Regelung ist vergleichbar mit § 31 GmbHG, der eine Erstattung unrechtmäßig erfolgter Auszahlungen vorsieht. Artikel 19 SUP-KOM normiert dabei eine reine Innenhaftung.[1811]

(2) Objektive Voraussetzungen

Die Gesellschaft kann die Rückforderung der unter Verstoß gegen den Bilanz- und Solvenztest vorgenommenen Gewinnausschüttungen verlangen.[1812] Das gleiche gilt für unzulässige Kapitalherabsetzungen.[1813]

Die Gesellschaft ist somit Anspruchsinhaberin. Mangels eigenständiger Handlungsfähigkeit der SUP muss die SUP durch die Geschäftsführung vertreten werden. Im Falle der Personenidentität zwischen dem Geschäftsführer und dem Alleingesellschafter, besteht allerdings kaum ein Anreiz, den Anspruch geltend zu machen. Insofern ist die praktische Bedeutung des Anspruchs fraglich.

(3) Subjektive Voraussetzungen

Subjektive Voraussetzung des Erstattungsanspruchs ist die positive Kenntnis oder grob fahrlässige Unkenntnis des Alleingesellschafter über die unerlaubte Ausschüttung. Im Gegensatz zu Artikel 18, in welchem sowohl auf die Geschäftsführer als auch auf den Alleingesellschafter abgestellt wird, ist im Rahmen von Artikel 19 nur der Alleingesellschafter einer subjektiven Prüfung zu unterziehen.

Im Kompromissvorschlag unter italienischer Ratspräsidentschaft wird der Haftungsmaßstab durch die *Business Judgement Rule* ersetzt.[1814] Unter lettischer Ratspräsidentschaft wurde die Vorschrift in eine verschuldensunabhängige Rückforderungspflicht umgewandelt.[1815] Dies bedeutet, dass unzulässige Gewinnausschüttungen stets an die Gesellschaft zurückzuzahlen sind, ohne dass es auf eine subjektive Komponente ankommt. Diese Modifizierung ähnelt der Regelung des § 31 Abs. 1 GmbHG, welche ebenfalls einen verschuldensunabhängigen

---

1810 Art. 19 SUP-KOM bzw. Art. 18 Abs. 4 SUP-LV-MAR. Zur GmbH vgl. *Hommelhoff*, in: Lutter/Hommelhoff, GmbHG, 19. Aufl. 2016, § 31 Rn. 1; *Kuntz*, in: Gehrlein/Born/Simon, GmbHG, 3. Aufl. 2016, § 31 Rn. 1.

1811 Für die GmbH vgl. *Ekkenga*, in: Münch.Komm.GmbHG, 2. Aufl. 2015, § 31 Rn. 2; *Kuntz*, in: Gehrlein/Born/Simon, GmbHG, 3. Aufl. 2016, § 31 Rn. 5.

1812 Art. 19 SUP-KOM.

1813 Insofern erweitert durch Art. 18 Abs. 4 SUP-LV-MAR.

1814 Art. 19 SUP-IT-NOV.

1815 Zunächst Art. 18 Abs. 4 SUP-LV-MAR, dann Art. 18 Abs. 6 SUP-LV-MAI.

Erstattungsanspruch auf Wiederherstellung der bisherigen Eigenkapitalposition bezweckt.

(c) **Konkurrenzverhältnis**

Das Verhältnis von Artikel 18 Abs. 5 zu Artikel 19 SUP-KOM wird seitens des Richtlinienvorschlags nicht explizit vorgegeben.[1816] Auch ein Rückgriff auf die Diskussion zur SPE-Verordnung verspricht an dieser Stelle keinen Erkenntnisgewinn, da es bei dieser lediglich eine Norm zur Rückforderung[1817], nicht jedoch eine Haftungsnorm für unrechtmäßige Ausschüttungen gibt. Gleichwohl kann eine Abgrenzung anhand der gewünschten Ersatzposition, anhand des Anspruchsinhabers und anhand der subjektiven Komponente erfolgen:

(1) Abgrenzung nach der gewünschten Ersatzposition

Damit sowohl Artikel 18 Abs. 5 als auch Artikel 19 SUP-KOM ein eigenständiger Anwendungsbereich verbleibt, wird im Schrifttum die Abgrenzung nach der gewünschten Ersatzposition vorgenommen:[1818]

Soll lediglich die zu Unrecht vorgenommene Ausschüttung oder Kapitalherabsetzung zurückgezahlt werden, handelt es sich um eine Rückforderung nach Artikel 19 SUP-KOM, die insofern als lex specialis zu Artikel 18 Abs. 5 SUP-KOM einzuordnen ist.[1819] Artikel 19 SUP-KOM gleicht somit der Erstattungspflicht nach § 31 GmbHG im Falle von zu Unrecht vorgenommener Zahlungen an den Gesellschafter.[1820] Es handelt sich dabei um einen auf Geld gerichteten Erstattungsanspruch. Parallel zu § 31 GmbHG kann die Bedeutung des Artikels 19 SUP-KOM als Instrument der Kapitalerhaltung sowie des Gläubigerschutzes eingestuft werden.[1821]

Für weitergehende Schadenspositionen, die adäquat kausal durch die Ausschüttung entstanden sind, ist Artikel 18 Abs. 5 SUP-KOM heranzuziehen.

1816 DAV (Handelsrechtsausschuss), NZG 2014, 1372, 1379 (Punkt 72); *Jung*, GmbHR 2014, 579, 589; *Jung*, EBLR 2015, 645, 679; *Schoenemann*, EWS 2014, 241, 244.

1817 Art. 22 SPE-VO-HU (SPE-Kompromissvorschlag unter ungarischer Ratspräsidentschaft, v. 23.5.2011, Doc. 10611/11); hierzu *Jung*, Kapitalverfassung der SPE, S. 224 ff.

1818 So übereinstimmend *Beurskens*, GmbHR 2014, 738, 743; DAV (Handelsrechtsausschuss), NZG 2014, 1372, 1379 (Punkt 72); *Jung*, GmbHR 2014, 579, 589; *J. Schmidt*, in Lutter/Koch (Hrsg.), SUP, S. 1, 16. Anders *Kindler*, ZHR 179 (2015), 330, 355: kein eigenständiger Regelungsgehalt des Art. 18 Abs. 5 S. 2.

1819 *Beurskens*, GmbHR 2014, 738, 743 spricht von „gegenständlichen Vermögensschutz".

1820 DAV (Handelsrechtsausschuss), NZG 2014, 1372, 1379 (Punkt 72).

1821 Zum telos des § 31 GmbHG siehe *Fastrich*, in: Baumbach/Hueck, GmbHG, 21. Aufl. 2017, § 31 Rn. 1; *Hommelhoff*, in: Lutter/Hommelhoff, GmbHG, 19. Aufl. 2016, § 31 Rn. 1.

Insofern besteht eine Vergleichbarkeit mit dem allgemeinen Schadensrecht der §§ 249 ff. BGB.[1822] Welche konkreten Schäden hiervon erfasst sind, ist bislang nicht geklärt. Nach *Jung* könnte beispielsweise der Produktionsausfall bei einer unrechtmäßig übertragenen Maschine geltend gemacht werden.[1823]

(2) Abgrenzung nach dem Anspruchsinhaber

Neben der gewünschten Ersatzposition kristallisiert sich im weiteren Verhandlungsverlauf ein weiteres Abgrenzungsmerkmal heraus: Während in Artikel 19 allein die Gesellschaft die Geschädigte ist, erfasst Artikel 18 Abs. 5 jede Person, die aufgrund der unzulässigen Gewinnausschüttungen einen Schaden erlitten hat.[1824] In Hinblick auf den aktivlegitimierten Personenkreis ist Artikel 18 Abs. 5 somit weit umfassender als Artikel 19, der ausschließlich die SUP zur Rückforderung der unzulässigen Zahlungen berechtigt. Artikel 19 ist somit ein eigenständiger gesellschaftsrechtlicher Erstattungsanspruch. Artikel 18 Abs. 5 beinhaltet eine gläubigerschützende Haftungsnorm für Zahlungen, die zur Zahlungsunfähigkeit der Gesellschaft führen mussten.

(3) Abgrenzung nach der subjektiven Komponente

Während sich der Schadensersatz- und der Erstattungsanspruch zunächst im Hinblick auf die subjektiven Voraussetzungen deckten, in dem beide zunächst die positive Kenntnis/grobe fahrlässige Unkenntnis und später die *Business Judgment Rule* heranzogen, wurde unter lettischer Ratspräsidentschaft eine Differenzierung vorgenommen: Der Erstattungsanspruch unzulässiger Gewinnausschüttungen oder Kapitalherabsetzungen erfolgt verschuldensunabhängig. Auf eine subjektive Voraussetzung kommt es nicht an. Die konkrete Ausgestaltung des Schadensersatzanspruchs wird nationalem Recht übertragen. In der Folge kommt auch der für nationale GmbHs geltende Haftungsmaßstab zum Tragen.

7. Resumee

Der Kommissionsvorschlag zur Kapitalverfassung der SUP gibt eine Antwort auf die kontrovers geführte Diskussion zum Mindestkapital und stellt einen Kompromiss zur Förderung der unternehmerischen Freiheit einerseits und dem

---

1822 DAV (Handelsrechtsausschuss), NZG 2014, 1372, 1379 (Punkt 72).

1823 *Jung*, GmbHR 2014, 579, 589; diese Thematik bereits im Rahmen der SPE erörternd *Jung*, Kapitalverfassung der SPE, S. 250 f. Dem folgend *Schoenemann*, EWS 2014, 241, 244; *J. Schmidt*, in Lutter/Koch (Hrsg.), SUP, S. 1, 16.

1824 Vgl. hierzu die Präzisierung in Art. 18 Abs. 5 S. 1 SUP-IT-NOV: „Any director shall be personally liable to *whoever* incurred damage" (*Herv. durch Verf.*).

Schutz der Gläubiger andererseits dar. Während der Verzicht auf ein Mindestkapital vor einigen Jahren noch als Ausnahme eingestuft wurde[1825], geht heute der allgemeine Trend in den Mitgliedstaaten in Richtung einer Aufweichung oder völligen Abschaffung des Mindestkapitals. Diese Entwicklung könnte die Akzeptanz eines Mindestkapitals von 1 Euro bei der SUP bestärken.

Das noch im Kommissionsvorschlag festgelegte Verbot einer gesetzlichen Rücklagenbildung ist in Kombination mit dem fehlenden Mindestkapital als höchst missbrauchfällig einzustufen, da die Gefahr einer dauerhaften Unterkapitalisierung der SUP besteht. Das Verbot einer gesetzlichen Rücklagenbildung wurde im Laufe der Verhandlungen aufgeweicht. Die Mitgliedstaaten können die SUP nun zur Rücklagenbildung verpflichten, sofern sie dabei keinen strengeren Maßstab wählen als für ihre nationale GmbH(-Subform). Ein solcher Ansatz stärkt den Gläubigerschutz und baut einen gewissen Haftungspuffer für die Gesellschaft auf. Wünschenswert wäre, dieses Mitgliedstaatenwahlrecht in eine gesetzliche Verpflichtung zur Rücklagenbildung zu wandeln. Nur im Falle einer Thesaurierungspflicht für die SUP in ganz Europa kann das notwendige positive Image für Rechtsform im Binnenmarkt geschaffen werden.

Ein Höchstkapital darf bei der SUP nicht festgelegt werden. Ein solches wäre unvereinbar mit dem Ziel der Stärkung des Wachstums von KMU und würde den Attraktivitätsgrad der Gesellschaftsform erheblich schmälern.

Die Offenlegung des gezeichneten oder eingezahlten Kapitals auf sämtlichen Briefen und Formularen wird entgegen dem Kommissionsvorschlag bei der SUP nicht mehr verlangt. Aufgrund der geringen Aussagekraft einer solchen Angabe und des erheblichen bürokratischen Aufwandes wäre eine Geschäftsbrieftransparenz auch nicht sinnvoll.

Auf ein harmonisiertes Regime im Bereich der Kapitalaufbringung konnte man sich im Laufe der Verhandlungen im Rat nicht einigen. Der Kommissionsvorschlag enthielt noch ein Volleinzahlungsgebot, was für Rechtssicherheit und den erforderlichen Gläubigerschutz gesorgt hätte. Bei der Einlageart wurde zwischen die Vorgaben für das Online-Gründungsverfahren und bei anderer Registrierung differenziert ausgestaltet. Durch das Verbot von Sacheinlagen bei der Online-Gründung sollte ein Beitrag zur Verfahrensbeschleunigung und Kostenreduktion geleistet werden. Unter lettischer Ratspräsidentschaft wurde jedoch die Ausgestaltung der Kapitalaufbringung nationalem Recht überlassen. Festgeschrieben blieb nur, dass die Mitgliedstaaten nicht verlangen dürfen, dass der Kapitalanteil ausschließlich auf ein inländisches Bankkonto eingezahlt werden

1825 *Hadding/Kießling*, WM 2009, 145, 156; *Pfennig*, Gläubigerschutz bei der EPG, S. 105.

darf. Vielmehr kann die Einzahlung auf ein Bankkonto eines jeden autorisierten Geldinstituts innerhalb der Europäischen Union erfolgen. Dies bietet zumindest eine kleine Erleichterung für grenzüberschreitende Unternehmenstätigkeit. Gemeinsame Vorschriften zur Kapitalaufbringung der SUP wurden jedoch nicht geschaffen.

Der fehlende Schutz durch Mindestkapital wurde zunächst im Rahmen der Kapitalausschüttung durch eine Kombination von Bilanz- und Solvenztest ausgeglichen. Damit sollte ein alternatives Schutzinstrument geschaffen werden, welches, wenn auch für das kontinentaleuropäische Recht auf befremdliche Art und Weise, für den nötigen Schutz der Gläubiger sorgen sollte. Eine solche Kombination eines Bilanz- und Solvenztests hätte trotz ihrer Mängel im Einzelnen zu einem ausgewogenen Kapitalerhaltungsstandard geführt.[1826] Die Verbindung der vergangenheits- und zukunftsbezogenen Ausschüttungsprüfung eliminiert die Kritik, die gegenüber den beiden Tests bei einzelner Betrachtung hervorgebracht wird. Im Vergleich zur deutschen Einpersonen-GmbH, bei welcher für die Gewinnausschüttungen bereits ein Beschluss des Alleingesellschafters genügt[1827], wäre der Kapitalschutz der SUP mit seinem kombinierten Ausschüttungsmodell sogar als strenger einzustufen gewesen. Insgesamt hätte damit eine flexiblere Kapitalerhaltungsstruktur geboten werden können.[1828] Gleichwohl erscheint das gewählte Modell gegenüber dem deutschen Gläubigerschutzstandard weitgehend als *terra incognita*[1829].

Das unter lettischer Ratspräsidentschaft eingeführte Mitgliedstaaten-Wahlrecht mit der Möglichkeit der Alternativität von Bilanz- und Solvenztest kommt zwar denjenigen Unternehmen zugute, denen bislang ein Solvenztest fremd war.

1826 Ebenso *Drygala*, EuZW 2014, 491, 495; *Lau Hansen*, ECFR 2015, 177, 183; *J. Schmidt*, in Lutter/Koch (Hrsg.), SUP, 2015. S. 1, 18. Für eine Verbindung von Bilanz- und Solvenztest bereits Bericht der hochrangigen Gruppe von Experten auf dem Gebiet des Gesellschaftsrechts über moderne gesellschaftsrechtliche Rahmenbedingungen in Europa v. 4.11.2002, S. 87 f., zuletzt abgerufen am 16.09.2016 unter http://ec.europa.eu/internal_market/company/docs/modern/report_en.pdf. Für einen reinen Solvenztest dagegen *Rickford*, EBLR 15 (2004), 919, 975 ff., dessen Modell in Deutschland jedoch breite Ablehnung hervorrief (vgl. *Schubert*, Der Konzern 2007, 126).

1827 Nach § 29 Abs. 2 iVm § 46 Nr. 1 GmbHG genügt für die Ausschüttung ein Gewinnverwendungsbeschluss der Gesellschafterversammlung. In der Einpersonen-GmbH übt der Alleingesellschafter die Rechte der Gesellschafterversammlung jedoch alleine aus, sodass auf die formellen Anforderungen der Einberufung der Gesellschafterversammlung und deren Verfahrensregeln verzichtet werden kann.

1828 Ebenso *Neville/Sørensen*, EBOR 15 (2014), 545, 563.

1829 *Kuhner/Sabiwalsky*, Der Konzern 2006, 504, 505.

Bei grenzüberschreitender Unternehmenstätigkeit könnte sich dies allerdings als erheblicher Kostenfaktor erweisen, da zunächst geprüft werden muss, welche Anforderungen an eine ordnungsgemäße Kapitalausschüttung das für die SUP anwendbare Recht vorsieht. Dies widerspricht dem Ziel einer einheitlichen, kostengünstigen und unbürokratischen Rechtsgestaltung grenzüberschreitender Unternehmenstätigkeit.

Die Sanktionsregelungen tragen dagegen zu einer sorgfältigen Entscheidung des Leitungsorgans und des Alleingesellschafters bei. Sie gewährleisten nicht nur die Rückerstattung zu Unrecht vorgenommener Ausschüttungen, sondern erfassen über eine Haftungsnorm auch weiterreichende Schadenspositionen. Gleichzeitig werden das Leitungsorgan und der Gesellschafter auch dahingehend geschützt, dass sie nur bei fehlender Gutgläubigkeit oder unter Missachtung der üblichen Sorgfalt persönlich beansprucht werden können.

Im Ergebnis konnte jedoch im Laufe der Ratsverhandlungen kein überzeugendes Gläubigerschutzsystem geschaffen werden. Während der Kommissionsvorschlag noch ein gemeinsames Konzept für das Mindestkapital, die Kapitalaufbringung und -erhaltung vorsah, wurden die Regeln im Laufe der Verhandlungen entweder als Mitgliedstaatenwahlrecht ausgestaltet oder gleich vollständig den Mitgliedstaaten überlassen. Ein einheitliches Gläubigerschutzkonzept durch Kapital findet sich in der verabschiedeten Ratsfassung nicht mehr.

Kapitel 6: Zusammenfassung der wichtigsten Ergebnisse

A. Allgemeines

Die Gestaltung eines erleichterten, unbürokratischen Rechtsrahmens für Gesellschaften bei grenzüberschreitender Unternehmenstätigkeit ist eine komplexe Materie. Die einzelstaatlichen Regelungen sind vielschichtig ausgestaltet und weichen im Detail erheblich voneinander ab. Eine einheitliche Gesellschaftsform konnte hierfür bislang noch nicht geschaffen werden.

Als Vehikel grenzüberschreitender Unternehmenstätigkeit schlägt die Europäische Kommission die *Societas Unius Personae* vor, welche als eigene Rechtsform oder Unterform der GmbH eine materielle Harmonisierung von Kernelementen vornehmen sollte. Die liberal-progressive Ausgestaltung der einzelnen Elemente wirft jedoch zahlreiche Fragen und Probleme auf. Insbesondere bedarf es der Kohärenz zwischen der Schaffung eines *ius commune* und der Schonung nationaler Regelungskulturen. Daneben trägt auch die Auslegung und Interpretation einiger Vorschriften zu Rechtsunsicherheiten bei. Letztlich stellen sich Fragen der konkreten Implementierung in nationales Recht. Im Laufe der Ratsverhandlungen wurden immer stärkere Änderungen vorgenommen, die sich von einer einheitlichen Regelung entfernten und in Mitgliedstaatenoptionen wandelten oder gänzlich dem nationalem Recht überlassen wurden. Dies ist bedauerlich, da auf diese Weise das Ziel der Vereinfachung grenzüberschreitender Unternehmenstätigkeit nicht erreicht werden kann.

Insgesamt kann das Projekt der Societas Unius Personae jedoch zum Anlass genommen werden, tradierte Rechtsvorstellungen zu überdenken. Über einen binnenmarktweiten wissenschaftlichen Diskurs kann so zur Modernisierung des nationalen Gesellschaftsrechts beigetragen werden.

B. Thesen

1. Der bisherige Rechtsrahmen eignet sich trotz zahlreicher Angleichungen auf europäischer Ebene nur eingeschränkt für die grenzüberschreitende Tätigkeit von KMU.
2. Die Zwölfte Richtlinie zur Einpersonengesellschaft harmonisierte die Zulässigkeit der Einpersonen-GmbH als solche. Entstehungsgeschichtlich und rechtsvergleichend betrachtet gestaltet sich dies zwar als Fortschritt. Der Angleichungserfolg ist jedoch durch die Mitgliedstaatenoption des Artikels

2 Abs. 2 der Richtlinie erheblich eingeschränkt. Erlaubt sind Sanktionen und Beschränkungen, falls der Gesellschafter keine natürliche Person ist oder sofern die natürlich Person Alleingesellschafter von mehreren Gesellschaften ist. Für die grenzüberschreitende Geschäftstätigkeit von Unternehmensgruppen ergeben sich aus dieser Konzernvermeidungsklausel zahlreiche Rechtsunsicherheiten.

3. Zahlreiche Mitgliedstaaten reformierten in den letzten Jahren ihre nationale GmbH. Dies erfolgte entweder durch die Einführung einer Rechtsformvariante zur GmbH oder durch die Reform des regulären Rechts der geschlossenen Kapitalgesellschaftsform. Den dahinterliegenden Zweck der Schaffung eines flexiblen und kostengünstigen Rechtsrahmens für KMU gilt es, auf europäischer Ebene aufzunehmen und auf eine Angleichung hinzuwirken.
4.
   a) Der Richtlinienvorschlag zur SUP ist primärrechtlich an das Subsidiaritätsprinzip gebunden. Ein grenzüberschreitendes Element ist seit der Änderung des Subsidiaritätsprotokolls von Lissabon im Jahr 2009 kein obligatorisches Kriterium mehr. Mangels bestehender Angleichung des Gründungsprozesses der GmbH bedarf es einer Initiative auf europäischer Ebene. Das Ziel der Verbesserung der grenzüberschreitenden Tätigkeit kann nicht rein national gelöst werden. Das Subsidiaritätserfordernis ist erfüllt.
   b) Die Kommission stützt den Richtlinienvorschlag auf Artikel 50 Abs. 2 lit. f AEUV. Aufgrund der gemäß Artikel 296 gewährleisteten freien Wahl der Handlungsform sind dieser Kompetenznorm keine juristischen Bedenken entgegenzusetzen. Mangels zu erfüllender Einstimmigkeit erleichtert sich die Durchsetzungsfähigkeit im Rat der Europäischen Union erheblich.
   c) Die Verhältnismäßigkeit des Richtlinienvorschlags ergibt sich aus einer Prüfung des legitimen Zwecks, der Geeignetheit, Erforderlichkeit und Angemessenheit des SUP-Vorschlags zur Förderung der transnationalen Aktivität. Die SUP kann im Vergleich zur SPE nicht als belastender für das nationale Recht eingeordnet werden. Im Fall der Implementierung der SUP im Wege des Modells der Ko-Existenz kann die SUP zur Schonung der nationalen Regelungsautonomie beitragen. Gleichzeitig verspricht die durch die punktuelle Angleichung einen europäischen Mehrgewinn.
5. Der Kommissionsvorschlag richtet sich sowohl an KMU als auch an Unternehmensgruppen. Die konzernspezifischen Ansätze können insbesondere der Manifestierung des Weisungsrechts und der Möglichkeit der Sitzaufspaltung entnommen werden. Im Laufe der Verhandlungen wurden die Mehrheit der für Konzerne attraktiven Regelungen gestrichen. Ein Vorstoß im Bereich

des Konzernrechts ist spätestens seit dem Kompromissvorschlag unter lettischer Ratspräsidentschaft nicht mehr erkenntlich.

6. Artikel 7 Abs. 3 SUP-KOM sieht einen einheitlichen, rein europäischen Rechtsformzusatz vor. Aufgrund der fehlenden Angabe der Nationalität und der damit verbundenen Rechtsunsicherheiten bezüglich des sekundär anzuwendenden GmbH-Rechts wurde die Regelung in den Kompromissvorschlag mehrfach modifiziert. Das nunmehr festgelegte Mitgliedstaatenwahlrecht, welches den Mitgliedstaaten freistellt, ob sie eine Länderbezeichnung hinzufügen oder allein den Rechtsformzusatz „SUP" verwenden, verspricht keinen europäischen Mehrgewinn. Aufgrund der zahlreichen Verweise auf das national anzuwendende GmbH-Recht ist allein ein obligatorischer Länderzusatz zielführend.
7.
   a) Das Online-Registrierungsverfahren unter gleichzeitiger Verwendung einer Mustersatzung ermöglicht erstmalig die Gründung einer Gesellschaft ohne physische Anwesenheit. Nationale materielle Überprüfungen und Identitätskontrollen obliegen nationaler Regelungshoheit, sodass insofern eine größtmögliche Schonung der Regelungsautonomie erreicht ist. Gleichwohl wäre eine stärkere Vereinheitlichung des Prüfungsmaßstabs wünschenswert gewesen.
   b) Die zunächst als einheitliche Mustersatzung entwickelte sich bis zur verabschiedeten Ratsfassung zu einem nationalen Regelungsauftrag. Das nunmehr in Art. 11 Abs. 3 integrierte Rosinenprinzip führt zu 28 auszugestaltenden Vorlagen. Eine derartige Lösung steht der anfänglichen Idee der Schaffung eines einheitlichen Formulars zur einfachen und schnellen Gesellschaftsgründung entgegegen.
8.
   a) Das Mindestkapital von 1 Euro entspricht den neuesten Tendenzen in den nationalen Gesellschaftsrechten, welche das Mindestkapital entweder vollständig abgeschafft haben oder zumindest für die GmbH-Subform auf ein solches verzichtet haben. Trotz Verlustes des Seriositätssignals sollte an dieser Vorgabe festgehalten werden.
   b) Das zunächst im Kommissionsvorschlag normierte Rücklagenverbot entwickelte sich später zu einen Mitgliedstaatenoption. Rücklagen können einen Baustein zum Schutz der Gläubiger und einen gewissen Haftungsaufbau bieten. Die Änderung ist somit zu begrüßen. Zur Stärkung der Akzeptanz der SUP ist jedoch eine gesetzliche Thesaurierungspflicht zu fordern.

c) Die Kombination eines Bilanz- und Solvenztests als Ausschüttungssperre stellt einen Ausgleich für den fehlenden Gläubigerschutz im Bereich des Mindestkapitals dar. Die in der verabschiedeten Ratsfassung normierte Alternativität von Bilanz- und Solvenztest, die seitens der Mitgliedstaaten angeordnet werden darf, führt zu erneutem Beratungsaufwand für die SUP. Eine einheitliche Lösung im Bereich der Kapitalerhaltung wurde somit nich geschaffen.
d) Die Sanktionsregelungen im Falle unzulässiger Gewinnausschüttungen erfassen sowohl die Rückerstattung zu Unrecht erfolgter Zahlungen als auch eine umfassende Haftungsnorm. Das Leitungsorgan und der Alleingesellschafter werden somit aufgrund der potentiellen Inanspruchnahme zur sorgfältigen Entscheidungsfindung animiert.

Literaturverzeichnis

Adenauer, Konrad, Der Richtlinenvorschlag der EU-Kommission zur Societas Unius Personae, AnwZert HaGesR 2014, Anm. 1.

Adensamer, Nikolaus/Kerschbaum, Sonja, Zur kleinen österreichischen GmbH-Reform im Abgabenänderungsgesetz 2014, NZG 2014, S. 452–455.

Ahern, Deirdre, Close Corporations: A Common Law World Perspective - the Case of Ireland, in: Viera González, Aristides Jorge/Teichmann, Christoph (Hrsg.), Private company law reform in Europe, The race for flexibility, 2015, Cizur Menor, S. 243–283.

Altmeppen, Holger, Änderungen der Kapitalersatz- und Insolvenzverschleppungshaftung aus "deutsch-europäischer" Sicht, NJW 2005, S. 1911–1915.

Altmeppen, Holger, Cash Pooling und Kapitalaufbringung, NZG 2010, S. 441–446.

Altmeppen, Holger, Cash Pooling und Kapitalerhaltung bei bestehendem Beherrschungs- oder Gewinnabführungsvertrag, NZG 2010, S. 361–368.

Altmeppen, Holger, Cash Pooling und Kapitalerhaltung im faktischen Konzern, NZG 2010, S. 401–407.

Altmeppen, Holger/Roth, Günter H., GmbHG Kommentar, 8. Aufl. 2015, München (zit.: *Bearbeiter*, in: Roth/Altmeppen, GmbHG, 8. Aufl. 2015)

Antones, José Engrácia, Die Gründung einer Tochtergesellschaft in Portugal, in: Lutter, Marcus (Hrsg.), Die Gründung einer Tochtergesellschaft im Ausland, 3. Aufl. 1995, Berlin, S. 589–625

Anzinger, Heribert, Die Europäische Privatgesellschaft – vom Vollstatut zum tragfähigen Kompromiss, BB 2009, S. 2606–2612.

Anzinger, Heribert, Fällt der Schlagbaum für das Europäische Gesellschaftsrecht? SE, SPE & Co. nach dem Lissabon-Urteil des BVerfG, AG 2009, S. 739–740.

Arbeitsgruppe Europäisches Gesellschaftsrecht, Zur Entwicklung des Europäischen Gesellschaftsrechts: Stellungnahme der Arbeitsgruppe Europäisches Gesellschaftsrecht (Group of German Experts on Corporate Law) zum Report of the High Level Group of Company Law Experts on a modern Regulatory Framework for Company Law in Europe, ZIP 2003, S. 863–880.

Arbeitskreis Europäisches Unternehmensrecht, Thesen zum Vorschlag einer Europäischen Privatgesellschaft (SPE), NZG 2008, S. 897–901.

Arbeitskreis Europäisches Unternehmensrecht, Thesen zum Erlass einer europäischen Sitzverlegungsrichtlinie, NZG 2011, S. 98–99.

Arbeitskreis GmbH-Reform, Die Handelsgesellschaft auf Einlagen - eine Alternative zur GmbH & Co. KG. Band 1, 1971, Heidelberg (zit.: Arbeitskreis GmbH-Reform, Handelsgesellschaft auf Einlagen).

Arbeitskreis GmbH-Reform, Thesen und Vorschläge zur GmbH-Reform. Kapital- und Haftungsfragen; Gründung von Einmann-Gesellschaften; Konzernrecht; Arbeitnehmerbeteiligung, 1972, (zit.: Arbeitskreis GmbH-Reform, Thesen und Vorschläge zur GmbH-Reform).

Arminger, Josef, Solvenztest – eine Alternative zur bilanziellen Kapitalerhaltung in der Europäischen Union?, IRZ 2012, S. 343–348.

Arnold, Arnd, Zur ökonomischen Theorie des Solvenztests, Der Konzern 2007, S. 118–125.

Aussedat, Jacques, Société unipersonelle et patrimoine d'affection et patrimoine d'affection, Revue des sociétés 1974, S. 221–256.

Bachmann, Gregor, Grundtendenzen der Reform geschlossener Gesellschaften in Europa –Dargestellt am Beispiel des britischen Reformprozesses und der Europäischen Privatgesellschaft, ZGR 2001, S. 351–384.

Bachmann, Gregor, Vertikaler Regulierungswettbewerb im Europäischen Gesellschaftsrecht, in: Erle, Bernd/Goette, Wulf/Kleindiek, Detlef/Krieger, Gerd/Schubel, Christian/Schwab, Martin/Teichmann, Christoph/Witt, Carl-Heinz (Hrsg.), Festschrift für Peter Hommelhoff zum 70. Geburtstag, 2012, Köln, S. 21–44 (zit.: *Bachmann*, in: FS Hommelhoff).

Bachmann, Gregor/Eidenmüller, Horst/Engert, Andreas/Fleischer, Holger/Schön, Wolfgang, Rechtsregeln für die geschlossene Kapitalgesellschaft in Europa, 2012, Berlin (zit.: *Bachmann/Eidenmüller/Engert/Fleischer/Schön*, Rechtsregeln für die geschlossene KapG).

Bachner, Thomas, Die gründungsprivilegierte GmbH, RdW 2014, S. 115–120.

Bader, Klaus, Die neue società a responsabilità limitata in Italien, GmbHR 2005, S. 1474–1477.

Baetge, Anastasia, Die Einführung der Einmann-GmbH in das griechische Recht, RIW 1995, S. 25–28.

Baldamus, Ernst-August, Die SE als Rechtsformalternative für den Mittelstand, in: Gesellschaftsrechtliche Vereinigung (Hrsg.), Gesellschaftsrecht in der Diskussion 2012, 2013, Köln, S. 79–105.

Ballerstedt, Kurt, 75 Jahre GmbH-Gesetz, GmbHR 1967, S. 66–71.

Ballerstedt, Kurt, Gesellschaftsrechtliche Probleme der Reform des GmbH-Rechts, ZHR 135 (1971), S. 383–409.

Bärmann, Johannes, Einheitliche Gesellschaftsformen für die Europäische Wirtschaftsgemeinschaft, AcP 160 (1961), S. 97–134.

Barz, Carl Hans, Das Ende der GmbH & Co. KG, NJW 1972, S. 465–468.

Basedow, Jürgen, Ende des 28. Modells? – Das Bundesverfassungsgericht und das europäische Wirtschaftsprivatrecht –, EuZW 2010, S. 41.

Bauer, Florian/Schneider, Birgit, § 12 Tochtergesellschaften - Errichtung und Erwerb, Tochtergesellschaften im Ausland, in: Hamann/Sigle (Hrsg.), Vertragsbuch Gesellschaftsrecht, Gestaltung, Finanzierung, Internationalisierung, Mergers & Acquisitions und Nachfolge, 2. Aufl. 2012, München (zit.: *Bauer/Schneider*, in: Hamann/Sigle, Vertragsbuch GesR).

Baumann, Marcell, Neues GmbH-Recht in Ungarn, GmbHR 2014, S. 23–27.

Baumbach, Adolf/Hopt, Klaus J., Handelsgesetzbuch mit GmbH & Co., Handelsklauseln, Bank- und Börsenrecht, Transportrecht (ohne Seerecht), 37. Aufl. 2016, München.

Baumbach, Adolf/Hueck, Alfred, GmbH-Gesetz, 21. Aufl. 2017, München.

Baums, Theodor, Europäische Modellgesetze im Gesellschaftsrecht, in: Kley, Max Dietrich/Leven, Franz-Joseph/Rudolph, Bernd/Schneider, Uwe H. (Hrsg.), Aktie und Kapitalmarkt, Anlegerschutz, Unternehmensfinanzierung und Finanzplatz; Festschrift für Professor Dr. Rüdiger von Rosen zum 65. Geburtstag, 2008, Stuttgart, S. 525–535 (zit.: *Baums*, in: FS von Rosen).

Bayer, Walter/Hoffmann, Thomas, Fünf Jahre Unternehmergesellschaft, GmbHR 2013, S. R358.

Bayer, Walter/Hoffmann, Thomas, Gesellschafterstrukturen deutscher GmbH, GmbHR 2014, S. 12–17.

Bayer, Walter/Hoffmann, Thomas/Schmidt, Jessica, Satzungskomplexität und Mustersatzung Eine Untersuchung vor dem Hintergrund des Regierungsentwurfs zum MoMiG, GmbHR 2007, S. 953–958.

Bayer, Walter/Schmidt, Jessica, Der Schutz der grenzüberschreitenden Verschmelzung durch die Niederlassungsfreiheit - Zugleich Besprechung von EuGH v. 13. 12. 2005 - Rs C-411/03, ZIP 2005, 2311 - Sevic, ZIP 2006, S. 210–213.

Bayer, Walter/Schmidt, Jessica, Überlagerungen des deutschen Aktienrechts durch das Europäische Unternehmensrecht: Eine Bilanz von 1968 bis zur Gegenwart, in: Bayer, Walter/Habersack, Mathias (Hrsg.), Aktienrecht im Wandel, Band I, 2007, Tübingen (zit: *Bayer/J. Schmidt*, in: Bayer/Habersack (Hrsg.), Aktienrecht im Wandel)

Bayer, Walter/Schmidt, Jessica, AG-Report 2008, AG 2008, S. R31–R32.

Bayer, Walter/Schmidt, Jessica, Aktuelle Entwicklungen im Europäischen Gesellschaftsrecht (2004–2007), BB 2008, S. 454–460.

Bayer, Walter/Schmidt, Jessica, Grenzüberschreitende Sitzverlegung und grenzüberschreitende Restrukturierungen nach MoMiG, Cartesio und Trabrennbahn, ZHR 173 (2009), S. 735–774.

Bayer, Walter/Schmidt, Jessica, BB-Gesetzgebungs- und Rechtsprechungsreport zum Europäischen Unternehmensrecht 2010/11, BB 2012, S. 3–14.

Bayer, Walter/Schmidt, Jessica, Das Vale-Urteil des EuGH: Die endgültige Bestätigung der Niederlassungsfreiheit als "Formwechselfreiheit", ZIP 2012, S. 1481–1492.

Bayer, Walter/Schmidt, Jessica, BB-Gesetzgebungs- und Rechtsprechungsreport Europäisches Unternehmensrecht 2012, BB 2013, S. 3–16.

Bayer, Walter/Schmidt, Jessica, Aktuelle Rechtsprechung des EuGH zum Europäischen Unternehmensrecht - 2012 bis Anfang 2014 –, KSzW 2014, S. 69–76.

Bayer, Walter/Schmidt, Jessica, BB-Gesetzgebungs- und Rechtsprechungsreport Europäisches Unternehmensrecht 2013/14, BB 2014, S. 1219–1232.

Becht, Marco/Enriques, Luca/Korom, Veronica, Centros and the cost of branching, in: Tison/Wulf/van der Elst, Christoph/Steennot (Hrsg.), Perspectives in company law and financial regulation, Essays in honour of Eddy Wymeersch, 2009, Cambridge, UK, New York, S. 91–122 (zit.: *Becht/Enriques/Korom*, in: Perspectives in company law and financial regulation).

Becht, Marco/Mayer, Colin/Wagner, Hannes F., Where do firms incorporate? Deregulation and the cost of entry, Journal of Corporate Finance 14 (2008), S. 241–256.

Becker, Patricia, Verabschiedung des Gesetzes über die französische Blitz-S.A.R.L., GmbHR 2003, S. 1120–1121.

Behme, Caspar, Der grenzüberschreitende Formwechsel von Gesellschaften nach Cartesio und Vale, NZG 2012, S. 936–939.

Beltz, Karl-Heinrich, Eine neue Gesellschaftsform in Frankreich: Die "Société par actions simplifiée", RIW 1994, S. 548–550.

Berg, Hans, Schadensersatzanspruch des GmbH-Alleingesellschafters bei einem Schaden der Gesellschaft, NJW 1974, S. 933–935.

Beurskens, Michael, "Societas Unius Personae"- der Wolf im Schafspelz? –Der Vorschlag für eine Richtlinie über Gesellschaften mit beschränkter Haftung mit einem einzigen Gesellschafter –, GmbHR 2014, S. 738–747.

Borchardt, Dieter/ Lenz, Carl Otto, EU-Verträge, Kommentar EUV, AEUV, GRCh, 6. Aufl. 2012, Köln.

Blaurock, Uwe, Mindestkapital und Haftung bei der GmbH, in: Raiser/Damm/Heermann/Veil (Hrsg.), Festschrift für Thomas Raiser zum 70. Geburtstag am 20. Februar 2005, 2005, Berlin, S. 3–22 (zit.: *Blaurock*, in: FS Raiser).

Bock, Lenard, Company Hijacking im Vereinigten Königreich, ZIP 2011, S. 2449–2452.

Bock, Lenard, Der Harmonisierungserfolg der Publizitätsrichtlinie. Eine Untersuchung am Beispiel der Umsetzung in Deutschland und im Vereinigten Königreich, Nomos Verlag, Baden-Baden, 2016.

Böcker, Philipp, Wer hat's beurkundet? Ein Schweizer! Wirksam? - Besprechung des BGH-Beschlusses vom 17. 12. 2013 - II ZB 6/13, DZWiR 2014, S. 234–239.

Bork, Reinhard/Schäfer, Carsten, GmbHG, 3. Aufl. 2015, Köln, (zit.: *Bearbeiter*, in: Bork/Schäfer, GmbHG, 3. Aufl. 2015)

Bormann, Jens, Die SUP aus Sicht des nationalen Registersystems, in: Lutter, Marcus/Koch, Jens (Hrsg.), Societas Unius Personae (SUP), 2015, S. 23–36.

Bormann, Jens/Apfelbaum, Sebastian, Handelsregister und GmbH-Gründung in Deutschland als „best practice" im Vergleich zum anglo-amerikanischen Rechtskreis, ZIP 2007, S. 946–952.

Bormann, Jens/Böttcher, Leif, Vermeidungsstrategien bei der unternehmerischen Mitbestimmung in der SPE auf der Grundlage des ungarischen Kompromissvorschlags, NZG 2011, S. 411–416.

Bormann, Jens/König, David, Der Weg zur Europäischen Privatgesellschaft - Bestandsaufnahme und Ausblick, RIW 2010, S. 111–119.

Bormann, Michael, Der Entwurf des „MoMiG" und die Auswirkungen auf die Kapitalaufbringung, GmbHR 2006, S. 1021–1025.

Bortz, Jürgen/Döring, Nicola, Forschungsmethoden und Evaluation. Für Human- und Sozialwissenschaftler, 3. Aufl. 2002, Berlin (zit.: *Bortz/Döring*, Forschungsmethoden und Evaluation).

Boschma, Hylda, Het plan voor een nieuwe EU-richtlijn voor de eenpersoonsvennootschap, Ondernemingsrecht 2014, S. 144.

Böttcher, Leif/Kraft, Julia, Grenzüberschreitender Formwechsel und tatsächliche Sitzverlegung - Die Entscheidung VALE des EuGH, NJW 2012, S. 2701–2704.

Boucourechliev, Jeanne, Pour une SARL Européenne. Étude de CREDA, 1973, Vendôme (zit.: *Boucourechliev*, Pour une SARL Européenne).

Brändel, Oliver C., Die Auswirkungen der 12. gesellschaftsrechtlichen EG-Richtlinie auf die Einmann-AG, in: Goerdeler, Reinhard

(Hrsg.), Festschrift für Alfred Kellermann zum 70. Geburstag am 29. November 1990, 1991, Berlin, New York, S. 15–24 (zit.: *Brändel*, in: FS Kellermann).

Brandes, Stephan M., Juristische Personen als Geschäftsführer der Europäischen Privatgesellschaft. Zugleich eine rechtsvergleichende Analyse unter Berücksichtigung des englischen, des französischen und des deutschen Geselschaftsrechts, 2003, Baden-Baden (zit.: *Brandes*, Juristische Personen als Geschäftsführer der EPG).

Branstetter, Lee/Lima, Francisco/Taylor, Lowell J./Venâncio, Ana, Do Entry Regulations Deter Entrepreneurship and Job Creation? Evidence from Recent Reforms in Portugal, The Economic Journal 124 (2014), S. 805–832.

Braun, Bernd/Jöckel, Rainer, Das Gewerbliche Unternehmen mit beschränkter Haftung – Die Zeit ist reif, ZRP 2011, S. 149–152.

Breidenbach, Stephan (Hrsg.), Handbuch Wirtschaft und Recht in Osteuropa, Loseblatt, München.

Breitenstein, Jürgen/Meyding, Bernhard, GmbH-Reform: Die 'neue' GmbH als wettbewerbsfähige Alternative oder nur 'GmbH light'?, BB 2006, S. 1457–1462.

Brems, Michael/Cannivé, Klaus, Die Europäische Privatgesellschaft (SPE) als Baustein des internationalen Konzerns, Der Konzern 2008, S. 629–638.

Brodmann, Erich, Kommentar zum Gesetz betreffend Gesellschaften mit beschränkter Haftung (GmbHG), 2. Aufl. 1930, (zit.: *Brodmann*, GmbHG).

Büchele, Manfred, Österreichisches Kapitalgesellschaftsrecht, ZVglRWiss 113 (2014), S. 213–238.

Bungert, Hartwin, Grenzüberschreitende Verschmelzungsmobilität - Anmerkung zur Sevic-Entscheidung des EuGH, BB 2006, S. 53–56.

Bungert, Hartwin/Raet, Tobias de, Grenzüberschreitender Formwechsel in der EU, DB 2014, S. 761–766.

Calliess, Christian, Subsidiaritäts- und Solidaritätsprinzip in der Europäischen Union. Vorgaben für die Anwendung von Art. 5 (ex-Art. 3b) EGV nach dem Vertrag von Amsterdam, 2. Aufl. 1999, Baden-Baden (zit.: *Calliess*, Subsidiaritäts- und Solidaritätsprinzip).

Calliess, Christian/Ruffert, Matthias, EUV, AEUV. Das Verfassungsrecht der Europäischen Union mit Europäischer Grundrechtecharta; Kommentar, 5. Aufl. 2016, München (zit.: *Bearbeiter* in Calliess/Ruffert, EUV/AEUV, 5. Aufl. 2016.

Centrale für GmbH Dr. Otto Schmidt, Die GmbH darf keine "kleine AG" werden!, GmbHR 1969, S. 95–96.

Centrale für GmbH Dr. Otto Schmidt, Vorschlag einer 12. EG-Richtlinie für Einmann-Gesellschaften, GmbHR 1988, S. 311.

Champaud, Claude/Danet, Didier, Sociétés et autres groupements, Revue trimestrielle de droit commercial et de droit économique 47 (1994), S. 274–286.

Chaput, Yves/Lévi, Aristide, L'EURL. Droit, pratique et perspectives, 2003, Paris (zit.: *Chaput/Lévi*, L'EURL).

Cian, Marco, S.r.l., sr.l. semplificata, s.r.l. a capitale ridotto. Una nuova geometria del sistema o un sistema disarticolato?, Rivista delle società 2012, S. 1101–1123.

Cian, Marco, Die S.R.L. mit reduziertem Kapital und die S.R.L. semplificata im italienischen System der Kapitalgesellschaften, ZvglRWiss 114 (2015), S. 288–309.

Cierpal, Romana/Horwath, Olga, Polen, in: Bachner, Thomas/Doralt, Peter/Winner, Martin (Hrsg.), Schutz der Minderheitsaktionäre in Mittel- und Osteuropa, 2010, Baden-Baden/Wien, S. 311–403 (zit.: *Cierpal/Horwath*, in: Bachner/Doralt/Winner (Hrsg.), Schutz der Minderheitsaktionäre in Mittel- und Osteuropa).

Cohnen, Sebastian, Kein GmbH-rechtliches "race to the bottom" auf dem Jakobsweg: Bemerkungen zur Sociedad Limitada Nueva Empresa, ZVglRWiss 104 (2005), S. 479–518.

Conac, Pierre-Henri, Director's Duties in Groups of Companies – Legalizing the Interest of the Group at the European Level, ECFR 2013, S. 194–226.

Conac, Pierre-Henri, The Societas Unius Personae (SUP): A "Passport" for Job Creation and Growth, ECFR 2015, S. 139–176.

Conac, Pierre-Henri, European Corporate Law form a French Perspective, ZVglRWiss 114 (2015), S. 215–240.

Cordt, Yves de/Colard, Patricia, Groups of companies governance in Belgium, in: Grundmann, Stefan/Haar, Brigitte/Merkt, Hanno/Mülbert, Peter O./Wellenhofer, Maria (Hrsg.), Festschrift für Klaus J. Hopt zum 70. Geburtstag am 24. August 2010, Unternehmen, Markt und Verantwortung, 2010, Berlin, New York (zit.: *de Cordt/Colard*, in: FS Hopt), S. 3043–3058.

Cova, Bruno, Italy: company law: implementation of EC Directives, ICCLR 1993, S. C115–C116.

Cozian, Maurice/Viandier, Alain/Deboissy, Florian, Droit des sociétés, 27. Aufl. 2014, Paris (zit.: *Cozian/Viandier/Deboissy*, Droit des sociétés).

Cremades, Javier/Peinado, Juan Ignacio, Gesellschaftsrecht in Portugal. Eine Einführung mit vergleichenden Tabellen, 1993, München (zit.: *Cremades/Peinado*, GesR Portugal).

Csehi, Zoltán, Gesellschaftsgründung mit Musterverträgen im ungarischen Recht, in: Hommelhoff, Peter/Schubel, Christian/Teichmann, Christoph (Hrsg.), Societas Privata Europaea (SPE) - die europäische Kapitalgesellschaft für mittelständische Unternehmen, 2014, Baden-Baden, S. 119–131 (zit.: *Csehi*, in: Hommelhoff/Schubel/Teichmann (Hrsg.), SPE).

Daigre, Jean-Jacques, La société unipersonelle en droit français, RIDC 42 (1990), S. 665–676.

DAV (Handelsrechtsausschuss), Handelsrechtsausschuss des DAV: Stellungnahme zum Referentenentwurf eines Gesetzes zur Modernisierung des GmbH-Rechts und zur Bekämpfung von Missbräuchen (MoMiG), NZG 2007, S. 211–223.

DAV (Handelsrechtsausschuss), DAV-Handelsrechtsausschuss: Stellungnahme zum Vorschlag für eine Richtlinie des Europäischen Parlaments und des Rats über Gesellschaften mit beschränkter Haftung mit einem einzigen Gesellschafter, NZG 2014, S. 1372–1381.

Davies, Paul L./Rickford, Jonathan, An Introduction to the New UK Companies Act, ECFR 2008, S. 48–71.

Davies, Paul L./Worthington, Sarah, Gower and Davies' principles of modern company law, 9. Aufl. 2012, London (zit.: *Davies/Worthington*, Company Law).

Dežman, Aljoša/Babuder Hummel, Kristina, Slowenien, in: Bachner, Thomas/ Doralt, Peter/ Winner, Martin (Hrsg.), Schutz der Minderheitsaktionäre in Mittel- und Osteuropa, 2010, Baden-Baden/Wien, S. 683–749 (zit.: *Dežman/ Babuder Hummel*, in: Bachner/Doralt/Winner (Hrsg.), Schutz der Minderheitsaktionäre in Mittel- und Osteuropa).

Donno, Barbara de, From Simplified Companies to One- Man Limited Enterprises, ECL 11 (2014), S. 155–156.

Dreher, Ferdinand, Der Richtlinienvorschlag über die Societas Unius Personae und seine Regelungen zur faktischen Geschäftsführung, NZG 2014, S. 967–972.

Driesen, Werner G., Die GmbH im portugiesischen Recht, GmbHR 1991, S. 49–56.

Driesen, Werner G., Neues Recht für die Einpersonen-GmbH, MDR 1992, S. 324–325.

Druey, Jean Nicolas, Die Zukunft des Konzernrechts, in: Erle, Bernd/Goette, Wulf/Kleindiek, Detlef/Krieger, Gerd/Schubel, Christian/Schwab, Martin/Teichmann, Christoph/Witt, Carl-Heinz (Hrsg.), Festschrift für Peter Hommelhoff zum 70. Geburtstag, 2012, Köln, S. 135–160 (zit.: *Druey*, in: FS Hommelhoff).

Drury, Robert, Why Do We Need The European Private Company (Societas Unius Personae)?, in: Hirte, Herbert/Teichmann, Christoph (Hrsg.), The European Private Company - Societas Privata Europaea (SPE), 2012, Berlin, S. 33–46 (zit.: *Drury*, in: Hirte/Teichmann (Hrsg.), SPE).

Drygala, Tim, Konzernhaftung und Einmann-Richtlinie, ZIP 1992, S. 1528–1534.

Drygala, Tim, Stammkapital heute – Zum veränderten Verständnis vom System des festen Kapitals und seinen Konsequenzen, ZGR 2006, S. 587–637.

Drygala, Tim, Europäische Niederlassungsfreiheit vor der Rolle rückwärts?, EuZW 2013, S. 569–574.

Drygala, Tim, Europäisches Konzernrecht: Gruppeninteresse und Related Party Transactions, AG 2013, S. 198–210.

Drygala, Tim, What's SUP? Der Vorschlag der EU-Kommission zur Einführung einer europäischen Einpersonengesellschaft (Societas Unius Personae, SUP), EuZW 2014, S. 491–497.

Durand, Guy, Opinion d'un publiciste sur la société par actions simplifiée, Revue des sociétés 1994, S. 689–696.

Dziuba, Leszek, Das reformierte Gesellschaftsrecht im neuen Bürgerlichen Gesetzbuch Ungarns, in: *Schubel, Christian/Kirste, Stephan/Müller-Graff, Peter-Christian/Diggelman, Oliver/Hufeld, Ulrich (Hrsg.)*, Jahrbuch für Vergleichende Staats- und Rechtswissenschaften - 2013, 1. Aufl. 2014, Baden-Baden, S. 209–244 (zit.: *Dziuba*, in: Schubel/Kirste/Müller-Graff/Diggelman/Hufeld (Hrsg.))

Ebenroth, Carsten Thomas/Boujong, Karlheinz/Joost, Detlev/Strohn, Lutz, Handelsgesetzbuch, Kommentar, Band 2, 3. Aufl. 2014, München (zit.: *Bearbeiter*, in Ebenroth/Boujong/Joost/Strohn, 3. Aufl. 2014).

Ebenroth, Carsten Thomas/Wilken, Oliver, Entwicklungstendenzen im deutschen Internationalen Gesellschaftsrecht-Teil 1, JZ 1991, S. 1014–1022.

Ebke, Werner F., Unternehmensrecht und Binnemarkt - E pluribus unum?, RabelsZ 62 (1998), S. 195–242.

Eckert, Georg, Internationales Gesellschaftsrecht. Das internationale Privatrecht grenzüberschreitend tätiger Gesellschaften, 2010, Wien (zit.: *Eckert*, Int GesR).

Eckert, Hans-Werner, Die Harmonisierung des Rechts der Einpersonen-GmbH - Die 12. gesellschaftsrechtliche Richtlinie und ihrer Auswirkungen auf das deutsche Recht, EuZW 1990, S. 54–57.

Edwards, Vanessa, The EU Twelfth Company Law Directive, The Company Lawyer 19 (1998), S. 211–214.

Edwards, Vanessa, EC Company Law, 1999, New York (zit.: *Edwards*, EC Company Law).

Ehrenberg, Victor, Handbuch des Handelsrechts, Band 3, Abteilung III, 1929, Leipzig (zit.: *Bearbeiter*, in: Ehrenberg (Hrsg.), Handbuch des Handelsrechts).

Ehricke, Ulrich, Anforderungsprofil an eine Europäische Privatgesellschaft, die Einsatzmöglichkeiten und ihre gesellschaftsvertragliche Ausgestaltung nach dem Statut, in: Hommelhoff, Peter/Helms, Dietmar (Hrsg.), Neue Wege in die Europäische Privatgesellschaft, Rechts- und Steuerfragen in der Heidelberger Diskussion, 2001, Köln, S. 18–78.

Ehricke, Ulrich, Zur Überwindung von Akzeptanzdefiziten als Grundlage zur Schaffung neuer supranationaler Gesellschaftsformen in der EU, RabelsZ 64 (2000), S. 497–516.

Eickelberg, Jan, SUP, EGVP, ePerso und XML – Die schöne neue (digitale) Welt der GmbH-Gründung, NZG 2015, S. 81–86.

Eidenmüller, Horst, Wettbewerb der Gesellschaftsrechte in Europa, ZIP 2002, S. 2233–2245.

Eidenmüller, Horst, Europäisches und deutsches Gesellschaftsrecht im europäischen Wettbewerb der Gesellschaftsrechte, in: Lorenz, Stephan/Trunk, Alexander/Eidenmüller, Horst/Wendehorst, Christiane/Adolff, Johannes (Hrsg.), Festschrift für Andreas Heldrich zum 70. Geburtstag, 2005, München, S. 581–595 (zit.: *Eidenmüller*, in: FS Heldrich).

Eidenmüller, Horst, Geschäftsleiter- und Gesellschafterhaftung bei europäischen Auslandsgesellschaften mit tatsächlichem Inlandssitz, NJW 2005, S. 1618–1621.

Eidenmüller, Horst, Die GmbH im Wettbewerb der Rechtsformen, ZGR 2007, S. 168–211.

Eidenmüller, Horst, Recht als Produkt, JZ 2009, S. 641–653.

Eidenmüller, Horst, Liberaler Paternalismus, JZ 2011, S. 814–821.

Einmahl, Jürgen, Die erste gesellschaftsrechtliche Richtlinie des Rates der Europäischen Gemeinschaften und ihre Bedeutung für das deutsche Aktienrecht, AG 1969, S. 131–139.

Embid Irujo, José Miguel, Eine spanische “Erfindung” im Gesellschaftsrecht: Die “Sociedad limitada nueva empresa” - die neue unternehmerische GmbH, RIW 2004, S. 760–767.

Emmerich, Volker/Habersack, Mathias, Konzernrecht. Ein Studienbuch, 10. Aufl. 2013, München (zit.: *Emmerich/Habersack*, Konzernrecht).

Engert, Andreas, Solvenzanforderungen als gesetzliche Ausschüttungssperre bei Kapitalgesellschaften, ZHR 170 (2006), S. 296–335.

Fehr, Werner, Die Einmanngesellschaft nach schweizerischem Recht, 1931, Bern (zit.: *Fehr*, Einmanngesellschaft nach schweizerischem Recht).

Feldhaus, Heiner/Vanscheit, Carolin, „Strukturelle Änderungen" der Europäischen Aktiengesellschaft im Lichte von Unternehmenstransaktionen, BB 2008, S. 2246–2251.

Fischer, Sebastian, Brücken zur Europäischen Privatgesellschaft, ZEuP 2004, S. 737–761.

Fleckner, Andreas M., Europäisches Gesellschaftsrecht, in: Grundmann, Stefan/Haar, Brigitte/Merkt, Hanno/Mülbert, Peter O./Wellenhofer, Maria (Hrsg.), Festschrift für Klaus J. Hopt zum 70. Geburtstag am 24. August 2010, Unternehmen, Markt und Verantwortung, 2010, Berlin, New York, S. 659–687 (zit.: *Fleckner*, in: FS Hopt).

Fleischer, Holger, Grundfragen der ökonomischen Theorie im Gesellschafts- und Kapitalmarktrecht, ZGR 2001, S. 1–32.

Fleischer, Holger (Hrsg.), Handbuch des Vorstandsrechts, 1. Aufl. 2006, München (zit.: *Bearbeiter*, in Fleischer: Handbuch des Vorstandsrechts).

Fleischer, Holger, Supranationale Gesellschaftsformen der Europäischen Union - Prolegomena zu einer Theorie supranationaler Verbandsformen, ZHR 174 (2010), S. 385–428.

Fleischer, Holger, Corporate Governance in Europa als Mehrebenensystem - Vielfalt und Verflechtung der Gesetzgeber, Standardsetzer und Verhaltenskodizes, ZGR 2012, S. 160–196.

Fleischer, Holger, Internationale Trends und Reformen im Recht der geschlossenen Kapitalgesellschaft, NZG 2014, S. 1081–1090.

Fleischer, Holger, Vergleichende Corporate Governance in der geschlossenen Kapitalgesellschaft, ZHR 179 (2015), S. 404–452.

Flume, Werner, Die Gründung der Einmann-GmbH nach der Novelle zum GmbH-Gesetz, DB 1980, S. 1781–1784.

Former Reflection Group on the Future of EU Company Law, Response to the European Commission's Action Plan on Company Law and Corporate Governance, ECFR 2013, S. 304–327.

Forum Europaeum Konzernrecht, Konzernrecht für Europa, ZGR 1998, S. 672–772.

Forum Europaeum on Company Groups, Eckpunkte für einen Rechtsrahmen zur erleichterten Führung von grenzüberschreitenden Unternehmensgruppen in Europa, ZGR 2015, S. 507–515.

Forum Europaeum on Company Groups, Proposal to Faciliate the Management of Cross-Border company Groups in Europe, ECFR 2015, S. 299–306.

Fränkel, Franz, Die Gesellschaft mit beschränkter Haftung. Eine volkswirtschaftliche Studie, 1915, Tübingen (zit.: *Fränkel,* GmbH).

Freitag, Robert/Riemenschneider, Markus, Die Unternehmergesellschaft – "GmbH light" als Konkurrenz für die Limited?, ZIP 2007, S. 1485–1492.

Frenzel, Ralf, Immer noch keine Wegzugsfreiheit für Gesellschaften im Europäischen Binnenmarkt- die Cartesio-Entscheidung des EuGH, EWS 2009, S. 158–164.

Freudling, Martin, Die Umsetzung der zwölften Richtlinie des Rates der Europäischen Union auf dem Gebiet des Gesellschaftsrechts in den Rechtsordnungen Deutschlands und Italiens, 2001, München (zit.: *Freudling,* Umsetzung der zwölften Richtlinie).

Friedländer, Heinrich, Die Einmanngesellschaft, ZBH 1 (1926), S. 22–26.

Fröhlich, Andrea, Die SAS - ein französisches Erfolgsmodell, GmbHR 2014, S. 413–417.

Fromholzer, Ferdinand, Die SE als Rechtsformalternative für den Mittelstand, in: Gesellschaftsrechtliche Vereinigung (Hrsg.), Gesellschaftsrecht in der Diskussion 2012, 2013, Köln, S. 59–77.

Gause, Bernhard, Europäisches Konzernrecht im Vergleich. Eine Untersuchung auf der Grundlage des portugiesischen Rechts, 2000, Berlin, Baden-Baden (zit.: *Gause,* Europäisches Konzernrecht).

Gebauer, Martin/ Teichmann, Christoph, Enzyklopädie Europarecht, Band 6, Europäisches Privat- und Unternehmensrecht, 1. Aufl. 2016 (zit.: *Bearbeiter,* in: Enzyklopädie Europarecht).

Gehb, Jürgen/Drange, Günter/Heckelmann, Martin, Gesellschaftsrechtlicher Typenzwang als Zwang zu neuem Gesellschaftstyp* Gemeinschaftsrecht fordert deutsche UGG, NZG 2006, S. 88–96.

Gehrlein, Markus, Das neue GmbH-Recht, 2009, Köln, München (zit.: *Gehrlein,* Neues GmbH-Recht).

Gehrlein, Markus/Born, Manfred/Simon, Stefan, GmbHG Gesetz betreffend die Gesellschaften mit beschränkter Haftung; Kommentar, 3. Aufl. 2016, Köln.

Gessler, Ernst, Grundfragen der europäischen Handelsgesellschaft, BB 1967, S. 381–387.

Gierke, Otto von, Die Genossenschaftstheorie und die Deutsche Rechtsprechung, 1887, Berlin (zit.: *Gierke,* Genossenschaftstheorie).

Gierke, Otto von, Deutsches Privatrecht. Allgemeiner Teil und Personenrecht, 1895, Leipzig (zit.: *Gierke,* Deutsches Privatrecht).

Goette, Wulf, Aus der neueren Rechtsprechung des BGH zum GmbH-Recht, ZIP 2005, S. 1481–1489.

Goette, Wulf, Wo steht der BGH nach „Centros" und „Inspire Art"?, DStR 2005, S. 197–201.

Götze, Cornelius/Mörtel, Markus, Zulässigkeit der Einreichung der GmbH-Gesellschafterliste durch einen ausländischen Notar, NZG 2014, S. 369–372.

Grabitz, Eberhard/Hilf, Meinhard/Nettesheim, Martin, Das Recht der Europäischen Union, Kommentar, 58. EL 2016, München (zit.: *Bearbeiter*, in: Grabitz/Hilf/Nettesheim, 58. EL 2016).

Greulich, Sebastian/Rau, Thomas, Zum fakultativen Solvenztest für die Societas Privata Europaea, DB 2008, S. 2691–2695.

Greulich, Sven/Rau, Thomas, Zur partiellen Insolvenzverursachungshaftung des GmbH Geschäftsführers nach § 64 S. 3 GmbHG-RegE, NZG 2008, S. 284–289.

Grimm, Michael, Die Finanzverfassung der kleinen Kapitalgesellschaft. Eine rechtsvergleichende Untersuchung der Reformdiskussion in Europa, 2013, Berlin (zit.: *Grimm*, Finanzverfassung der kleinen Kapitalgesellschaft).

Grohmann, Uwe, Das Informationsmodell im europäischen Gesellschaftsrecht, 2006, Berlin (zit.: *Grohmann*, Informationsmodell).

Grohmann, Uwe, Das Informationsmodell im Europäischen Gesellschaftsrecht, EWS 2007, S. 540–549.

Großmann-Doerth, Hans, Kampf um die Einmanngesellschaft m.b.H., DR 1939, S. 9–17.

Grundmann, Stefan, Die Struktur des Europäischen Gesellschaftsrechts von der Krise zum Boom, ZIP 2004, S. 2401–2412.

Grundmann, Stefan, Europäisches Gesellschaftsrecht. Eine systematische Darstellung unter Einbeziehung des Europäischen Kapitalmarktrechts, 2. Aufl. 2011, Heidelberg (zit.: *Grundmann*, EuropGesR).

Grunewald, Barbara, Die Societas Unius Personae (SUP) – wohin mit der 2. Person?, in: Stumpf, Cordula/ Kainer, Friedemann/ Baldus, Christian, Festschrift für Peter-Christian Müller-Graff zum 70. Geburtstag am 29. September 2015, 2015, Baden-Baden, S. 290–297 (zit.: *Grunewald*, in: FS Müller-Graff).

Guidotto, Rolandino, Close Companies in Italy, in: Viera González, Aristides Jorge/ Teichmann, Christoph (Hrsg.), Private company law reform in Europe, The race for flexibility, 2015, Cizur Menor, S. 285–324.

Gutsche, Robert, Ein Plädoyer für die "Europa-GmbH", in: Erle, Bernd/Goette, Wulf/Kleindiek, Detlef/Krieger, Gerd/Schubel, Christian/Schwab,

Martin/Teichmann, Christoph/Witt, Carl-Heinz (Hrsg.), Festschrift für Peter Hommelhoff zum 70. Geburtstag, 2012, Köln, S. 285–301 (zit.: *Gutsche*, in: FS Hommelhoff).

Guyon, Yves, Die neuere Entwicklung des französischen Gesellschaftsrechts, ZGR 1988, S. 240–269.

Guyon, Yves, Die Société par actions simplifiée (SAS) - eine neue Gesellschaftsform in Frankreich, ZGR 1994, S. 551–569.

Haar, Brigitte, Die Grundfreiheiten als Triebfeder des europäischen Gesellschaftsrechts in der aktuellen Rechtsprechung des Europäischen Gerichtshofs, GPR 2007, S. 27–34.

Haas, Ulrich, Mindestkapital und Gläubigerschutz in der GmbH, DStR 2006, S. 993–1000.

Haasen, Thomas, in: *Lorz, Rainer/Pfisterer, Benedikt/Gerber, Olaf (Hrsg.)*, Beck'sches Formularbuch GmbH-Recht, 2010, München.

Habersack, Mathias, Das Aktiengesetz und das Europäische Recht, ZIP 2006, S. 445–451.

Habersack, Mathias/Verse, Dirk A., Europäisches Gesellschaftsrecht. Einführung für Studium und Praxis, 4. Aufl. 2011, München (zit.: *Habersack/Verse*, EuropGesR).

Hachenburg, Max, Aus dem Rechte der Gesellschaft mit beschränkter Haftung, LZ 1909, Sp. 15–36.

Hachenburg, Max, Gesetz über Gesellschaften mit beschränkter Haftung, Großkommentar, Band 2, § 13–52, 7. Aufl. 1979, Berlin.

Hadding, Walther/Kießling, Die Europäische Privatgesellschaft (Societas Privata Europaea -SPE), WM 2009, S. 145–158.

Hahn, Jürgen, Mißlungener EG-Richtlinienvorschlag für Einpersonen-Gesellschaften, GmbHR 1988, S. R 57.

Haider-Giangreco, Bettina/Polte, Marcel, Die SE als Rechtsform für den Mittelstand, BB 2014, S. 2947–2953.

Handlanger, Carina, Die Europäische Aktiengesellschaft als Rechtsform für den Mittelstand, 2. Aufl. 2008, Bremen (zit.: *Handlanger*, SE für den Mittelstand).

Hannigan, Brenda, Company law, 4. Aufl. 2016, Oxford (zit.: *Hannigan*, Company law).

Happ, Wilhelm/Holler, Lorenz, „Limited" statt GmbH? Risiken und Kosten werden gern verschwiegen, DStR 2004, S. 730–736.

Harbarth, Stephan, From SPE to SMC: The German Political Debate on the Reform of the „Small Company", ECFR 2015, S. 230–237.

Hartl, Martin, Reform des italienischen Gesellschaftsrechts, NZG 2003, S. 667–669.

Hauschild, Armin/Kallrath, Jürgen/Wachter, Thomas (Hrsg.), Notarhandbuch Gesellschafts- und Unternehmensrecht, 2. Aufl. 2017, München (zit.: *Bearbeiter*, in: Hauschild/Kallrath/Wachter (Hrsg.), Notarhdb).

Heckschen, Heribert, Die GmbH-Reform - Wege und Irrwege, DStR 2007, S. 1442–1451.

Heckschen, Heribert, Die SE als Option für den Mittelstand, in: Westermann, Harm/Aderhold, Lutz (Hrsg.), Festschrift für Harm Peter Westermann zum 70. Geburtstag, 2008, Köln, S. 999–1018 (zit.: *Heckschen*, in: FS Westermann).

Heckschen, Heribert, Gründungserleichterungen nach dem MoMiG – Zweifelsfragen in der Praxis, DStR 2009, S. 166–174.

Heckschen, Heribert/Heidinger, Andreas, Die GmbH in der Gestaltungs- und Beratungspraxis, 3. Aufl. 2014, Köln (zit.: *Heckschen/Heidinger*, GmbH in der Gestaltungs- und Beratungspraxis).

Heine, Klaus/Kerber, Wolfgang, European Corporate Laws, Regulatory Competition and Path Dependence, European Journal of Law and Economics 13 (2002), S. 47–71.

Hellwig, Hans-Jürgen, Zum Einsatz einer EPG als Joint Venture, in: Hommelhoff, Peter/Helms, Dietmar (Hrsg.), Neue Wege in die Europäische Privatgesellschaft, Rechts- und Steuerfragen in der Heidelberger Diskussion, 2001, Köln, S. 89–96 (zit.: *Hellwig*, in: Neue Wege in die Europäische Privatgesellschaft).

Hellwig, Hans-Jürgen, Das deutsche Gesellschaftsrecht und Europa - Ein Appell zu mehr Offenheit und Engagement, ZGR 2013, S. 216–236.

Helms, Dietmar, Die Europäische Privatgesellschaft, Rechtliche Strukturen und Regelungsprobleme einer supranationalen Gesellschaft des Gemeinschaftsrechts, 1998, Köln (zit.: *Helms*, EPG).

Helms, Dietmar, Mustersatzungen für die Europäische Privatgesellschaft, in: Hommelhoff/Helms (Hrsg.), Neue Wege in die Europäische Privatgesellschaft, Rechts- und Steuerfragen in der Heidelberger Diskussion, 2001, Köln, S. 259–264 (zit.: *Helms*, in: Neue Wege in die Europäische Privatgesellschaft.

Helms, Dietmar, Die Societas Privata Europaea (SPE) - Zur Weiterentwicklung des Ursprungkonzepts im Wandel der Zeit, in: Erle, Bernd/Goette, Wulf/Kleindiek, Detlef/Krieger, Gerd/Schubel, Christian/Schwab, Martin/Teichmann, Christoph/Witt, Carl-Heinz (Hrsg.), Festschrift für Peter

Hommelhoff zum 70. Geburtstag, 2012, Köln, S. 369–381 (zit.: *Helms*, in: FS Hommelhoff).

Hennrichs, Joachim, Die UG (haftungsbeschränkt) – Reichweite des Sacheinlageverbots und gesetzliche Rücklage: Sacheinlage, Sachkapitalerhöhung, Umwandlung, Zuzahlungen und Rücklagen bei der UG, NZG 2009, S. 1161–1167.

Hennrichs, Joachim, Kapitalschutz bei GmbH, UG (haftungsbeschränkt) und SPE, NZG 2009, S. 921–928.

Herrler, Sebastian, Gewährleistung des Wegzugs von Gesellschaften durch Artikel 43, 48 EG nur in Form der Herausumwandlung – Anmerkungen zum Urt. des EuGH v. 16. 12. 2008 - Rs. C-210/06 (Cartesio), DNotZ 2009, S. 484–492.

Heydt, Volker, Über die Notwendigkeit von (EG-)Verordnungen im Binnenmarkt, EuZW 1991, S. S. 513–513.

Hiehold, Paul, Die Gesellschaft mit beschränkter Haftung nach Vereinigung aller Anteile in einer Hand, 1910, Clausthal (zit.: *Hiehold*, GmbH nach Vereinigung aller Anteile in einer Hand).

Hilf, Meinhard, Die Richtlinie der EG – ohne Richtung, ohne Linie – Hans Peter Ipsen zum 85. Geburtstag, EuR 1993, S. 1–22.

Hirschfeld, Sven, Die niederländische "bv" nach dem Gesetz zur Vereinfachung und Flexibilisierung des bv-Rechts (flex-bv), RIW 2013, S. 134–142.

Hirschfeld, Sven, Limitiertes KG-Modell statt GmbH light - Zu den jüngsten Plänen im österreichischen GmbH-Recht-, GmbHR 2014, S. 196–197.

Hirschmann, Christoph, Neue Gestaltungsfreiheit im französischen Gesellschaftsrecht: die Société par Actions Simplifiée (SAS). Ein Rechtsinstitut zur Unternehmenskooperation und Umstrukturierung im Konzern, 2001, Berlin (zit.: *Hirschmann*, SAS).

Hirte, Heribert, Der qualifizierte faktische Konzern, 1992, Köln (zit.: *Hirte*, Qualifiziert faktischer Konzern).

Hirte, Heribert, Die Zwölfte Richtlinie als Baustein eines Europäischen Konzernrechts, ZIP 1992, S. 1122–1124.

Hirte, Heribert, Die Europäische Aktiengesellschaft, NZG 2002, S. 1–10.

Hollaender, A., Zur Reform der Gesellschaft mit beschränkter Haftung, ZHR 76 (1915), S. 65–111.

Hölters, Wolfgang, Aktiengesetz Kommentar, 3. Aufl. 2017, München (zit.: *Bearbeiter*, in: Hölters, AktG).

Holzner, Stefan, Die Unternehmergesellschaft (haftungsbeschränkt) im Wettbewerb der Gesellschaftsrechtsformen, 2011, Hamburg (zit.: *Holzner*, UG).

Hommelhoff, Peter, Die deutsche GmbH im System der Kapitalgesellschaften, in: Hommelhoff/Roth (Hrsg.), Das System der Kapitalgesellschaften im Umbruch. Ein internationaler Vergleich: GmbH, AG und entsprechende Gesellschaftsformen in Deutschland, Frankreich, Grossbritannien, 1990, Köln, S. 26–61 (zit.: *Hommelhoff*, in: Hommelhoff/Roth (Hrsg.), System der KapG).

Hommelhoff, Peter, Zivilrecht unter dem Einfluß europäischer Rechtsangleichung, AcP 192 (1992), S. 71–107.

Hommelhoff, Peter, Die "Société fermée européenne" - eine supranationale Gesellschaftsform für kleine und mittlere Unternehmen im Europäischen Binnenmarkt, WM 1997, S. 2101–2109.

Hommelhoff, Peter, Europäisches Bilanzrecht im Aufbruch, RabelsZ 62 (1998), S. 381–404.

Hommelhoff, Peter, Einige Bemerkungen zur Organisationsverfassung der Europäischen Aktiengesellschaft, AG 2001, S. 279–288.

Hommelhoff, Peter, Bruchstellen im Kommissionsentwurf für eine SPE-Verordnung, in: Bitter, Georg/ Lutter, Marcus/Priester, Hans-Joachim/Schön, Wolfgang/Ulmer, Peter (Hrsg.), Festschrift für Karsten Schmidt zum 70. Geburtstag, 2009, Köln, S. 671–680 (zit.: *Hommelhoff*, in: FS K. Schmidt).

Hommelhoff, Peter, Die Europäische Privatgesellschaft (SPE): Auswirkungen auf die nationale GmbH, Der Gesellschafter 2009, S. 337–345.

Hommelhoff, Peter, Unternehmensfinanzierung in der Europäischen Privatgesellschaft (SPE), ZHR 173 (2009), S. 255–280.

Hommelhoff, Peter, Zum Formwechsel bei der Europäischen Privatgesellschaft (SPE), in: Hilty, Reto M./Drexl, Josef/ Nordemann, Wilhelm (Hrsg.), Schutz von Kreativität und Wettbewerb, Festschrift für Ulrich Loewenheim zum 75. Geburtstag, 2009, München, S. 591–601 (zit.: *Hommelhoff*, in: FS Loewenheim).

Hommelhoff, Peter, SPE-Mitbestimmung bei grenzüberschreitenden Sitzverlegungen nach dem schwedischen Verordnungsentwurf, in: Burgard/Ulrich/Hadding, Walther/Mülbert, Peter O./Nietsch, Michael/Welter, Reinhard (Hrsg.), Festschrift für Uwe H. Schneider zum 70. Geburtstag, 2011, Köln, S. 547–556 (zit.: *Hommelhoff*, in: FS Schneider).

Hommelhoff, Peter, SPE-Mitbestimmung: Strukturen, Wertungen und rechtspolitische Kompromisslinien, ZEuP 2011, S. 7–40.

Hommelhoff, Peter, Förder- und Schutzrecht für den faktischen GmbH-Konzern, ZGR 2012, S. 535–565.

Hommelhoff, Peter, Die vereinfachte Einmann-Gesellschaft (SMC): Eine Alternative zur SPE?, AG 2013, S. 211–221.

Hommelhoff, Peter, Gesetzgebungsprojekte im Gesellschafts- und Unternehmensrecht, ZIP 2013, S. 2177–2183.

Hommelhoff, Peter, Die Societas Privata Europaea: wird der Gipfel erreicht?, in: Hommelhoff, Peter/Schubel, Christian/Teichmann, Christoph (Hrsg.), Societas Privata Europaea (SPE) - die europäische Kapitalgesellschaft für mittelständische Unternehmen, 2014, Baden-Baden, S. 23–38 (zit.: *Hommelhoff*, in: Hommelhoff/Schubel/Teichmann (Hrsg.), SPE).

Hommelhoff, Peter, Die Societas Unius Personae: als Konzernbaustein momentan noch unbrauchbar, GmbHR 2014, S. 1065–1075.

Hommelhoff, Peter, Die Unternehmensgruppe im Europäischen Binnenmarkt, in: Habersack/Huber/Spindler (Hrsg.), Festschrift für Eberhard Stilz zum 65.Geburtstag, 2014, München, S. 287–299 (zit.: *Hommelhoff*, in: FS Stilz).

Hommelhoff, Peter, Ein Neustart im europäischen Konzernrecht, KSzW 2014, S. 63–68.

Hommelhoff, Peter, Die SUP-Ferngründung, in: Lutter, Marcus/Koch, Jens (Hrsg.), Societas Unius Personae (SUP), 2015, S. 69–87.

Hommelhoff, Peter/Boucourechliev, Jeanne, Vorschläge für eine europäische Privatgesellschaft. Strukturelemente einer kapitalmarktfernen europäischen Gesellschaftsform nebst Entwurf für eine EPG-Verordnung der Europäischen Gemeinschaft: eine Studie des Centre de Recherche sur le Droit des Affaires der Industrie- und Handelskammer Paris, 1999, Köln (zit.: *Hommelhoff/Boucourechliev*, Vorschläge EPG).

Hommelhoff, Peter/Schubel, Joanna, Für ein Recht der faktischen Gesellschaftsgruppe in Polen, in: *Schubel, Christian/ Kirste, Stephan/ Müller-Graff, Peter-Christian/ Diggelman, Oliver/ Hufeld, Ulrich (Hrsg.)*, Jahrbuch für Vergleichende Staats- und Rechtswissenschaften - 2013, 1. Aufl. 2014, Baden-Baden, S. 47–67.

Hommelhoff, Peter/Teichmann, Christoph, Auf dem Weg zur Europäischen Privatgesellschaft (SPE), DStR 2008, S. 925–933.

Hommelhoff, Peter/Teichmann, Christoph, Eine GmbH für Europa: Der Vorschlag der EU-Kommission zur Societas Privata Europaea (SPE), GmbHR 2008, S. 897–911.

Hommelhoff, Peter/Teichmann, Christoph, Bundesrat bremst Europa-GmbH: Erwiderung auf seine Stellungnahme zum SPE-Vorschlag, GmbHR 2009, S. 36–38.

Hommelhoff, Peter/Teichmann, Christoph, Der SPE-Formwechsel nach dem schwedischen Kompromissvorschlag, in: Grundmann, Stefan/Haar, Brigitte/Merkt, Hanno/Mülbert, Peter O./Wellenhofer, Maria (Hrsg.), Festschrift für Klaus J. Hopt zum 70. Geburtstag am 24. August 2010, Unternehmen, Markt und Verantwortung, 2010, Berlin, New York, S. 849–875 (zit.: *Hommelhoff/Teichmann*, in: FS Hopt).

Hommelhoff, Peter/Teichmann, Christoph, Die SPE vor dem Gipfelsturm - Zum Kompromissvorschlag der schwedischen EU-Ratspräsidentschaft, GmbHR 2010, S. 337–349.

Hommelhoff, Peter/Teichmann, Christoph, Societas Privata Europaea (SPE) - General Report, in: Hirte/Teichmann (Hrsg.), The European Private Company - Societas Privata Europaea (SPE), 2012, Berlin, S. 1–32 (zit.: *Hommelhoff/Teichmann*, in: Hirte/Teichmann (Hrsg.), SPE).

Hommelhoff, Peter/Teichmann, Christoph, Die Wiederbelebung der SPE, GmbHR 2014, S. 177–186.

Hopt, Klaus, Europäische Aktiengesellschaft - per aspera ad astra?, EuZW 2002, S. 1.

Hopt, Klaus, Europäisches Gesellschaftsrecht im Lichte des Aktionsplans der Europäischen Kommission vom Dezember 2012, ZGR 2013, S. 165–215.

Hopt, Klaus J., Harmonisierung im europäischen Gesellschaftsrecht - Status quo, Probleme, Perspektiven -, ZGR 1992, S. 265–295.

Hopt, Klaus J., Europäisches und deutsches Übernahmerecht, ZHR 161 (1997), S. 368–420.

Hopt, Klaus J., Gemeinsame Grundsätze der Corporate Governance in Europa? – Überlegungen zum Einfluß der Wertpapiermärkte auf Unternehmen und ihre Regulierung und zum Zusammenwachsen von common law und civil law im Gesellschafts- und Kapitalmarktrecht, ZGR 2000, S. 779–818.

Hopt, Klaus J., Konzernrecht für Europa, in: Basedow, Jürgen/Drobnig, Ulrich/Ellger, Reinhard/Hopt, Klaus J./Kötz, Hein/Kulms, Rainer/Mestmäcker, Erst-Joachim (Hrsg.), Aufbruch nach Europa, 75 Jahre Max-Planck-Institut für Privatrecht, 2001, Tübingen, S. 17–38.

Hopt, Klaus J./Wiedemann, Herbert, Großkommentar Aktiengesetz, Einleitung, §§ 1–53, 4. Aufl. 2004, Berlin (zit.: *Bearbeiter*, in: Großkomm.AktG).

Huber, Herwart/Driesen, Werner G., Das Recht der Handelsgesellschaften in Portugal, EuZW 1993, S. 536–543.

Hübner, Anne Sophie, Mustersatzungen in der SPE (Europäische Privatgesellschaft), 2011, Würzburg (zit.: Hübner, Mustersatzungen SPE).

Hüffer, Uwe, Vorgesellschaft, Kapitalaufbringung und Drittbeziehungen bei der Einmanngründung - Rechtsfragen nach dem Entwurf der Bundesregierung zur Änderung des GmbHG, ZHR 142 (1978), S. 486–510.

Hügel, Hanns, Zur Europäischen Privatgesellschaft: Internationale Aspekte, Sitzverlegung, Satzungsgestaltung und Satzungslücken, ZHR 173 (2009), S. 309–353.

Humlová-Ueltzhöffer, Olga/Kořínková, Dana, Große Novelle des tschechischen Handelsgesetzbuches, WiRO 2001, S. 234–239.

Hurstel, Daniel/Süß, Gisela, Das Gesetz über die Vereinfachte Aktiengesellschaft in Frankreich, EuZW 1994, S. 718–721.

Hushahn, Johannes, Grenzüberschreitende Formwechsel im EU/EWR-Raum – die identitätswahrende statutenwechselnde Verlegung des Satzungssitzes in der notariellen Praxis –, RNotZ 2014, S. 137–154.

Ilgen, Hans-Michael, Die Einmanngesellschaft als atypische Gesellschaftsform im deutschen und französischen Recht, 1969, Köln (zit.: *Ilgen*, Einmanngesellschaft).

Isensee, Josef, Subsidiaritätsprinzip und Verfassungsrecht. Eine Studie über das Regulativ des Verhältnisses von Staat und Gesellschaft, 2. Aufl. 2001, Berlin (zit.: *Isensee*, Subsidiaritätsprinzip und Verfassungsrecht).

Jaensch, Michael, Der grenzüberschreitende Formwechsel: Das EuGH-Urteil VALE, EWS 2012, S. 353–359.

Jobt, Heinz, Für oder wider die Einmann-GmbH, DR 1938, S. 48–50.

John, Uwe, Die Gründung der Einmann-GmbH, 1986, Köln (zit.: *John*, Gründung der Einmann-GmbH).

Jung, Peter, Paradigmenwechsel im EG-Gesellschaftsrecht - Der Vorschlag der EU-Kommission für ein Staut der Societas Privata Europaea, in: Kunz, Peter V./Herren, Dorothea/Cottier, Thomas/Matteotti, René (Hrsg.), Wirtschaftsrecht in Theorie und Praxis, Festschrift für Roland von Büren, 2009, Basel, S. 103–129 (zit.: *Jung*, in: FS von Büren).

Jung, Stefanie, Welche SPE braucht Europa? Eine Analyse und Bewertung der Verordnungsentwürfe von Kommission, Parlament und Präsidentschaft im Hinblick auf die Kapitalverfassung, DStR 2009, S. 1700–1709.

Jung, Stefanie, Die „schwedische" Societas Privata Europaea, BB 2010, S. 1233–1240.

Jung, Stefanie, Die Kapitalaufbringung in der SPE, EuZW 2012, S. 129–134.

Jung, Stefanie, Die Kapitalverfassung der Societas Privata Europaea (SPE), 2013, Berlin, Münster (zit.: *Jung*, Kapitalverfassung der SPE).

Jung, Stefanie, GmbH-Reform in Österreich - Bewegung im Wettbewerb der Rechtsordnungen, GmbHR 2013, S. 745–747.

Jung, Stefanie, Die Societas Unius Personae – ein Hybrid aus nationalem und europäischem Recht, Der Gesellschafter 2014, S. 363–369.

Jung, Stefanie, Societas Unius Personae (SUP) – Der neue Konzernbaustein, GmbHR 2014, S. 579–591.

Jung, Stefanie, Societas Unius Personae (SUP) – the New Corporate Element in Company Groups, EBLR 2015, S. 645–692.

Jungmann, Carsten, Solvenztest-versus Kapitalschutzregeln – Zwei Systeme im Spannungsfeld von Gläubigerschutz und Finanzierungsfreiheit der Kapitalgesellschaft, ZGR 2006, S. 638–682.

Just, Clemens, Die englische Limited in der Praxis. Einschließlich Ltd. & Co. KG und Umwandlung; mit Formularteil, 4. Aufl. 2012, München (zit.: *Just*, Limited).

Kahnert, Tobias, Rechtsetzung im Europäischen Gesellschaftsrecht. Harmonisierung, Wettbewerb, Modellgesetze, 2012, Tübingen (zit.: *Kahnert*, Rechtsetzung im EurGesR).

Kallmeyer, Harald, Einsatzmöglichkeiten einer EPG im Konzern, in: Hommelhoff, Peter/Helms, Dietmar (Hrsg.), Neue Wege in die Europäische Privatgesellschaft, Rechts- und Steuerfragen in der Heidelberger Diskussion, 2001, Köln, S. 83–88 (zit.: *Kallmeyer*, in: Hommelhoff/Helms (Hrsg.), Neue Wege in die Europäische Privatgesellschaft).

Kallmeyer, Harald/Kappes, Stephan, Grenzüberschreitende Verschmelzungen und Spaltungen nach SEVIC Systems und der EU-Verschmelzungsrichtlinie, AG 2006, S. 224–238.

Kalss, Susanne, Ein Schritt zu einem europäischen Konzernrecht, EuZW 2013, S. 361–362.

Kalss, Susanne, Konzernrecht in Österreich, ZVglRWiss 13 (2014), S. 291–306.

Kandler, Götz/Seseke, Christoph, Die „Société par actions simplifiée" (SAS) – Schaffung einer „vereinfachten" Aktiengesellschaft französischen Rechts, AG 1994, S. 447–456.

Karsten, Frederik, Deregulierung der GmbH-Gründung, GmbHR 2006, S. 57–65.

Karsten, Frederik, Kann man eine GmbH auf einem Bierdeckel gründen? Anmerkungen zur Mustersatzung aus dem MoMiG, GmbHR 2007, S. 958–966.

Kastner, Walther, Zur Reform des GmbH-Rechts, Juristische Blätter 1973, S. 169–179.

Katschinski, Ralf/Rawert, Peter, Stangenware versus Maßanzug: Vertragsgestaltung im GmbH-Recht nach Inkrafttreten des MoMiG, ZIP 2008, S. 1993–2002.

Kazaroff, Zum Problem der Einmanngesellschaft, ZHR 101 (1935), S. 98–118.

Keane, Ronan, Company law in the Republic of Ireland, 2. Aufl. 1991, Dublin (zit.: *Keane*, Company law in Ireland).

Kegel, Gerhard, Rohstoff- und Rüstungskredite - Rechtsfragen ihrer Abwicklung, JZ 1951, S. 387–416.

Kessler, Manfred, Interessen- und Kompetenzkonflikte in eienr Aktiengesellschaft aus juristischer und betriebswirtschaftlicher Sicht, AG 1993, S. 252–273.

Kessler, Manfred, Die Leitungsmacht des Vorstands einer Aktiengesellschaft (I), AG 1995, S. 61–76.

Kieninger, Eva-Maria, Wettbewerb der Privatrechtsordnungen im Europäischen Binnenmarkt. Studien zur Privatrechtskoordinierung in der Europäischen Union auf den Gebieten des Gesellschafts- und Vertragsrechts, 2002, Tübingen (zit.: *Kieninger*, Wettbewerb der Privatrechtsordnungen im EU-Binnenmarkt).

Kieninger, Eva-Maria, Grenzüberschreitende Verschmelzungen in der EU - das SEVIC-Urteil des EuGH, EWS 2006, S. 49–54.

Kilian, Thomas, EU-Richtlinie zur Verknüpfung der Handelsregister verabschiedet, notar 2012, S. 302–304.

Kindler, Peter, Gemeinschaftsrechtliche Grenzen der Konzernhaftung in der Einmann-GmbH, ZHR 157 (1993), S. 1–30.

Kindler, Peter, Neuere italienische Gesetzgebung auf dem Gebiet des Gesellschaftsrechts, ZGR 24 (1995), S. 225–249.

Kindler, Peter, Hauptfragen des Konzernrechts in der internationalen Diskussion, ZGR 1997, S. 449–463.

Kindler, Peter, Der reale Niederlassungsbegriff nach dem VALE-Urteil des EuGH, EuZW 2012, S. 888–892.

Kindler, Peter, Italienisches Handels- und Wirtschaftsrecht, 2. Aufl. 2014, Frankfurt am Main (zit.: *Kindler*, Italienisches Handels- und Wirtschaftsrecht).

Kindler, Peter, "Cadbury-Schweppes": Eine Nachlese zum internationalen Gesellschaftsrecht', IPRax 2014, S. 272–278.

Kindler, Peter, Die Einpersonen-Kapitalgesellschaft als Konzernbaustein – Bemerkungen zum Kompromissvorschlag der italienischen

Ratspräsidentschaft für eine Societas Unius Personae, ZHR 179 (2015), S. 330–384.

Kindler, Peter, Die europäische Einpersonen-Kapitalgesellschaft – ein Instrument zur Förderung von Unternehmertum?, DB 2015, Nr. 37 v. 11.9.2015, Gastkommentar M5.

Kläner, Sören, Limited, UG (haftungsbeschränkt) und Flex-B.V.: A race to the bottom?, KSzW 2014, S. 101–106.

Klein, Stefan, Grenzüberschreitende Verschmelzung von Kapitalgesellschaften, RNotZ 2007, S. 565–608.

Kleindiek, Detlef, Krisenvermeidung in der GmbH: Gesetzliches Mindestkapital, Kapitalschutz und Eigenkapitalersatz, ZGR 2006, S. 335–365.

Kleindiek, Detlef, Geschäftsführerhaftung nach der GmbH-Reform, in: Bitter, Georg/ Lutter, Marcus/Priester, Hans-Joachim/Schön, Wolfgang/Ulmer, Peter (Hrsg.), Festschrift für Karsten Schmidt zum 70. Geburtstag, 2009, Köln, S. 893–907 (zit.: *Kleindiek*, in: FS K. Schmidt).

Kleindiek, Detlef/Krieger Gerd, Auf dem Weg zur Reform des GmbH-Rechts: Die Initiative zur Neuregelung des Mindestkapitals der GmbH (MindestkapG), DStR 2005, S. 1366–1369.

Klöhn, Lars, Supranationale Rechtsformen und vertikaler Wettbewerb der Gesetzgeber im europäischen Gesellschaftsrecht, RabelsZ 76 (2012), S. 276–315.

Kluiver, Harm-Jan de, Towards a new private company law. History of and perspectives on the 2012 fundamental overhaul of dutch company law and a European perspective on the proposal for European private company (SPE and SUP), in: Viera González, Aristides Jorge/ Teichmann, Christoph (Hrsg.), Private company law reform in Europe, The race for flexibility, 2015, Cizur Menor, S. 405–442 (zit.: *de Kluiver*, in: Viera González/Teichmann (Hrsg.), Private company law reform in Europe).

Knapp, Vanessa, Directive on Single Member Private Limited Liability Companies: Distributions, ECFR 2015, S. 191–201.

Knobbe-Keuk, Brigitte, Zum Erdbeben "Video", DB 1992, S. 1461–1465.

Knoch, Susanne, Rechnungslegung einer Limited mit Verwaltungssitz in Deutschland. Rechtsvergleichende Gegenüberstellung der britischen, deutschen und internationalen Rechnungslegungsvorschriften im Kontext des auf eine Limited mit Verwaltungssitz in Deutschland anwendbaren Rechts, 2014, Würzburg (zit.: *Knoch*, Rechnungslegung einer Limited).

Knof, Béla, Die neue Insolvenzverursachungshaftung nach § 64 Satz 3 RegE-GmbHG (Teil I), DStR 2007, S. 1536–1542.

Knörzer, Patrick, Senkung des Mindeststammkapitals für die GmbH in Österreich - Auswirkungen auf die Österreichische Mindest-Körperschaftsteuer -, GmbHR 2013, S. 1031–1034.

Kollhosser, Helmut/Raddatz, Anselm, Die Europäische Wirtschaftliche Interessenvereinigung (EWiV), JA 1989, S. 10–16.

Kolvenbach, Walter, Scheitert die Europa AG an der Mitbestimmung?, NZA 1998, S. 1323–1328.

Kögel, Steffen, Vereinheitlichungsbestrebungen im europäischen Gesellschaftsrecht – die zentrale Herausforderung für das Handelsregister der Zukunft –, Rpfleger 2016, S. 1–6.

König, David C./Bormann, Jens, "Genuine Link" und freie Rechtsformwahl im Binnenmarkt - Trendwende bei der Anerkennung von "Scheinauslandsgesellschaften" durch die VALE-Entscheidung des EuGH?, NZG 2014, S. 1241–1244.

Koppensteiner, Hans-Georg/Rüffler, Friedrich, GmbH-Gesetz. Kommentar, 3. Aufl. 2007, Wien (zit.: *Koppensteiner/Rüffler*, GmbHG).

Körber, Christian, Neuausrichtung der Kapitalaufbringung in der GmbH - Die Änderung durch das MoMiG und ihre Fernwirkungen, 2015, (zit.: *Körber*, Kapitalaufbringung).

Kornblum, Udo, Bundesweite Rechtstatsachen zum Unternehmens- und Gesellschaftsrecht (Stand 1.1.2014), GmbHR 2014, S. 694–703.

Koster, Harold, EU Legal Entities: New Options?, 12 ECL (2015), S. 5–6.

Köstler, Roland/Pütz, Lasse, Neueste Fakten zur SE und zur grenzüberschreitenden Verschmelzung – Mitbestimmte Unternehmen sind zufrieden, AG 2013, S. R180–R181.

Krafka, Alexander/Kühn, Ulrich, Registerrecht, 10. Aufl. 2017, München (zit.: *Krafka/Kühn*, Registerrecht).

Krause, Nils/Kulpa, Norman, Grenzüberschreitende Verschmelzungen - Vor dem Hintergrund der "Sevic"-Entscheidung und der Reform des deutschen Umwandlungsrechts, ZHR 171 (2007), S. 38–78.

Krause, Rüdiger, Die Stellung der KMU im europäischen Gesellschaftsrecht, EuZW 2003, S. 747–751.

Krauß, Wilfried/Meichelbeck, Hugo, Die Societas Unius Personae („SUP") – insbesondere steuerliche Aspekte, BB 2015, S. 1562–1568.

Kravets, Audrey, Discussion Report: The Proposal for a Directive on the Single-Member Private Limited Liability Company, ECFR 2015, S. 125–138.

Krebs, Christian A./Day, Jones, Grenzüberschreitender Formwechsel nach Deutschland - Einordnung, Voraussetzungen und Praxisfolgen, GWR 2014, S. 144–147.

Krebs, Peter/Jung, Stefanie, Große mittelständische Unternehmen - der zu Unrecht vernachlässigte Teil des Mittelstands, DB 2013, Nr. 51/52, S. M1.

Krejci, Heinz, Societas Privata Europaea. Zum Kommissionsvorschlag einer Europäischen Privatgesellschaft, 2008, Wien (zit.: *Krejci*, SPE).

Krejci, Heinz, GmbH-Reform: Gründerfreiheit statt Rechtssicherheit und Gläubigerschutz?, in: Bitter, Georg/ Lutter, Marcus/Priester, Hans-Joachim/Schön, Wolfgang/Ulmer, Peter (Hrsg.), Festschrift für Karsten Schmidt zum 70. Geburtstag, 2009, Köln, S. 981–998 (zit.: *Krejci*, in: FS K. Schmidt).

Kreutz, Peter, Von der Einmann- zur "Keinmann"-GmbH?, in: Lutter/Mertens/Ulmer (Hrsg.), Festschrift für Walter Stimpel zum 68. Geburtstag am 29. November 1985, 1985, Berlin, New York, S. 379–397 (zit.: *Kreutz*, in: FS Stimpel).

Kroh, Johanna, Die französische société à responsabilité limitée - (k)eine Alternative zur GmbH?, KSzW 2014, S. 94–100.

Krüger Andersen, Paul, Director's duties - and the European Model Company Act, in: Neville, Mette/ Sørensen/ Karsten Engsig (Hrsg.), Company law and SMEs, 1. Aufl. 2010, S. 67–80.

Krüger Andersen, Paul /Sørensen, Evelyne J. B., The Danish Companies Act. A modern and competitive European law, 2012, Copenhagen (zit.: *Krüger Andersen/Sørensen*, Danish Companies Act).

Kuck, Sebastian, Die Europäische Privatgesellschaft nach dem Votum des Europäischen Parlaments, Der Konzern 2009, S. 131–136.

Kuck, Sebastian/Weiss, Michael, Der Initiativbericht des Europäischen Parlaments für eine Europäische Privatgesellschaft, Der Konzern 2007, S. 498–505.

Kuhner, Christoph, Zur Zukunft der Kapitalerhaltung durch bilanzielle Ausschüttungssperren im Gesellschaftsrecht der Staaten Europas, ZGR 2005, S. 753–787.

Kuhner, Christoph/Sabiwalsky, Ralf, Instrumente zur Verhinderung gläubigerschädigender Ausschüttungen im US-amerikanischen Unternehmensrecht - Vorbild für Europa? -, Der Konzern 2006, S. 504–521.

Küpper, Herbert, Ungarns neues BGB – Teil 1: Entstehung und Inhalt, WiRO 2014, S. 129–136.

Küpper, Herbert, Ungarns neues BGB – Teil 5: Gesellschaftsrecht Allgemeiner Teil, WiRO 2014, S. 266–274.

Lanfermann, Georg/Maul, Silja, Maßnahmenpaket der Europäischen Kommission zum Gesellschaftsrecht und Corporate Governance, BB 2014, S. 1283–1294.

Langenfeld, Gerrit, GmbH-Vertragspraxis. Gestaltung, Beratung, Muster zur GmbH und GmbH & Co. KG, 7. Aufl. 2015, Köln (zit.: *Langenfeld*, GmbH-Vertragspraxis).

Lau Hansen, Jesper, The SUP Proposal: Registration and Capital (Articles 13–17), ECFR 2015, S. 177–190.

Le Cannu, Paul, La loi pour l'initiative economique et le droit des societes, Revue des sociétés 2003, S. 409–427.

Le Cannu, Paul, La SAS: un cadre légal minimal – intervention au colloque du 24 janvier 2014, Les 20 ans de la SAS, Revue des Sociétés 2014, S. 543–549.

Lecourt, Benoît, La Societas Unius Personae – La nouvelle société unipersonnelle à responsabilité limitée proposée par la Commission européenne, Revue des sociétés 2014, S. 699–708.

Leuering, Dieter, SUP – Perspektiven für die Praxis, in Lutter, Marcus/Koch, Jens (Hrsg.), Societas Unius Personae (SUP), 2015, S. 89–110 (zit.: *Leuering*, in Lutter/Koch (Hrsg.), SUP).

Leutner, Gerd, Frankreich, in: Schmidt-Kessel, Martin/ Leutner, Gerd/ Müther, Peter H. (Hrsg.), Handelsregisterrecht, §§ 8–16 HGB, §§ 132–144 FGG, HandelsregisterVO mit Kurzdarstellungen zum ausländischen Gesellschafts- und Registerrecht, Rechtsstand: März 2007, Aufl. 2010, München.

Lévi, Aristide, De la "SARL européenne" à la "Societa Privata Europaea": Étapes d'un long cheminement, in: Erle, Bernd/Goette, Wulf/Kleindiek, Detlef/Krieger, Gerd/Schubel, Christian/Schwab, Martin/Teichmann, Christoph/Witt, Carl-Heinz (Hrsg.), Festschrift für Peter Hommelhoff zum 70. Geburtstag, 2012, Köln, S. 661–681 (zit.: *Lévi*, in: FS Hommelhoff).

Lewandowski, Robert, Die Gründung von Gesellschaften mit beschränkter Haftung wird in Polen erleichtert, WiRO 2011, S. 240–243.

Liebmann, Die Gesellschaft mit beschränkter Haftung in der Praxis, JZ 1902, S. 327–330.

Ludwigs, Markus, Die Kompetenzordnung der Europäischen Union im Vertragsentwurf über eine Verfassung für Europa, ZEuS 2004, S. 211–249.

Lutter, Marcus, Die GmbH-Novelle und ihre Bedeutung für die GmbH, die GmbH & Co. KG und die Aktiengesellschaft, DB 1980, S. 1317–1326.

Lutter, Marcus, Vom formellen Mindestkapital zu materiellen Finanzierungsregeln im Recht der Kapitalgesellschaften, in: Jayme, Erik/Kegel, Gerhard/Lutter, Marcus (Hrsg.), Jus inter nationes, Festschrift für Stefan Riesenfeld aus Anlass seines 75. Geburtstages, 1983, Heidelberg, S. 165–185 (zit.: *Lutter*, in: FS Riesenfeld).

Lutter, Marcus, Europäisches Gesellschaftsrecht. Texte und Materialien zur Rechtsangleichung nebst Einführung und Bibliographie, 2. Aufl. 1984, Berlin, New York (zit.: *Lutter*, EuropGesR).

Lutter, Marcus, Genügen die vorgeschlagenen Regelungen für eine "Europäische Aktiengesellschaft"?, AG 1990, S. 413–421.

Lutter, Marcus, Die Entwicklung der GmbH in Europa und der Welt, in: Lutter, Marcus/Ulmer, Peter/Zöllner, Wolfgang (Hrsg.), Festschrift 100 Jahre GmbH-Gesetz, 1992, Köln, S. 49–83 (zit.: *Lutter*, in: FS 100 Jahre GmbHG).

Lutter, Marcus, Perspektiven eines europäischen Unternehmensrechtes - Versuch einer Summe, ZGR 1992, S. 435–451.

Lutter, Marcus, Europäisches Unternehmensrecht. Grundlagen, Stand und Entwicklung nebst Texten und Materialien zum Rechtsangleichung, 4. Aufl. 1996, Berlin (zit.: *Lutter*, EuropUR).

Lutter, Marcus, Mißglückte Rechtsangleichung: das Chaos der Ein-Personen-Gesellschaft in Europa, in: Pfeiffer, Gerd/Kummer, Joachim/Scheuch, Silke (Hrsg.), Festschrift für Hans Erich Brandner zum 70. Geburtstag, 1996, Köln, S. 81–95 (zit.: *Lutter*, in: FS Brandner).

Lutter, Marcus, Limited Liability Companies and Private Companies, in: Lutter, Marcus/David, René/ Von Mehren, Arthur Taylor (Hrsg.), International encyclopedia of comparative law, 13,2: Business and private organizations; ch. 2: Limited liability companies and private companies, 1998, Tübingen (zit.: *Lutter*, in: Lutter/David/Von Mehren (Hrsg.), International encyclopedia of comparative law)

Lutter, Marcus, Das Europäische Unternehmensrecht im 21. Jahrhundert, ZGR 2000, S. 1–18.

Lutter, Marcus, Europäische Aktiengesellschaft - Rechtsfigur mit Zukunft?, BB 2002, S. 1–7.

Lutter, Marcus, Minderheiten- und Gläubigerschutz im Konzern: Regelungsansätze der Europäischen Union, in: Hopt, Klaus J./Jessel-Holst, Christa/Pistor, Katharina (Hrsg.), Unternehmensgruppen in mittel- und osteuropäischen Ländern, Entstehung, Verhalten und Steuerung aus rechtlicher und ökonomischer Sicht, 2003, Tübingen, S. 79–88 (zit.: *Lutter*, in: Hopt/Jessel-Holst/Pistor (Hrsg.), Unternehmensgruppen in mittel- und osteuropäischen Ländern).

Lutter, Marcus, 'Überseering' und die Folgen, BB 2003, S. 7–10.

Lutter, Marcus, Nochmal: Die geplante europäische Gesetzgebung zu "related party transactions" - Ergänzung zu Schneider, EuZW 2014, 641, EuZW 2014, S. 687–688.

Lutter, Marcus/Bayer, Walter/Schmidt, Jessica, Europäisches Unternehmens- und Kapitalmarktrecht. Grundlagen, Stand und Entwicklung nebst Texten und Materialien, 5. Aufl. 2011, Berlin (zit.: *Lutter/Bayer/Schmidt*, EuropUR)

Lutter, Marcus/Bayer, Walter/Schmidt, Jessica, Europäisches Unternehmens- und Kapitalmarktrecht. Grundlagen, Stand und Entwicklung nebst Texten und Materialien, 6. Aufl. 2017, Berlin (zit.: *Lutter/Bayer/J. Schmidt*, EuropUR).

Lutter, Marcus/Hommelhoff, Peter, GmbH-Gesetz Kommentar, 19. Aufl. 2016, Köln (zit.: *Bearbeiter*, in Lutter/Hommelhoff, GmbHG).

Lutter, Marcus/Hommelhoff, Peter/ Teichmann, Christoph, SE-Kommentar SE-VO, SEAG, SEBG, Steuerrecht, 2. Aufl. 2015, Köln.

Lutter, Marcus/Kollmorgen, Alexander/ Feldhaus, Heiner, Die Europäische Aktiengesellschaft - Satzungsgestaltung bei der „mittelständischen SE", BB 2005, S. 2473–2483.

Lutter, Marcus/Overrath, Hans-Peter, Das portugiesische Konzernrecht von 1986, ZGR 1991, S. 394–411.

Malberti, Corrado, The relationship between the *Societas Unius Personae* proposal and the *acquis*: Creeping Toward an Abrogation of EU Company Law, ECFR 2015, S. 238–279.

Martin-Ehlers, Andrés, Gemeinschaftsrechtliche Aspekte der Urteile von Centros bis Inspire Art: Der "verständige Gläubiger", in: Sandrock, Otto/ Wetzler, Christoph F. (Hrsg.), Deutsches Gesellschaftsrecht im Wettbewerb der Rechtsordnungen, Nach Centros, Überseering und Inspire Art, 2004, Heidelberg, S. 1–31 (zit.: *Martin-Ehlers*, in: Sandrock/Wetzler (Hrsg.), Deutsches Gesellschaftsrecht im Wettbewerb der Rechtsordnungen).

Maschke, Clemens, Gläubigerschutz im Recht der Societas Privata Europaea in seiner gesetzgeberischen Entwicklung, 1. Aufl. 2011, Baden-Baden (zit.: *Maschke*, Gläubigerschutz in der SPE).

Matyk, Stephan, Die Europäische Privatgesellschaft- vom Race to the bottom zum Qualitätslabel? Einige rechtspolitische Gedanken zum Vorschlag der Europäischen Kommission, GPR 2009, S. 2–7.

Maul, Silja, Haftungsprobleme im Rahmen von deutsch-französischen Unternehmensverbindungen, NZG 1998, S. 965–973.

Maul, Silja/Röhricht, Victoria, Die Europäische Privatgesellschaft - Überblick über eine neue supranationale Rechtsform, BB 2008, S. 1574–1579.

Meichelbeck, Hugo/Krauß, Wilfried W., Neues zur Auslandsbeurkundung im Gesellschaftsrecht – zugleich Besprechung des Beschlusses des BGH vom 17. 12. 2013 (II ZB 6/13), DStR 2014, S. 752–755.

Meilicke, Wienand, Unvereinbarkeit der Video-Rechtsprechung mit EG-Recht, DB 1992, S. 1867–1872.

Meilicke, Wienand/Rabback, Dieter E., Die EuGH-Entscheidung in der Rechtssache Sevic und die Folgen für das deutsche Umwandlungsrecht nach Handels- und Steuerrecht, GmbHR 2006, S. 123–127.

Melchior, Robin, Zuzug einer GmbH aus einem anderen EU-Mitgliedstaat nach Deutschland – leicht gemacht?, GmbHR 2014, R305–R306.

Menjucq, Michel, Droit international et européen des sociétés, 3. Aufl. 2011, Paris (zit.: *Menjucq*, Droit international et européen des sociétés).

Merle, Philippe, Droit commercial. Sociétés commerciales, 18. Aufl. 2015, Paris (zit.: *Merle*, Droit commercial).

Mertens, Hans-Joachim, GmbH & Co. und Gesellschaftsrechtsdogmatik, GmbHR 1967, S. 45–49.

Messenzehl, Eric/Schwarzfischer, Benjamin, Der EuGH macht den Weg frei für den grenzüberschreitenden Formwechsel, BB 2012, S. 2072–2073.

Meurer, Christian/Schulte, Johann Friedrich von, Die juristischen Personen nach deutschem Reichsrecht. Festgabe für Johann Friedrich Ritter von Schulte zum 50jährigen Doktorjubiläum am 26. Juli 1901, 1977 (Nachdruck von 1901), Aalen (zit.: *Meurer/Schulte*, Juristische Personen nach deutschem Reichsrecht).

Meyer-Cording, Ulrich, Der Kritiker der Einmann-GmbH - ein Rufer in der Wüste?, JZ 1978, S. 10–12.

Michalski, Lutz (Hrsg.), GmbH-Gesetz, 2. Aufl. 2010, München (zit.: *Bearbeiter*, in: Michalski, GmbHG, 2.Aufl. 2010).

Moench, Nikolaus, Die Societas Unius Personae (SUP), 2016, Köln (zit.: *Moench*, SUP, 2016).

Möhring, Philipp, Rechtsvereinheitlichung und Rechtsgarantien im EWG-Bereich, NJW 1965, S. 2225–2230.

Monti, Mario, Statut der Europäischen Aktiengesellschaft, WM 1997, S. 607–608.

Mörsdorf, Oliver/Jopen, Christian, Anmerkung zu EuGH-Urteil Vale, ZIP 2012, S. 1398–1401.

Mörsdorf-Schulte, Inga-Maria, Grenzüberschreitende Mobilität von Gesellschaften in der EU nach dem Vale-Urteil des EuGH, KSzW 2014, S. 117–128.

Möslein, Florian, Europäisierung der Haftungsbeschränkung, NZG 2011, S. 174–175.

Möslein, Florian, Europäisch Zertifizierung mitgliedstaatlichen GmbH-Rechts, ZHR 176 (2012), S. 470–512.

Mousoulas, Spilios, La Société unipersonnelle à responsabilité limitée communautaire - appréciation de la XIIe directive du conseil en matière de sociétés, Revue des sociétés 1990, S. 395–406.

Mülbert, Peter O., Auf dem Weg zu einem europäischen Konzernrecht?, ZHR 179 (2015), S. 645–667.

Müller, Carolina, EU-Rat beschließt allgemeine Ausrichtung zur sog. SUP-Richtlinie, AG-Report 2015, S. R172–R173.

Müller, Carolina, EU-Rat beschließt allgemeine Ausrichtung zur sog. SUP-Richtlinie, GmbH-Report 2015, S. R186.

Müller, Hans-Friedrich, Die gesetzliche Rücklage bei der Unternehmergesellschaft, ZGR 41 (2012), S. 81–112.

Müller-Graff, Peter-Christian, Privatrecht und Europäisches Gemeinschaftsrecht. Gemeinschaftsprivatrecht, 2. Aufl. 1991, Baden-Baden (zit.: *Müller-Graff*, Privatrecht und Europäisches Gemeinschaftsrecht).

Münchener Kommentar zum Aktiengesetz, hrsg. v. Goette, Wulf/Habersack, Mathias/Kalss, Susanne, Band 2, 4. Aufl. 2014, sowie Band 7, 4. Aufl. 2017 München (zit.: *Bearbeiter*, in: Münch.Komm.AktG).

Münchener Kommentar zum Bürgerlichen Gesetzbuch, hrsg. v. Säcker, Franz Jürgen/Rixecker, Roland, Band 12, 7. Auflage 2018, München (zit.: *Bearbeiter*, in: Münch.Komm.BGB).

Münchener Kommentar zum Gesetz betreffend die Gesellschaften mit beschränkter Haftung (GmbHG), hrsg. v. Fleischer, Holger/Goette, Wulf, Band 1, 2. Aufl. 2015, München, (zit.: *Bearbeiter*, in: Münch.Komm. GmbHG).

Münchener Kommentar zum Handelsgesetzbuch, hrsg. v. Schmidt, Karsten, Band 4, 3. Aufl. 2013, München (zit.: *Bearbeiter*, in: Münch.Komm.HGB).

Muñoz Pérez, Ana Felicitas, The Limited Liability Entrepreneur and the Successive Formation Limited Company, in: Viera González, Aristides Jorge/Teichmann, Christoph (Hrsg.), Private company law reform in Europe, The race for flexibility, 2015, Cizur Menor, S. 653–668 (zit.: *Muñoz Pérez* in: Viera González/Teichmann (Hrsg.), Private company law reform in Europe).

Nettesheim, Martin, Die Kompetenzordnung im Vertrag über eine Verfassung für Europa, EuR 2004, S. 511–546.

Neukamp, *Ernst*, Bedarf die Gesellschaft mit beschränkter Haftung einer Reform?, LZ 3 (1909), S. 417–422.

Neville, *Mette*, The regulation of close corporations in Danish Company Law in an international regulatory context, in: Viera González, Aristides Jorge/Teichmann, Christoph (Hrsg.), Private company law reform in Europe, The race for flexibility, 2015, Cizur Menor, S. 87–155.

Neville, *Mette/Sørensen*, *Karsten Engsig*, Promoting entrepreneurship - the new company law agenda, EBOR 15 (2014), S. 545–584.

Neye, *Hans-Werner*, Die Video-Rechtsprechung und das EG-Recht, DWiR 1992, S. 452–455.

Neye, *Hans-Werner*, Die Vorstellungen der Bundesregierung zum Vorschlag einer 14. Richtlinie, ZGR 1999, S. 13–19.

Neye, *Hans-Werner*, Die Europäische Privatgesellschaft: Uniformes Recht ohne Harmonisierungsgrundlage?, in: Kindler, Peter/Koch, Jens/Ulmer, Peter/Winter, Martin (Hrsg.), Festschrift für Uwe Hüffer zum 70. Geburtstag, 2010, München (zit.: *Neye*, in: FS Hüffer), S. 717–722.

Neye, *Hans-Werner*, Die Vereinfachung des Europäischen Gesellschaftsrechts: Irrungen und Wirrungen, in: Grundmann, Stefan/Haar, Brigitte/Merkt, Hanno/Mülbert, Peter O./Wellenhofer, Maria (Hrsg.), Festschrift für Klaus J. Hopt zum 70. Geburtstag am 24. August 2010, Unternehmen, Markt und Verantwortung, 2010, Berlin (zit.: *Neye*, in: FS Hopt), S. 1079–1090.

Niemeier, *Wilhelm*, GmbH und Limited im Markt der Unternehmensrechtsträger, ZIP 2006, S. 2237–2250.

Niemeier, *Wilhelm*, Die "Mini-GmbH" (UH) trotz Marktwende bei der Limited?, ZIP 2007, S. 1794–1801.

Niemeier, *Wilhelm*, What Kinds of Companies will a „One-Euro-EPC" generate?, Market data and observations form the German "laboratory", in: Hirte/Teichmann (Hrsg.), The European Private Company – Societas Privata Europaea (SPE), 2012, Berlin, S. 293–347 (zit.: *Niemeier*, in: Hirte/ Teichmann (Hrsg.), SPE).

Obradović, *Vedran*, Kroatien, in: *Bachner*, *Thomas/Doralt*, *Peter/Winner*, *Martin (Hrsg.)*, Schutz der Minderheitsaktionäre in Mittel- und Osteuropa, 2010, Baden-Baden/ Wien, S. 191–310.

Ochs, *Volker*, Die Einpersonengesellschaft in Europa. Eine rechtsvergleichende Studie zum Recht der Einpersonen-GmbH in Deutschland, Frankreich, Italien und England, 1997, Baden-Baden (zit.: *Ochs*, Einpersonengesellschaft).

Omlor, Sebastian, Die Societas Unius Personae – eine supranationale Erweiterung der deutschen GmbH-Familie, NZG 2014, S. 1137–1142.

Omlor, Sebastian, Die gemeinnützige Societas Unius Personae („gSUP"), NZG 2015, 665–670.

Omlor, Sebastian, Die Societas Unius Personae (SUP) mit mehreren Gesellschaftern – ein Paradoxon?, GPR 2015, S. 158–164.

Opalski, Adam/Oplustil, Krzysztof, Polish limited liability company: A case for modernising the corporate financial structure, in: Viera González, Aristides Jorge/Teichmann, Christoph (Hrsg.), Private company law reform in Europe, The race for flexibility, 2015, Cizur Menor, S. 443–460 (zit.: *Opalski/Oplustil*, in: Viera González/Teichmann (Hrsg.), Private company law reform in Europe).

Oplustil, Krzysztof/Włudyka, Tadeusz, Das polnische Konzernrecht - Bemerkungen de lege lata und de lege ferenda, in: Erle, Bernd/Goette, Wulf/Kleindiek, Detlef/Krieger, Gerd/Schubel, Christian/Schwab, Martin/Teichmann, Christoph/Witt, Carl-Heinz (Hrsg.), Festschrift für Peter Hommelhoff zum 70. Geburtstag, 2012, Köln (zit.: *Oplustil/Włudyka*, in: FS Hommelhoff), S. 863–889.

Oppermann, Thomas, Juristische Fortschritte durch die Europäische Integration?, in: Gernhuber, Joachim (Hrsg.), Tradition und Fortschritt im Recht, Festschrift gewidmet der Tübingener Juristenfakultät zu ihrem 500jährigen Bestehen 1977 von ihren gegenwärtigen Mitgliedern, 1977, Tübingen, S. 415–433 (zit.: *Oppermann*, in: FS Tübingen).

Paefgen, Walter G., Wider die gesellschaftsrechtliche Ausländerphobie, ZIP 2004, S. 2253–2262.

Papadimopoulos, Ioannis, Die Private Kapitalgesellschaft im griechischen Recht, RIW 2014, S. 344–354.

Papadimopoulos, Ioannis/Fink, Katharina, Die Vereinfachung des Verfahrens zur Gründung von Kapital- und Personengesellschaften in Griechenland, RIW 2013, S. 745–757.

Paulick, Alfred, Die GmbH ohne Gesellschafter. Eine Untersuchung zur Entstehung, Zulässigkeit und Handhabung der Keinmann-GmbH, 1979, Göttingen.

Peifer, Markus, Gründung und Führung einer Einpersonen-S.A.R.L. französischen Rechts, GmbHR 2009, S. 1145–1149.

Peifer, Markus, Die Reform der Haftungsbeschränkung im französischen Recht – Einführung des entrepreneur individuel à responsabilité limitée (EIRL), GmbHR 2010, S. 972–977.

Pernice, Ingolf, Kriterien der normativen Umsetzung von Umweltrichtlinien der EG im Lichte der Rechtsprechung des EuGH, EuR 1994, S. 325–341.

Peters, Carsten/Wüllrich, Philipp, Gesellschaftsrechtliche Einigung Europas durch die Societas Privata Europaea (SPE), DB 2008, S. 2179–2187.

Pfennig, Jörn, Gläubigerschutz bei der Europäischen Privatgesellschaft, 2011, Baden-Baden (zit.: *Pfennig,* Gläubigerschutz bei der EPG).

Pisko, Otto, Die beschränkte Haftung des Einzelkaufmanns, Grünhuts Zeitschrift für das Privat- und öffentliche Recht der Gegenwart 37 (1910), S. 699–796.

Pluskat, Sorika, Die neuen Vorschläge für die Europäische Aktiengesellschaft, EuZW 2001, S. 524–528.

Preuß, Nicola, Kampf der Kulturen - Die Bedeutung der vorsorgenden, RNotZ 2009, S. 529–536.

Priester, Hans-Joachim, Die deutsche GmbH nach "Inspire Art"- brauchen wir eine neue? - Bemerkungen zur "Entrümpelungs"-Debatte, DB 2005, S. 1315–1320.

Priester, Hans-Joachim, Mindestkapital und Sacheinlageregeln, in: Gesellschaftsrechtliche Vereinigung (VGR) (Hrsg.), Die GmbH-Reform in der Diskussion, Sondertagung der Gesellschaftsrechtlichen Vereinigung (VGR), 2006, Köln, S. 1–24.

Priester, Hans-Joachim, Die UG (haftungsbeschränkt) - eine GmbH mit ernst zu nehmenden Sonderregeln, in: Schröder, Rainer (Hrsg.), 3 Jahre nach dem MoMiG, 6. Verleihung des Helmut-Schippel-Preises, 2012, Bonn, S. 53–72 (zit.: *Priester,* in: Schröder (Hrsg.), 3 Jahre nach dem MoMiG).

Prütting, Jens, Markt- und Chancengerechtigkeit - Plädoyer für ein autonom europäisches Gesellschaftsrecht, JZ 2014, S. 381–388.

Puttler, Adelheid, Die Grundrechtecharta als Teil der Verfassung der Europäischen Union, EuR 2004, S. 669–690.

Raiser, Thomas/Veil, Rüdiger, Recht der Kapitalgesellschaften. Ein Handbuch für Praxis und Wissenschaft, Aktiengesellschaft, Kommanditgesellschaft auf Aktien, Gesellschaft mit beschränkter Haftung, Übernahmerecht, Umwandlungsrecht, Konzernrecht, Internationales Gesellschaftsrecht, Europäisches Gesellschaftsrecht, 6. Aufl. 2015, München (zit.: *Raiser/Veil,* Recht der Kapitalgesellschaften).

Rathenau, Alexander, Einführung in das portugiesische Recht, 2013, München (zit.: *Rathenau,* Einführung in das portugiesische Recht).

Rautenstrauch, Gabriele, Bericht über die Diskussion der Referate Fromholzer und Baldamus, in: Gesellschaftsrechtliche Vereinigung (Hrsg.), Gesellschaftsrecht in der Diskussion 2012, 2013, Köln, S. 107–111.

Reichert, Jochem, Erfahrungen mit der Societas Europaea (SE) in Deutschland, in: Hutter, Stephan/Baums, Theodor (Hrsg.), Gedächtnisschrift für Michael Gruson, 2009, Berlin (zit.: *Reichert*, in: GS Gruson), S. 321–337.

Reich-Rohrwig, Johannes, Die gründungsprivilegierte GmbH nach dem Abgabenänderungsgesetz 2014, ecolex 2014, S. 335–339.

Reich-Rohrwig, Johannes, GmbH alt/neu/gründungsprivilegiert, ecolex 2014, S. 295–296.

Reich-Rohrwig, Johannes, Muster: Firmenbucheingabe für neu gegründete gründungsprivilegierte GmbH, ecolex 2014, S. 339–341.

Reimer, Ekkehart/Waldhoff, Christian, Societas Unius Personae und deutsches Steuerrecht – Vorschlag der EU-Kommission für eine Richtlinie über Gesellschaften mit beschränkter Haftung mit einem einzigen Gesellschafter –, DB 2015, S. 2106–2113.

Rickford, Jonathan, Report of the Interdisciplinary Group on Capital Maintenance, EBLR 15 (2004), S. 919–1027.

Ries, Peter, Brauchen wir die "Unternehmergesellschaft" und den Verzicht auf die notarielle Beurkundung des GmbH-Gesellschaftsvertrages?, NotBZ 2007, S. 244–246.

Ries, Peter, Die europaweite Verknüpfung der Handelsregister - Risiken und Chancen, ZIP 2013, S. 866–870.

Ries, Peter, Societas Unius Personae - cui bono?, NZG 2014, S. 569–570.

Ries, Peter, Die SUP und das Handelsregister, in: Lutter, Marcus/Koch, Jens (Hrsg.), Societas Unius Personae (SUP), 2015, S. 65–68 (zit.: *Ries*, in Lutter/Koch (Hrsg.), SUP).

Riesenhuber, Karl (Hrsg.), Europäische Methodenlehre, Handbuch für Ausbildung und Praxis, 2. Aufl. 2010, Berlin (zit.: *Bearbeiter*, in Riesenhuber (Hrsg.), Europäische Methodenlehre)

Ring, Gerhard/Olsen-Ring, Line, Das neue dänische Gesellschaftsgesetz, IWB 2010, S. 865–872.

Ringe, Wolf-Georg, Corporate Mobility in the European Union – a Flash in the Pan? An empirial study on the success of lawmaking and regulatory competition, ECFR 2013, 230–267.

Ringe, Wolf-Georg/Otte, Sabine, Gesellschaftsrecht, in: Triebel, Volker/ Illmer, Martin; Ringe, Wolf-Georg/ Vogenauer, Stefan/ Ziegler, Katja (Hrsg.), Englisches Handels- und Wirtschaftsrecht, 3. Aufl. 2012, Frankfurt am Main.

Robbers, Gerhard, Alles online, oder was?, notar 2015, S. 213.

Robertson, Victoria, Gesellschaftsrechts-Änderungsgesetz 2013 - eine "kleine" GmbH-Reform, Der Gesellschafter 2013, S. 68–70.

Roesener, Astrid, Das Warten auf Aktion: Der Aktionsplan zum Europäischen Gesellschaftsrecht und die Societas Privata Europaea, NZG 2013, S. 241–244.

Romain, Alfred/ Bader, Hans Anton/ Byrd, B. Sharon, Dictionary of legal and commercial terms, Wörterbuch der Rechts- und Wirtschaftssprache, Teil 1: Englisch - Deutsch, 5. Auflage 2000, München.

Romanowski, Michal/Makowicz, Bartosz, Das neue elektronische Gründungsverfahren für polnische GmbHs - In 24 Stunden bis zur Haftungsbeschränkung in Polen, RIW 2012, S. 497–504.

Romanowski, Michal/Makowicz, Bartosz, Polnisches GmbH-Recht: Das neue beschleunigte Gründungsverfahren „S24", GmbHR 2012, S. 736–739.

Römermann, Volker, Der Entwurf des „MoMiG" – die deutsche Antwort auf die Limited, GmbHR 2006, S. 673–681.

Römermann, Volker, Die Limited in Deutschland - eine Alternative zur GmbH?, NJW 2006, S. 2065–2069.

Römermann, Volker (Hrsg.), Münchener Anwaltshandbuch GmbH-Recht, 3. Aufl. 2014, München (zit.: Bearbeiter, in Römermann (Hrsg.), Münchener Anwaltshandbuch GmbH-Recht).

Römermann, Volker, Die Unternehmergesellschaft – manchmal die bessere Variante der GmbH Wider die vorurteilsbelastete Sicht einer neuen Gesellschaftsform, NJW 2010, S. 905–910.

Röpke, Katharina/Heine, Klaus, Zur Rolle supranationaler Gesellschaftsformen im Regulierungswettbewerb - eine juristische und ökonomische Betrachtung, in: Tietze, Andrea/McGuire, Mary-Rose/Bendel, Christian/Kähler, Lorenz/Nickel, Nicole/Reich, Barbara/Sachse, Katharina/Wehling, Eileen (Hrsg.), Europäisches Privatrecht. Über die Verknüpfung von nationalem und Gemeinschaftsrecht: Göttinger Tagung, 8. bis 11. September 2004, Jahrbuch Junger Zivilrechtswissenschaftler 2004, 2005, Stuttgart, München, S. 265–298 (zit.: *Röpke/Heine*, in: Tietze/ McGuire/Bendel/Kähler/ Nickel/ Reich/Sachse/Wehling (Hrsg.), Europäisches Privatrecht).

Rösing, Wolfgang, Aus der SPE wird SUP - Neues von der "Europa-GmbH", notar 2014, S. 149–149.

Roth, Christian, Entwicklung des Gesellschaftsrechts: Kündigt die Europäische Gesellschaft die Europäische Privatgesellschaft an?, The European Legal Forum 6 (2000), S. 396–403.

Roth, Günter H., Die Bedeutung von Cadbury-Schweppes für die Centros-Judikatur des EuGH, EuZW 2010, S. 607–611.

Roth, Günter H., Vorgaben der Niederlassungsfreiheit für das Kapitalgesellschaftsrecht, 2010, München (zit.: *Roth*, Vorgaben der Niederlassungsfreiheit für das KapGesR).

Roth, Günter H., Das Ende der Briefkastengründung? Vale contra Centros, ZIP 2012, S. 1744–1745.

Roth, Wulf-Henning, "Video"-Nachlese oder das (immer noch) vergessene Gemeinschaftsrecht, ZIP 1992, S. 1054–1057.

Roth, Wulf-Henning, Grenzüberschreitender Rechtsformwechsel nach VALE, in: Krieger, Gerd/Lutter, Marcus/Schmidt, Karsten (Hrsg.), Festschrift für Michael Hoffmann-Becking zum 70. Geburtstag, 2013, München, S. 965–995 (zit.: *Roth*, in: FS Hoffmann-Becking).

Rotondi, Mario, Zur Haftungsbeschränkung des Einzelkaufmanns, ZHR 131 (1968), S. 330–360.

Saintourens, Bernard, L'entrepreneur individuel à responsabilité limitée - Commentaire de la loi n° 2010–658 du 15 juin 2010, Revue des sociétés 2010, S. 351–353.

Sandberg, Annica/Skog, Rolf, SPE – a company law dead-end?, AG 2010, S. 580–583.

Sanders, Pieter, Auf dem Wege zu einer europäischen Aktiengesellschaft?, AWD 1960, S. 1–5.

Savigny, Friedrich Carl von, System des heutigen römischen Rechts, Band II, 1981 (2. Nachdruck d. Ausg. Berlin 1840), Aalen (zit.: *Savigny*, System des heutigen römischen Rechts, Band II).

Schäfer, Hans-Bernd/Ott, Claus, Lehrbuch der ökonomischen Analyse des Zivilrechts, 4. Aufl. 2005, Berlin, (zit.: *Schäfer/Ott*, Ökonomische Analyse des Rechts).

Schall, Alexander, Companies Act. Kommentar, 2014, München (zit.: *Bearbeiter*, in Schall, Companies Act).

Schaper, Martin, Grenzüberschreitender Formwechsel und Sitzverlegung, ZIP 2014, S. 810–816.

Schilling, Wolfgang, Die Einmanngesellschaft und das Einzelunternehmen mbH, JZ 1953, S. 161–167.

Schilling, Wolfgang, Die Handelsgesellschaft auf Einlagen, die GmbH & Co. KG und die GmbH-Reform, BB 1972, S. 1–4.

Schilling, Wolfgang, Rechtspolitische Gedanken zur GmbH & Co, in: Krause, Friedhilde (Hrsg.), Von der Wirkung des Buches, Festgabe für Horst Kunze zum 80. Geburtstag: gewidmet von Schülern und Freunden, 1990, Berlin, S. 189–207, (zit.: *Schilling*, in: FS Kunze).

Schimmelpfennig, Hans-Christoph/Hauschka, Christoph, Die Zulassung der Ein-Personen-GmbH in Europa und die Änderungen des deutschen GmbH-Rechts, NJW 1992, S. 942–945.

Schindler, Clemens Philipp, Cross-Border Mergers in Europe – Company Law is catching up!, ECFR 2006, S. 109–119.

Schmidt, Jessica, Innovation durch „Innoventif"? Die EuGH-Entscheidung „innoventif" und die Eintragung der Zweigniederlassung einer englischen Limited ins deutsche Handelsregister, NZG 2006, S. 899–901.

Schmidt, Jessica, Die SE als attraktive Rechtsformalternative, in: Bayer, Walter (Hrsg.), Die Aktiengesellschaft im Spiegel der Rechtstatsachenforschung, 2007, Jena, S. 51–78.

Schmidt, Jessica, Der Vorschlag für eine Verordnung über die europäische Privatgesellschaft (SPE) – eine europäische Rechtsform speziell für KMU, EWS 2008, S. 455–463.

Schmidt, Jessica, Neue Phase der Modernisierung des europäischen Gesellschaftsrechts, GmbHR 2011, S. R 177 - R178.

Schmidt, Jessica, Die GmbH in Europa und der Welt, in: Bayer, Walter/Koch, Elisabeth (Hrsg.), Aktuelles GmbH-Recht, Tagungsband, 2013, Baden-Baden, S. 8–40.

Schmidt, Jessica, Der Vorschlag für eine Societas Unius Personae (SUP) – super oder suboptimal?, GmbHR 2014, S. R129–R130.

Schmidt, Jessica, Die EuGH-Entscheidung „lmpacto Azul" - Der lmpakt der Niederlassungsfreiheit auf das nationale Konzernrecht, GPR 2014, S. 40–42.

Schmidt, Jessica, Die SUP aus der Sicht der Kommission und ihr Kapitalschutz, in: Lutter, Marcus/Koch, Jens (Hrsg.), Societas Unius Personae (SUP), 2015, S. 1–22.

Schmidt, Jessica, Die Societas Unius Personae (SUP) – eine neue "europäische"Option für Familienunternehmen?, FuS 2014, S. 232–234.

Schmidt, Karsten, Gesellschaftsrecht, 4. Aufl. 2002, Köln (zit.: *K. Schmidt*, GesR).

Schmidt, Karsten, Verlust der Mitte durch "Inspire Art"? - Verwerfungen im Unternehmensrecht durch Schreckreaktionen der Literatur -, ZHR 168 (2004), S. 493–502.

Schmidt, Karsten, Brüderchen und Schwesterchen für die GmbH? - Eine Kritik der Vorschläge zur Vermehrung der Rechtsformen, DB 2006, S. 1096–1099.

Schmidt, Karsten, Eigenkapitalersatz, oder: Gesetzesrecht versus Rechtsprechungsrecht?, ZIP 2006, S. 1925–1934.

Schmidt, Karsten, Handelsrecht. Unternehmensrecht I, 6. Aufl. 2014, Köln (zit.: *K. Schmidt*, HandelsR (I)).

Schmidt, Karsten, Personengesellschaften: neu gedacht?, ZIP 2014, S. 493–499.

Schmidt-Kessel, Martin, Niederlassungsfreiheit gestattet Wegzugsbeschränkungen. Anmerkung zu EuGH, Urteil vom 16.12.2008, C-210/06 - Cartesio, GPR 2009, S. 26–30.

Schneebeli, Max H., Die Einmanngesellschaft (One Man Company), 1932, Aarau (zit.: *Schneebeli*, Einmanngesellschaft).

Schneider, Uwe H., Europarechtlicher Schutz vor nachteiligen Transaktionen mit nahe stehenden Unternehmen und Personen?, EuZW 2014, S. 641–642.

Schnitger, Arne, Fragestellungen zur steuerlichen Behandlung doppelt ansässiger Kapitalgesellschaften, IStR 2013, S. 82–91.

Schoenemann, Andreas, Bauen am Baustein für einen europäischen Konzern - Der Richtlinienvorschlag der Kommission zur SUP, EWS 2014, S. 241–247.

Scholz, Franz, GmbH-Gesetz, Band 1, §§ 1–34, 11. Aufl. 2012, Köln (zit.: *Bearbeiter*, in: Scholz, GmbHG, 11. Aufl. 2012).

Scholz, Franz, GmbH-Gesetz, Band 2, §§ 35–52, 11. Aufl. 2014, Köln (zit.: *Bearbeiter*, in: Scholz, GmbHG, 11. Aufl. 2014).

Schön, Wolfgang, Zwingendes Recht oder informierte Entscheidung – zu einer (neuen) Grundlage unserer Zivilrechtsordnung, in: Heldrich, Andreas/Koller, Ingo/Prölss, Jürgen//Langenbucher, Katja/Grigoleit, Hans Christoph/Hager, Johannes/Hey, Felix/Neuner, Jörg/Petersen, Jens/Singer, Reinhard (Hrsg.), Festschrift für Claus-Wilhelm Canaris zum 70. Geburtstag, 2007, München, S. 1191–1211 (zit.: *Schön*, in: FS Canaris).

Schön, Wolfgang, Der Anspruch auf Haftungsbeschränkung im Europäischen Gesellschaftsrecht, in: Erle, Bernd/Goette, Wulf/Kleindiek, Detlef/Krieger, Gerd/Schubel, Christian/Schwab, Martin/Teichmann, Christoph/Witt, Carl-Heinz (Hrsg.), Festschrift für Peter Hommelhoff zum 70. Geburtstag, 2012, Köln (zit.: *Schön*, in: FS Hommelhoff), S. 1037–1057.

Schön, Wolfgang, Das System der gesellschaftsrechtlichen Niederlassungsfreiheit nach VALE, ZGR 2013, S. 333–365.

Schönhaus, Mathias/Müller, Michael, Grenzüberschreitender Formwechsel aus gesellschafts- und steuerrechtlicher Sicht, IStR 2013, S. 174–179.

Schönle, Herbert, Die Einmann- und Strohmanngesellschaft unter besonderer Berücksichtigung der Fiducia, 1957, Buchloe (zit.: *Schönle*, Einmann- und Strohmanngesellschaft).

Schopper, Alexander/Walch, Matthias, Offene Fragen zur gründungsprivilegierten GmbH im System der Kapitalaufbringung, NZA 2014, S. 186–194.

Schubel, Christian, Deutsch-polnisch-ungarische Rechtsvergleichung im GmbH-Recht, StudZR 2005, S. 165–178.

Schubel, Christian, Die Binnenorganisation der Societas Privata Europaea, in: Hommelhoff, Peter/Schubel, Christian/Teichmann, Christoph (Hrsg.), Societas Privata Europaea (SPE) – die europäische Kapitalgesellschaft für mittelständische Unternehmen, 2014, Baden-Baden, S. 83–106 (zit.: *Schubel*, in: Hommelhoff/Schubel/Teichmann (Hrsg.), SPE).

Schubert, Daniela, Diskussionsbericht zu den Referaten Weiss, Arnold, Dauner-Lieb, Weller, Der Konzern 2007, S. 126–127.

Schuberth, Ernst-Markus/von der Höh, Reimund Marc, Zehn Jahre "deutsche" SE - eine Bestandsaufnahme, AG 2014, S. 439–444.

Schulte-Wrede, Hendrik, Die Beteiligung der Arbeitnehmer in der Europäischen Privatgesellschaft – SPE, 2015, Frankfurt am Main (zit.: *Schulte-Wrede*, SPE).

Schultze, Pascal, Frankreich als neuer Holdingstandort, IStR 2005, S. 730–734.

Schwarz, Günter Christian, Europäisches Gesellschaftsrecht, 2000, Baden-Baden (zit.: *Schwarz*, EuropGesR).

Schwarz, Günter Christian, SE-VO. Verordnung (EG) Nr. 2157/2001 des Rates über das Statut der Europäischen Gesellschaft (SE). Kommentar, 2006, München (zit.: *Schwarz*, SE-VO).

Schwarz, Hans-Detlef, GmbH-Konzernrecht und Europäisches Gemeinschaftsrecht, IStR 1993, S. 23–28.

Schwarze, Jürgen (Hrsg.), EU-Kommentar, 3. Aufl. 2012, Baden-Baden (zit.: *Bearbeiter*, in: Schwarze (Hrsg.), EU-Kommentar, 3. Aufl. 2012).

Schwerdtner, Peter, Anmerkung zu Urteil des BGH v. 9.3.1971 - VI ZR 158/69, JR 1971, S. 329–331.

Scognamiglio, Giuliana, Gesellschaftsgruppen in Italien, in: Hommelhoff, Peter/Lutter, Marcus/Teichmann, Christoph, (Hrsg.), Corporate Governance im grenzüberschreitenden Konzern, 2016, S. 175–196 (zit.: *Scognamiglio* in: Hommelhoff/Lutter/Teichmann, Corporate Governance)

Sedemund, Jan, EU-weite Verschmelzungen: Gesellschaftsrechtliche Vorgaben und steuerliche Implikationen des SEVIC-Urteils des EuGH vom 13. 12. 2005, BB 2006, S. 519–522.

Seibert, Ulrich, BB-Gesetzgebungsreport: Entwurf eines Mindestkapitalgesetzes (MindestkapG) - Substanzielle Absenkung des Mindeststammkapitals, BB 2005, S. 1061–1062.

Seibert, Ulrich, Der Regierungsentwurf des MoMiG und die haftungsbeschränkte Unternehmergesellschaft, GmbHR 2007, S. 673–677.

Seibert, Ulrich, SUP Der Vorschlag der EU-Kommission zur Harmonisierung der Einpersonen-Gesellschaft, GmbHR 2014, S. R209–R210.

Seibert, Ulrich/Decker, Daniela, Die GmbH-Reform kommt!, ZIP 2008, S. 1208–1212.

Semler, Johannes, Gedanken zur Bedeutung des Unternehmenszwecks, in: Grundmann, Stefan/Haar, Brigitte/Merkt, Hanno/Mülbert, Peter O./Wellenhofer, Maria (Hrsg.), Festschrift für Klaus J. Hopt zum 70. Geburtstag am 24. August 2010, Unternehmen, Markt und Verantwortung, 2010, Berlin, New York, S. 1391–1406 (zit.: *Semler*, in: FS Hopt).

Sethe, Rolf/Winzer, Katharina, Der Umzug von Gesellschaften in Europa nach dem Cartesio-Urteil, WM 2009, S. 536–540.

Sick, Sebastian, „Ein europäisches Panama“, Böckler Impuls, 8/2016, S. 5.

Siems, Mathias/Rosenhäger, Erik/Herzog, Leif, Aller guten Dinge sind zwei: Lehren aus der Entwicklung der SE für die EPG, Der Konzern 2008, S. 393–401.

Simon, Hermann, Managementherausforderungen für Deutschland, BB 2005, Nr. 3, Die Erste Seite.

Sołtysiński, Stanisław/Szumański, Andrzej, Shareholder and Creditor Protection in Company Groups under Polish Law, in: Hopt, Klaus J./Jessel-Holst, Christa/Pistor, Katharina (Hrsg.), Unternehmensgruppen in mittel- und osteuropäischen Ländern, Entstehung, Verhalten und Steuerung aus rechtlicher und ökonomischer Sicht, 2003, Tübingen (zit.: *Sołtysiński/Szumański*, in: Hopt/Jessel-Holst/Pistor (Hrsg.), Unternehmensgruppen in mittel- und osteuropäischen Ländern), S. 89–104.

Sonnenschein, Jürgen/Holdorf, Britta, Unbegrenzte Haftung eines GmbH-Gesellschafters im Konzern – Gleichzeitig Besprechung des Urteils des BGH vom 23.9.1991 - II ZR 135/90, JZ 1992, S. 715–727.

Sørensen, Karsten Engsig, Branches of Companies in the EU: Balancing the Eleventh Company Law Directive, National Company Law and the Right of Establishment, ECFR 2014, S. 53–96.

Soufleros, Ilias, Die GmbH im griechischen Recht, GmbHR 1992, S. 276–284.

Soufleros, Ilias, Die GmbH in Griechenland, in: Centrale für GmbH Dr. Otto Schmidt (Hrsg.), Die GmbH-Rechte in den EG-Staaten, 1993, Köln, S. 99–127.

Speiser, Paul, Die Kapitaleinlage der Kollektivgesellschaft, ZSR 9, S. 327–345.

Spindler, Gerald/Rockenbauer, Matti, Die elektronische Identifizierung - Kritische Analyse des EU-Verordnungsentwurfs über elektronische Identifizierung und Vertrauensdienste, MMR 2012, S. 139–148.

Spindler, Gerald/Stilz, Eberhard (Hrsg.), Kommentar zum Aktiengesetz, Band 1, 3. Aufl. 2015, München (zit.: *Bearbeiter*, in: Spindler/Stilz, AktG, 3. Aufl. 2015).

Stein, Ursula, Das italienische Konzernrecht: Ein Leerstück der Gesetzgebung, in: Erle, Bernd/Goette, Wulf/Kleindiek, Detlef/Krieger, Gerd/Schubel, Christian/Schwab, Martin/Teichmann, Christoph/Witt, Carl-Heinz (Hrsg.), Festschrift für Peter Hommelhoff zum 70. Geburtstag, 2012, Köln, S. 1149–1163 (zit.: *Stein*, in: FS Hommelhoff).

Steiner, Armin, Kapitalaufbringung in der GmbH seit MoMiG, BWNotZ 2009, S. 193–203.

Steinwendter, Harald, Der Richtlinienvorschlag der Europäischen Kommission für eine Societas Unius Personae- Die SUP als gesellschaftsrechtlicher Substandard?, NZA 2014, S. 262–269.

Stieb, Stephan, Steueroase Madeira: Zulassung von Einpersonen-Gesellschaften als Anreiz für ausländische Investoren, GmbHR 1994, S. R81–R82.

Stieb, Stephan, Zulassung der Einpersonen-GmbH in Portugal, GmbHR 1997, S. R95.

Stöber, Michael, Kapitalverkehrsfreiheit und persönliche Gesellschafterhaftung im europäischen Kapitalgesellschaftsrecht, ZVglRWiss 113 (2014), S. 57–82.

Stodolkowitz, Heinz Dieter, Die Haftung im qualifizierten faktischen GmbH-Konzern nach der Rechtsprechung des Bundesgerichtshofs, ZIP 1992, S. 1517–1528.

Straub, Peter, Der Entwurf des EU-Verfassungsvertrags aus Sicht der deutschen Länder und ihrer Parlamente, ZGR 2003, S. 354–365.

Streinz, Rudolf, Europarecht, 9. Aufl. 2012, Heidelberg (zit.: *Streinz*, EuR).

Streinz, Rudolf (Hrsg.), EUV/AEUV. Vertrag über die Europäische Union und Vertrag über die Arbeitsweise der Europäischen Union, Kommentar, 2. Aufl. 2012, München (zit.: *Bearbeiter*, in Streinz, EUV/AEUV, 2. Aufl. 2012).

Süß, Rembert; *Wachter, Thomas (Hrsg.)*, Handbuch des internationalen GmbH-Rechts, 2. Aufl. 2011, Bonn, (zit.: *Bearbeiter, Land,* in Süß/Wachter (Hrsg.), Handbuch des internationalen GmbH-Rechts, 2. Aufl. 2011).

Süß, Rembert; *Wachter, Thomas (Hrsg.)*, Handbuch des internationalen GmbH-Rechts, 3. Aufl. 2016, Bonn, (zit.: *Bearbeiter, Land,* in Süß/Wachter (Hrsg.), Handbuch des internationalen GmbH-Rechts, 3. Aufl. 2016).

Teichmann, Christoph, Corporate Governance in Europa, ZGR 2001, S. 645–679.

Teichmann, Christoph, Die Einführung der Europäischen Aktiengesellschaft - Grundlagen der Ergänzung des europäischen Statuts durch den deutschen Gesetzgeber, ZGR 2002, S. 383–464.

Teichmann, Christoph, Gestaltungsfreiheit im monistischen Leitungssystem der Europäischen Aktiengesellschaft, BB 2004, S. 53–60.

Teichmann, Christoph, Binnenmarktkonformes Gesellschaftsrecht, 2006, Berlin.

Teichmann, Christoph, Binnenmarktmobilität von Gesellschaften nach "Sevic" – Zugleich Besprechung von EuGH v. 13. 12. 2005 - Rs C-411/03, ZIP 2005, 2311, ZIP 2006, S. 355–363.

Teichmann, Christoph, Reform des Gläubigerschutzes im Kapitalgesellschaftsrecht, NJW 2006, S. 2444–2451.

Teichmann, Christoph, European Parliament Calling for Legislative Action on the European Private Company, ECL 4 (2007), S. 122–124.

Teichmann, Christoph, Die Europäische Privatgesellschaft (SPE) Wissenschaftliche Grundlegung, in: Gesellschaftsrechtliche Vereinigung (Hrsg.), Gesellschaftsrecht in der Diskussion 2008, 2009, Köln, S. 55–76.

Teichmann, Christoph, Die Societas Privata Europaea (SPE) als ausländische Tochtergesellschaft, RIW 2010, S. 120–127.

Teichmann, Christoph, Wettbewerb im Gesellschaftsrecht als neues Element der Binnenmarktorganisation, in: Müller-Graff, Peter-Christian (Hrsg.), Europäisches Gesellschaftsrecht auf neuen Wegen, 1. Aufl. 2010, Baden-Baden, S. 43–56 (zit.: *Teichmann*, in: Müller-Graff (Hrsg.), Europäisches Gesellschaftsrecht auf neuen Wegen).

Teichmann, Christoph, Gesellschaftsrecht im System der Europäischen Niederlassungsfreiheit, ZGR 2011, S. 639–689.

Teichmann, Christoph, Der grenzüberschreitende Formwechsel ist spruchreif: das Urteil des EuGH in der Rs. Vale, DB 2012, S. 2085–2092.

Teichmann, Christoph, Gesellschaften und natürliche Personen im Recht der europäischen Niederlassungsfreiheit, in: Erle, Bernd/Goette, Wulf/Kleindiek, Detlef/Krieger, Gerd/Schubel, Christian/Schwab, Martin/Teichmann, Christoph/Witt, Carl-Heinz (Hrsg.), Festschrift für Peter Hommelhoff zum 70. Geburtstag, 2012, Köln, S. 1213–1236 (zit.: *Teichmann*, in: FS Hommelhoff).

Teichmann, Christoph, Europäische GmbH am Scheideweg: Supranationale Rechtsform oder harmonisierte Einpersonengesellschaft?, ZRP 2013, S. 169–172.

Teichmann, Christoph, Europäisches Konzernrecht: Vom Schutzrecht zum Enabling Law, AG 2013, S. 184–197.

Teichmann, Christoph, Einsatzmöglichkeiten der SPE, in: Hommelhoff, Peter/Schubel, Christian/Teichmann, Christoph (Hrsg.), Societas Privata Europaea (SPE) - die europäische Kapitalgesellschaft für mittelständische Unternehmen, 2014, Baden-Baden, S. 39–62, (zit.: *Teichmann*, in: Hommelhoff/Schubel/Teichmann (Hrsg.), SPE).

Teichmann, Christoph, Europäische Harmonisierung des GmbH-Rechts – Der Beitrag der Societas Unius Personae (SUP) zur grenzüberschreitenden Niederlassungsfreiheit, NJW 2014, S. 3561–3565.

Teichmann, Christoph, European Model Companies Act in the making – Ein Werkstattbericht, KSzW 2014, S. 77–84.

Teichmann, Christoph, Konzernrecht und Niederlassungsfreiheit, ZGR 2014, S. 45–75.

Teichmann, Christoph, Einsatzmöglichkeiten der Societas Unius Personae (SUP), in: Lutter, Marcus/Koch, Jens (Hrsg.), Societas Unius Personae (SUP), 2015, S. 37–63, (zit.: *Teichmann*, in Lutter/Koch (Hrsg.), SUP).

Teichmann, Christoph, Corporate Groups within the Legal Framework of the European Union: The Group-Related Aspects of the SUP Proposal and the EU Freedom of Establishment, ECFR 2015, S. 202–229.

Teichmann, Christoph, Aktuelle Entwicklungen bei der grenzüberschreitenden Umwandlung, in: Herrler, Sebastian (Hrsg.), Aktuelle gesellschaftsrechtliche Herausforderungen, Schriftenreihe des Instituts für Notarrecht an der Julius-Maximilians-Universität Würzburg, Tagungsband 15, 2016, Bonn, S. 111–133 (zit.: *Teichmann*, in: Herrler (Hrsg.), Aktuelle gesellschaftsrechtliche Herausforderungen).

Teichmann, Christoph, Mitbestimmungserstreckung auf Auslandsgesellschaften, ZIP 2016, S. 899–907.

Teichmann, Christoph/Fröhlich, Andrea, Societas Unius Personae (SUP) Facilitating Cross Border Establishment, MJ 21 (2014), S. 536–544.

Teichmann, Christoph/Knaier, Ralf, Die deutsche Unternehmergesellschaft als Alternative für österreichische Gründer, Der Gesellschafter 2014, S. 285–294.

Teichmann, Christoph/Limmer, Peter, Die Societas Privata Europaea (SPE) aus notarieller Sicht – eine Zwischenbilanz nach dem Votum des Europäischen Parlaments, GmbHR 2009, S. 537–540.

Thannisch, Rainald, Bedrohung für die Mitbestimmung!, AiB 2015, S. 31–33.

Thiessen, Jan, Johann Buddenbrook und die Reform des GmbH-Rechts (Teil I), DStR 2007, S. 202–209.

Thoma, Georg/Leuering, Dieter, Die Europäische Aktiengesellschaft - Societas Europaea, NJW 2002, S. 1449–1454.

Thomale, Chris, Verstärkte Zusammenarbeit als Einigungsersatz? – eine Gegenrede am Beispiel des Europäischen Privat- und Gesellschaftsrechts, ZEuP 2015, S. 517–545.

Trojan-Limmer, Ursula, Die Geänderten Vorschläge für ein Statut der Europäischen Aktiengesellschaft (SE), RIW 1991, S. 1010–1017.

Tzakas, Dimitros-Panagiotis, Die neue griechische Gesellschaftsform für KMUs – Alternative Ausformungen von Stammeinlagen als Ersatz für das fehlende Kapital -, GmbHR 2014, S. 243–247.

Ulmer, Peter, Die Gründung der GmbH, in: Centrale für GmbH Dr. Otto Schmidt (Hrsg.), Probleme der GmbH-Reform, 1970, Köln, S. 42–62.

Ulmer, Peter/Habersack, Mathias/Henssler, Martin, Mitbestimmungsrecht: Kommentierung des MitbestG, der DrittelbG und der §§ 34 bis 38 SEBG, 3. Aufl. 2013, München (zit.: *Bearbeiter* in Ulmer/Habersack/Henssler, 3. Aufl. 2012)

Ulmer, Peter/Habersack, Mathias/Löbbe, Marc, Gesetz betreffend die Gesellschaften mit beschränkter Haftung (GmbHG), 2. Aufl. 2013, Band 1, Tübingen (zit.: *Bearbeiter*, in: Ulmer/Habersack/Löbbe, GmbHG).

Ulrich, Stephan, Die Societas Privata Europaea - endgültig abgelehnt!, GmbHR 2011, S. R241–R242.

Uziahu-Santcroos, Odeaya, The SPE: A Necessary Tool for SMES?, in: Zaman/Schwarz/Lennarts/de Kluiver/Dorresteijn (Hrsg.), The European Private Company (SPE), A critical analysis of the EU draft statute, 2009, Antwerpen, Portland, S. 1–29 (zit.: *Uziahu-Santcroos* in: Zaman/Schwarz/Lennarts/de Kluiver/Dorresteijn (Hrsg.), The European Private Company (SPE)).

van Hulle, Karel/Maul, Silja, Aktionsplan zur Modernisierung des Gesellschaftsrechts und Stärkung der Corporate Governance, ZGR 2004, S. 484–505.

Vecsey, Marc, Ungarn, in: Bachner/Doralt/Winner (Hrsg.), Schutz der Minderheitsaktionäre in Mittel- und Osteuropa, 2010, Baden-Baden/Wien, S. 751–886.

Veil, Rüdiger, Die Unternehmergesellschaft nach dem Regierungsentwurf des MoMiG - Regelungsmodell und Praxistauglichkeit, GmbHR 2007, S. 1080–1086.

Vékás, Lajos, Über das ungarische Zivilgesetzbuch im Spiegel der neueren europäischen Privatrechtsentwicklung, ZEuP 2016, S. 37–52.

Verse, Dirk A., Die Entwicklung des europäischen Gesellschaftsrechts im Jahr 2012, EuZW 2013, S. 336–344.

Verse, Dirk A., Niederlassungsfreiheit und grenzüberschreitende Sitzverlegung – Zwischenbilanz nach "National Grid Indus" und "Vale" –, ZEuP 2013, S. 458–495.

Verse, Dirk A./Wiersch, Rachid René, Die Entwicklung des europäischen Gesellschaftsrechts im Jahr 2013, EuZW 2014, S. 375–382.

Vetter, Jochen, Grundlinien der GmbH-Gesellschafterhaftung, ZGR 2005, S. 788–831.

Vietz, Nadja, Die neue "Blitz-GmbH" in Spanien, GmbHR 2003, S. 26–28.

Vietz, Nadja, Verabschiedung des Gesetzes über die neue Blitz-GmbH in Spanien, GmbHR 2003, S. 523–524.

Vossius, Oliver, Die Europäische Privatgesellschaft – Societas Europaea Privata, EWS 2007, S. 438–444.

Vossius, Oliver, Editorial "Ach Europa", notar 2014, S. 185.

Vossius, Oliver/Wachter, Thomas, BB-Forum: Entwurf eines GmbH-Reformgesetzes, BB 2005, S. 2539–2540.

Wachter, Thomas, Verschlankung des Registerverfahrens bei der GmbH-Gründung - Zwölf Vorschläge aus der Praxis, in: Gesellschaftsrechtliche Vereinigung (VGR) (Hrsg.), Die GmbH-Reform in der Diskussion, Sondertagung der Gesellschaftsrechtlichen Vereinigung (VGR), 2006, Köln, S. 55–109.

Wälzholz, Eckhard, Die „Unternehmergesellschaft (haftungsbeschränkt)" als Alternative zur GmbH? – Problempunkte und Einsatzmöglichkeiten der Rechtsformvariante nach dem MoMiG, GmbH-StB 2007, S. 319–322.

Wälzholz, Eckhard, Das MoMiG kommt: Ein Überblick über die neuen Regelungen - Mehr Mobilität, Flexibilität und Gestaltungsfreiheit bei gleichzeitigem Gläubigerschutz, GmbHR 2008, S. 841–850.

Weber-Rey, Daniela, Praxisfragen der Europäischen Privatgesellschaft, in: Gesellschaftsrechtliche Vereinigung (Hrsg.), Gesellschaftsrecht in der Diskussion 2008, 2009, Köln, S. 77–91.

Wedemann, Frauke, Die Europa-GmbH ante portas, EuZW 2010, S. 534–538.

Wegen, Gerhard/Spahlinger, Andreas/Barth, Marcel (Hrsg.), Gesellschaftsrecht des Auslands in Einzeldarstellungen, 2013, München (zit.: *Bearbeiter*, in Wegen/Spahlinger/Barth).

Weiss, Michael, Erfahrungen mit dem »solvency test« in Neuseeland, Der Konzern 2007, S. 109–118.s

Weller, Marc-Philippe/Bauer, Johanna, Europäisches Konzernrecht: vom Gläubigerschutz zur Konzernleitungsbefugnis via Societas Unius Personae, ZEuP 2015, S. 6–31.

Wenz, Martin, Einsatzmöglichkeiten einer Europäischen Aktiengesellschaft in der Unternehmenspraxis aus betriebswirtschaftlicher Sicht, AG 2003, S. 185–196.

V. Werder, Axel, Gruppeninteresse und Stakeholderbelange im Konzern, Der Konzern 2015, S. 362–368.

Westermann, Harm Peter, Zur "Handelsgesellschaft auf Einlagen", ZRP 1972, S. 93–98.

Westhoff, André, Die Verbreitung der limited mit Sitz in Deutschland, GmbHR 2006, S. 525–528.

Wetter, Peter, Die Kommanditgesellschaft mit beschränkter Haftung (KGmbH), BB 1968, S. 734–735.

Weyand, Stefan, Zur Einführung der Einmann-GmbH in Frankreich – L'ssentreprise unipersonelle à responsabilité limitée, RIW 1986, S. 418–423.

Wicke, Hartmut, Die Bedeutung der öffentlichen Beurkundung im GmbH-Recht, ZIP 2006, S. 977–982.

Wicke, Hartmut, Die Euro-GmbH im "Wettbewerb der Rechtsordnungen", GmbHR 2006, S. 356–362.

Wicke, Hartmut, Limited, Ein-Euro-GmbH oder Kaufmann mit beschränkter Haftung?, ZNotP 2006, S. 322–324.

Wicke, Hartmut, Praktische Verwendung und Kapitalbildung der Unternehmergesellschaft (haftungsbeschränkt), GWR 2010, S. 259–262.

Wicke, Hartmut, Gesetz betreffend die Gesellschaften mit beschränkter Haftung (GmbHG). Kommentar, 3. Aufl. 2016, München (zit.: *Wicke*, GmbHG, 3. Aufl. 2016).

Wicke, Hartmut, Grundelemente einer Europäischen Privatgesellschaft, GmbHR 2011, S. 566–574.

Wicke, Hartmut, Kontinuität und Wandel im Recht der GmbH, MittBayNot 2011, S. 23–32.

Wicke, Hartmut, Model Articles for the Societas Privata Europaea?, in: Hirte/Teichmann (Hrsg.), The European Private Company - Societas Privata Europaea (SPE), 2012, Berlin, S. 183–192 (zit.: *Wicke*, in: Hirte/Teichmann (Hrsg.), SPE).

Wicke, Hartmut, Zulässigkeit des grenzüberschreitenden Formwechsels - Rechtssache "Vale" des Europäischen Gerichtshofs zur Niederlassungsfreiheit, DStR 2012, S. 1756–1759.

Wicke, Hartmut, Eine Mustersatzung für die Societas Privata Europaea?, in: Hommelhoff, Peter/Schubel, Christian/Teichmann, Christoph (Hrsg.), Societas Privata Europaea (SPE) - die europäische Kapitalgesellschaft für mittelständische Unternehmen, 2014, Baden-Baden (zit.: *Wicke*, in: Hommelhoff/Schubel/Teichmann (Hrsg.), SPE), S. 107–118.

Wicke, Hartmut, Societas Unius Personae – SUP: eine äußerst wackelige Angelegenheit, ZIP 2014, S. 1414–1417.

Wieacker, Franz, Zur Theorie der Juristischen Person des Privatrechts, in: Forsthoff, Ernst/Weber, Werner/Wieacker, Franz (Hrsg.), Festschrift für Ernst Rudolf Huber zum 70. Geburtstag am 8. Juni 1973, 1973, Göttingen (zit.: *Wieacker*, in: FS Huber), S. 339–384.

Wiedemann, Herbert, Aufstieg und Krise des GmbH-Konzernrechts, GmbHR 2011, S. 1009–1016.

Wieland, Karl, Handelsrecht. (Aus Binding, Systematisches Handbuch der Deutschen Rechtswissenschaft). Band II: Die Kapitalgesellschaften, 1931, (zit.: *Wieland*, Handelsrecht).

Wiesner, Peter M., Überblick über den Stand des Europäischen Unternehmensrechts, EuZW 1998, S. 619–634.

Wiethölter, Rudolf, Die GmbH in einem modernen Gesellschaftsrecht und der Referentenentwurf eines GmbH-Gesetzes, in: Centrale für GmbH Dr. Otto Schmidt (Hrsg.), Probleme der GmbH-Reform, 1970, Köln, S. 11–41.

Wilhelm, Jan, “Unternehmergesellschaft (haftungsbeschränkt)” - Der neue § 5a GmbHG in dem RegE zum MoMiG, DB 2007, S. 1510–1513.

Wilhelm, Ulrich B., Haftung im qualifiziert-faktischen Konzern und Europarecht, EuZW 1993, S. 729–734.

Winkelmeier-Becker, Elisabeth, Rechtspolitische Schwerpunkte der CDU/CSU-Bundestagsfraktion in der 18. Wahlperiode, ZRP 2014, S. 222–224.

Witt, Carl-Heinz, Modernisierung der Gesellschaftsrechte in Europa - Einige Sonderwege und manche gemeinsame Pfade, ZGR 2009, S. 872–930.

Wöhlert, Helge-Torsten/Degen, Stephan, Die neue Mobilität von Gesellschaften in Europa nach “Vale” und “National Grid Indus”, GWR 2012, S. 432–435.

Wolany, Josef, Soll die Einmann-GmbH beibehalten werden? - Untersuchung im Rahmen einer Harmonsierung des GmbH-Rechts in Europa, GmbHR 1962, S. 77–82.

Wooldridge, Frank, The draft Twelfth Directive on Single-Member Companies, JBL 1989, S. 86 90.

Wulfetange, Jan, Die Reform des GmbH-Rechts: Schneller und einfacher gründen, wettbewerbsfähiger in Europa werden!, BB-Beilage 2006, S. 19–24.

Wuisman, Iris, The Societas Unius Personae (SUP), 12 ECL (2015), S. 34–44.

Wyckaert, Marieke/Geens, Koen, Closed Corporations in Belgium, in: Viera González, Aristides Jorge/Teichmann, Christoph (Hrsg.), Private company law reform in Europe, The race for flexibility, 2015, Cizur Menor, S. 49–86.

Wymeersch, Eddy, Company Law in Europe and European Company Law, in: Andrews (Hrsg.), Referate für den 1. Europäischen Juristentag, 1. Aufl. 2001, Baden-Baden (zit.: *Wymeersch*, in: Referate für den 1. Europäischen Juristentag), S. 85–163.

Wymeersch, Eddy, Das neue belgische Gesetz über „Corporate Governance", ZGR 2004, S. 53–68.

Zaman, Niek, Die niederländische Flex-BV, GmbHR 2012, S. 1062–1066.

Zaman, Niek, "SUP"-optimaal?, Ondernemingsrecht 2015/1

Zettel, Günther, Die Europäische wirtschaftliche Interessenvereinigung (EWiV), DRiZ 1990, S. 161–168.

Ziemons, Hildegard/Jaeger, Carsten, GmbHG, Kommentar, 2013, München.

Zimmer, Daniel, Ein internationales Gesellschaftsrecht für Europa, RabelsZ 67 (2003), S. 299–317.

Schriftenreihe zum deutschen und europäischen Gesellschafts- und Wirtschaftsrecht

Herausgegeben von Christoph Teichmann und Florian B
Begründet von Günter Christian Schwarz †

Band 1 Matthias Scheifele: Die Gründung der Europäischen Aktiengesell

Band 2 Julia Zwiener: Die Auswirkungen der Verordnung Nr. 1/2003 a deutsche Kartellverfahren. 2005.

Band 3 Cornelius Koke: Die Finanzverfassung der Europäischen Aktieng in Deutschland. 2005.

Band 4 Martin Weger: Haftungsgrundlagen bei kompetenzwidriger Ges nen- und Kapitalgesellschaftsrecht. Ein Beitrag zur Transformati lichen Rechtsinstituts der Geschäftsführung ohne Auftrag in 2005.

Band 5 Axel Zang: Sitz und Verlegung des Sitzes einer Europäischen Ak in Deutschland. 2005.

Band 6 Björn Holland: Das amerikanische „board of directors" und di einer monistischen SE in Deutschland. Amerikanische Erfahrung rate Governance als Beitrag zur Ausgestaltung der Unternehm nehmenskontrolle in einer Deutschen SE. 2006.

Band 7 Nils K. Roitsch: Auflösung, Liquidation und Insolvenz der Eur schaft (SE) mit Sitz in Deutschland. Art. 63–65 SE-VO. 2006.

Band 8 Timo Wanner: Die GmbH in der Krise. Geschäftsführerverantwo Insolvenz. 2015.

Band 9 Wolf-Amelung Böhm: Die Sicherung der Abfindung beim Aussc Haftung der Mitgesellschafter beim Eingreifen der Kapitalerhaltun

Band 10 Christina Eschenfelder: Rechtsnachfolge in die Kommanditistenh folge in die unbeschränkte Kommanditistenhaftung aufgrund rec tragung von Kommanditanteilen. 2016.

Band 11 Christoph Teichmann / Martin Kraushaar (Hrsg.): Mitbestimmung und Europa. 2018.

Band 12 Julian Wacker: Persönliche Schadensersatzhaftung von Vorstands gesellschaft für Kartellverstöße. Ein Beitrag zur kartellzivilrechtliche

Band 13 Tobias Alexander Begemann: Die SE & Co. KGaA als Rechtsfor men. 2018.

Band 19 Frederik Wilhelm von Essen: Mitteilungspflichten bei Finanz
lierten Transparenz-Richtlinie. 2019.

Band 20 Erik Stegner: Der Abzug von Kapital aus einer Aktiengesellsc
tragskonzern. Entzug von Vermögenswerten vor Beendigung
finanzierten Erwerb. 2019.

www.peterlang.com